中國戰時
首都檔案文獻

戰時交通

常雲平、鄭洪泉、徐斌 主編

崧燁文化

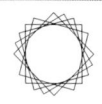

目錄

前言 i

第一章 交通部暨戰時交通設施與建設概況 001

    1. 交通部組織法（1938年7月30日）.. 001

    2. 抗戰初期西南交通概況（1938年）.. 003

    3. 交通部1938年工作報告（1939年1月14日）... 010

    4. 交通部長張嘉璈關於戰時交通設施與建設的報告（節錄）（1939年）......... 025

    5. 交通部為部長任免事項致重慶市政府公函（1942年12月14日）................. 033

    6. 1943年四川交通概況（1944年）.. 033

    7. 抗戰時期遷都重慶之交通部（1947年）.. 038

第二章 水運 053

    一、管制、管理法規 053

        1. 非常時期船舶管理條例（1937年12月8日）... 053

        2. 軍用船舶回空利用辦法（1938年7月8日）... 053

        3. 軍事委員會增訂船舶徵用辦法（1938年8月）... 054

        4. 川江木船運輸管理暫行辦法（1938年9月20日）....................................... 055

        5. 交通部監理木船運輸章程（1939年1月23日）... 055

        6. 重慶市渡口管制辦法（1939年5月29日）... 056

        7. 軍委會戰時船舶軍運暫行條例（1939年8月19日）................................... 057

        8. 嘉陵江木船軍運處理辦法（1940年4月12日）... 058

        9. 行政院為抄發川省水警與航政劃分權責辦法給重慶市政府訓令（1941年5月20日）... 061

        10. 交通部長江區航政局川江絞灘總站船舶絞灘規則（1942年1月20日）... 062

        11. 水陸交通統一檢查條例（1942年4月24日）... 065

    二、機構、概況 066

        1. 水陸運輸聯合委員會組織規程（1939年1月14日）................................... 066

        2. 行政院水陸運輸聯合設計委員會組織規程（1939年9月8日）............... 067

        3. 烏江工程局關於烏江治理情況致陪都建設計畫委員會公函（1941年8月12日）. 068

        4. 交通部為改組成立長江區航政局致重慶市政府諮文（1941年9月3日）... 069

        5. 交通部嘉陵江運輸處為奉令成立辦理運輸業務致重慶市政府公函（1941年9月12日）.. 071

        6. 揚子江水利委員會整理後方水道經過（1942年）....................................... 072

        7. 交通部嘉陵江運輸處為辦停止業務趕辦結束事宜致重慶市政府公函（1942年4月29

1

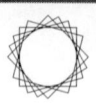

    日）......074
  8. 內河絞灘建設概況（節錄）（1943年）......074
  9. 五年來之長江區航政（節錄）（1943年）......079
  10. 有關陪都船舶貨物限期起卸的一組檔（1943年1—5月）......085
  11. 內政部為轉發蔣介石關於改正檢查機關苛擾百姓情事的電令致重慶市政府代電（1943年3月3日）......087
  12. 交通部嘉陵江運輸處為派任處長致重慶市政府公函（1943年6月）......087
  13. 辦理川湘川陝水陸聯運經過（節錄）（1943年9月25日）......087
  14. 交通部造船處業務概況（節錄）（1943年12月8日）......092
  15. 以重慶為中心的水陸聯運（1945年）......093
  16. 復員期間船舶統一調配有關文件（1945年11月）......094
  17. 抗戰時期的重慶水運（1945年）......095
  18. 川江水運工具之改良（1945年）......101
  19. 打撈沉船（1947年初）......102

三、輪船業......103

  1. 國營招商局組織章程（1937年5月3日）......103
  2. 四川合眾輪船股份有限公司創立會記錄（1938年2月20日）......106
  3. 四川合眾輪船股份有限公司第一屆股東大會記錄（1938年2月20日）......107
  4. 輪船民船商業同業公會章程準則（1939年12月14日）......108
  5. 重慶港輪船調查表（1940年5月31日）......112
  6. 重慶市輪船商業同業公會為報告該會選舉情況致重慶市社會局公函（1940年6月）......117
  7. 民生實業公司就實行分區管理制給所屬各區和各事業單位的通函（1940年7月29日）......118
  8. 民生實業公司損耗情形與補救辦法（1942年4月）......120
  9. 強華實業股份有限公司申請備案呈文和重慶市社會局批件（1942年6—7月）......123
  10. 抗戰第六年之民生機械廠（1942年8月）......124
  11. 抗戰時期的民生實業公司（1943年）......127
  12. 民生實業公司與川江航運（1943年）......128
  13. 抗戰期間的國營招商局（1943年）......131
  14. 國營招商局為代理總經理派任事項致重慶市政府公函（1943年4月30日）......133
  15. 民生實業股份有限公司章程（1943年8月17日）......134
  16. 四川合眾輪船股份有限公司臨時股東大會記錄（1943年11月26日）......136
  17. 重慶市航輪調查表（1943年11月）......137
  18. 強華實業股份有限公司簡史（1945年）......139
  19. 四川合眾輪船股份有限公司第八屆股東大會記錄（1945年3月20日）......140
  20. 招商局為洽辦川糧濟鄂運輸致重慶分局函（1946年3月27日）......142

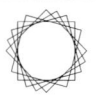

21. 渝宜輪船運糧聯合辦事處簡章（1946年5月23日） 142
22. 川湘輪船裝運糧彈實施辦法（1946年7月31日） 143
23. 招商局為轉知善川江水運阻滯辦法致重慶分局函（1946年9月30日） 143
24. 1946年重慶輪船業概況（1947年） 144
25. 抗戰期中的強華公司（1948年） 145

四、民船業 146

1. 行政院為抄發第六次修正四川省木船貨物運價准辦法給重慶市政府的指令（1941年7月18日） 146
2. 四川省民船商業同業公會為懇請鑒核該會沿革致重慶市社會局呈文（1942年9月16日） 148
3. 交通部就民船商業同業公會及船員工會組織辦法等事項給重慶政府的諮文（1943年8月21日） 149
4. 交通部長江航政局修訂四川省各河木船運輸限價會議記錄（1943年11月26日） 150

第三章 公路運輸 155

一、管制、管理法規 155

1. 國民政府軍用運輸護照規則（1937年8月30日） 155
2. 國民政府軍用運輸護照規則施行細則（1937年8月30日） 156
3. 汽油統制辦法（1937年9月17日） 157
4. 軍事委員會貨運特種護照發給辦法（1937年10月） 158
5. 西南公路運輸總管理處接管各省有關公路辦法（1937年12月16日） 159
6. 徵用汽車施行辦法（1938年） 160
7. 軍事委員會公路橋樑搶修辦法（1938年8月21日） 162
8. 行政院為核發有關汽車及駕駛人、技工管理法規給重慶市政府的訓令（1939年7月18日） 163
9. 行政院為抄發長途運貨汽車登記暫行辦法給重慶市政府的訓令（1939年8月7日） 178
10. 交通部為訂定全國汽車總登記實施辦法致重慶市政府公函（1939年9月16日） 179
11. 戰時公路軍事運輸條例（1939年11月） 181
12. 戰時公路軍事運輸實施規則（1939年11月） 182
13. 軍委會取締軍用汽車空駛條例（1940年2月12日） 184
14. 限制載重卡車停留渝市及空襲時汽車管制暫行辦法（1940年6月22日） 184
15. 交通部取締公商汽車空駛辦法（1940年10月28日） 185
16. 軍事委員會統制重慶市汽車辦法（1940年10月） 186
17. 重慶市停駛汽車處置辦法（1940年10月） 188
18. 運輸統制局監察處稽查大綱（1940年12月3日） 188
19. 運輸統制局監察處稽查守則（1940年12月3日） 189
20. 運輸統制局監察處所站檢查規則（1940年12月3日） 190

21. 行政院、重慶市政府關於抄發修正改進市區及公路交通管理辦法的訓令（1945年8—10月）················192

二、機構···················194
  1. 全國經濟委員會西南公路運輸總管理處組織規程（1937年12月16日）···············194
  2. 交通部西南公路運輸管理局組織規程（1939年3月9日）················195
  3. 交通部西南公路運輸管理局段辦事處暫行組織規程（1939年3月9日）···············196
  4. 交通部公路運輸總局暫行組織規程（1939年7月17日）················197
  5. 交通部關於設立川桂公路運輸局、西南公路管理處、川滇公路管理處的命令（1939年7月20日）················198
  6. 薛次莘等為改組公路機構告國人書（1939年8月1日）················198
  7. 交通部公路總管理處組織條例（1939年12月14日）················198
  8. 交通部川桂公路運輸局組織規程（1939年12月22日）················200
  9. 國民政府特許中國運輸股份有限公司規程（1939年12月22日）················201
  10. 公路運輸總局為成立中國運輸股份有限公司給川桂公路運輸局訓令（1939年12月28日）················201
  11. 1937年至1939年西南公路機構之變遷（1940年）················202
  12. 交通部西南公路管理處組織規程（1940年1月24日）················204
  13. 行政院關於由運輸統制局接管全國公路工程運輸管理機關等事項給重慶市政府代電（1941年9月10日）················205
  14. 行政院為抄發軍委會運輸統制局修正組織條例給重慶市政府訓令（1942年3月9日）················205
  15. 四川省、重慶市公路交通委員會組織章程（1943年2月18日）················206
  16. 公路總局之使命與任務（節選）（1943年3月1日）················207
  17. 公路總局為該局成立致重慶市政府公函（1943年3月13日）················209
  18. 交通部公路總局組織法①（1943年4月19日）················209
  19. 抗戰時期西南公路管理機構的變遷（1943年）················211
  20. 軍委會戰時運輸管理局關於抄送該局組織條例致重慶市政府公函（1945年1月30日）················213

三、概況···················216
  1. 戰前四川公路「四大國道」的建築（1937年）················216
  2. 中央統制西南五省公路聯運辦法詳志（1937年）················221
  3. 川陝黔滇湘五省公路聯運大綱（1937年）················223
  4. 重慶市政府為公路運輸技術顧問團諮詢委員會會議議決有關事宜給市工務局的指令（1939年8月31日）················224
  5. 抗戰以來的公路設施（1939年）················224
  6. 戰時汽車及駕駛人分類統計（1940年12月）················225
  7. 解決商車貨運困難有關文件（1941年4—5月）················226
  8. 行政院為制止不肖公務人員扣留商車給重慶市政府訓令（1941年6月10日）················229

9. 軍委會運輸統制局為抄發安司丹改進公路運輸意見致重慶市政府代電（1941年9月22日） 230
10. 川湘川陝貨運業務及川湘鄂區旅客聯運概況（1943年8月30日） 232
11. 西南公路統一管理的經過（1943年） 233
12. 抗戰中成長之西南公路（1943年） 234
13. 最近三年來之川滇東路概況（1943年） 237
14. 川滇東路與沿線經濟（1943年） 245
15. 西南公路運輸局概況（1944年） 250
16. 抗戰時期的公路運輸機關及車輛（1944年） 253
17. 西南公路運輸概況（1944年） 255
18. 川陝公路管理局概況（1945年） 257
19. 川陝公路管理局工作概況（1945年） 258
20. 關於改進重慶市區公路交通管理辦法的一組文件（1945年5月） 264
21. 關於車輛改為靠右行駛的一組檔（1945年7—9月） 266

第四章 航空 269

一、管制、管理法規 269

1. 四川省政府為轉發《航空委員會飛行站場借用規則》給重慶市政府的訓令（1937年6月30日） 269
2. 航空保安建設費徵收辦法（1938年6月24日） 270
3. 非常時期民用航空乘客購票及包機辦法（1938年11月22日） 271
4. 交通部為修建九龍坡機場致重慶市政府公函（1939年2月） 271
5. 交通部民用飛機養護檢查暫行辦法（1939年3月30日） 272
6. 重慶市政府關於轉發《交通部管理重慶珊瑚壩飛機場暫行規則》訓令（1940年3月14日） 272
7. 軍委會為頒佈《民用空運統一檢查實施規則》給重慶市政府的訓令（1941年4月23日） 273
8. 行政院關於奉令公佈《航空法》給重慶市政府的訓令（1941年5月30日） 275
9. 中國航空公司為抄送民用航空站計畫致陪都建設計畫委員會公函（1941年11月4日） 280
10. 歐亞航空公司為抄送民用航空站計畫致陪都建設計畫委員會公函（1941年11月15日） 281
11. 中國航空公司為總經理任免事項致重慶市政府公函（1941年12月—1943年8月） 281
12. 外國航空器飛航國境統一辦法（1942年11月13日） 282
13. 外國航空器飛航國境檢查暫行辦法（1942年11月13日） 283
14. 中央航空公司為總經理就職任事致重慶市政府代電（1943年3月2日） 283
15. 行政院為軍機不准擅自搭客事給重慶市政府訓令（1943年12月26日） 284

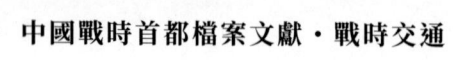

16. 行政院為轉發軍用運輸機搭乘辦法給重慶市政府訓令（1945年3月10日）⋯⋯⋯284

　二、概況⋯⋯⋯284
　　1. 抗戰爆發以來的航空線（1941年）⋯⋯⋯284
　　2. 中國航空公司1940年至1942年概況（1943年）⋯⋯⋯286
　　3. 中國航空公司近況（1944年4月10日）⋯⋯⋯289
　　4. 陪都民用航空概況（1944年）⋯⋯⋯291

第五章　驛運⋯⋯⋯293

　一、管制、管理法規⋯⋯⋯293
　　1. 交通部馱運管理所組織規程（1938年11月24日）⋯⋯⋯293
　　2. 交通部為成立驛運總管理處致重慶市政府公函（1940年8月10日）⋯⋯⋯294
　　3. 交通部驛運總管理處組織規程（1940年10月23日）⋯⋯⋯294
　　4. 中華民國水陸驛運載貨通則（1941年1月9日）⋯⋯⋯296
　　5. 驛運車馱管理規則（1941年8月14日）⋯⋯⋯305
　　6. 各機關辦理驛運聯繫辦法（1941年8月30日）⋯⋯⋯309

　二、概況⋯⋯⋯310
　　1. 瀘昆驛運線之概況（1941年）⋯⋯⋯310
　　2. 川黔驛運線之概況（節選）（1941年）⋯⋯⋯312
　　3. 川陝驛運線之概況（節選）（1941年）⋯⋯⋯316
　　4. 加強川陝川湘兩線運輸能力（1941年）⋯⋯⋯318
　　5. 四川省驛運之概況（節錄）（1941年）⋯⋯⋯321
　　6. 1938年秋至1941年冬驛運概況（1942年）⋯⋯⋯325
　　7. 全國驛運工作之展望（節錄）（1943年5月3日）⋯⋯⋯327
　　8. 水陸驛運管理規則（1943年12月30日）⋯⋯⋯330
　　9. 獎勵民營驛運事業辦法（1943年12月30日）⋯⋯⋯331
　　10. 四年驛運概況（節錄）（1943年）⋯⋯⋯332
　　11. 陪都驛運概況（1945年12月）⋯⋯⋯335

第六章　鐵路⋯⋯⋯339

　一、修築綦江鐵路⋯⋯⋯339
　　1. 行政院關於撥款修築綦江鐵路給交通部的訓令（1940年4月17日）⋯⋯⋯339
　　2. 交通部為上報修築綦江鐵路計畫致行政院呈文（抄件）（1942年3月21日）⋯⋯⋯339
　　3. 行政院為抄發《修築綦江鐵路工程計畫及工款概算案審查紀錄》給交通部的訓令（抄件）（1942年4月10日）⋯⋯⋯342
　　4. 綦江鐵路工程處總報告（1945年12月31日）⋯⋯⋯344

　二、興築成渝鐵路⋯⋯⋯348
　　1. 成渝鐵路工程局就奉令成立事致重慶市政府公函（1936年7月22日）⋯⋯⋯348

  2. 徵收成渝鐵路用地委員會辦事處組織大綱（1937 年 6 月） ··· 349

  3. 徵收成渝鐵路用地委員會辦事處辦事細則（1937 年 6 月） ··· 349

  4. 成渝鐵路工程局工程招標章程（1937 年） ·· 350

  5. 成渝鐵路與四川經濟（1937 年） ·· 352

  6. 成渝鐵路籌備之經過（1937 年） ·· 356

  7. 行政院為准發成渝鐵路工程局地產出租暫行規則給重慶市政府訓令（1941 年 5 月） ·· 357

  8. 成渝鐵路工程局關於徵購和出租工程用地的說明（稿）（1942 年） ························· 357

  9. 成渝鐵路的過去（1945 年） ··· 359

第七章 郵電   369

一、管制、管理法規   369

  1. 交通部為規定內地與香港往來電報避免無線電傳遞補救辦法致重慶市政府公函（1939 年 1 月 6 日） ·· 369

  2. 行政院關於抄發《取締中外商行拍發密電辦法》給重慶市政府訓令（1940 年 1 月 16 日） ·· 370

  3. 行政院關於修正公佈《郵局自備運郵汽車通行各省市公路辦法》給重慶市政府訓令（1940 年 7 月 23 日） ··· 371

  4. 重慶與各省會及軍事重點通郵情形表（1940 年 9 月 24 日） ··· 372

  5. 行政院為檢發《各機關領用空白自用密本規則》給重慶市政府訓令（1941 年 12 月 4 日） ·· 373

  6. 行政院為抄發《修正各機關參加郵電檢查工作辦法》給重慶市政府訓令（1942 年 3 月 27 日） ·· 374

  7. 行政院關於太平洋戰爭爆發後寄往歐美航空函件辦法致重慶市政府代電（1942 年 4 月 17 日） ·· 375

  8. 行政院關於中英間互換外交專郵辦法給重慶市政府的訓令（1942 年 6 月） ············ 375

  9. 行政院為檢發《非常時期拍發密電限制辦法》和《拍發密電許可證發給辦法》致重慶市政府代電（1942 年 11 月 11 日） ·· 376

  10. 行政院為抄發《非常時期郵電使用文字種類限制辦法》給重慶市政府的訓令（1942 年 11 月 6 日） ·· 377

  11. 行政院為抄發《軍事委員會統制重慶衛戍區軍用與專用無線電臺辦法》給重慶市政府的訓令（1942 年 12 月 19 日） ·· 377

  12. 行政院關於抄發《郵寄密電限制辦法》給重慶市政府訓令（1943 年 7 月 6 日） ······ 379

  13. 行政院關於抄發《拍發官電須知》給重慶市政府的訓令（1943 年 8 月 8 日） ········· 380

  14. 行政院為轉發寄交駐印軍郵件辦法給重慶市政府的訓令（1943 年 9 月 28 日） ······· 382

  15. 關於抄發管理政務電訊辦法給重慶市政府的訓令（1944 年 5 月 17 日） ················· 382

二、概 況   384

  1. 抗日戰爭時期的郵政（1943 年） ·· 384

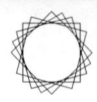

3. 1944年郵電工作概況（1945年1月29日） 388
4. 陪都郵政（1945年12月） 390

三、東川郵政 392
1. 西密司為上報東川郵路概況致郵政總局公函（1937年11月15日） 392
2. 東川郵政管理局1940年工作概況（1941年） 393
3. 東川郵政管理局概略（1941年12月8日） 398

四、重慶電信 400
1. 重慶電話局概況（1938年） 400
2. 1937年至1942年的重慶電話局（1942年12月） 402
3. 重慶電信概況（1943年5月17日） 406

第八章 重慶市內交通 409

一、公共汽車 409
1. 重慶衛戍總司令部為公共汽車公司呈述有關事項致重慶市政府代電（1939年11月13日） 409
2. 軍委會為嚴格執行《戰時管制經售汽車公司商行及修理廠行暫行辦法》致重慶市政府代電（1940年10月26日） 410
3. 行政院為抄發《整理重慶市公共汽車方案》給重慶市政府的訓令（1941年8月1日） 410
4. 軍委會戰時運輸管理局為抄送《重慶市區交通改進辦法》致重慶市政府公函（1945年6月19日） 411
5. 重慶公共汽車概況（節錄）（1944年） 412
6. 軍委會戰時運輸管理局為檢送公共汽車監理會會議記錄及組織規程致重慶市政府代電（1945年8月15日） 415
7. 重慶公共汽車管理處工作概況（1945年11月至1946年1月） 418
8. 重慶市政府為檢發《調整並加強汽車運輸各業同業公會組織實施辦法》給社會局的訓令（1943年11月20日） 419
9. 重慶市汽車商業同業公會章程（1943年） 421
10. 重慶市汽車商業同業公會1944年工作報告（節錄）（1944年） 424

二、輪渡 429
1. 重慶輪渡股份有限公司創立會議記錄（1939年5月29日） 429
2. 重慶輪渡股份有限公司章程（1939年5月） 430
3. 重慶輪渡股份有限公司董事監察人名單（1939年5月） 432
4. 何靜源等為發起組織輪渡公司請核准登記致重慶市社會局呈文（1940年1月24日） 433
5. 交通部為准予《重慶市輪渡管理辦法》備案致重慶市政府公函（1941年7月3日） 433
6. 重慶市工務局為報告重慶輪渡公司成立經過致市政府呈文（1941年7月4日） 435

7. 重慶輪渡公司創辦四年概況（1943年） 436
　　8. 整理重慶市輪渡暫行辦法（1939年5月29日） 437
　　9. 重慶輪渡配備計畫方案（1939年7月3日） 438
三、纜車 440
　　1. 重慶市工務局建築重慶南山區纜車路計畫（1941年） 440
　　2. 中國橋樑股份有限公司擬重慶市登坡纜車計畫書（1943年12月） 441
　　3. 重慶纜車公司籌備委員會籌備會議記錄（1944年2—3月） 444
　　4. 重慶纜車公司創立會會議記錄（1944年3月22日） 448
　　5. 重慶纜車公司第一次董監聯席會議記錄（1944年3月22日） 450
　　6. 重慶纜車公司董事會第一次會議記錄（1944年4月3日） 451
　　7. 重慶纜車特種股份有限公司章程（1944年5月） 452
　　9. 重慶纜車公司董事會第二次會議記錄（1944年6月15日） 455
　　10. 重慶纜車公司董事會第三次會議記錄（1944年8月23日） 458
　　11. 重慶纜車公司董事會第四次會議記錄（1944年12月6日） 460
　　12. 重慶纜車公司董事會第五次會議記錄（節選）（1945年4月18日） 462
　　13. 重慶纜車公司第六次董事會工作報告（1945年8月） 464
　　14. 重慶纜車特種股份有限公司概況（1945年） 466
四、馬車 467
　　1. 蔣介石關於加強重慶市內馬車清潔管理的手令（1942年1月23日） 467
　　2. 委員長侍從室為蔣介石令整飭驛運馬車致重慶市政府公函（1942年12月7日） .. 467
　　3. 加強管理交通馬車會議記錄（1943年1月28日） 468
　　4. 交通部驛運管理處為遵令擬定整頓重慶馬車辦法致蔣介石呈文（1943年6月26日） 469
　　5. 重慶市政府為擬定整頓本市馬車辦法呈覆蔣介石文稿（1943年7月2日） ... 470
　　6. 重慶驛運服務所概況（1943年） 470
　　7. 蔣介石為限期改進重慶市內馬車給曾養甫等的手令（1944年8月27日） .. 475
　　8. 重慶市政府公共汽車管理處驛運服務處業務概況（節選）（1945年） ... 475
五、板車 477
　　1. 周均成等為發起組織長途板車商業同業公會致重慶市社會局呈文（1940年4月） 477
　　2. 重慶市板車商業同業公會為報告該會成立經過致重慶市社會局呈文（1941年9月4日） 478
　　3. 重慶市板車商業同業公會改組籌備會為報告籌備改組事宜致重慶市社會局呈文（1943年1月25日） 478
　　4. 重慶市板車商業同業公會章程（1943年7月26日） 479
　　5. 重慶市板車管理規則（1943年8月4日） 482
六、人力車 484
　　1. 重慶市人力車商業同業公會為改組事項致重慶市社會局呈文（1939年12月26

　　　　日）...484

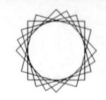

　　　2. 重慶市社會局就已停止行駛人力車輛恢復營業問題與市政府往來檔（1940年3—4月）...488

　　　3. 重慶市管理人力獸力車輛規則草案（1944年8月19日）.................489

七、轎業..490

　　　1. 重慶市轎商業同業公會為報告該會成立情形致重慶市社會局呈文（1940年2月15日）...490

　　　2. 符紹卿等為設立轎商業辦事處致重慶市社會局呈文（1940年12月26日）...491

　　　3. 重慶市社會局關於檢送轎夫名冊請鑒核致市政府呈文（1943年11月12日）...491

八、籌辦無軌電車和籌建兩江大橋...492

　　　1. 重慶纜車公司為擬興建市區電車致交通部呈文（1945年7月27日）.........492

　　　2. 重慶電車公司籌備處為申請備案與市政府往來檔（1945年8月）.............493

　　　3. 陪都建設計畫委員會為擬興建市區電車事宜給顧鶴臬函稿（1946年9月5日）...494

　　　4. 重慶市工務局為籌辦無軌電車致市政府呈稿（1946年10月31日）.........494

　　　5. 陪都建設計畫委員會為擬議興辦無軌電車致鬍子昂等箋函稿（1946年11月11日）...495

　　　6. 重慶市政府與市工務局關於無軌電車籌備處成立事項往來檔（1947年1—2月）...495

　　　7. 政府為撤銷無軌電車籌備處給工務局的訓令（1947年9月4日）.............496

後記..497

前言

「中國戰時首都檔案文獻」是一套中國抗日戰爭時期首都——重慶的歷史資料叢書，由《中國戰時首都檔案文獻·戰時政治》《中國戰時首都檔案文獻·戰時經濟》《中國戰時首都檔案文獻·戰時文化》《中國戰時首都檔案文獻·戰時教育》《中國戰時首都檔案文獻·戰時科技(上、下)》《中國戰時首都檔案文獻·戰時外交(上、下)》《中國戰時首都檔案文獻·戰時交通》《中國戰時首都檔案文獻·反轟炸(上、下)》和《中國戰時首都檔案文獻·黨派活動》共9卷12冊專題歷史資料組成。這套叢書是在重慶師範大學歷史與社會學院前身即重慶師範學院歷史系與重慶市檔案館編研處合作建立的「中國抗戰陪都史課題組」於1996年編纂的「中華民國抗戰陪都史料叢編」的基礎上，經過西南師範大學出版社大力支持，重慶雙安文化傳播有限公司積極參與，由重慶師範大學歷史與社會學院會同重慶市檔案館、重慶圖書館等單位的專家學者用五年多的時間，重新進行了大量歷史資料的搜集、增補、整合、編輯而成。

本叢書各卷史料以1937年11月（國民政府移駐重慶）至1946年5月（國民政府還都南京）作為中華民國抗戰首都史的時限。我們認為：開展中國抗戰首都史的研究，有助於推動中國抗日戰爭史、國民政府史以及近代重慶地方史、城市史的研究，以豐富中國現代史、中華民國史的研究內容。而這套史料叢書的編成是原「中國抗戰陪都史課題組」和現今繼續參與這套歷史資料編纂任務的重慶師範大學歷史與社會學院以及校外專家學者的一項研究成果。這套史料叢書從「中國抗戰陪都史課題組」成立到最後編纂完成正式出版，前後經歷了三十多年的時間，也算是我們為中國抗戰首都歷史（或中國抗戰「陪都史」）、中國抗戰大後方史這一新興的史學研究領域提供全面、系統、翔實的史料基礎工作盡了一份力。

1986年，四川省哲學社會科學研究規劃辦公室批准重慶師範學院歷史系申報的「中國抗戰陪都史」研究課題，列為四川省「第七個五年計劃」哲學和社會科學研究重點課題，這也是學校當時唯一獲准的省級重點科研專案。為此成立了以重慶師範學院重慶地方史研究室主任鄭洪泉為組長的「中國抗戰陪都史課題組」。為了順利地開展這項研究工作，課題組與重慶市檔案館編研處合作，共同進行研究，由鄭洪泉和重慶市檔案館編研處處長黃立人共同擔任課題組負責人。雙方通力合作，確定了研究方向，決定從搜集、整理史料著手，編纂一套中國戰時首都史料，以便在此基礎上開展中國戰時首都歷史的研究，編寫中國抗戰陪都史專著。為了編纂中國戰時首都史料，課題組規劃了11個方面的選題，立即組織人力在重慶圖書館、重慶市檔案館和南京中國第二歷史檔案館等處開展了規模較大的史料搜集和整理工作。由於所需搜集和整理的史料涉及時限長、範圍廣、工作量大，本課題組截至1990年「七五」計畫結束時尚未能完成此項史料編纂任務，後經四川省哲學社會科學研究規劃辦公室同意，准予本課題延長至「八五」計畫期間繼續進行。經過10多年的努力，課題組終於在1996年12月底初步完成「中華民國抗戰陪都史料叢編」的編纂任務。這套史料叢書包括《國府遷都·明定陪都·勝利還都》《戰時動員》《軍事機構與軍事活動》《轟炸與反轟炸》《外交活動》《黨派活動》《戰時經濟》《戰時交通》《戰時科技》《戰時教育》《戰

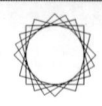

時社會》共11卷。由於需要對各卷史料進行進一步編輯加工，同時也由於當時重慶師範學院科研經費拮据，所以這套史料叢書未能爭取在本課題結題時正式出版。此後因課題組負責人鄭洪泉退休，而另一負責人黃立人不幸病故，出版問題被擱置下來。直到2007年，重慶師範大學校領導重新提出「中華民國抗戰陪都史料叢編」的出版問題，並將這套叢書列入學校哲學社會科學研究基金資助項目。以此為契機，經過重慶師範大學和重慶市檔案館原「中國抗戰陪都史課題組」同志共同努力，重慶雙安文化傳播有限公司積極協調，選擇這套叢書11卷史料形成《國府遷渝明定陪都勝利還都》《戰時動員》《戰時社會》《戰時工業》與《戰時金融》共5卷，於2008年1月內部出版，叢書名改為「中華民國戰時首都檔案文獻」。

「中華民國戰時首都檔案文獻」出版後，產生了較大的社會影響。2009年5月，中國國民黨領導人率領該黨訪問團在重慶訪問期間，於5月27日下午，在國務院和重慶有關領導人陪同下來重慶師範大學大學城新校區參觀，臨別之際，重慶師範大學校方向中國國民黨訪問團贈送了一套「中華民國戰時首都檔案文獻」，對方欣然接受並表示很大興趣。當晚，在與中共重慶市委領導人會談的過程中，中國國民黨訪問團領導人表示：重慶是他嚮往已久的都市，抗戰時期是國民政府的陪都，今天下午到重慶師範大學參訪時獲知了國民政府在抗戰時期的許多珍貴史料，並說臺北國民黨黨史館也有許多珍貴史料，將來雙方可以互相交流。重慶市委統戰部獲悉這一情況後，向重慶師範大學索要了幾套「中華民國戰時首都檔案文獻」，分別贈送給先後來渝參訪的臺灣知名人士。2012年，這套叢書獲得重慶市人民政府社會科學優秀成果三等獎。

2012年，在重慶師範大學歷史與社會學院的支持下，西南師範大學出版社將重慶師範大學和重慶市檔案館原「中國抗戰陪都史課題組」編纂的「中華民國抗戰陪都史料叢編」更名為「中國戰時首都檔案文獻」，申報國家出版基金專案獲得批准，由西南師範大學出版社籌畫將叢書全部正式出版。

為此，在重慶師範大學黨委和行政的領導下，歷史與社會學院組織了一個由學院院長常雲平負責、已退休原課題組組長鄭洪泉參與的專門的工作班子，與西南師範大學出版社進行叢書的編輯和出版事宜。同時建立了由重慶師範大學、重慶市檔案館、重慶圖書館、西南師範大學出版社和重慶雙安文化傳播有限公司等單位的有關領導、專家學者組成的「中國戰時首都檔案文獻」叢書編委會，以統籌、協調和推動叢書的出版工作。

由於《國府遷渝·明定陪都·勝利還都》《戰時動員》《戰時社會》《戰時工業》與《戰時金融》，已被收入「中國抗戰大後方歷史文化叢書」系列中，故在「中國戰時首都檔案文獻」正式出版時，沒有將這5卷史料收入在內。這5卷史料是前述原「中國抗戰陪都史課題組」於1996年初步完成的「中華民國抗戰陪都史料叢編」11卷史料的不可分割的重要組成部分，且已經由重慶師範學院科研處於當年寫進報送四川省哲學社會科學研究規劃辦公室的結題報告之中。2012年「中國戰時首都檔案文獻」獲得重慶市人民政府社會科學優秀成果三等獎，更有力地證明這套叢書是原「中國抗戰陪都史課題組」的科研成果。

「中國戰時首都檔案文獻」工作班子會同重慶市檔案館、重慶圖書館等單位的專家學者，以1996年初步完成的「中華民國抗戰陪都史料叢編」11卷史料為基礎，針對新的情況，對各卷史料進行了較大的整合，對《黨派活動》《戰時交通》《戰時教育》《戰時科技》和《戰時外交》等資料進行了重新調整補充和編纂。對《轟炸與反轟炸》史料進行了重新調整和增

補，形成 1 卷《反轟炸》專題史料，另外新編纂了《戰時政治》和《戰時經濟》2 卷新史料。在增補、重編和新編史料的過程中，增添了新近從國外搜集到的檔案文獻資料。這樣就在相當程度上彌補了由於「中華民國戰時首都檔案文獻」5 卷史料未能列入本叢書所造成的內容上的缺失。呈現在讀者面前的這套 9 卷 12 冊的「中國戰時首都檔案文獻」就是這樣完成的。

以上是對「中國戰時首都檔案文獻」的由來所做的說明。

為了使讀者對本書的編纂價值和編纂思路有一個大體瞭解，特將本課題組成員在編纂過程中撰寫的《中國抗戰陪都史初探》《論國民政府遷都重慶的意義與作用》《關於「陪都」史研究的幾個問題》《試論蔣介石與四川抗日根據地的策定》等幾篇論文編入本叢書《戰時政治》後，以供參考。

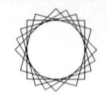

凡例

  1.《中國戰時首都檔案文獻·戰時交通》所輯檔案文獻一般一事為一題；同屬一事而彼此間緊密聯繫的多個資料，亦為一題。

  2. 所輯檔案文獻其原有標題，根據需要略做更動；少數無標題者，為編者所擬。

  3. 檔案文獻的出處均以註腳注明，凡未注明者，即此資料來自重慶市檔案館。

  4. 所輯檔案文獻凡因殘缺、脫落、汙損而沒有辦法辨認的字，以「□」示之。少數原文發表時，為新聞檢察機關檢扣的文字，也以「□」代之。

  5. 對檔案文獻中今天看來的「錯別字」，不妨礙對原檔案文獻內容的理解，原則上不做更動。只對明顯的錯別字和漏字做了訂正和增補，以「（）」楷體標明。修正衍文用「（）」楷體注明。文中「（）」內字體與正文一致者，表明為原檔案資料所有。

  6. 原檔案文獻本身的刪節，以「……」標明，系編者刪節則用「〈〉」楷體標明。此外，原稿的缺失部分，也用「〈〉」楷體注明。原檔案文獻系新聞消息，其出處以「〔〕」楷體標明。

  7. 原檔案文獻中的數位的表示方法，除標題全書為阿拉伯數字以外，原則上保持原貌。

  8. 檔案文獻中的「同左」「同右」「如左」「如右」等，因當時系豎行文，故「左」或「次」即「下」，「右」即「上」或「前」。

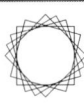

第一章 交通部暨戰時交通設施與建設概況

1. 交通部組織法[①]（1938 年 7 月 30 日）

第一條　交通部規劃、建設、管理、經營全國國有鐵路、公路、電政、郵政、航政並監督公有及民營交通事業。

第二條　交通部對於各地方最高級行政長官執行本部主管事務有指示監督之責。

第三條　交通部就主管事務對於各地方最高級行政長官之命令或處分認為有違背法令或逾越許可權者，得提經行政院會議議決後停止或撤銷之。

第四條　交通部置下列各司局處：

一、總務司。

二、人事司。

三、財務處。

四、材料司。

五、路政司。

六、電政司。

七、航政司。

八、郵政總局。

九、公路總管理處。

第五條　交通部因事務之必要，得置路電郵航各局處及各委員會，其組織另以法律定之。

第六條　交通部經行政院會議及立法院之議決，得增置裁併各司及其他機關。

第七條　總務司掌下列事項：

一、關於收發分配撰輯保存檔事項。

二、關於部令之公佈事項。

三、關於典守印信事項。

四、關於編制報告及刊行出版物事項。

五、關於本部經費之出納及保管事項。

六、關於本部財產物品之保管事項。

七、關於本部庶務及其他不屬於各司事項。

第八條　人事司掌下列事項：

一、關於本部及所屬各機關職員之任免獎懲事項。

[①] 本組織法於 1926 年 11 月 13 日由國民政府公佈，於 1927 年 8 月 8 日、11 月 11 日，1928 年 5 月 15 日、12 月 8 日，1930 年 2 月 3 日，1931 年 2 月 21 日，1938 年 1 月 14 日、3 月 8 日做了九次修正，至 1938 年 7 月 30 日再次修正公佈施行。

二、關於本部及所屬各機關行政及技術人員之訓練及教育事項。
三、關於本部及所屬各機關之職工教育及附屬學校事項。
四、關於本部及所屬各機關衛生事項。
五、關於職工之待遇及保障事項。
六、其他有關人事事項。

第九條　財務司掌下列事項：
一、關於本部所屬各機關款項之支配保管事項。
二、關於本部所屬各機關之債務整理償還事項。
三、關於交通建設經營擴充之籌款事項。
四、關於財產之處理事項。
五、關於交通建設土地之收買處分事項。
六、關於公有及民營交通事業之財務監督事項。
七、其他有關財務事項。

第十條　材料司掌下列事項：
一、關於材料之採購保管稽核支配轉運事項。
二、關於材料之調查檢驗監製及技術設計事項。
三、關於材料帳目之登記及審核事項。
四、其他有關材料事項。

第十一條　路政司掌下列事項：
一、關於籌畫鐵路建設事項。
二、關於管理鐵路業務及附屬營業事項。
三、關於管理鐵路工務機務事項。
四、關於公有及民營鐵路之監督事項。
五、其他有關路務事項。

第十二條　電政司掌下列事項：
一、關於籌畫電信電話廣播及電氣交通之建設事項。
二、關於管理電信電話廣播及電氣交通之經營事項。
三、關於公有及民營電氣交通事業之監督事項。
四、其他有關電務事項。

第十三條　航政司掌下列事項：
一、關於籌畫航業航空之設備及建設事項。
二、關於管理航業航空之經營事項。
三、關於公有及民營航業航空之監督事項。
四、其他有關航務事項。

第十四條　郵政總局掌下列事項：
一、關於管理全國郵政事項。
二、關於管理郵政儲金及匯兌事項。
三、其他有關郵務事項。

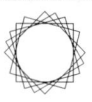

第十五條　公路總管理處掌下列事項：

一、關於籌畫全國公路建設及工程直接設施事項。

二、關於管理公路業務及聯運事項。

三、關於各省公路設施之監督事項。

四、關於公路器材之統籌管理事項。

五、其他有關公路事項。

第十六條　交通部部長綜理本部事務，監督所屬職員及機關。

第十七條　交通部政務次長常務次長輔助部長處理部務。

第十八條　交通部設秘書8人至10人，分掌機要檔及長官交辦事務。

第十九條　交通部設參事4人至6人，撰擬審核關於本部法案命令。

第二十條　交通部設司長7人，郵政總局局長1人，公路總管理處處長1人，分掌各司局處事務。

第二十一條　交通部設科長24人至36人，科員200人至260人，助理員30人，承長官之命辦理各科事務。

第二十二條　交通部部長特任，次長、參事司長、郵政總局局長、公路總管理處處長及秘書4人簡任，其餘秘書科長薦任，科員、助理員委任。

第二十三條　交通部設技監2人簡任，技正28人，其中10人簡任，餘薦任，技士42人薦任，技佐50人委任，承長官之命辦理技術事務。

第二十四條　交通部設會計長1人，統計主任1人，辦理會計統計事項，受交通部部長之指揮監督，並依國民政府主計處組織法之規定直接對主計處負責。

會計處及統計室需用佐理人員名額，由交通部及主計處就本法所定薦任委任人員及雇員名額中會同決定之。

第二十五條　交通部因事務上之必要得聘用顧問及專門人員。

第二十六條　郵政總局及公路總管理處之組織另以法律定之。

第二十七條　交通部處務規程以部令定之。

第二十八條　本法自公佈日施行。

2. 抗戰初期西南交通概況[①]（1938年）

一、西南各省交通概況

自中日戰事開始後，政府積極建設西南交通，鐵道除計畫與趕建中之各路新線將次第完成外，水道航路亦在相繼增闢，現各省公路已彼此銜接，各主要區域已先後通車。航空方面，亦已在西南各重要城市添闢航線。茲將西南各省主要交通線分述如下：

（一）西南各省之主要交通

1. 由武漢乘輪船至重慶，再循公路經貴陽，以達昆明。

2. 由長沙循公路經湘西，以達貴陽，轉往昆明。

[①] 原載《西南導報》社編：《西南交通要覽》，1938年出版。

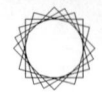

3. 由武漢或長沙，由水道至常德、沅陵、芷江，達貴州省之鎮遠，轉循公路至貴陽（武漢至常德有輪船，常德以上至沅陵，有小輪，再上僅通民船）。

4. 由長沙或衡陽，循公路（將來由衡陽至廣西鎮南關通鐵道，現在已築至桂林，不久通車），經桂林、馬平（柳州）、河池、獨山，直達貴陽，轉道昆明，或由馬平，至邕甯，龍州，出桂邊境越鎮南關而至河內，再轉滇越鐵路而至昆明，東南至海防，搭海輪至香港，上海（由廣西至法屬安南，可至廣西龍州法國領事館辦理護照）。

5. 由廣東、香港，乘海輪至越南海防，乘火車至昆明（護照可至香港或廣州辦理）。

6. 由香港經西江，至梧州，赴桂林，或柳州，（可轉貴陽）或經邕甯，過龍州，出鎮南關（經法屬安南，搭滇越鐵路火車，至昆明）。

7. 由香港、廣州，乘輪船至廣東北海，經合浦、欽縣，至廣西之邕甯轉往西南各處。

8. 由昆明西行，經祿豐、楚雄、永平、龍陵，至滇西邊境瑞麗，可通英屬緬甸，現在路面已鋪至祿豐，不久可以通車。

（二）西南各省之分類交通線

1. 鐵路

（1）粵漢線，由漢口經長沙、衡陽、株洲、韶關，至廣州，①廣三段由廣州至三水，②株萍段由株洲經醴陵至萍鄉，③廣九段由廣州至九龍。

（2）滇越線由法屬海防，河內至昆明。

2. 公路

西南公路以貴陽為中心，分東南西北四線，東線經黃平、晃縣、沅陵、常德而至長沙，與粵漢鐵路會合；南線經獨山、河池，至馬平（柳州），由此北至桂林，東南至梧州，西南至邕甯；北線經息烽、遵義、桐梓，至重慶，由此東下武漢，西北達成都，循川陝路，可至西安；西線經永甯、平彝，至昆明，與滇越鐵路銜接，直達海防。

3. 航空

（1）漢蓉線，由漢口經沙市、宜昌、萬縣、重慶，至成都。

（2）渝港線，由重慶經貴陽，桂林或馬平（柳州）、梧州，至香港。

（3）漢湘線，由漢口至長沙。

（4）渝嘉線，由重慶經瀘州，敘府（即宜賓）至嘉定（一稱樂山縣）。

以上為中國航空公司航空線。由昆明至成都，漢中，西安，蘭州，寧夏，或長沙，漢口，香港，及法屬安南之河內（歐亞線）現在均已通航。

4. 水道

由漢口至沙市、宜昌，或直達重慶，均有船可通，局名計招商、民生、三北、怡和等，計程約七日。漢口至長沙之輪船，各公司均有，開行最快約三十六小時可達。漢口至常德、常德至湘西芷江、長沙至衡陽，均通輪船。餘如廣西境內梧州至香港，有外輪通航，二日可達，票價亦廉，西江水運可通百色，支流通小船者亦多。餘如四川之金沙、岷江，雲南之橫江等，均可部分通航，惟均民船，並無定期航輪。

二、西南各城市直接交通

漢口至重慶　重慶至貴陽　重慶至成都　漢口至長沙　長沙至貴陽

漢口經衡陽至廣州　衡陽至桂林　長沙經桂林至貴陽　貴陽至昆明

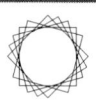

香港經梧州至柳州　漢口—廣州—香港—海防—昆明—貴陽—重慶—成都

（以後關於西南各交通路線之行車時刻、客貨票價及新辟或更改路線之各項消息按期詳載本社出版之《西南導報》中）

（一）漢口至重慶

1. 漢口直達重慶輪船，行程七八日，票價如後：

大餐間	官艙	房艙	統艙
185.00	99.00	66.00	33.00

2. 漢口經宜昌至重慶

（1）漢口至宜昌

①輪船　行程二三日

公司＼票價＼等級	大餐間	官艙	房艙	統艙
招商	50.00	30.00	20.00	10.00
三北	50.00	30.00	20.00	10.00
寧紹	50.00	30.00	20.00	10.00
民生	50.00	39.00	26.00	13.00
太古	60.00	30.00	20.00	10.00
怡和	66.00	30.00	20.00	10.00

②公共汽車　每晨五時由橋口站開（四時半開始售票），當晚七時三十分到宜昌，票價10.55元（附注：天雨停開，有時第一日天雨次日亦停開；該路客車車頂堆放行李未罩油布，故旅客對於行李須善加包妥，以免中途遇雨淋濕）。

（2）宜昌至重慶

輪船　行程四日

公司＼票價＼等級	大餐間	官艙房	房艙	統艙
民生	96.00	75.00	50.00	25.00
太古、怡和	132.00	60.00	40.00	20.00

重慶住宿有沙利文、新川飯店、四川旅行社招待所等，價目1元至10元。

（二）重慶至貴陽

1. 行程及票價

全程共長488公里，二日可達，公共汽車票價22.00元，在松坎換車（將來聯運車開行即無庸換車）。

2. 行李

行李免費帶20公斤，逾此每10公斤（不滿10公斤亦作10公斤計算），取費3.20元。

3. 沿途膳宿情形

第一日　重慶至桐梓一段，267公里，中途在松坎午膳，約行9小時可達，桐梓有東南交通等數家旅館，一宿二餐，價6角（中國旅行社招待所，現在進行中）。

第二日　桐梓至貴陽一段，計221公里，約行8小時可達，中途在遵義午膳，貴陽住處有同樂社、大巴黎、新世界、遠東等十餘家，價每日自8角起，至3元止，可向中國旅行社接洽。

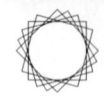

（三）重慶至成都

1. 行程及票價

全程其（共）長 449.7 公里，二日可達，公共汽車票價 18 元。

2. 行李

行李免費 20 公斤，逾此每 5 公斤 1.57 元。

3. 沿途膳宿情形

第一日　重慶至內江，此段 239.50 公里，在永川午膳，約行 8 小時可達，內江有新生旅館，價約 1.50 元，中途有老鷹岩、龍泉驛等名勝。

第二日　內江至成都，此段 210.20 公里，在資陽午膳，約行 7 小時可達，成都有四川旅行社招待所及其他旅館十餘家。

水道由嘉定轉重慶至成都，船票統艙 20 元。

（四）漢口至長沙

粵漢鐵路，日開二次，武衡特快車下午八時三十分自徐家棚開，次晨八時三十分到長沙。

武廣普通快車，下午二時二十分開（徐家棚站），次晨六時到長沙。

1. 票價

種類／等級二等		頭等	二等	三等
普通快		13.35	8.90	4.45
特別快		15.72	10.10	5.05
臥鋪	上	3.50	2.50	1.00
	中			1.20
	下	4.50	3.00	1.50

2. 行李

行李以簡便為主。三等乘客宜攜帶毯子薄被之類，因三等臥鋪所備之出租被褥甚少，不敷支配。

3. 水道交通

招商局每星期三、六，有船開往，約一日夜可達，其價目如下：特等 24 元，官艙 9 元，房艙 6 元，統艙 3 元，四等 2 元。

4. 漢口至常德間之水道交通

招商局每星期一、四，有船開往常德，票價頭等 8 元，二等 6 元，三等 4 元。

（五）長沙至貴陽（經湘西）

長沙西站，乘公共汽車至貴陽，行程計四天，票價 36.20 元。

免費行李每人准帶 20 公斤，逾額每 10 公斤（不滿 10 公斤作 10 公斤計算）取費 4.94 元。

第一日　長沙西站至沅陵，此段計長 381 公里，約行 10 小時，中途在常德午膳，沅陵有竹園飯店，係中國旅行社特約招待所，價目一宿二餐 1.10 元。

第二日　沅陵至晃縣，此段計 238 公里，約行 8 小時，中途在芷江午膳，晃縣有東西兩岸，車抵東岸過夜，次晨渡河至西岸乘貴州省公路汽車（將來聯運車開行時無庸換車）。中國旅行社特約招待所西南旅社，一宿二餐納金 1.10 元。

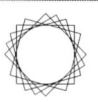

第三日　晃縣至黃平，此段計 200 公里，約行 8 小時半，中途在鎮遠午膳，黃平有興華旅社，係中國旅行社特約招待所，一宿二餐價 7 角。

第四日　黃平至貴陽，此段共計 190 公里，約 7 小時，中途在馬場坪午膳，貴陽有同樂社，大巴黎，新世界，遠東等十餘家旅館，價目自 8 角至 3 元，可至中國旅行社接洽。

（六）漢口至衡陽

1. 粵漢鐵路

（1）行車時刻

武衡特快車　徐家棚開　下午　八時三十分

武廣普通快車　二時二十分

（2）票價

種類／等級		頭等	二等	三等
普通快		19.65	13.10	6.55
特別快		24.15	14.90	7.45
臥鋪	上	3.50	2.50	1.00
	中			1.20
	下	4.50	3.00	1.50

2. 水道交通

漢口至長沙詳前。長沙至衡陽，小火輪二天可達，價最低約 2 元。

（七）衡陽至桂林

1. 衡陽至黃沙河　全程 209 公里，約 7 小時可達，票價 6.25 元，逾額行李每 10 公斤 0.88 元，裝卸每位 1 角（如在下午一時前，到黃沙河轉車，當晚可抵桂林）。

2. 黃沙河至桂林　全程 153 公里，約 4 小時可達，票價桂幣 9.94 元，合國幣 4.98 元，逾額行李每 10 公斤照加。

（八）長沙經桂林至貴陽

長沙至桂林　全程計長 540 公里，公共汽車二天可達，票價 14.60 元，在黃沙河交界處換車，免費行李准帶 20 公斤，超過每 10 公斤，或不滿 10 公斤納費 2 元。

第一日　長沙至零陵，此段計 341 公里，約行 11 小時可達，中途在衡陽午膳，零陵有中南大旅社等，價目自 8 角至 1.50 元。

第二日　零陵至桂林，此段計 199 公里，約行 6 小時半可達，中途在全縣午膳，桂林有樂群社，環湖，桂林等七八家旅館，價目自 1 元至 4 元。

（九）桂林至貴陽

1. 桂林至馬平（柳州）　全線 242 公里，公共汽車約行 6 小時半可達，中途在荔浦午膳，票價（以每公里桂幣 0.078 元計算）9.44 元，免費行李准帶 20 公斤，逾額每 10 公斤（不滿 10 公斤作 10 公斤計算）納費 1.30 元。

2. 馬平至貴陽　全路 632 公里，公共汽車三日可達，票價 24.60 元，行李免費准帶 20 公斤，逾此限額每 10 公斤（不滿 10 公斤亦作 10 公斤計算），取費 3.13 元，在六寨交界處換車。

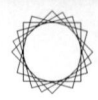

第一日　馬平河池間，此段 221 公里，約行 8 小時可達，中途在宜山午膳，河池小旅館一宿二餐納費 6 角，中國旅行社招待所在進行中。

第二日　河池至獨山，此段 181 公里，約行 8 小時可達，中途在南丹午膳，獨山有胡遠昌旅館，一宿二餐，取費 6 角，中國旅行社招待所在進行中。

第三日　獨山至貴陽，此段 230 公里，約行 10 小時可達，中途在馬場坪午膳，貴陽旅館有同樂社、大巴黎、新世界、遠東等十餘家，價目 8 角至 3 元，可向中國旅行社接洽。

小包車二天可到，可在六寨過夜。

（十）貴陽至昆明

1. 行程價目

全程 662 公里，公共汽車 3 日可達，每人票價 25.05 元。

2. 行李

行李免費准帶 20 公斤，逾額每 10 公斤（或不滿 10 公斤亦以 10 公斤計算），納費 3.97 元。

3. 沿途食宿情形

第一日　貴陽至永甯，此段計 193 公里，約行 8 小時可達，中途在安順午膳，永甯有龍記旅社、吉祥永安等五六家，一宿兩餐價 6 角，中國旅行社招待所在進行中。

第二日　永甯至平彝，計 232 公里，約行 9 小時，中途在盤縣午膳，平彝只有本地小旅社，一宿二餐，納費 6 角。

第三日　平彝至昆明，此段計 237 公里，約行 8 小時，中途在曲靖午膳，昆明有得意春旅館、品新等六七家，價目單人房 1.80 元，雙人房 2.40 元，如欲整潔舒適者，則有酒店。

小包車二天可到，可在安南過夜，車站內有小旅館。

注意：

（1）攜帶行李越少越好。

（2）乘坐公共汽車時，宜備墊子或橡皮氣袋以作墊坐，或靠背之用，可較舒服。

（3）應帶物件：罐頭食物、套鞋雨具。如自備汽車，須備足汽油；並攜帶帆布床（因未按規定食宿站停歇）。

（4）所列沿途旅館，其價目概以最經濟而定。

（十一）漢口—廣州—香港—海防—昆明—貴陽—重慶—成都間之交通線

由漢口至香港（經廣州）乘粵漢路車至廣州，或乘輪船直達香港或乘廣九路火車至九龍轉香港。

1. 粵漢路行車時刻及票價如下：

時刻　每日下午二時二十分　自徐家棚開行　51 小時抵廣州

種類／等級		頭等	二等	三等
車票		36.15	24.10	12.05
臥票	上	7.00	5.00	2.00
	下	4.00	6.00	3.00

2. 粵漢鐵路直達九龍客車

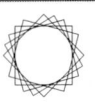

每星期四及星期日下午十時由武昌東站直開九龍，星期日及星期三上午八時可以到達。每星期一、四，下午四時由九龍站開往武昌，星期三、六，下午十時可以到達。南下車只售漢口或武東至九龍直達客票及行李包裹票，北上車兼售由九龍至郴縣、衡陽、長沙等站，任何免費或減費票證，概不適用於此項通車。所有往來票價及行李包裹運價開列於下：

客票價目	頭等	二等	三等	幣制
由漢口至九龍	66.50	44.40	22.20	國幣
由九龍至漢口	44.30	29.60	14.80	港幣

臥鋪票價

客票價目	頭等	二等	三等
上鋪	3.50	2.50	暫不發售臥鋪票
下鋪	4.50	3.00	

行李運價表

由漢口至九龍	1.926	單位國幣元	以每10公斤計算
由九龍至漢口	1.284	單位港幣元	
行李免費仍照向章，頭等80公斤，二等66公斤，三等40公斤，逾量照收（每公斤合2市斤）			

包裹運價（每公斤）聯運包裹每件重量暫以20公斤為限

由漢口至九龍	0.196875	單位國幣元
由九龍至漢口	0.13125	單位港幣元

3. 粵港交通

　　輪船每日上午八時開行，星期日停航，票價如後（單位：港幣）：

艙位／等級	西餐房	中餐房	尾樓	統艙
佛山·泰山	6.50	3.80	2.40	1.30
東安·西安	7.20	4.80	3.60	2.40
天一	4.08	3.00	2.40	1.80

廣州至九龍鐵路二小時抵達。客車日有數班，票價頭等5元，二等2.50元，三等1.25元。

4. 港滇交通

　　由香港至海防，由海防至昆明。由昆明至重慶、成都，必經貴陽，再由成都搭川陝公路，可至西北各處。如川滇公路或鐵道完成，則至成都可由該路直達入川，無須轉道貴陽矣。

5. 香港梧州間交通

　　兩地各有輪船兩艘往來。香港至梧州，需時二日，梧州至香港需時一日。船票價如下：

船名／等級	超等	頭等	特等	唐餐樓	尾樓	大倉
大興·大明	15.00	12.00	7.00	5.60	4.20	3.00
江蘇·江寧	同	同	同	同	同	同
中安	12.00	7.00	同	同	同	同

梧州至柳州輪船，原價自5元至7元，如乘汽車則需18元。

3. 交通部 1938 年工作報告[①]（1939 年 1 月 14 日）

一、鐵　路

（一）建築新路

1. 滇緬路　自昆明至緬邊之南大，全線計 860 公里，預計經費 91000000 元，分兩段興築，一自昆明至清華洞，一自清華洞至南大，於本年八月間成立工程局，兩段同時開始踏勘測量，路線已踏勘完成，初測亦完成百分之四五。昆明方面，並已於十一月一日開工興滇越鐵路之聯絡線，第一、二兩段之路基業已完成，預定二十八年九月鋪軌至楚雄，二十九年三月通車至清華洞。

2. 敘昆路　自敘府至昆明，全線計 773 公里，預計經費約 90000000 元，亦分兩段興築，一自昆明至威寧，一自威寧至敘府，於本年九月間設立工程局，十月開始踏勘測量，路線已踏勘完成，初測因開始較遲，僅完成 20%，決定自昆明方面築起，已於十二月十日開工，昆明至威寧一段，預計二十八年六月完成，全線定於二十九年底通車。

3. 成渝路　自成都至重慶，全線計 523 公里，二十六年三月間開工，計共有土石方約 24000000 公方，橋涵約 1500 座，隧道約 2000 公尺，在二十六年底時除全線測量及重慶碼頭已完成外，已築路基 4.25%，禦土牆 2.05%，橋樑 5.2%，涵洞 19.9%，隧道 19.24%，電話 41.6%。本年因工款材料上之困難，工程不能如預期之迅速，截至年底，全線工程計僅完成路基 14.2%，禦土牆 33.29%，橋樑 24.5%，涵洞 78.7%，隧道 57.4%，電話 54%。本部為使該路與敘昆路銜接起見，已與承築之川黔公司商妥，先築到隆昌，自隆昌到敘府一段尚待續商。

4. 湘黔路　自株洲至貴陽，全線計 980 公里，在二十六年底時計各段工程百分比如下：（1）株新段，路基 94，橋涵 79。（2）新煙段，路基 47，橋涵 38，隧道 20。（3）煙大段，路基 7 橋涵 5，隧道 4。截至二十七年底時計各段工程百分比如下：（1）株新段，路基 97，橋涵 86。

（2）新煙段，路基 60，橋涵 80，隧道 70。（3）煙大段，路基 20，橋涵 20，隧道 26。路軌已自株洲鋪至藍田、婁底以東，並已通車營業，藍田以西軌料，原擬以杭甬浙贛等路拆下者撥用，約可有 150 公里，現因奉令改築川黔桂路，擬將此項軌料移充貴陽、柳州一段之用，本路藍田以西暫緩進行。

5. 湘桂路

（1）衡桂段　自衡陽至桂林，計 370 公里，於二十六年九月開始興築，已於本年九月二十七日通車。

（2）桂柳段　於二十六年十二月開始踏勘，有五線足資比較，後採自桂林經永福、黃冕、鹿塞、雒容，以達柳州之一線，計 174 公里，於二十七年四月初測完竣，七月間開工；計桂林至永福 46 公里一段，二十八年四月可通車；永柳一段如工款充裕年底亦可通車，惟柳江大橋難以完工。

[①] 本報告係國民政府行政院交通部 1939 年 1 月 14 日致中國國民黨總裁蔣介石的呈文。

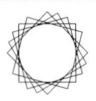

(3) 柳南段　亦於二十六年十二月開始踏勘，選定由柳州經來賓、黎塘，而達南寧之線，計長 260 公里，至二十七年五月底測量完竣，繼即與廣西省政府商妥，先將土方交民工興築，於六月下旬開工，現已完成路基 60%，橋樑 15%，涵洞 55%，以軍事形勢變更，擬將此段暫緩進行。

　　(4) 南鎮段　鎮南關至崇善一段，計 228 公里，早經定線，於二十七年四月一日開工，二十八年五月可通至離崇善 21 公里之龍江，龍江有水道可達崇善，崇善至南寧一段初測開工均較遲，預定二十八年底可由鎮南關先通車至南寧近郊。本段因有借款關係，一切工程均依合同由中法建築公司承辦。

　　(二) 運輸業務

　　抗戰以來，軍運驟增，車輛頓感缺乏，但對於各路客貨運輸，均仍儘量維持，以資兼顧，其較重要者有如下列：

　　1. 軍運方面　軍隊運輸為抗戰期內鐵路最重要之工作。統計京滬路自八一三至年底，四個月中開行軍運列車 728 次，運送部隊約 710000 人，輜重約 21400 噸，每日開行軍運列車最高至 25 列。平漢路於抗戰一年中，開行軍運列車至 4039 次，運送部隊 2350000 人，輜重 1300000 噸，每日開行軍運列車最高至 30 列。粵漢路自二十六年七月至二十七年四月止，十個月中總計開行軍運列車 1177 次，運送部隊 1030000 人，輜重 320000 噸，國際輸入器材，每日五六百噸；二十七年五月至九月之運輸數量，平均每月部隊約 150000 人，輜重約 50000 噸，貨物較遜約 40000 噸。浙贛路自二十六年七月至二十七年一月止，七個月中開行軍運列車 577 次，運送部隊約 660000 人，輜重約 120000 噸。津浦路自抗戰以來，開行軍運列車 3600 次，運送部隊約 3000000 人，每日開行軍運列車最高至 24 列。隴海路則開行軍運列車 2344 次，至運輸數量尚未統計完畢。

　　2. 客運方面

　　(1) 自二十六年十二月南京淪陷後，武漢居民麇集，急待疏散，經飭令平漢、粵漢兩路加開短途區間客車，並於其他客車及混合列車加掛車輛，以利居民之遷移。

　　(2) 各地難民急待遷移後方，經飭各鐵路加駛專車免費運送，對於戰區難童，亦經免費運送，遷往安全地點。

　　(3) 浙贛、粵漢兩路，前經開行南昌、長沙間湘贛特快聯運通車，嗣以時局變化，南昌至向塘一段拆除軌道，故該項列車已經停駛。

　　(4) 本部為便利港漢間交通起見，經編組綠鋼車在武昌、九龍間加開直達特別快車，並經粵漢、廣九華段、廣九英段商訂聯運合約。自七月十四日起開行，每星期對開二次。又本部為便利漢口、長安間交通起見，經飭令平漢、隴海兩路開駛漢口、長安間聯運直達快車，自七月十八日起，每日對開一次，嗣以武漢廣州淪陷，各類列車亦已停駛。

　　(5) 粵漢路，自武漢、廣州陷落後，經分別調整，現在長沙、衡陽間每日對開特別快車一次，長沙、曲江間每日對開快車一次，衡陽、柳州、曲江間另有區間列車。

　　(6) 湘桂鐵路衡桂段，自九月二十八日開始通車營業後，衡陽曲江便橋亦於十二月十日通車，因是浙贛鐵路與衡桂段商訂，開始金華至桂林聯運，旅客直達通車以便行旅。

　　3. 貨運方面

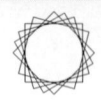

(1) 各線路因軍運繁忙，沿線各地貨積如山，本部為積極疏運，以活動內地經濟及維持外匯起見，經飭令粵漢、浙贛兩路，組織貨運專車，並與廣九鐵路聯運，南下運輸茶葉、桐油等出口貨物，北上運輸機器、材料、汽油及日用必需品。復由粵漢、浙贛兩路，開駛鹽米專車，北上運鹽，南下運米，以調劑供求。更開駛煤運專車，以供給武漢用煤及鐵路機煤。此外每日開行色裹專車，載重四百噸，專為裝運各項零星貨物之用，嗣因各地積貨仍多，各項專車尚感不敷，復經飭令各鐵路儘量利用回空軍車，以資疏運。僅就漢口之出口貨物而言，計本年一月至十月止，共運出出口貨物約 71000 餘噸，內銷貨約 1300 噸；自五月至十月，由長沙裝運之出口貨約 10000 噸，內銷貨約 5000 噸；由浙贛裝運之出口貨約 6000 噸，又由水路轉至淥口裝運者約 1000 噸。計自二十六年七月至二十七年六月，每月平均運送貨物約 3500 噸。自武漢及廣州失陷，出口貨物積存衡陽附近者約 10000 餘噸，近因衡陽湘江便橋業已完成，粵漢與湘桂路之衡桂段可以過軌通車，該項出口貨物均已運往桂林，擬再設法接運出口。浙贛鐵路，自金華至株洲現仍照常通車，該路貨運以茶葉、食鹽、商米為大宗，統計自二十七年四月一日至八月底止，共運出茶葉 7308 噸，食鹽平均每月約運出 4000 噸，商米平均每月約運出 5000 噸。又十月份由諸暨、湄池、玉山等站運出食鹽約 18000 噸，十一月份約 12000 噸，另由萍鄉十一月份運至湘省者，計 7000 噸，刻下加緊搶運，已令編組貨車 22 列，先將浙東之鹽分運湘贛，一面由粵漢調集大批車輛，按日送往萍鄉轉往衡陽。

2. 戰區各地工廠、礦廠遷移內地之機器、材料，均經各鐵路儘先運輸，並減收半價運費以示協助。此外，如國防器材、戰區物資、鐵路材料、慰勞物品等等，經各鐵路運輸者為數甚多。

（三）〈略〉

（四）拆毀舊路

戰時交通之職責，在前方，使已有之交通設備，雖受敵人威脅而能暢通無阻，保持其應有之效用。及國軍撤退，則儘量毀壞，使敵人不能充分利用。二十七年上半年魯南會戰，除津浦路南北兩段，依軍事形勢隨時將軌道橋樑逐段破壞外，當將隴海東段自連雲港各項建築物，如碼頭、止浪堤、裝卸煤機、基柱及孫家山隧道，均予徹底破壞，並將徐州以東計軌道 224 公里及各站內軌道、煤水設備、沿線鋼橋等，亦於撤退之前先行相機拆毀。迨徐州淪陷，為阻敵西進，又將隴海自徐州至鄭州一段，計 341 公里儘量毀壞。至隴海鄭州以西，因山西戰局變動，二十七年三月起，汜水沙魚溝及陝縣潼關之黃河對岸，均陷敵手，隔河炮轟，路線、軌道及建築物迭被破壞，行車亦極感威脅，均經隨破隨修不使稍有阻斷，嗣河北敵人二度被我軍擊退，各段情形亦隨之平安。後至江南吃緊，浙贛鐵路因軍事關係，自錢塘江邊陸續拆至諸暨，共 64 公里。南潯鐵路亦自九江先拆至永修，復又拆至南昌，共 129 公里。其拆下材料，均經竭力輸送後方補充新路工程。後浙贛鐵路因搶運鹽米關係，又奉軍事方面命令，將自諸暨至湄池一段，計 26 公里，重行修復。南昌至向塘一段，十一月間因戰事緊急，已於是月二十四日起開始拆軌，東段以疏運民食待命辦理。至粵漢鐵路北段武昌鹹寧間，以變起倉卒，拆軌不多，所拆之軌條、岔、六車已飭撥湘桂路。現以粵漢路南北兩端逼近戰區，決將汨羅以南，長沙以北，曲江以南，所有路軌一律拆除，俾陸續運衡撥交湘桂路桂柳段應用。

關於各路器材，在戰事發生，即設法移運後方供新路之用。其設備方面，如膠濟之四方機廠及京滬戚墅堰機廠、津浦浦鎮機廠、濟南機廠，均屬規模較大，經將機器拆下搬至株洲機器廠及湘桂路桂林機廠裝用，現桂林機廠業經裝設完竣，開始修理各項機車車輛，而株洲機廠因被敵機轟炸後已無法工作，經將機器拆下暫為存放湘桂路沿線，擬逐漸運往柳州、貴陽兩處建設機廠，供修理汽車之用，現正在積極進行中。至粵漢路武東機廠，機器已拆送柳縣另立新廠。平漢路江岸機器設備，則運往湘桂路全縣以為籌設新廠之用，現正在積極辦理。隴海鐵路連雲港發電廠及運煤廠兩部分，均全部拆卸裝車西運送至長安以西地帶擇地存放。

（五）搶修工程

由各路編組搶修隊及工程列車，隨時出動趕緊搶修，故無論敵機轟炸至如何劇烈，亦必隨炸隨修，不使稍有阻斷。隴海中段與黃河平行，敵寇每日隔河炮擊，軍用與客貨列車從未停駛，即如該路潼關大橋，於十一月十三日被敵人在對岸以密集炮火擊毀，修復之後復被擊毀若數次。十二月二十四日，工作地交通壕掩蔽處，因中彈過多積土崩潰，壓死監工員2名、工人14名、受傷工人4名，但各該員工激於義憤，仍在繼續搶修。津浦南北兩端被敵夾攻，敵機每日集中轟炸徐州與宿縣，車站變為平地，畫夜搶修，從未有六小時以上之停車，亦絕無大小行車事變。粵漢路銀盞坳大橋，敵機以之作為破壞目的，連續轟炸十餘日，先後達二十餘次之多，仍賴搶修員工趕築便橋，恢復通車，直至十月二十三日廣州失陷，當地警備司令派工兵至廣州截斷鐵路時，員工始望北撤退。廣州以南，機車車輛多數經運往九龍，但因路局事前不知何時截斷鐵路，故有機車15輛、客車150輛未能撤盡。粵漢北段嶽州以北，自十月二十日以後，預計武漢形勢將有變遷，本部即令該路留車輛400輛專為短距離運兵及搶運材料之用，本擬於二十四日悉數向南撤退，奈二十三日晚蒲圻縣橋忽被炸斷，仍將汀泗橋以南路線修復，經搶出機車5輛、客貨車73輛，其不及搶救者，計機車24輛、客貨車329輛，其機車由線區司令部派工兵破壞殆盡，客貨車亦大部炸毀。現在江北隴海線有好壞機車129輛，客貨車約1900輛；江南各線有好壞機車約550輛，客貨車約5300輛，經斟酌各路運輸狀況重新支配：計粵漢線機車150輛，客貨車2000輛；浙贛線機車100輛，客貨車1200輛；湘桂線機車70輛，客貨車800輛；湘黔線機車20輛，客貨車200輛；其餘好壞機車約210輛，客貨車約1100輛，由本部指定地點存放，暫不使用。

（六）維持債信

各重要鐵路，無一不借外債，但久已不付本息。二十六年初，甫經完全整理就緒，戰事發生，軍運頻繁、收入減少，為顧全國際信用起見，非每一路完全淪陷，外債決不停付。此項政策曾公開明告債權人，幸得諒解。茲將本年三月以來籌償外債及洋商料款情形列表如下：

類別	名稱	償付情形
外債	津浦英德原續借款	二十七年四月及五月，應付原借款英國部分利息及經理費共計英金51234.04鎊，經按月預提基金，已於到期時如數照付
	隴海鐵路借款	二十七年七月應付利息及經理費計英金85978.82鎊，比幣2761747.15佛郎，荷幣631234.15弗魯令，法幣426062.50佛郎，國幣17956.78元，又加給津貼國幣8000經按月預提基金，均已如期照數撥付。

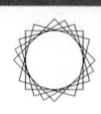

外債	汴洛鐵路借款	二十七年七月應付利息及經理費法幣588968.57佛郎，已於到期如數照付。
	廣九鐵路借款	二十七年六月應付本息及經理費共英金32744.32鎊，已按期如數照付。
	寧湘鐵路墊款	二十七年四月及七月各應付本息國幣25000元，又四月間應付利息11000元，均經按期照付。
洋商料款	平漢路洋商料款	計每月英金950鎊，國幣10萬餘元，逐月由部籌撥，已付至本年五月止，此後在續籌撥付中。
	津浦路洋商料款	月共53000餘元，由部付至四月份止，至五月份因該路全線淪陷，經分函各債權人暫行停付。
	隴海路欠比公司料款	每月國幣2000元，逐月由部撥付，已付至二十七年五月止，此後在續籌撥付中。
	巴黎電機廠五批路政購料期票	為賒購隴海西段工程所需材料之用，已照原約展期，現每達一、四、七、十各月之一日各付英金21000鎊，所有已到期票均經照付。

（七）救濟員工

凡由淪陷區域撤退以致失業之交通員工，為顧念其抗戰時忠勇服務之成績，雖於財政萬分困難之中，仍由部竭力統籌兼顧以資救濟。自二十七年一月二日起開始辦理登記，截至十月二十日止，計6321人，61％為工人，39％為員司，除將技術員工儘量介紹新路甄用外，並將非技術員工自四月一日起，由部會同政治部等在漢口、湘潭先後設立訓練所，分別加以訓練，再派工作，計分派經訓練及未訓練人員共2756人，占登記總數43.6％。在未曾訓練以前，生計艱難由登記處發給救濟金者1151人；在訓練期間，比照原薪多寡，分別發給生活費；訓練期滿分派工作並抽調壯年員工900人，組織非常時期交通服務隊，幫同維持車站碼頭秩序，照料傷兵難民。十月間在湘潭復成立訓練，十二月十五日訓練期滿，亦經分別予以安插。現服務隊仍在繼續服務，所有未曾收容員工，亦正在統籌辦法中。

二、公　路

（一）公路工程之進展

區域	路名	起訖起點	公里數	二十六年十二月底情形	二十七年十二月底情形
蘭州	甘新公路	自蘭州至永登新路猩猩峽	1174	工程路基已大部完成，橋涵正分別修建中，自永登至猩猩峽舊路勉可通車，正在積極改善中。	第一期150萬元之改善工程已大致完竣，現可暢通，交通會議核定增加改善工程費100萬元，已電請第八戰區司令部繼續負責督促辦理，並已先撥發一部分工款，促其早日趕辦。
西北路線	西蘭公路	西安至蘭州	707	該路改善及路面工程正在分別採運材料、分段修築中。	原計劃改善及擇要鋪築路面工程，已大致完竣，計鋪築路面260公里，改線150公里，改善橋樑23座，涵洞109道，其他特殊工程護牆駁岸等4000餘公尺。交通會議核定，應再加改善及補鋪路面工程，均在進行中。

西北路線		西安至寶雞	204	土路勉可通車。	路基橋涵已加整理，通車無阻，鹹陽渭河除鐵路橋已可利用行駛汽車外，並已另建公路橋備用，寶雞渭河橋最近亦已完成。
	川陝公路	寶雞至七盤關	396	該路於二十五年春打通後，各項工程尚未盡臻完善，路面僅擇要鋪築，行車諸感困難，正在進行改善並將全路加鋪路面。	改善路基加固橋涵及鋪築路面等工程，均經完成，現全線均有路面，已可通車無阻。該段並經交通會議核定，由本部再撥60萬元為建築現用渡船之褒城沮水兩處橋樑及加寬路基改善坡度之需，已由西北路局組設工程處主持辦理。
	華鳳公路	華家嶺至鳳翔	384	該路整理工程，已組設工程處分別進行。	改善工程大部業已完成，現可通車，華家嶺至天水紋改坡及路面工程，尚在進行中，葫蘆河南川河兩處渡口改建大橋，亦在計畫分別進行。
	天鳳公路	天水至鳳縣雙石鋪	240	該路已組設工程處，分段測量中。	經積極趕修，全路於六月中旬打通便道可通車，其正式工程均在趕修，路基已全部完成，橋涵已成50%，路面正採備石料，全部工程約已完成80%。
	漢白公路	漢中至安康	268	土路勉可通車。	路基橋涵已加整理，並已擇定加鋪路面，全路改善工程，除大橋部分尚未完成外，餘均大致完竣，現可暢通。
		安康至白河	276	該路於二十六年八月間開工，土石方已完成50%。	路基路面橋涵等正式工程，除大橋5座尚未完成預計二十八年二月可完成外，餘均已大致完竣，通車無阻。
	老白公路	老河口至白河	230	便道通車，正著手辦理改善工程。	改善工程及加鋪路面，現正設法趕修中，約完成60%以上。
	甘川公路	蘭州至江油段	600	蘭州至臨洮段，利用舊路勉可通車，餘未進行。	甘段蘭州至岷縣已測量完竣，計長263公里，並已分段改善及修築，餘均在測勘中，該路蘭州縣段經交通會議核定，由本部撥發建築費548000元。
西南路線	湘黔川黔黔桂黔滇	貴陽至長沙重慶柳州昆明等地	2790	計畫分期改善，並籌辦第一期改善工程。	第一期改善工程如建造長沙、湘江、益陽、辰陽、重安江、烏江、三江、懷遠等處渡口、正式碼頭，增設渡船及改建牛路灘、三水、馬家渡、苦藤鋪、芷江、板栗坪、晃縣、施秉、盤江、綦江、趕水等十餘處渡口為橋樑，並擇要改建加固舊橋涵，整理路基路面等，均已先後完成。現正進行第二期加寬單車道地段，路基改建，加固舊橋涵及擴充渡口設備等工程。

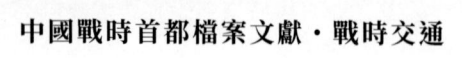

西南路線	滇緬公路	昆明至畹町（滇緬界）	974	昆明至下關段原可土路通車，下關至畹町段係新築工程，於二十六年十一月開始修築。	昆明至下關段，原計劃應改善及鋪築路面工程，已全部完竣；下關至畹町新工已於八月打通，其正式工程約完成80%以上，現已通車無阻。惟以該路繫西南國際主要路線，沿線工程尚多未臻完善，現正飭由滇緬公路局計畫徹底改善，提高工程標準已（以）利運輸，已在積極進行中。
	湘粵公路	長沙至廣州	915	全路已可通車。	改善路基加固橋涵，加鋪路面等工程均已完成。
	粵桂公路	廣州至荔浦	515	局部已可通車，尚待續修。	粵段已打通，桂段亦大部完竣，本可於十一月內完成，但現因戰事影響，已奉命暫緩修。
	湘桂公路	衡陽至鎮南關	1113	原計劃改善工程，已大部完成。	原計劃改善工程續修完竣，最近為增加該路運輸力量，將原有大橋加固改善，各渡口增加渡船及改建橋樑，各工程已撥款交由該路工程處趕辦，現正進行中，全路18渡口除三門江、遷江、鄒圩、寧明、亭子渡口5處仍用渡船外，餘均已先後搭建便橋或浮橋，已可暢通。
西南西北路線	川湘公路	綦江至茶洞	698	全路已可通車，其改善及大橋工程籌畫進行中。	大橋7座已完成4座，餘亦已大部完成，其整理路基路面等工程，南川區已大致完竣，西（酉）陽區因匪阻進行滯緩，現正促請趕修中。
	川陝公路	成都至七盤關	414	已通車，惟沿線工程尚待改善。	全路已加整理，通車無阻。惟渡口7處及綿陽七盤關間路基寬度不足，路面欠佳，行車困難。經交通會議核定工款160萬元徹底改善，並將渡口7處4處改建大橋，餘3處擴充渡口設備，增加渡船以利運輸，已組設工程處，現正積極進行。
	漢渝公路	西鄉至大竹	510	尚未進行。	踏勘完竣，並調派測量隊六隊分段測量，亦將測竣，現已成立宣渝、漢宣兩段及橋渡工程處，分別辦理施工事宜，石方及橋涵工程，均已分段開工。
	東路	宣威	722	策劃修築。	工程已大部完成，路面材料已採購大半，赤水河至威寧段，已於十月底打通，現正趕修各正式工程，威寧至宣威，因匪阻進行滯緩，已促請滇省趕辦，預計二十八年二月間可通車。

| | 川康公路 | 雅安至康定 | 245 | 曾經修築一部分。 | 續築雅安至康定段，新工由雅安至天全，已可土路通車，天全至康定段約二十八年六月可完成。 |
| | 康滇公路 | 瀘定至昆明 | 800 | 尚未進行。 | 已由本部調派測量隊兩隊前往測量，瀘定至西昌段，路線計測竣約200公里，現正積極趕測中，預計二十八年三月測竣。 |

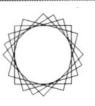

附注：各該區內，其他較次聯絡路線以及有關軍運各路，由部督促協助修築及改善者，尚未列入表內，暫從略。

（二）運輸業務之改進

1. 西北公路　西北公路關係國際運輸至為重要，為統一管理、增進運輸效力起見，特自九月起將原有之西北公路特派員辦事處及西蘭、西漢公路工程處一律撤銷，所有工程及運輸管理事項，統歸西北公路運輸管理局管轄，以一事權。一面增添新車400輛，添建修車廠、車站、車庫各3所，儲油庫4所，添設無線電臺14處；一面對司機之訓練、油料之節省、汽車之修理，嚴加規定，切實改善，以增進運輸能力。

2. 西南公路　西南各重要公路如長沙至貴陽，貴陽至柳州，貴陽至重慶及貴陽至昆明各線，均經本部西南公路運輸管理局分別接管，先後通車。經添購新車400輛，設置修車廠5所，修理所11所，添建車站5所，膳宿站3所，油庫15所，並架設無線電臺11處。所有川湘公路，自綦江至沅陵段，已交該局分段接管；川滇東路自隆昌至沾益段，亦已飭該局積極籌設行車設備，以便通車，並由部在港再行添購汽車交該局分配，充實該路各段運輸能力。

3. 滇緬公路　滇緬公路為西南重要國際交通路線，該路工程經中央撥款督修，即將完成，並已設立滇緬公路運輸管理局，籌備行車事宜。所有沿路車站、車庫、修車廠，均在分別籌建，應用車輛亦向英國訂購，以便提前通車。

4. 汽車配件製造廠　該廠已覓定重慶化龍橋附近為廠基，廠房已開工建築，機械工人亦已由株洲機廠撥到一大部分，現正積極趕裝，以便早日開工。

三、航　政

（一）水運

水道交通，因船舶缺乏，運輸越感困難。戰事發生，因先後封鎖江陰、黃埔口、閩江口、鎮海、海州、珠江口及馬當各要塞，計撥充沉塞輪船共99艘，約達140000噸，其中屬於招商局者14艘，計20519噸。因之航運工具益感不敷，本部為補救缺憾，於各方面設法改進，以期增加運輸效率，茲分述如下：

1. 統制公私船舶　先由招商局與各民營航業機關合組長江航業聯合辦事處，集中江海各輪，關於軍事及客貨運輸，統籌支配；後又於各航政局處所在地方，成立內河航業聯合辦事處，統制境內小輪。實施以後，尚著成效，茲就長江航運分為兩期，述之如下：

（1）第一期　自一至五月半止，計：①集中宜渝洪水輪船、漢宜枯水輪船14艘於漢宜段；②集中宜渝枯水輪船11艘於宜萬段；③集中敘渝輪船8艘於萬渝段；④集中木船200餘艘於宜渝段。本期運輸成績，約計疏運人口在50000人以上，兵工器材20000噸以上，

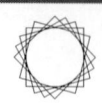

工廠器材、液體燃料及公物共約 40000 噸。

（2）第二期　自五月半以後，計：①集中江海輪船 16 艘於漢宜段；②集中川江輪船 17 艘於宜渝段，並斟酌情形，於宜萬間及宜昌、奉節與宜昌巴東間，亦集中小輪若干艘；③集中木船約 700 艘於宜漢段。本期約計疏運人口 10000 人以上，兵工器材 90000 噸，工廠器材及公物約 70000 噸。在我軍自武漢撤退時，一時堆積宜昌物資實達 80000 餘噸，本部為加速運至安全地帶起見，乃將輪船航線縮短，改為宜萬線、宜巫線；宜巴線、宜渝線，更利用拖輪駁運，截至年底，約已運上半數。

次之湘省航線，亦著成效。此線分漢口至常德及長沙至常德二線，計集中小型江輪及拖輪 30 餘艘，駁船 100 餘艘，除客運不計外，共運工廠及軍事器材 50000 噸以上。

2. 辦理水陸聯運　十月以前，粵漢間運輸最為浩繁，雖有直達火車飛機，尚不敷用，故本部再辦粵漢水陸聯運，以為補助。漢口長沙衡陽間及曲江廣州間利用水路，長沙衡陽曲江間利用鐵路。計：（1）集中江輪 4 艘於漢長間。（2）集中江北拖輪駁船於曲江廣州間。（3）集中淺水輪船駁船於長沙衡陽間。計疏運人口在 50000 人以上，出口貨物 5000 噸，內銷貨物 6000 噸。後又由招商局與西南運輸處辦理粵漢聯運西線，自衡陽經祁陽、零陵、陽朔、梧州，以達廣州。自廣州武漢淪陷，乃告停頓。重慶昆明間交通本繁，廣州武漢棄守，此路運輸乃益頻劇。本部有鑑於此，舉辦渝昆聯運。自昆明經會澤、昭通、鹽津至敘府之大道，為川滇捷徑，業經中央撥款修竣，馱馬可以暢通，自敘府至重慶，則用船舶。八月間已開始聯運，為增進效率，又於十二月間，由公路處設置馱運管理所於重慶，一面集中馱馬調配，一面設計製造板車補充，以後並擬推行於川黔株公路。

3. 建造大量木船　本年九月間，公路水道運輸會議議決建造木船 1500 艘，現由本部擬定概算計畫，著手進行，預定每船載重自 10 噸至 30 噸，以 1000 餘艘分配川黔各大江河，400 餘艘分配廣西水道。其疏浚水道工程，則決定由經濟部督促辦理，限二十八年五月完成第一期工程。

4. 改進絞灘辦法　川江灘險甚多，類皆需要絞灘，船舶方能上駛。以前用人力拉牽，不但費時費力，且時肇事端。數月來川江運輸，益關重要，經本部令飭漢口航政局羅致富有學識經驗人員，於十月一日組織成立絞灘管理委員會，改進絞灘方法，利用封鎖線沉輪上拆下之鍋爐、蒸汽絞盤、起重機、滑車鐵索等，先擇險要之青灘、泄灘等處，設立灘站，施用機器絞灘，俾趨安全迅速。

（二）航空

1. 對外航空

（1）中英通航　中國、歐亞兩公司飛機已商准英方飛航香港，同時並迭與英方洽商滇緬通航辦法，業經商得初步談判基礎。

（2）中法通航　與法方商定合組公司，經營滇越航線。此外我國航線已得法方准許通至河內；我方准許法公司經行我國領空飛航港河間航線。

（3）中蘇通航　與蘇聯大使洽商合組中蘇公司，經營哈密阿拉瑪泰航線，合同草案大部分業經商得同意。

2. 增闢航線

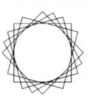

（1）渝港線　自重慶經桂林至香港，全程1157公里，自二十六年底起通航，近改為每週兩三次不定期，桂港段夜航。

（2）渝昆線　自重慶至昆明，航程755公里，此線前曾一度通航，停頓已久，至本年八月一日正式復航。

（3）渝嘉線　自重慶至嘉定，中經瀘州、敘府二站，全長351公里，於本年五月十六日開航。

（4）蓉河線　自成都經重慶、昆明至河內，全程1460公里，此線各段原均早已通航，近為適應需要起見，除原有各段航班外，另開全線直達航班，於十一月起實行。

（5）渝桂線　自重慶至桂林，長600公里，於十二月開航。

（6）昆桂線　自昆明至桂林，航程760公里，於十二月間開航。

（7）渝哈線　此線原定自漢口至哈密，全程2340公里，名漢哈線，現改為渝哈線，中設蘭州、肅州二站，業經派員飛往哈密，積極籌備。

3. 增加航班

為適應戰時需要起見，除增闢前述各航線外，對於原有各航線，亦視客貨郵運情形，隨時增加班次。如前漢港線航班增至每週往返各二次，渝桂線增至每週往返各二次，渝昆線增至每週往返各四次，此外並隨時增加特班。

4. 添購飛機

二十七年份內計歐亞航空公司添購容克斯五十二式巨型機3架；中國航空公司添購康馬道爾巨型機2架、道格拉斯DC2式巨型機1架，另訂購最新式之道格拉斯DC3式巨型機1架，尚在製造之中。

5. 增進航行安全

自中國航空公司之桂林號機及歐亞航空公司之第15號第17號兩機，先後遭敵機襲擊後，即經妥籌改善辦法，以策航行安全。如漢港、渝港等線則添置夜航設備。為改夜間飛行，其他各線亦酌增電訊定向設備，以利趨避。

6. 增闢機場

民用航空機場大部係向航空委員會借用，一部分係商請地方政府代為闢築。近鑒於重慶一地已成民用航線中心，故決由本部自行闢築民航專用機場，並經擇定九龍坡空地為場址。現該場測勘設計工作，業已完成，不日即可正式施工。

7. 訂頒戰時法規

本部為取締奸人利用航空活動起見，曾訂頒非常時期民用航空乘客購票包機辦法一則。又為鼓勵飛行人員盡忠職務起見，經訂頒飛行人員撫恤辦法一則。

四、電　政

本年度電報及長途電話線路之建設，主在適應抗戰軍事之需要，計已完成電報線路9716公里，長途電話線路8455公里，無線電臺及市內電話，亦隨戰局之變遷，斟酌各地需要，極意建設，茲分述於下：

（一）擴充電報線路

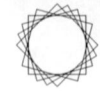

線路	公里長	線路	公里長
永康至義烏	61	欽縣至防城	70
泗縣至靈璧	40	亳縣至水城	60
茂名至信宜	58	嵊縣至漢口	77
重慶至南泉	30	湖口至都昌	71
亳縣至渦陽	111	靖遠至一條山	123
重慶至黃山	6	南陵至繁昌	25
嵊縣至東陽	86	河口至鉛山	17
三原至蒲城	75	桐廬至於潛	77
韓城至禹門口	34	膚施至綏德	220
龍溪至永安	285	龍南至信豐	84
連縣至富川	250	龍南至虔南	52
英山至霍山	170	漢口至漢陽	10
臨晉至鄰陽	50	洛川至宜川	125
會興鎮至茅津渡	4	高郵至泰縣	105
趙城至芮城	40	鄖陽至鄖西	103
麗水至青田	86	廣濟至武穴	43
蓮花洞至沙河	11	英山至浠水	80
靈寶至泊底鎮	12	宜川至桑柏	45
永濟至口鄉	30	羅山至英山	40
縉雲至仙居	107	南陽至寶豐	114
寶豐至郟縣	20	潢川至商城	56
浮梁至古田	12	華陰至靈寶	168
瑞昌至德安	70	蓮花至萍鄉	80
安鋪至海康	93	慈利至大庸	104
南嶽至衡山	17	浠水至漕河	50
漢口至麻城	180	麻城至杜家河	53
商城至杜家河	82	蔡甸至紙坊	65
浠水至黃岡	59	瑞昌至武寧	70
浠水至廣濟	78	金華至嶺下朱	5
桐城至新登	46	長沙至益陽	95
隴西至岷縣	135	老河口至南鄭	620
麗水至瑞昌	104	羅山至麻城	50
浠水至淋山河	73	經扶至黃安	60
廣水至應山	24	宋埠至黃安	50
黃安至禮山	40	應山至隨縣	58
黃坡至廣水	120	衡陽至攸縣	105
柞水至商縣	170	政和至松溪	25
連城至禾口	98	松滋至枝江	35
安鋪至麻章	58	健德至淳安	69
麗水至浦城	243	殷家匯至祁門	167

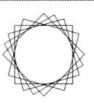

餘江至玉山	192	南昌至山下坡	46
邵武至黎川	80	余江至浮梁	118
南昌至進賢	52	武穴至宿松	88
南陽至襄陽	150	長沙至湘潭	54
長沙至衡陽	187	商丘至亳縣	69
洛陽至博愛	120	潢川至商城	55
洛川至綏德	347	長安至三原	49
長安至荊紫關	380	潼關至韓城	180
烏湧至石龍	60	合浦至白沙	86
馬房至高要	97	廣州至新會	129
曲江至坪石	180	翁原至曲江	99
樟樹至高要	75	樟樹至清江	17
潼關至趙村	12		
合計		9716 公里

（二）建設長途電話

1. 擴充部辦長途話線

線路	公里長	線路	公里長
鷹潭至上清宮	15	玉山至八都	18
九江至田家鎮	85	漢口至長沙	388
株洲至衡陽	136	衡陽至南嶽	44
湖口至柞磯山	85	屯溪至休寧	18
屯溪至漁亭	40	南昌至余江	144
歙縣至街口	53	韓城至渭南	163
銅山至台兒莊	60	殷家匯至祁門	167
南陽至襄陽	182	周家口至亳縣	116
彭澤至馬當	23	潼關至關底鎮	17
咸陽至三原	52	漢口至花園	110
澠池至垣曲	45	彭澤至華陽鎮	30
新店至雞公山	6	長沙至湘陰	84
信陽至新店	40	老河口至長安	470
沙市至津市	165	陽新至田家鎮	35
南陽至臨汝	190	株洲至湘潭	36
蓮花洞至沙河	11	瑞昌至沙河	32
龍泉至浦城	105	屯溪至婺源	85
上饒至皁頭	8	商城至杜家河	82
南平至長汀	313	重慶至綦江	137
婺源至常山	100	洛陽至商南	340
武功至乾縣	28	浮梁至婺源	84
貴溪至南城	116	貴陽至遵義	171
重慶至萬縣	276	重慶至黃山	6
重慶至南泉	30	青陽至屯溪	146

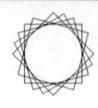

蒲圻至武寧	330	崇陽至幸潭鋪	90
平江至通城	80	陽新至武寧	100
平陸至葛趙鎮	10	巴東至萬縣	234
老河口至南鄭	620	桂林至柳州	242
洪江至芷江	86	衡陽至邵陽	100
贛縣至長汀	300	吉安至宜春	146
蘭州至鳳縣	551	樟樹至高安	75
樟樹至清江	17	萬有埠至白槎	45
萬家鋪至靖安	32	樟樹至臨川	130
衡陽至郴縣	180		
合計		8455 公里	

2. 編制省辦長途話線

查本部所辦長途話線，與川黔粵桂湘鄂豫皖贛等省所辦之長途話線大都可以接通，惟值此抗戰時期，省辦與部辦長途電話，非相互密切聯絡不足以維持直達軍訊之通暢。本部爰將該項省辦話線加以編制，其已辦者，計有鄂省：（1）自漢口經十裡鋪、襄陽、樊城、老河口至白河線。（2）孝感經花園、隨縣、棗陽至樊城線。（3）漢口經淋山河、麻城、福田河至小界鎮線。（4）十裡鋪經宜昌、巴東至恩施線。（5）淋山河經浠水至英山線。（6）浠水經廣濟至黃梅線。豫省：（7）洛陽經臨汝、寶豐至葉縣線。（8）洛陽經氏至靈寶及閿鄉線。（9）洛陽經潢川至小界嶺線。（10）信陽至南陽線。（11）南陽至鎮平線。湘省：（12）津市至常德線。嗣後當視戰事之進展，軍訊之需要，再將省辦話線擇要編制以利戎機。

（三）擴充無線電臺

1. 國內無線電臺

報機已裝設並擴充完成者，計有桂林、龍州、曲江、沙市、永康、蘭□、湘潭、衡陽、萬縣、郴州、常德、膚施、老河口、恩施、巴東、沅陵、屯溪、立煌、吉安、上饒、崇義、修水、內鄉、新灘、蒼梧、深圳、連縣、都城、中寧、南陽、建甌、合浦、甘孜、敦煌、武威、三原、神木、延川、興集、綏德等40處，即將完成者計有貴陽、零陵、南鄭、樊城、東勝、桂東、汝城、醴陵、鎮南關、□縣、芷江、泄灘等12處。話機已裝設完成者計有洛陽、永安、衡陽等3處，即將完成者計有桂林、曲江、芷江、柳州等4處。

又自津滬先後淪陷，本部在該兩處所設電報局被迫停業以後，為維持通信及增加收入起見，暫用美商名義，對外在該兩處設立電臺，俾可不受敵方干涉，惟電臺之管理權完全屬於我方，天津電臺於二十七年三月九日，上海電臺於八月二十日先後成立，收發電報業務均尚發達。

2. 國際無線電臺

成都國際電臺，原有10千瓦報機1部，現已添裝1部，可與倫敦、柏林、巴黎、莫斯科、三藩市、西貢、香港等處直接通報。重慶原有馬可尼報機2部，現已添裝馬可尼報話雙用機1部，可與莫斯科、馬尼拉、河內、香港等處通報話機，原與漢口、廣州通話，現改與永安通話並與洛陽、昆明、河內等處試話中。昆明臨時話臺，已裝妥馬可尼報話雙用機1部，一俟試妥即可開放。又由漢口拆下馬可尼報話雙用機1部，已運至貴陽，正在積極裝設之中。

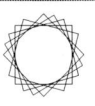

又本部上海國際電臺,於二十七年一月三日被迫停業以後,日方即在滬自設偽國際台通報,嗣後環球無線電公司,一再呈請本部准予在滬設台與美國及菲律賓通報。本部以美國方面交通及馬凱兩大無線電公司,已先後與上海偽台通報,上海與美國往來無線電報,均須經偽台傳遞,倘與環球公司合作設台,亦為抵制偽台之一法,當經規定設台條件,如上海一經規復,應即將電臺撤銷,公司應按月繳納報酬金,雇用人員須經本部核准等等。於十一月間商定合約,該公司電臺即於十一月十一日成立通報。

3. 接辦雲南無線電臺

雲南省內之無線電臺,原由雲南省政府辦理。計設有昆明總台及昭通、寧洱、河口、個舊、騰沖、大理、鎮雄等七分台,除收發省內電報外,並與其他各省及國外河內、香港二處通報。本部為謀統一管理並便於整頓起見,已商得滇省府同意,議訂無線電歸併辦法大綱,將各該台收歸本部辦理,正在估價接收中。

(四)市內電話

1. 接辦重慶電話

重慶市內電話,原由四川省府辦理,計共電式話機 1420 號,國府遷渝後,供不應求。本部乃與川省府商洽,於二十七年七月一日收歸部辦,除已在上清寺添設 150 號之共電式分局一所外,現已利用首都話局自動機件,在純陽洞附近□□□電站房屋內裝置自動機 800 號,作應急之用。機器業已裝妥,一俟線路材料運到,即可設線通話。並擬在純陽洞附近,另建新屋,裝設 3000 號之自動機,利用漢口拆下機件,正在籌畫辦理中。

2. 擴充貴陽電話

貴陽市內電話,早經在鹽行街添設磁石式 100 門機分局一所,以應急需。現在新建總局房屋,亦已大致完成。擬即改裝共電式總機 2000 號俾能供求相應,各項機件正在運輸中,一俟運到,即著手裝設。

3. 籌設吉安電話

九江淪陷後,南昌各機關遷集吉安,市內電話甚感需要,經籌設 100 門磁石式電話局,業已完成通話。

4. 拆遷武漢等處電話

武漢、鄭縣、九江、長沙等市內電話,機件大半已於事前拆卸西運,正在計畫利用,以之籌設及擴充內地各處市內電話。

至於電信之搶修工程,與鐵路性質相似,關係軍事至為重要。本部為迅捷搶修被炸電線起見,隨時於軍事重要地點編組修線工程隊,配以卡車自行車,隨炸隨修。總計分佈於各地之修線工程隊達 50 餘隊。

五、郵　政

(一)充實後方郵政

湘黔川滇粵桂陝甘等省,自抗戰以還,均為後方重鎮,不獨政治軍事經濟各方面中心西移,而大量民眾,多數機關西遷之結果,頓使後方各省郵遞之需要日增。以前邊陲地方人口稀少,商務經濟均不發達,當時之郵政設備,自不足適應現時之需要。尤以遷徙後方機關及民眾,或散處四郊,或添建屋宇,以致重慶等地市區之範圍,較前擴大,郵局設備,因而隨之擴充。茲將各後方省區二十七年份新添之郵局、代辦、信櫃、信箱及新辟郵路列表如下:

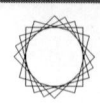

省份	郵局	支局	代辦所	村鎮信櫃	村鎮郵站	郵票代售處	信箱	新開郵路（公里）
湖南	6		27	456	57	31	496	355
貴州			3	20		4	27	595
四川（東西川郵區）	5		60	187	16	16	3	1094
雲南	1		38	71	1	4	59	1163
廣東	5		102	159		3	153	1413
廣西			15	47		5	35	231
陝西	2		25	18	1	5	5	356
甘肅	5		2	14				15
福建	1	1	15	54	347	12	104	1745
長沙市		4	見湖南省	見湖南省	見湖南省	見湖南省	見湖南省	
重慶市		6	見四川省	見四川省	見四川省	見四川省	見四川省	
昆明市		3	見雲南省	見雲南省	見雲南省	見雲南省	見雲南省	

（二）疏運郵件

抗戰以來，交通工具多被損壞，郵件運輸，軍民通訊，不得不另開郵路，隨時調整改革，務以最經濟最迅速之方法，使郵運往來不致中斷，而汽車運輸尤為重要。茲將二十七年內開辦之汽車郵運線略述於後：

自國府西遷重慶，一部分軍政機關分遷長沙、貴陽、桂林、衡陽、昆明等處，西南各省通訊需要驟形重要，郵件數量亦非常增加，各該省運輸，以汽車及騾馬為主要，騾馬運量既小，速率又緩，故後方郵運不得不偏重汽車，現在業已開辦者，計有：1.重慶成都線；2.重慶貴陽線；3.昆明貴陽線；4.貴陽柳州線；5.衡陽桂林線；6.長沙常德貴陽線；7.柳州六寨大塘邕寧線；8.邕宵桂林線；9.成都南鄭寶雞線；10.西安洛陽南陽沙市常德線；11.桂林廣州灣線；12.邕宵北海線，以上兩線均因公路破壞，不能行駛部分，用民船牛車力夫接運；13.邕寧同登線，此線通越南，俟新汽車到即可實行，惟各該線現在運輸能力，因汽車不多，僅能運輸緊要之輕件，如信函、明信片、報紙等，曾於秋間籌措的款項，酌量添配汽車，以期擴充運量。惟為經濟力量所限，終覺杯水車薪，而在港所購新汽車，又以越南禁阻進口之故，甚費磋商，最近始能起運，尚未運到。

至西北各地之郵件運輸，其需用汽車之處，亦與西南各省相同，尤以西北西南之聯絡線更為重要，現在較前方係賴郵局自辦之西安、洛陽、南陽、沙市、常德、長沙一線維持，較後方則賴自成都至寶雞轉西安之汽車線維持。此兩線為縱貫南北之二大幹線，惟現在僅配置少數汽車，須俟汽車增多，方可酌加，以期聯絡川陝兩省西南西北之交通。此外，西北方面本身之運輸則已開辦者有：1.西安蘭州線；2.西安平涼線；3.西安南鄭線；4.天水寶雞線；5.西安三原線。

東南各省除失陷地方外，凡可以利用河道及手車等地，均兼用船舶手車協運郵件，至已開辦之汽車線則有：1.南昌長沙線，嗣因漸贛路恢復行車停駛汽車；2.衡陽曲江線，嗣因粵漢路恢復行車故停駛汽車；3.南昌江山南平線；4.南昌光澤南平線；5.南昌屯溪青陽線；6.金華麗水青田線；7.金華鄞縣線。以上各線，或以救濟原來運輸工具之不足，或以供給前方

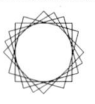

軍隊之需要，至於軍隊調動頻繁，不及改組織汽車郵路，或郵件數量過少，不足使用汽車者，均組織自行車郵路，由郵差騎自行車運輸郵件，較汽車速率雖遜，而費用節省，組織簡單，隨時添改，尤屬數不勝計。

（三）改訂滇越鐵路包裹運費價率之經過

我國郵政於民國二十一年九月十五日與滇越鐵路公司簽訂運寄包裹合同，原訂運費價率，係按公司規定之銀幣折合計算。嗣因修改越南商約，規定改用金單位，以崇國體，爰於（與）

該鐵路公司商定，所有包裹每噸每公里應付之運費價率，於二十五年十一月一日改訂如下：

至 100 公里者　　金單位 0.08
自 101 至 200 公里者　　金單位 0.07
自 201 至 300 公里者　　金單位 0.06
300 公里以上　　金單位 0.05

當時每一金單位約越幣 1.42 元，按以上價率折合越幣數目，與印度支那郵政交由滇越鐵路運寄包裹所付之運費價率相等。但其後越幣價值逐漸低落，每一金單位可折合越幣 2 元以上，如仍照上述金單位價率計算，則我方所付運費，較印度支那郵政所付者為高，經與滇越鐵路公司洽商，將運費價率改訂如下：

起首 40 萬公里噸　　金單位 0.06
續加 30 萬公里噸　　金單位 0.05
續加 30 萬公里噸　　金單位 0.045
超過以上公里數噸　　金單位 0.04

（附注：上列公里噸即裡數與噸數相乘之積）

以上改訂之價率，較現行者減低約 14%，按二十六年包裹數量計算，每年可節省運費 15000 餘元，業經郵政總局及滇越鐵路公司將合同修正書簽訂，即自二十七年一月一日起實行，暫以一年為限。

4. 交通部長張嘉璈關於戰時交通設施與建設的報告（節錄）[①]（1939 年）

〈前略〉

吾國抗戰以來，已歷一年又九個月。第一期抗戰，交通方面主要之任務，是以全力運輸軍隊，集中配備於各個戰場。並一方源源運輸軍需品和給養，到前線補充。現在第二期抗戰，交通方面主要之任務，是要一面繼續充分利用已有之交通工具，一面力圖改進補充以增加後方之經濟力量，使能長久支持前方戰爭。所以第一期抗戰中交通之主點在軍事，其工作重於管理與設施。第二期抗戰中交通之主點在經濟，其工作重於改善與建設。現在將第一期抗戰中交通之主點在經濟，其工作抗戰中交通之建設計畫，分別擇要報告如下：

一、第一期抗戰中的交通設施概況

交通工作，包括鐵路、公路、電政、水運、航空、郵政六種，現在先講：

[①] 此文係張嘉璈在中央訓練團黨政訓練班所做報告的前兩部分，原題為《戰時交通的設施與建設》。

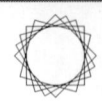

（一）鐵路

抗戰發生之初，全國大軍動員，運輸驟然增繁。鐵路方面，幸於戰前略有準備，所以一切尚能勉強應付。其中關係最大者，當為粵漢鐵路與廣九接軌通車，直達九龍。其中接軌一段的路基鋪軌，均於事前準備就緒，故戰爭爆發後，不出十天，即能開始運輸一切軍需物資。其次為南萍路自南昌至萍鄉，計長283公里，自二十五年七月開工，至二十六年七月完工，使浙贛路與粵漢路呵成一氣。蘇嘉路自蘇州至嘉興，為京滬、滬杭甬聯絡線，計長73公里，幸於戰前完成，故江浙兩省部隊，得以隨時互相調動。至於錢塘江大橋和南岸至曹娥江之路線80公里，得以完成通至紹興，於軍事上當有極大之價值。

鐵路運輸，除路線外，第一須備充分之機車車輛。前鐵道部於二十五六年間，為各路添購機車車輛，於戰前運到者，有機車91輛，客貨車1373輛，此於戰時軍事運輸調度，當有極大之助力。本部舊有機車可用者約800餘輛，客貨車約11000輛。第二須有善良之調度機構，以增加車輛之效率。於戰爭開始時，即將調度車輛之權，不論軍運或商運，一律委之鐵道運輸司令部，而由本部派熟悉調度人員協助之。分設長江以北及長江以南兩調度所，分別統籌各路行車事宜。當時江北四大幹線，所有機車車輛中，經劃出大部分，專編為軍運列車，最多時達190列。約需機車200餘輛，客貨車4000餘輛。故其間雖戰場屢易，一切調動，尚能勉強事機。綜計抗戰一年中，京滬、平漢、粵漢、津浦、隴海、浙贛各路，開行軍用列車約13000次，運送部隊約1000萬人，輜重器材約300餘萬噸。普通說來，在設備完好的單軌鐵路，於平時最多於24小時以內能開行列車來往各20列，此次抗戰中，各路雖於軍事緊張狀態下，平漢路每日開行軍運列車最高至30列，京滬路最高至25列，津浦路最高至24列。同時尚顧到必要之商品運輸，尤以一年中粵漢路運輸國外進口之汽油軍品及一切建設材料，達70萬噸之巨。不能不謂已盡人事上最大之利用。

第一期抗戰的爭奪，在鐵路線。因此各路的重要，與軍事息息相關，一路的存亡，即表示一路路線的軍事、物資、人口的變遷。每一路均須負擔軍隊、輜重、物資、器材的運輸，與人口及避難難民和一切公私財物的疏散。在各路淪陷之時，一方須將機車車輛，竭力搶出，同時尚須將能夠移動的設備，儘量拆移後方；至無法移動的固定設備，若路軌橋樑等，則唯有忍痛儘量破壞。所以第一期抗戰中鐵路之工作，第一是速修；第二是速運；第三是速拆。殆無時無刻不在忙迫緊張之中。自從盧溝橋事變發生，平漢北段，及正太同蒲膠濟各路，同時吃緊，八一三滬變猝作，京滬滬杭甬及蘇嘉路，首當其衝。迨徐州會戰，津浦南北段，及隴海東段，幾即為敵我爭奪之戰場。保衛大武漢之時，平漢南段與粵漢路、廣九路、南潯路皆為我用兵之主要動脈。既如最近南昌之役，浙贛路的運輸，始終與國軍戰略戰術之應用步驟一致，完成軍事與交通配合之任務。

綜計抗戰以來，其已完全失陷之路，計北甯、平綏、正太、同蒲、膠濟、津浦、京滬、滬杭甬、蘇嘉、廣九、南潯、平漢12線，共4975公里。局部失陷，及正在拆軌破壞之路，為隴海東段、粵漢南北兩段及浙贛東西兩段，共2642公里。現在所餘僅粵漢路韶關至長沙，浙贛路東段義烏至東鄉，西段宜春至株洲，隴海路自汜水至寶雞，共1647公里。

至目前各路中，唯一完整之鐵路，為湘桂路之衡桂段。該路於抗戰發生後三個月方始開工，以一天造一公里的速率，於去年十月中完成，計長365公里，統計四個月之中，自通車以至四月底共計半年之中，開行軍用列車228次，運輸部隊人數約15萬餘人，軍需約

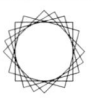

106000 噸，商貨約 35000 噸。其關係最大者，現江南在各路所有之機車 556 輛，客貨車 5388 輛，一大部分因有該路的建築，得以逐漸調度集中，保持完全。

（二）公路

後方鐵路尚未興築，公路運輸，日見重要。目前於公路通行情形可概括分為三大部分：

1. 通達前方路線，共有 3 條，全長 3539 公里。

在南部，由貴陽至衡陽。其中貴陽至柳州，由本部西南公路局經營。由柳州至桂林、桂林至衡陽，則仍歸湖南廣西兩省公路局經營。惟對各該段工程改善事項，仍經本部撥款協助辦理，全線原有渡口 16 處，現均已修建便橋或浮橋，無須再行擺渡，至正式橋樑，亦已籌畫興築。

在中部，由貴陽經常德至長沙，由本部西南公路局經營。湖南省境內原有渡口 11 處，多已改建為正式橋樑，餘亦便橋通車。

在中北部由綦江經黔江沅陵至長沙，其中四川省一段，已由本部西南公路局接管，大橋 7 座，均已完成。

2. 後方聯絡路線，共有 3 條，全長 2856 公里。

在北部由重慶經成都、廣元至漢中，以達蘭州。其間由重慶至漢中，已可通車。惟成都至廣元一段，路面橋涵，均須改善，已由本部撥款交四川省公路局徹底改善。廣元至漢中一段改善工程，由本部西北公路局負責辦理。至漢中經天水華家嶺至蘭州一段，原可土路通車，一切改善工程，由本部組設工程處辦理。

在南部，由重慶經貴陽至昆明，此線去年間，始由四川、貴州、雲南各省移交中央接管，路面情形極劣，已由西南公路局積極改善。

在中部，尚有瀘州至咸甯、宣威至昆明之路線，是為「川滇東路」。此線正在趕修，約下月可勉強完成。即由重慶經水路至敘府，然後循公路至昆明，可較現在由重慶經貴陽至昆明之公路，縮短 200 公里。物資輸送當較易簡捷，此路亦交由本部西南公路局接管辦理。

3. 銜接國際通達路線，共有 2 條，全長 3684 公里。

在西北者，由蘭州經猩猩峽迪化至蘇俄邊境之線，長凡 2674 公里，全線已可通車，正擇段改善，及加鋪路面中。

在西南者，為滇緬公路，全長 974 公里。此線由昆明經下關直達緬邊之畹町，與緬甸公路相接。目下凡五噸重車輛，已可通行無阻，惟各項改善工程，亟須於雨季前完成，已由本部設立滇緬公路局，切實趕辦。

最近公路方面設施情形，可以報告者，約有三點：

1. 運管理所之設立。利用人力獸力，以期運用大量之勞力，補助汽車運輸之不及，與節省汽油之消耗。現已舉辦沿敘昆大道，由敘府南下經昭通以達昆明，共 24 站。全線運輸約需一個月，自二月一日開始，每日運 10 噸，現在每日 20 噸，擬逐漸設法增加至每天 50 噸，每月可達 1500 噸，雙方對開，每月 3000 噸，現正在沿途佈置設備，並擬於本年內先造板車 5000 輛，為公路運油及補助運之用。

2. 為西南公路局出口貨之開運。貿易委員會為與各國以貨易貨，及與美國借款之貨運起見，需有大量出口貨源源運出。統計自一月一日至四月十五日止四個半月中，自重慶運出之出口貨，約 2800 噸。開始時每日只能運 10 噸，現已可陸續增加至每日 50 噸。目前公路

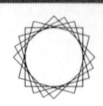

車輛屬於本部。此項貨運，一部分由公路局車承運，一部分利用商車，即商車凡承運貿易委員會出口貨者，免繳養路費，故商車樂於承運。

3. 為車輛設備之增進。目前公路車輛屬本部西南西北兩公路局管轄者，共有1228輛。除軍用外撥以及運油運料公務等車外，實際上應用供給客運車輛只一二百輛，貨運車輛只三四百輛，以之分配維持西南西北兩路主要幹線約5500餘公里之日常客貨運輸，實感困難，而現在後方運輸又極繁忙，加以西南特種器材及原料進口，如欲因應需要，至少須有三四千輛，方足敷用。現已由本部向英美等國借款增購車輛，並沿途增設修車廠配件廠，將來新車陸續進口，當可增進運輸能力不少。

（三）電政

我國地區遼闊，原有電話電報線路不多，且大都偏重南部。抗戰初期，因有中央直接辦理之九省長途電話，以為基本聯絡之幹線，故各方通訊，尚感便利。迨首都淪陷，戰局推演，所有九省長途電話，實際上僅有湖南、湖北、江西、安徽諸省一部分，故應用至為困難，統計戰前長途話線共長53776公里，戰後僅存32752公里。嗣經積極架設10464公里，故目前尚有長途話線43216公里，惟以軍情瞬息萬變，電信設施，亦須隨時依照戰地變遷情形，為適當之處置。故自武漢廣州放棄後，形勢一變，所有戰區與戰區間，戰區與後方間之軍事通訊，經五月之調整佈置，無不輾轉設法，使之聯絡一氣。故現為西南軍事重心之桂林，除一面可與湖南、廣東、貴州、江西、安徽等戰區通話通報外，並可與西北軍事重心之漢中直接通話。至漢中本身，則可與甘肅、四川、湖北、河南等戰區通話通報。所有桂林漢中兩處與重慶之通話及重慶與前線各軍事重要據點若韶關、郴縣、長沙、衡陽、吉安、南寧以及南鄭、西安、洛陽等處之通話，亦隨時以全力加以調整，務使通話暢達。惟以軍訊繁忙，需要陡增，所設線路每感不敷。有時為敵機轟炸，或為氣候感應，較因一部分利用有限，轉接較多，通話不能十分清晰，但均隨時加以改善，一面對幫電載波之設備，亦以最大努力，設法充實。故前後方通訊，雖極其繁忙，尚能勉強應付。

至無線電報電話方面，為便利民用通信之重要工具，亦竭力添設無線電臺。現在各省邊區以及戰地內國軍遊擊區域之重要城市，皆可通報。此外，關於國際無線電臺方面，除成都重慶二處國際電臺，已加擴充，可與國際重要都市直接通報外，並擬積極裝設昆明，貴陽，桂林三處國際通報，不久可望開放通訊。自廣州淪陷後，重慶與香港通話斷絕，現已與英方磋商可望直接通話。重慶與河內一線，亦與法方商定，不久可以通話。

（四）水運

水運方面，自武漢廣州兩地失陷後，最感繁重之工作，厥為川江之運輸。當時宜昌積存待運之公物，計6萬噸，均僅三個月內運輸完畢。其中十分之四，係徵集木船1200艘，集中輸送。至待運之鋼鐵廠機器器材，約14000噸，除重件不能運帶者約七八千噸外，其中三四千餘噸，亦均悉數運離宜昌。

又武漢撤退時，所有武漢附近輪舶，均經西駛。惟川江自宜昌以上，灘險甚多，類皆需要絞灘，輪舶方能上駛。因擇川江險要地點，設立機器絞灘站。現已完成者，計11處。統計自一月至四月十五日止四個半月中，用絞灘機上駛之輪船，共213艘，木船2483艘。其中有輪船57艘，均經陸續設法改造利用，分配川江行駛。

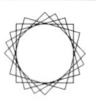

統計最近四個半月中，川江行駛輪船總數 310 艘，計 34579 噸，木船 5045 艘，計 116253 噸。

（五）航空

吾國航空路線，在抗戰以前，計長 13826 公里，戰後僅存 2293 公里，嗣經逐漸增開 12510 公里，現共有 14803 公里，尚較戰前為多。目下共有主要航線 10 條，每週來回航行共 50 餘次。惟以敵機屢次襲擊，為避免無謂犧牲，故有時飛行班次及時間不能十分準確，以資掩護。

現在歐亞中國兩航空公司，共有大型機 14 架，小型機 13 架，除修理中者外，現在實際航行者大型機 7 架，小型機 5 架。目下飛行航線航班過多，以至機件損耗較大，必須時加修理保養，因之不能以全數飛機調撥利用。今後擬 1 面設法添置新機，1 面充實夜航種種設備，以增進空運之效率。

此外，可為諸君報告者。國際航線方面，最近已有顯著之進步。中法航線自昆明至河內，已於三月十四日正式開航。中英航線自昆明至仰光，已與英方商定，雙方對飛，已於 3 月 2 日試航，俟臘戍機場擴充後，即正式通航。中蘇航線自重慶經蘭州哈密至阿馬拉泰，亦與蘇俄商定。重慶至哈密已於二月二十日首次通航，哈密至阿馬拉泰擬再定期開航。

（六）郵政

抗戰以後，因大量民眾與多數機關西遷之結果，頓使後方各省郵遞之需要日增。以前邊陲地方，人口稀少，商務經濟，均不發達，當時之郵政設備，自不足適應現時之需要。故後方郵局設備，不能不隨之擴充。統計戰前共有局所 72690 處，現在尚有 70194 處，僅減少 3.4%。戰前共有郵路 584816 公里，現在尚有 513039 公里，僅減少 12%。

自廣州撤退後，西南國際信件，必須改線寄遞。當時剩餘之海口，僅有北海、廣州灣及澳門三處。澳門迫近前線，道路易阻，故一度曾利用北海及廣州灣二處，而與香港聯絡，以免經過海防之周折。但自該二處附近公路於去年十二月間破壞之後，大宗郵件，除一部分可利用航空外，又不得不改道龍州山以出海防，而達香港，惟港越兩地之郵政，原僅按其自身之需要而設備，一旦經轉事務驟增，原來之人手及設備，均不敷應用，以致代吾國轉運之郵件，常有遲延之虞。經與港越當局一再磋商，已獲有改善辦法。好在滇緬公路，即可通車運郵，將來西南國際郵件，當可便利不少。此外，自武漢撤退，平漢隴海兩路，先後中斷，故又組織西南與西北聯絡郵班二處。一路自寶雞經南鄭至成都，經重慶、貴陽以達西南各地。一路自西安經洛陽、南陽、老河口、沙市、常德，以達長沙、貴陽。惟郵政汽車，在戰前共有 300 輛，其中撥充軍用者 170 輛，尚有 130 輛，應用經年，一部分已有損壞。故以之分配全國各郵路駛用，調度十分困難。最近添購新車 100 輛，已有 20 餘輛運到昆明，將來陸續駛入，希望能解除一部分運郵之困難。

至戰區郵政，為保持行政完整統一起見，今尚勉強維持。自抗戰以來，各地局長，均調在局服務較久之洋員充任。至今勉強維持統一。

最後關於軍郵方面，可以特別提出報告者，則除戰區以內辦理軍郵之人員隨時隨軍推進開闢郵路外，所有遊擊區域以內之軍郵業務，亦無不與國軍，隨同進退，聯絡一致。若皖西豫東之軍郵人員，均由周家口、駐馬店、確山，分赴英山、太和、霍邱、固始、商城、橫川、浠水、廣濟、立煌、葉家集一帶，隨軍推進，恢復軍郵。此外若河北省平漢路東津浦路以西

冀中地帶，均有我方政治組織，已秘密派員率同信差，前往各軍政長官所在地，辦理軍郵。以上所述，為路、電、郵、航，在抗戰中設施之大概情形。

二、第二期抗戰中的交通建設計畫

以上所言，為第1期抗戰中交通設施的大概情形，關於第二期抗戰中的交通建設，最近遵照委員長手令，擬定二年計畫，限定二十八年二十九年中，切實實施。現在根據計畫內容，擇要報告如下：

（一）鐵路

鐵路建築的計畫，根據以下三個標準：一擇可通海口或可通鄰疆之國際路線；二擇後方國防政治重心之交通幹線；三擇後方補充之必要路線。例如湘桂滇緬，屬於通海口或鄰疆國際路線；如敘昆成渝鐵路屬於後方國防政治重心交通路線；如黔桂天寶鐵路屬於後方補充之必要路線。綜計二年之中，擬與興築鐵路4165公里。其每路進行情形，分述如下：

1. 湘桂鐵路　自衡陽至鎮南關，全長1076公里。現該路已由衡陽通至桂林。桂林至柳州一段，現正積極趕工。希望能依原定計劃，於四月底通至永福可接水運。十月通至柳州，惟該段鋼軌，須賴粵漢路北下，按期運到，可望如期完成。

柳州至南寧，現以軍事情形，只能先築地下工程，至地面工程，則暫緩進行。南寧至鎮南關段，已於去年四月開工，希望本年五六月可通至崇善後，可接水路，十一二月通至南寧。

2. 滇緬鐵路　該路自昆明至緬甸邊界之滾弄，全長約860公里，已於去年十一月分東西兩段，同時興築。希望本年底先由東段通至180公里，明年年底再通至650公里。全線希望於後年完成通車。至由緬邊滾弄至臘戍一段，亦已商得緬甸政府同意，開始興築。

3. 西北鐵路　此線關係西北國防及西北開發，至為重要，自宜及早興築。現擬先築自寶雞至天水1段，計長165公里。中間須開鑿山洞達21公里，開工後二年可完成。惟望隴海路潼關一段，不至中斷，則所有平漢隴海二路拆卸鋼軌，可以西運，方可鋪軌。同時由俄邊向東展築計畫，各界希望甚切，而蘇聯方面，或以為數太巨，距離太長，不易舉辦，現正與蘇聯方面協商進行中。

4. 敘昆鐵路　該路自昆明經宣威威甯以達四川之敘府，全長773公里，現與滇緬路同時興築，擬於年底完成自昆明至曲靖一段，計155公里，明年底完成自宣威至威甯一段，計370公里，後年全部完成。

5. 成渝鐵路　該路自重慶至成都，計長523公里，已於二十六年開工，當以運料困難，故工程進行，為之遲緩。現為迅速興築起見，已飭將重要工程，竭力趕修。一俟敘昆通車，材料能輸入時，即可鋪軌通車。

6. 黔桂鐵路　該路由貴陽東南之威寧至柳州，全長約1000公里。擬先築貴陽至柳州一段，約620公里，現正趕運湘黔器材，定期開工，分段興築。預計全線開工後如材料能順利運足，約30個月完成。至貴陽至威寧一段，亦擬開始查勘，以便將來與敘昆路相接。

附帶一言者即湘黔鐵路。該路自株洲至資水一段，長約200公里，已經通車。原定展築至新化，現因戰局轉變，已令停工，並將人員器材，及拆除路軌，全部移築黔桂路之貴陽柳州段。

（二）公路

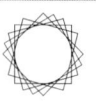

公路方面，擬於二年之內，改善主要幹線計14700餘公里，新築幹線計長3000餘公里，共長約17700公里。改善工程中，西南以貴陽為中心，並以全力趕修西南國際交通之滇緬公路。西北以蘭州為中心，並特別注意西北國際交通之甘新公路。至西南西北聯絡路線，以成都為中心，所有成都至廣元，成都至重慶，成都至蘭州，成都至康定之路線，皆在計畫切實改善之中。至新路方面，擬興築以下各線：

1. 西南方面　現在西南交通，南寧柳州，俱占重要地位，為預防萬1敵人由北海威脅南寧，或由西江進擾柳州時，仍使廣西省東西兩部，聯絡呼應，及與貴州雲南兩省縮短運輸路程以應軍事需要起見，擬興築以下3路：

（1）田河路　自廣西之田州，至黔桂路之河池，長約二百七八十公里，已撥款由廣西省政府進行，預計年內完成。

（2）黔桂西路　自廣西之羅裡，至貴州之安龍，長約210公里，已撥款協助廣西貴州兩省政府進行，預計年內完成。

（3）滇桂路　自廣西之百色，經開遠至昆明，長約835公里，擬分請廣西雲南兩省政府，於下年開始建築。

此外，康滇路自西康之瀘定，經西昌至昆明，為聯絡西康雲南兩省交通要道，長約800公里，擬分請西康雲南兩省建築。其中瀘沽至西昌一段，約70公里，決由本部自築籌備興工。至川滇西路自西昌至樂山，長約500公里，亦為西南聯絡幹線，決由本部主持興築。

2. 西北方面　擬興築以下二幹線：

（1）甘川路　自蘭州經臨洮直達成都，為蘭州至成都間交通捷徑。長約850公里，蘭州至臨洮一段，已可通車，臨洮至岷縣一段，亦已開始興築。

（2）青康路　自青海之玉樹起，經甘孜至康定，約900公里，為青康孔道，擬即派隊實測，計畫興築。

3. 西北西南聯絡公路　擬計畫興築以下三線：

（1）川鄂路　全長約400公里，擬先築宜昌至巴東一段，撥款協助湖北省政府興築。

（2）漢渝路　自漢中經西鄉大竹至重慶，全長約800公里，除西鄉至大竹段正由本部積極興築外，其大竹至重慶一段，亦擬繼續興築。

（3）康印路　自康定經巴安而達康印邊境，與印度鐵路相接，全長約1100百公里，他日完成後，亦一重要國際路線，擬由部先組隊施測，再定詳細計畫。

公路方面最迫切之問題，為客車行駛西南各省，交通不便，不能人人盡乘飛機。可為公眾利用之工具，厥惟汽車。以往以軍政各機關徵發客車，疏運機關人員，兼以車輛本屬不敷，未能充分為客商謀便利。現擬增加客車車輛開駛幹道，辦理直達聯運通車，自昆明柳州沅陵至貴陽，自貴陽至重慶，自重慶經成都、廣元而至漢中。每日對開多則10車，少則5車，俾旅客不至候票久待。擬俟籌備完竣後，即行開始。次則修理設備，現在各路線行駛車輛，日見增加，以沿途修理不全，損壞車輛，往往久置道旁，無法修理。本部西南西北兩路局，擬於中心地點，設大修理廠，各重要站設小修理廠。此外，車庫油庫膳宿站，亦擬分別設置。又鑒於各公路沿線醫藥衛生之重要，擬與衛生署合作，在各主要公路籌設衛生站15處，本部擔任開辦費12萬元。

（三）電政

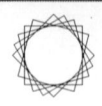

吾國各省電政系統，向不統一，多由地方各自舉辦。省與省間縣與縣間，缺乏連絡。且有屬官辦者，有屬商辦者，職權相分，通信效率，大受影響。第二期抗戰，局勢轉變，西南西北，已成為抗戰根據地及國際交通線路，通信設備，與軍事息息相關，非急謀改進，不足以應需要。茲根據目下西南西北各省電話之弱點，及第二期抗戰之需要，確立西南西北長途電信網，擬定二年之內，增設長途電話線，18171公里。此項計畫，一旦完成之後，重慶方面，北面可與山西之榆林通話，西北可與迪化通話，西部可與康定通話，西南可與畹町、河口及鎮南關通話，而所有西南西北各重要城市間，若重慶、成都、蘭州、寧夏、天水、廣元、貴陽、昆明、桂林、威寧、西昌、雅安、南寧、龍州、蒙自、沅陵、宜賓等，皆可直接通話。

又本部所辦長途電話大都已與四川、貴州、廣東、廣西、湖南、湖北、河南、江西等省所辦之長途電話，互相聯絡通話，但為增進通信效率計，所有各省長途話線殊有由中央於技術上設備上加以協助調整之必要。現在該項省辦話線，業經本部統籌改進者，計有湖北、湖南、河南等省。嗣後當視軍事需要，更加密切聯繫，以利戎機。雲南省辦之長途電話，亦已與雲南省政府商洽，由部省投資合辦，由部統一管理。

電報方面，西南西北各省重要線路，大都均係單線，自非加以擴充不可。擬第1步將貴陽至昆明，柳州至昆明，成都至昆明，重慶至貴陽，重慶至成都，桂林至柳州，長安至奉節等段，各加電報線1條。又四川、貴州、湖南、雲南、陝西、甘肅、寧夏、西康各省線路過少，擬增設支線3000公里。蘭州至迪化間，擬重架電報線1條，均擬計畫建設。

無線電方面，擬一面在重慶、成都、衡陽、曲江、芷江、桂林、貴陽、昆明、洛陽、西安、蘭州、永安等處，各裝設無線電快機一座或數座，同時並以重慶為中心，成立無線電快機通報網，藉增無線電傳遞之速率及容量。此外，如迪化、西寧、康定、拉薩等處，亦擬籌設無線電快機通報。

市內電話方面，擬一面擴充重慶市內電話。因重慶市內電話，原屬省辦，其總機為共電式，容量1420號，早告額滿，經部接收以後，因需要驟增，擬裝設自動總機2300號。現在城外已裝好250號，一個月以後，可改裝至1000號。其餘亦可於二三個月以後完成。此外如擴充貴陽市內電話，改進昆明桂林市內電話，亦均在積極進行之中。將來擬於重要城市，逐步推廣電話設備。

（四）水運

現在公路運輸汽車汽油，均須以外匯購買，而汽車配件之貴，汽油運輸之難，實非經濟運輸之工具，故凡有河道之處，須儘量利用水運。是以本部於水運方面，在最近兩年中規定最重要之工作，為木船之製造。第一年在四川部分，擬增造木船470只計11646噸。廣西部分，擬增造木船220只，計5800噸。第二年擬在廣西部分再行續造木船250只，計5800噸。現在已積極進行，並將木船式樣，仿照輪船船身製造，以便隨時可以裝設機器，改為輪船。其次為撤退船舶之改造工程，擬於本年內將武漢撤退之輪舶，改造106只，以便分配川省各河流利用，關於水陸聯運方面，則擬於本部內開闢重慶至敘永，重慶至廣元，重慶至涪陵，沅陵至長沙，蒼梧至龍州，蒼梧至柳州等線，總長約4070公里。

（五）航空

航空方面，除繼續努力完成中英、中法、中蘇諸國際航線外，並擬於明年籌辟嘉定至成都，及成都至巴安二線，長約649公里，飛機方面，目下極感缺乏。擬於本年內先行添購6

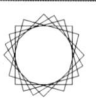

架，第二年再購 2 架。民用機場共有 17 處，大都係借用軍用機場，現在先於重慶郊外九龍坡開闢臨時機場，以備洪水之用。

無線電臺，為航行所必備。現有 42 座，擬於二年內，添設 15 座至 20 座。飛行人才方面，現有國籍機師 16 人，擬再訓練 8 人，現有國籍機械師 7 人，擬再訓練 8 人，現有國籍飛行電報員 13 人，擬再訓練 10 人。

郵政

郵政方面，今後最重要之工作，為郵遞速率之改進，而欲求郵遞速率之改善，除人事與設備外，當以運輸工具，為最關重要。目前已決定購汽車 100 輛，機器腳踏車 10 餘輛，以便分配運郵。同時關於人力腳踏車輕件郵班，及膠輪大車重件郵班，亦擬儘量擴充，以補助汽車郵運之不足。

郵政儲金，在世界各國為吸收人民儲蓄重要工具。動輒數十萬萬，尤以鄉村缺乏金融機關，鄉民感覺不便，故郵局方面擬逐漸擴充郵政儲金局業務，以供地方機關與人民之利用。

5. 交通部為部長任免事項致重慶市政府公函（1942 年 12 月 14 日）

案奉行政院三十一年十二月十四日順人字第 25960 號訓令開：

准國民政府文官處三十一年十二月九日渝文字 6391 號公函開：奉國民政府十二月八日令開：交通部部長張嘉璈呈請辭職，情詞懇切，張嘉璈准免本職。此令。又奉令開：特任曾養甫為交通部部長。此令。各等因。除由府公佈及填發特任狀外，相應錄令函達查照，並轉飭知照。等由。合行令仰知照。此令。

等因。奉此，養甫遵於十二月十四日到部就職視事，除呈報並分行外，相應函達，即希查照為荷。

此致

重慶市政府

部長　曾養甫

6. 1943 年四川交通概況[①]（1944 年）

一、三十二年交通行政措施及以四川為中心的運輸

大後方的四川，實屬荷著抗戰建國的雙重任務。其在全國的地位，不僅是戰時政治的、軍事的神經中樞，也是戰時，乃至戰後一定時間內的經濟神經中樞，在各方面，都有著它的示範性和創造性。

交通事業，或由政府經營，或受政府管制，直接間接由交通部負責。三十二年度交通部釐訂的中心工作有三：（一）協助限價，（二）便利軍運，（三）規劃復興。

限價為加強管制物價方案實施方針之一。物價的漲落，除由於通貨膨脹，商業投機等原因之外；尚有一極普通的經濟原則，即供需的相互關係。供需情形，亦即物資的流通情形，則決定於生產量與運輸量的關係。交通機構的運輸力量強大，運輸方式進步，供需平衡，則物價受運輸的影響小；力量薄弱，方式落後，供需失調，則物價受運輸的影響大。抗戰以來，

[①] 原載《四川經濟季刊》1944 年第 1 卷第 2 期，金龍靈著：《三十二年四川之交通》。

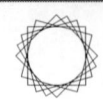

運輸由鐵路而進於公路，由公路而進於公路驛運的雜湊；在運輸量及時間上都無法與現代化的生產及戰時龐大物資流通的需求配合。所以當前的物價問題，無疑要受運輸的巨大影響。

以四川為中心的物資流通情形：

（一）川黔桂線　由北往南，以鹽為唯一物資；由南往北，為鎢砂及棉布；往北多，往南少。

（二）川滇線　由南往北，為內運物資；由北往南少。

（三）川湘線　由北往南，鹽為大宗；由南往北，為米、銻、錫、茶、棉等；往北多，往南少。

（四）川陝線　由北往南，為石油、棉花、羊毛；由南往北為茶、鎢、銻；往南多，往北少。

（五）重慶至蘇邊霍爾果斯線　由北往南，為油類、羊毛；由南往北，為茶、鎢、銻；往南多，往北少。

（六）川鄂線　由西往東，偏重軍運；由東往西，為內運物資；往西多，往東少。

而以上六線，除少數地方通航輪木船，可以利用水運外；其餘地方，大都既無鐵路，又無水道；物資流通，勢不得不乞靈於公路驛運。於是公路和驛運，便構成後方運輸的骨幹。其表現在加強管制物價方案內，則為：（一）加緊完成木炭、煤炭及桐油等代汽油爐之改裝計畫，使國內多數停駛之卡車恢復活動。（二）積極策進民間，發展民間驛運、獸力等運輸工具。（三）積極簡化運輸機關與稅收機關之交通檢查機構，以減少正當商運及搶購物資之流通困難，並杜絕沿途需索弊竇，務使檢查業務為協助商運之便利，而不得為商運之阻礙。（四）凡運輸機構及各省市縣鄉之驛運，對於所運貨物，設定運輸計畫與運量，必須按期按地按量運足，應由當地政府負設備與督管之責，如不能按時運到所規定之數量，應嚴加處罰。

根據上一方案及其實施要點，交通部於是公佈了有名的：交通部加強管制物價方案實施辦法，也就是三十二年度交通部釐訂中心工作之一的「協助限價」。實施辦法共包括兩大部分，五十一條。運輸部分，凡三十六條；要點如次：（一）原則：1.為配合管制物價起見，所有鐵路、公路、驛運、水運及空運等運輸事業，均應一面限制運價，一面便利運輸。3.運輸主管機關，應與物資主管機關，密切聯絡，以求各主要物資之運銷數量，能與運輸能力相配合。4.根據主要物資之產銷情形，增闢或加強水陸聯運路線，以利物資運輸。6.儘量發動與利用民間運輸工具與夫力。（二）機構：8.運輸機構應力求簡單統一健全，藉以增進運輸效能，並便實施限價。10.國營公營及民營公路之汽車運價及運輸，應由交通部負責管制。11.及人獸車輛等驛運，及木船竹木皮筏等水運之運價與運輸，在交通部設有專管機構者，應由交通部負責管制；否則由所屬省市縣主管機關負責管制；凡經兩省以上之路線，應由交通部設置管制機構。（三）限制運價：16.各運輸事業之運價，除以三十一年十一月三十日前核准有案外，均以汝十一月三十日之運價為最高限價。（四）便利運輸：23.運輸路線可分類如下：（1）國際路線——以便輸入外國物資。（2）接近戰區及淪陷走私之路線——以便搶購淪陷之物資。（3）大後方之主要交通線——調劑各地盈虛，俾大後方之生產消費，能相適應。25.凡足以減低運輸速率之一切管制檢查手續，應儘量改善，務期統一簡化，並絕對避免重複。29.現有汽車，必須儘量修復利用，並完成木炭、煤炭及桐油等代

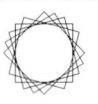

汽油爐之改裝計畫。（五）準備：33. 積極調查各運輸事業之成本因素，為調整運價之標準。34. 調查各地區各類運輸線之物資運輸能力。

　　自實施辦法公佈後，截至三十二年九月為止，各方的反響同觀感是：（一）去年（三十一年）十一月宣佈限價命令，十二月各公路即增加運費；公路車每裡自1.20元加價至2.50元，四川公路局每里加至3元。加價之速，交通部所辦業務，首屈一指〔關於水運運價，參看本期拙作：《四川省水上交通之發展及其趨勢》所附四川省歷年水運（貨運）運價與物價指數比率表〕。（二）各公路車輛不足，乘客買票困難。（三）長江嘉陵江之客船，翻沉之事，層見迭出。（四）由渝開行船隻，實行檢查時間，與輪船原定開行時間，往往相差一二小時之久，乘客在風雨中鵠候江岸，至感不便，而婦孺老弱，尤為狼狽。（五）各省徵收驛運管理費，巧立名目，人民不勝負擔。（六）檢查所不問責任誰屬，逕扣車輛，妨礙交通，耽誤行程。（七）壞車數目，已達車輛總數百分之七八十，運輸能力之削弱，可以想見。其主要原因，一方面固由於配件之缺乏，一方面亦由於平時使用保養之不得法。〈略〉

　　前所引述，主要是摘自國民參政會第三屆第二次大會的詢問案。我們很遺憾交通部的限制運價與便利運輸這種協助限價中心作業，竟然沒有收到預期的效果，從而受影響最為直接的四川運輸條件未能有所改進。

　　復次，便利軍運：近年來，在敵我交通戰略的抗衡中，我們的政府，尤其是「抗戰以來，負運輸通訊重任，舉凡前方部隊器械彈藥糧秣服裝之接濟，軍訊之維持……均屬職掌範圍」的交通部（注：見曾部長養甫新年告全體交通員工書），尤無時不在努力於掌握交通大勢，爭取主動。關於這方面，我們暫不能有所評述。

　　國民參政會第三屆第二次大會時，參政員薛明劍君詢問：「詢問復員需用運輸工具，已否準備」。交通部的答覆是：「查交通復員，係本部主要工作之一，所有一切計畫，經迭次開會討論規劃，對於運輸工具準備方面，較有具體者：（一）船隻之製造，本部今春統一造船機構，成立造船處，在各適當地點，分設工廠，製造大批木船及輪船等。又招商局停泊川江，或被敵機炸毀，或年久失修之七十八艘江輪，現亦正準備修復中。（二）滇緬公路原有車輛，除去年滇緬戰爭損失一部分外，餘均完好。又根據租借法案，美國經已允撥大批車輛來華，且現已陸續到印，正內駛中。（三）鐵路車輛勉敷現有各鐵路復員之用。」我們相信交通部的答案極其誠懇。關於第一點統一造船機構及修復大批江輪，作者在本期拙稿《四川省水上交通之發展及其趨勢》一文中，曾就造船處的機能、性質同川省境內造船工業修造輪船的能力，有過詳細的估計，可資對照參考。關於第二、三兩點，鄧寶照君在大公報所發表的戰時與戰後之運輸問題一文，曾列舉壞車（卡車）數目，已達車輛總數百分之七八十，及鐵路機車車輛損毀者漸多，平時已感捉襟見肘，大量軍運，困難不難想見，各節可資對照參考。

　　以上，我們從交通部三十二年度的中心工作，說到四川的運輸條件，在若干地方，或不免太偏重現象，過分強調四川的經濟地位。但是一切政令，都從四川發出；一切行政措施，都從四川著手。四川問題，正是全國問題；反轉來說，某一問題，雖然是全國性的問題，惟因四川是近水樓臺，其所受影響，必最為直接，亦必最佔先。故在理解四川的交通問題上，上所評述，或仍有必要。

　　二、三十二年四川交通之成就

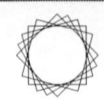

從我們所能獲得的片段零碎的資料,事實上很難據以正確地、系統地評述四川交通運輸的發展過程和動向。不過在大體上,四川的交通建設仍自有其特徵:第一,有計劃、有系統的公路建設,殆為民國二十四年,四川省政府改組以後的事。在這以前,防區時代,戍區範圍,時有變更,公路修築,亦各自為政,未臻劃一。第二,工程方面,頗無標準。在防區時代,各軍政當局分區建築,工程固多不合度,其後,更因剿共軍事緊急,川黔等路,均係奉令在短期中趕築而成,草率急就,亦未見盡合準繩。第三,在敵我交通戰的抗衡中,我們的交通當局,雖已盡最大的努力爭取主動,但事實上如中印公路、中印空運線、滇緬公路、甘新公路及其他路線的開闢和改善,多係落在敵人對我已經發動封鎖,或已完成破壞,切斷我已成通路的行動之後。而川境主要的交通線,則仍多係在抗戰前或抗戰初期完成。第四、四川交通工業的建立,是在抗戰以後才略具雛形,而其基礎仍極其脆弱。交通工具的修造能力,尤為低下。第五、政府為培護交通運輸,曾盡最大的努力,而川省運輸業,在極其艱難困苦的環境中,也並不吝惜貢獻其所有的力量。但是步驟凌亂,行動遲鈍。每每作繭自縛,削弱運輸能力,太注重表面成績,反而阻滯交通建設的進展。譬如不問責任誰屬的逕扣車輛,技術過失的停航船舶,以及若干所謂工程處、造船處之類本身並不能夠實際負起工程或造船責任的機關之大量的存在等等。第六、四川交通技術員工及運輸工人的缺乏。

為證實上述特徵,下面是二十六年底為止的已成建設和三十一年底為止的已成建設統計數字的比較:

交通類別	線路及里程	二十六年底止	三十一年底止	備註
水上交通:木船	航線	117 條	117 條	本欄請參閱本期王成敬君:《四川之水道交通》及拙稿《四川省水上交通之發展及其趨勢》所附各表。
	里程	6737 公里	6737 公里	
輪船	航線	5 條	9 條	
	里程	1136 公里	1876 公里	
排筏	航線	12 條	12 條	
	里程			
陸上交通:鐵路	北川鐵路	1 條	1 條	注:見三十二年八月時事新報:三才生採煤史及同月國民公報:天府觀光。
	里程	9 公里	20 公里	
公路	幹線	4 條	7 條	注(1)見張肖梅:四川經濟參考資料。注(2)各幹線如次:川黔路 795 公里;川陝路 419 公里;川滇路 461 公里;川康路 110 公里;川湘路 694 公里;川鄂路 665 公里;川甘路 55 公里。
	里程	(1) 2474 公里	(2) 3199 公里	
	支線			
	里程		990 公里	
空中交通	航線	5 條	5 條	注:見四川省建設統計年鑑。

上表數字,或不無掛漏,但大體上,比較重要的幹支線和干支流域,多已搜羅無遺;所以仍可以代表四川交通的全貌。從數位上觀察,在時間上自二十六年底至三十一年底,中間的間隔是整整的五年;在這五年中,我們的交通建設,進步得比蝸牛爬行還慢。水運部分,

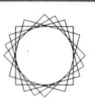

輪船通航里程,似乎有著顯著的增加;但是事實上所顯示的卻正與此相反。即是通航里程在這裡並不表示或包含有水道改善的意思。換一句話說,煤汽機淺水船在嘉陵江的通航與否,在總運量上既並沒有引起任何變化;反之,自從稱為川江終點的宜昌,亦既總管南北兩大戰場的樞紐陷落之後,水上運輸在四川,在物資的流通同軍需的接濟上,其作用已經大為減色。陸運部分,自滇越滇緬兩路相繼封鎖,樂西公路即失其效用;外銷川產如桐油、豬鬃、茶、絲,輸出尤極端困難。

三十二年度的四川交通運輸,在困難與缺乏中掙紮。

在這以前,公路工程同運輸業務,均由軍事委員會運輸統制局管理。自運輸統制局奉令撤銷,所司業務分割,所屬工務總管理處,運務總處,汽車牌照管理所以及配件委員會,復歸交通部管轄;所屬監察業務,則在軍事委員會下另設運輸會議,專擔負國際運輸,空中運輸及國內軍運各方面聯繫與督導之責。至於全國軍運事宜,則悉歸軍事委員會後方勤務部負責。運輸會議於去年元月二日成立;交通部全國公路總局旋於三月一日正式成立。在運輸統制局時代,以四川為中心,主辦渝築昆及河桃兩線公路客貨運者,有以中國運輸公司為基幹之西南公路運輸局;主辦西昌樂山內江線公路客貨運者,有川康西路運輸局;主辦瀘縣曲靖線公路客貨運者,有川滇東路運輸局。省內公路客貨運,則由四川省公路局辦理。公路總局成立後,兼總局長曾養甫曾稱:公路總局之工作方針,計有三端:(一)減低運輸成本,(二)爭取時間,(三)發揮服務精神。公路總局之中心工作,計有十項:(一)加強國際運輸,(二)增加商車運輸,(三)整理車輛,(四)配件與燃料之製造,(五)加強司機技工之訓練與管理,(六)推廣客貨聯運,(七)幹線工程之改善與養路制度之確定,(八)加強全國公路運輸之管理並擬訂公路法,(九)邊區路線之開闢,(十)復員及復興工作之準備。同年二月二十七日,復在公路總局下設置公路商車指導委員會,並由曾養甫部長於會中宣佈:為促進商車之合作,以圖配合運輸需要,指委會之中心工作,擬分三期進行:(一)確定今後商車管理方式,調查各地商車營業狀況,並加強各地同業公會,召開商車會議,研究客貨配運辦法,運輸成本減低辦法,運輸檢查之簡單化,燃料配件之補充。(二)商營修車工廠之加強,商車投資煉油之獎勵,及取締不法營業商車或商行。(三)開始實施商車業務管理法。續開商車會議,統計商車業務成績,研究商車管理,燃料配件之統一辦法,籌設商車總會。以上三期,每期三個月。但同時除公路總局,四川公路局主辦業務之外,自設運輸處,自置運輸工具,規模宏大,不受公路總局或公路局管制者,如鎢、錫、銻等礦砂運輸由資源委員會擔任,玉門油礦運輸由甘肅油礦局擔任,糧食運輸由糧食儲運局擔任,食鹽運輸由鹽務總局擔任,茶葉運輸由中國茶葉公司擔任,棉紗棉布運輸由花紗管制局擔任,此外如國家銀行,中央信託局等,亦莫不設有運輸機構,辦理各該機構之運輸,與公路機構分庭抗禮。

去年內公路交通和運輸,真正比較有意義、有價值的成就,實不在於主管機構的一再改組、裁併或增設。實則動盪交通機構,在戰時為適應時務需要,配合當時環境,在某種意義上或屬必要,然而變更太頻,機關太複雜,以致人事變遷,政出多門,其所給予工作或工程的影響,只有壞無好。我們認為有意義有價值的是:

(一)酉陽龔灘公路通車,使川湘兩路水陸獲得聯運捷徑,節省陸路行程一百六十餘公里。

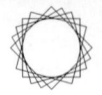

（二）渝蘭聯運客車開班，自重慶經綿壁公路至廣元而與西北公路銜接。
　　（三）川湘川鄂客車開班，自重慶至恩施，及自重慶至常德，較前遠為捷便。
　　（四）渝寶客車開班，自重慶經綿壁公路至廣元與西北公路銜接。
　而交通部去年內最為成功的施政，也以完成以重慶為中心的聯運網的配備，最為膾炙人口。此項聯運網，已配備完成者計有七線：
　　（一）渝曲線：自重慶至曲江，分兩線，甲線為驛路與鐵路聯運，乙線為公路與鐵路聯運。
　　（二）渝衡線：自重慶至衡陽，由川湘聯運處與粵漢鐵路聯運。
　　（三）渝昆線：自重慶至昆明，由公路與航空聯運。
　　（四）渝瀘昆線：自重慶經瀘縣至昆明，由水路與公路聯運。
　　（五）渝洛線：自重慶至洛陽，由鐵路、公路、水路與驛路聯運。
　　（六）渝蘭線：自重慶至蘭州，由公路、水路與驛路聯運。
　　（七）丁宜渝線：自重慶經宜賓至印度，由水公路與航空聯運。
　復次，川省唯一的鐵路工程，綦江鐵路，自長江上游江津縣屬江口鎮貓兒沱，至綦江縣屬三溪，全長共85公里。三十一年五月交通部設立綦江鐵路工程處，著手開工，先行修築貓兒沱至五義一段，長約39公里。截至三十一年底止，貓五段完成39.7%。本年度繼續修築，又完成9.4%。全線39公里，於是在一年又半的時間內，共完成49%。

7. 抗戰時期遷都重慶之交通部[①]（1947年）

　　一、行政
　　（一）遷渝經過
　抗戰軍興，國府西移重慶，彼時西南西北交通落後，中樞乃決心籌撥專款從事興建。交通部秉承中樞意旨積極籌畫建設內地交通，俾能負擔戰時交通之任務，故抗戰初期交通部暫遷長沙，俾便籌畫指揮。二十七年一月，中樞調整交通機構，將鐵道部及全國經濟委員會之公路部分併入交通部，並遷武漢辦公，而於長沙、湘潭、桂林、重慶等處設辦事處。是年夏，敵人進擾武漢，交通部一方面儘快調度軍運，一方面協助疏散人口、物資，雖迭遭轟炸，仍本不屈不撓之精神完成任務，即於二十七年六月份由長江水路、粵漢、湘桂兩鐵路及湘西公路先後遷渝。旅途雖極艱苦，均能通力合作，克服困難，達成迅速確實之任務，二十八年春大部分員工先後抵渝，照常工作。
　　（二）組織概況
　交通部內部組織設秘書、參事、技術三廳，路政、郵電、航政、材料、財務、總務六司，會計、統計、人事三處及設計、考核委員會。郵電司係由電政司改組，主持郵電行政，而以郵政總局專辦郵政業務；復於三十二年四月成立電信總局，專辦電信業務；設計考核委員會係三十二年奉令將交通事業綜合調設考核委員會改組；於四月成立會計處、統計處，隸屬於主計處；人事處係三十二年九月間由人事司改組，隸屬銓敘部。均歸交通部之指揮監督。

[①] 該文稿係國民政府交通部應重慶市政府徵求抗戰期間中央機關留渝史實之請而作。標題是原有的。

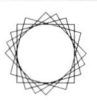

附屬機關，鐵路部分有各鐵路工程局、管理局、機器廠、鐵路測量總處等；公路部分有公路總局、各公路工務局、運輸局、重慶公共汽車管理處、運輸總隊等；電信部分有各電信管理局、工程隊、國際電臺等；航空部分有中國航空公司、中蘇航空公司，至中央航空公司原為歐業航空公司，於三十二年三月收歸國營，改稱今名；水運部分有國營招商局、各航政局、航政辦事處等；郵政部分有各郵政管理局、郵政儲金匯業局等；驛運部分有驛運部管理處、各省驛運分處等；材料部分有材料供應總處、各材料廠庫等。

三十三年底撤銷驛運總管理處及各省驛運管理處。三十四年一月公路總局改組為戰時運輸統制局，直隸於軍事委員會，驛運事業亦由戰運局辦理，以期集中各種運輸力量，配合反攻。日本投降後，復員開始，戰運局於三十五年一月明令撤銷。材料供應總處於三十四年二月撤銷，交通所需各項器材由材料司統籌供應。

（三）部址遷移

交通部西遷重慶後，部址係在上清寺街彭姓大廈。最初一部分人員曾在川鹽大樓及左營街辦公。二十八年五月三日敵機轟炸重慶，市區發生大火，左營街之電政司、航政司均遭燒毀，繼即遷入牛角沱部內辦公。此外，磁器街電政司同人宿舍被焚，都郵街郵政儲金匯業局等均遭毀損，幸賴同人奮勇搶救，重要公物機料全數搶出，措置得宜，隨即恢復工作。

中央因敵機濫炸重慶市區，積極疏散重慶各機關至附近四鄉，交通部遂將一部分員工及不必居留市區之眷屬疏散至廖家店、南溫泉兩處，並設立辦事處經辦各該區之管理及設施事宜。

（四）協助管制物價情形

《加強管制物價方案》交通部擬訂之實施辦法都（有）51條，分運輸及郵儲兩部分。運輸部分復分原則、機構、限制運價、便利運輸等項，郵儲部分分原則、組織辦法、準備等項，茲略述實施情形於下：

1. 限制運價　交通部對於各運輸事業之運價早已實施管制，均以最低運輸成本為標準。如因最低運輸成本發生重大變動，非經呈准，不得增加運輸價目以外之一切運輸所需費用，如棧費、押運費、中途搬運費、運輸損失費、轉運手續費等，亦均同時設法減輕與限制，不論國營公營或民營，均顧及社會利益，對各業請求加價審核甚嚴。

2. 便利運輸　管制物價之根本辦法須從便利運輸入手，俾便貨暢其流，交通部綜管運輸事業，曾分別計畫實施，如建築湘桂、黔桂、滇緬、川滇、寶天等鐵路，趕築滇緬、西詳、川中、樂西等公路，及改善西南西北各省公路，創辦驛運，建造木船及淺水輪船，建設絞灘站絞駁船舶，創辦川湘川陝水陸聯運，增闢國際航空線等。調度運輸工具，力求迅速，運輸手續，力求簡便，以增加運輸之能力，以便利物資之運輸。

3. 掌握物資　登記管制電信器材，無論公私機關對於電信器材之儲存使用及無線電之裝置，均須向電信機關登記，汽車配件之購置、使用、運輸，均須呈請登記。並將渝市存料調查登記。

4. 加強同業公會組織　加強民船業同業公會、汽車業同業公會、鐵路轉運業同業公會組織，使其健全，以達到便利運輸之目的。

5. 發展郵政儲匯業務　添闢通海郵路、郵差郵路，增設局所，創辦軍郵，充實儲金種類，開辦定額匯票等，以期協助管制金融，加強管制物價之力量。

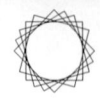

（五）實施行政三聯制

三十年中央加強推行行政三聯制，飭設立考核機構。交通部於是年三月十六日成立交通事業綜合設計考核委員會，分設計、考核、技術、視察四組。三十二年三月遵照國防最高委員會頒佈之黨政各機關設計考核委員會組織通則，擬訂辦事細則，設秘書室及設計考核兩組。原通則並無設置秘書室之明文，交通部因交通事業錯綜繁重，非有充分機構不能達到設計考核之任務，故改組時於設計考核兩組外，仍設置秘書室。各附屬機關之組織與業務較繁者如公路總局、郵政總局、驛運部管理處、各鐵路局等均一律成立設計考核委員會，藉以實現分層負責，分級考核之目的。

交通部設計考核委員會其重要之工作，設計方面為編造年度計畫，可概括為普通政務計畫與特別計畫兩種。其因應交通事業某種特殊需要擬定之特種計畫，與遵照交辦意旨擬定之特種計畫，亦由設計考核委員會編制，如《西北建設計畫》之擬訂，《戰後五年經濟建設計畫》之擬訂，《加強管制物價方案》之擬訂等。考核方面為審核彙編各種考核表報，加強實地考核，指派高級人員分區視察，以補書面之考核之不足，並協助解決工作或技術上之困難。

抗戰時期物力為艱，各種交通事業建設計畫仍能逐步推進者，端賴設計、考核、執行三者之繫連，使有限之物力能發揮強大之效能，此則實施行政三聯之效果也。

（六）推行工作競賽

工作競賽之目的係在提高工作效率。交通部於三十一年成立工作競賽推行委員會，並於五月設立工作競賽專事處，以辦理部內及附屬機關之工作競賽。

推行伊始，先擇一地一事試辦，以期獲得實際之競賽標準，以為普遍推行之依據。電報工作競賽自川康藏電政管理局及重慶電報局，鐵路工作競賽先就湘桂、黔桂鐵路試辦，水運方面先就招商局之輪運舉辦，驛運方面先就重慶驛運服務所之馬車推行，部內則先就總務司文書科舉行。

二、建設

（一）修建鐵路

二十七年十月，武漢、廣州相繼淪陷，政府更積極籌畫建設西南西北鐵路，開發資源，以利繼續抗戰。西南西北皆崇山峻嶺，地形險阻，運輸不便，器材缺乏，施工之難，非戰前所能想像。茲略述重要者如次：

1. 湘桂鐵路　湘桂路之修築係以接通越南、海口及西江水運為目的，自衡陽至鎮南關同登車站止，全長1027公里，分段修築衡桂段及桂柳段，於二十九年前完成通車，以後運輸車隊調劑物資頗見成效。柳南段因敵人侵入桂南，二十八年十二月停工，復自三十年四月復工，展築至來賓，復修築大灣支線及零陵支線。鎮南段因南寧失陷中途停工。

2. 黔桂鐵路　黔桂路自柳州至貴陽全長620公里，為我國西南區東西行之幹線。二十八年間由柳州開始建築，二十九年十月接通至宜山，三十年二月接通至金城江，三十二年六月接通至獨山，三十三年三月接通至都勻。旋以敵騎侵入，黔桂全路淪陷停工。

3. 滇緬鐵路　滇緬鐵路為西南國際交通之新路線，自昆明至緬南邊界之蘇達，全長880公里。二十九年計畫管築，三十年全線分四個工程處並趕修路基，工程進展頗速。原定三十一年底完成，因太平洋戰爭發生，緬甸淪陷，滇緬鐵路失其價值，三十一年四月停工。

4. 敘昆鐵路　敘昆鐵路之功用在溝通川滇，聯接緬甸、越南，完成國際通路，以輸入國外物資，為抗戰中重要之交通線。自昆明起至敘府止，全長859公里。因戰事關係，材料不能輸入，工程因之停頓，僅就昆明至曲靖段利用滇越鐵路拆卸軌料，先行鋪軌，於三十年三月通車曲靖。此後復拆移滇越路一部分，路軌展鋪至沾益。其餘工程暫行停辦。

5. 寶天鐵路　寶天鐵路為隴海鐵路之延長線，自寶雞至天水，全長168公里。二十八年開工，沿線多石方，隧道總長達22公里，工程艱巨。後以材料缺乏，運輸不便，原定工期屢經處展，至三十四年底完成通車。

6. 其他新路　修築隴海路鹹同支線，由鹹陽接同官煤礦，及粵漢路白楊支線，由白石渡站接至楊梅山礦場，湘桂路黃陽司支線，通達窯沖煤礦，並趕築綦江鐵路，以開闢煤源，發展鐵路。

（二）修築與改善公路

1. 修築國際公路　為溝通國際路線而建築之公路，計自蘭州至猩猩峽之甘新路，長1179公里；自長沙經衡陽至九龍之湘粵路，長1100公里，以補助粵漢鐵路之運輸；自衡陽至鎮南關之湘桂公路，長1107公里，以與滇南公路、鐵路相聯絡。同時趕築滇緬公路，自昆明以達畹町，計長959公里，由此可達臘戍，再與鐵路銜接，以通仰光。三十一年五月，敵寇侵入滇境，惠通橋以西淪陷，惠通橋至寶山段自動破壞，三十二年七月滇西我軍反攻，由交通（部）組織搶修隊隨軍推進配合搶修。三十三年八月為配合雷多公路軍事之推進，興築保密公路，自保山經騰沖越37號界橋至密支那，計長389公里。在龍騰未克復前，保密公路工程處已派員潛赴敵後，勘測路線，反攻進展即分段趕築，於三十四年四月打通，中印公路乃全線通車。該路穿越原始森林地帶，瘴癘為患，工程艱巨，給養困難，幸賴員工努力，終得迅速完成。

2. 興修與改善國內公路　為適應軍事需要及流通物資，而興修與改善之公路擇要述之如後：

（1）賀連路自廣東連縣經連山至鷹楊關入桂省賀縣，計長153公里，為粵桂交通要道，二十七年十二月開工，二十八年九月完成通車。

（2）黔桂西路　自黔滇路沙子嶺經興仁、安龍、八渡至百色，計長413公里，為黔桂兩省西部交通孔道，二十八年十一月開工，二十九年三月完成通車。

（3）川滇東路自四川隆昌，經瀘縣、敘永、畢節、宣威而達昆明，全長969公里，為西南西北聯絡重要路線，於二十八年八月全線打通，二十九年二月完成。

（4）桂穗路　自桂林經龍勝、靖遠以達三穗與湘黔路銜接，全長480公里，於二十九年開工，三十年全路打通。

（5）漢白路　安康至白河段，計長258公里，為聯絡西北與武漢之重要路線，於二十七年十一月完成通車。

（6）甘川路　自蘭州經岷縣、武都而達綿陽，與川峽路南段相銜接，為四川通西北之安全路線，全長891公里，於二十八年底完成。

（7）漢渝路　自重慶小龍坎經大竹、達縣、萬源以達西鄉，與漢白路相接，計長592公里，為重慶至漢中之捷徑，於三十年底完成。

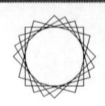

(8) 樂西路　自四川樂山迄西康西昌，計長 517 公里，為川康主要幹線，於二十八年八月開工，三十年一月完成。

(9) 西祥路　自西昌經會理、永仁，以達祥雲，全長 562 公里，為樂西、滇緬兩公路之聯絡線，二十九年十一月開工，三十年六月完成。

(10) 川康路　自成都經雅安而達康定，全長 374 公里，於二十九年全線打通。

(11) 南疆路　自甘肅安西經敦煌入新疆至庫爾勒，全長 1334 公里，為接通之重要路線，三十一年十一月開工修築，至三十五年一月完成。

(12) 青藏路　自西寧經黃河沿歇武至玉樹，全長 797 公里，為由青入藏之幹線，於三十二年七月興工，三十三年九月完成。

(13) 康青路　自康定經甘孜，以達歇武與青藏路銜接，全長 792 公里，於三十一年興工，三十三年九月全線通車。

茲將歷年公路新築與改善里程列表於下：

歷年公路新築與改善里程表

年度	新築里程（公里）	改善里程（公里）
二十七年	973	5584
二十八年	2583	9802
二十九年	949	9317
三十年	2616	11883
三十一年	755	15343
三十二年	1571	16666
三十三年	2228	20306
合計	11675	88901

（三）開闢驛運路線

武漢、廣州淪陷後，國內物資運輸以昆築渝為樞紐。汽車運輸力有不逮，行政院乃召集水陸交通會議，決定利用人力獸力增強運輸力量，先設運管處所，主辦敘昆、渝築、築昆等馱運線。

二十九年二月先後成立蘭猩、漢渝、瀘昆、川陝、川康、滇桂、黔川、黔川越等車馱運輸所八所辦理車馱運輸，二十九年夏成立驛運總管理處，並在各省設立驛運管理處，規定幹線由中央主辦，支線由地方主辦。

中央驛運幹線計有川黔、川滇、川陝、甘新、新疆等線，共闢重要驛運路線 6689 公里。各省驛運支線計有川、陝、甘、粵、桂、閩、贛、湘、鄂、浙（淅）、皖、豫、滇、黔、康等省，共闢重要驛運路線 2 萬餘公里。國際驛運路線共有下列三線：

1. 新蘇線　該線由猩猩峽經迪化以迄蘇聯接壤之霍爾果斯，連同輔線共長 2013 公里。

2. 新印線　該線自斯令加那經驛運路至列城而達新疆之葉城，由列城至葉城分東西兩線，東線 1005 公里，西線 1160 公里。

3. 康藏印線　該線自康定經拉薩至印境噶倫堡，共長 2501 公里。

（四）開闢水運路線

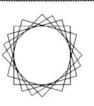

國內運輸隨軍事之轉移逐漸向內河推進，航線日見縮短，運量不免削減。交通部為發展水運，增進運量起見，致力於增闢新航線。武漢淪陷後，增闢之航線於次：

1. 嘉陵江航線　川省嘉陵江航線為貫通西南西北之水運要道，自設置絞灘站及炸除險灘後，小輪可駛航至南充，淺水輪可駛達廣元。

2. 白水江航線　白水江航線為由四川通達甘肅之要道，自廣元沿嘉陵江上游至白水江鎮，可與甘肅銜接。

3. 沅江航線　湖南常德至沅陵航線，木船航行遲緩，輪航試航成功後，常沅段輪船源源航行沅陵，辰陽繼起開航，湘西水運愈致繁盛。

4. 湘宜航線　湘鄂交通本經漢口或城陵磯轉道，武漢失守後，增闢長沙經安鄉、公安、松滋而達宜昌線，自二十八年起至宜昌淪陷止，運輸物資器材及旅客甚多。

5. 金沙江航線　金沙江為銜接滇西各交通線，穿越西南腹地及通達國際運輸線之最近水道，由交通部邀同有關機關組織測勘隊勘測，全線復經金沙江工程處擇要修浚，先行通航宜賓至屏山段。

（五）開闢空運路線

1. 國際空運線　抗戰以後，以歐亞航空公司所營自漢口經長沙、廣州至香港航線，及中國航空公司自重慶經桂林、廣州至香港航線需要最大，復增闢自昆明至河內線，以加強空運力量。武漢、廣州淪陷後，復先後增闢自重慶經桂林至香港線、南雄至香港線、重慶經昆明、臘戍至仰光線、重慶經昆明、臘戍至加爾各答線及哈密經迪化、伊犁至阿拉木圖線。太平洋戰爭爆發後，香港航線停航。滇緬戰後復增闢丁江至昆明、丁江至宜賓及丁江至瀘縣航線，國內外物資之輸出輸入均由此中印航線空運，以維抗戰之需求。

2. 國內空運線　抗戰以後，沿海及華北航線均告中斷，我國航空運輸以漢口、重慶、昆明為中心，先後開闢自昆明至成都、漢口至西安、重慶至桂林、漢口至長沙、重慶經瀘縣、敘府至嘉定、重慶經西安、蘭州、涼州、肅州至哈密、重慶至蘭州、成都至蘭州、昆明至桂林、重慶經蘭州、肅州至哈密、重慶至漢中、重慶經芷江至柳州、成都至雅安等航空線，以適應運輸之需要。

（六）建設電信線路

抗戰以來，電信所受損失頗巨。政府西遷後，積極建設報話線路，並修整擴充原有路線，採用新式報話機件，如韋氏電報快機及載波電話機等，先後完成重慶至昆明、貴陽、成都、西安、蘭州等處重要報話幹線。並完成中心制長途電話網，以配合軍事通訊之需要。防空情況線及國內各空軍基地通信網之修建，浙、贛、湘、鄂、滇、緬各戰區被毀線路之恢復，東南各省與後方無線電通信之維持，市內電話之增設擴充，均能完成任務。自二十七年至三十四年三月共計新設長途電話線 25065 公里，新設電報線路 16897 公里，修整報話線 5300 公里。

（七）增闢郵政局所及郵路

抗戰軍興，郵政局所停閉者頗多，惟泰半仍冒險維持，以利通訊。政府西遷重慶，後方局所年有增加，至三十四年八月後方郵局計有 26620 所。

自武漢、廣州淪陷，郵政有全區多半完整，而管理局所在地已告淪陷者，則在陷區完整地區另設管理局辦事處，計先後成立廣東、河南、湖北、浙江、安徽等辦事處，並積極推展

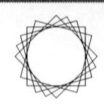

西南西北郵務。

抗戰開始時內地與沿海交通因京滬路阻斷，改以京杭路維持郵運，旋復以浙閩沿海及廣州為通道，而以漢口為全國郵運中心。武漢、廣州淪陷後，利用浙、閩、粵等省沿海小港口為出海郵路，以滇越鐵路為郵運中心，後復利用滇緬公路及渝港航空線運郵。太平洋戰事發生後，後方與淪陷區郵路先後組成淅（浙）東、湘北、鄂中、豫東等線，迨後因交通阻斷，乃組織秘密郵路，維持郵運，三十四年八月後方郵路計有 382746 公里。

（八）敷設中印油管

自滇緬路封鎖後，油料須賴空運入國，為減少空運油料噸位起見，特甫設中印油管自印度加爾各答，經雷多、密支那至昆明，總長 3000 餘公里。國外段由美方自印度接至畹町附近，國內段由美方供給材料，我方工作由畹町沿滇緬公路至昆明後復將油管展築至曲靖、沾益、陸良、呈貢等地，以謀昆明以東各機場輸油之便利。中印油管為世界最長之油管，自三十四年五月底油管輸油，迄同年十一月停止輸油，每日輸油量約 18000 噸。

三、業務

（一）鐵路運輸

抗戰以來，各鐵路路線雖因戰事之演變而逐漸縮短，但運輸軍事軍品及人民器材任務繁重並未減少，幸能改善車輛調度，編組運煤等車及軍運列車，舉辦水陸空聯運，加強運輸設備，添建岔道，抽換枕木，改善彎道坡度，及加強修車能力，以最經濟、敏捷之方法運輸公商物資，以發揮最大之運能，完成戰時鐵路運輸之任務。

茲將抗戰以來各鐵路運輸數量列表於下：

各鐵路歷年運量表

年份	合計	軍士人數	旅客人數	合計	軍品噸數	貨物噸數
二十七年	8543900	2050500	6493400	7350000	1249500	6100500
二十八年	10282100	2461700	7814400	3560000	605200	2954800
二十九年	12045440	2968744	9076644	2636827	459543	2177284
三十年	14134650	2089665	12044985	3136310	363700	2772640
三十一年	13459668	2131625	11328043	3064217	380518	2688729
三十二年	18972789	2984456	15986333	3741429	455849	3285580
三十三年	9228121	1529887	7698234	1611606	250244	7361362

（二）公路運輸

武漢、廣州淪陷後，公路負荷戰時運輸之重任，除一般軍公運輸外，尚有更重要之任務。為打破封鎖，爭取國際運輸路線以運入國外之物資，增強抗戰力量，同時並將國內物資輸出以鞏固經濟基礎。進出口運輸之公路線有越桂、滇緬、新疆等線。

1. 越桂線為南寧經滇關通至同登及車河，經嶽墟通至同登兩線，接同登至河內之鐵路。工程艱巨，通車後敵機白晝轟炸，車輛僅在夜間行駛，運輸困難，幸搶運均能達成任務。

2. 滇緬公路　運輸情形：全線分為三段，自仰光至臘戍為第一段，係鐵路運輸；臘戍至遮放、芒市為第二段，係邊境公路；遮放、芒市至昆明為第三段，係國內公路。運輸力以第一段較大，進口以兵工原料及軍械為大宗，出口以桐油、錫塊為大宗，該路初通車時運量甚少，後因統籌調配商車，召集南洋華僑公司技工回國服務，運量乃因之較增。該路山坡高

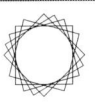

峻不易行駛，而敵機之轟炸，雨季之山崩，設備之不齊等，均使運輸增加困難，本駕駛者均能不避險阻，克服困難，完成任務。

3. 南疆線　由蘭州經哈密、迪化至霍爾果斯運輸日用品及運輸器材。

國內運輸路線以西南公路、川滇東路、西北公路為最重要。

(1) 西南公路　以貴陽為運輸中心，東起長沙，西迄昆明，南抵柳州，北達重慶，有川湘路川段為之輔實，為戰時國內後方運輸之大動脈。其路線計分築渝線、築柳線、築桃線、築曲線、川湘線等，客運及軍公物資運輸均極繁劃（重）。

(2) 川滇東路　里程較短，物資運到瀘州後可水運至重慶，兵工器材、航空用油均取道該路，運輸任務極為繁重。

(3) 西北公路　運輸路線計有甘新、西蘭、甘青、漢白、寶平等線，除軍車擔任運輸外，公建商車亦參加運輸，惟因輪胎配件來源不易，配修困難，致運量有限。

滇緬路被敵封鎖後，公路運輸所需之車輛配件、油料等來源不易，凡油料之採用，零件之製造均賴自力更生，以維抗戰之需要。

此時，公路運輸雖倍感困難，各重要運輸，如黔南戰之緊急軍運，美空軍物資之接連，西北移民之運輸，均能適應機宜，完成任務。茲將歷年公路客貨運量列表如下：

各公路歷年運量表

年別	客運 人數	客運 延人公里	貨運 噸數	貨運 延噸公里
二十七年	2432200	247770600	49690	28571800
二十八年	1141600	197496800	39510	22718300
二十九年	916574	159173001	36592	21936675
三十年	184450	74447386	347686	205206
三十一年	372392	71021735	324702	189166517
三十二年	3875705	179729127	324373	153635826
三十三年	1743341	183972955	130383	42887085

（三）驛運業務

驛運事業旨在利用民間運輸工具從事運輸服務。惟因民間工具不敷調配，各幹支線亦自行增造舟車，並貸款於人民增造，以增動力，站房，倉庫原以利用民間舊有倉棚馬廄為原則，但因舊有民間設備或過於簡陋，或不合儲藏及不合牲畜衛生，各驛運幹線歷年添造站房、倉庫、車柵、馬廄、食宿站等共1300餘所，二十八年到三十三年六月已造各式車輛2718輛，並製造各級木船290艘，共計2498噸。三十二年十一月交通部與藏商合資成立康藏馱運股份有限公司，自三十三年二月起開始營建，三十二年二月建設西北驛運旅客站，自廣元以迄哈密，計長2322公里，共計79站。

驛運運量幹線方面，二十九年九月至三十三年底，貨運共1249832噸，17365928延噸公里。三十一年四月至三十三年底客運共4024963人，15160003延人公里。

三十三年底空運運量增加，驛運總管理處及各省驛運管理處先後撤銷，驛運事業歸軍事委員會戰時運輸局及各省公路管理局負責，日本投降後，驛運事業乃先後停辦，由辦民自由經營。

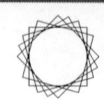

（四）水陸空聯運業務

水陸空聯運足以增進運輸之效率，自武漢、廣州淪陷後，交通部特創辦水空及水陸聯運以增強運輸能力，茲略述如下：

1. 水空聯運　水空聯運方面，三十二年辦理了宜渝水空聯運，增強進出口物資運量，並積極籌備了瀘渝水空聯運事業，以應需要。

2. 水陸聯運　水陸聯運有川陝、川湘兩線，為陝棉、川鹽、湘米及其他重要物資之主要運輸線，川陝線自重慶溯嘉陵江而上，經合川、南充而達廣元利用水運，廣元至寶雞利用車運。川湘線分為兩路，一由重慶經涪陵至龔灘利用水運，龔灘至龍潭馱運，龍潭經沅陵至常德利用水運；一由重慶經涪陵至彭水利用水運，彭水至龍潭或沅陵車運，龍潭或沅陵至常德利用水運。由重慶至涪港122公里，涪陵至龔灘275公里，龔灘至龍潭70公里，龍潭至沅陵287公里，沅陵至常德203公里，共長956公里。

3. 公路聯運　西南西北各省公路先後舉辦聯運，如重慶—常德—恩施聯運，重慶—蘭州—老河口、重慶—迪化、重慶—寧夏至綏遠、陝壩，重慶至寶雞之直達聯運。

4. 鐵路與公路聯運　公路與鐵路亦實行聯運，如西北公路與隴海路之聯運，西南、川東、滇緬公路與川滇鐵路亦舉辦聯運。

（五）空運業務

抗戰之初，沿海及華北空運均告中斷，乃以漢口為中心，迨武漢與廣州相繼淪陷，中國航空公司遷至重慶，歐亞航空公司遷至昆明，渝昆兩地遂為空運之中心。此外，交通部更與蘇聯中央民航總管理局訂立專約，合資組織中蘇航空公司，專營自新疆哈密經迪化、伊犁至蘇境阿拉木圖航線之空運業務，於二十八年十二月正式成立開始空運。歐亞航空公司則因中德絕交，收歸國有，改為中央航空公司。此期航線雖增闢，惟因飛機甚少，運輸能力有限，爰盡最大之可能日夜飛行，以增運能，故飛機數量雖未增加，運量則增加甚多。當時我國海岸被敵封鎖，物資輸入全恃空運，及後飛機稍有補充，復增強國內空運力量，以維後方交通。雖器材困難，維持國內及國際運輸、輸入國際兵器與生產物資，對抗戰大業貢獻至巨。

茲將歷年空運數量列表如下：

歷年空運數量表

年別	客運（人）	貨運（公斤）	郵運（公斤）
二十七年	14657	138911	124636
二十八年	25775	430676	209684
二十九年	28575	937492	159589
三十年	29060	4151740	193318
三十一年	30853	4349374	99878
三十二年	35612	19663473	88788
三十三年	39823	27170898	96899
三十四年	59294	27551021	258948

（六）中印空運之成就

滇越滇緬兩路阻斷後，國內國外物資之運輸均賴空運，爰增闢中印空運線，起點為印度之丁江，終點本為昆明，後乃增闢丁江至宜賓及丁江至瀘縣二航線，以便物資自印度運至宜

賓與瀘縣後，利用長江水路轉運重慶。

中印空運開始時運量月僅 100 餘噸，逐漸改善增加，月達 1000 噸左右，最後曾達 2400 餘噸，勉維供應我國所需要之物資。惟因噸位有限，分配頗感困難，乃由各物資機關派代表組織分配機構，按月開會一次，議定分配數字，通知駐印主管機關執行配運。

中印空運飛機性能優良，惟須飛越喜馬拉雅山駝峰，常須克服惡劣之氣候，故中印空運舉世聞名。除中國航空公司所經營之運輸外，尚有美空軍運輸隊之運輸，最高運量月達 3 萬餘噸，起運站為印度之茶保及附近之機場，到達站有昆明、呈貢、陸良、沾益、雲南驛等地。

茲將中國航空公司三年間中印空運、內運物資數量列表於下：

年份	合計物資噸數
三十二年	9650144
三十三年	17887177
三十四年	19351481
合計	46888802

（七）維持國際電信

抗戰軍興，國際電信業務以成都、重慶、昆明為重心，與國外直接通信，三十一年並開辦中美無線電傳真，更於重慶籌設大型無線電機件與三藩市、倫敦、巴黎、洛杉機（磯）、孟買等處通訊。

（八）國內電信業務

戰時國內電信以軍信頻繁，與人口遷移需要激增，雖受戰事影響迭遭破壞，但使用者日廣，國內電報及長途電話業務均逐年增繁。三十三年全國電報去報字數較戰前增加 1.5 倍，長途電話通話數次較戰前增加 2 倍，惟市區電話則因大城市多數淪陷，用戶總數僅及戰前 1/10。

為便利公眾通訊，於三十二年積極推行特快電報，先從重慶與成都、桂林間，重慶與衡陽、長安間試辦，規定自收報至送達時間至遲不得超過 8 小時，嗣後積極增辟，最多時曾達 190 餘路。

自敵人進逼粵桂後，東南各省與後方有線電報、電話完全斷絕，爰加強無線電信，如恢復重慶寧都間無線電話，開放重慶寧都間、重慶永安間、重慶龍泉間無線電報快機電路以維持東南各省與後方之通信。

（九）國際郵運

抗戰以後，我國除與英美蘇等盟國維持通郵外，與其他各國之郵務均陷於停頓，太平洋戰事發生後，國際郵運除賴中印、中蘇維持外，皆以空運，發由印度加爾各答，轉英國海外航空線及汎美航空線轉運。因中蘇中印兩陸路線郵運需時甚久，寄信者多改寄航空，郵件為數激增。

三十四年八九月間，因中蘇中印兩線不能利用，陸路郵運幾遭阻斷，普通郵件當經商准，由英美軍機免費帶往三藩市及倫敦郵局投遞或經轉，掛號郵件則交由中航機帶運至印，再經由水陸路運遞。香港等處之郵件亦由英國軍機帶運。蘇聯郵件在中蘇陸運未通前交由中蘇航空公司運至阿拉木圖，再由陸路續運。

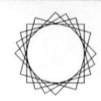

陸路互換包裹曾商准蘇聯印度兩郵政，往來蘇聯者以中蘇本國包裹為限，往來中印者除中印本國包裹外，所有我國與英、美、加、澳、新西蘭及其他各國互寄之包裹，均可由印度郵政轉遞。

（十）國內郵務

1. 軍郵業務　抗戰軍興，創設軍郵，機構分配於各主要部隊內，復在軍事交通要衝設置軍郵收集所，配合戰局。普通設置，師部以上均配置軍郵局及軍郵派出所，團部以下則配設軍郵聯絡站，發售軍郵郵票，並優免費匯兌，頗著成效，印度、緬甸、越南等地亦均設置，以利遠征將士之通信。至三十四年八月共有軍郵收集所12所，軍郵局292所，軍郵派出所173所，軍郵聯絡站223處，兼辦軍郵局2035所。

2. 汽車運郵　抗戰以後，鐵路、輪船運郵幹線均受阻障，先後開辦太原—大同線，南京—上海—漢口線、六安—漢口線及南昌—浮梁—屯溪線長途汽車協運郵件。武漢、廣州淪陷後又增闢滇黔、黔川、川陝、桂黔、湘贛、贛粵、贛閩、贛浙等線加速運輸郵件。內地郵運則著重自浙江經贛、粵、湘、桂以及貴陽幹線，及自雲南經黔、川以迄陝西、寶雞幹線，西安至蘭州之郵運亦租用商車維持，使後方各重要城市之郵運暢通無阻。

四、器材

（一）交通工具及器材之修造

1. 修理機車車輛　各鐵路機廠折（拆）卸搶運之機器材料疏運後方，分配於各鐵路，先後建立各鐵路機器廠，藉以生產及修理機車車輛，如湘桂路之全州、桂林、蘇橋三機廠以修理機車車輛為主，柳州、黔中二機廠以製造工業機器為主，柳州廠並製造機車車輛之配件，並於三十三年五月設立鐵路總機廠，統籌修車工作，以加強修理機車車輛之能力。

2. 整修汽車車輛　直轄各公路運輸局均設置修車廠所及保養場，以修理損壞之車輛。

三十一年四月成立汽車配件總庫，總籌供應汽車之配件，三十二年六月為加強整修汽車之能力，組設整車委員會，先後於重慶、貴陽、西安、易隆設立整車廠以整修汽車。

3. 修建輪船　我國戰前原有輪船約60餘萬噸，抗戰後或轉移國籍，或在前方充阻塞之用，或在後方被敵機炸毀，或因損毀折（拆）卸損失殆盡。除利用內河所存輪船促進航業合作，增進水運力量外，並獎勵民營航業公司積極修復舊輪，復貸款與航商製造淺水輪船及煤汽機船航行川、桂、湘、鄂等省水道。國營招商局由長江下游撤退之江華、江安、江順、江新、江漢、建國等六大江輪，約2萬餘噸，亦分別整修完成，惟戰時交通梗阻，限於人力物力，歷年所造輪船為數不多。

4. 修造木船　戰時舉辦水空、水陸聯運，船舶需要增加，原有輪船不敷供應，兼以內河航道特殊，乃決定修造木船，貸款航商，並設置造船處，積極製造木船，並承造各機關委託船隻。自二十八年至三十四年底共造木船2600餘艘，計42000餘噸，長江上游及桂省潯江、郁江、柳江、粵省東江、西江、北江、湘省沅江、贛省贛江等線之水運得稍加強。

此外，復以交通器材來源困難，八年中經先後創設交通器材製造工廠或與其他機關聯合經營之公司工廠計有鋼鐵配件廠、西北林木公司、中國林木公司，製造鋼板、道釘、枕木等鐵路器材，中央汽車配件廠製造公路器材，瀘縣電汽（器）機料修造廠、桂林電信機料修造廠、中央電瓷製造廠、中央濕電池製造廠、郵電紙廠製造電話、電報機件及各種瓷隔電子、濕電池、電報紙條、郵票用紙等電信器材、桂林電器修配廠、甘肅水泥公司製造工作機、鐵

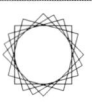

路配件及水泥等器材。各廠均有積極製造增加生產，抗戰期間之新工建設及維持材料賴以供應。

（二）交通器材之搶運與儲轉

漢口、廣州相繼失守後，交通材料儲轉之重心已移至川、滇、桂三省。先增設桂林、昆明、重慶等材料廠，成都、桂（貴）陽、柳州、同登、三合等材料庫，復在柳州設立材料運輸隊，辦理同登至柳南之運輸，並兼辦柳渝間料運。海防被敵佔領後材料運輸路線側重滇緬公路，先後運入電料、公路材料約共一萬餘噸，迨滇緬路阻斷，外洋材料僅賴中印空運進口，爰在印度新德里設立總代表處，分別辦理國外材料接收，儲轉、內運及接洽聯繫事宜，交通器材內運數量得以逐年增加。三十一年度內運交通器材僅數十噸，三十二年增至 700 餘噸，三十三年增至 1600 餘噸。

五、復員

（一）辦理復員運輸

抗戰勝利，復員運輸需要殷切，交通部爰就水陸空交通工具運輸力量辦理復員運輸，以應緊急需要。茲略述如下：

1. 公路運輸　公路復員運輸其較重要者為辦理重慶區工廠停業工人免費運輸，由社會經濟兩部會同交通部辦理，自三十四年十二月二日開始實施；其次為運輸難民返鄉，由交通部與善後救濟總署簽訂運輸合約，由該署補貼票價。運輸路線計分由重慶經沅陵至長沙，重慶至衡陽、長沙或柳州、梧州，貴陽至柳州、梧州，貴陽至衡陽、長沙，昆明經貴陽至柳州或衡陽、長沙，潼關至洛陽等路線，並關（開）辦渝浦（浦口）、渝京聯運，以便利一般人員之復員。自三十五年三月至十月，直轄公路運輸機關辦理復員共運 158687 人，公物 50990314 噸，行李 1655335 噸。

2. 水運　水運復員運輸初由戰時運輸局成立水運復員委員會負責辦理，旋因業務繁重，原有輪船不能充分配合調用，交通部為統籌調配加強運能，乃於三十四年十二月成立全國船舶調配委員會主持其事。宜輪船聯合辦事處辦理，該處先後受中央黨政軍機關留渝聯合辦事處及重慶行轅之督導，自三十四年九月至三十五年十一月輪船共運 203024 人，貨物 84497 噸，民船共運 44588 人，貨物 32515 噸。

3. 空運　復員以來，空運需要至為重大，中國、中央航空公司原有飛機自屬極不敷用，在抗戰勝利後調用一部分原任中印空運之飛機，分配各線辦理空運，繼由兩航空公司購用美軍在華剩餘運輸飛機及零件以資應用。各線運輸至為繁重，尤以自重慶經漢口至京滬一線因還都人員眾多，需要迫切，機位元元之支配由行政院及軍事委員會復員委員會管制，優先分配給公務人員及軍事人員搭乘。三十五年八月底軍委會復員委員會撤銷，另組織重慶行轅復員運輸委員會管制空運機位，自九月一日開始工作，至十月底結束空運，機位仍由交通部自行支配以應需要。自三十四年九月至三十五年十月，空運復員人數共計 141286 人。

（二）救濟並安置撤退員工

交通員工以鐵路人數為最多。抗戰以後各路相繼淪陷，鐵路員工於完成任務後奉命後撤。

此項人員之救濟安置乃成為迫切之問題。二十七年四月，交通部於漢口、長沙、湘潭、重慶、廣元等地籌設交通人員訓練所，集中訓練各路撤退員工，編組服務隊，協助當地交通

機關為旅客服務，並分發後方各鐵路、公路工作。三十年五月，交通員工訓練委員會於重慶結束，三年來共計救濟安置員工 8814 人。

三十三年底湘桂戰役，粵漢、湘桂、黔桂三路及鐵路總機廠員工轉輾遷移，艱苦備嘗。我軍在黔南獲勝後，三路員工被困於南丹、獨山、都勻、貴陽及重慶者達 18000 餘人，亟待救濟，當經交通部呈准行政院撥發救濟費 1 億 5 千萬餘元及生活維持費 5 億 1 千萬元，乃於三十四年二月派員前往各地，慰勞及分發救濟費及儘量設法安置或介紹工作。

抗戰勝利，收復區各鐵路需要員工殷切，經頒訂登記方法及收復區各鐵路舊有人員任用辦法，經失業登記之員工先行分發輸送各回原路服務，在未輸送前發給維持費以維生活，重慶、貴陽、廣元、柳州等地登記員工總計 10335 人，分發於各鐵路局任用。

郵政人員中央有命令留在原地服務，後撤人員較少，電信技術及報務人員後撤後均分派於內地各電信機關服務，空運人員全部內撤，水運後撤人員則較少。

（三）培養交通人才

交通事業需要專門人才極為殷急，交通部除與教育機關合作培植外，三十三年三月奉令派員出國實習，一為美國租借法案撥款訓練我國農工礦技術人員 1200 名，統案交通部分配得有 377 名，一為美國租借法案撥款訓練我國鐵路人員 110 名專案，兩專案共計 487 名，交通部即趕辦考選，於三十四年一月錄取，足額分批赴美，復選派高級人員赴美考察，藉以提高專門技能。

（四）擬訂交通技術標準

各項技術之標準化為建設之最要條件，交通部爰特設立交通技術標準委員會，研究編訂各項交通技術標準，以為戰後交通建設之規範，鐵路技術標準其已編訂公佈者如《中華民國鐵路建築標準》及規則、《鐵路建築標準圖》《鐵路鋼橋規範》《各類車輛規範》《鐵路號誌表像標準圖》《鐵路單線區截止分級標準圖》《鐵路電訊設備標準》等，以樹立鐵路建設之規律。電信技術標準、郵政技術標準、航空航業技術標準亦均詳為編訂，完成多種。

六、戰時損失

（一）交通事業戰時財產損失

抗戰以來，交通事業所遭受之財產損失直接間接為數甚巨，按照行政院規定折合標準計算，總計戰前法幣約為 46 億元，折合戰前美金約 13 億餘元，各部門之損失數如下（戰前幣值）：

1. 本部　損失總值為 25000000 元，約占總數 0.56%。
2. 鐵路　損失總值為 2320000000 元，約占總數 5%。
3. 公路　損失總值為 1050000000 元，約占總數 22.88%。
4. 水運　損失部值為 450000000 元，約占總數 9.84%。
5. 空運　損失總值為 26000000 元，約占總數 0.56%。
6. 電政　損失總值為 258000000 元，約占總數 5.60%。
7. 郵政　損失總值為 126000000 元，約占總數 2.75%。
8. 材料　損失總值為 346050000 元，約占總數 7.50%。

茲將所遭受直接損失與間接損失列表於下：

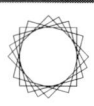

交通事業戰時財產損失表（不包括東北）

（民國二十六年七月至三十四年九月三日）

單位：元

項目	總損失			直接損失		間接損失	
	戰前法幣價值	戰前美金價值	百分比	戰前法幣價值	戰前美金價值	戰前法幣價值	戰前美金價值
合計	4612420040	1360565880	100.00	3117756330	919694786	1494654710	440901094
本部	25680485	7575365	0.56	25678062	7574650	2423	715
鐵路	2320340443	634480955	50.31	1532206443	151978391	788184000	232502654
公路	1054766167	311140482	22.88	729058975	215061645	325707192	96078817
海洋沿海航海	209767315	61878264	9.84	209767315	61878264		
內陸	244411267	72097718		69922169	20626088	174488828	51471630
航空	26070982	7690555	0.56	26012003	7673457	58979	30487856
郵政	126873856	37125917	2.75	23520028	6938061	103353828	30341003
電政	238072851	76127684	5.60	155216851	45786681	102856000	30341003
材料	346386674	102178960	7.50	346383214	102177939	3460	1021

（二）交通員工戰時傷亡人數

抗戰以來，敵人襲擊轟炸鐵路、橋樑、機車車輛、輪船、汽車、電臺、交通工具，企圖阻斷交通運輸與通訊，幸我交通員工奮勇搶修，隨炸隨修，仍能維持通車與通信，不論在任何困難危急情形下，均能履險如夷，完成任務。

交通員工為盡忠職守不及撤退，致為敵俘虜，慘遭殺害者屢見不鮮，其可歌可泣之忠勇事蹟國家自有明文褒揚。其已呈報交通部，有確切記載者傷亡人員共為5868人，受傷者計1657人，死亡者4211人。

1.本部，死亡4人。2.鐵路，受傷986人，死亡1036人。3.公路，死亡1215人。4.驛運，受傷1人，死亡33人。5.水運，受傷436人，死亡1569人。6.空運，受傷16人，死亡32人。7.電信，受傷61人，死亡137人。8.郵政，受傷155人，死亡165人。9.材料，受傷2人，死亡20人。

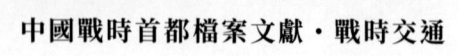

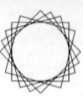

第二章 水運

一、管制、管理法規

1. 非常時期船舶管理條例[①]（1937年12月8日）

　　第一條　非常時期之船舶，應依本要例施行管理。但法令別有規定者，從其規定。
　　第二條　非常時期，政府為便利軍運及調節民運計，得徵用民有船舶及其倉庫碼頭，並加以編制管理。
　　第三條　未經徵用之船舶，為避免敵人捕獲因而駛往某地，而船舶業主又無法管理者，得由政府編制管理之。
　　第四條　徵用及編制管理之船舶，在二百噸以上之輪船，由交通部會同中央軍事機關組織非常時期船舶管理委員會管理之。其不滿二百噸之輪船及各項民船，由各省政府會同當地軍事長官組織機關管理之，其二百噸以上輪船為情況所限不能由中央管理時，亦得由省政府會同當地軍事長官所組織之機關管理之。此項地方機關應受中央船舶管理委員會之直接監督。前項委員會及各省政府組織之機關，其組織規程另定之。
　　第五條　已離開某地中途接奉命令改開其他地點時，該船舶主應立即指揮改開指定地點後，再行設法將旅客送回，貨物即暫存該地。
　　第六條　徵用之船舶，其船員繼續服務，不得擅自離船。
　　第七條　徵用之船舶及其船員，得由政府舉行戰時保險。
　　第八條　徵用之船舶至恢復常態時期，得由政府酌給補助金。
　　第九條　未經徵用之船舶，得由政府查明需要情形，指定其行駛之航線。
　　第十條　未經徵用之船舶，其運價，遇必要時得由政府規定其最高率。
　　第十一條　未經徵用之船舶，為謀軍運及必需品運送之暢通，對於旅客及非必需品之運輸，得由政府酌量禁止或限制之。
　　第十二條　非常時期所有船舶非呈經交通部核准，不得讓渡或租與外人。
　　第十三條　本條例如有未盡事宜，得隨時修正之。
　　第十四條　本條例施行日期以命令定之。

2. 軍用船舶回空利用辦法[②]（1938年7月8日）

　　一、為利用軍事徵用船舶之回空，茲規定辦法如下。

[①] 本條例由軍事委員會公一字 3764 號令公佈施行。原載交通部編：《交通法規彙編補刊》，1940 年出版。
[②] 本辦法係後方勤務部制訂公佈。原載軍政部兵工署編印：《法令選輯》第 3 編，1941 年出版。

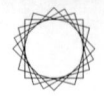

二、凡難民團體、傷兵醫院及其他戰區服務團體，攜有證明檔、符號或經當地政府機關證明者，得適用此項辦法。

三、凡請求使用此項回空船舶之機關團體（以後簡稱使用機關），以絕對不妨礙該船預定之開行時間及停泊地點為原則。

四、使用機關或團體應於事先向當地軍用船舶管理機關詳細填報下列各項：

（一）使用機關名稱。

（二）搭載人數及行李件數。

（三）到達地點。

（四）到達時間。

（五）負責代理人員姓名。

（六）通訊地點。

使用機關長官或負責人蓋章。

五、上列各項登記畢，可聽候通知。並應遵守通知上之集合時間及地點，不得差誤。

六、隨船管理員應於開船前四小時，將開船時間及停泊地點通知當地軍用船舶管理機關，轉知各使用機關或團體。

七、乘船者之一切伙食用費均須自備。

八、該船以離開某地後，中途突奉電令另有緊急任務時，管理員得將乘船者送至就近口岸起卸，並不負任何責任。

九、乘船者應遵守管理員之一切指派調遣及後方勤務部軍政人員乘船條規第一、二、三、四各條之規定。

十、乘船者不得私帶客貨及任何違禁物品。

十一、本辦法自公佈之日施行。

3. 軍事委員會增訂船舶徵用辦法[①]（1938年8月）

一、凡各軍事機關各部隊需用船舶，應一律向後方勤務部船舶運輸司令部商洽徵調，不得逕自徵用或扣留。

二、需用船舶之機關或部隊，應派員帶同公文前往船舶運輸司令部填具申請書，並領取船舶徵用證及旗幟，然後向指定之機關領船。

三、凡在本辦法施行前各軍事機關或部隊已經徵用之船舶，一律向船舶運輸司令部辦理登記，並領取船舶徵用證及旗幟。

四、徵用船舶，以先徵用公有者為原則，如有不足時，再徵用民有船舶。但徵用船舶時，應視地方需要，酌留相當船隻以供民運之需，非不得已不能悉數徵用。

五、徵用船舶分下列三種：

（一）定期徵用：定期徵用係由受用機關商請船舶運輸司令部對於所徵船舶核定一定期限。

[①] 本辦法係軍事委員會辦一通字第2138號訓令公佈施行。原載軍政部兵工署編印：《法令選輯》第3編，1941年出版。

（二）計程徵用：計程證用係由受用機關商請船舶運輸司令部指定某船來回某處一次或單程一次。

（三）局部徵用：局部徵用係受用船舶之某一部分（如客艙貨艙），經船舶運輸司令部之許可，專供受用機關之使用。

六、局部徵用之船舶，除指定該船之某部作受用機關之使用外，其餘各部得准航商自行營業，惟航行時刻須由受用機關酌定。

七、第二條、第三條之徵用證及旗幟均由船舶運輸司令部免費頒發，辦理登記亦不取費用。

八、民國二十年陸海空軍總司令部頒行之《軍用船隻徵用暫行條例》仍適用之。

九、本辦法自公佈之日起施行。

4. 川江木船運輸管理暫行辦法（1938年9月20日）

第一條　為增進川江運輸效率，所有宜渝間航行之木船，均由交通部漢口航政局依照本辦法加以管理。

第二條　凡行駛宜渝間之木船，其容積至200擔以上者，均應遵守本辦法之規定。

第三條　凡行駛宜渝間之木船，應在漢口航政局宜昌或重慶辦事處依法辦理船舶丈量及檢查登記，非經領有上述航政官署所發之船舶丈量及檢查等證書，不得在宜渝間航行。

第四條　宜渝間之木船，經漢口航政局宜昌或重慶辦事處檢查，認為不合格或與航行安全有礙時，應禁止其航行。

第五條　各機關或客商，如有軍品公物或貨品需要木船裝運者，得向漢口航政局宜昌或重慶辦事處申請代為租雇。航政辦事處對於前項申請，應審查緩急情形，分別先後配備船隻。

第六條　宜渝間之木船配備，上行以軍品公物為最優先，下行以煤炭、食鹽為最優先，其他物品應俟此項軍品等運輸完畢或經特許，始得酌量配備。

第七條　航政辦事處代各機關或客商租雇木船，除依法辦理檢丈登記外，一概不收任何手續費用。

第八條　宜渝木船上下行運輸規則另定三。

第九條　本辦法如有未盡事宜，得隨時修正之。

第十條　本辦法自呈奉交通部核准之日施行。

5. 交通部監理木船運輸章程[①]（1939年1月23日）

第一條　凡由本部貸款製造之木船（以下簡稱貸款木船），其運輸事宜均須依照本章程之規定，受本部之監理。前項木船運輸之監理，由本部指定航政局辦理之。

第二條　貸款木船首次運輸開始前，除應依照航政法規辦理各項手續外，須將駕長橈夫等項人員雇用妥當，風帆櫓棹及應用於航行上之一切屬具配置完全，報請航政局或航政局派駐各地管理員查核認可後，發給木船運輸證。

---

① 原載交通部編：《交通法規彙編補刊》，1940年出版。

第三條　貸款木船應由航政局介紹營業或出租，如有特殊原因自行營業或出租時，須先呈請航政局核准。

關於運輸國防交通器材及出口貨物，有前項優先之權。

第四條　貸款木船無論由航政局介紹營業或出租，抑或自行營業或出租，其所訂之合同，均須經航政局核准後始能生效。

第五條　貸款木船應於每次運輸開始之前，將下列事項填具報告單呈送航政局備查。

一、航行次數。
二、開航日期。
三、運輸起訖地點。
四、運費計算標準及本屆應得全額。
五、裝運物品之種類及數量。
六、駕長姓名。
七、備註。

第六條　貸款木船應備具行程簿，凡經過或到達航政局所在地及其派出之管理員駐在地時，應送請查核並簽證。

第七條　貸款木船在運輸行程中遇險失事時應將詳細經過情形連同失事證明文件，報告航政局或派駐就近地點之管理員查核。

第八條　貸款木船如有出售抵押租賃等項情事，須經航政局核准後始得生效。

第九條　貸款木船如有沉沒損壞等項情事，應詳細報告航政局或派駐各地之管理員備查。

第十條　貸款木船如有前兩條情事時，應將木船運輸證繳呈航政局註銷。

第十一條　本章程自公佈之日起施行。

6. 重慶市渡口管制辦法（1939年5月29日）

一、本部為確實執行統制人口疏散之任務，嚴密水路方面之出入檢查，並防止奸細混跡起見，特有本辦法之訂定。

二、為求水路出入檢查之嚴密，其檢查哨所設立位置及辦法根據，《本部重慶市水陸空檢查哨規則》，第二條第二項所規定。其辦法概如下定：

（一）外埠進口輪船，仍在如下各輪船碼頭設哨檢查：

1. 朝天門；2. 太平門；3. 千廝門；4. 臨江門；5. 彈子石；6. 玄壇廟；7. 龍門浩。

（二）外埠進口之木船分如下三處設哨檢查：

1. 黃沙溪：檢查由揚子江上游進口之木船。
2. 唐家沱：檢查由揚子江下游進口之木船。
3. 相國寺：檢查由嘉陵江進口之木船。

（三）本市未設立檢查哨之渡口，計有曾家岩、牛角沱、磨兒石、嘉陵碼頭、望龍門、東水門、儲奇門、南紀門等八處，為便利城區與南岸、江北之交通起見，仍准照常開放。

（四）本辦法經核准後，除佈告登報周知外，並由重慶市政府轉函駐渝各國使領館及各國兵艦知照。

7. 軍委會戰時船舶軍運暫行條例[①]（1939年8月19日）

第一條　為適應戰時需要，儘量利用水道軍運，特訂本條例以資施行。

第二條　為籌畫戰時船舶之徵調管理及軍運事宜，得組織船舶運輸司令部，各省船舶總隊部，及各兵站船舶管理所分別辦理。其組織條例另定之。

第三條　各水上公安局應受船舶運輸司令部及各省船舶總隊部監督指揮，隨時協同保護軍運船舶安全航行。各船業公會、引水公安、海員工會、碼頭公會、民船船員工會、各國營民營輪船公司，在戰時均須受船舶運輸司令部及各省船舶總隊部之監督指揮，共同協作，務期達到任務恰合戎機。

第四條　所有全國船隻，應由船舶運輸司令部及各省船舶總隊部分別加以統制，並得隨時徵供軍用。任何部隊機關需要船隻，須向各該部請求撥給，不得自行徵用及干涉行船。

第五條　徵用船舶概照規定發給租金燃料，船隻因公損壞沉沒予以損失賠償，員工因公傷亡予以救濟撫恤。其辦法另定之。

第六條　在情況許可時，須兼顧民運，以維後方交通。但其航線及班次得視當時軍運情形決定之。

第七條　航路電線及輪船無線電臺及其他航業工具，各部隊應竭力保護，非至必要時不得扣用。

第八條　各機關及部隊乘搭輪船時，不得妨礙船員工作。

第九條　船舶運輸司令部不得直接干預民運船舶之業務。

第十條　凡大量之部隊軍品運輸，應報請後方勤務部令飭船運部備船運送。報運機關或部隊官長應於起運前派參謀人員前往運輸機關接洽並須預先擬定運輸計畫送交運輸機關查照辦理。

第十一條　在迫不及待時及一個團以下之少數部隊軍品運輸，得由報運部隊或機關之主管獨立長官或辦事處直接函請船運部或其所屬機關撥船運送。

第十二條　運輸計畫應列各項如下：

一、軍隊番號、兵種、人馬數目或軍品種類及數量。

二、起運日期及運輸程式。

三、起運地點及到達地點。

四、開船日期。

五、其他事項。

第十三條　乘船官兵或押運人員應遵守運輸程式，乘船守則。

第十四條　凡負有作戰或特殊任務之部隊員兵及軍品運輸，均按《軍運條例》辦理。其他物品器材須經軍政部及後方勤務部證明確屬軍用者，得照《軍運條例》裝運。

第十五條　裝卸碼頭應由運輸機關支配開船時間得由雙方視當時情形決定之後，非有特殊原因不得任意變更。

第十六條　除最高將領及負有特殊任務之官長得用專輪外，其餘一概不得撥派專輪輸送。

[①] 原載軍政部兵工署編印：《法令選輯》第3編，1941年出版。

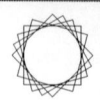

第十七條　凡無官長率領之傷兵及無差假證之零星官兵，均不得搭乘差輪。

第十八條　傷兵運輸，除由衛生船舶專任外，凡遇回空差輪，亦應儘量利用。

第十九條　軍運船舶在裝卸地點，應由當地警備機關部隊會同船舶運輸機關派遣負責官兵監視警戒，開行之後，沿途不受任何機關之檢查。

第二十條　部隊及軍品裝卸務必迅速，不得藉故延擱時間。

第二十一條　軍用船舶開往地點、停留地點及行船時間，押運部隊、船舶員工及管理員等，均應絕對保守秘密，如有洩漏機密發生意外者，即按軍法從事。

第二十二條　軍用船舶禁止攜帶客貨及違禁物品，如有玩忽不遵，一經查覺，除將貨物沒收外，搭客主使人及其主管官長均嚴予懲處。知情不報者同罪。

第二十三條　軍用船舶不論航行或停泊時，均應派出防空警戒哨。其水上防空辦法附訂之。

第二十四條　本條例如有未盡事宜，得呈請修正之。

第二十五條　本條例自軍委會公佈之日施行。

（解釋）物資機關以運輸物資為名，蒙請船舶管制機關撥船暗載商品圖利，可按期情節分別予以行政處分，不能援用《戰時船舶軍運暫行條例》辦理。［二十八年八月十九日軍事委員會法審（二八）渝三字第七二二一號復廣西省政府皓代電］

8. 嘉陵江木船軍運處理辦法[①]（1940年4月12日）

一、木船徵調

第一條　嘉陵江軍運木船，由四川省船舶總隊（以下簡稱船舶隊）負責統籌徵調，並應儘量徵用本河船隻，非至萬不得已時不得徵用外河船隻。如徵用外河船隻時，除督飭雇用本河駕長外，並應分批跟隨本河船隻行駛，以便領導而策安全。

第二條　船舶隊徵調船隻，應按照下列次序分撥應用：

（一）最先撥運有限期運出之軍品。

（二）次撥運無限期運出之軍品。

（三）再次撥運其他非軍事機關之物資器材。

（四）最後撥運普通商貨。

同屬有限期或無限期運之軍品，其撥船次序由船舶管理所（以下簡稱船舶所）按所運軍品性質規定之。

船舶隊撥派船隻如顛倒上列次序，而至延誤軍運時，應負延誤責任。

第三條　嘉陵江上游裝載船隻到達重慶港時，由船舶隊監視限期卸載，以便撥用，於必要時由船舶管理所協助辦理。

第四條　上駛裝載船隻到達廣元或上游其他各地卸載後，如遇重慶港軍運需船迫切時，應由船舶隊規定限期，督飭攬載下駛。如逾期未克攬載，應由使用機關給予放空費，督飭空船下駛，以便徵用。

二、木船檢驗

[①] 本辦法係軍政部依據軍事委員會命令頒佈施行。原載軍政部兵工署編印：《法令選輯》第3編，1941年出版。

第五條　船舶隊徵用船隻，如破舊不堪行駛，應不必徵用。

第六條　船舶隊撥派船隻，應由船舶所負責檢驗，如認為不合格時，得拒絕接收，以策安全。軍運木船檢驗標準由船舶所規定，通知船舶隊，以便徵調時有所依據。

第七條　軍運木船駕長，以頒有交通部漢口航政局所發有船員證者為合格。船舶所驗收船隻，應查詢駕長有無該項船員證，並是否本河駕長，否則應另換駕長（在漢口航政局駕長船員證未核發以前，暫以船舶隊所發駕長登記證為考核標準）。

第八條　軍運木船橈夫（包括駕長以外所有其他船夫），由船舶所分別船噸及上水下水，規定最低限度之人數隨船。船舶管理員應隨時點查橈夫人數是否符合規定，否則應令添雇，以免駕駛遲緩。

三、木船交收

第九條　船舶隊撥交船舶所船隻，應即日檢驗，一經檢驗合格，應即接收。檢驗合格之日，即為正式交收之日。

第十條　每次交收船隻，由船舶所填具「軍運木船徵調交收單」，每次復寫三份，交由雙方負責人簽名蓋章，以明責任。除雙方各存一份外，以一份送運輸總司令部（以下簡稱運總部）存查。

四、軍品供應

第十一條　凡有限期裝船運出之軍品請運機關，應於限期前二日前將應運總量備齊待裝。

如遇特殊原因不得於限期前備齊時，應於限期前五日將不足數量通知船舶所，以便暫停撥船。

第十二條　請運機關應於預計每批軍品確可備齊之前，將該待運數量通知船舶所備船。如無備齊把握，不得先請派船，以免空船停候，浪耗囤費。

第十三條　派供長程軍運之船隻，不得任意改充短程駁送之用。如需船短程駁送，應事先專案請由運總部轉知船舶所撥派，以便報銷應給船租。

五、裝船開駛

第十四條　船舶所驗收木船後，應即移交請運機關，並送到裝載地點，至遲不得過二日。

送到後，應填具「軍運木船移交裝載通知單」，每次復寫三份，由船舶所及請運機關雙方負責人簽名蓋章，以明責任，除雙方各存一份外，以一份送運輸總部存查。

第十五條　軍運木船裝載，自移交送到之起，應迅速裝畢，至遲不得過五日，如超過五日，請運機關應負延誤責任。

第十六條　裝運軍品船隻，以十艘左右為一批，每批船隻裝畢，即應由請運機關派妥押運員兵隨船押運，並立即開船，不得停候第二批軍品裝畢同時開駛以免延誤。零星船隻，得由船舶所按軍品情形併入他批。但押運員兵仍由請運機關酌派。如船已裝畢，因等候押運員兵或停候第二批軍品裝船而延誤時，請運機關應付延誤責任。

第十七條　船舶所給付運費手續，應於軍品裝船時辦理，並限裝畢前辦理完畢，以免延誤開船。

如船已裝妥，因等候發款而致延誤開船時，船舶所負延誤責任。

第十八條　每批船隻裝畢開駛時，由船舶所填具「軍運木船開駛報告表」，每次復寫三份，由請運機關及船舶所雙方負責人簽名蓋章，以明責任，除雙方各存一份外，以一份送運總部存查。

六、軍品運價

第十九條　木船運輸軍品，運價囤費及放空費不得超過漢口航政局所訂最高標準，並以略低於普通商貨運價為原則。此項運價囤費及放空費，由船舶所隨時參照船運成本實際情形分期規定，呈請軍政部核准公佈。

第二十條　軍運木船運費應全部發給船戶，如有暗中扣索手續費或其他情弊，一經查明屬實，從嚴懲處。

（一）重慶起運時：

重慶 36%

南充 10%（渝南段）及 44%（南廣段）

廣元 10%

（二）廣元起運時：

廣元 44%

南充 10%（廣南段）及 36%（渝南段）

重慶 10%

第二十一條　中途發給之運費，船舶所應事先準備，以免船到久候。如因中途候發運費而致久停時，船舶所應負延誤責任。

第二十二條　軍運木船自開至裝載地點之日起，如超過五日尚未裝載完畢時，應於第六日起至裝畢日止另給囤費。

七、沿途監運

第二十三條　每批軍運木船，除請運機關隨派正副押運員二人，兵若干名押運外，船舶所應另行加派正副管理員二人，協同押運員兵隨船督率迅速開行。禁止沿途逗留。如沿途無故延誤，押運員及管理員應共同負責。但關於行船上安全之監督，如防雨設備是否完善，纜繩工具是否堅實，停船碼頭是否妥當，宿船地帶是否清平均由管理員負責隨時查察。

第二十四條　船舶所於嘉陵江廣元重慶間，除已設合川、南充及閬中三分所外，應於武勝、南部及昭化等處設照料員，以便沿途督促船運。

第二十五條　每批軍用木船由船舶所或照料員所在地出發時，該所或照料員應將船數及開出日期立即用電報或快信通知前方船舶所或照料員，以便預計何日可以到達。如久延未到，該前方船舶所或照料員應立即派人前往來船方向查明究竟，督促速行。

第二十六條　嘉陵江沿線各船舶所及照料員間之電信聯絡，應事先準備完善，以便報告船運情形。

第二十七條　每批軍運木船到達或開離船舶分所或照料員所在地時，該所或照料員應即將「批別」「船數」及「到達或開出日期」，用電報或快函報告。船舶所接到報告後，應即填具「軍運木船動態報告表」，每次復寫三份，一份本所存查，一份送請運機關存查，一份送運總部存查。

第二十八條　管理員及押運員兵隨船監運，如在船上用膳時，應照時價付伙食費，否則，查明嚴懲。

第二十九條　承運軍品船戶在行駛中途，如有無理要求藉故刁難情事，應由管理員查明呈報，以憑懲辦。

八、事變處理

第三十條　每批軍運木船在行駛中途，如有某船遇險失事，其他同批各船應即暫時停駛，協同辦理緊急救援，一俟緊急救援完畢，管理員應仍督率其他各船繼續前進，副管理員應協同留守副押運員仍在失事地點辦理打撈及善後事宜。

第三十一條　每次事變發生時，隨船管理員應即用電報或快函簡略報告船舶所。船舶所接報告後，應即填具「軍運木船動態報告表」（二十七條），分送請運機關及運總部備查。

第三十二條　每次事變一經辦理善後完畢，船舶所應即填具「水道軍運事變報告表」，送運總部備查。

九、附則

第三十三條　木船軍運如有無故延誤或失事時，由運總部查明延誤或失事負責部分，呈報軍事委員會核辦。

第三十四條　本辦法由運總部呈請軍事委員會核准施行，並呈報軍政部軍事運輸總監部及後方勤務部備案。

附[1]

（一）軍運木船徵調交收單
（二）軍運木船移交裝載單
（三）軍運木船開駛報告表
（四）軍運木船動態報告表
（五）水道軍運事變報告表

9. 行政院為抄發川省水警與航政劃分權責辦法給重慶市政府訓令（1941年5月20日）

令重慶市政府：

案據交通部與四川省政府會呈，為整理川江航政川省水警與航政劃分權責辦法，察核尚屬可行，應准照辦。除指令並分行外，保行抄發原件令仰知照。此令。

抄發原呈一件

院長　蔣中正

抄四川省政府、交通部會呈：

查關於整理川江航政，劃分漢口航政局與川江航務處職權一案，經由本部呈奉鈞院。

二十九年八月十一日陽肆字第17157號指令略開：查所呈第一項擬將川江航務處改組為四川全省水上公安機關，專負水上治安之責，原則尚無不合。惟該處原有職掌內，關於航務部分宜如何委託航政局代辦，應由該部與四川省政府商定具體辦法呈核。等內。遵查此業

---

[1] 附件均略。

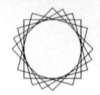

係為調整行政機構及袪除許可權糾紛對於水警與航政權責自應詳為劃分。茲經本府本部往返商榷再三，考慮就川省環境，權衡事實，商定水警與航政劃分權責辦法如次：

一、關於四川省水上公安事宜，由省政府籌設全省水上警察局負責辦理，並於各江重要處所及內河，設立分局與分駐所。

二、關於四川省航政事宜，由交通部漢口航政局負責辦理，並得於內河設立辦事處。

三、關於水警與航政職權之劃分列舉要點如下：

（一）水上警察局職掌：
1. 關於維持水上安全碼頭秩序事項；
2. 關於水上戶口保甲之編整清查事項；
3. 關於水上衛生救濟事項；
4. 關於水上河防防空事項；
5. 關於水上交通秩序維持事項；
6. 關於水上建築物之保護取締事項；
7. 關於未滿二百擔之木船之註冊給照及查驗事項；
8. 關於違警物品之取締檢查事項；
9. 關於處理水上違警案件及司法員警事項；
10. 其它有關水上員警事項。

（二）漢口航政局執行四川省航政職掌：
1. 關於大小輪船及二百擔以上木船之檢驗丈量登記及各項證書核發事項；
2. 關於海員及引水人之考核監督事項；
3. 關於航業之監督事項；
4. 關於航線之核定事項；
5. 關於船泊險灘之處理事項；
6. 關於造船事項；
7. 關於水運之監理事項；
8. 關於絞灘工程及管理事項；
9. 其他屬於航務事項。

上項辦法是否有當，理合呈請鑒核施行。

謹呈行政院

10. 交通部長江區航政局川江絞灘總站船舶絞灘規則（1942年1月20日）

第一條　凡航行川江及長江上游河道之船舶，經過各絞灘站時，均應遵守本規則之規定。

第二條　輪船駛近絞灘站時，必須注意絞灘站之信號。

第三條　輪船請求絞灘時，應按規定之信號通知絞灘站。

第四條　請求絞灘之木船，經絞灘站站長之檢查，如有認為不堪絞機施絞者，仍以拉纖方法，由絞灘站盡力協助施絞之。

第五條　絞灘時之動作，或急或徐，或松纜或解纜，悉由被絞之輪船船長或木船副駕長按照規定之信號與絞灘站聯絡之。

第六條　船舶絞灘之次序規定如下：

一、輪船絞灘，以到灘之先後為序。

二、木船絞灘，以到灘登記之先後為序。登記冊式另訂之。

三、在同一時間內，輪船與木船之絞灘，非有特殊情形者，應以施絞輪船為先，木船次之。

四、木船與木船之絞灘，如有特殊任務或裝運軍火必須先行施絞者，得由絞灘站站長提前施絞之。

第七條　請示絞灘之船隻，應經由絞灘站站長檢驗載重，如確係載量過重或旅客過多，得令船方酌量卸載，或令旅客離船，另雇木劃裝載，待絞灘本船上灘後，再行施絞木劃上灘，或由船方另雇人工陸續搬灘，旅客則於灘上上船，以策安全。

第八條　請求絞灘船隻，對於船舶絞灘規則應切實遵守，如有違背或不服指揮，致將絞灘工具損壞時，應負賠償責任。

第九條　試航輪船請示施絞時，各絞灘站站長得斟酌當時該站水位情形，必要時得令其緩絞，以策安全。

第十條　絞灘站在顯明處設信號旗杆一座自日出至日落止，懸掛絞灘站旗號。如絞灘站已停止絞灘工作，則絞灘信號停止懸掛，並由本總站通告之。

第十一條　輪船絞灘與絞灘站互通信號：

一、準備：放長聲汽笛三響。

二、對絞：放長聲汽笛四響。

三、開絞：放短聲汽笛一響。

四、快絞：放長聲汽笛二響。

五、慢絞：放短聲汽笛二響。

六、停絞：放短聲汽笛三響。

七、松纜：放長聲汽笛一響、短聲汽笛一響。

八、解纜：放短聲汽笛一響、長聲汽笛一響。

以上所稱長聲，指聲長四秒到六秒鐘之久；短聲指聲長約以一秒鐘為限，但各連續聲間之間隔不得少於一秒鐘。

第十二條　絞灘之輪船駛至灘下一裡處，按照前條之規定，放長聲三響，除川江之青泄灘站，以同樣之回聲回答方可駛進灘口外，在其他各灘應俟灘站信號臺上懸有黑色菱形信號一個，方可駛進灘口，絞過灘時始行放下。

第十三條　絞灘之輪船於發出準備絞灘信號後，需要自出鉛絲繫於岸上之樁上，絞灘站對絞時，按照前條規定，放長聲汽笛四響，通知絞灘站準備。如絞灘站需要絞灘輪船出鉛絲施行對絞，除川江之青泄兩灘站能以同樣長聲四響通知來船準備外，其他各灘站均以黑色菱形信號兩個，垂直懸掛代表之。

第十四條　不絞灘之輪船不得隨意以信號通知絞灘站，以免灘夫藉口要求灘費。

第十五條　絞灘站機器如遇發生障礙，須用人力或船上機動協助施絞時，先懸黑色方形信號一個，與第十二條規定懸掛之黑色菱形信號水準懸掛之，通知來船俟過灘後落下。

第十六條　凡兩岸均能施絞船舶之灘站，必須視水位之升落指示絞灘之漕口。通知來船施絞右岸時，應連續懸掛黑色菱形及方形信號各一（菱形在上方形在下）；通知來船施絞左岸時，應連續懸掛黑色方形及菱形信號各一（方形在上菱形在下）。

如絞灘船隻因馬力或吃水關係，不能同意絞灘站之命令施絞指定之一岸者，得放長聲一響，表示請求施絞右岸；放長聲二響、短聲二響，表示請求施絞左岸。絞灘站如允許絞灘船之請求施絞對岸，除川江青泄二灘以同樣回聲回答外，其他各灘站即將信號改懸之。但絞灘船舶非不得已時，不得採用此條。河岸之左右，根據國際航海法定之（即上水船之右舷為左岸，下水船之左舷為右岸）。

第十七條　木船絞灘，規定一五寸見方之紅白手旗各一面，作為絞灘信號旗。站上由站長執行之，船上由副駕長（即太公）執行之。

第十八條　絞灘之木船如未備信號旗者，可先向絞灘站借用，並按下列之信號與站上互相聯絡。

一、準備：紅白旗同時向前圈動，二、開絞：白旗向上下慢慢搖動。

三、快絞：紅旗向左右快搖。

四、慢絞：白旗向前圈動。

五、停絞：白旗向左右慢慢搖動。

六、松纜：紅白旗同進向左右揮動。

七、解纜：紅白旗同時向上下揮動。

第十九條　施絞木船時，如灘上水手不敷分配，得向被絞船隻臨時調縴夫，但調用人數不得超過 4/10。

第二十條　絞灘站如有汽笛設備者，對於船上所發汽笛信號，應以同樣汽笛回答之。

第二十一條　絞灘站無汽笛設備者，除輪船本身按照本規則第十一、十二條規定之信號指揮外，各灘站無論對於輪船、木船，均應按照本規則第十七條所定之手旗信號回答之。如距離較近者，仍得以傳話筒傳話，藉資補助。

第二十二條　被絞船隻對於絞灘站事務不得任意干涉，以免妨礙絞灘工作。

第二十三條　絞灘站站長如有不盡職責，致將絞灘時間延長或損壞船舶時，被絞船隻應向本總站報告，聽候處理，但不得立起糾紛，妨礙絞灘工作。

第二十四條　絞灘站如遇有特殊情形，或奉令不准過灘之船舶，不得強求施絞。

第二十五條　船隻本身能力可以不經施絞過灘者，得自由過灘，但不得妨礙絞灘站之施絞工作。

第二十六條　船舶絞灘時，上下水船隻應斟酌航道情形，慢車行駛，或停車等候。否則發生碰撞、觸斷鉛絲、浪沉情事，應由來船負責。

第二十七條　本規則如有未盡事宜，得呈請長江區航政局修改之。

第二十八條　本規則自呈奉長江區航政局核准施行。

11. 水陸交通統一檢查條例（1942年4月24日）

第一條　全國水陸交通之檢查事宜，依照本條例辦理之。

第二條　檢查分下列二類：

一、運輸檢查類：凡軍事運輸、交通違章及人事檢查屬之。

二、貨物檢查類：凡貨物之進出轉口檢查屬之。

第三條　運輸檢查由軍事委員會運輸統制局監察處（以下簡稱監察處）所屬之檢查所站主持辦理，貨物檢查由財政部緝私處或海口主持辦理。

第四條　監察處於全國水陸各線路交通要點，分別設立檢查所站為執行交通運輸之主體檢查機關。

第五條　凡在監察處已設檢查所站各線路所有原設有關軍事運輸交通違章及人事之檢查機構之類似組織，不論屬於中央或地方或部隊者，概行裁撤。其原有檢查人員，如有必要時，得參加各檢查所站工作，並應將所派參加統一檢查人員姓名及所負任務函知監察處，俾便稽考。

第六條　財政部於全國各貨運要道及走私據點分別設立緝私處所或海關關卡，所有各地原設之有關貨物檢查機構或類似組織，不論屬於中央或地方之機關或團體者，概行裁撤。其中央稅收機關原有檢查事項，如必要時，得准其派同參加，並應將所派參加統一檢查人員姓名及所負任務函知緝私處所或海關關卡，轉報財政部備查。

第七條　前兩條所派參加統一檢查人員，各在其主管範圍內執行職務，直接對原機關負責，但須受檢查所站、緝私處所或海關關卡之指揮、監督，其薪給及辦公費用仍由原機關支付。

第八條　全國水陸各線路，除監察處檢查所站及緝私處所或海關關卡外，不得有其他檢查機關。

在同一地點設有監察處檢查所站及緝私處所或海關關卡者，應聯合辦公，並在原則上應以監察處檢查所站為主體機關。

第九條　運輸檢查及貨物檢查均應力求簡便，經過第一次檢查後，以不再行檢查為原則。

凡各項貨物及交通工具於第一次檢查完竣，應由各所站或緝私處所或海關關卡在其所持合法運照或完稅照及其他單證上，加蓋查訖戳記放行，其他機關或人員不得復察留難。

前項貨物應視其性質，由統一檢查機關加蓋戳記或黏貼堅固封志。其不能加封之貨物，應發給證明單，載明貨物品名、數量、起運點、到達點及其他有關事項，交由客商或押運人員收執，沿途監察處各檢查所站於驗明戳記封志或證明單後，應即放行。惟運經海關時，如沿途未經過海關查驗者，仍應報驗以符定章，其證明單據由終點之驗查機關收回註銷之。

第十條　各有關機關所派參加統一檢查人員違反本條例規定或不服主體檢查機關指揮監督者，得由主體檢查機關負責人員據實呈報上級機關核辦。

第十一條　檢查人員執行職務時，應一律著用制服，佩帶證章及臂章，以資辨別。

第十二條　統一檢查機關應視事務繁簡，規定檢查時間，倘不能在規定時間以內檢查完竣時，應繼續辦理。

第十三條　運輸檢查及貨物檢查規則另定之。

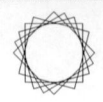

第十四條　本條例施行後，其他法令關於水陸交通檢查事項之規定與本條例抵觸者，不適用之。

二、機構、概況

1. 水陸運輸聯合委員會組織規程[①]（1939年1月14日）

第一條　行政院為調整非常時期物資之水陸運輸，提高效率起見，設置水陸運輸聯合委員會。

第二條　本委員會職掌如左：

一、關於水陸運輸之工具之統籌調度事項。

二、關於進出口物資之登記配運事項。

三、關於水陸運輸路線及方法之調查規劃事項。

四、關於水陸運輸運費及租用運輸工具租費之洽訂事項。

五、關於水陸運輸業務之稽查促進事項。

六、關於現有水陸交通運輸機關之聯絡協助事項。

第三條　本委員會設委員9人至11人，由行政院長就左列各機關高級職員或其他有關人員指派之。

交通部。

軍政部。

財政部。

經濟部。

航空委員會。

兵工署。

貿易委員會。

西南進出口物資運輸總經理處。

第四條　本委員會設主任委員、副主任委員各1人，由行政院長於委員中指派之。主任委員綜理會務，並監督指揮所屬人員。副主任委員輔佐主任委員處理會務。

第五條　本委員會設總務、運輸、稽核三組，分掌事務。

第六條　本委員會設秘書主任1人，秘書2人，組長3人，專員、組員、辦事員各若干人，分辦各項事務。

前項職員得由會商請關係機關就現任職員調用。

第七條　本委員會於必要時得在交通重要地點設立辦事處。其組織規則另訂之。

第八條　本委員會為執行第二條第一項任務，於必要時得商取主管機關同意，呈請行政院核准，將原有之交通運輸工具歸本委員會指揮節制。

第九條　本委員會會議規則及辦事細則另訂之。

[①] 本章程經行政院呂字第四一〇號令公佈。原載《行政院公報》渝字第1卷第8號。

第十條　本規程自公佈日施行。

2. 行政院水陸運輸聯合設計委員會組織規程[①]（1939年9月8日）

第一條　行政院為研究改善非常時期物資之水陸運輸，提高效率起見，設置水陸運輸聯合設計委員會。

第二條　本委員會職掌如左：

一、關於水陸運輸路線之調查設計事項。

二、關於水陸運輸工具運用效率之研究事項。

三、關於水陸運輸工具減少消耗，降低成本之考查計畫事項。

四、關於進出口物資運輸設備之設計促進事項。

五、關於軍運民運及國外運輸機關之聯絡協助事項。

第三條　本委員會設委員9人至11人，由行政院就左列各機關高級職員或其他有關運輸機關人員指派之：

交通部。

軍政部。

財政部。

經濟部。

航空委員會。

運輸總司令部。

兵工署。

貿易委員會。

西南進出口物資運輸總經理處。

第四條　本委員會設主任委員1人，指定由交通部部長兼任，常務委員2人，指定由西南進出口物資運輸總經理處總經理及運輸總司令兼任。

主任委員綜理會務，並監督指揮所屬人員

常務委員輔助主任委員處理會務。

第五條　本委員會設調查、設計二組分掌事務。

第六條　本委員會設秘書主任1人，秘書2人，組長2人，專員、組員、辦事員各若干人，分辦各項事務。

前項職員應就關係機關現任職員中調用。

第七條　調查事項應由各地運輸機關擔任辦理。

第八條　研究設計之方案應隨時呈請行政院院長核奪。院長如有交議事件，並應隨時開會討論。

第九條　本委員會會議規則及辦事細則另訂之。

第十條　本規程自公佈日施行。

---

① 原載《江西省政府公報》1939年第1148號。

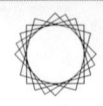

3. 烏江工程局關於烏江治理情況致陪都建設計畫委員會公函（1941年8月12日）

案准貴會三十年七月三十一日函，為計畫陪都建設，對於烏江整理工程詢問四點。茲分別奉復於後：

一、本局所整理之烏江航道現在輪船木船通行地段

（一）本局現在整理中之烏江航道，計自涪陵至思南止，共計330餘公里。

（二）烏江水道艱險，原無輪船航行，自涪陵至龔灘一段經本局著手整治以來，航道險阻業已大部芟除。本年三四月，民生公司曾兩次派員自涪陵上駛彭水，探測航路，認為該段航道已較二十六年該公司查勘時，大為改善，乃至五月間派望存輪試航，經過順利，現涪陵至彭水縣屬之江口鎮一段，已經派輪正式直達通航，江口至彭水間亦正在準備通航中。惟冬春枯水期內，在少數灘淺尚未整理完成以前，或須改為分段航行。

（三）涪陵至龔灘一段，水道長約一百九十公里，大小木船均可直達航行。自龔灘至新灘一百十公里；自新灘至潮砥二十七公里；自潮砥經思南至灘上約八十公里，亦均有木船分段通航。灘上至水口一段長約二十公里，則僅有極少數小型船隻航行其間。水口以上因灘礁特多，水勢險惡，迄無航運可言。

二、每年通航時期

烏江每年水汛，通常以十月十一月間至次年四五月間為低水時期，大小木船均可通航，惟枯水期內，輪船能否照常航行，尚待今冬事實證明。五月以後至十月間為大汛時期，木船下駛危險較少，上行則因水勢湍急較為困難遲緩，設遇江水驟漲暴落之時，例須停航候運，俗稱紮水。停航時期，全視江水消長而定，大約一年之間少則一個月，多則三個月，上行木船無法通航。至大汛時期輪船航行，則無論上下均無阻礙。

三、烏江沿線物產貨運情形

（一）烏江全線幹支流經川黔兩省二十餘縣，物產以稻、麥、玉蜀黍、大豆、甘薯、桐油、五倍子、漆、木材、木炭、藥材及其他農礦產為大宗。兩年前調查之數字總值1000餘萬元。其由烏江水道下行輸出者，僅涪陵、彭水、酉陽、後坪、沿河、德江、印江、思南若干縣，各該縣物產近來自給之外，稻、麥略有餘裕，玉蜀黍、大豆較多，桐油、木材、五倍子、漆及藥材等則大宗輸出，輸出數量以分佈區域過廣，一時尚無精確統計。桐油一項，每年輸出量約在5萬擔至7萬擔之間。至上水輸入貨物，當以食鹽及布匹等日用品為大宗，每年經由烏江水道轉運湘黔兩岸之食鹽，達20餘萬包之巨。自荊宜不寧以來，川湘公路交通日趨繁榮，來自湘省之商品運糧及軍用器材，大多經由川湘公路運至龔灘或彭水後，改取水道轉運渝涪各地，數量亦殊可觀。

（二）烏江輪運軔辦伊始，且目前僅及下游一段，運輸量有限，大部貨物運輸尚惟木船是恃。惟烏江灘多水急，上行端賴纖挽，進行遲緩，多則日行10餘公里，少則數公里。設遇大灘巨險，往往竭數十百人之力，費時半日，方可駛越。其艱難如此。下行雖較迅捷，然操縱偶一失慎，觸及礁石，常遭覆舟沒頂之禍，其危險又如彼，故整理烏江航運實屬刻不容緩。

行駛烏江木船，大小各型均有。中下游一帶河道深廣，大船較多。上游一帶則小型居多。各種船隻數目載重，二十九年八月間曾加調查，年來略有增減，尚無統計。將上次調查結果

加以補充列表於後：

地段	船隻約數（艘）	載重	上水行程	下水行程	備註
涪陵至龔灘	鹽船 240 其他 120	上水 17 噸 下水 28 噸	約 1 月	約 5 天	
龔灘至新灘	鹽船 90	上水 17 噸 下水 28 噸	約 20 天	約 3 天	其他小船多係趕場，載客運貨極少
新灘至潮砥	鹽船 9	同上	約 3 天	約半天	同上
潮砥經思南至灘上	鹽船 102	上水 4 噸 下水 7 噸	約 6 天	約 1 天	同上
灘上至水口	5	同上	約 4 天	約 1 天	

四、烏江整理工程施工後之成效

　　烏江灘險林立，大小無慮數百，如欲一一加以改善，使成一絕對安全之航道，事實上恐非一蹴可就。自涪陵至思南間一段航道，自經本局擇要整治以來，其礁石岩岨阻礙航行者，已大部轟除；懸岩削壁纖挽無路者，亦已擇要修辟纖道。特別大險各灘，以限於經費，暫採治標辦法，如修築駁道，便利鹽駁，安設木質絞關，俾時間與勞力兩俱節省。航行險阻整治以後，上行困難、下行危險或全部減免或部分減免，無不成效，竟概括言之，航行時間約縮短 4/10，險阻約去 5/10。

　　以上奉復各點，相應函達，即希查照為荷。此致
　　陪都建設計畫委員會

烏江工程局啟

4. 交通部為改組成立長江區航政局致重慶市政府諮文（1941 年 9 月 3 日）

　　查長江流域各省航政，本部原設上海航政局及漢口航政局分轄管理，茲為統一機構，便利行政起見，改由一局統轄辦理，除上海航政局已於抗戰開始時暫行停辦外，茲將漢口航政局改組為長江區航政局，管轄蘇、皖、贛、湘、鄂、川等六省航政。業經呈奉行政院指令照准，並於本年八月一日改組就緒，在重慶成立在案。除分諮外，相應抄組織規程一份，諮請貴府查照，並飭屬知照為荷。此致
　　重慶市政府
　　附抄長江區航政局組織規程一份

部長　張嘉璈　假
次長　彭學沛　代

交通部長江區航政局組織規程[①]

　　第一條　交通部為管理長江流域各省航政事宜，設置長江區航政局。
　　第二條　本局設置地點由交通部定之。
　　第三條　本局設下列各科室：
　　一、監理科。

[①] 本規程於 1941 年 7 月 15 日經行政院勇肆字第 1201 號指令核准。

二、技術科。
三、總務科。
四、會計室。
第四條　監理科之職掌如下：
一、關於航業監督促進事項；
二、關於航線調整事項；
三、關於船舶視察事項；
四、關於船舶出入查驗證之核發事項；
五、關於絞灘事項；
六、關於航舶登記事項；
七、關於輪船業登記事項；
八、關於船舶客貨運價之擬訂監督事項；
九、關於內河水運之調查事項；
十、關於運送契約及租賃合同之審核簽證事項。
第五條　技術科之職掌如下：
一、關於船員及引水人之登記考核監督事項；
二、關於船舶險難之處理事項；
三、關於港務及航路標誌事項；
四、關於船舶之檢查及丈量事項；
五、關於造船設計之審核事項；
六、關於船舶載重線事項；
七、其他有關技術事項。
第六條　總務科之職掌如下：
一、關於機要及典守印信事項；
二、關於公佈局令事項；
三、關於文書之撰擬繕校收發及檔案之整理保管事項；
四、關於職員任免遷調及審查登記事項；
五、關於職員考績及獎懲事項；
六、關於職員差假及撫恤事項；
七、關於庶務及衛生事項；
八、關於公物用品之採購及財產之保管事項；
九、關於員工福利及航警公役之管理事項；
十、關於現金之出納登記及保管事項；
十一、其他不屬於各科事項。
第七條　會計室之職掌如下：
一、關於經費收支之審核事項；
二、關於款項繳解及劃撥檢查事項；
三、關於帳目單據報表之審核檢查事項；

四、關於庫存及公庫存款之檢查事項；

五、關於概算決算之核編整理事項；

六、關於帳目處理保管及登記事項；

七、關於由支憑證之核簽及審核事項；

八、關於會計年報書表之編送事項；

九、關於本局統計事項。

第八條　本局設局長 1 人，承交通部之命綜理局務。

第九條　本局設秘書 1 人，承局長之命襄理局務。

第十條　本局設科長 3 人，分掌各科事務。

第十一條　本局設專員 2 人、技術員 10 人、科員 15 人、視察員 3 人、事務員 9 人，承主管長官之命辦理各項事務。

第十二條　本局局長簡任，秘書、科長薦任，技術員薦任或委任，科員、視察員、事務員委任專員聘任。

第十三條　本局事務之繁簡，得酌用雇員，數額不得逾 16 人。

第十四條　本局會計室設會計主任 1 人，會計佐理員 7 人。本局會計主任暨會計佐理員依照交通部附屬機關會計人員暫行規程任用之。

第十五條　本局得於轄區內之各省分設辦事處，其設置地點由交通部定之。

第十六條　本局所屬辦事處各設主任 1 人，技術員 1 人至 3 人，會計員 1 人，事務員 3 人至 5 人，雇員 3 人至 5 人。

前項人員，主任薦任，技術員、事務員委任，會計員依照交通部附屬機關會計人員暫行規程任用之。

第十七條　本局所屬辦事處視事實需要得在重要港汊設置座船兩處或 3 處，由本局處派員駐船辦理帆船檢查、丈量、登記及進出口輪船視察事宜。

第十八條　本規程自公佈之日起施行。

5. 交通部嘉陵江運輸處為奉令成立辦理運輸業務致重慶市政府公函（1941 年 9 月 12 日）

本處奉令辦理嘉陵江運輸業務，並繼續接辦前交通部特許川陝、川湘水陸聯運處川陝線業務；奉派施征為本處處長、俞國成為副處長，並奉頒發關防啟用。茲經遵照於九月一日成立，暫借本市曹家巷一號國營招商局樓上開始辦公。除呈報暨分別函令外，相應函陳，請煩察照為禱。此上重慶市政府

處長　施征

副處長　俞國成

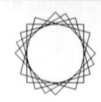

6. 揚子江水利委員會整理後方水道經過[①] (1942年)

抗戰以還,後方交通最感迫切需要,水運之改善,為當前急務,本會奉命整理湘桂水道岷江馬邊河及酉水各水道,大都坡陡流急,灘險羅列,低水時期,水深不足,若施以渠化,則費用浩大,工程非倉卒所能完成,將無以應抗戰之需要,經切實籌維,採用導流浚灘炸礁等方法,將各水道加以改良,俾早收實效,爰將辦理經過情形概述如次:

一、整理湘桂水道湘桂兩江源出桂北,仲介靈渠,南通蒼梧,北達長嶽,貫通長江珠江之航道,綰轂湘桂兩省之運輸,對於南北交通至關扼要,惟以水淺坡陡,沙灘羅列,礁石暗布,非特河運本身功能無由發展,且往來行舟,反視為畏途,二十七年秋,本會奉命加以整理,於桂林成立湘桂水道工程處,就查勘測量之結果,先行辦理桂林大溶江間,及桂林平樂間桂江之局部改進工程,計分整理堰身,改建堰口,導浚航道,打除礁石,設置絞關,及添設航行標誌等六項,於二十七年十一月二十八日興工,至二十八年四月上旬完成大溶江桂林間局部改造工程八處,及桂林平樂間三處,四月以後,即為高水時期,停止辦理,至同年八月繼續興工,辦理桂平間各部工程,凡27處,至二十九年二月竣工,二十九年及三十年冬,復分別舉辦補充工程,將次要之灘險,加以整理,俾全段航道之水深,達到同一之標準,至三十一年一月底全部告竣,而湘桂水道工程處以工作告一段落,亦即結束撤銷,桂江上游,經此整理後,流勢減緩,水流增深,向之僅能行駛三四公噸之船隻者,今則載重10公噸之船隻可以暢行無阻,並以航道拓寬,上下船隻可以同時並行,航行困難既多減除,而航行時間,亦較前大減,據二十八年九月初旬及二十九年一月中旬之實地查驗結果,同一載重船隻,由平樂上行至桂林,改進後航行時間較改進前縮短45小時之多,設每日航行10小時,即可節省四日半,約為原有航程時間2/3,又據廣西省政府之調查,二十九年度之貨運量較二十六年度幾可超出一倍,局部改進之成效,概可想見,然此僅為應非常時期之需要,至湘桂水道之根本治導,則已擬有具體計畫,因閘壩工程較多,目前施工頗有困難,須俟戰後促其實現。

二、整理岷江航道岷江揚子江上游重要支流,自灌縣以下經成都彭山眉山樂山犍為宜賓等縣,均為四川盆地,人口稠密,物產豐富之區,國府西遷以來,沿江礦產之開發,工商業之發展,與人口之增加,均有蒸蒸日上之勢,而貨物之運輸,與旅客之往返,除少數可以利用公路外,大多則唯岷江之水運是賴,惟查岷江水運情形,比降陡峻,灘險密佈,30公噸以上之汽船,僅高中水位時可以通行於樂山宜賓之間,成都至樂山之間,則僅木船可通,低水時期,水淺流急,船隻載重既減,往返時間亦增,並有險灘多處,水勢洶湧,偶一不慎,即有傾舟毀船之虞,以致航行困難,運輸效力減弱,二十九年二月,本會奉令加以整理,謀在蓉敘間終年通行適宜之汽輪,與較大之木船,以1.5公尺為低水時期之標準深度,惟工艱費大,須分期實施,乃決定首從下遊樂宜段作手,於二十九年九月間,開始興工整理宜賓犍為間思波溪清油壩口石馬槽口老君磧乾龍子等六處重要險灘,整理方法,淺急處,以導流為主,浚漠為輔,使河槽固定,水流趨一,而增加航深,險惡處則著重炸礁,平緩流勢,使航道順適,流速平勻,俾航行安全,並於坡陡流急處,安設絞樁,上行船隻,可藉以縮短航行時間,至三十年四月十日先後完工,於竣工時,曾觀察各險灘水流變化情形,已較前

[①] 原載《行政院水利委員會季刊》第1卷第2、3期合刊。

改善，航道增深，自 12 公寸至 78 公寸不等，水流亦已平緩，三十年九月繼續興工，除上述六處重要險灘，按照原定計劃，予以完成外，並將雷劈石石鴨子及肖家灣灘，整理告一段落，據本年四月之實地調查，往年此時由犍為下駛之木船，載重量最大不過二十七八噸，今已增至四十六七噸，且觸礁覆舟之事，已無所聞，行駛安穩，可以想見，全部整理工程，預計三十二年內完竣，嗣後樂山宜賓間在枯水時期載重四五十噸之民船，可以通行無阻，而載重五六十噸之汽輪，亦可終年航行矣。

　　三、整理馬邊河航道 馬邊河為岷江一重要支流，下游馬廟溪一帶，煤藏甚富，有嘉陽張溝等礦，日可出煤千餘公噸，均以馬邊河為運輸要道，惟自馬廟溪至河口一段，計長 26.3 公里，計有大口險灘 40 處，洪水時期，波濤洶湧，每致停航，枯水時期，水深不足，航行尤感困難，致煤運滯阻，影響後方燃料供給甚鉅，三十年二月本會奉命整理，即派員實地勘測，擬具「馬邊河馬廟溪河口間水道整理工程計畫」，規定最低水深為 7 公寸，底寬為 10 公尺，邊坡為 1：4，使載重八九公噸之船隻，在枯水位時，可以上下通行無阻，整理方法，分炸除礁石浚渫航道開闢縴道及安設絞關等 4 項，施工地點計 40 處，由岷江工程處設立工程段辦理之，於三十年四月十日開工，至本年三月十四日全部告竣，該段水道經此整理後，險礁悉除，淺灘浚深，由 3 公寸增至 7 公寸，煤運已暢通無阻，據嘉陽煤礦之記載，三十年三月最高載重為 11 公噸，最低為 6 公噸，本年三月，最高載重為 17 公噸，最低為 11 公噸，兩相比較增高幾達一倍，依此計算，在每屆枯水時期十一月至翌年三月，五個月內，可節省運費 2700000 元，而本工程共用工費 640000 萬餘元，一年之枯水時期（上行時間較前減短 1/4），減除撞毀船隻（以往每年毀船二三十只，自整理後一隻未毀）及增產煤量之利益，其裨益抗戰，非可以數位計也。

　　四、整理西水航道 西水為沅江左岸一大支流，長約 300 餘公里，源流所經，盡係崇山峻嶺，在昔龍潭至沅陵間水道，川鹽多藉此運入湘西，航運頗繁，自宜昌淪陷以後，該段水道，關係尤為重要，為川湘水陸聯運之幹脈，亟須整理，以便航運，本會於二十九年十月奉令辦理後，即派員查勘，擬具「整理西水航道工程計畫綱要」，以浚渫導流炸礁等方法，整理主要灘險 31 處，零星工程 28 處，及開闢縴道安設絞關等，使現時航行西水中之船隻，可以終年通行，低水時期之航深，規定為 5 公寸，航道最小底寬為 6 公尺，施工範圍，自龍潭至保靖間，共長 113.1 公里，三十年二月間，開始興工，至是年大水時為止，已擇要將炸礁浚渫及闢修縴道等工程實施告一段落，大水時期，仍繼續修闢縴道，其餘工程，於三十年九月間賡續趕辦，至本年四月，除小部工程須延至秋後辦理外，頗均按照計畫實施完竣，淺灘經改進後航深均達規定標準，行稱稍便，尤以駝背一灘兇險為眾河之冠，往昔上行船隻，必待盤駁後始行曳過灘，今則逕沿新闢航道前進，而縴夫可以省去過半，改進後之成效至為顯然，船隻之載貨量，因以由二三公噸增至 5 公噸餘，而上行船隻縴挽時，因可遵循新闢縴道，節約挽力與時間甚多，估計枯水時期，同一船隻之運輸效能，較前可增加 3 倍，將來全部工程完竣後，當不止此數，本會整理上列各項水道前後將近四年，施工地點大多在窮鄉僻壤，深山高谷之間，水流洶湧湍急之處，值茲非常時期，一切設備極為簡陋，辦理自多困難，就事業言，所貢獻於國家者實甚為微薄，惟在事員工，均能精進力行，忠勇奮鬥，不避艱險，不辭勞苦，使各工程按照核定計劃順利進行，如期告竣，有大禹菲飲食，惡衣服，卑宮室，而盡力乎溝洫之精神，則每引為欣慰焉。

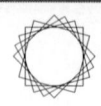

7. 交通部嘉陵江運輸處為辦停止業務趕辦結束事宜致重慶市政府公函（1942年4月29日）

案奉交通部川陝川湘水陸聯運處理事會三十一年四月二十五日川陝字第六零一號訓令略開：川部水運瞬將改組，已辦業務亟應徹底清理。原設嘉陵江運輸處著即停止，派袁炳南為該處清理專員，限期清理結束。仰即遵照。等因。奉此，本應自即日起停止業務趕辦結束，相應函達，即請查照為荷。

此致

重慶市政府

交通部嘉陵江運輸處啟

四月二十九日

8. 內河絞灘建設概況（節錄）[①]（1943年）

抗戰軍興，政府西遷，人員公物，大量與俱，絞灘工作，尤以川江最感需要。自二十七年設立絞灘管理委員會，辦理機械絞灘以來，其管理範圍，已達川湘鄂黔四省源流；絞灘工程，已展至長江上游，嘉陵江、沅江、酉水、烏江、逐漸推廣，誠日新月異而歲有不同。獨惜經費極度支絀，而物價日益高漲，預定計劃，每多阻礙，然五年來。所用經費總數，截至本年五月止，尚不過三百萬元，維持偌大局面，已非易事。猶幸開辦之初，曾向各方無代價搜集之絞灘機械材料，為數甚多，以目前鋼鐵價值論，至少可值千萬元以上，超過全部經費之三倍，此項優良工具，大部分設置於宜渝間各絞灘站，自較完善。其他各江絞灘站，以器材來源缺乏，無法購置，不得不以木質絞盤代替鐵質機動絞機，以竹纜棕麻繩代替各種鋼纜；此外各項設備，亦唯有因時制宜，以維戰時之需要。

自創辦機械絞灘以還，負責員工，無不遵循交通建設之宏圖，竭其綿薄，刻苦從公，平日埋首工作，不事宣傳，故絞灘之重要性，雖已為航界同人所深悉，而外界人士，尚鮮知之。茲特述內河絞灘建設之概況，藉供我交通界人士之參考云爾！

一、土法絞灘情形

內河灘險林立，船舶上駛，悉賴絞灘，惟以往川江土法絞灘，至為簡陋，效率低微，茲分述如次：

（一）輪船絞灘之土法有二

1. 輪船到灘口時，將繫鋼纜之拋繩，拋於岸上，引導鋼纜上岸，由灘夫拖纜，繫於大石樁，輪方即將鋼纜徐徐絞直，則船漸可駛越過灘。

2. 輪船駛至灘下首時，即擇一安全地帶拋錨停泊，將絞灘鋼纜由木划運至灘頭附近岸上，鋼纜之一端，妥繫於灘之上首適當石樁，或將鋼纜穿過琢就之石孔內，以硬性木棒拴之亦可。鋼纜之另一端，繫以拋繩，候輪駛近灘頭時，即拋於船上，由水手將纜穿過船舷之滑車，繞於絞機上，徐徐絞之，即可過灘。

以上兩種辦法，以船上設有絞機為唯一之要件，否則必須全賴人力曳之，所需灘夫，每多至數百逾千者，時間少則數小時，多則二三日，呵唷之聲，山鳴穀應。此為川江青泄各灘

[①] 本文標題為原有，作者曾白光。原載《交通建設》第1卷第7期。

施絞輪船習見習聞之事。

（二）木船絞灘之土法，專賴背纖，灘夫蹲地，匍匐蛇行，少則數十人，多則百餘人，此項夫力，來源有二；一為兩岸居民預集灘旁，或臨時呼應到灘；一為等候多數船隻，集中各船船夫之力，將各船次第拉纖而過，俗曰「換綜」，人煙稀少之處，皆用此法。

上述輪船木船絞灘土法，人力時間之消耗既大，往往因纜折藤摧，致灘夫釀傷亡之慘劇，且陷船舶於危險之境，此土法絞灘之亟待改進也。

二、倡議改善絞灘之經過

土法絞灘，費時誤事。有識之士早思有以改善之，數十年來，迭經各方創議，卒以種種困難，未能實現。茲將其經過情形，分別略述於後：

（一）英籍船長卜蘭田者，曾受德人之聘來華考查川江水道，繼任法國兵船川江引水，旋任我國海關長江上游巡江司職，對於川江水道與航行，知之甚稔，著有川江航行指南一書，為世稱頌；蔔氏力立以科學方法，改良絞灘技術，只以贊助乏人，卒未實現。

（二）民國二十四年間，有川江打灘委員會之組織，籌畫炸除礁灘外，曾有裝設機械絞灘之議，該會以附加關稅為經費，至為充足，聘請外國工程師為之主持，數年來其工程較大者，惟砦盤子築堤一道，空嶺南槽之炸除而已，其餘絞灘工程，尚未能辦理。

（三）民生實業公司，當經營川江航運日益發展時，亦曾有試辦絞灘之計，未及實現。迨至民國二十六年，川江枯退，為六十年來所僅見，青灘坡度達九英尺以上，勢成奇險，輪船阻滯，無法上駛，該公司乃舉辦三段航行於青灘，設置手搖絞機以收對絞之效，嗣因灘民群起反對，終於撤除。

（四）抗戰軍興，船舶運輸司令部亦擬在川江試辦絞灘，但以人力物力均感缺乏，未便輕率從事。

綜上觀之，可見改善絞灘誠非一蹴可及，然苟能窮其根源，詳為策劃，持之以毅力，困難雖多，當可一一克服，而達其預期之目的，自未可因噎廢食也。

三、戰時辦理機械絞灘意義之重大

抗戰以來，長江上游水運，日形殷繁，迨至二十七年下季，廣州危急，武漢緊張，公物器材相繼遷移，堆集於宜昌者，數在十萬噸以上，亟需搶運入川，時值秋冬之交，江水日枯，灘險可畏，航運極感困難，而宜渝間既無鐵路公路可通，又無驛運之設備，一線交通，惟宜渝水道是賴，其重要可想而知。是以搶運工作，非辦理絞灘，以加強輪船運輸效率，縮短航行日期不為功，此其一也。

長江上游輪船，為數有限，以之負擔搶運工作，尚感不敷分配，乃有發動大批木船運輸之舉；惟木船上駛，專賴灘夫背纖，每經一灘，因水勢洶湧，或風力見阻，或因灘夫不足，以致停泊灘下，少則數日，多則十餘日，而背纖過灘，稍有不慎，全船生命財貨，因而毀滅者，更僕難數；設不藉絞灘之力，以謀補救，其損失曷可勝言，此其二也。

武漢轉進，長江中下游大小輪船退避沙宜，為數甚夥，麇集港中，時有敵機轟炸之虞，急宜設法疏散入川，一則可使江海巨輪得以保存，以維戰後水運之需，再則長江上游運輸頻繁，原有輪船不敷分配，而新造匪易，正可藉資補充，惟此項船隻，類皆馬力較小，其構造又不適用於川江，非賴絞灘之協助，無法上駛，此其三也。

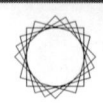

西南諸省，水道縱橫，大可利用，抗戰後，我國政治重心西移，事實上，西南諸省已成為民族復興根據地，開發交通，刻不容緩，長江上游，航運固極重要，而嘉陵江烏江以及湖南之酉水沅江等，亦均屬航運幹線，交通要衝；只以江流湍急，比降懸殊，船隻上駛，必施以拉曳，方可克服困難，減少危險，一俟長江上游試辦絞灘，漸著成效，當可次第推廣，以應需要，此其四也。

　　西南水道，礁灘重重，航行困難，人所共知，故水道雖多，甚少利用，而陸路交通，亦未發展，以故往昔中央政令，鞭長不及，古人雲：天下未亂，蜀先亂，天下已治，蜀未治。民國以來，川政混亂，久未澄清，西南各省，政見紛紜，嚴霜堅冰，由來也漸。今西南河道，已成水運交通之動脈，絞灘工作，足以便利航運，不特抗戰時物資之運輸深資利賴，且與平時提高西南文化水準，健全政治機構，息息相關，此其五也。

　　我國鼎革以還，各項交通，粗具規模，航政一端，特為幼稚。蓋往昔附屬海關，權操於外人，自民國二十年設立航政局，此項要政，始得獨立，然港務行政，迄未收回，以致事權不一，政出多門，他如重慶之川江打灘委員會，福州之閩江委員會，廣州之西江工程處，上海之浚浦局，亦幾盡為外人包辦，鑒往思來，絞灘工程，未容棄置而坐令外人代庖，徒自損航政權之完整，此其六也。

　　四、戰時絞灘設施之困難〈略〉

　　五、長江上游絞灘設施概況

　　宜昌以上之宜渝段（俗稱川江），及渝敘段，統稱之曰長江上游，慨自絞灘管理委員會成立之初，適值武漢轉進前夕，危疑震撼，有岌岌不可終日之象，工作推進之困難，已略如上述；而意外阻礙，正不知凡幾，雖然人定可以勝天，而現代科學之文明，尤貴在征服自然，本會大計已定，任務所在，惟有勇往直前，披荊斬棘，義無反顧，遂決然於長江上游宜渝段各灘，按既定步驟，開始建設，查宜渝水運，為巴楚骨幹，兩岸崇山峻嶺，河身曲折，落差懸殊，暗礁悍厲，怪石森然，波濤奔騰，漩渦奇詭，備極險惡，特斟酌需要之緩急，截至二十七年底，已擇要成立青泄絞灘站，及興隆灘、東洋子、廟基子、塔洞、牛口、滾子角，共計七站，每處暫設絞機一部，水泥鋼骨樁多具，配合適當鉛絲一盒，竹纜二盒，先後施絞，為時不過三月，即告完成，事半功倍，誠有出人意料之外者，非全體員工之勤奮工作，曷克至此！

　　查長江上游之灘險，以青灘泄灘為最險，泄灘以中水位為絞灘時期，青灘則水愈枯愈險，所有上駛船舶，非經施絞不能過灘，諺雲：「有青無泄，有泄無青」，質言之青泄二灘，此伏彼起，互為消長。本會草創，限於經費，且以兩灘相距密邇，故合併管理，設立青泄絞灘站，時值枯水，特注重青灘之建設，安置蒸汽絞機，惟時間短促，至二十七年底僅完成絞機之裝置，雖可用人力推絞，究不如蒸汽發動之便利，乃晝夜趕工，得於二十八年一月內改用蒸汽施絞，而青灘號稱天險，卒告克服。白光為明瞭各站工程設施及絞灘效率，藉資研究，俾使益加改善起見，當即出發視察，目睹青灘站鍋爐因起重困難，暫置於江邊，隔水丈許，將來洪水泛發，必遭沖毀，為安全計，決將鍋爐移置半坡，不致淹沒，絞機易於拆卸，仍置於山下，並設汽管保溫裝置，由山上通蒸汽於山下之絞機，改善工程，雖屬非易，但一勞永逸，便利實多。至於泄灘之險，既不絞於青灘，蒸汽絞機之改裝，當屬必要，惟泄灘江面及兩岸均較青灘寬闊而平坦，近年灘勢，略有變遷，枯水時期，馬力較小之輪船，亦非施

絞不可，該灘南北兩槽均可通航，洶險情況，各有不同，大抵三百噸以下之輪船多絞北槽，三百噸以上者為絞南槽，如在岸山裝置蒸汽絞機，或利於此岸而不利於彼岸，且於水位之高低，未盡適用；經考察之餘，當經決定將蒸汽絞機裝置於旁桶之上，隨水位升落，施絞自便，並可兩岸移泊，兼籌並顧，計畫已定，旋即施工，但因各項絞灘工具器材，頗難搜集齊全，時有輟工之虞，經多方交涉，幸承各方之贊助，費時數月，始告完成。此誠川江絞灘建設之最大工程。更應事實之需要，二十八年度，又先後增設下馬灘、狐灘、青竹標、油榨磧、冷水磧五個絞灘站，其配備無不力求完善，以期發揮施絞之最大效能，統計川江方面，成立十三站，員工達百數十人，而辦公無定所，住宿復感不便，故有建築站屋之舉，除青灘定為模範站，增建員工眷屬宿舍，技工憩休室外，其餘站屋均劃一型式，於二十八年度建築完成。惟查川江方面多注重於枯水絞灘站之建設，而中洪水位之灘險無與焉，乃於二十九年度擇要成立中洪水位之白洞子、碎石灘、寶子灘三站，分別依次劃歸塔洞站滾子角站下馬灘站兼管，以其相距甚近，人力物力均可藉資節省。

查宜渝段先後設立十六站，已盡解除航行困難上之最大努力，惟渝敘段水道深入腹地，與川滇公路相銜接，水路聯運，至關重要，旋於二十九年冬設立斗子、連石三灘二絞灘站，以應需要。

自是以後，因物價高漲，經費緊縮，故二十九、三十兩年度，僅能就各站已建工程，加以改善整理，並將白洞子寶子灘碎石灘連石三灘四站，暫行裁併，以維預算之平衡。至三十二年度，因應事實需要，決將各站絞灘工具，酌予添設更換，期增實效。如泄灘浮動蒸汽絞機為便利軍運起見，已移泊南岸，另在北岸增設鐵質絞盤，以利小輪及木船之施絞。他如興隆灘、油榨磧兩站，各設置鐵質絞盤一部，塔洞白洞子兩站，增設木質絞盤，牛口青竹標兩站，建築絞盤基座，均已派員積極進行。至於鋼纜，為施絞輪船之重要用具，原有者，均係徵借而來，使用數年，多已窳敗不堪，已決定呈請撥款購用。其餘如泄絞站之浮動絞機躉船，因年久失修，多有滲漏，擬予起岸修理，以策安全，青灘站之煙管鍋爐，係借自遷建會，業已奉令歸還，亟待另購一部，裝設使用，庶幾險灘施絞，不致中斷。

六、嘉陵江絞灘設施概況

嘉陵江與西北公路銜接，自國府遷渝，川陝運輸，日益頻繁，水路聯運，應運而生，本會絞灘建設，自應推展至嘉陵江以資適應。惟查嘉陵江自合川以上，只通木船（合川至南充，在洪水期間，經派輪船試航成功，但迄未開航），故各項工程設備，以適合施絞木船為原則，自較長江上游簡單。計二十八年度成立石驢子、大小石鴨子及老鴉岩等四站，均妥置木質絞盤，配備竹纜，各項工程，克期完竣，即行開絞。

二十九年度依照原定計劃，在是年五月底前，先後成立葡萄片、箱溪灘、磨盤癰、天子磨、小姨溪、蕭門、紅花季、白雞號、老君灘、竹灘、大賊灘，共計十一站，自宜昌轉進，內河運輸，益見重要，本會奉令加強嘉陵江絞灘設備，至為迫切。惟原定預算已無餘額，而事實上絞灘工程不容延緩，當經呈准追加經費，始得迅速趕工，將簸箕子、白頭灘、磨兒灘、竹棍子、長眼灘、桃會灘、白花石、孤舟灘、算錢灘、來佛寺等十站，於二十九年內一律建設完成，惟因經費有限，一切建設，不無因陋就簡之處，絞灘效能，尚未顯著。迨至三十一年經常維持，更加困難，爰分別緩急，將原有各站，酌予裁併，僅留十站，即以所餘經費，作為整理之用。現該江運輸至為殷繁，本年度決定修建各站木質絞盤，站屋，及建設竹纜工

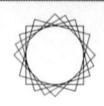

廠，以加強其設備；建立水陸標誌，及水信牌，以為航行準繩；登記放灘駕長，規定放灘費，添置木劃，組織撈救提駁隊，以策安全，而利航行；其餘各技工之訓練，站容之整飭，站牌旗杆之整理，以及將總站遷移閬中，便於指揮；均已分別進行，如追加預算能奉核准，則嘉陵江絞灘事業，必有長足之進步。

七、沅江酉水烏江絞灘設施概況

查沅江酉水與烏江，均與川湘水陸聯運有密切關係，茲特將絞灘設施情形，綜述如次：

沅江方面：自寧漢相繼轉進，遷廠機械，及兵工器材，其向南路撤運者，散存常德及濱湖各處，亟待轉運湘西，以策安全。而沅江為湘西唯一水道，灘險情形，雖稍遜於川江，航行仍多困難，木船上駛，因而滯阻，本會為解除當時困難，便利湘西水運起見，特於二十八年在常德沅陵間擇其險要者，成立青浪灘、甕子洞、橫石灘、九磯四站，二十九年設立高溶洞一站（三十一年將該站與九磯站合併）其工程設施，除一律安置必需之絞機外，各不相同，如青浪灘因灘程甚長，設置鐵質木質絞盤各一，而與施絞點之距離，長至三千餘英尺，故所需二百四十拓之鋼纜，恒在兩盒以上，所需竹纜，係加料訂制，一般出品絕不合用，距離既遠，鋼纜竹纜均易損壞，因有支柱滑車及叉形滑車之設備，以節省動力減少摩擦。

自宜昌轉進，局勢突變，原由湘經鄂入川水道，失其效用，加以滇越滇緬兩國際路線受敵人封鎖，不特川湘交通，須另闢新線，即國內外運輸，亦須重闢途徑，藉維國際交通，本會盱衡大勢，自應將本年度原定計劃，酌予變動，以期協助政府，開闢川湘水陸聯運，使內銷外運之物資，得暢其流，是以酉水烏江之絞灘建設已為當務之急。

酉水方面：酉水與烏江均為川湘聯運必經之水道。全流灘險甚多，水道綿長，木船上駛遲緩，運輸效率低微，尤有賴於絞灘之協助，兩處設站計畫，原擬於三十年度施行，惟自沙宜淪陷後，關係驟形重要；故本會決定將酉水建設，提前辦理，於二十九年度已成立高積頭、岔灘、鳳灘、茨灘、雙溶灘等五站。就沅酉各站目前需要而言，當以改善設備為急務，如橫石站之絞車，應移設於過江棋地方，各站應添置木劃，以便利施絞；又因各站多設於偏僻處所，亟須造建站屋，俾便辦公；並添置水路標誌，藉以為灘長放灘之補助。其次則人事之加強，如技工灘夫之訓練，均屬刻不容緩之舉也。

烏江方面：烏江自涪陵至思南段水程，長達三百五十公里，灘險林立，二十七年間導淮委員會設立烏江工程局，曾計畫辦理絞灘，未見成效，旋因川湘水陸聯運，來往船隻甚多，亟待絞灘之協助，酉水絞灘既已舉辦，則烏江未可偏廢，自應賡續辦理，惟恐事權不一，滯礙叢生，經函商該局同意，交烏江絞灘事宜劃歸本會管理，始於三十年度先後設立羊角磧、鹿角子、武/3站，其餘小角邦，沿灘等站絞機，已由烏江工程局建設移交本會接收管理，茲將三十二年度改善各站計畫，略述如下：

（一）加強羊角磧絞灘站之建設：羊角磧計有新灘南北二槽，及靈官鼇魚背共四灘槽，長達五裡許，試站前曾建有鐵絞機一部，以為施絞輪船之用，現因該江不便於輪船航行，自以施絞木船為重要工作，決於新灘南北槽各建大型木絞盤二部，靈官鼇魚背二槽，即以接收烏江工程局之木絞盤改善安設，並建造滾心木，一切設備，力求完善。

（二）鹿角子站之建設：決將接收烏江工程局之木質絞盤二部，加以修改安設，另設滾心木，以減少絞纜之阻力。

（三）武隆站移設新下岩之建設：該灘因礁石炸去，灘流和緩，已失其重要性，擬將該站移設新下岩，安置木絞盤二部，以利航行。

　　其餘建造木劃站屋，加強人事，訓練技工，以及組織制纜廠，其需要情形，與其他各江灘站相同，現正籌措經費，積極進行。

　　八、絞灘設施之展望

　　本會辦理絞灘，瞬將五載，已在各重要河流，就其兇惡險灘先後設立嘉陵江沅江烏江絞灘總站三處，絞灘站三十六處，施絞船舶，截至三十二年三月底止，施絞輪船一千九百五十八艘，木船十三萬九千一百一十四艘，確能加速航行，增強運輸。惟以財力薄弱，及意外之種種阻礙，各江絞灘工程，固未敢自詡完善。茲查長江上游，嘉陵江、酉水、烏江，猶多灘險，尚待繼續建設，其已設站者，尚須加以改善補充，均屬異常迫切。當此長期抗戰，財源艱窘，建設經費，因而緊縮，絞灘事業，自難盡力發展；將來倘能強化機構，充實經費，他如川滇水道之金沙江，湘桂水道之湘水西江，黔湘水道之清水江沅水，粵湘水道之郁江左江，贛粵水道之贛江北江；舉凡可能通航之水道，正可逐步推進絞灘之設施，以資輔助航行，完成西南水道交通網之建設。

9. 五年來之長江區航政（節錄）[①]（1943年）

　　戰前長江航政，係由漢口、上海兩航政局分別管理，川鄂湘贛四省歸漢局管轄，蘇皖兩省則由滬局負責。廿七年初，戰事西移，滬局停辦，漢局業務日益增繁，交通當局鑒於長江流域各省水道，均有連帶關係，為統一管理起見，將漢口航政局改組為長江區航政局，調整組織，充實人才，積極擴展航政職權，並建設絞灘造船等新興事業，以應戰時需要，本人自廿七年二月忝掌漢局航政以來，深覺使命重大，一切措施惟有遵照政府方針，竭力推進，重要者如船舶之保存徵調與建造，船員引水人之救濟與管理，航業之監督與救助，物資之搶運，航線之開闢，絞灘之建設，以及客貨運價之統制，航行安全之維護等，鹹經先後舉辦，茲將五年來工作概況，分別年度，摘述如次：

　　一、二十七年度

　　調整機構——機關工作之推進，端賴組織完密，方能發揮效率。本人接任之初，首先從事於機構之調整，公佈分科職掌，將各科股室職責，明確劃分，並對各部分之聯繫，加以嚴密之規定。

　　調整航運供求——長江封鎖後，流亡船隻，麇集武漢，情形紛亂，公商運輸，兩感困難，故先後舉行船舶數量清查，調查流亡船舶營運及船員生活狀況，召集航商談話，說明航運供求失調之原因及其補救辦法，並擬定調整方案，以補救未經營運之船舶及疏通積貨。此外設立航務諮詢處使主管機關與航商貨商間均能密切合作，除介紹航商貨運外，並司船舶買賣租賃修理，及失業船員之介紹等，辦理四個月共介紹船舶410艘32000噸，登記介紹船員281人。

　　督促修理船舶——當時一般航商認為軍事時期，業務難以維持，船隻機件損壞，多置不理，勉強航行，危險殊大，故特派定技術人員嚴密檢查，對於失修或航行中應行修理之船舶，

[①] 原載《交通建設》1943年第1卷第12期。

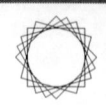

均嚴促修理，其確係無力興修者則准轉請貸款，並督促設立武漢造船廠聯合辦事處，以加強修船力量，此外設置巡迴視察員，按日分赴各碼頭視察，遇有不合規定者，立予緊急處置，以策安全。

救濟船員及引水人——船員及引水人因航線縮短，輪船撥充防禦工事，以及不願受敵雇傭而失業者 300 餘人，亟待救濟。當即在武漢舉行調查登記，轉請交通部撥給緊急救濟金代為介紹職業。並抽調引水人 40 餘人入交通員工訓練班受訓後，參加交通人員服務隊工作。嗣後國軍西撤，漢湘宜區全部引水人 300 餘人均經督撤入川，派員負責管理訓練，並請按月貸給生活費用，以資維持。

徵集船舶搶運物資——武漢情勢緊張，當地民眾，急待疏散，公商物資，需要搶運，當即會同有關機關，徵集所有長江輪船，擔任輸送。迨武漢退守後，囤積宜昌之兵工器材 110000 餘噸，油料 10000 餘噸，公物 6 萬噸亦屬急切待運。川江全部輪船運量月僅 5000 噸左右，絕對不敷應用，只有縮短航線，分為宜昌至秭歸、巴東、巫山、奉節、萬縣數段，先將存宜器材，送抵安全地帶後，再行轉運，時間較為經濟。同時輪運猶嫌不足，復徵發川江木船 1200 餘艘，協同搶運完成任務。

督導輪船撤退——武漢瀕危，停駐輪船，自應全部撤赴安全地帶，以免資敵。故即會同軍事運輸機關，組織巡察隊，嚴促輪船撤退。計至宜昌者 208 艘，長沙者 66 艘，常德者 16 艘，從宜昌入川者 150 艘，保存之數頗屬可觀。

釐訂宜渝木船運價——搶運宜昌器材之時，木船運價尚無一定標準，船戶以需求增大，心存居奇競抬高價，藉故規避，搶運工作，頗受阻礙，故即訂定渝宜木船上下行運輸規則及各城市間運價，公佈施行，運輸稱便，是為我國航政官署統制運價之嚆矢。

創辦機械絞灘——交通部為增強水運效率與安全，以利搶運物資與撤退輪船起見，特令漢口航政局設立絞灘管理委員會，主辦機械絞灘，該會於十月間組成，積極裝置機器，研究改良方法，三月之間，成立川江青灘等 7 站，開始施絞。

二、二十八年度

擴展組織——漢局接管渝港航務之後，業務更繁，加以辦理貸款製造木船與推廣絞灘建設，組織範圍，勢須擴展，計在各江重要地點，增設管理員辦事處九處，絞灘總站 2 處，絞灘站 14 處，及座船五處。

管理川省木船——川省木船向未依法施行丈量檢查與登記，漢局遷渝之後，即在唐家沱黃沙溪香國寺三處，設置座船，派員常川駐船辦理登記檢查及丈量等工作，以便統制而策安全。嗣又在瀘縣合川兩地，增設座船，推廣進行。

核定輪船航線——政府西遷，川江運輸紛繁，各行業競爭營運，時肇糾紛，故即限令各輪船應照章請領通行證書，並按各江水道情形，以及輪船吃水長度，馬力大小等狀況，分別核定航線，不得任意變更。

擴展內河航路——軍事轉移，運輸漸向內河推進，新闢輪船航路，極屬要圖。沅江方面，向以水淺，未駛輪船，常德沅陵間，先經督促試航成功，沅陵辰間亦繼起開航，湘西水運，遂增繁重，嘉陵江方面，輪船向止於合川，亦經督促航商試航南充，均告成功。武漢失守後，湘鄂交通，增開長沙經安鄉公安松滋而達宜昌，一時稱便，截至宜昌淪陷前止，輸送數萬噸之物資器材，以及大量客運，皆惟此線是賴。

統制川省運價——川省水運運價，向由航商船戶自由規定，積習已深，影響頗大，故按各江航運狀況，及當時運價情形，釐訂四川省木船及輪船運價章程各一種，附列各江航線客貨運價表，規定劃一價目，先後呈准公佈施行，以資統制。

推廣絞灘建設——沅江溝通湘黔，嘉陵江聯絡川陝，鹹為戰時交通孔道，惟均灘多流急，船舶上行遲緩，水運力量未能充分發揮，川江絞灘既獲初步成功，建設範圍，不難推廣，本年除川江繼續設立絞灘等六站外，上述兩江之絞灘工程，亦經開始建設，至年底止，先後設立嘉陵江石驢子及沅江青浪灘各四站。

提倡改良木船之製造——戰時木船成為後方運輸之重要工具，需求數量激增，交通當局鑒於舊式木船之構造，頗多缺點，必須加以改良，同時為顧及一般船戶無力添造大量船舶，特邀集專家，設計改良圖樣，並採貸款方式，令由漢口航政局主辦，派遣管理員分駐各江造船地點監造，製成之後，儘量代為介紹營業，調度供應，分期收回貸款，綜負貸款監造與監運之責。

三、二十九年度

慎重船舶登記——抗戰發生，輪船撤退川湘各江，事出倉卒，船舶證書，多未在船，船東又不隨船撤退，任憑船員經管，難免覬覦生心，或假借名義，或偽造圖章，私行盜賣，買方不察受愚，遂致糾紛時起，故於辦理移轉登記時，必須慎重將事，並為杜防盜賣，保護產權起見，特將買賣船舶應行注意事項，以及辦理登記應具手續，詳細說明，逐一列舉，通告各有關部分，並登報公告，俾便周知。

實行輪船視察制度——川江航運日繁，輪船無不擁擠，以致乘客超逾定額，救身設備不敷，裝載客貨方法不善，碼頭上秩序紊亂，諸弊叢生，故特施行視察輪船辦法，按日派員分赴各碼頭視察輪船進出口秩序，裝載客貨數量方法，船身機器安全設備情形，以及船員姓名等項，無不詳盡，其不合規定或違反法令者，輕則加以糾正警告，重則處以罰鍰，停航。

修訂船舶運價——川省輪木船運價劃一規定之後，各方深表贊同，依照章程應用，鹹稱便利，惟因物價增長，運輸成本，隨之提高，原定價目不得不酌情修改，以期適用，在修訂之先，例須調查精確成本，考察實際情形，而後召集有關機關會議，並由各船業公會代表參加，共同研討，每次獲得結果後，呈准公佈，藉求詳盡。

繼續絞灘建設——是年各江絞灘站之建設，仍照常繼續進行，以年餘之經驗，技術相當進步，工程完成較速，計川江完成實子灘等3站，嘉陵江葡萄片等21站，沅江高溶洞1站，此外成立長江上游斗子等2站，酉水高積頭等5站，共32站。

廣積貸款造船——上年貸造之木船除撤銷貸款權18艘外，於本年三月份止，業經依照上年度預定計劃完成船舶238艘。嗣即奉令繼續辦理兩年來所有各級木船貸款分配，列表如下：〈略〉

四、三十年度

重要改組——是年內重要改組有二：一係漢口航政局改組為長江區航政局，組織轄區經費等，均予更改調整，局內設監理技術總務三科，及會計統計兩室，外設瀘縣宜昌合川長沙常德九江等辦事處，一係航政局造船處改組為川江造船處，設三匯昭化宜賓三工廠，綦江閬中瀘縣三分工廠，及各地管理員辦事處6處，此外增設烏江絞灘站3處，全體職員合共280餘人，其中技術人員約占半數。

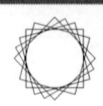

調整輪船航線——川江各埠，因季節之不同，客貨運輸情形，時有變動，航商竟營有利航線，而置無利航線於不顧，在所難免，故須隨時調查，召集開會討論商航，調整航線，並規定各線船隻數目，航行班次，開行時間，沿途停泊地點等分飭遵行，以調劑供求杜絕糾紛。

開闢金沙江航線——金沙江為溝通川滇水道，關係國際運輸，政府及各方人士，均盼開闢該江輪船航線之早能實現，年來一再督促民生公司，派輪試航，宜賓至安邊一段，秋間試航成功，遂由該公司派輪定期行駛。

推進輪船視察制度——輪船視察制度，施行以來，船舶失事，逐漸減少，故決繼續辦理，並嚴格推行，以期航行安全，確獲保障。

訓練小輪船船員——船員之學識經驗與航行安全直接有關，小輪船員多由舵工機匠升充，經驗雖或豐富，學識究嫌不足，故特分批抽調各輪駕駛及輪機負責人員，入班受訓，聘請航輪專家，分解各種基本學理，以灌輸智識，增長技能。

嚴密管制運價——水運成本除與員工薪給材料添置船隻修理消耗等有關外，尚有水道之難易關係，如同一航線上水與下水運價不同，或距離相若之兩段航線，彼此運價不能相等，此外船有大小，裝載力不同，成本亦異，故於計算之時，必須調查周到，又如僻地航線，供不應求，船戶額外需求，雇主變相津貼等情事，在所難免，均須嚴密調查，力求裁制。

開辦烏江絞灘——烏江為川省內川湘水陸聯運所必經之要道，酉水既已舉辦絞灘，烏江自亦不可偏廢，乃於本年開始辦理，次第成立羊角磧等3站，其餘灘險多處，在一年以前，即由烏江工程局負責籌設絞關，業經商允待其設置完竣後，移交絞灘會統一管理，故暫不增設，以俟其移交後，加以整理。

加強船隻製造——川江造船處於本年一月成立，在嘉陵江渠江及長江上游各地設置工廠或分工廠，招工製造，規定工款107萬餘元，製造木船2160噸，此外接受全國糧食管理局之委託，代造渠涪兩江運糧木船5400噸，任務相當繁重，經三個月之籌備，四月以後，各式木船即行陸續完成。

五、三十一年度

調整組織——成立南充及宜賓辦事處，分別管理嘉陵江上游，及長江上游岷江金沙江等航務，增設磁器口唐家沱2座船，加強視察輪船與管理木船工作，因絞灘經費緊縮，裁撤各江絞灘站20處，為集中造船力量，裁併分工廠及各地管理員辦事處。

輔導航業——我國現存輪船約105000噸，在長江流域者94000餘噸，占全國噸位94%，惟其中頗有因構造關係，不合於內河行駛與被敵機炸毀及失修停航者，自應儘量利用，藉以發展航業，年來經督促改造俾能適宜航行於川湘各省水道，及經洽商四聯總處貸與鉅款，從事打撈修復之後，已有多數參加營運，發揮不少力量。

提高檢查船舶標準——檢查船舶，本有詳密規定，惟內河灘多水急，船舶易受損壞，後方船廠設備簡單，又不能嚴格修理，航行危險堪虞，亟應提高標準，以策安全，故非船身機器鍋爐各部分均屬良好，設備確屬齊全，經多次檢驗及試航無礙者，不准航行，年來檢查船舶次數，逐漸增加，茲將歷年檢丈登記船舶艘噸數，分別列表如下：

（一）艘數

年份	輪船			帆船		
	丈量	檢查	登記	丈量	檢查	登記

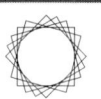

總計	300	1715	398	10784	11047	10739
二十八年	69	453	127	5689	5786	5742
二十九年	54	366	97	1868	1493	1895
三十年	67	421	89	1447	1860	1450
三十一年	110	475	85	1780	1908	1652

（二）噸數

年份	輪船			帆船		
	丈量	檢查	登記	丈量	檢查	登記
總計	27336.27	227462.48	63048.85	341803.91	364513.06	353416.42
二十八年	5373.18	67139.12	15403.04	184776.43	187943.09	186919.19
二十九年	5485.49	49987.47	12038.68	66013.79	67524.16	67274.57
三十年	6112.69	53111.68	12711.76	32853.40	44370.47	42984.95
三十一年	10364.91	57224.17	22895.37	58160.29	64675.34	56237.31

增辟輪船航線——金沙江敘安段通航之後，安邊以上，仍隨時督促試航，派員參加，年初由安邊江至屏山，十一月間再至蠻夷司，現敏屏段已有定期輪船行駛，屏蠻段俟灘險整理後，亦可開航。

加強輪船視察制度——為求視察制度之執行更趨嚴密起見，增設座船兩處，嚴飭各辦事處，一體遵行，並隨時加派人員密查，對於違法事項，莫不從嚴取締，茲將歷年視察次數之增加，及取締違法次數成分等列表比較如下：

年份	視察次數	取締違法次數	違法成分%
總計	15364	265	1.72
二十九年	1699	73	4.29
三十年	3249	90	2.79
三十一年	10416	102	0.98

推廣船員考核——考核船員，向係按章辦理，年來川江小輪船船員多未經過考驗，不無資歷不合者，充斥其間，危害安全故即嚴促施行檢定，並由交通部考驗後發給證書，方准充任。再以嘉陵江木船失事，多由駕長技術不良所致，舉辦駕長檢定給證，亦屬必要。兩項檢定實行以來，各船員尚能踴躍參加，所有歷年考核船員人數，茲並列表如下：

年份	核發海員手冊	雇傭契約認可	解雇認可	小輪船船員檢定	木船船員檢定
總計	1736	2626	1518	146	1066
二十八年	1273	1105	193		
二十九年		589	388		
三十年		502	453		
三十一年	463	430	484	146	1066

擴展運價統制——川江水運運價實施統制，已有三年，略具規模，現湖南方面，航運漸繁，故亦仿照川省辦法，釐訂湖南省輪船木船運價章程，呈准施行，並按情形，隨時修訂，茲將川湘兩省歷次修訂運價情形，分別列表如下：

（一）川省

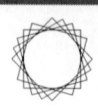

運價別	修訂次數	經歷時間（月）	增加倍數 最多	增加倍數 最少	增加倍數 平均	附記
輪船客票價	9	45	53	23	38	從廿八年四月份起
輪船貨運價	7	45	38	7	22.5	以普通藥材計算
木船貨運價	11	45	37	15	26	

（二）湘省

運價別	修訂次數	經歷時間（月）	增加倍數 最多	增加倍數 最少	增加倍數 平均	附記
輪船客票價	2	9	1.4	1.7	1.55	從卅一年四月份起
輪船貨運價	2	9	1.1	1.5	1.3	
木船貨運價		3				從卅一年十月份起

介紹及監理木船運輸——疏運滯宜器材之後，各機關繼續商請介紹租用木船者，仍盡力協助，迨改良木船陸續完成，各方商請租用者，尤為踴躍，茲將歷年介紹木船運輸數量，列表如下：

年份	介紹普通木船 艘數	介紹普通木船 噸數	介紹改良木船 艘數	介紹改良木船 噸數
總計	1351	19200	2145	36691
二十八年	117	3302	66	2225
二十九年	254	4018	662	15667
三十年	467	5667	601	10485
三十一年	513	6213	816	8304

改善絞灘工程——本年度絞灘會工程管理等費，核定預算為 80 萬元，僅及原擬概算 1/3，不但無法增加新灘站，即原有灘站經常費用，亦難維持，不得不將次要灘站暫行停辦，就核定預算以內，勉為分配，暫維現狀，至必要之改善工程，如牛口灘站增設絞盤基座，泄灘站在北岸增設鐵質大絞盤，以及各灘站修建索樁，排除阻石，修理纖路，添配工具等等，凡在經費範圍之內，無不力謀改善，以利施絞，所有各江歷年施絞船舶次數，茲綜列於下：

年份	輪船	帆船	附記
總計	1866	146359	
二十七年	142	405	自十月起至年底止成立 7 個絞灘站
二十八年	516	15731	至年底止共有 21 站
二十九年	600	46303	至年底止共有 53 站
三十年	269	54892	至年底止共有 56 站
三十一年	239	29028	至年底止共有 36 站

造船處開放營業——川江造船處本年業務，奉令開放營業，以便接受各方委託造船，營業辦法確定之後，各方定制者甚見踴躍，計有經濟部農本局，平價購銷處，中央電磁廠，四川省水上警察局，交通部招商局長江業務管理處，川黔驛運幹線等十餘機關及船商，接受工料價款達 750 萬元以上，茲將歷年完成船隻數量列表如下：

年份	輪船	帆船	附記
總計	1388	24099	
二十八年	235	5520	此係貸款製造完成數量
二十九年	330	4494	
三十年	587	6132	
三十一年	236	7863	包括貸款製造煤氣機輪船兩艘共二十噸

綜合五年來本局工作之進集中於下列四點：一為保有相當船舶數量，足以供應目前運輸，二為內河航運逐漸發展，航業賴以維持，三為航政法令，逐漸貫徹，航行安全，俱求適應，四為運價穩定，惟在實施工作之時，難免不無阻礙，如初期中，中央航政與地方航務機關職掌未分，事權未能統一，法令無法推行，木船方面情形雜亂，航線遍及僻地，輪船方面，資本大半微薄，單位過多，船員方面，程度不齊，供求失應等等，推進積極政策，窒礙亦多，再就新興事業方面觀之，亦因限於經費材料工具及物價飛漲等等，遭遇困難，不勝枚舉，幸賴當軸長官，確立政策，堅決指導，從事員工，奮勉工作，略具成效，惟現時戰事尚未結束，各江運輸，仍有增繁，需要改善推進之處尚多，至於收回航權，復興航業，發展長江交通諸大端，亦有即事準備之必要，尚盼各界時加匡教，共同策進是幸！

10. 有關陪都船舶貨物限期起卸的一組檔[①]（1943年1—5月）

一、蔣介石手令（1月16日）

本會何總長、國家總動員會議沈秘書長、重慶市賀市長：

凡船舶運貨到達交貨之地點時，應限定接收機關或公司行號於當日（至遲三日）內，即將貨物起卸清楚，不得任意延滯占留船舶，阻礙運輸。如過限期不卸者，即將其貨物沒收充公，如本係公物，則應通知其上級主管機關，將該負責人員嚴加懲處。希約集各機關，擬具辦法實施為要。

中正手啟。銑。侍秘。

中華民國三十二年一月十六日

二、軍事委員會、行政院令（5月1日）

令重慶市政府：

茲制定陪都船舶貨物限期起卸辦法除分令四川船舶總隊部遵辦並分行外，合行令仰該府遵照辦理為要。此令。

附發陪都船舶貨物限期起卸辦法一份

委員長 蔣中正

陪都船舶貨物限期起卸辦法

一、凡船舶貨物之起卸悉依本辦法行之。

[①] 原載《經濟部公報》1943年第6卷第11、12期。

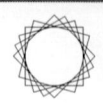

二、凡船舶貨物在起運前，交運機關或押運人應將船舶數目、物品種類、噸量及開行時間，用最迅速方法通知接收機關或行號。接收機關或行號接到通知之後，應估計船隻到達時間，準備起卸工具夫役及倉庫，以便到達後立即起卸。

三、物資機關應建設或租借倉庫或堆疊，以供運來貨物之存儲，不得利用運輸船隻作為倉庫。貨物到達後，如需轉運時，應充分速備船隻以便轉運。前項轉運船隻，如物資機關自備船隻不敷應用時，得商請船舶管理機關增補之。

四、木船於下午二時以前到達碼頭者，應即向收貨機關或行號報到；逾時到達者得延至次日上午八時報到。其貨物有須報驗者，接收機關或行號應於報到後 3 小時內申請檢查。海關或檢查機關接到申請書後，應立即派員檢查，其檢查時間不得超過 3 小時，如有特殊情形（如查獲違禁物須繼續檢查），得酌情延長之。其在日沒以後報驗者，除旅客隨身所帶貨物仍應隨時檢查外，大宗貨物得於次日上午十時以前派人查驗。

五、木船貨物在 300 噸以內者，限三日內卸畢。輪船及其拖帶之駁船貨物在 300 噸以內者，限一日內卸畢。其起卸時間，以船舶到達卸貨碼頭後，完成納稅檢查等應辦手續之時起算。

上項規定時間如有特殊情形，經申請船舶管理機關核准者，得酌量延長之。該項申請手續應於船舶到達後 3 小時內辦理。船舶管理機關接到申請書後，應於 3 小時內答覆之。

六、待卸貨物之數量如超過起卸能力時，除緊急物資應先起卸外，其餘物資應以到達先後依次起卸。

七、碼頭工人不敷支配，不能於規定期間內起卸完畢時，接收機關或行號除有自雇之工人夫役外，應向運輸團體洽派夫役協助，或請調派勞動服務隊協助之。

八、船舶貨物到達終點後，接收機關或行號如需要變更其卸貨地點時，應在接到通知後 24 小時內通知之。

九、接收機關或行號如逾限未將物資起卸，得由船舶管理機關代為卸存，一切費用由船舶管理機關代墊後，向接收機關或行號追還。物資如有意外不可抗力之損失，代搬機關不負賠償之責。

十、凡船舶貨物經起卸後，貨主及船主間之一切手續應立即了清，不得耽擱。其船隻並應儘量利用回空。

十一、船舶貨物如逾限不起卸完畢，應由國家總動員會議督察，四川省船舶總隊部查明責任議處。其處罰辦法如左：

逾限在一日內者，處以 500 元以上 2000 元以下之罰金；逾限在一日以上二日以內者，處以 2000 元以上 5000 元以下之罰金；逾限在二日以上五日以內者，處以 5000 元以上 10000 元以下之罰金；逾限在五日以上者，得處以 10000 元以上 50000 元以下之罰金。如責在貨主，並得沒收其貨物之全部或一部。

上述逾限起卸貨物，如屬軍公物資，應懲處該物之機關之直接主管人員及負責人員。

十二、海關或檢查機關檢驗人員或工會職員如不遵守時間，或有舞弊情事延誤時間者，應由各主管機關嚴予處分。

十三、本辦法如有未盡事宜，得隨時修改之。

十四、本辦法由行政院會同軍事委員會公佈施行。

11. 內政部為轉發蔣介石關於改正檢查機關苛擾百姓情事的電令致重慶市政府代電（1943年3月3日）

重慶市政府勛鑒：案奉軍事委員會委員長蔣三十二年二月三日江渝辦

代電開：查各地憲兵、員警、緝私署與監察處等，對於往來商旅之檢查無不苛擾百端，致使民怨沸騰，例如渝埠某某輪船本定明晨開行，旅客特於前一夜登船，然檢查人員則遲至次晨八時以後始揚長而來，且強令各船客再將行李搬上岸上重新檢查，翻籠倒箱，多所挑剔。待其檢查完畢，則以時近中午，甚至延至傍晚，乃至無法啟行，延誤船期。諸如此類之事，所聞多有，人民因受檢查之苛擾，每視商旅為畏途；復受憲警脅迫，轉怨政府之暴虐。是檢查人員非特不能達成其任務，且反招人民對於政府之怨恨，此其罪惡實大於貪汙舞弊。嗣後各地憲警當局與緝私署監察處負責人員等，務須切實改正，倘再發現此等情事，則各該員負責人員定予軍法處治。除分電外，合行電仰遵照，迅速轉飭所屬各地檢查機關負責人員切實改正，並希具報為要。等因。奉此，除電覆外，相應電請查照，轉飭所屬各級員警機關遵照為要。內政部。渝。渝警。江印。

12. 交通部嘉陵江運輸處為派任處長致重慶市政府公函（1943年6月）

案奉餃蘇□□□□緩嘉陵江運輸處處長。等因。奉此，澤山遵於六月一日接收處務視事，除分行外，相應函達，即請查照為荷。此致

重慶市政府

　　　　　　　　　　　　　　　　　　　　　　處長　範澤山

13. 辦理川湘川陝水陸聯運經過（節錄）[①]（1943年9月25日）

一

我所主辦的運輸工作，是川湘川陝水陸聯運。言其歷史，倒也不短。創辦於民國二十九年九月，由招商局與民生公司合辦，設「川陝川湘水陸聯運總管理處」於重慶。經營衡陽至重慶（經常德沅陵龍潭黔江涪陵）水陸聯運業務，及由重慶至廣元的嘉陵江水道運輸。三十年一月，由交通部參加投資，改名為「交通部特許川陝川湘水陸聯運處理事會」，下設經理處，繼續辦理。三十年九月改組，取消「特許」字樣，並撤銷經理處，分設川湘聯運處及嘉陵江運輸處，統歸理事會管轄，仍為官商合辦性質。以營運不易，發展困難，於三十一年四月，交通部明令撤銷理事會，並派本人負責清理。至三十一年六月一日，正式成立「川湘川陝水陸聯運總管理處」，由本人董其事，並接收改組川湘聯運處及嘉陵江運輸處，將原有招商局及民生公司股本二萬元，如數退還，使全部成為國營。其沿革有如下表：〈略〉

我自三十一年四月擔任清理工作，至六月主持總管理處業務，三十二年五月因病辭職，工作經過，恰為一年。一年的時間太短，可是川湘川陝水陸聯運的內容太繁複，其經過也太紛雜，所以就在這很短的時期中，可以用力的地方很多，同時值得追憶的地方也很多。

[①] 原載《西南實業通訊》1943年第8卷第4期：薛光前著《我辦理運輸的實際體驗》。

接辦的時期，我唯一的運用資金是國幣 2 萬元，用以退還招商局和民生公司的股本，以外一無所有，可算得白手成家。接收的汽車 97 輛，能行駛的不過 2 輛，在沅江酉水的木船共 141 艘，大都損毀，不能充分利用，在嘉陵江的木船 49 艘中，能繼續航行的僅 11 艘，這是當初接收時唯一的積極資產。此外還得擔負一筆很大的消極資產，就是沿途停滯經年的積貨約 2000 餘噸，須得及時代為疏運到目的地點。

二

這個任務，當然是十分艱巨的，尤其是這條路線：自衡陽至常德（經洞庭湖），常德至沅陵（經沅江），沅陵至龍潭（經酉水），龍潭至彭水（經公路以汽車運輸，如輕件可由龍潭夫運至龔灘，循烏江至涪陵），彭水至涪陵（經烏江），涪陵至重慶（經長江），重慶至廣元（經嘉陵江），全程計 2185 公里，約等戰前京滬、津浦、平漢三條鐵路的總和。戰前各鐵路聯運，已感相當吃力，在戰時以木船、夫運、汽車互相搭配聯運，其困難可見，尤其以沅水、酉水、烏江、嘉陵江灘險林立的情形，運輸更加不易。但經過一年的奮鬥，內外同人上下一致的努力，居然把困難勉強克服，任務亦勉強達成。

在接辦以前的一年半中，承運總量不過數千噸（其中積存沿線待疏運的約 2000 噸）。接辦後不但將積貨於三個月以內全數運清，還接運了大批物資。一年之中，其承運物資約計 435000 噸，其中已到達的 37100 餘噸，在途者 6400 餘噸。如將短距離區間的運輸數量不計在內，平均每月自衡陽至重慶直達運量，上下共 900 噸，自重慶至廣元直達運量上下共為 1000 噸。如以物資類別按噸量分列，則為：

交通部部料（大部分為積貨）　　2109 噸（占 4.8%）
茶葉　　2473 噸（占 5.7%）
兵工器材　　400 噸（占 0.9%）
銅幣　　604 噸（占 1.3%）
洋灰　　1705 噸（占 3.9%）
軍米　　19180 噸（占 44.0%）
食鹽　　5255 噸（占 12.0%）
機棉　　4590 噸（占 10.5%）
礦品　　1906 噸（占 4.3%）
其他　　5477 噸（占 12.6%）

如以承運工具分析，則 80% 為木船運輸，20% 為輪船汽車夫力之配運（當時由衡陽至廣元，經由鐵路汽車運輸之每噸運價約 28400 元，至水陸聯運每噸運價，平均約需 2 萬元，如以全年聯運全程物資 12000 噸計，較全程以鐵路汽車運輸，節省運費，約達 1 萬萬左右）。

運輸的數量，固然有長足的進展，而工具設備在一年之中，尤有很多的增進。列表如下：

名稱	木船 川湘線 自有木船	木船 川湘線 利用民船	木船 嘉陵江線 自有木船	木船 嘉陵江線 利用民船	汽車	夫力
接辦前數量	各噸級木船 141 艘	無查考	各噸級木船 49 艘	無查考	共有 97 輛，能行駛者 2 輛	無

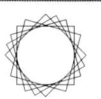

接辦後一年之數量	各噸級木船285艘（增144艘）	各噸木船1821艘	各噸級木船87艘（增38艘）	各噸級木船550艘	共有104輛，能行駛者72輛	6000名
備註	接辦前自有木船大半停駛經年無法利用				一年中增加70輛	經常編制分配龍潭龔灘之間

增加的 70 輛汽車之中，只有 7 輛是新買的，其餘 63 輛，都是從不能行駛的舊車中修復出來的。此外並增設長途電話專線 10 處，無線電臺 11 座，汽車修理廠 2 處，木船修理廠 2 處，油庫 1 處，材料庫 2 處，倉庫 8 處。其中大部分經費，就在收入運費項下開支的。

接辦時的經濟情況，是相當艱困的。部投的唯一現款 2 萬元，付還了招商局民生公司的股本，此外毫無所有。政府核定三十一年度建設專款共 863000 餘元，已經前任墊補虧損用去 50 萬元，可以續領的不過 363000 餘元，同時建設專款照理應用在建設，不可任意抵作營業用途。所以實際上無異赤手空拳，一無憑藉。因此一接手開辦，即向各方承攬新貨，以預收的運費移充疏運積貨的用途，俟積貨運到，收清運費，再來起運新貨，因為積貨的貨主，對承運機關已失信用，必須貨物運到再行付款，而當時又沒有一筆墊款，因此到處講情面，和幾個大貨主訂立新約（大都從前沒有托運過的），收了一大筆預付運費，因此經濟方能勉強周轉過來。

全線營運工具，有木船汽車夫運等種，各段接替配運，每段運價，均遵照交通部核定的標準辦理，其未經交通部核定的，依照當地戰區規定承運軍品之運價辦理，自身並無自由伸縮運價的可能。唯全線轉讓遞運手續極繁，為代客辦理沿途照料押運提駁倉儲驗關警衛及貫徹負責運輸的目的起見，按全程運價，核收代辦運輸費 20% 至 30%，以充一切必要開支。綜計一年之中，共約收入運費 7500 餘萬元，除抵充一切支應（各級職員 1670 餘人，技工 74 人，工役 300 餘人，固定船夫 1800 餘人，運夫 6000 人，其餘臨時船夫縴手運夫等經常恒逾 10000 人以上），及增加資本支出約 200 萬元外，已勉能自給自足（每月除應付運費不計外，經常薪津及辦公等開支約達 130 餘萬元）。在戰時的各種國營交通事業，無論路電郵航，十九都是虧損，能自給自足的，雖不是鳳毛麟角，卻也難得多見。同人對此，不無自慰。

經過一年的努力，信譽隨業務而俱進，物資機關與本處訂立長期合約委託承運的，有鹽務總局、資源委員會、中國茶葉公司、豫豐紗廠、農本局、復興公司、兵工署（及所屬兵工廠）、第某戰區軍糧接運處、中央造幣廠、川康硝磺處、液體燃料管理委員會、甘肅油礦局、戰地服務團、寶天鐵路工程局、綦江鐵路工程處等。其中如鹽務總局川鹽劑陝及川鹽劑湘的工作，均委由本處全力辦理，鹽務總局不再自設機構，自辦運輸。中央加強物資管制，以鹽米為中心，一年之中，本處為承運之食鹽達 5255 噸，戰區軍米 19180 噸（內有 10000 噸係本年二三月間湘西軍事吃緊時自濱湖區域搶運，月餘完畢，達成任務），共計 24435 噸，占全體運量 56%。對助長後方物質的流通，不無裨益。

三

〈略〉記得我應允當時交通部部長張公權先生命令接辦的時候，提出這個堅決的意見：「運輸以效率為第一，現行紀律不礙及效率的，我絕對嚴格遵從。假使現行紀律有礙及效

率的，我必舍紀律而趨效率。請予以信任，能放手做事，半年後當有交代。」我取得長官全權處理的信任以後，就循理順章，按步做去，一切感覺異常順利。所以我主辦運輸一年，假使略有成就，這成就的根源，完全基於長官的全部信任，一一賦予協調紀律與效率矛盾衝突的權力！

舉一個簡單的例子：年來汽車運輸，流弊百出，尤其政府機關的汽車運輸業務，其效率遠較商辦的為低，於是參照商車辦法，將車輛包租於司機機工。我記得接辦的時候，97輛汽車只有2輛能行駛，其餘95輛，大部破壞不堪，無法利用。於是召集了180個司機機工，編為60組（每組有一司機一機工一助手），同時選出較好的破車60輛，當眾詢明能否再修，如有修復可能，當由公家出資代購配件，協同修復。修復後，即由每組包賃一輛，擔任運輸。眾意皆同，於是第一步抽籤修車，修復後，再行抽籤租車，不到三個月，60輛破車，輛輛能走，而且因為包賃制度，所以從不拋錨翻車。一年之中，只有一二次發生極小的意外，並無傷人失貨。效率之高，可謂完全得力於這個租賃辦法。這個辦法，經一年的事實證明，當然不會再引人指責；但在當初試行的時候，利弊得失，均無把握，而且將公物包工租賃，亦非鄭重公產之道，與現行國有財產使用規章，頗有出入，所以當初就無法將此項辦法，正式呈部備案，恐遭駁斥，即使幸蒙批准，來往公文，說明解釋，亦至少在二三個月以後，這對於接辦時急如星火的疏清工作，將有何等重大的影響。我為爭取效率，所以不能不把紀律稍微遷就一點。在當時權宜訂定了一個車輛租賃辦法（附後）。這個辦法，一直沿用到現在，還是一樣的有效率：

（一）為加強運輸效率、提高職工愛護車輛起見，試辦包工制，將所有車輛分別租賃，交由租賃人各自負責營運及檢修。但本處仍保有車輛所有權，並得隨時收回公營或變更租賃。本處對所屬汽車修理廠之職工，得優先租賃之。

（二）租賃人應遵守一切公路規章，其行駛路線及運送物品，均由本處指定並由本處填發行車記錄憑折為憑。

（三）經租賃之車輛，其牌照季捐養路費燃料修理配件及一應行車保養費用統由租賃人自理，如本處交運貨物時，亦照政府規定之運費，照付運費。

（四）本處每噸公里核收租金1元（最近已略增）。

（五）租賃人接管車輛時，應填寫領車收據，詳載該車輛狀況，將來歸還時，仍由本處逐項點收，除自然折舊外，其餘鋼板輪胎等件，均應保持原來狀態，否則租賃人應負責賠償。

（六）租賃人租賃車輛，須合下列各條件：

1. 誠實可靠，行為端正，無不良習慣及嗜好，有合格保證者，
2. 本人係司機機匠工務員，持有執照，或本人係商車車主。

（七）租賃人租賃車輛，以每人租賃一輛為限，如有數人合夥租賃者，應有一人為代表。

（八）租賃人須具下列保證：

1. 每租車一輛，須具10萬元以上之鋪保一家，或5萬元以上之鋪保2家，但本處修理廠之職工，得互相連環擔保，規定以3人保1人，並限1人至多保證3人。
2. 保證人與被保證人均須為車輛租賃人，其合夥租賃人，不准作保證人。
3. 某一租賃人，如虧欠公款，私藏客貨，夾帶違禁物品以及違背租賃辦法，或其他不法情事，連環保證人均須負連帶賠償之責任，及處罰之連坐。

本處的運輸，除汽車外，以木船為主體，木船比汽車管理更難，木船往往會「騰空放炮」。

　　所謂「騰空」，就是船到中途，把貨物搬空盜取；所謂「放炮」，就是在船身自一洞，讓水浸入而下沉，事後報稱遇險失事，還要要求救濟補助。這種流弊，已根深蒂固，難以根絕。在我接辦以前，各江木船失事記錄，高至 25％，換言之，4 艘船中，要有 1 艘失事，其危險孰甚。接辦後，利用船戶心理，訂了一個「船戶租賃處船包運辦法」，將所有自備木船，包租於船戶，照付運費。最初酌行收取少許租費，其後如成績優良，即歸其永久租賃，不取租費，無形中該船即歸船戶所有。船戶為取得永久租賃之權，所以使用營運等等，決不稍有疏怠。實行以來，失事記錄，大為減少。統計沅江酉水烏江在七個月之中，共行駛木船 961 次，共失事 4 次，為 0.4％。損失物資共 31 噸，占運輸總噸量僅 0.47％。其租用包運辦法，要點如下：

　　1. 為便利船戶租用本處處船，承運材料物品，並謀水道運輸之迅速準確安全起見，特訂立本辦法。

　　2. 承租處船之船戶，須經本處考核合格，確係熟悉航道，行江技術優良，並須取其殷實鋪保或保證人填具志願書連同保證書，呈經核准後，即可租用本處完整船隻，行駛於 ×× 區域。

　　3. 處船一經承租船戶租用後，在船戶未曾犯有過失以前，除本處因自用收回者外，不得以之另行租給其他船戶。

　　4. 本處出租船隻，行駛於 × 江者，每來回一次，酌收租金 × 元、行駛於某水者，每來回一次，酌收租金 × 元。該項租金，承租船戶應於每次行駛前繳納，即由本處於應付運費內扣除之。但回程放空者，其回程租金免繳，由本處退回船戶。

　　5. 船戶租用處船於行駛 × 江者，限於 × 天內來回，行駛於 × 水者，限於 × 天內來回。
　　船隻駛至目的地後，應即請到達站卸貨，並由站派裝回程貨起運回駛，不得無故停留。但因不可抗力或不能歸責於船戶之事由，因而延遲或停留者，不在此例。

　　6. 船隻之修配，概由承租船戶自理，並應隨時注意保養修整，由本處派員考核查驗，船戶應絕對遵從其指示辦理。

　　7. 承租船戶載運本處貨物，每次准期安全到達目的地，交貨齊全，經到達站證明屬實者，由起運站每噸發給獎金 × 元，延期到達者，每噸每日處以 × 元之罰金，在應付運費內扣除之。

　　8. 承租船戶連續載運本處經運貨物三次，均准期安全到達目的地，並無短少損毀者，得免予繳納第四次之租金。經連續獲免三次租金，且經檢驗平時對於船隻保養得力者，得長期豁免以後各航次應納之租金。

　　9. 承租船戶載運本處貨物，如有故意放生或散纖情事，除因而發生之物品損失，船隻傷害，以及消耗雇纖等費用應由承租船戶及其保證人連帶負責賠償外，如情節嚴重，並得將該船戶送解軍政司法機關依法懲辦。船隻到達目的地交付貨物，如有短少或損毀，以及船戶自攬貨運時有故意放生致損毀船隻情事，其損失應由承租船戶及其保證人連帶負責賠償。

　　10. 承租船戶向本處租用之船隻，除裝運本處材料物品，或經本處核准之自攬貨物外，不得私載其它貨物，否則一經查明，除依法嚴辦船戶外，並得扣留其貨物。租船在本處無貨

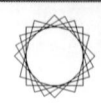

派運時，承租船戶得填具「自攬貨物聲請書」，呈請本處核准，由本處發給「准運書」後，自攬其他貨物載運，除應納租金外，並呈請本處酌量收回成本，計上行每噸×元，下行每噸×元。船戶未經呈准發給准運證，而攬貨載運者，以私攬論。船戶自攬貨物，本處對托運人不負任何責任。

11. 本處運費，按核定標準辦理，承租船戶，不得任意要求，每次起運時，在起運站發給運費八成，於到達目的地後發給之。中途不准藉故借支，除遇有人力不可抗拒之變故，有確實證明者外，所有材料物品之提駁散艤，一律歸船戶自理，不得向本處要求發給任何費用。但隔船隔水隔乾在三日以上，有確實證明者，本處得酌發伙食費，以資補助。

12. 承租船戶有下列情形之一者，本處得按情節輕重，將出租船隻收回，或追繳該船戶以前納之租金：

（1）不服從本處所派押運員及沿途站哨之指揮者；
（2）私攬貨物者；
（3）積欠租船者；
（4）違反第六條之規定者；
（5）有第九條規定之一者；

13. 船戶退租繳還船隻時，應保持與出租時同一狀態，如有損毀或缺乏配件等情事，應由承租船戶及其保證人連帶負責賠償。

依現行法令講起來，這個租用包運辦法，是有相當出入的；但我為減少失事，根絕流弊，保障航行安全起見，毅然的在沅江酉水兩區域，先行試辦，在這裡又不免過於偏重了效率的要求。

〈略〉

14. 交通部造船處業務概況（節錄）[①]（1943年12月8日）

我國幅員廣袤，物產豐富，不亞於任何一等強國，今欲開發資源，振興工業，必須先謀運輸事業之發展，而運輸事業中最能負重致遠而成本又極低廉者，厥為航運，故造船二字在外國乃代表一極偉大之事業，噸位輒以百萬計，價值輒以萬萬計，我國造船事業若與任何工業先進國比較，不啻天壤之別。現值抗戰緊急，國庫支絀，本年造船建設專款用以建廠者不過600萬元，明年度預算為數更小，經費既屬極度有限，一切設施自然只能從最小規模著手。茲將造船機構建廠經費人事配備造船數量及今後準備工作，分為五項報告如下：

一、造船機構　大部原在廣西設有西江造船處，又於長江區航政局之下設川江造船處，抗戰軍興以還，曾作有價值之貢獻。本年一月為集中管理加強機構計，設立造船處，原有之兩處結束歸併本處，原有廠場經酌量調整，並增設廠場及工程處多處，截至目前止。舊有新設合計有重慶衡陽兩廠，吉安昭化宜賓合江五工廠，瀘縣綿陽內江三匯太和鎮南充趙家渡樂山白沙河口十臨時工程處，其中「廠」略有設備，「場」為純粹木工，「工程處」則係臨時性質。

[①] 原載《交通建設》1944年第2卷第2期，本文標題為原有，作者夏彥儒。

二、建設經費　本年奉准建設專款為 600 萬元，原擬以 180 萬元設立重慶工廠，60 萬元充實衡陽工廠，60 萬元設立木船工廠，及工程處，70 萬元作為開辦費，其餘 230 萬元為營業周轉金，嗣以上項專款未奉按期撥發，已領數額不過 300 餘萬元，而物價又日益增長，最初數月，糧食部造船案遲不解決，木船工廠又不得不陸續成立，早作準備，所領專款多移作薪工開支，以致重慶工廠僅能成立木工部分，衡陽工廠除已先後撥匯周轉金 50 萬元外，亦尚未加以充實。

三、人事配備　本處以經費拮据，力圖節省，所用人員始終未達到編制數目，照組織章程，本處得設各級職員 326 人，但實際人數自 70 餘人增至 182 人，最多時約合編制 56% 而已。今後轉移目標，注重機力船之製造，擬儘量羅致技術人員，以作戰後建設之準備。

四、造船數量　本年以糧船為主要業務，計有各噸級躉船，水上倉庫，稽查快艇，暨各噸級運糧船 156 艘，共 11000 餘噸。自本年六月領到糧食部墊付料款 2 千萬元以後，即盡速購辦材料，於八月提前開工，惟工款迄未如期撥發，工作進度頗受影響，大部分工作可於年內完成，全部竣工恐須展至明年三月，關於設計方面，係儘量採用各河流區域悉用式樣，而在工料方面力求精良耐用，已漸獲得各方信仰，最近數月各機關接洽修造船隻日見增加，且較以前普遍，其已完成者，計有花紗布管制局廣元辦事處委修各級木船 12 艘，農本局福生廣莊嘉陵江運輸處廣元辦事處嘉陵江工程處，兵工署第十兵工廠及船舶管理所等委造各級木船 39 艘，其在製造中者，有軍政部交通器材總庫兵工署第二十兵工廠，粵東鹽局及吉安工廠自造由各機關購領共 30 餘艘。

五、準備工作　本年因適應後方急需，且限於經費與物資之缺乏，不得不偏重木船製造。今者勝利在望，將來復員及重新建設均有賴於機械化航運，亟應未雨綢繆，提早準備，且沿海及內河航行權業已收回，若有航權而無船隻，實為國家恥辱。總理遺教昭示我國造船工作量每年應達到 200 萬噸，船舶總數至少應有沿海及海外航船 1000 萬噸，內河尚不在內。總裁訓示實行實業計畫最初十年內應造船 300 萬噸，即此可知造船事業之重要性。現後方船隻共不過 10 餘萬噸，幾無航業之可言，戰前行駛長江及沿海船隻共需 120 萬噸，即恢復此數已屬不易；故造船業務前途極為艱巨，戰後船隻補充固有其他途徑，如戰敗國之賠償，收回偽組織掌握之船隻，購買外國多餘船隻等，但自造新船實為主要途徑。目前造船處僅為造船事業之發軔，小不足道，將來任務則極重大。關於本處今後業務，自當遵循部座及次長意旨努力以赴，除仍繼續建造木船以應後方急需外，擬即準備利用向美國購買之輪機，儘量建造 80 噸至 400 噸級木殼輪船，預計在宜賓、瀘縣、重慶、萬縣、衡陽、湘潭、梧州、桂平等處分設船廠制廠，以供內河需要，至於五年計劃及十年計畫均經擬具詳細實施方案，茲限於時間，不容贅述。

〈略〉

15. 以重慶為中心的水陸聯運[①]（1945 年）

抗戰期中我國交通應事實之需要，在交通部主持下，新績頗多：

[①] 原載湯約生、傅潤華編：《陪都工商年鑑》第 1 章第 2 節，1945 年 12 月文信書局出版。

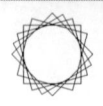

除擴展國際運輸外，尤注意國內運輸之加強，除驛運方面，積極推進而外，該部並設法以陪都為中心，加強川湘川陝兩線之聯運計畫，兩年以前，交通部因鑒於後方交通之重要，認為除汽車線運輸之外，必須有一比較經濟之路線，得以利用充分，故即舉辦川湘川陝水陸聯運，此線由衡陽開始經常德沅陵龍潭彭水涪陵至重慶（川湘線），由重慶循嘉陵江經合川南充至廣元（川陝線），全長約 2300 公里，到廣元後與陝甘驛運配合，用車接運到天水蘭州再循甘新路，用駱駝往西北出口，回程亦復如此，全程可以不需一滴汽油，就可溝通東南西北西南的聯絡運輸。以運費而論，川湘川陝線聯運，自衡陽到廣元每噸較汽車運費，僅 1/5，其間經濟相差程度，不言可知。故卅二年起交通部決心，加強川湘川陝聯運，以為後方交通經濟幹線，俾與西北車駝運輸呼應配合。川湘線全程約 1600 公里，其中衡陽至常德 300 公里及涪陵至重慶 150 公里，可以利用輪船，龍潭至龔灘 125 公里，為人力挑運，其於均可利用木船運載：（一）衡陽至常德輪運；（二）常德經沅陵裡耶至龍潭經行沅水酉水，利用木船；（三）龍潭至龔灘人力夫運；（四）龔灘經彭水至涪陵利用烏江木船；（五）涪陵至重慶輪運，全線輪運部分，運量並無限制，夫運部分現有夫役數千人，每日運量不過數百噸，所以有時不能不利用一部分汽車運輸（自龍潭經行黔江至彭水）後再利用烏江水運，約 305 公里，此路陡坡急彎，不易通行板車，唯有充分裝置木炭汽車，以補夫運之不足。至全線木船運量，因天然種種限制無法充分增高，每月至多不過數千噸。以往沅酉兩水，及烏江運輸失事累見，行旅視為畏途，據交通部辦理經驗，只須人事管理得法，亦非不可避免，全線木船運輸以衡陽為起點，則沅酉兩水為上水，烏江為下水，全線水量，大都充分，除裡耶至龍潭一段，約 60 餘公里外，皆可終年通行 20 噸木船。其運量之最大限制有二，一為各江水位氣候變化不測，為航行安全，必須隨時等候適當水位，然後順槽放水過灘堤較不致有虞。一為各江縴夫之缺乏，因川湘原屬古道，自長江開放後，即廢棄不用已數十年於茲，以致各江縴道已多毀敗，必須熟練縴夫，積有多年經驗者，方能勝任，例如彭水至涪陵，現以縴夫 7000 名即每月可維持數百噸運量，至達到重慶後即可循嘉陵江北上，到廣元，全程 740 公里，上水約需六七十日，下水（由廣元到渝）不過 20 天，全線灘險林立，約二百數十處，現有大小木船約 2000 艘，如能運用得當，每月運量可達到數千噸，惟以過去調度支配，不甚得法，所以運量不大，因嘉陵江重慶至南充水位較大，適航較大噸位之船隻，南充至廣元水位較小，適航較小噸位之船隻，卅三年衡陽淪陷後，川湘第一段阻滯，其他各段聯運仍照常進行。現雖戰事結束，在復員期中聯運亦尚有其功用。

16. 復員期間船舶統一調配有關文件（1945 年 11 月）

一、行政院訓令（11 月 1 日）

令重慶市政府

交通部提請設立全國船舶調配委員會並擬具調配全國船舶辦法一案，經本年十月三十日本院第七一八次會議決議通過，並以國營招商局理事長劉鴻生為該會主任委員，盧作孚及後方勤務總司令部代表一人為副主任委員，該局理事高廷梓、餘仕榮、林旭如及戰時運輸管理局代表一人為委員，該局總經理徐學禹兼秘書長。等語。紀錄在卷。除函軍委會並通令外，合行檢發原辦法，令仰遵照，並轉飭所屬遵照！此令。

检发调配全国船舶办法一份

院长　宋子文

调配全国船舶办法

（一）为统一调配全国船舶起见，设全国船舶调配委员会，直隶于交通部。其所作之决定，各军政机关均依照办理。

（二）为统一船舶之运用起见，凡各机关接收之敌伪运输船舶，均交招商局运用。其租用民营及外国船舶事宜，亦归该局办理。

（三）原有之航运管理机关，如战时运输管理局之航运复员委员会、水运管理处及后勤总司令部之长江区船舶运输管理处均即撤销。

（四）全国船舶调配委员会设主任委员一人、副主任委员二人、委员五人，其中由后方勤务总司令部、战时运输管理局各派一人，秘书长一人以招商局总经理兼充。

二、交通部代电（11月15日）

全国船舶调配委员会鉴：案奉行政院三十四年十一月二十一日平肆字第二五七五六号代电开：查现值复员期间，交通运输最关重要，非有统一机构主办其事，不足以达成当前任务。本院长特召集军政部陈部长、交通部俞部长、海军总司令部陈总司令，商会决定如次：（一）军政部后方勤务部司令部、海军总司令部现有之船只，均交由交通部全国船舶调配委员会统一运用。（二）各机关现有之海轮，统限在上海集中。江轮分在南京、汉口、重庆三地集中。惟船只之行驶管理，仍由原公商机关负责，主权亦属原机关。（三）船只应用燃料煤炭，由战时生产局焦煤管理委员会负责供应；油料由液体燃料管理委员会供应。（四）来往船只应切实注意不可放空。（五）　任何机关需用船只，均应由交通部船舶调配委员会统筹调配，不得中途藉词扣船。以上五项，除分电外，仰即遵办为要。等因。奉此，除分令外，合行电仰遵照办理为要。部长俞飞鹏。有印。

17. 抗战时期的重庆水运[①]（1945年）

第一节 陪都水运小史

重庆适当扬子江嘉陵江二江合流之处，故交通方面，以水道称便，惟川江航行，昔年仅恃木船，途中艰险，旅客视为畏途。前清光绪九年英人立德（Archibali Little）经商来川，羡斯土之富饶，首创以马达大而吃水之轮船，试航川江，始建「固陵」号，行至宜昌，即被反对而中止，该轮船归招商局所有。但立氏不以此气馁，光绪二十二年，续建重约10吨之小汽船「利川」号，于二月十四日自宜昌上溯，三月九日至重庆，此为川江轮船试航成功之第一声。立氏回国大加鼓吹，并聘请专家蒲兰田船主（Captain C.S. Plant）来华考查。蒲氏对测量河流礁石，安建浮标标杆等，颇致努力，三年以后，回国督造「肇通轮」于光绪二十六年六月离宜上驶，七月达重庆，从此以后，川江轮船航行日进光明之途，蒲氏嗣被法兵舰聘任领江多年，后又在海关任川江巡江司。

[①] 原载《陪都工商年鉴》第2章。

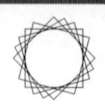

重慶因係商埠，昔日各國輪船鹹得沿長江通航，至此為終站，重慶以上則航行者限於華商輪船，故航業界對長江上游分為上下段，以重慶為上段，以下為下段，民國十五年川人盧作孚氏，創辦一小規模之內河輪船實業公司，由滬定做一「民生」汽油小輪，專行駛重慶至涪陵合川之間，因其管理得法，業務蒸蒸日上，不數年而發揚光大，逐漸擴充，民國二十一年發展至上海，其最巨之民元民本二輪，設備完善開長江航業界之新紀元，此即現人人熟知之民生輪船公司是也。

我國航運，自前清同治十一年（西曆一八二七年）創設招商局，迄今垂七十年，歷史不為短促，但向稱幼稚，規模簡陋。即以噸位作單位而論，當七七事變時我國商業輪僅約50萬噸，八一三事起，輪運首遭犧牲，除一小部分（約29艘共48359噸）被日敵掠奪者外，由政府徵用沉於黃浦江者，共9艘14296噸，沉於江陰者共23艘44364噸，沉於沿海各口者共16艘，22196噸，嗣後復在長江中游馬當等處沉沒者共13艘24084噸，綜上所述，抗戰初期，損失輪船已達62艘，共105984噸。同時復有逃往外國，及懸掛外國旗幟者約120艘200000噸（其中一部分被日敵掠搶，或在海外沉沒），此外被轟炸沉沒，或觸礁沉沒，或因船齡過舊而折毀者，約20餘艘20000噸，且已有受日敵管制，而掛懸偽旗者若干艘，於是招商局三北公司等輪船，均駛入川江，以重慶為水運之中心，與渝中原有各輪船公司船隻，共同行駛。截至現在，尚存留後方水道供應軍民運輸者，及避難者，共約100餘艘9萬餘噸，在此僅餘之噸位中，三十年八月間更遭敵機炸沉炸毀者約24000噸，故目前在後方水道經常行駛者，計川江船約20餘艘，共約18000噸，及一兩百噸之小客船60艘約7000噸，餘者均為避難輪只，不能行駛。

然此幼稚之輪運事業，在抗戰期間，亦曾對國家作最大貢獻，而放一異彩，當二十六年上海區各工廠家內移時，各廠器材均經由運河運達鎮江，轉載輪船，接運至長江中上游。嗣後敵軍繼進，所有各兵工廠機件，以及其他器材，急迫西運，擔任此項工作者，即為輪運，計由水道搶運入川者，兵工器材達十餘萬噸，民營各廠器材，亦幾當此數。嗣各兵工廠在內地部署已定，其所有製造品，須經長江運濟前方者，復由輪船運載，計自武漢轉進，迄民國三十年底止，藉輪運所輸送之政府物品，不下40萬噸，部隊壯丁不下200萬人，民營事業之物資，及若干萬之難民疏散尚未計入。三十四年八月，抗戰勝利政府復員，民眾遷鄉，輪運貢獻更大。

第二節 輪船業

川江航業除木船外，輪船均有公司，其中主要者，有三北輪埠公司、民生實業公司、永昌實業公司、大達輪船公司、佛亨輪船公司、合眾輪船公司、國營招商局等15公司，現將交通部統計四川現有之公司及航線噸位等，列表如下：

公司名稱	性質	資本	經營航線	船數	噸數	經理
三北輪埠公司	股份		長江			
民生實業公司	股份	700萬	長江嘉陵江	98	27290	盧作孚
永昌實業公司	股份	50萬	渝敘	2	182	沈執中
大達輪船公司	股份		長江	3	4213	
夔記輪船局	股份	150萬	重慶附近	3	181	祝夔臣
重慶輪渡公司	股份	40萬	重慶附近	12		張樹霖

慶磁航業公司	股份	50萬	重慶附近	6	166	李幼松
強華實業公司	股份	600萬	長江	2	1747	黃瑾瑩
三興輪船局	股份	700萬	長江	4	381	薑琢如
華中航業局	股份	100萬	重慶附近	4	181	鐘賢道
順記輪船局	股份	100萬	重慶附近	1	121	祝繼臣
大通順記航業公司	股份		長江	1	1372	倪遂吾
佛亨輪船公司	股份	100萬	重慶附近	3	181	王紹堯
合眾輪船公司	股份	200萬	渝敘	8	755	鐘孟甫
國營招商局	股份					沈仲毅

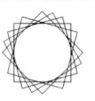

據交通部長江區航政局所統計，其中機器種類如下：

機器種類	艘數	噸數
蒸汽機	82	16.437
柴油機	38	5.44
煤汽機	8	134
總計	128	21.922

茲將較大兩公司及招商局現況志下：

民生實業公司——民生實業公司成立迄今雖僅二十餘年，因抗戰初期船舶均被徵用，產業完整無損，且因船舶設計均適應川江航行。復因收購由長江中下游退入之流亡船舶之故，雖亦遭敵機轟炸，及票價低於物價級數，燃料費增大等等影響，然其資力之雄厚，噸位之多，則占川江航業之牛耳。該公司現共有輪船98艘，照目前重慶區民營輪船公司所有船隻總噸位32000噸言，民生一家即占27000餘噸，餘5000噸分屬11家公司，其實力雄厚，可想而知。該公司現有資本700萬元，資產約為數萬萬元。

三北輪埠公司——三北輪埠公司經營川江航運始於民國十五年，其第一艘行駛川江之船為「吳興」（後更名富華），第二艘名「富陽」，均為適合川江航行而設計修造。二十六年「富陽」為上海市政府徵用，二十八年「富華」復因載重觸礁覆沒，後三年無適合船舶航行，三十年始購「渝豐」「壽豐」「蜀豐」繼續航運。現該公司有船三艘：渝豐（噸位252）、壽豐（噸位196）、蜀豐（噸位156），總噸位604噸。

國營招商局——國營招商局川江業務僅屬客運，自二十六年國營招商局長江業務管理處成立以後，始有籌復川江航運之計畫，至其現有之船舶，均係宜昌緊急時撤退入川。現有輪船計為：協慶（570噸）、澄平（508噸）、利濟（358噸）、安寧（180噸）、恒吉（32噸）、恒通（32噸）、駿發（36噸）、河寬（35噸）、利源（51噸）、一至十八號煤汽船（240噸）。

輪船碼頭及地點：

嘉陵碼頭——出接聖街左行。

人和碼頭——太平門。

灘盤碼頭——望龍門外灘磐石。

太平門碼頭——係揚子江輪木船之總匯。

飛機碼頭——在南區馬路燕喜洞街。

江北覲陽觀碼頭——係赴江北區之孔洞道。
木關沱碼頭——江北嘴。
匯川門碼頭——江北。
打魚灣碼頭——江北。
梁沱碼頭——江北。
王家沱碼頭——南岸。
彈子石碼頭——南岸。
野貓溪碼頭——南岸。
施家河碼頭——南岸。
牛角沱碼頭——在牛角沱街對岸繫香國寺。
九龍鋪碼頭。
元通寺碼頭——出太平門左行東水門右行。
磨兒石碼頭——出朝天門左行千廝門右行。
積福碼頭——麻柳街近嘉陵碼頭。
紙碼頭、鹽碼頭——出千廝門左行。
玄壇廟碼頭——南岸。
上龍門浩碼頭——南岸。
蘇家壩碼頭——南岸。
羊角灘碼頭——出東水門或朝天門渡江。
儲奇門碼頭——係汽車渡江之道。由此乘輪渡過江。對岸即海棠溪。
朝天門碼頭——係兩河木船上下水之孔道。
千廝門碼頭——係嘉陵江輪木船之總匯。
輪船售票處：
公票處：林森路中國旅行社。
民生公司短航售票處：朝天門信義街口。
由重慶至宜昌為下游，以上至嘉定為上游，並指航線而言，短航如渝合渝涪渝白等。
民生公司各航線現行輪船概況表（渝宜渝漢渝申航線新闢，該公司臨時另有通告）

航線	泊船碼頭	售票地點
渝至敘府	朝天門磨兒石	嘉陵碼頭民生八躉船
渝至寸灘	嘉陵碼頭民生八躉船	敘府民生躉船
渝至嘉定	敘府民生躉船	敘府民生躉船
渝至萬縣	嘉陵碼頭	太平門輪船公票處
渝至白沙	太平門民生一躉船	太平門上游輪船公票處
渝至江津	同上	同上
渝至涪陵	千廝門民生躉船	千廝門外河邊
渝至長壽	同上	同上
渝至合川	千廝門鹽碼頭民生躉船	陝西路民生公司
渝至北碚	同上	同上
渝至童家溪	千廝門民生三躉船	船上售票

渝至唐家沱	嘉陵碼頭民生八豐船	嘉陵碼頭民生八豐船

第三節 輪渡及拖運

　　本市輪渡公司為前航務處長何靜源氏所籌辦，最初資本20萬元，繼續增至40萬元，大小型汽船12只，已闢航線7條，計畫中急待開闢之航線尚有九龍鋪唐家沱磁器口三順江線，又橫江者臨江門至香國寺南紀門至銅元局彈子石至打魚灣三線，自開航以來，人民稱便，因此重慶與南北兩岸交通之大進步，該公司設於蓮花街，現任經理為張澍霖氏。

　　重慶輪渡公司，除了自有12艘渡輪外，在忙的季節，還雇用「敏興」「華勝」「宜安」「民良」「新升和」等渡輪分運渡江旅客。12艘船隻中，除5只鐵質而外，餘下7艘船殼都是木質。為旅客水上安全，每航渡船，都有「水圈」「水帶」的救生設備和「滅火器」「太平桶」的裝置。在最近他們為了增加救生效能，還特置了一種救生凳，利用自己國內的產物，代替了橡皮。現在，將各渡輪概況列下：

　　12航渡輪，航行於八條航線。而八條線的來往旅客，在平日，每天總在5萬以上。那7條航線中，除了南紀門到黃桷渡的南黃線，和從嘉陵碼頭到江北的嘉江線，在一、二、三、四、十一、十二月枯水季停航而外，另6條線則終年無阻。同時，為了晚上過江的方便起見，在「望龍」「朝野」「朝彈」三條還延長收渡時間到晚上十二時，是為夜航。

線名	起訖地點	每日來往人數	配備船隻	附注
南黃線	南紀門到黃角渡	2000人	1艘	枯水停航
儲沙線	儲奇門到黃沙溪	1000人	1艘	
儲海線	儲奇門到海棠溪	12000人	3艘	
龍望線	望龍門到龍門浩	13000人	3艘	夜航至下午十二時
嘉彈線	嘉陵碼頭到彈子石	10000人	1艘	夜航至下午十二時
嘉江線	嘉陵碼頭到江北	15000人	1艘	枯水停航
朝溉線	朝天門到溉瀾溪	3000人	2艘	
朝野線	朝天門到野貓溪	8000人	1艘	夜航至十二時

　　陪都江巴三鎮，大小兩江縱橫圍貫在陪都交通未上科學化機器化之前，渡江工具除輪渡約占1/3外，實有賴木船過渡輔之，至渡資隨本市一般生活指數而升落，茲將各渡口分志於後，黃桷渡與南紀門外馮家對渡。海棠溪與儲奇門對渡。龍門浩分上下兩浩。上與太平門對渡，下與東水門對渡，玄壇廟與朝天門對渡。彈子石與朝天門，及江北對渡。菜元壩以上尚有黃沙溪至銅元局渡，及兜子背至蘇家壩等渡口。嘉陵江方面有牛角沱，曾家岩，至香國寺，大溪溝等渡口。自劉家台，臨江門，至廖家台，沙灣，簸箕石，千廝門等渡口。其中以自朝天門之渡口，達到碼頭較多。

　　營拖運業者有友聯拖運行，行設中正路55號，總經理為王化周，資本30萬元，三十二年十二月成立，有拖輪二隻，拖運航線，以重慶區轉江為主，長江上至魚洞溪，下至魚嘴沱，嘉陵江上至磁器口達至合江、江津等處，亦常經辦，每月拖運物資，繼額約萬餘噸。

第四節 木船業

　　川江自輪舶肇興，舊有木船運輸之營業，遂逐漸減少，宜渝一段其在開闢之初，由海關報運者為1800餘隻43000餘噸（光緒十八年全年統計）。逐年迭有增加，以光緒二十五年

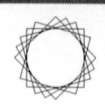

為最高紀律，為 2900 餘隻，10 萬餘噸，迄於宣統元年蜀通加入航線開航一次，由輪船運輸者為 190 餘噸，民船 2300 餘隻，74000 餘噸，至是輪運日加，而民船營業日減，民國十四年民船記載僅 1 只僅 20 噸耳。而輪船則登峰造極，凡 1172 只，多至 40 萬噸，至是之後民船運輸，遂不見於紀錄。重慶上游各埠，渝敘之間民船運輸亦減退一半，但以灘險未平，河道淺窄，尚未全部喪失，得以生存其間。抗戰以後，軍運貨運，較前增大若干倍，故木船之運輸，乃應運復蘇，以補輪運之不及。

川江航線包括長江、嘉陵江、岷江、沱江、綦江、涪江、渠江、黔江、禦林河、永寧河等十大江河，可能通航，木船里程共有 4500 餘公里，較川江 1740 公里輪船航行程多二倍以上。但蜀道航行甚難，川境長江，無 3200 匹馬力以上輪船，不能上行，且灘險極多，不足 200 公里之永寧河，大小灘險，則有 130 餘處，枯水時固不能航行，即洪水航行，亦受極大阻礙。故木船航行可濟輪船之不逮。

抗戰軍興，川江木船業又一次走入黃金時代，當武漢轉進，宜昌告急時，在後方從事生產建設之事業家，零亂堆集在宜昌南岸之機械、動力、原料等物資，以當時輪船運輸力量估計，亦需三年時期，方能完全疏散到後方。川江木船即參加了戰時偉大搶運工作，航在別江或已廢置不用之木船一齊動員，遂將宜昌物資速迅疏散。

國府西遷重慶以後，更有計劃扶植木船業發展，民國二十八年至三十年，政府貸與商民 100 餘萬元，造就 567 只木船，民國三十年交通部川江造船廠，江西造船廠等，又造了 1988 只木船。近來各公私機關，因業務關係，亦多自行造船，如糧食部儲運局，軍政部軍糧局，兵工署，經濟部，燃料管理處，財政部鹽務局，以及三才生天府等私人公司，均擁有大量木船，川江木船業，亦因此而日漸發達。

根據主管機關統計數字，川江目前木船共容量 25 萬噸左右，比後方不到 10 萬噸之輪船數字地位更占重要。木船大小相差頗大，有不足 1 噸者，亦有百噸以上者，現在直接參加航行運輸。船商船員約 30 餘萬人，間接從事者，更不止此。各河江運輸多為米鹽糖煤茶棉花雜糧食油布匹鋼鐵五金百貨等物，在三十一年中，由各江河運到重慶之米即有 35 萬噸，鹽 15 萬噸，煤 70 萬噸，由此可知木船運輸性質之重要了。本年八月抗戰勝利，輪運不足，木船貢獻尤多。

機關之木船，在川江航行中漸佔優勢，因係機關船隻被徵調留難等意外，可以免除不少，船商現多以承運包運形式，向機關包租。

木船組織，最初以幫會姿態出現，其性質大致為：一、就航行路線，組成同業幫會。二、就行政區分，組成同業幫會。三、就裝載物品種類，組成同業幫會等。至三十二年八月交通社會兩部，為加強木船管制，始改成川江民船商業同業公會，其所包括區域，據該會宣言所載，是歸合川江十條航線江區單位而成。總之自輪船未出入川江之木船繁盛期，至民國以來，民生公司在川江試航成功後，木船業一落千丈，而至抗戰軍興，川江木船重又復蘇為止，或是從二十八年八月之 10465 艘，到三十一年十二月之 11696 艘數量上看，或從其每年運量 250 萬噸上言，木船之重要性，實無可否認，現將川江木船業概況，表列如後，以作參考：

名稱	航線	行船季節	主要運輸物品	船隻噸位	理事長
長江下流區	重慶至三斗坪	全年	米糖棉桐油	2～130	張曉嵐

長江上流區	重慶至宜賓	全年	米柴	2～80	張樹業
綦江區	河口至松坎	全年	煤鐵	2～25	翁琪
沱江區	瀘縣至趙家渡	全年	米鹽煙糖	2～50	梁位尊
永甯河區	納溪至赤水	全年		2～15	楊世華
岷江區	宜賓至成都	全年	米鹽紙	5～6	尹必先
涪江區	合川至江油	全年	米絲菜蔬	2～60	劉正貴
嘉陵江區	重慶至廣元	全年	米麥棉煤鹽	2～110	青雲藍
渠江區	合川至通江	全年	米鐵	3～110	賴素豐
禦林河區	太洪瘋至麼灘	全年	米炭鹽	2～8	黃樹青
烏江區	涪陵至龔灘	全年	桐油木材煤	2～25	賀興發
重慶市區	小河至九龍場大河	全年	轉運各江區物品		向銀成

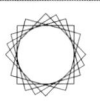

18. 川江水運工具之改良[①]（1945 年）

　　除陸上汽車及其他交通工具外，水運之工具，亦應戰時需要，所改進其重要者，有交通部之改良木船民生公司之木殼輪船及航運公司之煤氣船，油礦局之皮筏等。

　　交通部於二十八年設貸款造船處，派我國造船專家安忠義主其事，安氏留學法比瑞英，專攻造船及水利機械工程，特創制改良木船：一、船身採流線型，增加速度；二、龍筋脅骨力求堅固減少損失；三、底艙改為活動式，以適應裝運任何軍工器材；四、可加馬達作動力；五、增防水防潮設備。當時共分處 10 所計，二十八年完成 380 艘，二十九年完成 500 餘艘，三十四年七月正式委安氏為造船處處長，大量造船為復員之用。

　　民生實業公司，為國內唯一民營航業規模之最大者，在抗戰期間貢獻尤大，所設之民生機器廠，在周茂柏、陳仿陶等主持下，逐漸擴充，機器設備，有 130 餘部，頗多特殊之重型機，如水壓汽釘機、水壓機、彎板機、剪沖機等，對於製造鍋爐，能力甚大。該廠建造之新船，自二十八年開始迄今完成者，有民文民武民悅民捷民同等，二十九年春又計畫造「山」字級新船 10 艘，專航行川江，設計時頗費苦心，船殼方面，因鑒於後方鋼鐵材料日益缺乏，故改用木殼，長達 106 英尺，機器係委託恒順機器廠代制，鍋爐則由民生機器廠自建，先後完成樂山屏山秀山名山彭山眉山璧山巫山等艘，已先後下水，航行甚為圓滿，噸數為 180 噸，載重 95 噸，載客數 290 人，平均速率為每小時 11.5 海裡，長度 106 英尺，寬 18 英尺，深度 7 英尺，平均吃水 5 英尺 6 寸。此項新船行駛後，川江航運頓改舊觀，蓋由重慶至樂山，重慶至合川等航線，灘淺槽狹，舊輪內構造關係，不適於行駛，今後無論洪水枯水各季節，均可暢行無阻。

　　又中國內河航運公司，自應用煤氣機裝置船舶，載重行駛嘉陵江南充閬中等埠，獲得圓滿結果以後，賡即繼續添造，業經完成嘉陵四、五、六、七等 4 艘，三十一年八月已先後下水，該項船隻載重 10 噸，吃水 2 英尺，速度 6 裡，該公司此項新船，將全部加入重慶至南充線，定期行駛，載運客貨，上水六日可達，下水僅需兩日，至所有客貨業務，現由該公司委託四川旅行社代辦。

[①] 原載《陪都工商年鑑》第 2 章第 2 節，本文標題為原有。

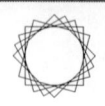

國營甘肅油礦局，為加強運輸，減低成本計，曾於三十一年十二月初由廣元試航皮筏1只，載貨駛渝，十五日晨抵渝，計由廣元至渝共費時半月，載重5噸（全量可載7噸至10噸），由甘肅省驛運處皮筏運輸隊隊長王信臣駕駛，雖係初次航行嘉陵江，然沿路灘險均順利通過，成績頗佳，此項皮筏為西北各省水路運輸之重要工具，行駛灘多水急之河道，最為適宜。廣渝間木船往返約3個月（下行20天，上行70天）。皮筏抵渝後，可將氣放出以車運至廣元，僅需3日，廣渝往返不足20天，載重50噸所需之皮筏，放氣後，僅需噸半汽車1輛，即可載返，較諸普通木船，確為省時經濟，又甘肅省之徽縣，地當西北運輸之沖，有白水江可通至廣元，（白水江即嘉陵上游）油礦局正謀利用。如於試駛皮筏，尚可成功，則川甘陝之運輸，將創一新記錄。

19. 打撈沉船[①]（1947年初）

　　在抗戰期間，長江各省沉船最多，有由政府徵用充作堵塞工具者，有自行鑿沉避免資敵者，有被敵機炸沉者，亦有被敵捕獲後經盟機炸沉者，原因不一，沉沒情形亦多不同。當抗戰末期，在川江撈修沉毀船舶，實為打撈沉船之先聲。勝利以後，本局督辦打撈沉船工作，逐步推展，不稍鬆懈，茲可得而言者有：

　　一、在勝利之始，即已查明南京至漢口間沿江沉有大輪20艘，曾經詳列清表並擬陳打撈意見三項，呈請交通部核示。後行政院頒佈之打撈沉船辦法，其中規定頗多採納本局擬陳之意見。

　　二、當復員運輸時期，長江船舶甚感缺乏，本局即督飭湘鄂兩省航商撈修沉船，湘省撈修之輪船計有宏達、新國光、永豐、普濟、豐運、聯豐、源洪江、振湘利、寶源、泰運、新大有、永綏、新鴻發、南華、重慶、新運、鴻輝、新太和等18艘。鄂省撈修之輪船計有泰昌、福星、萬興、靜波、漢昌、興遠、新鴻源等7艘。以上各輪，皆由船舶所有人取得政府貸款撈起修理，恢復航行。

　　三、復員運輸時期，各種船舶均感缺乏，本局曾協助行政院善後救濟總署漢口物資儲運局，建設專用碼頭，呈經行政院特派員辦公處核准，將沉沒漢口舊特二區江邊之敵偽躉船跳船各1艘，交由該局撈修利用。並准新華輪船公司在洞庭湖湘陰境內打撈小輪船殼1艘，倉漢輪船局在金口打撈機帆船機器1部，恒安輪駁公司在武穴附近打撈小輪1艘。

　　四、嗣奉令頒發打撈沉船辦法，本局即於本年二月二十二日將漢口至馬當一段沉船，在漢口及上海兩地登報公告打撈。並以自公告日起，至三月十日止，為沉船所有人提證申報期間，至三月十五日止，為商人申請打撈期間。惟當時漢口方面，尚無合格打撈商，向本局申請打撈者，多為航商。本局以漲水時期瞬屆，為爭取時間起見，不得不變通辦理，准其打撈，計有復川合記輪船局在蒲圻車埠鎮打撈小汽船1艘，一利輪船局在襄河白鱔廟打撈機帆船1艘，復興輪船局在武穴打撈鐵駁1艘，輪船局在湖口附近榨磯打撈鐵駁1艘，葉家洲打撈鐵駁1艘，王樹森王慶堂在漢川湖打撈機舟1艘。其餘申請打撈因水漲弗及竣工或開工者，茲不贅述。

[①] 節錄自長江航政局報告，原文未註明日期，從報告內容分析此報告為1947年初所作。

五、在洪水期間，打撈沉船工作，自不得不中止進行。但本局為先期準備計，本年九月初即經分飭各辦事處調查沉船狀況，至十二月六日復將秭歸至馬當一段沉船32艘列表，在武漢南京上海三地登報公告，並依照打撈沉船辦法實施規則之規定，限船舶原所有人在兩個月內提出證明檔，申報打撈，逾期則由打撈商申請打撈。

　　六、長江沉船，以馬當封鎖線為最多，在淪陷期間，曾經敵偽兩度炸除，雖勉可通航；但障礙仍多，迄未清除，來往輪船不敢夜間通過，影響航運效率自屬甚大。今年一月十三日本局派員會同海軍江防艦隊部前往勘查，並帶有水摸多人入水探測，勘查結果，頗為詳盡，並繪有略圖。當一月十三日漢口水位為5英尺1英寸時，馬當航道最深水位約38英尺，沉船等物已露出水面者有二，如附圖所示之FH兩點是。嗣經水摸入水探摸後，復證實有礙航道而未露出水面者，尚有圖示之ABCDEG等六處，其中以AB兩處最足妨礙航道，而A處為尤甚。當時A處水位不過7英尺，與兩浮筒垂直線相距僅450英尺，B處相距約600英尺，此為現在馬當港主要航道之咽喉，兩艘輪船不能同時對駛或並駛，又無燈光指示，亦無法夜航，故馬當沉船一日未消除，長江交通可謂一日未暢通，其重要也如此，究應如何清除，始能成功，實有研究之必要。據本局所派前往勘查技術人員意見，認為馬當封鎖線沉船，前經敵偽兩度炸除，早已不成為整體，實無再事打撈之價值，且船內滿實砂石，時經多年，莫不深陷河床積沙之中，更不易撈，似惟有轟炸一法較為適宜，俟炸裂後再行打撈。至於轟炸方法擬有三種：（一）逐層轟炸法，用水雷繫於沉船之旁而炸之。（二）中央爆炸法，利用機械鑽通船體及砂石，將炸藥安置其中而炸之。（三）用潛水鐘使人工搬開沉船內砂石，安置炸藥而炸之。然無論採取何種方法，其工程之浩大，自不待言，恐非打撈商所願意承辦。且此事與海軍水利交通等部門，均有關係，亦非通力合作不可。本局業經建議另設專辦此項工程之臨時機構，由各有關機關派員組織，並聘請專家，編具經費預算，撥發的款，擬定計劃，迅速實施，庶幾可以完成此艱巨工作。究竟此種建議，是否能蒙採納，尚難斷言。惟勝利以後，業已經過兩屆枯水季節，站在增進航運便利交通立場，甚望其能早日實現也。

三、輪船業

1. 國營招商局組織章程[①]（1937年5月3日）

第一章　通則

　　第一條　國營招商局直隸於交通部辦理國內外航運事業。
　　第二條　本局設總局於首都或上海市，並視業務情形在各埠酌設分局辦事處。

[①] 原載交通部編：《交通法規彙編補刊》，1940年出版。本組織章程係交通部1933年8月10日明令公佈，1935年6月11日、1936年2月8日又先後兩次修正公佈。1937年5月3日交通部復明令修正第十二、第十五條條文，並公佈施行。

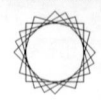

第二章　總局

第三條　本局設總經理一人，綜理局務；副經理二人，輔助總經理處理局務，均由交通部長遴請簡派。

第四條　總經理、副經理任期均為五年，期滿得連任。第一任副經理一人，任期三年。

第五條　總經理因進行日常業務得簽訂左列合同。但關於訂立購料或工程合同時，應分別適用或准用《交通部附屬機關購料章程》或《建築工程規則》之規定。

一、關於輪舶油漆修理及訂購所需煤炭物料之合同。

二、關於起卸貨物之合同。

三、關於使用碼頭躉船及存貨交貨之合同。

四、關於雇用船長船員業務長及其他船上服務人員之合同。

五、關於雇用碼頭員工之合同。

六、關於雇用引水人之合同。

七、關於租賃輪船拖船及駁船之合同。

八、關於代辦商代售客票攬運貨物傭金及墊款匯款辦法之合同。

第六條　總局置總務、業務、船務三課及會計室金庫。

第七條　總務課掌下列事項：

一、關於關防之典守事項。

二、關於文書之收發撰擬及卷宗保管事項。

三、關於人事事項。

四、關於調查統計事項。

五、關於房地產之管理事項。

六、關於庶務事項。

七、關於普通用品之採辦及保管事項。

八、其他不屬於各課事項。

第八條　業務課掌下列事項：

一、關於航線船隻之分配及調度事項。

二、關於客貨營運事項。

三、關於碼頭棧房之經營及管理事項。

四、關於分局辦事處業務考核事項。

五、關於各輪業務考核事項。

六、其他關於業務事項。

第九條　船務課掌下列事項：

一、關於海員之進退及考核事項。

二、關於船舶之建造及修理事項。

三、關於船舶設備事項。

四、關於船舶之檢驗事項。

五、關於各種發動機及其附屬品之檢驗事項。

六、關於各種強弱電氣設備之設計檢驗及修理事項。

七、關於燃料物料之檢驗事項。

八、燃料物料之採辦及保管事項。

九、關於機器廠管理事項。

十、其他關於船務事項。

第十條　金庫掌下列事項一、關於款項之出納保管及其登記事項。

二、關於證券契據合同等保管事項。

第十一條　總局設課主任三人，金庫主任一人，承總經理副經理之命，分掌各該課庫事務。

其事務特繁之課，得設副主任一人，佐理主任職務。

第十二條　總局設課員、助員六十人至七十人，會計員十二人至十四人，但遇業務增繁時，得呈准交通部酌用臨時雇員若干人。

第十三條　總局各課得分股辦事。

第十四條　總局設秘書三人，辦理機要事務。

第十五條　總局設工程師三人至五人，辦理技術事務。

第十六條　總局各課主任副主任及工程師由交通部任用，秘書由總經理呈請交通部核准後任用之。

第十七條　總局課員、助員均由總經理派充，並呈報交通部備案。

第十八條　各課擔任技術事項之人員應以技術人員充之。

第十九條　總局會計事務由會計室掌理。其組織另定之。

第二十條　總局承交通部之命得聘任顧問。

第三章　分局辦事處

第二十一條　分局及辦事處由總經理呈請交通部核後設立之。

第二十二條分局、辦事處按業務之繁簡，收入之多寡，分下列各等，由總經理呈請交通部核定之。

分局：

一等分局。

二等分局。

三等分局。

辦事處：

一等辦事處。

二等辦事處。

三等辦事處。

第二十三條分局隸屬於總局，辦事處隸屬於分局或直屬於總局。各分局營業管轄區域由總經理呈請交通部核定之。

第二十四條分局各設經理一人，由交通部任用。辦事處各設主任一人，由總經理呈請交通部核准後任用。

第二十五條分局得設下列各股室：

一、總務股。

二、業務股。
三、會計室。
第二十六條　分局暨辦事處設辦事員、助員，其名額依下列規定標準：
分局：
一等分局十人至十五人。
二等分局八人至十二人。
三等分局六人至九人。
辦事處：
一等辦事處四人至六人。
二等辦事處三人至五人。
三等辦事處二人至四人。
前項人員均由總經理派充，呈報交通部備案。
第二十七條　分局及辦事處之管業，均不得採用包繳制。但未經設立局處之商埠，得由總經理呈請交通部核准，委託代辦商代理，酌給傭金。

第四章　附則

第二十八條　本局業務進行狀況，應按期編製報告呈送交通部審核。
第二十九條　本局總分局及辦事處職員之薪級，應由交通部核定之。
第三十條　本局全部預算應呈由交通部核定之。
第三十一條　本局得另訂各項細則，呈請交通部核准施行。
第三十三條　本章程自公佈日施行。

2. 四川合眾輪船股份有限公司創立會記錄（1938年2月20日）

一、時間：民國二十七年二月二十日午前十一時。
二、地點：重慶白象街總公司大會場。
三、到會人數：全體股東七十三人，計到會者共三十八人（詳劃到簿）。
四、出席股權數：全體股東共計六百二十七權，總行出席及委託代表共四百九十六權。
五、省政府建設廳特派王股長楚白出席監督。
六、出席股東人數及股權數均超過二分之一，即進行開會。
七、本公司會計顧問陳述列席本會。
八、開會程式
（一）搖鈴開會行禮如儀。
（二）公推熊股東鬱村為臨時主席。
（三）報告事項：
1. 主席報告到會股東人數及代表股權均超過本公司股東總數及股總數之半，可依法表決各事。
2. 發起人代表駱遠泉報告本公司發起暨籌備設立經過，及股東人數增加後，奉令舉行創立會理由。

（四）決議事項：

3. 發起人提出公司章程草案由張股東載之逐條宣讀，經到會股東討論，通過為公司正式章程。

4. 選舉董事及監察人：二十六年四月，股東臨時會曾用雙記名連記式推宓如清、羅翰垣二股東為檢查員，揭曉結果，所有當選董事、監察人姓名如下：

董　　事　　鐘孟甫　五百二十權
　　　　　　熊鬱村　四百七十二權
　　　　　　孫尊山　四百七十二權
　　　　　　鄢立敏　四百六十權
　　　　　　張耀先　四百五十四權
監察人　　　高泳修　五百三十權
　　　　　　陳肇秋　四百七十二權

以上各當選人經本日到會全體股東議決照舊選任，其任期自本日起算，全體一致通過歡迎就職。

5. 檢查人羅股東翰垣提出調查報告書當眾宣讀，全體無異議通過。

（五）建設廳王股長楚白致訓詞。

（六）閉會。

四川省政府建設廳　王楚白
駐渝辦事處股長臨時主席　熊郁村

3. 四川合眾輪船股份有限公司第一屆股東大會記錄（1938年2月20日）

時間：民國二十七年二月二十日午前正十二時。

地點：重慶白象街總公司大會場。

到會人數：全體股東一百一十七人，本日到會暨委託代表者共六十人。

出席股權：全體股權九百四十五權，本日到會暨委託代表者，計五百一十四權。

一、搖鈴開會。

二、董事長鐘孟甫報告本日出席股東人數及股權均超過本公司股東及股權總數之半，依法進行開會。

三、推舉鐘股東孟甫為臨時主席，報告開第一屆股東大會。

四、總經理曹九齡報告二十六年度大事經過。

五、監察人高泳修報告查帳經過，各項賬表均經監察人審核無訛，並經本公司會計顧問陳述會計師審查，茲請大會覆核，當經大會認可核銷。

六、渝公司經理駱遠泉報告公司營業狀況。長虹輪行駛經過，計航行六十餘次，均限定班期開航，客運貨運尚屬不惡，乘客及貨運往來對本公司印象尚佳，故能於市場不景氣聲中，尚能薄有贏餘。又本公司前因僅虹輪一艘行駛，不特乘客及貨家感覺不便，自身開支亦覺不經濟，故於去年經股東臨時會議決，於去年二月派遠泉前赴上海，以九萬三千之價，向合眾造船廠訂裝長徵新輪一艘，船價分五期交付，已交清三期，即十分之六。預定去年九月交船，翻因八一三抗戰開始，長江交通梗阻，徵輪無法開回重慶，刻仍在上海廠上。

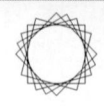

據確實調查，此輪尚未損失，但不識何時方得開回重慶。又近因宜渝間公物運輸需船接運，本公司虹輪奉水道運輸管理處命令，改航渝萬間運輸公物。

七、會計處主任稅蓄能報告二十六年結帳情形，另詳決算表。並報告各項收支數字暨提存、損失準備及折舊、保險情形，另詳報告書。

八、股東提案：

（一）二十六年度股息，經大會決定，定本年三月半期分發。至盈餘分配辦法，除股息照發外，餘提作公積，經到會全體股東表決通過。

（二）駱遠泉提議：請在武漢收買過江小火輪，以推進公司營業案。賀股東伯辛附議、羅股東翰垣附議、稅蓄能附議，並建議由大會交董事會決定辦理。

表決：全體到會股東一致起立通過。

（三）股東致詞，公推賀股東伯辛致詞。

（四）熊董事郁村報告董監會議決提存準備金九千元擬作職工津貼案。

表決：經到會股東一致起立通過。

九、閉會。

臨時主席　鐘孟甫
董事長　鐘孟甫

4. 輪船民船商業同業公會章程準則[①]（1939年12月14日）

第一章 總則

第一條　本章程依據《商業同業公會法》暨《商業同業公會法施行細則》《航商組織補充辦法》訂定之。

第二條　本會定名為××省××縣（或市）輪船民船商業同業公會。

第三條　本會以維持增進同業之公共利益及矯正營業之弊害為宗旨。

第四條　本會以××縣（或市）行政區域為區域事務所，設於……

第二章 任務

第五條　本會之任務如下：

一、關於會員聯合營業暨共同管理及其他必要之設施事項。

二、關於會員營業之統制事項。

三、關於主管官署暨主管船舶之官署及商會委派事項。

四、關於會員營業之研究指導、調查及統計事項。

五、關於會員間糾紛之調解事項。

六、關於興辦同業勞工教育及公益事項。

七、關於會員營業必要時之維持事項。

八、關於合於第三條所揭宗旨之其他事項。

[①] 本章程準則經交通部 1938 年 12 月 11 日核准，於 1939 年 12 月 14 日由交通部核准修正公佈施行。原載交通部編：《交通法規彙編補刊》，1940 年出版。

興辦前項第一款事業時，應擬定計劃書，經會員全體三分之二以上之同意，呈請縣（或市）政府暨主管船舶之官署核准。其變更時亦同。

第一項第二款之統制，非經全體會員三分之二以上之同意，呈由主管官署及主管船舶官署核准後，或主管官署暨主管船舶官署令其施行統制時，不得施行。

第三章 會員

第六條　凡在本區域內經營輪船民船商業之公司行號均應為本會會員。未設公司行號之輪船民船，曾正式向官廳登記者，亦得以其牌號參加為本會會員。

前項會員應推派代表出席本會，稱為會員代表。

第七條　本會會員代表，由各會員推派一人，其負擔會費滿五單位者得加派代表一人，以後每增十單位加派一人，但至多不得過七人；以經理人主體人店員或未設公司行號之輪船民船船員為限。

第八條　會員代表以有中華民國國籍，年在二十歲以上者為限。

第九條　有左列情事之一者，不得為會員代表。

一、背叛國民政府，經判決確定或在通緝中者。

二、曾服公務而有貪汙行為，經判決確定或在通緝中者。

三、褫奪公權者。

四、受破產之宣告尚未復權者。

五、無行為能力者。

六、吸食鴉片或其代用品者。

第十條　會員代表喪失國籍，或發生前條各款情事之一時，原派之會員應撤換之。

第十一條　會員代表均有發言權、表決權、選舉權及被選舉權。

會員代表因事不得出席會員大會時，得以書面委託他會員代表代理之。

第十二條　同業之公司行號不照章加入本會，或不繳納會費，或違反會章及決議者，得經執行委員會之決議予以警告；警告無效時得按其情節輕重，依本章程第三十七條規定之程式處以（若干元）以上之違約金，或呈經主管官署核准處以一定時間之停業或永久停業。

前項之處分，對於已加入本會而未設公司行號之輪船民船得適用之。

第十三條　會員入會應填寫入會志願書及調查表，繳納會費，領取入會證。

第十四條　會員非遷移其他區域或廢業或受永久停業之處分者，不得退會。

第十五條　會員推派代表應給以委託書，並通知本會。改派時亦同。但已當選為本會委員者，非有依法應解任之事由，不得改派。

第十六條　會員代表有不正當行為致妨害本會名譽信用者，得以會員大會之決議通知原舉派之會員撤換之。

前項撤換之會員代表，自撤回之日起，三年以內不得充任會員代表。

第四章 組織及職權

第十七條　本會設執行委員×人，監察委員×人，均由會員大會就會員代表中用無記名選舉法選任之，以得票最多數者為當選。

選舉前項執行委員及監察委員時，應另選候補執行委員×人，候補監察委員×人。

第十八條　本會設常務委員三人，由執行委員會就執行委員中互選之，以得票最多數者為當選，並就常務委員中選任一人為主席。

第十九條　執行委員常務委員監察委員，各組織委員會以行使職權。

第二十條　執行委員會之職權如下：

一、執行會員大會議決案。

二、召集會員大會。

三、決議第二章第五條第一項第三款至第八款列舉各項事務。

第二十一條　常務委員會之職權如下：

一、執行執行委員會議決案。

二、處理日常事務。

第二十二條　監察委員會之職權如下：

一、會員及會員代表違章之糾察檢舉。

二、會內一切事務之監督稽核。

第二十三條　執行委員及監察委員之任期均為四年，每二年改選半數，不得連任。

依前項規定，第一次應改選之委員，於選舉時以抽籤定之。但委員人數為奇數時，留任者之人數得較改選者多一人。

第二十四條　執行委員或監察委員有缺額時，由候補執行委員或候補監察委員分別依次遞補，其任期均以補足前任任期為限。

第二十五條　候補執行委員及候補監察委員未遞補前，均不得列席會議。

第二十六條　常務委員有缺額時，由執行委員會就執行委員中補選之，其任期以補足前任任期為限。

第二十七條　本會委員有下列各款情事之一者，應即解任。

一、會員代表資格喪失者。

二、因不得已事故，經會員大會議決准其辭職者。

三、處理職務違背法令，營私舞弊，或有其他重大之不正當行為者，得依本章程第三十七條規定之程式解除其職務，並通知其原派之會員撤換之。

第二十八條　委員均為名譽職，但因辦理會務，得核實支給公費。

第二十九條　本會得酌用辦事員 × 人，其名額薪金由執行委員會擬定，送經會員大會議決通過後雇用之。

第五章 會議

第三十條　本會會員大會分定期會議及臨時會議兩種，由執行委員會召集之。

前項之定期會議每年至少開會一次。臨時會議於執行委員會認為必要或經會員代表十分之一以上之請求，或監察委員會函請召集時，召集之。

第三十一條　召集會員大會，應於十五日前通知之。但有第三十六條、第三十七條之情形或因緊急事項召集臨時會議者，不在此限。

第三十二條　執行委員會每月至少開會一次。

第三十三條　常務委員會每星期至少開會一次。

第三十四條　監察委員會每兩個月至少開會一次。

第三十五條　會員大會開會時，由常務委員組織主席團，輪流主席。

第三十六條　會員大會之決議，以會員代表過半數之出席，出席代表過半數之同意行之。出席代表不滿過半數者，得行假決議，在三日內將其結果通告代表，於一星期後二星期內重行召集會員大會，以出席代表過半數之同意，對假決議行其決議。

第三十七條　下列各款事項之決議，以會員代表三分之二以上之出席，出席代表三分之二以上之同意行之。出席代表不滿三分之二者，得以出席代表三分之二以上之同意行假決議，在三日內將其結果通告各代表，於一星期後二星期內重行召集會員大會，以出席代表三分之二以上之同意，對假決議行其決議。

一、變更章程。
二、會員之處分。
三、委員之解職。
四、清算人之選任及關於清算事項之決議。

第三十八條　本章程第五條第一項第一、二兩款規定事項之決議，會員代表非全體出席時，得依前條行假決議，並議定限期在三日內通告未出席之代表，依限以書面表示贊否，逾期不表示者視為同意。

第三十九條　執行委員會開會時，須有執行委員過半數之出席，出席委員過半數之同意，方得決議，可否同數時，取決於主席。

第四十條　執行委員會開會時，監察委員得列席參加，但不得參與表決。

第四十一條　監察委員會開會時，須有委員過半數之出席，臨時互推一人為主席，以出席委員過半數之同意決議一切事項。

第四十二條　執行委員及監察委員開會時，均不得委託代表出席。

第六章 經費及會計

第四十三條　本會經費分下列兩種：
一、會費，因執行第五條第一項第二款至第八款任務之費用屬之。
二、事業費，因執行第五條第一項第一款事業之出資屬之。

第四十四條　會員會費，比例於其資本額繳納之。資本額在一千元以下者，所納會費額為一單位；逾一千元至三千元者，為一單位又二分之一；逾三千元至五千元者，為二單位；超過五千元者，每增五千元加一單位。

前項會費單位額，由會員大會議決，每一單位定為國幣 ×× 元。執行本章程第五條第一項第二款任務時，得因必要，經會員大會之議決增加會費單位額。

第四十五條　公司行號依據法令登記資本額者，依其登記之額，其未登記資本額之行號或輪船民船，應將資本額報告本會。

第四十六條　事業費之分擔，每一會員至少一股。

會員分擔事業費之最高額，不得超過五十股，但因必要得經會員大會之決議增加之。

事業費總額及每股數額，由會員大會決議，呈經主管官署核准。

第四十七條　會員之責任，除會費外，對於第五條第一項第一款之事業，以所擔之股額為限。

但得依興辦時之決議，於擔任股額外另負定額之保證責任。

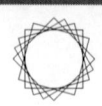

第四十八條　會員出會時，會費概不退還。事業費得於年度終了時請求退還。其計算方法准用《公司法》第四十四條之規定。但為會員時，所負之保證責任經過二年始得解除。

第四十九條　會計年度，以每年一月一日起至十二月三十一日止。

第五十條　本會之預算決算及財產目錄、資產負債表、損益計算書，均須每年編輯報告書，提出會員大會通過，呈報主管官署備案，並刊佈之。

第五十一條　興辦第五條第一項第一款之事業，應另立預算決算，並依前條之程式為之。

第五十二條　本會解散或一部分事業之停止，應依《商業同業公會法》第七章清算之規定選任清算人辦理之。

第七章　附則

第五十三條　本章程未規定事項，悉依《商業同業公會法》及同法施行細則暨《航商組織補充辦法》辦理之。

第五十四條　本章程如有未盡事宜，經會員大會之決議，呈由縣（或市）黨部轉呈中央社會部，及縣（或市）政府轉呈省政府，諮送交通部核准，經濟部備案後修正之。

第五十五條　本章程自呈奉縣（或市）黨部轉呈中央社會部，及縣（或市）政府轉呈省政府，諮送交通部核准，經濟部備案後施行。

5. 重慶港輪船調查表（1940年5月31日）

船名	長度（公尺）	寬度（公尺）	吃水 上水	吃水 下水	載重（噸）重載	載重（噸）空船	馬力	航線及地點
天成	15.70	3.17	0.91				50匹	
天福	26.97	4.82	1.52				160匹	渝—萬縣、樂山、合川
文開	21.55	5.10					36匹	渝—白沙
民元	64.01	10.06	2.93	0.91	600	500	3000匹	渝—宜賓、宜昌
民仁	22.10	4.15	1.37				120匹	渝—合川
民主	45.11	8.53	2.31	1.89	240	180	1750匹	渝—宜昌、宜賓
民生	22.86	4.57	1.22	1.09	30	30	180匹	渝—合川
民本	64.01	10.06	2.95	0.90	600	500	3400匹	渝—宜昌、宜賓
民由	35.22	6.70			60	50	220匹	渝—萬縣、宜賓
民用	20.12	3.35	1.22	0.91	10	10	150匹	渝—合川
民安	33.53	5.49	1.59	1.13	90	60	280匹	渝—萬縣、樂山、合川
民良	22.80	4.45					70匹	
民享	36.58	6.40	2.31	0.52	110	90	440匹	渝—宜昌、宜賓
民治	33.54	5.49	1.59	0.91	80	60	280匹	渝—萬縣、樂山、宜賓
民昌	30.30	5.06			36	25	280匹	渝—涪陵

民法	19.10	3.60	1.09	0.85	10	10	90匹	渝—合川、瀘縣 瀘縣—鄧井關
民協	37.04	6.12			100	40	240匹	渝—涪陵
民典	31.10	6.40			60	60	120匹	渝—涪陵
民表	30.36	5.48			50	45	200匹	渝—萬縣、樂山
民俗	56.84	9.20	2.74	2.01	240	240	2000匹	渝—宜昌、宜賓
民信	19.58	3.85	0.75		10	10	90匹	渝—合川
民恒	31.12	6.10			60	50	130匹	渝—萬縣、宜賓
民律	22.86	4.27	1.51	0.91	20	20	180匹	渝—合川
民政	46.76	8.23	2.56	1.51	240	160	1600匹	渝—宜昌、宜賓
民約	16.92	3.63	0.91	0.79	5	5	100匹	渝—合川
民胞	21.34	4.57	1.71	0.37			120匹	
民風	59.13	10.03	3.05	2.13	420	420	3600匹	渝—宜昌、宜賓
民厚	19.28	3.76	0.95		5	5	115匹	渝—合川
民泰	44.50	8.07	2.64	2.01			350匹	渝—宜昌、宜賓
民哲	29.00	5.10			35	25	167匹	渝—白沙
民殷	24.89	4.88	1.71	1.37	30	28	240匹	渝—合川
民族	59.15	8.96	2.93	1.86	550	500	600匹	渝—宜昌、宜賓
民偉	37.95	7.01					240匹	
民康	43.88	8.23	2.37	1.77	190	180	1100匹	渝—宜昌、宜賓
民教	27.25	5.21	1.58		40	35	220匹	渝—萬縣、樂山、合川
民淳	33.35	6.16			65	55	150匹	
民望	24.38	5.18	1.52	0.85	30	30	240匹	渝—萬縣、樂山、合川
民視	20.59	4.27	1.09	0.85	20	20	180匹	渝—合川
民裕	34.60	6.15			85	70	400匹	渝—萬縣、宜賓
民勝	31.10	5.79	1.68		80	80	160匹	渝—涪陵
民貴	62.48	9.40	2.29	1.01	260	260	2000匹	渝—宜昌、宜賓
民勤	41.68	7.92			160	140	800匹	渝—宜昌、宜賓
民意	26.58	6.52	2.28	1.73	120	80	600匹	渝—萬縣、宜賓
民寧	17.92	3.51	0.91		5	5	70匹	渝—合川
民愛	17.57	3.46					80匹	渝—合川
民楷	29.26	5.18	1.83		50	50	300匹	渝—萬縣、樂山、合川
民運	37.80	6.74	2.34	1.77	140	100	520匹	渝—宜昌、宜賓
民潤	22.45	1.12	1.22				40匹	渝—合川
民熙	39.62	1.62	2.31	1.39	160	150	800匹	渝—宜昌、宜賓
民歌	26.76	4.78	1.83				80匹	渝—白沙
民福	33.53	6.20	1.67	1.09	85	70	400匹	渝—宜昌、樂山、合川
民儉	41.68	7.92	2.32		160	140	800匹	渝—宜昌、宜賓

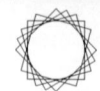

民德	23.09	4.20	1.52	0.91	22	20	180 匹	渝—合川
民模	27.15	5.30		2.29	50	40	240 匹	渝—萬縣、樂山
民範	26.82	5.06	1.52		50	50	200 匹	
民憲	45.11	8.53	2.54	2.07	240	200	1200 匹	渝—宜昌、宜賓
民樸	32.00	6.03		2.13	60	40	300 匹	渝—涪陵
民選	30.48	5.49	1.52	1.06	70	65	360 匹	渝—萬縣、樂山、合川
民濟							40 匹	
民聯	60.96	9.75	2.31	1.40	340	320	1000 匹	渝—宜昌、宜賓
民禮	18.76	3.78					90 匹	渝—合川
民瞻	23.78	4.88					45 匹	
民鏡	23.00	4.60					30 匹	
民聽	20.59	4.27	1.09	0.85	20	20	180 匹	渝—合川
民覺	22.86	4.42	1.71	1.40	40	40	80 匹	同上
民蘇	39.62	7.62	2.13	1.59	160	150	800 匹	渝—宜昌、宜賓
民權	66.14	9.30	2.83	1.89	400	380	3000 匹	渝—宜昌、宜賓
民業	41.12	6.68					300 匹	
生平	25.15	4.42	2.10				88 匹	渝—萬縣、樂山、合川
生存	44.78	5.98	2.05				1300 匹	渝—宜賓、宜昌、合川
生活	23.17	3.93	1.83	1.71			100 匹	
生聚	41.15	5.33	1.98	1.80			600 匹	渝—宜昌、樂山
生靈	25.00	5.55	1.52				160 匹	
永安	27.45	4.95						渝—宜賓
濟運	24.88	5.18					310 匹	渝—沙市、樂山
安寧								
安豐	26.50	5.60	2.86	2.41	50	50	388 匹	渝—萬縣、宜賓
江永	17.86	3.63	1.04				90 匹	
江通	28.05	6.28					85 匹	渝—涪陵
江泰	20.88	4.88	1.07				40 匹	
江新	100.90	13.10	3.84	2.16			2200 匹	
江順	103.63	17.68	4.05	2.62			1800 匹	
江漢	97.99	13.24					1400 匹	
佛亨	19.12	4.02	0.91				100 匹	
佛通	22.98	4.44						渝—木洞
佛航	13.10	2.71	0.79				80 匹	
利源	21.34	3.78	1.34				120 匹	
利華	30.90	5.04					120 匹	成渝
沔陽	25.20	6.20	1.77				50 匹	渝—涪陵
協慶	42.06	7.62	2.43				1200 匹	渝—宜昌
協盛	18.35	3.50	1.31				16 匹	

永昌	25.90	4.60	1.83				160 匹	渝－萬縣、樂山
河寬	19.05	3.66	1.22				17 匹	渝－潼南
長虹	36.58	6.10	1.95				375 匹	渝－萬縣、樂山
長源	19.40	3.20	1.22				32 匹	渝－樂山
長遠	18.30	4.00	1.22				28 匹	渝－樂山
長豐	21.65	4.27					150 匹	渝－魚洞溪
長通	30.61	5.85	1.89				80 匹	渝－宜賓、萬縣
保隆	27.03	5.70	1.52				60 匹	
恆吉	20.88	3.78	1.22				18 匹	
恆通	19.66	3.84	1.37				18 匹	渝－潼南
鎮江	24.30	5.30					24 匹	渝－白沙
海明	20.80	4.50						
國光	24.96	5.14	0.66				50 匹	渝－合川
既濟	20.14	4.20					98 匹	
淑光	26.52	6.00			15	10	80 匹	渝－白沙
涪通	29.60	5.80					48 匹	渝－宜賓、萬縣
渝通	30.55	6.15					120 匹	渝－萬縣、宜賓
翔雲	20.50	4.45					82 匹	
華安	29.51	3.66					70 匹	
華通	25.80	5.61					100 匹	
民和	72.50	8.08	3.14				800 匹	
新同發	20.27	4.11	1.22				30 匹	
新永安	26.00	5.00					140 匹	
新倉漢	27.50	5.70					64 匹	渝－涪陵
新富湘	24.00	4.60	1.52				40 匹	渝－合川
新源順	22.20	4.60					80 匹	渝－合川
楚星	24.48	5.18					140 匹	渝－磁器口
楚義	26.35	4.80					130 匹	渝－樂山、合川、萬縣
義興	21.40	4.17					120 匹	
佛源	25.80	4.60					40 匹	渝－樂山、萬縣
裕亨	14.33	2.80					38 匹	
永寧	21.95	4.57	1.64				160 匹	
壽安	20.28	4.50		120 匹				
漢福	24.08	5.20	1.52				62 匹	渝－長壽
福州	21.03	5.00	360 匹					
慶安	23.29	4.45					40 匹	渝－磁器口
慶合	14.38	3.08	0.78				50 匹	渝－磁器口
慶瓷	14.75	2.94	0.80				50 匹	
澄平	47.32	9.02					600 匹	渝－宜昌、宜賓
輪渡								
一號	21.45	4.50	0.97				25 匹	

輪渡二號	21.10	3.98	1.22				50 匹	
輪渡三號	20.30	4.14	1.52				80 匹	
輪渡四號	23.05	4.50					25 匹	
輪渡五號	23.00	4.40					32 匹	
輪渡六號	21.34	4.57	1.71	1.37			120 匹	
輪渡八號	22.50	4.50					90 匹	
輪渡九號	25.20	5.50					35 匹	
輪渡十號	26.50	5.50					80 匹	
輪渡十一號	21.40	4.15					100 匹	
輪渡十二號	18.29	3.72					80 匹	
駿發	18.60	3.96	1.46				18 匹	
鴻元	51.37	8.05					320 匹	渝—萬縣、瀘縣
鴻貞	49.08	8.08	2.90	350 匹				
鴻騫								
熔利	18.02	3.60	1.58				34 匹	渝—合川
寶昌	26.73	4.90					60 匹	渝—萬縣、樂山、合川
南陽	22.01	4.79	1.28	1.22			64 匹	渝—白沙
華遠	32.22	4.90					60 匹	
華運	21.95	4.17					36 匹	渝—白沙
華瀛	24.38	5.64					30 匹	渝—江律
盛昌	21.64	4.88					62 匹	渝—白沙
生息	14.63	3.17					60 匹	
生眾								
生龍	19.66	4.75					62 匹	
新寧安	23.53	6.10					150 匹	渝—涪陵
民氣	27.82	6.60					192 匹	
鼎福	23.04	4.98					48 匹	
嘉陵	16.10	3.70					80 匹	
鴻亨	51.50	7.77					320 匹	
鴻利	49.07	8.05					350 匹	
民忠								渝—合川

6. 重慶市輪船商業同業公會為報告該會選舉情況致重慶市社會局公函（1940年6月）

竊查本會於本年五月二十一日正午十二鐘，在本市正陽街二號本會內，召集各會員選舉，曾經呈准鈞局暨主管機關派員臨場監視。唱票結果，計趙資生三十八票，姚一鳴三十八票，鄧華益三十八票，鄭魯齋得四十票，范眾渠四十二票，匡涵知四十票，丁永良四十票，童少生四十二票，駱遠泉四十票，楊經綸四十一票，沈執中四十三票，蔡炳南三十六票，秦猷四十票，以上十三人當選為執行委員。朱麟祥得十票，張載之得九票，佘聲伯得七票，以上三人當選為候補執行委員。趙若斯得三十九票，餘維一四十一票，徐湛元三十九票，洪俊卿四十一票，袁子修三十九票，以上五人當選為監察委員。黃楚樵得三票，沈在仁得二票，以上二人當選為候補監察委員。復經各執委復選趙資生、姚一鳴、鄧華益三人為常務委員。又經常委互選趙資生為主席。因警報頻傳，連日轟炸，各新選委員大多疏散在鄉，再行召集勢所難能，經眾議決，從權提前於五月二十三日午前十鐘，在本會宣誓就職。除分呈外，理合造具新選各職委名冊具文呈請鈞局祈予鑒核指令祗遵。

　　謹呈重慶市社會局計齎呈新選職委名冊一份

　　　　　　　　　　　　　　　　重慶市輪船商業同業公會主席　趙資生

重慶市輪船商業同業公會第一屆當選委員名冊
二九年五月二十一日選舉　二九年六月日填報

職別	姓名	別號	性別	年齡	籍貫	住址	教育程度	經歷	是否黨員	代表何公司行號	在店或在船職務
主席	趙資生	無	男	79	江北	朝陽街44號	舊制中學	航業	否	民生公司	公司監察長
常務	鄧華益	無	男	53	巴縣	民生公司	同上	同上	同上	同上	公司經理
常務	姚一鳴	無	男	30	浙江	小河順城街53號	專門學校	同上	同上	招商分局	經理
執行	鄭魯齋	無	男	42	浙江	陝西街32號	中學	同上	同上	三北公司	經理
執行	範眾渠	無	男	40	達縣	縣廟街16號	大學	同上	同上	協大公司	經理
執行	匡涵知	無	男	46	巴縣	陝西街32號	大學	同上	同上	三北公司	主任
執行	丁永良	無	男	34	巴縣	通惠公司	中學	同上	同上	通惠公司	經理
執行	童少生	無	男	35	巴縣	民生公司	大學	同上	同上	民生公司	經理
執行	駱遠泉	無	男	45	巴縣	九尺坎35號	舊制中學	同上	同上	合眾公司	經理
執行	楊經綸	無	男	29	浙江	小河順城街53號	專門學校	同上	同上	招商分局	會計主任
執行	沈執中	無	男	50	巴縣	白象街26號	專門學校	同上	同上	永昌公司	總經理

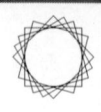

執行	蔡炳南	無	男	36	江蘇	曹家巷一號	專門學校	同上	同上	招商分局	營業主任
執行	秦猷	無	男	42	合江	民生公司	舊制中學	同上	同上	民生公司	副經理
監察	余維一	無	男	40	涪陵	陝西街31號	大學	同上	同上	通惠公司	總經理
監察	趙若斯	無	男	48	江蘇	陝西街32號	中學	同上	同上	三北公司	主任
監察	徐湛元	無	男	48	江北	縣廟街16號	法政學校	同上	同上	協大公司	經理
監察	洪俊卿	無	男	47	安徽	小河順城街53號	專門學校	同上	同上	招商分局	業務股長
監察	袁子修	無	男	38	巴縣	民生公司	大學	同上	同上	民生公司	副經理
候補執行	朱麟祥	無	男	40	浙江	小河順城街53號	中學	同上	同上	招商分局	主任
候補執行	張載之	無	男	37	簡陽	合眾公司	大學	同上	同上	合眾公司	總務主任
候補執行	佘聲伯	無	男	48	江蘇	陝西街32號	大學	同上	同上	三北公司	主任
候補監察	沈在仁	無	男	30	巴縣	白象街26號	中學	同上	同上	永昌公司	協理
候補監察	黃楚樵	無	男	39	長壽	通惠公司	大學	同上	同上	通惠公司	經理

7. 民生實業公司就實行分區管理制給所屬各區和各事業單位的通函（1940年7月29日）

　　查本公司業務，雖在抗戰期中，亦有相當進展。近受航線縮短影響，正計畫多辟生路，以資繼係。因之對於管理制度，不能不因時制宜，方足應付當前之事態，復可樹立將來永久之規模。茲經決定：自本年八月一日起實行分區管理制；就長江上游及嘉陵江下游之各事業單位，劃分區域管理，以求指揮便利，應付靈活。至各廠及上海分公司，香港，海防，昆明，成都等辦事處，仍直隸於總公司，不在分區管理之列。各輪駁亦均直隸於總公司，惟應受所停泊地方之區分部監督管理。茲將管理區域之劃分，管理權責之確定，及文報之手續三項，分別條列於後：

　　一、管理區域之劃分：

　　（一）重慶區由總公司兼本區之管理責任；其區域為長江流域自淞溉以下，忠縣以上，嘉陵江流域自合川以下。所管轄之事業單位如下：

　　1. 淞溉至重慶間各躉船（現有淞溉躉船，白沙躉船，江津躉船）。

　　2. 重慶各躉船及煤棧。

　　3. 洛磧至重慶間各躉船（現有洛磧躉船，魚咀沱躉船）。

　　4. 長壽辦事處，暨所隸屬之躉船（長壽躉船及石家沱躉船隸屬於長壽辦事處）。

　　5. 涪陵辦事處暨所隸屬監督之躉船及煤棧（藺市躉船，珍溪躉船，及荔枝園煤棧俱隸屬於涪陵辦事處；豐都躉船及湯元石煤棧直隸總公司，由涪陵辦事處監督考核）。

6. 合川辦事處（合川電燈自來水廠直隸總公司）。
　　7. 北碚辦事處暨所隸屬之各躉船（夏溪口躉船，溫泉躉船，北碚躉船，及白廟子躉船俱隸屬於北碚辦事處）。
　　8. 草街子白廟子獅坪土沱各輪煤採辦處。
　　9. 土沱至重慶間各躉船（現有土沱躉船，童家溪躉船，柏溪躉船，磁器口躉船，化龍橋躉船）。
　　（二）敘府區 由本公司敘府分公司負本區之管理與監督考核責任；其區域為嘉定以下，江安以上，所監督管理之事業單位如下：
　　1. 嘉定辦事處（嘉定辦事處直隸總公司，由敘府分公司監督考核）。
　　2. 河口輪煤採辦處（河口輪煤採辦處直隸總公司，由敘府分公司監督考核）。
　　3. 敘府躉船，及貨棧，煤棧，油棧（以上各事業單位俱隸屬於敘府分公司）。
　　（三）瀘縣區 由本公司瀘縣分公司負本區之管理與監督考核責任；其區域為納溪以下，合江以上，所監督管理之事業單位如下：
　　1. 納溪煤棧（正籌設中：設立後，隸屬於瀘縣分公司）。
　　2. 瀘縣躉船及貨棧，煤棧（以上各事業單位俱隸屬於瀘縣分公司）。
　　3. 合江躉船及煤棧（合江躉船直隸總公司，由瀘縣分公司監督考核；煤棧隸屬於瀘縣分公司）。
　　（四）萬縣區 由本公司萬縣分公司負本區之管理與監督考核責任；其區域為忠縣以下，巫山以上。所監督管理之事業單位如下：
　　1. 萬縣躉船，及貨棧，煤棧，油棧（以上各事業單位俱隸屬於萬縣分公司）。
　　2. 忠縣煤棧，武陵煤棧（以上兩煤棧枯水時設立）。小舟溪輪煤採辦處，新津口輪煤採辦處，固陵輪煤採辦處，雲陽煤棧，慶記煤號，奉節煤棧，巫山煤棧（以上各煤棧俱直隸總公司，由萬縣分公司監督考核）。
　　（五）宜昌區 由本公司宜昌分公司負本區之管理與監督考核責任；其區域為巫山以下，沙市以上，所監督管理之事業單位如下：
　　1. 宜昌躉船，及貨棧，煤棧，油棧（以上各事業單位俱隸屬於宜昌分公司）。
　　2. 沙市辦事處。（沙市辦事處直隸總公司，由宜昌分公司監督考核）。
　　二、管理權責之確定：
　　（一）各區分部對於該區域內之各事業單位分別負管理及監督考核之責任。其隸屬於各該區分部之各事業單位，即受區分部之直轄管理；其直隸於總公司之各事業單位，則受區分部之監督考核。
　　（二）各區分部對於該區內之各事業單位，應就向有規定及總公司臨時委託之各事項負責執行。如有意見，隨時可建議於總公司採行，並對於該區內之各事業單位，在必要時，可發佈檔，但須同時報總公司備查。
　　（三）各區分部若遇該區各事業單位有時間性之緊急事件發生時，得權宜處理。事後報請總公司追認，但以不違反一般之規定為原則。又各事業單位之日常瑣細事件，即由區分部負責處理，不再報總公司。

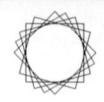

（四）各事業單位對於所在地之區分部，應隨時切取聯絡；遇有重大事件，必須商承辦理。

三、文報之手續：

（一）各事業單位之隸屬於區分部者，對總公司即不直接行文，一切事件俱由區分部轉報。其受區分部監督考核之各事業單位，遇有重大及有關區分部之事件，除函報總公司外，並須分函所在地之區分部。

（二）各事業單位對所在地區分部應行分報之事件，規定如下：

1. 人事事件：除經常事項逕報總公司外，遇有特殊情形之事件，應分報所在地之區分部。
2. 財務事件：一切賬項逕報總公司；收支事項除報總公司外，應分報所在地之區分部。
3. 業務事件：所有關於營業各事項，除報總公司外，應分報所在地之區分部。

以上所列各項目，若有修改增減時，一經決定後，即另行函知。特此函達，即希查照，辦理。各區分部暨各事業單位，仍將接文日期暨辦理情形具報備查，為盼。

8. 民生實業公司損耗情形與補救辦法（1942年4月）

本公司自二十八年以來，航業部分年有損耗，各年決算書所表現之虧損，雖不甚大，但物資之逐年減少，若照現價填補，則遠較上項虧損為大。當其尚有剩餘物資可供使用，不需全部支出現金時，損失尚不顯著。今則主要物資如鋼板，角鐵，潤滑油，燃燒油等次第告罄，亟須現金購置補充，則每月損失之大，實可驚人。公司已竭向外舉債之力，已到借額無以復加之境，不得不將過去物資損耗及目前虧損狀況，縷晰上陳；並擬具補救辦法，請求我政府顧念此為抗戰努力之運輸事業，宏予救濟，使其為爭取抗戰勝利繼續努力。

一、三年來航運損耗綜計

（一）折舊

固定資產如船舶機械建築物工具等，每年均應有相當折舊準備，俾到達不堪使用年齡時重新補充。僅就船舶一項言，政府規定鐵船二十年折完，木船十年折完，但公司所有船舶，以舊船居多數，在抗戰期間不能徹底修理，多數船舶，勢將在戰後作廢，故公司對船舶折舊，按船舶情形分別三年、五年、八年、十年折完，茲姑以最低1/10計算，公司現在船舶89艘，總噸數為25374噸，以今日估價另行新造，約需8億元以上，即以現在舊船估計，亦約需2.55億元，此數當為最低估計；查國外機器價格，姑以較戰前漲3倍計，吾國外匯價格，法價較戰前漲6倍，黑市漲8倍，以此推算，機器價格，除運費關稅不計外，較戰前漲18倍至24倍。姑以20倍乘公司船舶帳面資產1500萬元，已達3億元，事實上國內五金機器價格，遠不止較戰前漲20倍也。折舊如按8億元計算，每年至少應折8000萬元，如以2.55億元計算，則每年至少應折2550萬元。

（二）負債

公司二十七年底負債額為800萬元，今日對外負債額為33700000元，除減去作為購造船舶，共費8400000元外，實際為物資消耗而增加負債17300000元。

（三）物資

1. 船舶　近三年來公司因差運及敵機轟炸，完全損失之船舶，有民元、民俗、民泰3艘，總噸數共3031噸。損毀者除民彝、民權、已修復外，其正在陸續修理者有民風、民來、民憲、

民政、民熙、民鐸及民眾 7 艘，總噸數共計 6080 噸。

　　2. 油料　公司於抗戰開始之年，即儲油備抗戰運輸之用，計儲有柴油菜油代柴油，機油，汽油及洋油四種。除陸續購進應用者外，今日較二十七年末存底，柴油計減少 1903 噸，菜油代柴油計減少四五噸，機油計減少 361 桶，汽油洋油減少 2052 聽。今後亟須按月購進。

　　3. 材料　種類繁多，茲擇鋼板及角鐵二項比較如下，除陸續購進應用者外，鋼板存底今日較二十七年度，計減少 302213 磅；角鐵計減少 431944 磅。目前即須大批購進，以為修復船隻之用。

　　此項損耗，如照原額補充，以備未來長期抗戰之需要，則船舶 3 艘總噸數 3031 噸，以每一總噸新船最少造價 35000 元計，需 1.061 億元，正待修理之 7 艘，約需修理費 5000 萬元，兩共 1.561 億元。油類則，1.903 噸柴油，以市價每噸 24000 元計，需 45672000 元；四五噸菜油代柴油，以市價每噸 18000 元計，需 810000 元；361 桶機油以市價每桶 7500 元計，需 2707500 元；2052 聽汽油洋油以市價每聽 400 元計，需 800000 元；補充各類油料之存量，按今日市價需 50000000 元。材料則 302.213 磅鋼板，以市價每磅 44 元計，需 13300000 元；431944 磅角鐵，以市價每磅 31 元計，需 13390000 元；兩共需 26690000 元。所有船舶油料及材料之補充，需 232790000 元，方可填補以往公司物資之損耗，方可恢復二十七年公司之物資狀態。但以公司經濟之拮据，除正積極修復之 7 艘輪船，必求完成外，其已全部沉沒者，目前無復填補之望，即損耗之物資，亦無力全部購填，縱有資金，在此物資缺乏之時，亦決無法全部購填。

　　（四）過支公司能勉強支持迄於今日，事前充分之儲備有以收之。但以往儲備之物資，今則消耗殆盡，此後航運所需，勢必按今後市價隨購隨用，而發生實際之現金鉅額支出。鑒於後方物料缺乏，價格飛漲，收入不能按支出同比例增加，收支差額越趨越大，瞻念前途，不寒而慄。以往公司所遭受之損耗，業成陳跡，公司忍痛擔負，不冀政府有所補益，惟今後公司收支，如何得能平衡，必要物資如何有相當準備，以供應急需，俾繼續為國家民族服務，以完成抗戰之偉業，則唯有賴於政府之扶持，爰將公司今日每月虧損狀況臚陳於後：

　　二、現在每月虧損狀況

　　（一）公司每月虧損數目，除折舊保險及資產利息外，根據本年一至三月份平均計算，虧折 2700000 元。按船舶最低估計 2.55 億元折舊；每月折舊應為 2130000 元，如按同額資產計息，假定月息一分，每月應分攤 2550000 元；保險如仍按同額資產以兵險 9‰，平安險 10‰計算，每月應為 485 萬元，即按政府長江軍運會議規定保額總值 8000 萬元計算，每月亦應為 152 萬元，三者共為 620 萬元。連同上述之 270 萬元，每月虧損為 890 萬元，縱不計資產利息之損失，則每月虧損最少亦在 635 萬元（見附表），折舊雖在實際上不需支付現金，但以公司負債達 3370 萬元，需每月攤還，故提存摺舊準備，實際亦為現金之支出，如此數百萬元之虧損，若不速謀補救，勢將繼續增加，良以收入中之差費客票費等受政府限制，而支出如燃料修理費用等，則比一般物價上漲更劇故也。過去能勉強支持迄於今日，全賴舊有五金燃料等豐富之儲備，此後五金燃料，如潤滑油、燃燒油、鋼板、角鐵等，皆須照現值巨額填補，公司將何以支持？

　　（二）差輪如民本每日固定開支，連同潤滑油共為 46680 元，但政府規定差費為 10125 元，計每日損失 36555 元；又如民權每日固定開支連同潤滑油共為 39482 元，而政府規定

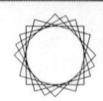

差費為8100元，計每日損失31382元。自民國三十年一月至本年二月，按戰前固定資產價值及當時物價估計，公司差運損失已達700萬元之巨，若按今日物價及今日固定資產作值計算，損失當較此數大10餘倍，今後物價漲勢，繼續未已，若不予以補救，公司差運損失，將與物價上漲而增大，使公司瀕於絕境，而無力繼續為政府擔負差運。

（三）營業輪船狀況較好，但仍常有虧損，例如民表油輪，本年三月十四日由渝上水駛瀘，三月十七日下水返渝，往返五日燃料潤滑油等費用之支出為34000餘元，收入則僅28000餘元連同每日固定支出6365元，五日31825元。計往返一次虧損37825元。

（四）虧損原因，端在公司收入不能按物價比例增加。例如五金較戰前漲300倍以上，油漲100倍左右，煤漲40倍，一般物價指數，據中央調查統計局公佈漲36倍，但差費以民本為例，由750元增至10125元，增加12倍半，貨客運自二十七年以來，先後增加5次，貨運增加平均11倍半，客運增加平均僅8倍。差運最後一次之請求增加在去年四月，當時一般物價指數約120今日已達3600以上，況公司之物資消耗，以五金燃料為主，其增價比一般物價指數更高，故其消耗物資之物價指數，遠在3600以上，而差費則依然如舊。

（五）交通事業在抗戰期間中，多屬虧損，以差輪言，政府之同心同德，除每月應負之折舊費，利息費，保險費，及岸上開支皆不計入輪船開支外，即修理與燃料二項費用之大，即可證明公司全部開支之巨，亦即證明政府給予公司差費之低微，再以一般交通事業言，重慶公共汽車，每月虧損之數，亦由政府為之挹注，故能勉強繼續行駛。至民生公司兼差運及客貨運之虧損而有之，益以公司一部分船隻，燃料用油，成本巨大，虧損不貲，另一部船隻，亦以限於長江中下游駛用，有開支無收入，其虧損自較其他任何交通事業機關為烈。

（六）公司於收支不相平衡之情況下，儘量節省支出，以期減少虧損程度。除維持航行不可缺少之燃料潤滑油修理費等必需開支外，其支出之大者為員工薪膳費，二十七年公司職工有4420人，全年薪工費為1920000元，膳費為380000元。平均每人每年支薪30元，每月350元，每人每年分攤膳費85元，每月7元。三十一年三月職工增至4524人，每月薪津費約為1200000元，膳費約為600000元，平均每人每月支薪約250元，每人每月分攤膳費150元。此外無米貼生活補助費等，以資補救，今日公司薪津雖較二十七年增7倍，但以公司底薪之低微，仍遠不如其他事業機關，膳費增加21倍，每人每月現僅150元，亦遜於其他事業機關，影響所及，優秀熟練之職工，常去職他就。公司以限於經費，雖欲挽救，但以力不從心，未能如願。

（七）公司股東多屬小戶，且有孤兒寡婦，仰賴二十八、二十九、三十年度航業，歷年結算，均屬虧折，以致股東發生怨言，長此以往。公司將何以應付。

三、向政府迫切請求扶助者

抗戰進入第五年，公司報效國家，未嘗後人。截至本年一月止，公司於抗戰時間內擔任軍事運輸，計兵工器材約162800噸，航空油彈器材約33500噸，部隊壯丁約1400000人；械彈輜重馬匹軍糧等約141700噸，公司因軍運而損失之船舶及修理費，暨為維持後方貨客運而每月虧損數目，約如上述。公司如不動搖其基礎，自必繼續為政府與人民服務，縱連年有若干虧損，公司亦不願向政府有所呼籲。但今日公司已至生死關頭，論船舶不特完全損毀者不能補充，即損壞亦無力修復，論儲備之油料，材料，已消耗殆盡，無法補充；論職工則以待遇過低，相率他去。似此情形，不得不設法增加收入，以期與支出相均衡。否則公司勢

將不能維持，不能繼續為國家民族效勞，誠不幸而如是，其影響抗戰為何如耶。

公司深悉政府財政之艱難，不敢仿效歐美各國於戰爭期中，對航業之鉅款補助而對我政府作同樣之請求，惟為公司生存計，為後方航業計，同時亦為抗戰前途計，不得不設法增加收入，以期與支出相均衡。

查公司收入，以貨客差運為主（見附表），目前貨運逐漸稀少，且與物價有關，運費不能一律增加，其可增加者，亦須隨季節航線及物品之性質而有出入，姑照現價加30%，客運收入，過去因受限制，收入遠較成本為低，虧折頗巨，至少增加1倍，庶可勉強挹注，至差運之收入，平均僅及成本1/5，甚有差費收入不敷潤滑油消耗者，如民表每日消耗潤滑油73.5磅，價值1470元，而租金每日收入僅720元，不及潤滑油價值之半數；又如民裕每日用潤滑油134磅，價2680元而差費收入僅2475元，不敷305元，至潤滑油消耗差費半數以上者，有民和、民享、民恒、民覺、民德、民聽諸艘。差運虧損之巨，可見一斑，縱按現在差費增加3倍，仍不敷差運成本，根據上述預定增加比率，與本年三個月平均收入數字（見附表）計貨運約增加75萬元，客運增加約200萬元，差運增加300萬元（差船如節省使用，則差費增加3倍，決不至300萬元），共575萬元。較虧折數635萬元，尚不敷60萬元，查現在差輪所用之潤滑油，仍由公司自備，此項油料來源困難，價格日漲，擬請政府另行發給，則每月不敷之60萬元一部分可得彌補，所餘虧損數目，為數不大，公司尚可勉強設法彌補。惟以後物價日漲，差客貨運費，自應逐月按物價指數，比照增加，夫如是公司方可為政府及人民不斷效勞。爰將公司最低希望，列舉如下：

（一）關於差運者：
1. 差費按現率增加3倍，以後按月照物價指數，增加一次。
2. 差輪潤滑油由政府自備，或按市價折合現金發給。
3. 差輪儘量節省使用，使差輪數目減少至最低限度。
4. 差輪配載須與公司聯絡，既便配船復可免發生意外。

（二）關於貨客運者：
1. 貨運費率仍按向例由各輪船公司按情形協定。
2. 客運費率增加100%，以後按月照物價指數，增加一次。
3. 傷兵票價由5折增至8折。

（三）按招商局先例，發給公司職工平價米或代金。

（四）擴大股本使符合或接近現值，並實行應有之折舊准

9. 強華實業股份有限公司申請備案呈文和重慶市社會局批件（1942年6—7月）

一、楊曉波等呈文（6月23日）

謹呈者：竊商民等鑒於抗戰時期後方極需運輸工具，爰擬集資國幣500萬元，在重慶市玄壇廟聚福巷二十四號，發起設立強華實業股份有限公司，以航運為主要業務。所有股份5萬股，業經全體發起人全部認足，除依法另呈交通部航政局轉呈交通部請領航業執照外，謹遵照公司法施行法第二十三條及公司法登記規則第二條規定，附呈所擬營業計畫書及發起

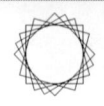

人名冊各二份備文，呈請鑒核，賜予備案，實深公感。謹呈
　　重慶市社會局

　　　　　　　　　　　　　　　　　　　　　　　　　　　呈具人
　　　　　　　　　　　　　　　　　　　　　強華實業股份有限公司全體發起人
　　　　　　　　　　　　楊曉波　黃明安　童少生　楊錫祺　黃瑾瑩
　　　　　　　　　　　　張介源　陳叔敬　李澤敷　段繼達　趙永餘

二、重慶市社會局批文（7月8日）

　　三十一年六月二十三日呈一件，為發起設立股份有限公司呈請備案由。
　　呈件均悉。查所齎營業計畫書暨發起人姓名經歷住址及認股數目表等，核與公司法施行法第二十三條之規定尚無不合，應準備案。惟仍應於設立手續完備後，依法申請登記，合併飭知：件存。此批。

　　　　　　　　　　　　　　　　　　　　　　　　　　　局長　包華國
　　　　　　　　　　　　　　　　　　　　　　　中華民國三十一年七月八日

10. 抗戰第六年之民生機械廠①（1942年8月）

　　一、沿革：本廠始創於民國十七年九月，在江北三洞橋青草壩成立。民國二十九年十一月及三十年七月，分別向重慶市社會局及經濟部呈准正式登記，現有分場三處：分設於唐家沱、潮陽河、大沙溪三地。
　　二、基金：本廠基金國幣300萬元，資產截至最近，共值國幣4000餘萬元。
　　三、組織：廠長以下設廠長室、業務課、工務課、財務課、建築室、醫藥室六部門。廠長室以下設稽核、人事、文書、機要四部分。業務課以下設營業股、購運股、事務股三股。工務課以下設工作準備股、機械設計股、船舶設計股、倉庫股、公用股、船舶施棧股六股；船舶修造工廠、機械工廠、翻砂木樣工廠、冷作紅爐工廠四場。船舶修造工廠下另設第一第二第三分場。財務課以下計會計股、成本股兩股。
　　四、全廠建築：本廠全部面積約計468市畝。廠房建築，計機械工廠廠房3間，並附帶2486立方公尺之防空洞工廠全部（全洞長度約達1英里，除一部分存放材料外，其餘大部分均裝置機器，在洞內工作）。翻砂木樣工廠廠房2間，冷作紅爐工廠廠房3間。船舶修造工廠廠房，計第一第二第三各分場四五間不等，另有工作船2座（均分別裝有機器。在船上工作）。此外，辦公廳6間、倉庫5間，以及職工住宅100餘間、職員宿舍3間、技工宿舍2間、藝徒宿舍1間、起重工宿舍1間，合計126間（廠房住宅宿舍每幢均以1間計）。
　　五、機器設備：本廠現有各式車床大小70部、刨床10部、鑽床26部、銑床3部、衝床2部、磨床1部、萬能鏜床1部、電焊機3部、剪沖機2部、彎板機2部、水壓機2部、水壓鉚釘機1部，及其他機器80餘部，共200餘部。動力方面，計各式柴油機8部、煤氣機2部、蒸汽機6部、汽油引擎13部、發電機9部，及其他合計約40餘部。除現有者外，已訂製尚待交貨者，計有重型車床10部、刨床10部，年內均可安裝。又擬補充添置之機器，

---

① 該文為民生機械廠廠長周茂柏所撰，標題為原有。

亦正在分向各廠洽購中。總觀本廠現有機器，重型及特殊者甚多，製造大型機器，均能勝任，尤以水壓鉚釘機、水壓機、彎板機、剪沖機等，對於製造鍋爐，能力甚大，在目前渝市各廠中，具有此項設備者，殊不多覯。

　　六、重要工作：本廠重要工作，為建造及修理輪船。建造之新船，自二十八年開始迄今完成者，計有民文、民武、民捷、民悅、民同、第六號船、樂山等7艘。賡續即將完成者，計有營山、屏山、名山、秀山、彭山、眉山、璧山、巫山、梁山等9艘，總共16艘。除民文、民武及第六號船外，其餘各輪機器均由恒順機器廠製造，鍋爐統由本廠自建，工作成績殊為圓滿，實為國內工廠之創舉。茲將已成及未成各輪概況列後：

項別／船別	民文	民捷	民武	民悅	民同
種類	客貨船	客貨船	客貨船	工作船	客貨船
全長	137英尺	80英尺	90英尺	63英尺	105英尺
寬度	25英尺	15英尺	19英尺	12英尺	18英尺
高度	8英尺	8英尺	8英尺	5.6英尺	7英尺
質料	鋼殼	鋼殼	木殼	木殼	木殼
吃水	6.9英尺	4.5英尺	4.6英尺	4英尺	5.6英尺
排水量	390噸	82噸	92噸	42噸	165噸
載重量	250噸	25噸	40噸	95噸	
主機式樣及部數	三聯式蒸汽機兩部	三聯式蒸汽機兩部	二聯式蒸汽機兩部	二聯式蒸汽機兩部	三聯式蒸汽機兩部
馬力	1000匹	240匹	160匹	100匹	360匹
推進器數量	雙推進器	雙推進器	雙推進器	雙推進器	雙推進器
速率	73海里	11.5海里	10海里	10海里	11.5海里
鍋爐式樣及座數	雅魯水管式鍋爐兩座	雅魯水管式鍋爐一座	圓筒火管式鍋爐一座	圓筒火管式鍋爐一座	仿固敏式鍋爐一座
載客量	300	200	200	250	
興工日期	二十八年元月	二十八年元月	二十八年二月	二十八年元月	二十九年三月
完工日期	二十九年十月及三十年九月	三十年十一月	三十年五月	三十一年七月	三十一年七月開始完成至三十二年二月全部完成

　　停修輪船，本廠每月平均可承修30餘艘，包括歲及臨時修理兩種。例如本年元月至六月，本廠承修之船隻，在民生公司方面，即有民律、民勝、民聽、民視、民享、民模、民奮、民儉、民殷、民言、民寶、民典、民選、民甯、民主、民表、民由、民裕、民教、民哲、民德、民昌、民安、民協、民勉、民光、民貴、民和、民樸、民權、民生、民耀、民歌、民本、民蘇、民好、民武、民康、民文、民聯、民範、生靈、生活、生路、生聚、生意、生存等67艘，其中歲修船隻，如民享、民模、民儉、民選、民權、民貴、民本、民蘇、民覺等輪，工程皆極浩大，其餘工作亦均繁重。

　　此外，本廠對於打撈施救輪船，近數年來亦頗有足述者。如二十六年在重慶嘉陵碼頭肇事被焚之民彝輪（全長194英尺，總噸位1078噸），經本廠於二十九年修復，改為貨船，其工程之浩繁。無異新制。又去年在巴東下游檯子灣遭敵機數度炸毀之民眾輪（原名海星，全長260英尺，總噸位1850噸），亦經本廠積極撈救，所費物力人力至大，卒於本年六月

間漂墩，八月初駛抵重慶。最近與新造之樂山輪，同時招待各界指導參觀，為首都近來一盛事。他如民元、民風、民熙等輪，同為本公司甲等船隻皆因肇事沉沒，亦正由本廠分別施救，或予拆卸，或予修復，工程進行，均甚積極。

除去建修船隻及製造鍋爐以及船用機件外，本廠尚能製造其他各種機器，只以不屬本廠重要工作範圍，故從略未贅。

七、業務概況：本廠基金在民十七年初創辦時，不過國幣萬餘元。民二十年後，逐漸增至十萬元，至抗戰第二年後增至 36 萬元；嗣因業務擴充，又加增至 120 萬元；三十一年度復增為 300 萬元。至資產方面，則自二十六年七月一日起，至本年六月三十日止，陸續增加，已達 4220 餘萬元，較之二十六年七月，計增加 4180 餘萬元。茲列表如下：

年度 / 資產	固定資產	流動資產	合計
二十六年度	238043.51	243505.08	481548.59
二十七年度	462435.73	1738129.39	2200565.12
二十八年度	1513161.89	4410559.21	5923721.10
二十九年度	2255025.78	8077978.33	10433004.11
三十年度	3152813.16	12515786.21	15668599.37
三十一年度	4713952.42	37536269.12	42250221.54

本廠為適應修理工程及維持後方交通，將工作機及一切設備積極擴充應用材料亦儘量購入，故截至本年六月底，固定資產達 470 餘萬，較之三十六年七月，增加約 20 餘倍。至流動資產增加更多，截至本年六月底，已達 3750 餘萬元，較之二十六年七月增加約 150 餘倍。惟本廠多數材料，尚係武漢未淪陷前，或在抗戰發生時所購進，價值較諸目前低落甚多，倘照目前市價計算，為數不止此。關於業務方面，在二十八年一月至六月，製造收入不過 12 萬餘元，平均每月約 2 萬餘元，嗣後有加增，至本年一月至六月，製造收入則達 980 餘萬元，平均每月 160 餘萬元，約計增加 80 倍左右。茲將詳細數位列後：

年度	制造收入	每月平均數
二十六年一月至六月	122192.5	20365.42
二十六年七月至十二月	186627.78	31104.63
二十七年一月至六月	207260.75	34543.46
二十七年七月至十二月	483315.38	80552.56
二十八年一月至六月	880231.5	146705.25
二十八年七月至十二月	915134.75	152522.46
二十九年一月至六月	1596091.22	266015.20
二十九年七月至十二月	3855945.18	643657.52
三十年一月至六月	2276454.99	379409.17
三十年七月至十二月	6004622.95	1000770
三十一年一月至六月	2276454.99	379409.17
三十一年七月至十二月	6004622.95	1000770.49
三十二年一月至六月	9806809.09	1634468.17

八、材料來源：抗戰已達第六年，材料來源益感枯竭。本廠建修大批船隻，所需材料至為浩繁，即以本年一月至六月而論使用鋼鐵材料已達 300 數十噸。再如電焊所需之焊條，在半

年中所用即達 4 萬餘支。當茲材料困難之際，設非預為準備，隨時即有停工之虞。所幸本廠在武漢未淪陷前搶運材料約 1000 餘噸，嗣後由海防、昆明購進者，約 100 餘噸。二十八年曾派員在湘桂購進 240 餘噸，又在香港購有 200 餘噸（未全部運入）。此外，零星材料則在本市各行家隨時洽購。二三年來，本廠材料之所以未十分感覺匱乏者，皆係賴此項預為準備之材料邑注之功。最近向英國貸款所購之材料，亦經搶運一部分到渝。目前經濟部辦理鋼鐵材料登記，本廠所登記之鋼鐵材料，為數不過 360 餘噸，勉敷本廠半歲之用，故材料一項，實為當前重要問題，而有賴吾人之努力予以解決也。

　　九、人事管理：本廠人事在管理上素稱嚴密，員工每日進退，與夫請假、曠工、曠職，均有翔實之記載，用作考績之標準。平時對於員工生活紀律，亦極注意，舉凡一切不良習俗，在本廠範圍內，均在嚴格禁止之列，故本廠整個秩序，尚屬嚴肅。此與全廠工作效率關係綦切，不能不予以深切之注意也。至最近全廠員工，為數已達 1572 人，據本年六月份統計，計職員 147 人、車工 64 人、鉗工 232 人、銅工 25 人、木工 138 人、砂工 31 人、鉚工 71 人、鍛工 33 人、電工 10 人、藝徒 96 人、起重工 435 人，及其他雜役、庫丁、侍應、廠警等 290 人，合計如上數（另有包工 1000 餘人，尚未列入）。較之初開辦時，相差何啻天壤，故在管理上尤宜注意，以免滋生事端，而誤工程發展。

　　十、福利事業：本廠員工福利，在待遇上除優給薪資外，並加給生活津貼、食米津貼，以及各項獎金特酬。於其日常生活，則有消費合作社為之供給米油鹽柴炭，最近辦理登記，以便擴充業務，一切日用品均擬以廉價供給，於其子弟教育，則有職工子弟學校，免費收納員工子弟就學。該校已正式（向）重慶市社會局呈准立案，最近學生已達 200 餘人，現正建築新校舍充實內容。此外對於工廠安全，員工疾疫，均有特殊之設備，以達到生活安謐之地步，俾使其工作勤奮，藉收敬業樂群之效焉。

11. 抗戰時期的民生實業公司[①]（1943 年）

戰時運輸中最緊張的一幕

　　戰前公司主要的業務是在上海重慶間，換言之主要是在這一線的兩端，不在中間。對日作戰以後，江陰封鎖了，上海割斷了，公司的業務即十九被割斷。一部分杞憂的人們認為國家對外的戰爭開始了，民生公司的生命就完結了；我的感覺，卻恰相反，認為：「國家對外的戰爭開始了，民生公司的任務也就開始了。」那時自己正在南京幫助中央研究總動員計畫草案的時候，告訴民生公司的人員：「民生公司應該首先動員起來參加戰爭。」這個期托未完成。後來新輪先後 17 只，陸續加入航行，並先後購得海關輪船 4 只，應共有 137 只，36000 餘噸。但事實上數目卻降低了，現有輪船為 98 只，26000 餘噸。這是它得自己努力的，也必荷蒙政府予以准許的。它雖然不是一個理想的輪船公司的組織，但是它在若干輪船公司組織當中，不是比較壞的。它的管理方法，雖然不一定已經良好，但是它們究竟天天在那裡想方法，希望它良好。它的人才雖然不一定都有專門的訓練，但也天天在那裡搜求人才，而且在那裡訓練人才。最可憐的是航業上本來就缺少人才，外國公司只為中國培養了若干買辦，中國過去的公司，亦沒有成為培養人才的機關，所以到今天，不得不有才難之歎。如果

---

① 本文節錄自盧作孚先生手稿《一項慘澹經營的事業》的後半部分，標題為本書編者所加，文中小標題是原有的。

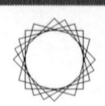

各界的人，感覺有不滿意它的地方，它非常歡迎指導它如何改善，因為它本來就希望改善。

就民生公司這樁事業言，總是值得人同情的；只有我自己最慚愧，自始至終無以對事業。在開始經營五六年中，因為負了嘉陵江三峽的治安責任，準備將那一個區域，佈置經營成一個現代化鄉鎮的模型，不免分去一部分精神。民二十四年秋天，正在上海為公司計畫造船的時候，突然得最好的朋友何北衡由成都來電，轉致省政府劉主席的意思，說是中央將要發表我任四川建設廳廳長，千萬要擔任。這一個消息使我和民生公司在上海的朋友，都感覺到非常的彷徨，民生公司正在前進的時候，怎麼可以發生這巨大的變化！立刻發電說明種種困難，辭謝這新的使命。但是後來終於發表了，回到四川，同著何北衡一道，面向劉主席辭謝，整整說了 16 個鐘頭，不得要領，不得已勉強承擔了。在四川一年又半，沒有做出多少事情，可對民生顯然失去了一大助力。畢竟自己是民生一群朋友間興趣的鼓舞者，離開之後，一群人的興趣總不免低落些。好在一年半後，委員長要派人到歐洲考察，我也是被派之一，遂辭去了建設廳廳長。恰逢著「七七事變」發生，歐洲之行，又請求停止。方欲回到重慶，求以事業報效國家，但因為全面抗戰發生，又離開中央不得了。後來在交通部次長任內先後五年，中間復兼任了全國糧食管理局局長一年，除因為有國家水上運輸的關係，督責民生公司勉為擔負而外，個人與這事業究愈隔愈遠了。直到今年春天，才完全辭去了政治上的職務，而回復全副精神到事業上來，與許多良友共同擔當這最大的困難。

幫助撐持這一樁困難事業的，除最早有一位幼時的老師陳伯遵先生外，還有幾位朋友黃雲龍君、彭瑞成君、鄭璧成君、鄧華益君均曾先任公司協理，後來分任各部分的經理。公司發展到了上海，張澍霖君實負上海開創的責任。在我離開事業的時期，宋師度君、魏文翰君先後代理我的職務，應付了無限的糾紛，支持了無限的艱難與險阻，令我萬分感動。在漢口撤退最緊張的時候，楊成質君實當其衝，在宜昌撤退最緊張的時候，童少生君實當其衝，李肇基君亦曾先後擔任這兩處撤退的工作。在抗戰六年中，幾個主要海口和揚子江上游各埠的負責人，曾完成了各自的任務。董事會則有老成持重，支持公司主張的董事長鄭東翁，始終幫助最多的董事何北衡君。現在全力支持公司危局的是幾位常務董事，尤其是在渝幾位常務董事。此外中央和地方的長官，金融界的領袖，予這樁事業以無限的同情，關切，指導與扶持，都是事業和個人應得萬分感激的。

12. 民生實業公司與川江航運[①]（1943 年）

川江輪運之開始時期

通稱之川江為長江水係宜昌以上各水道，其中最主要者為長江，由宜昌起上溯 350 裡至重慶，再上溯 210 裡至宜賓，在此段水道內，終年均通 300 噸至 1500 噸以下汽船，客貨兼載。至宜賓西上之金沙江，北上之岷江，又在瀘縣匯流之沱江，在重慶匯流之嘉陵江，在涪陵匯流之烏江，均屬支流性質，為次要水道。其輪運狀況，截至目前止，金沙江由宜賓至屏山段計共 68 海裡，終年可通 300 噸以下淺水小輪；岷江由宜賓至樂山段，每年由五月至十一月，共七個月，可通 200 噸以下淺水小輪，客貨兼載；沱江為鹽、糖主要輸出水道，曾一度有小輪航至鄧井關，但目前並無輪運；嘉陵江由重慶至合川終年暢通 200 噸以下輪運，

[①] 原載《交通建設》1943 年第 1 卷第 12 期，本文作者魏文翰，標題為原有。

在枯水季節僅駛 70 噸以下燒油小輪，限於客運，自民國三十年起，復有內河航運公司之煤氣機小輪，經常駛至南充，以載貨物為主，每船載貨量約 20 噸；烏江為通湖南及黔東之主要水道，由川濟湘之食鹽，多循此輸出，尚無輪運。

川江灘險眾多，暗礁羅列，航運向稱艱難，西曆一八九七年英人李德樂（Archbald Little）以 55 尺長之「利川」輪船，由宜昌駛抵重慶，為川江輪運之肇始。李君羨慕川省富饒，復聘蒲蘭田船長（Captain C.S. Plant）來川考察航道，設法作商業之航行。於是德法籍 Capt Plant 輪船亦相繼試航，惜於一九〇〇年德商之「瑞生」輪船在崆嶺沉沒，致社會人士之輪運興趣稍減。至一九〇八年，始由我國官商合辦「川江輪船公司」，第一艘輪船為「蜀通」，購自英國，為拖頭與鐵駁駢行方式，即蜀通係拖輪，另拖一鐵駁相並而行，在該鐵駁上載運貨客；第二艘為「蜀亨」。當時水腳高昂，獲利甚豐，川江航運乃被目為黃金航線，若干輪船公司，因之風起雲湧，輪只眾多，造成供過於求之局面，循至營業蕭條，普遍虧折。民生實業公司係在是種不景氣之狀況下，於民國十四年成立。

抗戰前之民生公司

民生實業公司係盧作孚氏創辦，胚胎於成都成立於合川，經盧氏向各方湊集五萬元資本，親自赴滬訂造 70 噸之輪船 1 艘，命名「民生」航行於重慶合川及重慶涪陵間。嗣後購入「民用」，「民望」，業務逐漸擴充，然當時受世界經濟不景氣之影響，航運蕭條，若干航商均在愁苦狀態中。盧氏力倡化零為整，合力經營，因之大部分輪船，均行售與民生公司，或與民生公司合併。是項整理合併工作，由民十九年開始，至民二十三年大體完成，由民二十四年起，復開始在滬建造新船元、本、勤、儉、來、蘇、熙、視、律、聽各輪，均係在此時期內建造完成者。當民二十六年抗戰開始時，民生公司共有輪船 46 艘，計總噸位共 2 萬餘噸。

抗戰期間之工作

抗戰軍興，濱海區域之工廠必須內遷，民生公司自始即參加搶運工作，初在鎮江搶運，嗣在南京、蕪湖搶運，於民二十七年武漢轉進後，在漢宜段參加搶運，由宜至渝作主力之搶運，在最短期間，即將若干萬噸之笨重兵工器材，運至安全地帶，其輪只銜接，晝夜不息之情況，至今思之，猶覺興奮也。在此抗戰期間，為軍事及搶運所運輸之噸位，截至民三十一年底止，計兵工器材約 17 萬噸，壯丁部隊約 200 萬人，軍品輜重約 26 萬噸，其他之工商物資尚未計入焉。抗戰以前，民生公司之航線，以重慶為中心，東至上海，西迄宜賓，在岷江至樂山，在嘉陵江至合川。自航線縮短後，東駛返至三斗坪（在宜昌上游的 18 裡），西駛由宜賓展至屏山，其餘航線仍舊，惟增開若干短航，例如重慶白沙線，合江瀘縣線，瀘縣江安線，大體以客運為主。至渝坪渝敘（宜賓）兩長航線，則貨客並重，渝坪下水貨運，以食鹽及軍米為主，上運以棉花雜貨為主。民生公司共有輪只 90 餘艘，約共 3 萬噸，其間除一部分為油船及待修輪船外，經常行駛之輪船共 50 艘左右。

自抗戰開始後，任務繁重，即覺供不應求，船舶短少，於民二十八年開始設計建造新輪，截至目前止，已完成者計民文，民武，民悅，民捷，以上為鋼殼船，又木殼船 12 艘，計民同、樂山、巫山、梁山、璧山、名山、屏山、秀山、眉山、彭山、字水、彭水，尚有營山 1 艘，即將完成。此等新船，對後方水運裨助不鮮。

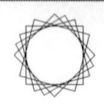

自戰事西移，航線縮短後，民生公司即努力探辟新航線，今日行駛之宜賓屏山線，即民三十年十月間試航之結果。於民三十一年五月間，亦曾以民存拖輪試航烏江，駛抵江口，與川湘公路銜接，然以該江水位漲落不定，加之河道曲折，不能作商業之航行，故於同年八月間復經民熙輪船航行一次，運鹽兩載外，即未再航行。據水利工程專家稱：倘在涪陵築堤，對水位有相當控制，即可終年通航，或能上駛至龔灘。民三十一年冬，復以民教輪船試航金沙江之屏山上游，其目的地為蠻夷司，結果成功，惟以沿途灘險眾多，在絞灘設備未妥置以前，尚難經常航行。

抗戰期間之困難

當民二十七八年，宜昌搶運時，外籍輪舶裝運普通商貨，而民生公司船舶裝運兵工器材。宜渝段外輪運費每噸高抬至數百元，民生公司運費僅30餘元，況所運載者盡屬笨重器材，若干輪船均因之變形，五癆七傷，多成殘疾，時須修理，影響運輸業務至巨，非僅財務上之重大失已也。故自宜昌搶運完成之日，即民生公司困難開始之時，民二十九年六月間，宜昌淪陷，貨源缺乏，困難益增，同時政府為穩定客貨運價起見，自民二十八年起即首先開始管制，造成收支失衡之虧折狀態。自二十八年起，民生公司歷年均屬虧折，至民三十二年一月至四月份尤甚，截至目前止，所負長期債款，已達1萬萬元以上，其困苦之處，由是可知。

輪船因應兵差及遭敵機轟炸之損失甚夥，遭敵機炸沉者幾占民生公司所有之主要船舶半數以上，不能不從事修復，以保持抗戰運輸力量，但五金價格高昂，達戰前之500倍至1000倍以上，加以工程浩大，其間雖由政府補助1040萬元，然不敷之數仍巨，今日民生公司所有之巨額債務，其主要部分，即係修復費用。環顧目前之金融周轉狀況，民生公司本身舉債之能力，究屬有限，其尚待修復之各輪，應如何辦理，實為當前急務。

困難之解救方法

前述民生公司之困難，係川江各輪船公司困難最顯著之例。是項困難，實屬普遍，亟待解救。其解救方法，業由本年六月間所召開之第二次全國生產會議通過：

一、輪運運價應根據成本，並參考物價指數，每三個月由交通部召集各有關機關調整一次。

二、航行輪只應由政府酌發航行津貼。

三、待修各輪應由政府酌發補助費。

上開三項辦法實行以後，民生公司之困難，庶可稍蘇。

川江航運之展望

川江之航道與長江中下游息息相關，概言之，亦可謂為長江中下游之延長航線。但以川江漕狹灘多，水性特殊，其適於中下游航行之輪舶，不適於川江航行，倘以川江輪舶在中下游航行，則成本過高，絕不經濟。以是川江與下游之接運，向以宜昌為其轉裝港口，故欲謀川江航運之暢達，必須加強宜昌轉口設備，逮造吊機及近代化之倉庫碼頭，始收經濟與便利之效，並應在宜昌重慶兩地，各置浮船塢一座，以增進修理效能。複查此次抗戰軍興之後，若干300尺以上巨輪，均能駛至重慶，由是以觀，未來之川江輪船，自可達到長度250尺，

載重 1000 噸之容積，則其運輸力當較目前增加，同時似應大量建造拖駁，以應貨運需要。

13. 抗戰期間的國營招商局[①]（1943 年）

全面抗戰發動後，招商局損失慘重，沿海及長江下游各埠碼頭，房地產業，先後淪陷，輪船躉船，被徵被炸毀沉者，達 5 萬噸。當時開入長江，供應後方運輸者，計有江順、江安、江華、江大、江靖、江天、江裕、建國、快利、海洋、海瑞、新豐、江新等 13 輪，及恒吉、恒通、利濟、津通、駿發、河寬、利源、利航等小輪 8 艘。自「八一三」戰事發生，至二十八年底，經招商局承運軍隊 53 萬人，軍用品 198000 噸，公物 88000 噸，商貨 192000 噸，旅客難民 36 萬人，此項任務，皆由各輪冒險營運所達成。茲將招商局在戰時運輸技術上之貢獻，分述於次：

一、關於運輸者

（一）領導同業組織航業聯合辦事處運送各線軍隊軍需品，當滬戰發生後，前線隊伍軍品，需用浩繁，供應迫切，且當時奉命搶運上海民營廠商機器物資，航業界任務，空前繁重，招商局在交通部指示下，領導同業，在南京成立航業聯合辦事處，各地設置分處，同一目標，統籌支配，儘量供應，並規定日停夜航辦法，以避敵機。上海方面，並辦理滬鎮聯運，前方軍隊補充軍品接濟，得以源源無缺。

（二）政府至南京撤退人員公物之搶運：二十六年十一月十二日我軍自動退出上海，南京情勢，日益緊張，最高當局決定長期抗戰之國策，首都西遷，招商局各輪對政府撤退人員之運送，公物之搶運，莫不盡最大努力，不顧一切，滿載上駛，江新江順兩輪，且均最後退出，沿途敵機追襲，幾頻於危，而江天輪船，以奉命擔任緊急時渡江任務，卒與首都同遭陷落。

（三）開闢贛鄂湘各省內河航線以利疏運。當政府至京撤退後，漢口人滿為患，物資擠積，而各路交通，供不應求，招商局乃竭力設法，開闢各線水運，以利疏散，如漢口長沙線，漢口常德線，常德津市，常德桃源線等，均先後開航，而尤以九江南昌線任務重大，蓋南昌至九江間交通，原由南潯鐵路擔任，嗣以戰事演變，該路奉命於二十七年六月十五日起，將路軌拆卸，並由交通部命令招商局於該日起派輪接替該線交通。招商局在奉令三日內在南昌吳城兩地設立辦事處，租設碼頭，調集輪船拖駁，准期開航，處置敏捷，頗受贊許。當時加入營運船隻，計有鎮昌、三星、江魁、升大、新升隆等 5 艘，另加客駁拖船，隨輪行駛，每晨南潯兩埠對開，當日到達。實行之後，行旅稱便，惟當時南潯間地近前線，傷兵難民，日益眾多，維持秩序，煞費苦心耳。

（四）利用回空車輛辦理粵漢水陸聯運以維進出口重要物資之交流。溯自抗戰事發生，我北洋及揚子江通海各口岸，或被敵淪陷，或自行封鎖，致國外貨物吐納，僅恃廣州一處。粵漢廣九兩路，原可大量運輸，惟軍運頻繁，無法兼顧貨運，致出口貿易及兩粵食糧，與華中各省日用必需品，因運輸困難，無法調劑，影響抗戰前途，關係至鉅。我最高領袖暨交通當局，積極宣導利用回空車輛，無如軍運緊急，鐵路車輛到武昌急需開行曾與線區司令磋商數次，覺下行武昌之車，數量不多，須供應前線之用，迄無結果。經招商局查得長

[①] 節選徐學禹著：《招商局之沿革及其所負之使命》，原載《交通建設》1943 年第 1 卷第 12 期。

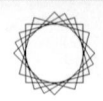

沙衡陽兩地，回空車輛較多，頗堪利用，但車輛隨到隨開，不能等待，乃倡以貨待車之議，以聯運方式，將出口貿易桐油茶葉等，裝船運往湖南，如長沙有車，則在長沙裝車，否則續航至淥口衡陽，裝入回空車輛，運粵出口，其經過雖遇種種困難，幸得各方協助諒解，頗著成效。並於粵省方面，則利用北江水運，避免轟炸，三段聯運，於茲開始。所謂三段聯運者，水運至淥口衡陽車運至曲江或英德，再由水運至廣州，所有水運，均由招商局負責辦理。至此出口貿易，進口物資，漸得暢達。查該項聯運，自開辦以來，自漢至粵，計運貨 14 批，3087 噸，出口聯運貨計運出 22 批，2329 噸，總共為 10500 餘噸。上列數字，雖非過鉅，而在軍運倥傯，時局演變之秋，獲此成績，實已竭盡努力矣。

（五）改造工具充實川江運輸：招商局自峨嵋輪觸礁後，川江運輸，幾告中斷；戰事發生後，政府西遷，川江運輸，日益繁重，該局遂代理協慶輪船業務，以作復航川江之序幕。漢口撤退，復將澄平、利濟兩輪駛渝改裝，航行渝萬宜線，並租用江興、鎮昌及本局原有小輪恒吉、恒通、河寬、駿發、利源等輪，分別開航重慶瀘縣，重慶江津、白沙、道木洞，重慶北碚等線客貨班，對陪都附近之交通運輸，不無裨益。

二、關於航業技術者

（一）協助港口阻塞工程：「八一三」戰端爆發，奉令阻塞江陰，招商局被徵輪船躉船共 12 艘，馬當封鎖，復應徵 4 艘，及至黃石港封鎖，設計用水泥鋼骨船代替，所有駕駛阻塞工作人員，大部分由招商局調派充任。

（二）海祥輪直航長沙：漢口長沙段航線，枯水期間，僅能拖駁航行，漲水時期，亦不過能通航裝貨五六百噸之船舶，蓋其河道淺狹，而多彎曲，二十七年七月間，招商局為搶運南潯鐵路鋼軌器材，將海祥輪裝足 2200 噸，滿載直航長沙，雖以當時漢口空襲頻仍，木駁拖輪兩皆缺乏，事出急不得已，而在航行史上，開一特殊紀錄矣。

（三）宜昌設置碼頭：宜昌一埠因水流太急且江底淤沙，移沒無常，故向無碼頭設備，起卸客貨，俱用木船駁送。自政府西遷後，重要器材，多由宜上運，然物大量重，無設備完善之碼頭，殊無法卸船轉運，招商局有鑒及此，於二十七年五月間，迭經派員各處調查，始發覺舊川漢鐵路，於沿江砌有石級，可設躉船，乃設計將大鐵錨繫練，埋藏岸上，利用起錨機轉動為水尺漲退之伸縮，乃於二十七年八月，將漢口招商局一號碼頭，著江安輪拖宜，在該處建設，自後宜昌始有設備完善之碼頭，而當時一般認為無辦法之事，竟能一舉成功，莫不相顧稱許。

（四）首創 4000 噸以上輪船航行漢宜線：自南京撤退，馬當封鎖以後，江海輪船，集中武漢，下游航路既短，中上游則需甚殷，且停泊武漢，空襲危險。招商局在此情況下，決將向駛滬漢四千噸以上之江安、江順兩輪，上駛從未有大輪蹤跡之宜昌，當時水枯，經設水上招待及臨時堆疊於宜，二十七年五月先後下駛，擔任搶運工作。自後各公司見安順航行成績甚佳，遂紛將大輪，加入運輸，武漢大批器材，能如期搶出，有賴於安順兩輪試航成功也。

（五）借給器材協助川江絞灘：國府西遷，川江水道，重要非常，惟以灘險過多，致船隻往返，視為畏途。招商局乃倡議以機器絞灘，商以運輸司令部，經表贊同。其時交通部為整理川江水道，加強運輸力量起見，採用以機器絞灘辦法，特令漢口航政局組織絞灘委員會，於二十七年十月二十日在宜成立，惟應用工具缺乏，遂向各方徵求，本局為倡議者，事關改善交通，便利運輸，間接增加抗戰力量，遂將大批工具，借給應用，計有二三寸直徑之

鋼纜六桶，鍋爐抽水機煙囪各一座，滑車絞轆等多件，絞灘會得此，即予利用，以後續加添配，始臻完備，現在該會範圍，日益擴大，上下船舶，多受其利，而追溯當初招商局之協助，實予該會以有力之促成也。

（六）4000噸以上大輪入川保養並乘水尺相宜加入航運以補助川江工具之不足：武漢撤退，江海輪船，集中宜昌，運輸司令部曾令各航商將能上駛輪船，克日上航，否則必要時，予以沉沒，免資敵用。招商局經調查川江航道及各輪性能，覺有上駛可能，乃呈准交通部積極進行。上駛最大問題，厥為領江之招請，該時宜地情勢緊張，川江領江多被其他公司搜羅，招商局雖招雇有心，實已應徵乏人，幾經轉商，得民生公司允借領江一組，並自雇二組，第一問題，始告解決。其次駛達地點，招商局意欲盡可能上駛，而當時頗有反對者，故上行目的地，只能以廟河為止。第三裝集問題，當時各機關積存宜昌公物，均候轉運，招商局方面，自力圖搶運，惟為使舵機轉運行駛安全起見，裝載應以適當水尺為度，各機關搶運心切，不明困難，頗滋糾紛，經多方商洽，始逐一妥貼，各輪依次上駛：

招商局各輪上駛入川日程表

船名	日期	到達地點	日期	到達地點	日期	到達地點	日期	到達地點	日期	到達地點
江順	二七年一一月	廟河	二八年四月	洩灘	二八年一〇月	重慶				
江安	二七年一一月	廟河	二八年四月	洩灘	二八年一二月	重慶				
江新	二七年一一月	廟河	二八年一月	巴東	二八年二月	奉節	二八年六月	重慶		
江華	二七年一一月	廟河	二八年一月	巴東	二八年二月	巫山	二八年八月	萬縣		
江漢	二七年一一月	廟河	二八年一月	巴東	二八年二月	奉節	二八年一二月	重慶		
江靖	二七年一二月	青灘								
建國	二八年四月	洩灘								
江大	二八年四月	洩灘								
快利	二八年四月	洩灘								
海祥	二八年四月	青灘								

江新江漢等輪，到達重慶後，均經開航萬渝線營運，並已開航宜渝線，成績圓滿，查川江航線四十年前，由英人李德樂氏以汽輪試航成功，年來雖航行技術改進，船隻噸位，逐有增加，惟最大者尚未超過1200噸，茲江新江漢等輪，噸位皆在3000噸以上，不但能到達重慶，且能駛宜營運，毋怪中西報章，爭相登載，認為航行奇跡也。

14. 國營招商局為代理總經理派任事項致重慶市政府公函（1943年4月30日）

案奉交通部三十二年三月五日人甄字第6861號令開：茲派徐學禹代理國營招商局總經理，除請簡外，此令。復奉同年四月十三日總文字第171號訓令開：發木質關防一顆，文曰「國營招商局之關防」，總經理角質小章一顆文曰「國營招商局總經理」；副總經理角質小章二顆，文曰「國營招商局副總經理」，飭即祗領啟用具報，各等因。奉此，學禹遵於本年四月二十六日就職視事，同時啟用關防及官章。除分別呈報函令外，相應函達查照為

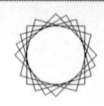

荷。此致

重慶市政府

總經理　徐學禹
副總經理　沈仲毅

15. 民生實業股份有限公司章程（1943年8月17日）

第一章 總　則

第一條 本公司依公司法股份有限公司之規定，集股組成，呈准設立，定名為民生實業股份有限公司。

第二條 本公司以促進交通，開發產業為宗旨。

第三條 本公司經營之事業如下：

一、航業。

二、機械業。

三、電氣業。

四、染織業。

五、物產業。

六、代辦業。

七、投資業。

第四條 本公司設總公司於重慶。分公司或代辦處，視需要情形，於各地方設立之，呈請主管官署轉呈實業部核准備案。

第五條 本公司公告登載於總公司所在地之新聞紙。

第二章 股份

第六條 本公司股本總額，為國幣三百五十萬元，分為三萬五千股，每股一百元，一次繳足。

第七條 本公司股東以中國人為限。

第八條 本公司股票係記名式，得自由轉讓，但轉讓人須將股票繳還公司，並填明受讓人姓名，住址，及權利起止，過戶，由本公司另換給記名式新股票。

股票因繼承關係，須換填姓名者，其程式與前項同。

第九條 如有遺失股票者，須向本公司聲明請補發股票，並登報聲明，三個月內不發生糾紛，始行補給。

第十條 凡換給或補給新股票，每股均須收手續費一元。

第十一條 本公司每年決算，結有贏餘，先提公積百分之十，次提一分股息，其餘作一百分分配如左：

一、特別公積提 15%。

二、股東紅息提 50%。

三、職工紅酬提百分之三十。

四、文化補助金提百分之五。

五、發起人酬勞金先從股東紅息中提百分之五。

第三章 股東會

第十二條 本公司每年於結帳後一月內，召集股東會一次，但遇有特別緊急事故，或持有股份總數二十分之一以上之股東，書面聲敍理由，申請召集時，得由董事會或監察人召集臨時股東會。

第十三條 股東會須有股份總額半數以上出席方能開會，其議決以出席股東權數過半行之，但變更章程之議決須依公司法第一百八十六條第二項之規定。

不足前項股數時，得依公司法第一百條第二項之規定，為假議決，但解散與合併須遵用公司法第二百零三條之規定辦理。

第十四條 本公司股東每一股有一議決權，但一股東而有十一股以上者，從十一股起每二股有一議決權，一百五十股以上之股東概以八十權為限。

第十五條 股東得委託代表到會，但須出具委託書，交由董事會存留為證。

第十六條 股東會主席由股東互推之。

第四章 董事會及監察人

第十七條 本公司設董事十七人，監察人十人，凡有二十股以上之股東得被舉為董事，有十股以上之股東得被舉為監察人。

第十八條 董事及監察人由股東會用無記名連記法互選之，得票過出席股權半數者為當選。

第十九條 董事任期為二年，監察人任期為一年，但得連選連任。

第二十條 董事會設董事長一人，常務董事四人，均由董事互選之。

第二十一條 董事會之職權如下：

一、對外代表公司。

二、經理人選任及解任。

三、召集股東會。

四、核定本公司出入款項及一切賬據。

五、議決應興應革事件。

六、視察營業狀況。

七、監視執行議決。

第二十二條 董事會每月開會一次，如有緊急事項發生，得召集臨時董事會。

第二十三條 監察人依據公司法第一百五十六條至一百六十條之規定行使其職權。

第五章 職　員

第二十四條 本公司設總經理一人，總理本公司營業事務。設協理一人，襄助總經理行其職務，總經理有事故時，並得代理其職務。

第二十五條 總經理及協理由董事會聘任之。

第二十六條 分公司各設經理一人，商承總經理辦理分公司之事務。

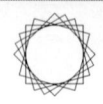

第二十七條　總公司及各部分職員名額之增減，須應事務之需要由總經理提交董事會核定報董事會備查。

第二十八條　總經理、協理之薪金，由董事會決定之，其餘各職員薪金，由總經理核定報董事會備查。

第六章　附　則

第二十九條　本章程未盡事宜悉遵公司法及其他法令辦理。

第三十條　本公司所營各種業務，如有屬於特許營業範圍者，應遵各項法令向主管官署呈請核准。

第三十一條　本章程自呈准主管官署之日實行。

第三十二條　本章程如有應行修改之處，悉由股東會依法議決，呈准主管官署修改之。

16. 四川合眾輪船股份有限公司臨時股東大會記錄（1943年11月26日）

時間：三十二年十一月二十六日上午十二時

地點：本公司大餐廳

出席人數：本公司股東共三百六十九戶，本日到會股東二百一十五戶，計五千五百三十權，代表股份一千四百零四股，均已超過半數。

一、行禮如儀。

二、公推龔董事長農瞻為大會主席。

三、主席報告開會事由：

本公司以限於資金、業務上無法發展。爰依據董事熊郁村在第四屆第三次董監聯席會之提議，增加資本。嗣經決議：增加三百萬元，共足資本五百萬元，限十二月底齊股，以資運用，記錄在卷。是否之處？請大會公決：

全體一致照提案通過。

四、總經理鐘孟甫報告：

本年公司情形，茲略就航線、修理、財政等梗概向大會報告。（一）航線：仍以長虹、長天行駛渝敘，長春、長樂行駛渝魚，長豐行駛渝津，長遠行駛渝李，長源行駛瀘藍，長寧行駛敘。惟以各線船隻一遇損壞停修，每感無從調輪替班，使班輪中斷，影響業務。故最近收買國昌輪更名長壽。現長樂停修，已加入渝魚線行駛。（二）修理：長天修理歷時五月，耗款百萬以上，現已完成，定下月初復航。長虹因左右尖地軸先後折斷，更換修理，時間與金錢均損失不貲。其他木殼船隻，亦換班修理。故本年修理費之支出，約四百萬元之鉅。（三）財政：本年向外借款雖鉅，但以敘府、瀘縣、重慶存煤及機油五金材料等價款並購國昌船價而計，恰能相抵。名雖負債，實則以資金不充，周轉不靈耳。故今後欲避免向外借貸，受子金之賠累，舍增加資本，實別無旁求，當希各股東注意及之。

五、臨時動議：

主席謂：股東增加，在原有章程上規定之資本總額及股份權數，當照修正。其他有無再修正之處，請面提出討論：

決議：照當然修正之點改正之。

六、散會。

主席 龔農瞻
記錄 楊育英

17. 重慶市航輪調查表（1943 年 11 月）

公司名稱	船名	噸量及年份	馬力（匹）	速率	載重量 滿載	載重量 長載	製造廠名	航行區域	停靠碼頭
民生實業公司	民樂	173.54 十五年四月	50	7.0			渝寸	朝天門	磨兒石
同上	民寶	144.25 二十四年一月	64	11.0			同上	同上	
同上	民瞻	52.66 二十三年二月	56	8.5			同上	同上	
同上	民光	166.10 十四年一月	150	10.0			渝唐	嘉陵碼頭	
同上	江通	165.37 二十年六月	85	10.0			同上	同上	
佛亨輪船公司	佛源	53.35 十五年六月	40	1.5			渝木	朝天門	磨兒石
同上	佛通	58.94 二十年六月					同上	同上	
同上	捷興	131.56					同上	同上	
寶源輪船局	寶源	47.63	90	10.0			同上	同上	
民生實業公司	民快	68.49 十九年八月	64	12.6			渝涪	千廝門	
同上	民好	43.10 十三年三月	24	7.0				同上	
同上	民勝	176.27 二十二年十二月	160	8.0			渝長	同上	
同上	民由	290.06 二十四年二月	120	12.9			同上	同上	
同上	民表	154.49 十五年一月	2	10.0			同上	同上	
同上	民恆	195.95 十八年十月	130	10.0			同上	同上	
同上	生聚	211.71 十九年一月	600	11.3			渝涪	同上	
同上	民武	495.36 二十八年八月	960	13.5			同上	同上	
同上	民萬	838.78 十年一月	360	14.5			同上	同上	

同上	民和	1040.52 二十年二月	800	11.0		同上	同上	
三北輪埠公司	武康	142.45 十五年一月	340	7.0		同上	同上	
民生實業公司	民康	620.48 二十四年一月	11	15.5		同上	同上	
三北輪埠公司	蜀豐	185.49 二十年七月	86	7.0		渝豐	同上	
民生實業公司	民貴	986.2 四十三年一月	2000	14.0		渝萬	木關沱	
同上	民本	1464.45 二十五年五月	340	16.5		同上	同上	
三北輪埠公司	鴻元	476.82 十八年一月	320	9.0		同上	同上	
國營招商局	澄平	521.33 九年十二月	400	11.0		同上	同上	
強華實業公司	華源	1097.33 十年十二月	3200	14.0		同上	施家河	
四川合眾輪船公司	長壽	92.72 十五年十月	45	9.0		渝魚	太平門	
同上	長春	126.06 十六年十月	150	11.0		同上	同上	
民生實業公司	璧山	183.77				渝沙	同上	
四川合眾輪船公司	長豐	54.28 十二年五月	150	10.0		渝江	同上	
民生實業公司	屏山	183.77 三十一年八月	560	10.0		渝沙	同上	
同上	營山	232.71				渝涪	千廝門	
同上	民德	64.1 二十五年二月	180	10.5		同上	同上	
同上	民昌	155.74 十四年六月	180	8.5		同上	同上	
國營招商局	恆吉	35.2 三年十月	18	6.7		同上	同上	
民生實業公司	民楷	170.66 二十六年十一月	300	11.0		渝瀘	朝天門	磨兒石
同上	梁山	183.77				同上	同上	
同上	民模	155.45 十年一月	240	10.5		渝敘	同上	
同上	巫山	183.77				同上	同上	
同上	民協	295.40 二十六年一月	240	11.0		同上	同上	
同上	民治	215.60 十三年四月	280	10.5		同上	同上	

三北輪埠公司	壽豐	196.82 二十年七月	100	12.5		同上	太平門
同上	渝豐	252.00 二十一年九月	120	9.5		同上	同上
同上	鴻利	555.81 十九年一月	350	9.5		同上	同上
永昌實業公司	永昌	86.30 二十五年十月	160	8.5		同上	同上
民生實業公司	民耀	57.28 二十七年四月	80	7.0		渝磁	臨江門
復興輪船公司	新開和	64.93 十九年一月	130	9.0		同上	同上
慶磁航業公司	慶合	19.70 十五年四月	50	80		同上	同上
同上	慶中	25.14 三十一年十一月				同上	同上
民生實業公司	民仁	62.50 二十四年十一月	120	10.0		渝潼	同上
同上	民邦	118.5 二十五年一月	120	7.0		同上	同上
同上	民律	62.68 二十五年一月	180	10.5		渝合	千廝門
同上	民生	70.66 十五年七月	180	11.0		同上	同上
同上	民視	54.22 二十五年六月	180	10.4		同上	同上
同上	民聽	54.22 二十五年六月		10.4		同上	同上
同上	彭水	64.46				同上	同上
同上	生存	234.94 二十一年一月	1300	13.0		渝巫	木關沱
同上	棠山	183.77 三十一年八月	360	10.0		渝沙	太平門

注：此表係根據十一月份各輪之分配情形而制，各輪船之航行區域及停靠碼頭因情形之需要時有變動。

18. 強華實業股份有限公司簡史[①]（1945年）

一、創辦時

一九二〇年，黃錫滋、童繼達、李澤敷等，見輪船為新興事業，可望發達想集資創辦輪船公司。但是當時軍閥割據，強差估運，不能順利營業，只有懸掛外旗才可避免麻煩，經與法商吉利洋行商洽，說妥懸掛法旗，每年付掛旗費紋銀3萬兩。乃集資紋銀30萬兩，組織聚福洋行，先後購買福源、福同、福來三輪，航行渝申航線。一九二五年，福來在崆嶺失吉，

[①] 本文予該公司自撰稿，標題為原有。

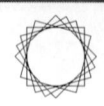

受損很大。其時軍閥政府也知道了是掛旗華商，仍然不斷挪差，法領事也不大出力保護，以至營業無法維持。一九二七年，再與吉利洋行商定，由該行在巴黎調一筆款來（約華幣10萬元），存在上海匯利銀行，作為法股資本，在上海領事館正式註冊，請法領事正式驗資，表面上作為一個正式的中法合資公司，暗地裡則訂一個密約，訂明這筆資本驗了之後，仍由吉利洋行調回，實際不占股本，只算掛旗，每年仍照付掛旗費。自經此次公開備案之後，很順利的做了十餘年的生意。

一九三八年，法大使館查出了這個秘密，認為不合，勒令吉利洋行拿出資本，改組聚福洋行。吉利洋行派代表呂丹來渝接洽，未得結果，旋去河內。嗣由黃瑾瑩、童遇春（瑾瑩為錫滋之次子、遇春為繼達之子）去到河內，與呂商量。經一再洽商，同意決定以前盈虧不問，從新做起，資本總額定為偽法幣415000元，華股占202500元，法股占212500元。那時已是一九三九年，偽法幣已經貶值，法商拿出了貶值的法幣10萬多元，即占了公司股份百分之三十幾。

改組後，法帝投降德意，而我國抗戰正在緊張階段，法國船隻禁止在內河航行。又於一九四〇年秋及四一年，幾度由黃瑾瑩去香港與呂丹交涉，將法商股份全數買回，改組為國籍輪船公司。殊法籍股東將股權轉讓手續與向法政府撤銷註冊手續辦妥後，而法籍船長仍抗不交船。為時甚久，我方忍無可忍，乃派員強迫接收，於一九二四年七月一日正式成立強華實業股份有限公司。

公司成立後，將福源輪改名華源，福同輪改名華同，連同囤駁折價和增加的現金，共湊足資本額為偽法幣500萬元，改選董監，公推楊曉波任董事長，黃瑾瑩任總經理，設總公司於重慶，內設總船財業四處，並於萬縣、巴東、三斗坪及瀘縣等地設辦事處，分別負責推動業務，以源同兩輪經常行駛渝坪、渝瀘航線，擔任後方的運輸。

二、抗戰時

公司改組成立，原冀於抗戰期中為後方交通服務，殊當時航線短，客貨少，軍運多，運價受限制，不能隨通貨貶值物價高漲速率而調整，因之虧折甚鉅，資金周轉不靈。經一九四三年七月一日股東大會議決，增資100萬元，連前共為600萬元，所有官僚資本就在此時前後滲入的。

一九四三年八月二十四日晨，華同輪在三斗坪附近的曲溪口地方被日機轟炸，船身直接中彈，船員傷亡多人，勢極危殆。幸經船上員工奮勇施救，補殘填漏，得以駛轉重慶。自是僅餘華源一輪營業，又以吃水甚深，在枯水時期，必需停航，收入竟告斷絕。乃在極端困難情況下，借債將華同修復，於一九四四年二月竣工，加入航行。該輪修理費及營業損失達偽法幣1700餘萬元，總經理黃瑾瑩於此時辭職，由王士燮繼任，瑾瑩專任常務董事，住公司指導一切。次年又兼任副總經理職務，自成立迄於抗戰勝利為止，每年皆有虧折。常致股息無從發出，實一最困難之時期。

19. 四川合眾輪船股份有限公司第八屆股東大會記錄（1945年3月20日）

時間：三十四年三月二十日上午十一時

地點：重慶白象街六十七號總公司

出席人數：本公司股東共四百四十戶，計一萬五千六百三十八權。本日實到股東二百八十八戶，計一萬一千四百九十二權。

一、行禮如儀

二、推舉董事長龔農瞻為主席

三、主席報告開會理由

照公司法規定：每年應召集股東會一次。本日實到股東戶數及權數，均已超過半數，已合法定。應即開會。

四、主席提交帳目表請表決案

略稱：董事會造具三十三年度帳目表，經送交監察人審核，並會計師證明無訛。請付表決！

經一致通過。

五、總經理鐘孟甫報告

去歲因病魔纏擾，曾請假調養，以致公司事務，未盡竭盡駑鈍，深負付託之重，頗為遺憾！幸賴各同仁均能各就崗位，勉從事，日常事務照常推動，差堪告慰。今後仍祈各股東一秉愛護事業之素志，不吝指導，俾資遵循，公司前途幸甚！

六、副經理宓如清報告業務

三十三年業務，貨運缺乏，仍以客運為主。但在政府限價政策之下，全年僅在之故，輪船載客，較諸任何交通工具均屬低廉，以至形成乘客擁擠，秩序至於無法維持之境，而收入仍寥寥無幾，不足成本。至於差租，長虹全租十九次，長天一次，兩輪共附搭十二次，傷運十次，所給租費附搭費等尤屬低廉，不敷成本至鉅。所幸船隻情形尚屬良好，共有輪船九艘，經常即保持八隻行駛。僅長虹輪在豬兒磧擱淺一次，旋即救活，損失甚微。

七、襄理張載之報告人事

三十三年客貨運價僅調整一次，嗣即實行補貼政策，故職工薪津亦僅調整兩次。在此戰時，物價不斷上漲，影響職工生活至深且鉅。綜核全年職工進退，退職者多於新進，於此可見生活不安定之一斑。但在公司方面，因限於收入，因知此種困難情形，亦無可如何也。

八、改選董事及監察人

決議：移交臨時股東會辦理。

九、主席提議：長遠輪大笐箕背失吉情形，請由宓副經理如清報告，俾各股東明察。

宓副經理報告：溯自敘南開航以來，即派長遠輪行駛，由何舜雲負駕駛責任。迄今數年，行駛四千餘次，其中船隻雖因修理迭有調換，但駕駛人員迄未更動，原以收駕輕就熟之效。殊於本年二月六日午後，由宜賓下駛，行經笐箕背，不幸失吉沉沒。經調查出事原因，當日售票並未超過定額，船之本身亦無任何部分有損壞現象。此項不幸事件純由岷江水道工程處施工整理該處灘險，水勢變遷所致。當出事之後，即派副經理陶伯宣等前往宜賓會同當地黃鹽及敘瀘分處人員辦理善後，並派工程師張幹霆前往打撈沉船。被難家屬雖備極苛求，幸賴六區王專員及當地機關法團首長主持正義，社會人士亦洞悉肇事原因，多方協助，斯時雖未結束，諒能順利解決，沉船已開始絞動，施救亦毫無問題。至被難生還與淹斃人數，現刻尚無詳細報告，惟裝殮、撫恤、施救等費已支出七八百萬元，將來修理船隻，尚需數百萬元，損失實屬不貲。此次肇事責任，航政當局已密切注視，公司亦正收集該項灘險因

施工整理水勢變遷之材料，委託律師辦理。其損失部分，將來或可獲政府補救希望於萬一。此即失事經過及處理之概況情形也。

主席　龔農瞻

20. 招商局為洽辦川糧濟鄂運輸致重慶分局函（1946年3月27日）

案奉糧食部本年三月四日餘管（三十五）第（4547）號訓令開：查湘鄂等省久受敵偽搜括，去年又遭水旱災浸，收成歉薄，民食軍糧同感不足，亟須將川省徵糧餘穀四百萬市石約合米二百萬市石下運漢口，以濟湘鄂一帶駐軍食用，迭經密諭準備在案。茲於二月十五日簽呈宋院長，請令飭招商局自三月份起派定大小輪駁若干艘，專供以糧下運之用，並奉行政院三十五年二月十七日節三字第四七五三號代電，准予照辦，等因。除電招商局克日籌畫載運川米二百萬市石之噸位，自本年三月份起按月勻派專輪來渝接運至漢，並諮請交通部轉令該局促速辦理外，合行令仰該局迅即逕與招商局洽商，按月載運噸量及起運地點、運費單價詳細辦法，積極準備。至該局原擬集中瀘合、渝萬撥交辦法，並不變更。招商局交涉辦妥下運條件，將來由領糧機構辦理，並將接洽情形呈部查核為要，等因。奉此，茲派本局配運處副處長王文穎前往貴局洽辦，相應函請查照接洽辦理見覆，以憑轉款為荷。

此致

招商局重慶分局

局長　席新齋

21. 渝宜輪船運糧聯合辦事處簡章（1946年5月23日）

第一條 本處遵照政府運糧旨意，由在渝行駛川江輪船之招商、民生、強華、永興、協大、大達等一局五公司共同組織之。

第二條 本處係臨時組織，以將糧食部在川糧食運畢，即行解組。

第三條 本處經費由共同組織之局暨公司，按照各運糧噸數，平均擔負。

第四條 本處暫借民生公司為辦事處。

第五條 本處設主任一人綜理處務，設副主任二人，協助主任處理處務。

第六條 本處主任以下設處務、調配二組，組設組長一人。總務組下設文書、會計二股，調配組下設船務、港務二股。股設辦事員若干人。

第七條 總務組管理文書、會計二股，各股職掌如下：

一、文書股：

（一）關於文書之撰擬、收發、繕校事項；

（二）關於印章之典守及檔案保管事項；

（三）其他有關文書事項。

二、會計股：

（一）關於各項開支審核支付事項；

（二）關於經費出入帳目表冊之編整事項；

（三）其他有關事項。

第八條 調配組管船務、港務兩股，各股職事如下：

一、船務股：
（一）關於運糧輪船之調遣事項；
（二）關於運糧輪船之檢查事項；
（三）關於運糧輪船報關結關事項；
（四）關於配糧通知洽運事項；
（五）其他有關事項。
二、港務股：
（一）關於食糧之配裝事項；
（二）關於食糧之起卸囤放事項；
（三）關於食糧收交事項；
（四）其他有關事項。
第九條 各組之辦事細則另訂之。
第十條 本簡章經各局公司通過後實行，並呈報糧食部、交通部備案。

22. 川湘輪船裝運糧彈實施辦法（1946年7月31日）

一、所有由渝開出輪船之貨運噸位，除特准外，一律裝運糧彈，並以糧五彈一之比例為標準。
二、緊急公物之必須由輪船運送者，應由黨政軍各機關在京呈請特准後，方得裝運，但每月至多不得超過二百噸。
三、輪船儘量裝運糧彈後，在不妨礙裝運糧彈噸位時，仍可酌量裝載得員之人員。
四、所有五百噸以上之大輪，除奉特准者外，均以宜昌為終點，任何部門不得變更。
五、所有大輪除奉特准者外，均不得包租專用。
六、糧食部應派大員駐宜昌辦理接收轉運工作。
七、交通部應調集船舶辦理宜漢段接運工作。

23. 招商局為轉知善川江水運阻滯辦法致重慶分局函（1946年9月30日）

案奉交通部三十五年九月二十三日部航字第9951號訓令內開：奉行政院三十五年九月二六日節三字第12499號代電開：交通部重慶行營三十五年九月三日代電，為川江輪船甚少，待運軍品軍糧及復員人員甚多，船隻不敷分配，擁擠不堪，目前極感困難。而下駛船隻抵宜昌後，以無船接運，常有拒不下船，強迫下駛等情事。查其癥結所在，不外宜昌接運船隻缺乏，且不能按時接運，致軍運及復員運輸均呈阻滯狀態。為求今後水運暢通計，謹擬具改善辦法如後：（一）水運除緊急軍運外，渝宜、宜漢間切實分段行駛，切忌直航，並由武漢行營會同招商局及其他公司組設宜漢段接運機構，由武漢行營級持之。（二）宜漢段接運任務應由招商局與其他公司各派出船隻，專任接運宜昌下游復員人員公物之責。（三）請武漢行營指派人員專員負責復員輪船秩序維持，取締強迫渝宜段船隻下駛情事。（四）復員船隻與差船隻應明確劃分清楚，在可能範圍內，應儘量避免混合裝載。（五）獎勵宜渝段民船及其他小輪撥運，但須受武漢行營之指導。以上各項請轉飭有關各單位分別限期辦理等情，應准照辦，特電遵照辦理，等因。奉此，合行令仰遵照洽辦具報，等因。奉此，除分函外，

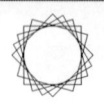

即希查照遵辦，並將辦理情形具報，以便轉報為要。
此致
渝分局

總經理 徐學禹
中華民國三十五年九月三十日

24. 1946年重慶輪船業概況（1947年）

一、去年航業統制情形年初因復員關係，貨客噸位統由交通部全國船舶調配委員會分配，六月底該會撤銷後，奉令由各輪船公司組川江輪船聯合辦事處，統籌分配。十月底復員結束，十一月初民運開放，惟貨運仍由重慶行轅川江船舶調配委員會按月份配噸位。

二、各公司輪船噸位及新添置輪船情形各公司輪船噸位另附表，至各公司添置輪船情形下：

（一）民生公司添置客貨船民風1只、太湖及110號、112號、113號、114號登陸艇6只以上，貨船拖輪1只，民生1號、2號油船2只，共計10只，總噸8966.60噸。

（二）合眾公司添置長春、長樂2輪（總噸共約700噸）。

（三）強華公司新添華泰輪1只，總噸211.21噸。華康輪1只，總噸559.98噸。

三、各航商應差情形次數噸位：

（一）民生公司三十五年先後應差船隻148只，共運官兵91705人、馬259匹、藥品21762噸，並另附搭官兵11786人、藥品4556噸。

（二）強華公司華源、華同共差運14次，計124天，運軍品公物764451噸、官兵10361人。

（三）招商局201號、207號、艇、江康各2次、江慶1次，共運軍品250541噸。

（四）合眾公司應差9次，附搭4次，附運1次。

（五）永興公司應差2次。

（六）協大公司應差1次。

四、共運軍糧若干自何處裝至何處：

（一）民生公司由渝運為糧450噸至宜昌。

（二）強華公司渝宜3723.43噸、宜漢108號、漢申180噸、渝漢320噸。

（三）招商局川糧5927.35噸。

（四）合眾公司由渝至渝735噸。

（五）永興公司由渝至宜1250噸。

（六）協大公司由渝至宜932噸。

（七）佛亨公司渝宜986噸。

五、復員運輸情形至何月復員運輸告一段落：

復員運輸自抗戰結束開始至三十五年十月告一段落，約共運軍公人員203024人，共運公物84497噸。

六、噸位供求情形：

因復員擁擠，差運頻繁，米糧下運關係，供不應求。

七、水腳增加次數：

三月一日1次，八月十五日1次。

八、各公司去年開航次數、噸位：

（一）民生公司下游246次，50429噸；上游250次，7104噸。

（二）強華公司下游37次。

（三）招商局下游41次，12489噸。

（四）合眾公司上下游共76次，5340噸。

（五）永興公司下游7次，1639噸。

（六）協大公司下游9次，1388噸。

（七）佛亨公司下游12次。

（八）永昌公司上游14次。

九、短航小汽船數、航行次數：

（一）民生公司共行4890次。

（二）合眾公司共行937次。

（三）佛亨公司共行795次。

十、以重慶起點之航線：

計有渝合、渝涪、渝長、渝唐、渝敘、渝萬、渝宜、渝漢、渝申等線。

十一、各航商經營情形、政府有無津貼：

各航商營業虧損甚鉅，有三十五年一月份起，政府即停止補貼。

十二、航業之展望：

物價不斷增長，航行成本加高，而客貨運因國內經濟不景氣，貨物滯銷，客貨運日益蕭條，航業前途殊難樂觀。

25. 抗戰期中的強華公司[①]（1948年）

一、增加資本

公司於民國三十一年七月一日成立，原冀於抗戰期中為後方交通服務，以盡國民天職，自成立至三十二年六月以來，運兵轉餉占全部業務80%以上，運價受政府管制，歷時數月始獲調整一次，而物價波動甚速，尤以輪用各種材料更為奇昂，故無論如何調整，均屬不敷成本。承運軍差公物運費又係折成計算，不能按時收得，因之虧折甚鉅，經濟周轉不靈，而船上所需之五金材料及油料燃料等，又非預為準備不可，故非籌措一筆現金不克解當前之急。且為適應環境，減少各方面之阻力，更非得金融實業界鉅子參加，不足以言生存而圖發展，乃於三十二年七月一日股東大會決議增資100萬元，由黃經理謹瑩向外設法招募。所幸贊助者多，僅費時一月，即已募足。當於八月一日招集臨時股東會議，修改章程，增加資本為法幣600萬元，新增董事10人，連同原有董事共為15人。新增監察3人，連同原有監察共為5人，並向政府辦理增資變更登記手續。自是公司經濟稍紓喘息，勉渡難關。

二、華同被炸

[①] 節選自強華公司自撰稿《強華實業股份有限公司概況》第2節，原標題為「抗戰期中概況（三十二年—三十四年）」。

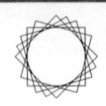

抗戰期中，四川境內大小城鎮莫不遭受敵機轟炸，水陸交通工具尤為轟炸之唯一目標，各輪船公司之船舶被其炸傷炸沉者極多。本公司華同輪為應差下駛，不幸於三十二年八月二十四日在三斗坪上之曲溪口地方被炸，船身直接中彈，船員傷達多人，勢極危殆。幸經船上員工奮勇施救，補殘填漏，駛返重慶。

自是僅餘華源一輪營業，在枯水時期又須停航，收入免告罄絕，全賴舉債維持開支。公司成立僅一年，譬如周歲之嬰兒，遽遭此重大打擊，當事者銜嚙之苦可想見矣。

後方既需船隻，華源一輪又不足維持公司開支，勢非將華同輪修復運用不可。惟修理費至為龐大，公司經濟正值困難，乃一面請政府補助，一面向各行莊抵押借貸。經六月之趕修，於三十三年二月底修理竣事，先後共耗用修理費（包括施救費在內）810餘萬元。又營業上之損失約900萬元，全部損失達1700餘萬元。以上雖經政府補助240萬元，但仍為本公司一最大之損失也。

三、人事變更

本公司創辦之初，即由黃君瑾瑩任總經理，迄於三十三年三月因事辭職，另由董事會聘王君士燮繼任，仍留黃君任常務董事，常住公司擘劃一切。

四、盈虧情況

公司至三十一年七月成立迄於三十四年底止，以運價長受管制，不足成本，所運貨物多係公物軍品，運費折成給付，遂致入不敷出，雖經政府按月給予補貼，歷年仍有虧折計。三十一年純損為2307912元、三十二年純損為6412548元、三十三年純損為25990305元、三十四年純損為141914888元，以致最低官息無從發出。此一期中實為本公司慘澹經營之一時期也。

四、民船業

1. 行政院為抄發第六次修正四川省木船貨物運價准辦法給重慶市政府的指令（1941年7月18日）

案據交通部本年六月十八日航務渝字條15349號呈稱：關於漢口航政局第五次修訂四川省木船貨物運價標準辦法之有效期限屆滿，擬飭該局召集各有關機關及各航商，會商擬定合理運價呈價呈轉備案一案，經呈奉鈞院本年五月三十日經秘政字第46號指令內開：呈悉。准照辦，仰即知照。此令。等因。當經轉令漢口航政局遵照辦理去後，茲據該局呈稱：查本局前以第五次修訂四川省木船貨物運價標準辦法之有效期限，截至本年五月底屆滿。復以船商暨全國糧食管理局機關先後呈函，紛請增修運價各情由到局，業於本年五月七日以運字第1171號呈請鈞部核示，各在案。近復迭據四川省民船商業公會聯合會及渝保、渝、渝合各民船商業各同業會縷呈，僉以第五次修訂運價期限瞬將屆滿，而現時物價飛漲，米價尤昂，川江木船需要人工特多，運輸成本因之激增，深感困難，迫懇核增運價，以維生計，而利運輸，等情。又准軍政部交通司暨船舶管理處先後來函，飭以船戶生計無法維持，逃避徵調，影響軍運，請迅予修訂運價等由到局。本局以情勢迫切，後方運輸至關重要，爰於五月三十及三十一日召開第六次修訂四川省木船貨物運價會議，計機關方面到有行政院、

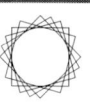

經濟會議秘書處、運輸紡□□、經濟部、社會部、軍政部交通司,四川船舶總隊產及全國糧食管理局等十七機關代表,船商方面到有四川省民船商業同業公會聯合會及渝合、渝保,楚三各民船商業公會等十二公會代表,經兩次會議再三商榷,縝密研究,其先決條件合有數端:

一、關於成本之會計——本局在會議之初已搜輯成本調查材料,其主要因素不外食米與工資兩項。至去年年底議定第五次運價時期以至今,茲米價增長將近一倍,工資亦增至80%左右。至於河流灘險行程日數,其普通因素也。

二、關於物資之配運——現時後方運輸固胥關重要,而其中最為繁忙而緊急者莫如軍運、糧運,如嘉陵江、涪江及長江下游各線,則以軍運為要;長江上游岷江及渠江、涪江各線,則以糧運為主,其運價之規定,較之普通物資如棉煤之類自有等差。

三、關於上下水比例之調整——現值洪水季節,各河下水運價例應增加較少,惟現時上水以軍運為多,下水以糧運為急,為迅赴機,則上水運率固應稍高。為疏暢米源,則下水增成亦不容太低,是上下水比例在特殊情況之下,又不能不有所權變也。

四、關於施行期限之制宜——本船運價原定每一年修訂一次,然此非可語於非常時期。姑以季節而言,洪水季節與枯水季節之運價,即未可強同。現值洪水季節,為木船營運最旺時期,在一般原則之下,增加運價自可較低。惟過此時期,則又不合理。故施行期限宜短,藉收因時制宜之效。基於上述條件議定第六修訂四川省船貨物運價標準辦法如次:

(一)增價辦法。此次修訂四川省各河木船貨物運價標準辦法(除重慶市短距離及嘉陵江渝合間短程按照第四次修訂運價加成外)一律按照第五次修訂運價分別各河流運輸灘險情形,提高20%至80%,各線增加成數如另表。

(二)費仍照第四次修定標準辦理,暫不增加。

(三)重慶至綿陽直達運價分段比例如次:渝至合13%;合至太46%;太至綿41%。

(四)本辦法自三十年六月一日起實行,暫以三個月為限。

關於第六次修訂木船運價各議決案,均經紀錄在案。要之,此次所議運價,於顧全事實之中,仍屬統制運價之意,平准物價,維護交通,並顧兼籌,實已盡調整之能事。此外關於船戶之食米問題,亟等解決,緣川江木船之駕駛,全賴多數人工,故每日需要大量糧食。然船戶係流動性質,沿途購米,以無當地居住證關係,倍感困難。如此項問題能設法解決,使船戶購米感覺便利,甚或有平價米可食,則運價癥結亦可解決。此次會議議決,關於船戶食米,擬請政府設法予以購買上之便利。再者,本屆所訂運價,各機關大體尚能遵守,惟間有托運方面為一時便利計,不免自動暗增運價,致造成黑市影響。重要運輸,如軍運、煤運尤蒙不利。此次會議議決,關於取締黑市案,亦擬請政府通令各機關切實遵守所訂運價標準辦法,以杜流弊。所擬修訂運價辦法及附陳兩案,是否可行,理合檢同第六次修訂四川省木船貨物運價標準辦法草案及會議紀錄各一份,備文呈請鑒核,迅賜施行。等情到部。查該項木船貨物運價標準,經核尚無不合,除令准照辦外,理合抄同原件,呈請鑒核備案。所有請示解決船戶購買食米問題,已函請全國糧食管理局核辦。至取締黑市一節,擬並請鈞院通令遵照,以利推行。等情。據此,應准照辦,除分令外,合行抄發第六次修正四川省木船貨物運價標準辦法,令仰該市政府遵照並轉飭所屬一體遵照!

此令。

附抄發第六次修正四川省木船貨物運價標準辦法一份〈略〉

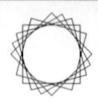

院長　蔣中正

2. 四川省民船商業同業公會為懇請鑒核該會沿革致重慶市社會局呈文（1942年9月16日）

　　竊查本會成立始於民初，至民七年改組成立商船辦事處，至十四年乃呈准成立重慶航業公會，經北京交通部立案，並頒銅質公章（現存會）。後因輪船業務發展，向交部立案未准，始商本會同以重慶航業公會名義各下貫以木船及輪船分會字樣，呈准備查在案。故本會現用舊圖記，係川江航業公會木船分會，而輪船分會竟以重慶航業公會之名然自居。迨至民二十七年，始由川江航務管理總處轉呈省府批准，成立四川省民船聯合會，此本會沿革之大略也。會員單位共有27個。計在渝由本會督促依法成立者有渝全線、渝蓉線、渝敘線、渝津線及渝楚線、渝遂線、渝渠線、渝保線、渝合線與載炭等11個民船公會。由各該原籍成立在渝設立辦事處者，計有嘉陽、綦江、長寧十六碼頭、江安、瀘縣、長船（即上游載鹽）、長壽、木洞、樂磧、涪陵、忠、豐、石、江北民船（即扒窩幫）和巴縣麻柳鄉、萬縣、雲開、奉、巫等16個公會，共有單位實為27個，此即為本會基層之組織也。至工作方面，除承上啟下及遵行法令辦理日常會務外，曾於二十七年領導三河（限上下大河與嘉陵江也）各會徵調民船數千隻，放空至宜沙等地，搶救公私各廠遷川器材，對後方水上運輸，盡其最大力量。雖今日後方各廠林立，生產日增，本會與有力焉。其他如航空委會運蓉汽油，及機械器材，暨派運綿陽子彈、酒精、廣元之鎢鈔茶葉等品，年以千萬噸計。至於趕運下游之萬巴軍米，接濟軍食，與鹽糧各項運輸，均由本會負責承派各會船隻，完成任務。其間發生之困難非可楮墨形容，概由本會不辭艱苦，不分晝夜晴雨，不避勞怨，卒將困難克服，任務完成。雖本會經濟拮据萬分，從未向政府邀請分厘津貼，對此國難時期，後方水上運輸之貢獻，直接間接補助於軍事及生產之大，較諸其他團體，絕無遜色。本會雖不敢以此言功，但亦無負政府之指導。至經費一項，平時向由各會以甲級150元，乙級110元，丙級80元，三級繳納共計月收3200餘元。此外，須有大批差運，必須添雇職員時，方在運費項下提取百分之三。然此三分中，猶須各公會提回一八，本會盡得百分之一二，此外並無巧取與勒索情事。至會中各職員，除雇聘性質略議薪資外，餘均半盡義務，以符有力出力之旨。至於會戳，原以備案手續。尚有修正之點，故未頒發，刻本會章程已由省府轉諮交部核准備查在案。惟奉指示，改計呈報之件，已遵令呈報。本會經辦各情，已如前述。惟查近有少數不良分子，不惜控詞詆毀。妄冀根本推翻本會，徒快私意於一時。果本會組織非法，省府、交部豈能諮核准備案？若本會無益於國家民族，各廠遷川運輸則本會應屬功居第一。若以會員未能健全，則本會依法成立之公會會員等，已有11單位。以整理加強言，固為非常時期之必要，樂於接受。以撤銷解散言，對此抗戰期間恐非所宜，況無關抗戰工業及平平之團體，政府猶時加以扶助指導，豈關於後方軍事動脈之水上運輸及抗戰有關其歷史勞績，又在其他團體上之團體，復欲強制而解散者乎？恐政府賢明，決不出此。茲值人民團體總登記期間，並迭奉召集諮詢之際，理合將本會組織沿革及經濟狀況，暨工作情形，並檢同章程一份，隨文齎呈，懇請鈞局鑒核候令祗遵。

　　謹呈
　　重慶社會局

四川省民船商業同業分會聯合理事長 王正奎
呈義臣代

3. 交通部就民船商業同業公會及船員工會組織辦法等事項給重慶政府的諮文（1943年8月21日）

　　案據川江民船商業同業公會及船員工會聯合會籌備委員會本年七月十四日呈請轉諮重慶市政府及四川省政府通令各縣市確定縣市與江區民船團體範圍以利工作進展等情，查凡航線起出縣市範圍之民船，均應加入依航行區域組織之商業同業公會。其船員並應加入同式組織之民船船員工會，以利管制，除諮請四川省政府轉飭各縣遵照，並令飭該會知照外，相應檢附「管制川江民船商業同業公會及船員工會組織協助推行限價工作計畫綱要」一份。
　　諮請查照辦理，見復為荷。
　　此諮
　　重慶市政府
　　附管制川江民船商業同業公會及船員工會組織協助推行限價工作計畫綱要一份

部長 穀正綱

交通、社會部管制川江民船商業同業公會及船員工會組織協助推行限價工作計畫綱要草案

　　一、川江民船商業同業公會依下列標準分別組織之。
　　（一）以行政區域為組織區域，凡行駛縣市鄉鎮港口以內之民船屬之，定名為縣（市）（鄉鎮）民船商業同業公會。
　　（二）以航行河流為組織區域，凡航線超出縣市範圍之民船屬之，定名為江區民船商業同業公會。
　　二、川江河流分為長江上游（重慶以上）、長江下游（重慶至宜昌）、嘉陵江、岷江、沱江、涪江、渠江、綦江、黔江、禦林河、永寧河等十一區，每區各組織一同業公會。各區同業公會併合組織聯合會。定名為川江民船商業同業公會聯合會。
　　三、各河流民船除應加入其所行駛河流之同業公會，並得加入所屬市縣鄉鎮同業公會外，不再加入其他河流及縣市鄉鎮同業公會。縣市鄉鎮民船商業同業公會，亦得加入聯合會為會員。
　　四、川江民船商業同業公會及聯合會之組織，由交通、社會兩部共同設立籌備員會負責籌組。
　　五、籌備委員會所需經費，由交通、社會兩部分擔。
　　六、前項籌備工作自本綱要實施之日起，三個月內全部完成，於必要時，得呈請延長之。
　　七、依行政區域組織之民船商業同業公會，由交通、社會兩部諮請四川省政府及重慶市政府加以調整，嚴密組織。其尚未組織者，限三個月內組織。未經指定之縣市鄉鎮，亦應同時調整並策動組織。
　　八、川江有關之重要縣市鄉鎮，應組織民船商業同業公會之單位如下：
　　（一）長江上游——重慶、江津、合江、瀘縣、納溪、江安、南溪、宜賓。

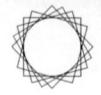

（二）長江下游——（重慶）、長壽、涪陵、豐都、忠縣、萬縣、雲陽、奉節。
（三）嘉陵江——（重慶）、合川、武勝、南充、蓬安、南部、閬中、蒼溪、昭化、廣元。
（四）岷江——（宜賓）、犍為、樂山、青神、眉山、彭山、新津、成都。
（五）沱江——（瀘縣）、富順、內江、資陽、簡陽、石橋井、趙家渡。
（六）涪江——（合川）、潼南、遂寧、太和鎮、射洪、三台、綿陽、彰明。
（七）渠江——（合川）、廣安、渠縣、三匯、通江。
（八）綦江——江口、綦江、蓋石洞、羊堤洞。
（九）黔江——（涪陵）、江口、彭水、龔灘。
（十）禦林江。
（十一）永寧河（納溪）。

以上計院轄市一、縣四十六、市一、鎮十。

九、各船市加入同業公會一律依照非常時期職業團體會員強制入會限制退會辦法，嚴格執行。

十、川江各區民船商業同業公會及聯合會之指導員及書記，由籌備委員會派遣，並應先期施行短期訓練。

十一、川江民船同業會之組織，及限制工資、限制運價及其業務等事項，由交通、社會兩部會商決定，分別辦理之。

十二、川江民船船員工會之組織，比照同業公會辦法辦理之。

十三、川江民船商業同業公會聯合會籌備委員會及民船船員工會聯合會籌備委員會組織規程及工作進度另訂之，並呈報交通、社會兩部備案。

十四、本綱要經國家總動員會議通過施行。

4. 交通部長江航政局修訂四川省各河木船運輸限價會議記錄（1943年11月26日）

時　　間　　三十二年十一月二十六日
地　　點　　本局城內辦公處
出席代表　　國家總動員會議 承藩
　　　　　　軍事委員會後方勤務部 張克恭
　　　　　　糧食部 除鄂雲
　　　　　　軍政部船舶管理所 饒象德　段輝然　柯殿侯
　　　　　　軍政部川江軍糧接運處 舒紹庭　王興綱
　　　　　　軍事委員會四川省船舶總隊部 宋□□　楊紹清
　　　　　　財政部鹽務總局代表　王智明（金振聲代）
　　　　　　重慶鹽務管理分局 王智明
　　　　　　財政部花紗布管理局 尹壽華
　　　　　　經濟部燃料管理處 張其昌
　　　　　　糧食部四川糧食儲運局 馮秉謙
　　　　　　軍政部軍需署糧秣司 鄒隆□

重慶市政府 李惠□
交通部驛運總管理處 謝明輝
交通部川湘川陝水陸聯運總管理處 王蔚琛
交通部川陝甘聯運處 謝鏡澄
川江民船商業同業公會聯合會 梁位尊　冷良士
禦林河區民船商業同業公會 陳保奎
重慶市區民船商業同業公會 劉紫珊
綦江區民船商業同業公會 霍晉黎　崔潤民
黔江區民船商業同業公會 陳如海
長江下游區民船商業同業公會 向銀廷
嘉陵江區民船商業同業公會 青出藍
長江上游區民船商業同業公會 長樹業
岷江區民船商業同業公會 餘志龍
本局 王洸　陳榮禩

主　　席　王洸
紀　　錄　李壯甫

一、報告事項

　　主席報告　自限價實行後，本局第二次所訂四川省木船運價，自本年六月一日起施行迄今，已屆六月，在此期間，一般物價迭有增長，以致現行運價不敷成本，各江區民船公會紛紛來文請求調整，同時一部分物資運輸機關亦曾來函表示須要修訂，特請各代表出席會議討論，惟各機關代表立場各有不同，如物資機關則希望運輸通暢，貨不停留，軍運機關，則以限於預算，運價不能過高，管制機關則希望越低越好，以免影響其他一般物價。因各方立場之不同，討論運價而欲各方完全滿意，誠屬困難。本局辦理管制水運運價，已歷五年，每次修訂均係斟酌各方情形，妥加議訂，是以歷年公佈之後，順利推行，各方鹹認為每修訂一次，即有一次進步，限價範圍亦較擴大，現值勝利在望，今後運輸力量須要更多，應如何充分發揮運輸工具效力，修訂運價實為最要關鍵，如果船戶不敷成本，必致歇業，更何望貨暢其流，本局此次仍制有成本調查表，請各代表詳加研討，充分發表意見，規定運價，以期合理適用。

　　二、各代表意見

　　川江民船商業同業公會聯合會代表　現因物價增長，木船運輸成本加高，現行限價實屬距離成本甚遠，要求各代表（一）長江下游增加 100%。（二）長江上游，照航政局成本表增加。（三）嘉陵江加 100% 以上。（四）岷江上游一段枯水時期，不利航行，增加 100% 以上。（五）沱江下水加 6%，上水加 100%。（六）涪江照航政局成本增加。（七）渠江照航政局成本增加。（八）綦江因過去基數太低，請增加 150% 以上。（九）黔江灘多水淺，航行困難，請增加 150% 以上。（十）青衣江請加 100%。（十一）重慶市短距離，銅元局、海棠溪至磁器口，應不分上下水，所有運價一律照上水計算，並請加 100%。（十二）永寧河加 100%。（十三）禦林河加 100% 以上。（十四）嘉陵江煤運亦請增加，如龍洞沱至重慶下水每噸請增為 380 元。（十五）囤費增加 100%。（十六）運價限期，請仍恢復三個月修訂一次。（十七）裝卸貨物請明白規定。一律以三天為限。（十八）運糧船隻，如遇不可

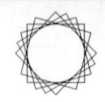

抗力之災害，請規定撫恤辦法。

　　四川糧食儲運局代表本局過去糧運，運價完全依照航政局規定辦理，按航局此次成本表，觀察長江上下游與實際情形，尚屬相符，惟涪江渠江岷江等小河則實際尚略須增加，今後枯水期間，航行困難，主張各河一律予以調整。

　　鹽務總局暨重慶鹽務分局代表現行川省各河鹽運，運價有超過限價者，亦有未超過限價者，鹽為軍民公用所需，關係重要，不可一日或缺，但每因運費未得合理解決，船戶常有拒運情事，影響運銷，實非□□，主張按照各河情形分別調整，並於成本之外，對於船戶應得利息與純益，亦應加以顧全，如何辦法仍請大家討論。

　　川江軍糧接運處代表本處軍米運往長江下游，所用船隻，均由船舶總隊部統一徵調，過去所感困難即為運價不敷成本，船戶虧賠不堪，以致發生種種困難，本處限於規定，無法補救，希望此次切實加以調整，解除困難，以利運輸。

　　軍政部船舶管理所代表本所同意調整運價，尤其本所運輸盡係軍品，成本不敷，調船困難，影響軍事至鉅。航政局此次成本表固屬精確，但以本所所知現時各河情況，重慶至綦江及長江上游、重慶至江津白沙沱等處，仍屬過低，相差甚遠，沱江涪江亦請一律增加。

　　軍事委員會後方勤務部代表航政局此次所製成本表，非常詳細，後勤部立場希望此次調整運價有兩個原則。（一）不妨礙船民生活。（二）顧到國家財力預算有限，亦不可過於增多。

　　四川省船舶總隊部代表　本部業務與全川都有關係，此次調整運價希望（一）合理制定能使公商運輸均能實行，均能遵守。（二）川江船隻缺乏原因不一，運價不敷成本，無力再造，實為一最大原因，此次希望對於如何保全運輸工具一點，加以留意。

　　重慶市政府代表航政局年來對於辦理限價工作成績很好。市政府主管本市限價。對於全川水運運價亦甚關切。本人代表市政府立場希望（一）公商運輸通行無阻。（二）抗戰期間大家都要犧牲一點。在抗戰立場上希望各船商亦宜有點犧牲精神，市政府主管五種運價。自本年一月十五日起至七月十九日止，平均增加82%。特提出此數字以供大家參考。

　　三、議決事項

　　（一）修訂各河運價

　　　　長江下游　　上水　　加70%
　　　　　　　　　　下水　　（渝至萬）加60%，（萬至巴）加100%
　　　　長江上游　　上水　　加80%
　　　　　　　　　　下水　　加60%
　　　　嘉陵江　　　上水　　（渝至南）加50%，（南至廣）加80%
　　　　　　　　　　下水　　加50%
　　　　岷江　　　　上水　　加100%
　　　　　　　　　　下水　　加100%
　　　　沱江　　　　上水　　加40%
　　　　　　　　　　下水　　加20%
　　　　涪江　　　　上水　　加110%
　　　　　　　　　　下水　　加100%

渠江	上水	加 100%
	下水	加 95%
綦江	上水	加 120%
	下水	加 90%
黔江	上水	加 150%
	下水	加 100%
青衣江	上水	加 100%
	下水	加 80%
禦林河	上水	加 110%
	下水	加 90%
永寧河	上水	加 90%
	下水	加 80%
重慶市	上水	加 70%
短距離	下水	加 70%

銅元局海棠溪至磁器口往返一律按上水運價計算。

嘉陵江	上水	加 40%
廣略段	下水	加 75%

嘉陵江煤運運價另案辦理。

（二）囤費每月每噸一律 5 元。

（三）返空費照放空費辦法辦理，運巴軍糧返空費照航政局規定長江下游上水運價 1/3 計算。

（四）一船空桶按 40 立方英尺為 1 噸計算，空汽油桶按 15 個為 1 噸計算，仍照輕浮貨物加 30%。

（五）木船裝運部隊徒手兵 10 人折合 1 噸，武裝及官佐 5 人折合 1 噸，單人加倍計算。

（六）自三十二年十二月一日起施行。

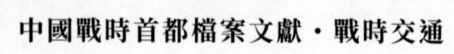

第三章 公路運輸

一、管制、管理法規

1. 國民政府軍用運輸護照規則[①]（1937年8月30日）

第一條 凡運輸軍用物料，應按照本規則規定領用本府護照。

第二條 前項護照由本府制定用印，交由軍政部核發。每三月後，由軍政部造冊連同照費匯解財政部，並將存根呈報行政院轉呈本府備查。

第三條 本規則所稱軍用物料者如下：

一、軍械彈藥及用以製造機器材料。

二、軍用器材。

三、軍需物品及軍用衛生材料（非軍用時不在此例）。

四、軍用教育器材（非軍用時不在此例）。

第四條 軍事機關及軍隊或行政機關請領護照，應由直屬之最高長官具名，分別報請軍政部核發。地方法團及公司商號等請領護照，應呈由地方最高官署轉請發給。

第五條 軍事機關及公共團體請領護照，應備具運輸說明書，以便查考（書式附後）。公司商號並須另具請求書、保證書，連同運輸說明書一併呈送，以示慎重（書式附後）。

第六條 請領護照者應按照附則規定繳納照費。但軍事機關及軍隊因公調遣或運輸已成軍械彈藥時，得酌免繳納。

第七條 關於運輸護照所有應行減免厘稅或應照章繳納辦法，經過關局報運手續，以及車船運費，仍應照向章辦理。

第八條 凡運輸規則第三條所列物料無本府護照，或所運之種類數量與護照所列不符者，護照逾限失效者，及違反本規則第七條之規定者，應即由經過關局扣留，報請核辦。

第九條 運智利硝等用護照之領發手續，依照稽核智利硝暫行辦法辦理之。

第十條 運輸硝磺類專用護照之領發手續，依照硝磺類專用護照規則辦理之。

第十一條 凡由國外運械來華，須將護照送由駐在發運國本國使館查驗證明。

第十二條 前條之運輸護照有效期限，自填發之日起，在日本為二個月，在歐美各國為六個月，逾期呈請換發。

第十三條 本規則施行細則另定之。

第十四條 本規則自公佈日施行。

[①] 原載軍政部兵工署編印：《法令選輯》第3編，1941年出版。

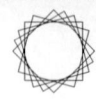

2. 國民政府軍用運輸護照規則施行細則[①]（1937年8月30日）

第一條 關於發給運輸護照執行事宜，依照本規則辦理。

第二條 發給運輸護照規則第三條第一項之區分如下：

一、軍械類：槍、炮、刀、矛及其附件。

二、彈藥類：火藥、爆藥、槍彈、炮彈及其裝填火藥之彈丸、銅火帽、導火線等。

三、用以製造械彈之機器。

四、用以製造械彈之材料，白鉛、紫銅及製造械彈之銅鐵等。

第三條 發給運輸護照規則第三條第二項之區分如下：

一、軍用陣營器。

二、軍用橋樑工作器材。

三、軍用電信、電話、電燈器材。但無線電材料應照《交通部無線電材料進口護照辦法》辦理。

四、軍用航空器及其機件並附屬品，應照《航空器件輸入條例》辦理。

五、軍用汽車及其機件並附屬品。

六、軍用車輛及其他軍用器材。

第四條 發給運輸護照規則第三條第三項之區分如下：

一、糧秣類。

二、被服類。

三、裝具類。

四、軍用藥物類。

五、軍用醫藥器械及消耗品類。

第五條 發給運輸護照規則第三條第四項之區分如下：

一、軍用教育書籍類。

二、軍用教育器械類：木槍、木劍、體操器械、軍樂等類。

第六條 運輸護照之限量如下：

一、槍支　每照以100枝為限。

二、槍彈　每照以100粒為限。

三、炮及機關槍　每照以6門為限。

四、炮彈　每照以300出為限。

五、器械刀矛等　每照以200件為限。

六、火藥爆藥　每照以2000市斤為限。

七、銅火帽導火線　每照以2000個2000市尺為限。

八、白鉛紫銅　每照以5000市斤為限。

九、鋼鐵　每照以5000噸為限。

十、製造軍械彈藥機器　每照以製造一種械或彈之機器一全副為限。

十一、米　每照以500包為限。

[①] 原載軍政部兵工署編印：《法令選輯》第3編，1941年出版。

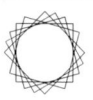

十二、麵粉　每照以 1500 袋為限。

十三、被服裝具　每照以 1 萬件為限。

十四、軍用衛生材料或軍用教育器材　每照以價值 1 萬元為限。

第七條　二項以上同運時，其各項物料之成數合計不超過定項時，准合填一照。其辦法如下：

本細則第六條之第二、第五兩項得與第一項槍支同運。

第二項或第四項得與第三項同運。

第六、第七、第八各項得任便數項同運。

在上列各節規定之外者，二項以上不得並填一照。但緊急時期得不依前二條規定之限量，由軍政部酌量辦理之。

第八條　本規則未列各軍用物料，應請護照運輸者，其種類限量應由軍政部隨時核定辦理。

第九條　軍事機關或軍隊（地方自衛團體或員警等不在此例）領運已成或移運舊存軍需物料、軍用器材、衛生材料及軍餉行李等項，其運輸限量不適用本細則第六條之規定，但須預先報請軍政部查核。

第十條　運輸護照之照費暫定為每照大洋 5 元，印花稅費 1 元。

第十一條　請領護照時應備之書表缺略及填注不詳者，或與本細則規定不符者，應繳照費、印花稅費。未納足者，除有特別情形經預先聲明外，概作無效。

第十二條　本細則自公佈日施行。

3. 汽油統制辦法[①]（1937 年 9 月 17 日）

第一條　本行營為應付非常時期節省汽油消耗起見，特訂定本辦法。

第二條　本行營統制汽油消費管理事宜，由本行營公路監理處負責辦理，遇必要時得令地方政府協助辦理之。

第三條　亞細亞、美孚、德士古、光華等油行所有汽油，統歸中央信託局購買，不得私自售賣。

第四條　凡使用汽油機關團體或私人，一律限期向本行營公路監理處或指定地方政府登記，登記事項如下：

一、使用汽油之動力如係汽車，應將車輛種類、牌別、年份、牌照號數、載重量、用途及以前每月平均消耗汽油量等項，詳細填列登記表內。

二、使用汽油之動力如係船舶及其他機器，應將機器種類、牌別、年份、馬力數、用途及以前每月平均消耗汽油量，詳細填列登記表內。

三、原存汽油數量應一併登記。

四、登記表由本行營制發（表式另定）。

[①] 原載中央訓練團編印：《中華民國法規輯要》第 4 冊第 10 編，1941 年版。該辦法係軍事委員會委員長重慶行營公佈施行。

第五條 本行營得按照前條所列各種汽車船舶及其他機器之性質及需要情形，分別核定標準如下：
　　一、汽車
　　（一）長途或市內公共汽車，按照行駛路段及班次，每日平均里程核算。
　　（二）機關學校交通車，按照起訖地點，每日或每月行駛次數里程核算。
　　（三）軍政機關供給長官乘用汽車，按照每日上下辦公及因公乘用之次數里程核算。
　　（四）機關團體商號職員自備汽車，按照實際需要情形，每日平均消耗數核算。
　　（五）軍用長途汽車，按照軍事給養之運輸情形，每車每月平均消耗數核算。
　　（六）私人營業或計程車，按照每日平均消耗數核算。
　　（七）無職業者之自備汽車，一律禁止行駛。
　　二、船舶及其他機器
　　（一）船舶按照引擎馬力，每月平均消耗數核算。
　　（二）其他機器按照引擎馬力，每日平均消耗數計算。
第六條 前條所列各種汽車船舶及其他機器消耗油量經核定後，發給購油許可證，使用者得憑證向中央信託局購用汽油。
第七條 購油許可證以一月為期。使用者於每月十五日以前填具下月請領購油許可證申請書，經核定後，於每月終換發一次，同時將上月份購油許可證繳銷（申請書格式另定）。
第八條 購油許可證不得售賣或轉借他人。
第九條 違背前條之規定經查明屬實後，除將購油許可證吊銷，以後永不復發外，併科以相當罰金。
第十條 私人營業或計程車，對於行駛路段交通上不甚重要者，以行駛三個月為限，屆期一律停止行駛。在此三個月內，並得按月減少其用油量。
第十一條 船舶及其他機器如能改他種燃料，即限時改用，其餘亦須逐步設法改裝。
第十二條 凡汽車船舶及其他機器遇有損壞，短期內不能修復，或因其他停止使用時，使用者須隨時報請本行營核查。倘隱匿不報或報而不實，一經查明，照第九條規定處罰。
第十三條 遇必要時，除維持交通暨軍事運輸汽車外，得將第五條所列各種消耗油量酌予核減或暫時停止其使用。
第十四條 本辦法如有未盡事宜得隨時增訂之。
第十五條 本辦法自公佈之日起施行。

4. 軍事委員會貨運特種護照發給辦法[①]（1937年10月）

　　一、軍事委員會（以下簡稱本會）貨運特種護照依本辦法發給之。
　　二、本會指定第四部為承辦給照事宜之機關。
　　三、凡合於下列規定之一，運輸貨物經過戒嚴區域者，得請求本會發給貨運特種護照。
　　（一）國營事業機關或政府特許設立之營業機關。

[①] 原載軍政部兵工署編印：《法令選輯》第3編，1941年出版。

（二）業經依法向地方主管官署呈請備案註冊或登記有案之殷實商業團體機關行號，經本會第四部呈奉特許得以適用貨運特種護照者。

四、凡請領貨運特種護照者，須開具貨運清單，並備具請求書載明下列事項：
（一）機關團體廠商行號之名稱及地址。
（二）負責人及押運人之姓名及住址。
（三）運輸貨物總類數量及包裝方式。
（四）起運地點、到達地點、經過路線及預計運輸所需時日。

五、凡領貨運特種護照者，不得夾帶違禁物品及中途卸囗。

六、凡領貨運特種護照者，一切應繳運費稅捐應遵章繳納。並應服從沿途軍警之檢查與指示。

七、第四部應將本辦法全文錄印於貨運特種護照之背面，並應於奉准發給貨運特種護照時，將本辦法第四項所列各款事項及發給時日、繳銷限期及編列字型大小填入護照。

八、凡領貨運特種護照者，於限期屆滿後三日內，應將護照向原領機關繳銷。

九、凡領貨運特種護照者，如有請求書填報不實、貨照不符、限期已過或夾帶違禁物品情事，得由有權機關予以必要之處置，並得將負責人或押運人移送軍法機關懲處，但須立即呈報本會候核。

十、本辦法自核准日施行。

5. 西南公路運輸總管理處接管各省有關公路辦法（1937年12月16日）

一、西南公路運輸總管理處（以下簡稱總管理處）應行接管各省有關各公路之人員資產及作價辦法等悉依照本辦法辦理之。

二、各省公路主管機關應行劃歸總管理處接管之人員資產等依照下列各項移交之。
（一）路線　現在已經完工行車之路線，造冊開列路段名稱、起訖地名及其里程，包括各路段內之橋涵路基路面行道樹及交通標誌等。
（二）車輛　照民國二十六年七月至十二月各該省行駛於各該段路線上客貨車輛之平均數加該數三分之一之預備車為移交標準（貨車至少以客車五分之一為移交標準），此項移交之車輛係造冊開列各車種□□□價購進年月引擎號碼噸位元（客車須注座數）備胎數原車胎新舊成數（或裝換年月）及隨車工具名稱數量等。
（三）房屋　沿線之站屋機廠油庫棧房等建築物應悉數造冊開列名稱地點間數（或容量）原造價及建築年月等，如房屋原係向人租出者則應將租賃權移轉並應在移交冊上注明租期及其他要點。
（四）機器渡船工具器物　沿線有關各種機器（包括修車廠機器築路機養路機養路滾等）、渡船（包括人力渡船機輪渡船等）、工具（係屬資產而非消耗者）及一切通訊設備、公器公物應悉數分別造冊開列種類名稱數量原價購進或建築年月等。
（五）材料　沿線存儲之配件、燃料、油料、車胎及其他材料，應悉數造冊開列名稱、數量及購價等，由總管理處分別照價付購。
（六）人員　除主管總機關內人員外，凡接收路段內車務機務材料養路等員工及移交車輛之隨車司機，應分別開列名冊加注職稱、略歷、到差年月、原薪額、實支額、主管工作等。

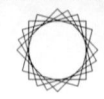

（七）其他　其他沿線應行移交之資產物件及員工等由總管理處視需要酌定接管之。

三、第二條內（二）（三）（四）三項應作定價格列入總管理處資產項下，其估價辦法以全國公路交通委員會統一公路會計制度設計委員會所定折舊率為標準。

四、總管理處於接到上項清冊後，即派員會同各該公路主管機關之代表點驗接管，但在點驗未完畢前仍由各該公路機關原負責保管人員負責保管所有估價讓購事宜，由雙方另行派員辦理。

五、各省公路主管機關對於應行移交之各路段，如原有營業盈餘者，由總管理處按照下列各項之規定補償之。

（一）總管理處會同公路主管機關清查民國二十六年下半年份（七月至十二月）內各該路段之營業總收入，除去總支出（連折舊在內）所得平均每月淨利數由總管理處於接管後按月照該淨利數之八成補償該公路之主管機關。

（二）計算該淨利數時，應同時查明該時期內平均每月之營業車輛數及路線里程，如移交之車輛不及該時期內之數目或路線里程減少時，則上述甲項之補償數應照比例遞減。

六、總管理處於每會計年度終結算營業收支如有淨利時（開支包括補償各省之數及各項折舊）應再按照下開公式撥補各有關公路主管機關。

$$淨利\left(\frac{該省移交資產}{總管理處全部資產}+\frac{該省移交路線長度}{總管理處路線長度}\right)\times\frac{1}{4}=應撥補該省淨利$$

七、昆明至緬甸邊界一段公路工程完成後再由總管理處接收使用。

6. 徵用汽車施行辦法[①]（1938年）

第一條　本辦法依照《軍事徵用法》之規定制定之。

第二條　徵用汽車時，由軍事委員會或戰時最高統帥部以命令列知各該補徵區域之省市政府轉飭主管機關辦理之。

第三條　省市政府奉到徵車命令後，應按照所有汽車種類及數量，就該管所有汽車，按左列各點適宜分配徵調之：

一、平時業已編制之車輛，應就編隊準備情形應徵。但車輛仍須酌情調整。

二、未經編制之車輛，以先徵公有汽車（郵政汽車除外）為原則，視當地交通需要情形酌定其徵用比例。

三、徵用汽車以先徵最近出品而機械較好者為原則。

四、每批徵用汽車以同一種牌名為原則。

第四條　徵用汽車時應以徵用汽車通知書通知被徵用汽車之所有人。該通知書應載明下列事項：

一、汽車所有人姓名住所或法人名稱住址。

二、應徵汽車之種類及數量。

三、送繳日期及驗收地點。

---

① 本辦法由軍事委員會明令頒行。原載軍政部兵工署編印：《法令選輯》第3編，1941年出版。

四、隨車人員之職務及其人數。

五、隨車工具之種類及數量。

六、隨車材料之種類及數量。

徵用汽車通知書應用二聯，以一聯通知，一聯存查（其式樣如附表第一）。

第五條 被徵用汽車之所有人接到通知書後，應依照規定將汽車整理完備，如期駛至指定地點驗收，其駛至驗收地點所需油類，由使用機關按價發給代金。

第六條 被徵用汽車如已經編隊組織者，應照原編制辦法應徵外，其未經編制者，每年（車）應隨正副司機生各一名。凡應徵機關公司被徵汽車達十五輛時，應由該機關或公司參照各省市汽車編制辦法派員充任小隊長，協助使用機關管理一切。

第七條 被徵汽車應備隨車修理工具及必要之補充材料。此項材料除通知書所開列各項外，仍應視車輛之車程及使用之程度適宜配備充分之配件。此配件之數量，由徵用機關依照需要及汽車所有人儲藏數量指定之，另單隨車送繳。

第八條 徵用汽車之驗收，已設立汽車總隊部之省市，即由汽車總隊負責；未設立者由徵用機關臨時派員辦理之。

第九條 驗收汽車憑單式樣（如附表第二）應填事項如下：

一、汽車所有人姓名或法人名稱及住址。

二、汽車製造廠牌名、製造年份、發動機號碼、底架號碼、汽缸只數、馬力匹數、車牌號碼。

三、發動機、制動機、輪胎、喇叭、車身、車燈之現狀，隨車工具材料之種類及數量。

四、隨車人員之姓名、年齡、籍貫及住址。

五、徵用年月日及估價。

六、徵用汽車及使用機關之蓋章。

第十條 徵用汽車估價標準適用下列遞減法：

一、使用經過一年者，照購價折舊 30%。

二、二年者折舊 45%。

三、三年者折舊 60%。

四、四年者折舊 70%。

五、五年者折舊 80%。

六、六年者折舊 90%。

七、不滿一年者，按照該年份規定折舊率，依使用月份比例推算之。折舊後剩餘價值僅及原值百分之十時，不再估價。

第十一條 前條所稱之原價，係指汽車所有人對於該車所付全部之買價或製造成本或買價與裝配成本之總值。但修理費及補充零件費，應作消耗費，不包括原價內。汽車所有人不能證明該車原價時，由驗收員評定之。

第十二條 徵用汽車應於使用完畢一個月內，由使用機關繳由原徵機關轉還原主。其使用地點駛至原主所在地，所需油類，由公家核給之。

第十三條 被徵用之汽車發還時，應先予修理。其私有汽車並按照估價每月 2.5% 給予貸金。

但被徵公有汽車不在此例。被徵汽車無論公有私有如係全部銷毀無法修理者，應按照驗收時估計價值給予賠償，但不另給貸金及賠償費，於戰事終了二個月內由原徵機關呈報軍事委員會或戰時最高統帥部如數發給之。

第十四條 隨車修理工具及材料配件，於徵用汽車發還時，按照實際消耗數量，由使用機關依價給償。

第十五條 徵用汽車人薪津規定如下：

一、正副司機及工匠之工資夥津，概由後方勤務部照下數發給，如較其原服務機關或公司之待遇為低時，其不足之數仍由原機關公司酌量補足。

（一）正司機每月42元，兼上士班長者月加給10元，兼中士班長者月加給5元，副司機每月24元。

（二）工匠平均每月不得超過55元。其支配方法由各該主管人員按其技能妥擬數目，呈由使用機關核定之。

二、職員之薪津，凡由公家之機關或商辦公司調用者，仍由原屬機關公司照原來待遇按月發給，另由後方勤務部每員月給夥津12元。如公司有艱難時，報請各省市總隊部轉請各省市政府按其原來待遇撥款維持之。

第十六條 隨車人員之獎懲除遵照陸軍獎懲規定外，並適用兵站人員獎懲條例。

第十七條 隨車人員之撫恤按照《陸軍撫恤條例》辦理之。

第十八條 本辦法如有未盡事宜，得隨時以命令修正之。

第十九條 本辦法施行日期以命令定之。

〈（附記）表式從略〉

7. 軍事委員會公路橋樑搶修辦法（1938年8月21日）

一、凡公路橋樑附近均應準備木料鐵件等器材以備破壞時立即修復。

二、橋樑長度在20公尺以上者，應徵用長度達10公尺左右之船隻並準備大樑橋面板鐵件纜索等以備橋樑破壞時搭建浮橋之用。如橋樑局部損壞可以修復者仍應儘先設法修復。

三、如河流過闊船隻不敷搭建浮橋時，應選擇附近相當地點趕建臨時碼頭接通原有公路，但仍應準備船隻，可供載渡汽車者每渡口至少10只。

四、各公路應設橋工隊以工程師1人工程員若干人統率之，下設若干班，分固定班及飛班兩種，每班設工程員1人，監工12人，木匠8人，鐵匠2人，小工10人，須備有一切修橋工具卡車1輛，自行車2輛。

前項橋工隊應由各省政府組織，如工程人員不敷分配，得由交通部派員協助之。

五、橋工隊固定班應分段駐紮於各較大橋樑近處，所轄地段視橋樑多寡以30公里至50公里為准。飛班應於路線長度每40至60公里以內駐紮一班，遇該路任何段內橋樑破壞，固定班能力不敷應付時，應立即馳往協助搶修。

六、橋工隊駐在地之縣長區長鄉鎮長等，應負責隨時徵集民工協助□□橋樑等事宜，事先應由省政府通飭各縣遵照。

七、各公路橋樑，應由縣政府指定所在區區長派定壯丁輪流巡看，橋樑長度在30公尺以上者，應派保衛團常駐看守，並酌備滅火沙袋以防燃燒及奸人破壞，遇有緊急時，隨時報

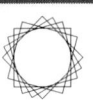

告橋工隊。

八、各橋修復方法應儘量應用木架木面，以期迅速，如有需用鐵路舊鐵軌者，得向交通部洽領應用。

九、各縣應行準備之橋樑材料照下列辦理（一）木料由省政府向省內木行徵用，出具收據，事後由省政府撥款償付作正開支。

（二）鐵件及工具得由省政府交各縣採辦，其款項來源，由省政府規定之。

（三）其他渡船租工食及纜索零件等項，概由省政府擔負作正開支，責成各縣經辦。

十、橋工隊之經常費由省政府擔負作正開支。

十一、凡前方有關軍事路線及後方重要交通路線經過各河流，應備船隻，經本會通知限文到七日內備齊。各備所需準備材料及橋工隊，限文到十日內分別備齊，組織成立開往工次。

十二、交通部於每省各派工程師1人至數人，督促辦理並指導該項橋工隊之組織及準備材料數量等進行事宜，隨時報部核辦軍委會。

十三、各省省政府、地方政府及公路工程與交通主管機關對於交通部所派工程師應予以行使職權及行旅交通之種種便利。

十四、本辦法自核准日起施行。

8. 行政院為核發有關汽車及駕駛人、技工管理法規給重慶市政府的訓令[①]（1939年7月18日）

案據交通部本年八月十二日公字第一四七八二號呈稱：

查公路交通管理，中央原經訂有各項章則，適用於互通汽車之各省市間。新制初創，業已略具規模。惟自抗戰以來，情勢變遷，公路交通，日益頻繁，舊有規章，多已不盡適用。本部現擬陸續修訂頒行，以期適應時勢。目下所有汽車及駕駛人、技工應如何統一管理，以期整飭之處，實為最重要急切之事。前經擬定管理通則提請鈞院會議議決，由本部自行分別規定辦法施行在案。本部茲謹遵照決議，擬具汽車管理規則；汽車駕駛人管理規則；暨汽車技工管理規則，各一種，凡汽車之登記、檢驗、領照、納費、行駛及駕駛人技工之登記、考驗、雇用等，均已詳明分別規定。理合檢同此項規章各一份，具文呈請鈞院鑒核備案，並通令各省市政府遵照辦理，實為公便。

並據該部本年九月七日函呈，請將各省市互通汽車章程廢止，各等情。據此，查原擬各項規則，核尚可行，所請通令施行，並將各省市互通汽車章程廢止各節，應予照準。除分行並指令外，合行檢發原件，令仰遵照辦理。

此令。

計檢發汽車管理規則、汽車駕駛人管理規則及汽車技工管理規則各一份

院長　孔祥熙
交通部部長　張嘉璈

---

① 原載交通部編：《交通法規彙編補刊》，1940年出版。

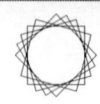

汽車管理規則

第一章 總則

第一條 全國汽車之管理,除軍用汽車外,悉照本規則之規定辦理之。

第二條 全國汽車之登記檢驗、領照、納費以及行車取締等,均由交通部統一管理之。

第三條 本規則所稱之各種汽車分類如下:

一、人汽車

（一）小客車 凡小汽車設置座位乘人者均屬之,分自用與營業兩種。

（二）大客車 凡大汽車設置座位乘人者均屬之,分自用營業兩種。

二、貨車 凡裝運貨物之大小汽車屬之,並包括半拖車、曳引車及拖車。

三、機器腳踏車

（一）二輪機器腳踏車 全用機力行駛者屬之。

（二）三輪機器腳踏車 裝有附車為運貨或乘人之用者屬之。

四、特種汽車 凡以機力行駛之特種汽車,如灑水車、消防車、救護車、警備車、工程救險車、垃圾車及其他裝置特殊之汽車均屬之。

第四條 各種汽車依照下列規定,均得通行全國一切公私道路。

一、機器腳踏車領掛合法號牌行車執照,並經依照第三章規定繳納季捐者。

二、自用小客車領掛合法號牌行車執照並經依照第三章規定繳納季捐者。

三、營業小客車、自用或營業之大客車及貨車,領掛合法號牌、行車執照,經依照第三章規定繳納季捐,並經依照《公路徵收養路費規則》繳納養路費者。

四、特種汽車領掛合法號牌、行車執照者。

第二章 登記檢驗

第五條 凡人民團體、機關、公司、商號備有本規則所列各種汽車,無論為營業或自用,欲在國內各公路或市區道路行駛者,均須依式填具交通部規定之申請登記檢驗書（其式樣另訂之）,隨繳登記檢驗費法幣一元,向車主所在地經交通部指定之公路交通管理機關申請登記檢驗。

第六條 汽車應行登記事項規定如下:

一、車主姓名、性別、職業、籍貫、住址及電話號數,如係機關、團體、公司或商號,應記其名稱與所在地及其代表人之姓名、職位、籍貫、住址。

二、汽車類別、牌名、製造廠名、出廠年份、引擎號碼、汽缸數、馬力數、規定載重量、底盤及車身重量、乘人座數、輪胎尺寸及只數、車輪種類、軸距、車身形式、顏色、轉向盤位置、座位方向（縱或橫）、車門數及位置、燃料種類,新車原值及其購進年月,舊車購價及其購進年月。

三、駕駛人姓名、性別、年齡、籍貫、住址及其執照號碼。

第七條 汽車經登記後,應依下列規定施行檢驗:

一、與申請登記檢驗書內所填各項有無不合。

二、制動器是否靈敏。

三、轉向盤是否靈便。

四、電繫各部,如電動機、以電機、分電盤、火花塞及其他關係部分有無損壞。

五、機器各部，如發動機嚙合器及其他重要部分有無損壞。
六、前後燈及反照鏡是否齊備，位置是否合宜，光量是否適度。
七、減聲器及刷雨器是否齊備完好。
八、所備發聲器發音是否宏亮。
九、車身結構是否堅固。
十、車內設備是否齊全整潔。
十一、車架及引擎號碼是否相符。
十二、隨車工具是否完備。
十三、輪胎是否適合規定，預備胎是否齊全。

第八條 各種汽車經檢驗合格後，准於照第三章之規定繳納各費，請領號牌捐證及行車執照。其不合格者，應令修理或改造完備後重行報請檢驗，但檢驗二次後仍不合格者，即行取締。

第九條 各種汽車，除申請或變更登記及換領牌照或補領牌照時須經檢驗外，應每年由交通部牌照主管機關或經交通部指定之公路交通管理機關舉行總檢驗一次。但遇必要時得隨時施行檢驗。

第十條 凡汽車主要部分如有損壞，應即趕速修理。其已申請登記檢驗合格之各種汽車，非呈准原登記檢驗機關，不得擅行變更其原有設備。

第三章 牌照及捐費

第十一條 各種汽車號牌、行車執照，均由交通部牌照主管機關統一制發，經部指定之公路交通管理機關轉發車主具領。

第十二條 汽車號牌應冠以「國」字，並加注經發牌照機關地域之簡稱，以資查考（式樣如附圖）。

第十三條 各種汽車經登記檢驗合格後，應向交通部指定之公路交通管理機關領取行車執照一張及號牌二面。機器腳踏車僅領號牌一面。

第十四條 各種汽車僅限懸掛一套號牌，不得加掛其他號牌。

第十五條 汽車號牌須釘掛於指定地位，行車執照須隨車攜帶。

第十六條 行車執照每張收法幣四元，汽車號牌每面收法幣五元，機器腳踏車號牌每面收二元五角。以上各項牌照費，均由登記檢驗機關徵收後，除扣除百分之三十之手續費外，解繳交通部牌照主管機關充作制發牌照工料費用。

第十七條 各種汽車領取號牌及行車執照時，須將該車駕駛人執照呈驗。

第十八條 各種汽車經登記檢驗領取牌照後，無論自用、營業，均須照下列規定向所在地省市車捐徵收機關繳納季捐，領取捐證（其各季式樣由交通部牌照主管機關規定之）。捐證費每個收法幣五角。

第十九條 季捐自一月至三月為春季有效時期，四月至六月為夏季有效時期，七月至九月為秋季有效時期，十月至十二月為冬季有效時期。不滿一季者仍按一季計算。

第二十條 每季首月上旬為繳納季捐時期，逾期不繳，照本規則所規定之罰則處罰。

第二十一條 凡汽車運輸機關，汽車買賣或製造修理行廠，因業務關係隨時試行汽車，應向當地經交通部指定之公路交通管理機關請領試車牌照（式樣如附圖）。

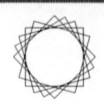

第二十二條　試車牌照費以按季收費為原則，每季法幣三十元，其因特殊情形准許按日領用者，每日收捐銀一元。並各收押牌費六元。押牌費於繳還牌照時發還之。各公路交通管理機關於所收試車牌照費內，應以百分之三十解繳交通部牌照主管機關，充作製發牌照工料費。

第二十三條　試車牌照以行駛於經發牌照之公路交通管理機關管轄範圍內為原則。如須通行於其他區域時，應得經發牌照機關之特別書面許可。

第二十四條　試車執照除按日領用者外，其有效期間為一年。期滿仍欲繼續使用時，應於期滿前十日內向原發照機關申請換領新照。如不繼續使用，亦應於期滿前十日內將原領號牌連同執照一併繳銷，不得自行毀棄。

第二十五條　掛用試車牌照，不准搭客載貨。

第二十六條　凡新車進口或准許進入國境之外國汽車，應向交通部所設之國境汽車牌照管理機關申請登記檢驗，並繳納登記檢驗費法幣一元。並牌照費法幣六元，領取臨時牌照（式樣如附圖），方得駛入國內公路。其駕駛人無駕駛執照者，並須考領駕駛執照。詳細實施辦法由交通部另訂之。但該項汽車如係第四條第三項車輛，須載客運貨者，並應照《公路徵收養路費規則》繳納養路費。

第二十七條　臨時行車執照上應規定行駛路線，起訖地點、有效日期，到期該項車輛應向執照上所指定公路交通管理機關或原發照機關繳銷，或重新申請登記檢驗，換領牌照，並照章繳納捐費。

第二十八條　各種汽車領有行車執照後，如欲變更登記檢驗書內任何一項者，車主須申請原登記檢驗機關檢驗查明後，方准變更，仍須繳納登記檢驗費法幣一元。如須換領新照，加繳執照費法幣四元。

第二十九條　凡汽車過戶時，應依式填就過戶申請書（其式樣由交通部牌照主管機關訂定），由新舊車主簽名蓋章，連同舊執照送請原登記檢驗機關換領新行車執照。但號牌不換，並須繳過戶登記費法幣一元，執照費法幣四元。

第三十條　汽車號牌及執照不得移用於他車。

第三十一條　營業大小客車均應在車內懸掛小號牌。

第三十二條　凡經修理之汽車，無法修竣或修竣後經兩次檢驗不合格者，應由原登記檢驗機關吊銷其行車執照及號牌。

第三十三條　捐證應懸掛於車前玻璃上，如遇檢查應即交驗。

第三十四條　執照號牌如有破損不能辨認時，應即填具申請書向原登記檢驗機關照章重行補領；其遺失牌照者，並應填具保證書，備費向原登記檢驗機關重行補領，並須繳手續費法幣一元。

第三十五條　行車執照每年換發一次。初領執照至換發期間不滿一年者以一年論。凡汽車至換發執照期間，應呈繳舊照，照章備費向原登記檢驗機關換領新照，惟號牌仍繼續有效。

第三十六條　各種車輛廢置停止駛用時，車主須將原領執照及號牌繳還原登記機關註銷。

第三十七條　營業小客車，自用或營業之大客車及貨車，通行公路時，除照第十八條之規定繳納季捐外，並須依照《公路徵收養路費規則》另納養路費。

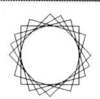

第三十八條 特種汽車暫免繳納季捐及養路費。

第三十九條 凡公共汽車、長途汽車與政府訂有專約，行駛一定路線者，應照限定路線行駛。

第四十條 凡汽車通行其他管理區域，如逗留，已屆繳捐時期，應向所逗留區域之省市車捐徵收機關繳納本屆季捐，並由該機關通知原徵收季捐機關備查，捐款留用，無須解繳。

第四十一條 各公路交通管理機關、車捐徵收機關，應將檢驗、發照、收捐情形，按月分別造報交通部牌照主管機關查考。

第四章 行車停車

第四十二條 車輛經過下列地點，必須減低速度，除第五項外，並須高鳴喇叭，並隨時準備停車。

一、經過道路有坡度彎度或曲折處。
二、將至車站或過車站時。
三、經過交叉路口鐵道或出入城市村落柵門。
四、經過城市內街巷時。
五、經過學校醫院時。
六、車輛交會時。
七、見路旁有行人時。
八、經過橋樑或工廠門口時。
九、經過不平道路或狹路時。
十、前面視線不清或有障礙物時。
十一、經過路工修理處所。

第四十三條 車輛均須靠左邊行駛，凡變換動作時，須伸手表示，其手勢如下：
一、前行　引臂向外平伸，曲臂向前，手掌向內。
二、緩行　引臂向外平伸，手掌向下上下搖動。
三、左轉　駕駛人在右側時，引右臂向外平伸，手掌向前頻頻移向前方以達左側。如駕駛人在左側時，引左臂向外，平伸手掌向前。
四、右轉　駕駛人在左側時，引左臂向外平伸，手掌向前頻頻移向前方以達右側。如駕駛人在右側時，引右臂向外平伸手掌向前。
五、停駛　引臂向外平伸，並曲臂向上成直角，手掌向前。
六、讓後車越過　引臂向外下伸，手掌向前，前後搖動。
七、倒車　鳴警號三響，引臂向外上伸，手掌向後前後搖動。

第四十四條 汽車裝有方向標者，其使用方法如下：
一、向右轉彎　方向標針尖向右。
二、向左轉彎　方向標針尖向左。

第四十五條 汽車同向行駛，快速度車得超越慢速度車，緊急運輸車得超越普通運輸車。但同類運輸、相等速度之車輛，除確有特殊情形或前車行駛不良得互相招呼表示讓越外，概不得超越行駛。

第四十六條 後行汽車超越前行汽車，須先鳴喇叭，得前車駕駛人用手勢表示後，始得靠前車右邊越過，再徐徐駛入原行路線，不得與他車竟駛並行，並不得插入魚貫行駛車輛之中間。前行汽車駕駛人遇有後車須超越前行時，應即用手勢表示讓後車前行，不得留難。

第四十七條 汽車在轉彎或上下坡處對面有來車時，或經過橋樑城市內街巷狹路十字口鐵道醫院學校及路旁立有警告標誌等處，不得超越前行汽車。

第四十八條 汽車同向行駛，其前後距離，在郊外至少須在 20 公尺以外，在城市繁盛地點須在 7 公尺以外。

第四十九條 汽車行駛山坡或橋樑時，如發動機馬力不足或路滑不能上駛，必須將車刹住，不可任其倒退。

第五十條 如兩車在狹路處交會時，其交會地點有相當坡度，下坡車輛應讓上坡車輛先行；夜間狹路交會時，須停車讓路，並開放小燈光。

第五十一條 汽車行駛途中，對消防車、救護車、警備車、工程救險車等，聞鬧聲即須避讓。

第五十二條 汽車駕駛人須隨時隨地控制其車行之速度，並不得超過各公路交通管理機關所規定之速率限制。

第五十三條 汽車行駛於將轉彎時，應先改低速度並鳴警號。其向左轉彎者，應緊靠路左緩行；向右轉彎者，除有特別情形不容大轉彎外，應經過路中交叉點成大轉彎前進。

第五十四條 汽車行駛如遇天氣暗晦，煙霧彌漫或風塵雨雪，視力不清時，得放燈光慢駛，並多鳴喇叭；若遇對方有來車或反光過大時，應將前燈改放小光。

第五十五條 汽車在夜間行駛，如途中遇有對方來車，招呼停車時，應將車前燈光開閉三次，再將燈光熄滅。對方汽車駕駛人見此信號後，即須停止前進探詢究竟。如夜間停車於路旁時，須留燈光。

第五十六條〈缺〉

第五十七條 駕駛汽車，應隨時注意車內機械，倘發覺有異態時，應即停車檢驗，設法修理，不得任意開行。

第五十八條 汽車行駛時須將車門緊閉。

第五十九條 汽車行駛時應服從交通管理人員之指揮。

第六十條 汽車下坡時應用刹車，不得將調排杆推至空擋及關閉電門，以免危險。

第六十一條 汽車在途中停頓，須停留路旁左側，並將車門關閉。如汽車於不得已時停於坡度之處，必須拉定手刹車，並設法防止汽車移動。

第六十二條 汽車在停車場內須依次停放，不得紊亂。

第五章 載運限制

第六十三條 各種汽車載重，不得超過其設計構造之安全限度。

第六十四條 汽車載重不得超過行經橋樑之安全限度。貨車應由車主於檢驗時自製藍底白字、五公寸長一公寸寬之鉛皮牌二面，書明其空車重量及載重量，釘於指定地位。

第六十五條 汽車載客人數不得超過所規定額數。營業大小客車均應懸掛乘客限制數目牌。

第六十六條 汽車所載貨物不得伸出汽車本身兩旁之外。

第六十七條 汽車所載貨物不得伸出車頭以外,其伸出車後者並不得超過三公尺。

第六十八條 汽車及其運載物之總高度,不得超過四公尺。

第六十九條 大小客車對於旅客有下列情形之一者,不得乘載,

一、認為有容易傳染之疾病者。

二、瘋癲及酒醉者。

三、攜帶危險及污染車體遺留惡嗅之物品者。

四、攜帶一切違禁物品者。

第七十條 貨車運載下列各物時,應加以包裹覆蓋,或用其他適當之裝置。

一、容易滲漏者。

二、容易飛散者。

三、有惡嗅氣味發洩者。

四、有宏大聲音震動者。

第六章 罰則

第七十一條 凡在公路行駛之各種汽車違犯本規則各項之規定者,由當地公路交通管理機關按本章各條處理之。

第七十二條 凡違犯下列各項之一者,處以五元以下一元以上之罰鍰。

一、未備反照鏡、後車燈、發聲器或已損壞不加修理而仍舊行駛者。

二、變更車式、引擎式、車身顏色而不報告者。

三、汽車號牌或捐證不照本規則之規定依式懸掛者。

四、行車執照號牌或捐證遺失,若不報請補發,擅自通行者。

五、行車執照未隨車攜帶者。

六、前後號牌已損壞,不能辨認,而不領新號牌者。

七、汽車停止駛用或試車完竣期滿後未將原領牌照繳銷者。

八、所載貨物滲漏飛散或有惡嗅氣味發洩者。

九、貨車未將空車量及載重量標明者。

十、營業大小客車未懸掛乘客限制數目牌及車內小號牌者。

十一、貨車貨物裝置不當,妨礙其他交通者。

十二、在公路上任意停留阻礙交通者。

十三、不照規定表示手勢者。

第七十三條 凡犯下列各項之一者,處以十元以下五元以上之罰鍰。

一、未將制動器調准有效者。

二、未將汽車轉向盤裝置堅固準確者。

三、將行車執照及號牌私自過戶者。

四、乘車人數或載貨重量超過登記檢驗機關核定數額者。

五、夜間行駛不燃車燈者。

六、在無燈光設備之公路上停車時,後車燈不放光者。

七、違反禁令標誌交通紅綠燈號或崗警指揮者。

八、聞消防車、救護車、警備車、工程救險車喇叭後而不避讓者。

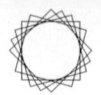

九、在彎道坡路叉路狹道橋樑及不能看清前後面情形之處即行超越前車者。

十、超越前車未依規定，或在超越之先未曾警告前行車輛或人畜者。

十一、慢速度車、普通運輸車如經後面快速度車、緊急運輸車警告仍不讓超越者。

十二、超過時插入魚貫行駛車輛之中間者。

十三、對面遇有來車時，超過前行車輛者。

十四、在前行車輛之左超過者。

十五、不依規定方法轉彎者。

十六、不靠公路左側行駛致礙其他交通者。

第七十四條　凡犯下列各項之一者，處以二十元以下十元以上之罰鍰，如已領執照號牌者，並將該車執照號牌吊扣一個月至三個月。

一、借用他車號牌執照或捐證者。

二、將號牌執照或捐證轉借他車行駛者。

三、汽車未經檢驗或已檢驗不合格，未領得牌照而擅自行駛者。

四、汽車未遵章繳納車捐領得捐證擅自行駛者。

五、在轉彎過坡或遇其他車輛人畜有鳴警號之必要時，而不鳴警號者。

六、交通繁盛或人畜擁擠處，學校醫院橋樑彎道山坡狹道交叉路，公路上發生阻礙，陰霧雨雪時，未將速度降低者。

七、超過規定之速度者。

八、因違犯交通規則致傷害人畜或財產者。

九、肇禍後希圖逃避者。

十、肇禍後逾二十四小時仍隱匿不報者。

第七十五條　凡犯下列各項之一者，處以二十元之罰鍰，並得視情節輕重，定期吊扣或吊銷牌照，或撤銷登記，或吊銷駕駛執照，或並解送法院究辦。

一、原領牌照損壞私自改制者。

二、私打銅印，偽造汽車號牌或行車執照或捐證者。

三、營業汽車假借自用汽車牌照兜攬客貨者。

四、領試車號牌私自營業者。

五、自用汽車私自搭客載貨營利者。

六、私行磨毀或改打汽車之引擎號碼者。

第七十六條　領用牌照或繳納車捐，不得逾越規定之限期。如逾期十日以內者，按該車季捐費加一成處罰；逾期在十日以上不滿二十日者，加二成處罰；其餘依次遞加，不滿十日者仍以十日計算。

第七十七條　凡汽車載重逾限，行駛不慎，致損及道路橋樑或其他設備者，除照本規則之規定處分外，須由該車主負責賠修。

第七十八條　凡汽車違犯下列各項之一者，得將牌照吊扣，責令修理完竣後發還之。

一、車身破壞不堪者。

二、引擎損壞隨時停頓者。

三、車輪歪斜搖動者。

第七十九條 凡一汽車同時違犯本章各條一款以上者，得分別按照各款之規定合併處罰，其在涉及刑事者，並送司法機關究辦。

第八十條 汽車在一年以內違犯本章同一條款二次者，加倍處罰，三次者三倍處罰，餘類推。但每次處罰金額之總數不得超過二十元。

第八十一條 凡汽車在一月以內違犯本章各條款至三次以上者，除照規定處罰外，得吊扣其牌照由一個月至三個月。但情節重大者，雖未滿三次亦得照此執行。

第八十二條 凡罰金判定後，限十日內繳納，如逾期不繳納者得將牌照扣留，俟繳清後發還。

第八十三條 凡違章經判罰後，抗傳不到或不繳款，或無力繳款者，得由當地公路交通管理機關請由員警機關執行拘役。

第八十四條 凡有違犯其他事項在本規則未有處罰明文之規定者，得酌量情節輕重，引用類似條文處分之。

第七章 附則

第八十五條 本規則施行以後，各公路交通管理機關現行汽車管理規章應即廢止，如有特殊情形得自訂附則，仍須報請交通部核准後，方發生效力。

第八十六條 本規則自公佈日施行。

汽車駕駛人管理規則（1939年9月15日）

第一章 總則

第一條 全國汽車駕駛人之管理，除軍用汽車駕駛人外，均依本規則之規定辦理之。

第二條 全國汽車駕駛人應由交通部統一管理，所有駕駛人之考驗領照，應向交通部指定之公路交通管理機關為之。

第三條 汽車駕駛人均須經交通部指定之公路交通管理機關考驗合格，發給交通部制定之汽車駕駛人執照後，始得駕駛汽車。

第四條 汽車駕駛人除遵守本規則外，對於其他交通管理法令均應切實遵守。

第五條 汽車駕駛人分類如下：

一、普通汽車駕駛人，指車主及一般不以駕駛汽車為職業者。但不包括汽車修理技工。

二、職業汽車駕駛人，指以駕駛汽車為職業者，包括負有試駛汽車任務之汽車修理技工。

三、學習汽車駕駛人，指一般學習駕駛汽車者，包括汽車駕駛訓練機關之員生及隨車技工。

第二章 駕駛人資歷

第六條 凡男女年在十八歲以上，粗識文字，四肢健全，耳目聰明，而無神經病者，應按本規則第四章第十九條之規定申請考驗，給照後方得按第十五條之規定駕駛汽車。

如申請人非中華民國國民，應略識中國文字及語言，方得應考學習。

第七條 凡學習汽車駕駛人，業經訓練純熟，應按本規則第四章第十九條之規定申請考驗，給照後方得按第十二、十三、十四條之規定駕駛汽車。

第八條 凡職業汽車駕駛人，應依照下列各款規定之資歷經檢定合格後，方得執業。

一、中華民國男子，年齡在二十歲以上四十歲以下。

二、經內政部衛生署檢定或當地政府註冊之醫師證明體格健全，身心強壯，並無不良嗜好者。

三、其視覺須具 10／10 或 9／10 之程度，辨色視覺無誤者。

四、其聽覺須能於六公尺外辨明尋常低聲談話者五、須有普通修理汽車技能者。

六、駕駛營業小客車者，必先有駕駛汽車一年以上之經驗。

七、駕駛貨車者，必須具有駕駛二種廠牌以上之運貨汽車之經驗。

八、駕駛市內公共汽車或長途載客汽車者，必須具有駕駛三種廠牌以上之客貨大汽車，並有三年以上之駕駛汽車經驗。

第九條 有下列情事之一者，不得申請考驗給照。

一、受一年以上徒刑之宣告，或褫奪公權尚未復權者。

二、受吊銷汽車駕駛人執照之處分者。

三、受吊扣汽車駕駛人執照之處分尚未滿期者。

第三章 駕駛人執照

第十條 汽車駕駛人執照由交通部牌照主管機關統一制發，經部指定之公路交通管理機關按本規則第四章各條之規定轉發之。

第十一條 汽車駕駛人執照分類如下：

一、普通汽車駕駛人執照。

二、職業汽車駕駛人執照。

三、學習汽車駕駛人執照。

四、試車駕駛人執照。

五、臨時汽車駕駛人執照。

第十二條 凡普通汽車駕駛人，應具領普通汽車駕駛人執照後，方得駕駛各種自用小客車及運貨汽車。

但前項駕駛人，如係領有證書之汽車工程師或汽車技術員，負有管理汽車修理廠所任務，或經理汽車販賣營業者，為試車起見，得駕駛各種汽車，包括營業大小客車運貨汽車及公共汽車。

第十三條 凡職業汽車駕駛人，應具領職業汽車駕駛人執照，並依下列各款之規定駕駛各種汽車。

一、自用大小客車及貨車駕駛人，得駕駛其服務之車主或機關所有指定牌照之車輛。如有變更，應向主管機關申請變更執照上記錄。

二、營業小客車營業大客車（包括公共汽車）及貨車（包括曳引車及半拖車）駕駛人，得駕駛其服務之車主或機關所有之車輛，限定車輛種類（如客車貨車等），但不限定車輛之牌照。

第十四條 凡係試駕汽車之修理汽車技工，應具領試車駕駛人執照後，方得在規定路線上或區域內駕駛各種汽車，不受汽車牌照之限制。

第十五條 凡係學習汽車駕駛人，應具領學習汽車駕駛人執照，所駕駛之汽車，不限定車輛牌照。惟於駕駛時應有已領普通或職業駕駛人執照之駕駛人在旁指導監護，並須經所在

地公路交通管理機關指定路線與時間。

第十六條 凡係本規則第五條第一、第二兩項規定之駕駛人，因所領駕駛人執照遺失待補或變更記錄等原因，得向所在地公路交通管理機關申請核准後，具領臨時汽車駕駛證，按第十二、第十三、第十四各條之規定駕駛汽車。

第四章 考驗給照

第十七條 駕駛人之考驗，分初次考驗、復驗及定期審驗。

第十八條 駕駛人之考驗，應由合於交通部汽車駕駛考驗員任用標準各項規定之考驗員執行之。

是項考驗員應由公路交通管理機關報請交通部牌照主管機關考驗及格，給以證書後，方得任用之。

汽車駕駛考驗員之考驗及任用標準，由交通部另行規定之。

第十九條 申請人應逕向所在地經交通部指定之公路交通管理機關申請領取「申請考驗書」（考驗書由交通部牌照主管機關制發之），照式填寫，隨附本人最近半身二寸相片六張（如係應考職業駕駛人執照，並須捺指印及繳呈底片），俟至規定考驗日期，持申請考驗書親到指定處所應試。

第二十條 初次考驗範圍如下：

一、體格檢查。

二、交通規則。

三、機械常識。

四、駕駛技術（分樁考、路考兩種）。

五、地理常識。

上列第一、四兩項必須實施考驗、第二、三、五等項得以口試行之。

學習駕駛者得免二、三、四等項考試。

職業駕駛人考驗從嚴。

第二十一條 申請人之體格檢查，須以公路交通管理機關指定領有內政部衛生署證書或當地政府註冊之醫師執行之，並應負責證明下列各款：

一、身體健全。

二、目力良好，無色盲病。

三、耳聽聰明。

四、無神經病。

前項證明有疑義時，主管機關得另行指定醫師重行檢驗。

第二十二條 申請人考驗及格後，應由考驗機關按本規則第十二、第十三、第十四、第十五各條之規定，發給第十一條內所開各種駕駛執照。

第二十三條 如申請人初次考驗不及格，得向考驗機關申請復驗。復驗日期由該機關隨時規定之。

第二十四條 普通及職業駕駛人執照，除違章吊扣或因特種規定須暫時繳存外，得由領照人永遠存執。惟應將執照按下列規定時期送請所在地公路交通管理機關審驗，並照繳審驗執照費。於必要時該機關得換發新照，並須補繳半身二寸相片六張。

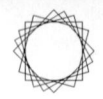

一、普通汽車駕駛人，每年四月一日至六月三十日。

二、職業汽車駕駛人，每年七月一日至九月三十日。

第二十五條 試車駕駛人執照有效期限為一年。期滿後，領照人應將執照送請原考驗機關繳銷；必要時原考驗機關得換發新照，並補繳半身二寸照片六張。

第二十六條 學習汽車駕駛人執照有效期為一年。期滿後，應即向原考驗機關繳銷；如須繼續學習或已學習純熟，應申請原考驗機關分別核准展期或考驗給照。

第二十七條 臨時駕駛證有效期限為三個月。期滿後，應即向原考驗機關繳銷，或請求當地交通管理機關轉為繳銷，並應照章換領執照。

第二十八條 駕駛人執照如有損毀或遺失時，須取具保證書至原考驗機關申請補發，並隨繳補照費。

第二十九條 如領照人有調換駕駛車輛種類情事時，應於三日內報告所在地公路交通管理機關申請復驗，及格後方予變更登記，並隨繳復驗費。

第三十條 駕駛人申請檢驗及具領執照，應繳各費規定如下：

一、初次考驗費五元。

二、復驗費一元。

三、審驗執照費一元。

四、普通及職業駕駛人執照費一元。

五、學習駕駛人執照費一元。

六、試車駕駛人執照費一元。

七、臨時駕駛證費五角。

八、補照費 普通及職業駕駛人執照六元；學習駕駛人及試車駕駛人執照一元。

本條第一、二、三項各費，由各公路交通管理機關留用。第四、五、六、七、八各費，除由公路交通管理機關扣除百分之三十外，餘悉解繳交通部牌照主管機關，充作制發執照工料費用。

第三十一條 職業駕駛人執照與普通駕駛人執照互換時，應加繳換照費六元，如由普通執照換領職業執照時，並須復驗。

第三十二條 駕駛人因行車肇事受吊扣執照之處分者，於其吊扣期限屆滿時，得予以復驗，經核驗及格方得發還執照，並應繳復驗費一元。

第三十三條 各公路交通管理機關於發給駕駛人執照後，應將考驗給照情形造表連同駕駛人照片（如係職業駕駛人並須附送指印及底片）報請交通部牌照主管機關登記。

第三十四條 各公路交通管理機關於駕駛人有違章處分，嚴重行車肇事或吊扣吊銷執照情事時，應即報請交通部牌照主管機關登記。

第五章 駕駛人應守之規則

第三十五條 駕駛人執照及駕駛證只准本人持用，不得轉借頂替及有私自塗銷更改執照上記錄情事。

第三十六條 駕駛人駕駛汽車時，應隨時攜帶執照或駕駛證，遇有身著制服之交通檢查員警或佩有證章或證明文件之便衣交通稽查人員查驗時，應將執照交驗，不得抗拒。

第三十七條 駕駛人接到交通部牌照主管機關或公路交通管理機關通知或傳訊時,應按時親自報到,不得遲延。如有特別事故必須延期者,應先具函報告。

第三十八條 駕駛人駕駛車輛時,應遵守一切公路交通規則及公路規定之行車速率限制,注意交通標誌,服從交通管理人員及員警之指揮,不得違抗。

第三十九條 駕駛人在駕駛車輛時,均絕對禁止吸煙談笑或旁視他物。

第四十條 職業汽車駕駛人對於駕駛之車輛須負責保護,並注意檢驗各部分機件,該車之隨車工具及零件尤須妥為保管,如有遺失或損壞,應照價賠償。

第四十一條 職業汽車駕駛人無論是否在工作時間,均絕對禁止飲酒賭博冶遊及其他耗損精神情事。

第四十二條 職業汽車駕駛人不准私帶客貨。

第四十三條 職業汽車駕駛人對於旅客不得有侮慢需索留難及舞弊等情事。

第四十四條 職業汽車駕駛人應忠於職守,如有擅離情事,得由雇主將該駕駛人之姓名及執照號數分報原考驗機關及交通部牌照主管機關查究。

第六章 懲　罰

第四十五條 汽車駕駛人違犯本規則各條之規定者,由當地公路交通管理機關依下列各款處罰之:

一、未領駕駛執照在公路上駕駛各種汽車者,處罰鍰二十元。如有領具執照之駕駛人在旁指導者,應受同樣處罰。

二、領有執照之駕駛人,如查有駕駛非執照上所規定之汽車者處罰鍰十元。

三、已領執照而未隨身攜帶者,處罰鍰一元。

四、借用他人執照駕駛汽車者,除將執照吊銷外,應處罰鍰二十元,並將出借執照者同樣處罰。

五、執照損壞或相片模糊,或已遺失不即報請換領,或在換領中未經核發而仍駕駛車輛者,處罰鍰十元。

六、已領駕駛執照,而駕駛無牌照或不合法牌照之汽車者,處罰鍰十元。

七、抗拒或規避查驗執照及有關證明文件者,處罰鍰十元。

八、學習駕駛人或試車技工不在指定路線範圍及規定時間內駕駛汽車者,處罰鍰十元。

九、職業駕駛人變更申請考驗書或執照內任何一項而不按規定辦理者,處罰鍰五元。

十、學習駕駛人駕駛時,如無領具執照之駕駛人在旁指導者,處罰鍰二十元。

十一、如遇傳訊,逾限報到未經先函申明者,每逾限一日應處罰鍰一元,逾限至九日以上者,得吊銷其執照。

十二、領用臨時駕駛證學習執照或試車駕駛人執照,於期滿不送審驗,逾期在一月以內處罰鍰二元,在一月以上者處罰鍰五元,並吊銷其執照。

第四十六條 汽車駕駛人如有違犯公路交通規章者,應由當地公路交通管理機關照章處分,並由該機關在執照上分別登記,其觸犯刑事或軍法者,仍應送當地司法或軍法機關審辦。如判決一年以上徒刑者,並由該機關吊銷其執照。

第四十七條 汽車駕駛人服務時,屢次違犯雇用機關團體或公司商號之管理規則,或屢次肇事,或經雇主發現行為不堪充任駕駛人者,雇主得請求公路交通管理機關吊銷或吊扣其

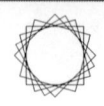

執照。

第七章 附　則

第四十八條　自本規則施行後，汽車駕駛人服務至相當時期，成績優良，並未違犯本規則第六章各條者，應予以獎勵。其辦法由公路交通管理機關訂定之，並呈報交通部備案。

第四十九條　自本規則施行後，駕駛汽車人在相當時間內未曾肇事者，由交通部發給安全獎章。其辦法另訂之。

第五十條　自本規則施行後，汽車駕駛人執行職務已滿五年從無過失，並成績優良者，得由公路交通管理機關呈請交通部給予特種執照，以示鼓勵。其辦法另訂之。

第五十一條　本規則施行前已領有全國公路交通委員會或各省市單行駕駛人執照者，應於本規則施行之日起二個月內，持原領執照向交通部指定之公路交通管理機關申請審驗。換領交通部牌照主管機關制發之統一執照。

第五十二條　自本規則公佈之日起四個月後，公路交通管理機關遇有申請考驗職業駕駛人執照者，應由該機關先將申請人之姓名履歷照片指印報請交通部牌照主管機關審核，認可後方得驗發執照。

第五十三條　本規則公佈後，所有各公路交通管理機關所訂《駕駛人管理規則》與本規則抵觸者，應予修正或廢止之。

第五十四條　本規則自公佈日施行。

汽車技工管理規則（1939年9月15日）

第一條　凡修理製造或保養各種汽車之技工，除軍用汽車之技工外，均依本規則之規定管理之。

第二條　汽車技工應由交通部統一管理。所有技工登記領照，應向交通部指定之公路交通管理機關為之。

第三條　技工申請登記時，應先填具申請登記書，並附本人二寸半身照片六張，底片一張，及資歷證明文件，呈候審核合格後，再行考驗（登記書由交通部牌照管理機關制發之）。

第四條　技工分為工匠、副匠、藝徒三級。

第五條　工匠、副匠、藝徒之資格規定如下：

一、工匠年在二十歲以上，對於所習技藝已有四年以上之經驗者。

二、副匠年在十八歲以上，對於所習技藝已有二年以上之經驗者。

三、藝徒年在十六歲以上，在完全小學畢業或有同等學歷者。

技工除具有上列資格外，必須身體健全，並無不良嗜好或惡疾。

第六條　技工依其所習之工作，各分為下列十種：

一、裝配匠。

二、銅匠。

三、鐵匠。

四、木匠。

五、電氣匠。

六、漆匠。

七、輪胎匠。
八、車鉗匠。
九、縫工。
十、潤油工。
技工種類應在登記書及執照上註明之。
第七條 技工之考驗，均依照交通部訂定之考驗規則辦理之。
第八條 技工執照由交通部牌照主管機關統一製發，經部指定之公路交通管理機關轉發之。
第九條 技工經考驗合格後，應繳執照費如下：
一、工匠三元。
二、副匠二元。
三、藝徒一元。
公路交通管理機關俟收到執照費後，應即填發執照。前項執照費除由公路交通管理機關留用百分之三十外，其餘悉解繳交通部牌照主管機關，充作製照工本費。
第十條 各公路交通管理機關頒發技工執照後，應將考驗給照情形造表，連同技工照片及其底片各一張，報請交通部牌照主管機關登記。
第十一條 各公路交通管理機關於技工有違章處分或吊扣吊銷執照情事時，應報請交通部牌照主管機關登記。
第十二條 技工執照應於每年一月間持向所在地公路交通管理機關審驗一次，隨繳審驗費一元。但藝徒免費。
第十三條 技工所領執照如有遺失或損壞時，應即檢同保證書申請原考驗機關核准補發，隨繳二寸半身相片六張，及補照費二元，但藝徒減半。
第十四條 技工在執業時應將執照隨身攜帶，遇公路交通管理機關派員查驗時應即交驗，不得違拒。
第十五條 技工執照不得交與他人頂替使用。
第十六條 技工對於所習技藝種類如有變更時，應於一周內持照向當地公路交通管理機關請求更正，不得擅自塗改。
第十七條 技工擅離職守者，得由雇主將該技工姓名及執照號數分報原考驗機關及交通部牌照主管機關查究。
第十八條 技工如接主管機關傳訊通知時，應於三日內親自報到，不得遲延。
第十九條 各級技工因資歷加深，技術增進，合於較高級資格時，得申請重行審核考驗，換領執照，並依第九條之規定繳納執照費。
第二十條 技工違犯本規則者，由當地公路交通管理機關依下列規定處分之：
一、在就業已屆一月尚未領有執照者，於補領時加倍收費，嗣後每多逾一月加一倍收費，逾六個月者不予發照，並勒令停業。
二、已領有執照之技工，在就業歇業已屆個月尚未報請登記者，處罰鍰二元，每逾一月加罰二元，逾六個月者吊銷其執照。

三、借用他人執照者，除將執照吊銷外，處罰鍰十元，並將出借執照者同樣處罰，如有其他損失並依法嚴懲之。

四、已領執照而在執業時未隨身攜帶者，處罰鍰二元。

五、執照損壞或遺失不即報請補發者，處罰鍰二元，仍著照章補領。

六、應審驗而逾期不送審驗已三個月者處罰。

七、變更登記事項不報請更正者，處罰鍰二元。

八、玩忽業務致危害他人，或違犯法紀者，除吊銷其執照外，依照法令分別處罰。如涉及刑事，並移送司法機關究辦。

第二十一條　技工違犯公路交通各項規章者，由當地公路交通管理機關照章處理。其有觸犯刑事或軍法者，仍應送交當地司法或軍法機關審辦。

第二十二條　本規則公佈後，所有各公路交通管理機關所訂《技工管理規則》與本規則抵觸者，應予修正或廢止之。

第二十三條　本規則自公佈之日施行。

9. 行政院為抄發長途運貨汽車登記暫行辦法給重慶市政府的訓令（1939年8月7日）

案據水陸運輸聯合委員會呈送長途運貨汽車登記暫行辦法一案到院，經飭據各關係機關審查修正，並經本院第四二四次會議通過，自應准予施行。除分令外，合行抄發該項條文，令仰知照。此令。

計抄發行政院水陸運輸聯合委員會長途運貨汽車登記暫行辦法一份

行政院水陸運輸聯合委員會長途運貨汽車登記暫行辦法

第一條　本會為登記全國長途運貨汽車（以下簡稱運貨汽車）狀況起見特訂定本辦法。

第二條　本辦法所稱之運貨汽車，係指裝有框式、敞式或房式車身而無固定客座，載重在一噸以上之自用運貨汽車，營業運貨汽車及自用而特許營業運貨汽車等類。

第三條　凡第二條所稱之運貨汽車通行路線在兩省市以上者，除應遵照各公路管理機關之章則外，並須向本會登記站申請登記領取登記證及登記號牌（登記申請書登記證及登記號牌式樣另訂之）。

第四條　運貨汽車應行登記事項如下：

一、車主　姓名職業、籍貫、住址及電話號碼電報掛號（如車主係機關部隊團體公司商號，應記名稱所在地電話號碼電報掛號及代表人姓名、職銜、職業、籍貫、住址）。

二、車輛類別（如自用營業自用而特許營業）　原領牌照字型大小、廠牌、年份、引擎號碼、汽缸數、馬力數、燃料別、輪胎尺寸、個數、載重噸數及總重量、車身形式顏色、啟用年月及其他特殊情形附記。

三、隨車工具　品名、數量、備胎尺寸、個數。

四、駕駛人　姓名（駕駛人遇有更動應由車主即時在登記證上註明備查）。

第五條　運貨汽車登記時本會得施行下列檢驗。

一、與登記申請書所填各項有無不合。

二、方向盤及手腳剎車是否靈活。

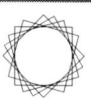

三、電繫各部有無損壞（電動機、發電機、感應圈盒、分電盤、火星塞及其他關係部分）。

四、前後燈及方向標是否齊備，位置是否合宜，光亮是否適度。

五、減聲器及刮水器是否齊備完好。

六、發聲器發音是否宏亮有無怪聲。

七、機器各部發動機嚙合器分速器及其他重要部分有無損壞。

八、車身結構是否堅固整齊。

九、車上設備是否齊全清潔。

十、車架及總引擎號碼是否相符。

十一、隨車工具是否完備。

十二、輪胎是否適合規定備胎是否齊全。

十三、空車重量載重量及總重量是否相符。

但上列各項如經公路管理機關證明得准免檢。

第六條　運貨汽車檢驗遇有不及格時應令修理或改造完備後報請重驗。

第七條　運貨汽車經登記檢驗合格後即行發給登記證及登記號牌，是項登記證應隨車攜帶，號牌應在駕駛人座位左旁門外懸掛。

第八條　本會所發運貨汽車證牌有效期間為一年。

第九條　運貨汽車停止駛用時，須將原領證牌繳還報停登記。

第十條　運貨汽車登記證遇有遺失或損毀，應報請本會照號補發並繳補證登記費一元，號牌遇有遺失或損毀應將毀餘號牌連同原領登記證一併繳還，報請本會另行編號調領新證牌。

第十一條　運貨汽車調車過戶均應報請本會變更登記。

第十二條　運貨汽車駕駛人已在各省市領有駕駛執照者均應向本會登記站報請登記，於其執照上加蓋本會登記戳記，嗣後如服務機關有變更時應再另請登記。

第十三條　運貨汽車及駕駛人有違犯本辦法之規定，除酌量情節大小吊扣其登記證牌外，並得送請公路主管機關依照下列規定處分之：

一、吊扣證牌或執照

二、扣留車輛

三、罰鍰

第十四條　本辦法如有未盡事宜得隨時呈請修正之。

第十五條　本辦法呈請行政院核准施行。

10. 交通部為訂定全國汽車總登記實施辦法致重慶市政府公函（1939年9月16日）

查整頓汽車業務與公路交通，為目前急務，前奉委員長蔣諭：一般司機之紀律，行車之秩序及車輛之保養，應由軍事委員會、軍政部、後方勤務部、交通部負責整飭，等因；當經與有關各機關商訂整頓汽車業務方案，呈奉委員長蔣皓十二侍川參代電，飭即遵照分別辦理在案。依據上項整頓方案，全國民用汽車均由本部主管，並由本部登記驗發牌照；其前由行

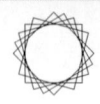

政院水陸運輸聯合委員會經辦之運貨汽車登記部分，業准移歸本部辦理。茲經本部訂定全國汽車總登記實施辦法，所有全國汽車，除軍用車領有軍字牌照者外，均應舉行登記檢驗。除令飭本部汽車牌照管理所遵照辦理並佈告分行外，相應檢附上項辦法函請查照，並希轉飭遵照為荷！此致重慶市政府

附全國汽車總登記實施辦法一份

部長　張嘉璈

交通部全國汽車總登記實施辦法

一、全國汽車除軍用汽車領有軍字牌照者外，均須依照本辦法由本部施行總登記，並檢驗之。

二、本屆汽車之登記檢驗範圍如下：

（一）西北西南區（包括陝甘川黔滇桂湘各省及重慶市）之貨車、大客車（無論自用或營業）；

（二）西北西南區以外之貨車、大客車（無論自用或營業）；

（三）各地小客車（無論自用或營業）。

三、西北西南區貨車、大客車之登記檢驗方法規定如下：

（一）各車車主應向本部汽車牌照管理所（重慶上清寺街一百號）及其重慶市海棠溪、小龍坎、貴陽、桂林、柳州、衡陽、祁陽、昆明、成都、廣元、漢中、西安、蘭州、天水各登記站領取申請登記檢驗書，依式填報，並將汽車於規定時間內駛往各登記站聽候檢驗。

（二）各登記站登記檢驗限期如下：

汽車牌照管理所　本年九月二十日至十月二十日

海棠溪站　本年九月二十日至十月二十日

小龍坎站　本年九月二十日至十月二十日

貴陽站　本年九月二十日至十月二十日

衡陽站　祁陽站本年九月二十五日至十月二十五日

桂林站　柳州站本年九月二十五日至十月二十五日

成都站　天水站　昆明站　蘭州站　廣元站　西安站　漢中站本年十月一日至十月三十日

（三）汽車經檢驗合格者，由本部汽車牌照管理所予以登記，並發給登記證。

（四）在未領到次項合法牌照以前，應由車主將是項登記證張貼於車前玻璃窗左上方，以便檢查。其逾限不登記者，由本部函請行政院液體燃料管理委員會停發購油證。

（五）車主應自領到登記證之日起一個月內，持憑登記檢驗書副本，向車主所在地或汽車行駛區域之各該省市公路交通管理機關報領合法牌照。如已領有各省號牌者，應即報請換領本部制發之統一行車執照。其逾限不報領者，禁止其通行。

本部直轄各運輸局之汽車，應向本部所屬各該公路管理機關報領牌照。

（六）各有關公路交通管理機關，於車主持憑本部汽車牌照管理所簽章之登記檢驗書報領牌照時，不再檢驗，應即照章收□頒發牌照及本部制發之牌照核訖證，並將檢驗書副本存查，一面將轉發牌照情形函報本部汽車牌照管理所，彙制統計。

（七）車主領到牌照核訖證，應即張貼於車前玻璃窗左上方，以便沿途檢查。

四、西北西南區以外之貨車、大客車以及各地小客車之檢驗登記，由本部指定各該省市公路交通管理機關辦理，其方法規定如下：

（一）車主應照各該省市公路交通管理機關公佈之限期內（時期由本部規定後通知各省市）向各該機關領取本部制發之申請登記檢驗書，依式填報，並將汽車駛往各該機關指定之地點，聽候檢驗。

（二）汽車經檢驗合格，應照章繳費，領取合法牌照。如已領有各該省號牌者，應換領本部制發之統一行車執照，並由各該公路交通管理機關頒給本部制發之牌照核訖證。車主應即張貼於車前玻璃窗左上方，以便檢查。其逾限不報領者，禁止其通行。

（三）各省市公路交通管理機關，應將登記檢驗書抽存一份，其餘一份連同頒發牌照情形，函報本部汽車牌照管理所，匯制統計。

五、各種汽車經檢驗不合格者，應由車主遵照修理或改造完備，於規定限期內重行報請檢驗。如經兩次檢驗不合格者，應予取締之。

六、本辦法自公佈日施行。

11. 戰時公路軍事運輸條例[①]（1939 年 11 月）

第一條 戰時公路軍事運輸，除各級兵站管區仍由後方勤務部及所屬兵站機關統籌辦理外，概由運輸總司令部負責統籌辦理。所有中央暨各省公路局以及公私汽車運輸機關，均應受運輸總司令部之指揮監督，擔任公路軍事運輸事宜。

第二條 關於軍品或重要物品運輸應用之汽車車輛數量及運送之先後程式，應由運輸總司令部遵照最高統帥部之意旨或視當時軍事上之緩急決定施行之。

第三條 作戰時期各公路局及公路運輸機關人員、車輛，於軍運必要時，得由運輸總司令部調度配備之。

各公路之工程及各項設備，亦應受運輸總司令部之監督指導，以利運輸。

第四條 凡在公路上放空行駛之公私運輸機關車輛，於軍運必要時，運輸總司令部得統制使用之，遇特別緊急，並得對實車酌量令其改運。但於其原運物品應盡責保全之，並以最速方法通知其主管機關。

第五條 中央暨各省公路局各公私汽車運輸機關之營業事宜，在運輸總司令部監督之下仍自行辦理之。但關於軍事運輸，應遵照運輸總司令部之命令施行之。

第六條 凡在公路行駛之汽車車輛，經運輸總司令部支配使用時，無論任何機關或部隊均不得干預或藉故留用，致礙全域。違者送軍法執行總監部依法懲辦。

第七條 運輸總司令部儘先使用各項車輛主辦一切軍事運輸。但在可能範圍內應兼顧後方交通及商業運輸。

第八條 交通部隊警總局、交通警備司令部所屬部隊及沿公路擔任護路之軍警，均應受運輸總司令部之指揮，保護路線，維持交通。

第九條 戰時公路運輸實施規則另定之。

第十條 本條例自核准之日施行。

[①] 此條例經軍事委員會辦制渝字第 924 號指令核准，原載軍政部兵工署編印：《法令選輯》第 3 編，1941 年出版。

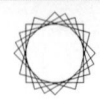

12. 戰時公路軍事運輸實施規則[①]（1939年11月）

第一條 本規則依據《戰時公路軍事運輸條例》第九條訂定之。

第二條 軍事運輸總司令部為戰時公路軍事運輸實施之最高指揮監督機關（以下稱本部）。線區司令部為各該管公路之指揮監督調度機關。車站司令辦公處為各該管區內運輸執行機關。

第三條 公路軍事運輸所用車輛，就下列各項調度使用之：

一、軍事機關所屬之軍用車輛。但兵站及西南運輸總經理處使用之車輛除外。
二、交通部直轄各公路局所屬之運輸車輛。
三、各省公路局所屬之運輸車輛。
四、政府附屬機關所屬之運輸車輛。
五、商人或公司所屬之汽車。

調用車輛無軍品運送時，立即發還各該主管機關自行使用或營業。但一經徵調指定運輸時，不得藉故推諉。其留用辦法另訂之。

第四條 本部得視公路運輸車輛情況，先運緊急軍品，普通零星軍品得酌予停運或緩運之。部隊移動，以不使用汽車運輸為原則。

第五條 凡屬大宗軍品運輸，應由主管機關將品類、數量、起訖地點、日期擬具計畫送達本部，就可能範圍籌擬運送方法飭屬施行。

第六條 線區司令非奉本部命令，車站司令非奉該管線區司令部命令，不得撥運任何軍品。但關於緊急者，得於撥運時電報備核。

第七條 軍品起運時，應由主管機關派員至起運站司令辦公處接洽，並填具輸送請求表交該辦公處查核，按照緊急及請求順序先後撥運。

輸送請求表須載明下列各項：

一、所奉命令之機關、日期、號數或電文日韻。
二、軍品種類。
三、件數及重量。
四、預計起運及到達日期。
五、起訖站。
六、軍品到達站之接收機關。

第八條 車站司令接受前項請求表，核與本部飭運文電符合後，即擊給載明與請求表內容相同之輸送執照交請運人收執，俟全部托運軍品運送終了時，繳交到達站車站司令逐級呈送本部備核。

第九條 起運站按照執照先後順序撥運，但遇特殊情形或奉上級命令提前裝運者，不在此限。

第十條 輸送之軍品，應由各該主管機關自行派人押運，每車只限一人，除簡單行囊不得超過十公斤外，絕對不許夾帶任何物品。

第十一條 軍品裝車時，應由車站司令及公路站長詳加檢查，並注意下列事項：

[①] 本規則經軍事委員會核准，原載軍政部兵工署編印：《法令選輯》第3編，1941年出版。

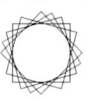

一、品類數量是否與執照所載相符。
二、裝置是否得法。
三、噸位有無虛糜。
四、篷布是否嚴密。
五、機件有無損壞。
六、油水是否充足。
七、輪胎是否堅實。
八、司機精神是否健全。
九、有無夾帶貨物或私搭旅客。
十、是否依規定時間裝載完畢。

第十二條 軍品裝卸一切手續，均應遵守本部規定裝卸辦法辦理之。

第十三條 每車必須裝足噸位始許開行，由車站司令全權處理，請運人及押運人不得干涉。但危險爆炸品及有特殊情形者，不在此限。

第十四條 凡整車裝運爆炸品時，應嚴令司機及押運員特別注意，中途如遇空襲，應與其他車輛間隔。

第十五條 遇空襲警報時，所有緊急處置應遵照本部所訂防空要則辦理之。

第十六條 所有運輸軍品車輛經過本部檢查所時，應接受檢查，其檢查規則另定之。

第十七條 起運站車站司令應監督軍品車按規定時間開車，於開車後將請運機關軍品種類、數量、車號、開行時刻電報該管線區，並抄知到達站準備接收。到達站接收後，亦應電報線區，抄知起運站。

第十八條 車站司令應於每日二十四小時內，將由該站起運及運到該站起卸之軍品種類數量及其所屬機關匯總報告管線區及本部。至由中途轉載到站者，應另單報告。其由中途變更到達站者，由到達站司令報告之。

第十九條 本部及所屬只負運輸責任，托運軍品數量不符或有損壞情事，由押運員負責。

第二十條 駕駛汽車在本部所轄線區範圍內行駛時，應遵守本部一切法令規章，並受車站司令管理。其《汽車駕駛人管理規則》另定之。

司機在經過站給養不得過一小時。但得由車站司令視當地情況臨時規定之。

第二十一條 軍品用車或特許回空車輛，任何機關部隊不得扣留使用。

第二十二條 沿線渡船碼頭，應由該管段車站司令派員管理，並隨時決定車輛渡河順序。其《渡船碼頭管理規則》另訂之。

第二十三條 本部為增進軍運效能起見，得採取臨時處置，規定關於運輸及警戒事宜之單行辦法。

第二十四條 凡軍事運輸人員，如有不遵本部或妨害線區司令、車站司令行使職權者，應隨時執送軍法執行總監部從嚴懲辦。

第二十五條 凡在公路服務之員工，在戰時應秉承本部之命令分任軍運任務，如有藉故規避，怠忽職務，擅離職守或故意破壞法令，致軍運發生障礙，一經查實，不論何級員工，應隨時移送軍法執行總監部依法從嚴懲辦。

第二十六條　凡在公路路線內，無論軍民人等如有下列情事之一者，應隨時移送軍法執行總監部依法從嚴懲辦。

一、乘機盜取汽油、汽車零件及一切運輸器材，以致減低運輸效能，因而影響軍運者。
二、擾亂交通秩序，因而妨害軍運者。
三、破壞公路路基路面橋樑隧道碼頭渡船及電訊設備，致軍運發生故障者。

第二十七條　關於軍事運輸事項，如有未經本規則規定，概行遵照《陣中要務令》之規定辦理之。

第二十八條　如有未盡事宜，隨時由本部呈請修正之。

第二十九條　本規則自核准之日施行。

13. 軍委會取締軍用汽車空駛條例[①]（1940年2月12日）

第一條　軍事委員會為增進戰時運輸效能，節省人力物力，特制定取締軍用汽車空駛條例。

第二條　各軍事機關各部隊所屬軍車，及調供軍運之路車商車，除卸空駛往附近停車地點及由停車處駛往附近裝運地點外，一律禁止空車行駛。

第三條　凡載重軍用汽車，應於開車前將軍品名稱數量及到達地點向運輸總司令部所屬各公路線區車站司令辦公處或交通指揮部管理站登記，領取通行證後，始得開行。

第四條　凡軍用汽車駛抵到達站後，應將通行證送繳就近車站司令辦公處或管理站驗收，並將有無回運軍品、停留時間，駛回地點報告登記。

第五條　凡卸空軍車已向就近車站司令辦公處或管理站報到者，由車站司令辦公處或管理站就駛回空車按其停留時間、駛往地點支配利用之。其駛往他處之軍用空車亦應預將開駛日期到達地點報告就近車站司令部或辦公處登記，以便利用。

第六條　凡軍用汽車向車站司令辦公處或管理站報到後，以儘先裝載軍品為原則。如無軍品，得代路局裝載商貨。

第七條　凡軍用汽車遇有特殊情形必須空放時，須向就近車站司令辦公處或管理站聲敘理由，領取通行證後，始得開行。

第八條　凡未領有通行證之軍用汽車在途行駛時，得由車站司令辦公處或管理站隨時扣留，載重車補行登記。空車除依法懲處外，並照第五、第六各條規定辦理之。

第九條　取締軍用汽車空駛實施細則及空車代運軍品商貨辦法，另定之。

第十條　戰區內之空車取締利用實施辦法另定之。

第十一條　本條例自公佈之日施行。

14. 限制載重卡車停留渝市及空襲時汽車管制暫行辦法[②]（1940年6月22日）

一、為維持渝市交通，及於空襲時避免汽車麇集，以期減少損害起見，特訂定本辦法。

---

① 本條例係軍政部轉奉軍委會辦制渝字第1109號令頒發，錄自軍政部兵工署編印《法令選輯》第3編，1941年出版。
② 本辦法經軍委會辦二通渝字第1921號指令修正照辦，原載軍政部兵工署編印：《法令選輯》第3編，1941年出版。

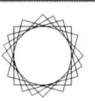

二、渝市運貨商車,除川黔路由儲綦段公路交通管理處照原來辦法辦理外,在渝市及成渝路者,其停車間及車棚須一律搭設於新橋以西,如有進入市區裝卸貨物之必要時,須向渝歌段公路交通管理處新橋管理站具領裝卸用之臨時通行證。

三、其他各城市臨時入渝市之公私汽車,須照統制渝市汽車辦法向所經之本部稽查所領取普通臨時通行證。

四、橋管理站發給裝卸用之臨時通行證時,須切實負責考核,並須將進(進入市區時間,以二十八年五月軍委會勤文辰秘代電頒佈之《整理重慶市區及成渝公路自兩路口至小龍坎一段車輛交通辦法》第三條內規定進入時間為限,有特別通行證者不在此限)出時刻與裝卸地點詳細填明,其停留市區之時間以二十四小時為限。

五、重慶市警察局各分局及各派出所。渝歌段公路交通管理處、各管理站,須隨時督飭所屬管區以內之公私卡車及運貨商車照所填時間開出。如運貨商車超過六小時,其他公私卡車超過一日者,得扣留其牌照。如不聽取締,得扣留其車輛,報請各部處置。如超過時間,執行機關不予過部,處罰管區內之主管官。

六、長期行駛渝市之公私汽車(須有登記證者),車主及機關應在市區或近郊構築汽車防空洞,如遇空襲即開存洞內,不必駛赴郊外。

七、長期行駛渝市之公私汽車在汽車防空洞未構築以前,臨時進入市區之汽車及運貨商車在臨時通行證限期以內遇空襲時,各車輛應即自謀妥善隱蔽方法。如必須疏散者,座車及客車應疏散於成渝路,卡車疏散於兩浮、浮新兩路。其速度每小時不能超過十五公里,並不得爭先搶超。停放時不能麇集一處,兩車相距須在五十公尺以上,並靠區路之一旁。否則由所屬各管區內之憲警及各公路交通管理處切實取締。

八、警報未經解除,嚴禁駛回或開動,以免顯露目標外,各司機並應絕對服從公路交通管理處之指揮,客貨車及卡車司機尤不得遠離,以備遇緊急情況時易於召集出動。

九、解除警報後,汽車駛回時,須至轉車道或停車場空地回車,嚴禁在公路上掉頭。

十、凡已損壞待修無法疏散之車輛,必須停放於車棚以內(但每車棚不能停放二輛以上)

或妥加偽裝,免露目標。

十一、在空襲時,若汽車不幸被炸,殘骸橫置道旁,應由該管區憲警及各公路交通管理處立即通知車主清除。如超過六小時以外,准報由本部收存。

十二、本辦法自呈奉軍委會核准之日起施行。

15. 交通部取締公商汽車空駛辦法[①] (1940 年 10 月 28 日)

第一條 交通部為省人力物力,增進汽車運輸效能,特制定本辦法。

第二條 各公商汽車除下列情形外,概不准空駛。

一、往來於停車場與裝運或卸車地點者。

二、救濟車。

[①] 本辦法經行政院陽四字 21976 號指令核准,錄自軍政部兵工署編印《法令選輯》第 3 編,1941 年出版。

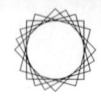

三、客運班車。

四、損壞汽車開赴修理廠者。

五、因其他特殊情形，經公商車輛管制所核准空駛者。

第三條 凡公商汽車無論空車實載，於開行前均應向各該管區公商車輛管理所登記，請領准行證後，方准開行。

第四條 公商汽車到達終點站後，應將准行證送繳就近之管制所站核銷，聽候調派利用，各車主不得自行攬載。如確無客貨可裝，方准領證空駛。

第五條 凡未領准行證之公商汽車，得按情節輕重依下列辦法處理：

一、扣留司機及車輛，強制裝運客貨。

二、扣留司機執照。

三、扣留行車執照。

第六條 各公商車輛管制所站服務人員應照章認真辦理，不得徇縱留難。

第七條 本辦法如有未盡事宜，得呈請修改公佈之。

第八條 本辦法自呈准行政院之日公佈施行。

16. 軍事委員會統制重慶市汽車辦法[①]（1940 年 10 月）

第一條 軍事委員會（以下簡稱本會）為嚴格統治重慶市汽車及限制使用油料，俾資節省戰時物力，儲備軍用起見，特訂定本辦法。

第二條 備車之限制：

一、中央黨部、國民政府、國防最高委員會及軍委會所屬之各院、部、會、廳（國防會秘書廳、軍委會辦公廳及銓敘廳）、局（軍委會運輸統治局）、處（中央執監會秘書處、國府文官、主計、參軍三處）主管長官，准置備專備車一輛。自次官以下概不備車。

二、前條所列各院部會廳局處其業務繁重者，准酌備公用車一輛至三輛。

三、各國駐華使領館及其他重要機關（非各院部會廳處之署司處等直屬單位）、學校、銀行、公司、醫院，報館，得核備公用車一輛或二輛以上。

二、三兩款在第四期發證時已被核減，或從未備車者，不得援例請求。

四、中央黨部、軍委會、行政院招待外賓、華僑、邊疆人士等，得酌備招待車。

五、辦理救護、消防、電信、郵政、電燈、自來水及其他重要業務之機關廠商，視其需要情形，得核備運輸用卡車或大客車。

六、黨政軍各機關疏散辦公時，得分別辦理交通車（以大客車為限），並得置備通信用機踏車。

七、重慶城郊之公共交通，應由市政府隨時籌畫增辟公共汽車路線，並增加汽車。

八、各戰區長官部、綏靖公署、省政府駐渝辦事處，准各置臨時用車一輛，以備各長官主任主席等來渝後臨時使用。

第三條 乘車之限制一、公用車非因公不准乘坐。

二、公用車及專備車不得乘赴娛樂場所，又非因公不准乘赴餐館。

---

① 原載軍政部兵工署編印：《法令選輯》第 3 編，1941 年出版。

三、運輸車不得載運不緊要之物品，普通運輸應儘量利用人力獸力。

第四條 用油之限制。

一、公用車專備車及招待車不論使用何種油料（包括汽油酒精柴油等液體燃料），每輛月需油量，由本會運輸統制局、液體燃料管理委員會視其存油情形隨時規定（並須呈報本會備查），憑證價發。必要時，呈報本會儘量核減或停發。但無登記證之汽車，絕對禁止購油（該會每月售出油料應詳細列表層報本會備查）。

二、軍政部後方勤務部、航空委員會等軍事機關儲備之油料應專供軍用，不得發給各公用車專備車使用。

三、運輸車交通車及公共汽車以使用木炭煤氣柴油及酒精為原則。其機件尚未裝配者，應由重慶衛戍總司令部（以下簡稱衛戍總部）督飭限期配齊，並呈報本會備查。

第五條 登記證之發給及使用：

一、第二條一、二、三、四各款所列之專備車公用及招待車，由本會規定其備車機關及輛數，令知衛戍總部分別通知登記，匯請發證。

二、第二條五、六、七各款所列之運輸車交通車通信車及公共汽車，應先向衛戍總部登記審查後，呈報本會核發登記證。

三、第二條第八款所列之臨時用車，須向衛戍總部先行登記，至有使用必要時，再向該總部聲明用車日期，領取臨時用車證，過期繳銷。

衛戍總部發給該項臨時用車證情形，應按月列冊呈報本會備查。

四、各登記證件應妥貼車前風窗玻璃左上角，以便查驗，並不得塗改或轉給他人使用。如有遺失或損壞時，立即登報作廢，並檢同報紙報請衛戍總部轉呈本會補發。

五、登記證每六個月換發一次。

六、發給登記證之汽車，仍須領用交通部規定牌照。

第六條 在渝行駛之軍字牌照汽車，應由軍政部嚴定辦法，切實整理，限制其備車用途及用油數量；如普通座車及非軍運機關部隊所備之運輸卡車，概不得借詞領用軍字牌照，其已領有軍字牌照者，應查明吊銷；並將在渝軍車數量及取締情形隨時呈報本會備查。

第七條 在渝市行駛之汽車，應在城郊附近構築防空洞，遇有空襲時，不得遠駛郊外，以免消耗油料。

第八條 不准使用之汽車，絕對禁止行駛，應在郊外構築防空洞或搭棚遮蓋，自行保管，並將停駛輛數地點詳報衛戍總部登記及轉報本會備查。非經本會核准，不得任意駛離渝市。必要時得集中使用之。其辦法由該總部訂定呈准施行。

第九條 不准行駛之汽車，如有自願出售或須由政府徵購時，應由衛戍總部會同相關機關組織平價委員會辦理評價及接收交付事項。

第十條 不准行駛之載重卡車，應一律集中交由運輸統制局支配用途，並依評定價格付給折舊費。不願出售者，則按月繳納租金。

第十一條 外埠來往汽車必須經過渝市或在渝市稍行停留者，由衛戍總部發給臨時過境證，規定停留時間，過期即行取締，令其駛停郊外，並將每月發證情形呈報本會備查。但經核減之車輛不得援用本條之規定。

長途營業之客貨車，以駛至車站及指定地點為止，不得行駛其他市區路線。

第十二條 本辦法規定各項之稽察取締事宜，由衛戍總部及其他有關機關執行之。如違犯各項規定而情節重大者，應呈報本會嚴辦。

第十三條 本辦法呈報國防最高委員會備案，即日由本會公佈施行。

17. 重慶市停駛汽車處置辦法① （1940 年 10 月）

第一條 本辦法依據《軍委會統制渝市汽車辦法》第八條訂定之。

第二條 凡停駛之停（汽）車，其自行構築防空洞停置者，准在市區或郊外自行選擇地點，但北不能超過青木關、北碚，南不得超過綦江範圍。其搭棚遮蓋者，成渝路以新橋以外起至青木關、北碚止，川桂路以距海棠溪 13 公里起至綦江為止。

第三條 凡停駛之汽車，無論停置防空洞或車棚，須由原車主自行保管，並將輛數、地點通知重慶衛戍總司令部（以下簡稱衛戍總部）彙報軍委會備查。

第四條 凡停駛之汽車如確須離開渝市，須先呈准軍委會發給證明文件，方准通行。否則由各檢查站扣留，解送衛戍總部轉解軍委會核辦。

第五條 凡停駛之汽車如有集中使用之必要時，得由衛戍總部按照《軍事徵調法》之規定呈准災委會徵調集中使用之。如因軍事上之緊急處置，得由衛戍總部先行徵集使用，事後報會備案。該項徵集使用之汽車所需駕駛人及燃料油脂，由作用機關供給之。如車主仍雇有駕駛人者，得一併徵用之。

第六條 本辦法自呈奉軍委會批准之日施行。

18. 運輸統制局監察處稽查大綱② （1940 年 12 月 3 日）

第一條 運輸統制局監察處為維持各運輸路線之安全秩序及增進運輸效率起見，特依下列標準設定檢查所站，執行統一檢查。

一、每線區邊端末路。

二、每線區中間遇有重要水陸交通線之交叉路。

三、其他必要地點奉令設置者。

第二條 檢查所站應視事實之需要分期設立，必要時並得另設遊動稽查車。

第三條 檢查所站及遊動稽查車所需工作人員，除由本局委派外，並得由關機關按業務之需要酌量派遣之。

第四條 檢查所站定為運輸統制局監察處某某（地點）檢查所站。

第五條 檢查所站在執行檢查業務中，發現有違犯檢查規則所規定之事件，其情節較重者，依其管轄，分別解送該管轄機關辦理，或解送軍法司及憲警機關依法懲辦。

第六條 檢查所站為維持路線之警備及秩序，如有需要兵力時，得呈請調派之。

第七條 本大綱如有未盡事宜，得隨時呈請修改之。

第八條 本大綱自奉准日施行。

---

① 本辦法由重慶衛戍總司令部呈奉軍委會核准公佈，原載軍政部兵工署編印：《法令選輯》第 3 編，1941 年出版。
② 本大綱經軍事委員會辦制渝字第 237 號指令備案，原載軍政部兵工署編印：《法令選輯》第 3 編，1941 年出版。

19. 運輸統制局監察處稽查守則[①]（1940年12月3日）

一、本處稽查員服勤時應恪遵本守則之規定。

二、稽查員除出勤外，應按時到處辦公。

三、稽查員出勤時，須領執乘車（船）證搭乘沿途有空位之車船。

四、稽查員未起程或未到目的以前，不得對人宣示其動向與行蹤。

五、出勤時應帶下列各物：

（一）密電本、地圖及有關法規。

（二）稽查證。

（三）乘車（船）證。

（四）報告表。

（五）日記簿。

（六）查勤表。

（七）手電筒。

（八）其他必要物品。

六、除奉派密查外，須著正規制服。

七、稽查員嚴禁下列事項：

（一）受被查者之歡迎歡送。

（二）受被查者之膳宿供應。

（三）受被查者之賄賂及餽贈。

（四）受被查者之財物及借貸。

八、稽查事件應迅速敏捷，判斷明確，不得藉故留難及有傲慢玩忽等情事。如有濫用職權假公濟私者，查明即予嚴懲。

九、車輛輪舶等檢查後，應保持其原來之裝載，不得任意傾翻凌亂。

十、受有特殊任務或秘密調查時，應不避艱險完成任務。

十一、交查事項不論是否機密，概不得與人談論。

十二、發生重要事件時，應立即電呈本處請示核辦，不得私自處分。

十三、稽查員執行職務，倘遇必要，得申請當地軍警機關協助之。

十四、查獲現行犯及其他罪犯或違禁物品時，應解繳本處或就近軍法及司法機關依法核辦，不得擅行處分。

十五、稽查員每到一處考查完畢，應於該處所置簽到簿上簽到。但被派密查者不在此限。

十六、受有特殊任務或便衣出勤時，應攜帶稽查證以資證明。

十七、稽查員不得商托車輛輪舶攀搭乘客及帶運貨物。違則查明嚴懲。

十八、稽查員除執行檢查職務外，應搜集有關運輸情報及一般押運情形，呈備參考，並應嚴切注意沿途有無敵偽漢奸間諜潛滋活動。

---

① 本守則經軍事委員會辦制渝字第2127號指令備案，原載軍政部兵工署編印：《法令選輯》第3編，1941所出版。

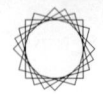

十九、稽查員應慎自檢點，恪守官箴，不得宿娼聚賭及有其他招搖詐偽、放棄職責等情事。

二十、勤務完畢，應將逐日出勤經過詳細具實記載，呈報本處，不得循情隱匿及挾嫌捏報。

二十一、各檢查所站遊動檢查員出勤時，准用本守則之規定。

二十二、本守則自奉核准日施行。

20. 運輸統制局監察處所站檢查規則[1]（1940年12月3日）

第一條 本處為各檢查所站檢查人員執行職務有所遵循起見，特制定本規則。

第二條 各所站檢查人員除法令別有規定外，悉依本規則執行職務。

第三條 各種運輸工兵等駛經本局管轄區域時，除戰車及持有軍事委員會頒發之免查證外，均須依本規則施行檢查。

第四條 各有關機關所規定應行檢查及取締事項，由各該機關所派遣人員依其原機關法令辦理之。

第五條 檢查人員及各有關機關派遣人員執行業務，須受所站長之指揮監督。

第六條 檢查員執行下列業務：

一、檢查軍運物品與證明檔是否相符。

二、運輸紀律之維持。

三、交通違章之糾正。

四、冒用牌照私帶乘客之取締。

五、軍事違禁品之取締及其他違禁品，須由各主管機關派員參加，或受委託辦理呈准有案者。

六、漢奸間諜之偵查與取締。

七、車輛輪舶行駛速率之限制。

八、裝載逾量之取締。

九、沿途空車之取締。

十、其他受各主管機關委託檢查事項經呈奉核准者。

第七條 各檢查所站對往來運輸工具檢查完畢，應隨時登記，並按期填報下列各表：

一、檢查日報表（附式一）〈原件附式從略，以下同〉。

二、處理違章車輛旬報表（附式二）。

三、處理違章輪舶船筏旬報表（附式三）。

四、查獲違禁物品旬報表。各主管機關派員參加之站所，須由參加人員加鈐名章。如未派員參加而由檢查所站受委託檢查者，由檢查所站長鈐報。均須抄送原機關備查。

第八條 檢查人員對違章違法事件，應按情節輕重分別辦理。

一、普通違章情節輕微，有下列行為之一者，應隨時糾正之。

（一）秘密軍用品遮蓋不嚴者。

---

[1] 本規則經軍事委員會辦制渝字第2127號指令備案，原載軍政部兵工署編印：《法令選輯》第3編，1941年出版。

（二）空襲時車輛無防空設備及掩護或麇集一處者。
（三）搭乘官兵服裝不整及不守紀律者。
（四）不守交通秩序者。
（五）裝載不合規定者。
（六）駕駛員行車時吸煙者。
（七）未經主管機關發給許可證強迫搭乘者（此項搭乘人員應即勒令下車下輪）。
（八）使用逾期許可證者。
（九）駕駛員浪費汽油或其他器材者。
（十）未備反照鏡、後車燈、發聲器；或雖備已破舊，不加修理而仍行駛者。

二、情節較重，有下列行為之一者，應阻止其通行。
（一）軍車軍輪裝載非軍用品而無特許證者。
（二）未奉命令或無起運站之證明擅自行駛者。
（三）開駛空車空輪而無特許證者。
（四）裝載逾量者。
（五）駕駛員酗酒者。
（六）軍車挾帶私貨或攜帶男女乘客者（屬於司機及押車人員之行李，不作私貨論）。
（七）未掛牌照及所掛不合規定者（使館或奉有中央命令特許行駛之車、輪除外）。
（八）駕駛員未佩駕駛證或臨時許可證者。
（九）監運或押運人員無身份證明者。

三、情節重大，涉及刑事範圍，有下列行為之一者，得由所站長將人犯證據或連同車輛輪舶船筏予以扣留，分別性質移送就近執法機關依法辦理，並將辦理情形呈報監察處核奪。
（一）載用大宗私貨或違禁物品，屬於軍事範圍或奉准受委託者。
（二）傷人及肇事者。
（三）偽造證件者。
（四）故意破壞道路橋樑涵洞，致影響交通安全者。
（五）盜賣汽油器材及故意損壞車輛或其他交通工具者。
（六）充敵偽漢奸間諜有確實證據者。
（七）受委託查禁之法令禁止出口或入口之物品，無特許證而仍輸出或輸入者。

各所站扣留前項物品時，應點驗明白，掣發收據（附式五），由所站長及檢查人員簽名蓋章，並將違禁物或其他貨物證據解呈監察處或就近軍法及司法機關核辦，不得擅行處分。

四、遇有情節異常重大或特殊事件發生，所站長應立即電呈監察處請示核辦。倘時機緊迫，所站長並得斟酌情形就其職掌範圍內先施行緊急處分，仍立將辦理情形迅報監察處核奪。

第九條 各檢查所站應在其轄區內派遣遊動檢查員。除依前條一、二、三三項之規定執行職務外。對於轄區內之鐵道公路橋樑涵洞斜坡渡口等均須調查。

第十條 凡各種運輸工具到達檢查所站時，檢查人員應即迅速檢查，不得延滯，致礙行駛時間。

第十一條 各所站檢查人員在服勤時，倘遇緊急事情發生，得申請當地軍警機關協助之。

第十二條 檢查人員執行職務時應服裝整齊，態度和藹，處置公平，判斷明確，不得藉故留難及有傲慢玩忽等情事。

第十三條 檢查人員不得利用職務便利委託運輸工具挾帶違禁物品及販賣商貨。倘有違犯，一經查覺，定行依法嚴懲。

第十四條 本規則如有未盡事宜，得呈請修正之。

第十五條 本規則自奉核准後施行。

21. 行政院、重慶市政府關於抄發修正改進市區及公路交通管理辦法的訓令（1945年8—10月）

一、行政院訓令（1945年8月）

奉國民政府本年八月十四日處字第1174號訓令開：「據本府文官處簽呈稱：准國防最高委員會秘書廳國綱字第55006號函開：准軍事委員會辦二通渝字第9100號公函開：案據戰時運輸管理局呈報，為遵令與美軍總部及各有關機關會商，擬具改進市區及公路交通管理辦法暨改進重慶市交通辦法，呈請分別公佈施行，供飭遵照等情。據此，查所呈辦法核尚可行，應准實施。除指令並分令各軍事機關部隊遵照外，相應抄同原辦法二份，函請查照轉陳，分別函令各黨政機關一體遵照，等由。附改進市區及公路交通管理辦法暨重慶市區交通改進辦法各一份。到廳。除轉陳並分令外，相應抄同原件，函達查照轉陳，分飭所屬各機關遵照，等由。理合簽請鑒核，等情。正核辦間，續據文官處簽呈，略稱准戰時運輸管理局運字第8155號代電，以奉軍事委員會代電及行政院訓令，飭自本年十月一日起，全國汽車一律改靠右行駛。是關於改進市區及公路交通管理辦法，向靠左靠右各點，應予分別修正，請轉陳，準將該辦法修正後，於十月一日通飭遵辦。至重慶市區交通改進辦法之內容，完全著重於市政市容之整飭，與汽車行駛方向並無關係，請轉陳即飭重慶市政府辦理，據□轉陳鑒核前來。據此，應準將改進市區及公路交通管理辦法照案修正通過，飭於本年十月一日起一體遵行。重慶市區交通改進辦法並准令行政院，轉飭重慶市政府，即日遵辦，除分行外，合行抄發修正改進市區及公路交通管理辦法暨重慶市區交通改進辦法，令仰遵照，並分別轉飭所屬一體遵照」。等因。抄發修正改進市區及公路交通管理辦法及重慶市區交通改進辦法各一份。自應遵辦，除分行重慶市政府、交通部及戰時運輸管理局外，合行抄發原件，令仰遵照並轉飭遵照！此令。

附抄發修正改進市區及公路交通管理辦法及重慶市區交通改進辦法各一份

〈後略〉

院長　宋子文

二、重慶市政府訓令（1945年10月30日）

令工務局

案准軍事委員會戰時運輸管理局三文軍字第11497號代電開：重慶市政府公鑒：查改進市區及公路交通管理辦法，前經本局本年六月間以運字第44288號函請查照在案。旋以全國汽車定期一律改靠右行，該辦法內靠左靠右各點應予分別修正。先後奉行政院轉發國民政府本年八月處字第1174號令頒修正改進市區及公路交通管理辦法到局，並奉軍事委員會

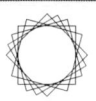

電知該項修正辦法奉令於三十五年一月一日起實行，等因。除分行外，相應將奉頒修正辦法隨函抄送，即希查照為荷。軍事委員會戰時運輸管理局。至刪。運監渝印。附抄修正改進市區及公路交通管理辦法一份。等由。准此，除分令外，合行抄發該項修正辦法令仰遵照！此令。

附抄發修正改進市區及公路交通管理辦法一份

市長　賀耀祖

修正改進市區及公路交通管理辦法

一、汽車部分：

（一）車輛一概靠右行駛，轉彎時，除交通警察特准外，一律靠右邊順轉。在上坡時，不得作「之」字形前進。

（二）行車最高速率在市區及人口稠密交通繁盛之處，以每小時二十公里為限。其他地點，小型車以每小時五十公里，大型車以每小時四十公里為限。司機仍須斟酌車前情況，隨時對所駕之車，絕對控制，並注意緊急停車。

（三）前後兩車最小間隔，在市區及人口稠密交通繁盛之處為五公尺，其他地點為五十公尺。但司機仍須視車輛狀況，酌量間隔適宜之距離。

（四）經過下列地點必須減低速度，隨時準備停車，必要時並鳴喇叭：

1. 交叉路；
2. 急彎及彎道視距不足者；
3. 將近坡頂時；
4. 過橋；
5. 狹路；
6. 公共出入地方（工廠、學校、醫院、車站、娛樂場及機關等門口）；
7. 正在修理路面地點；
8. 交車；
9. 行人牲畜未及避讓時；
10. 視線不清時。

（五）行車對於下列各項情事須表示手勢或撥方向標：

1. 前面有交通警察時；
2. 緩行；
3. 停車；
4. 倒車；
5. 讓後車超越；
6. 轉彎。

7. 行車如遇夜間、迷霧、風沙、暗晦或隧道時，應開放遠燈光。但夜間交車及在市區照明清楚者，應改放近光燈。

（七）後車需要超越前車時，必須先鳴喇叭，得前車表明手勢許可越過時，始得靠前，在未得前車表示許可前，不得強闖。前車聞後車喇叭後，應視車前情況許可時，隨時表示手勢，並不得故意不讓。

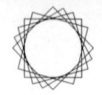

（八）行車時如遇消防車、救護車、警備車、工程救險車，須立即避讓。支線車駛入幹道時，須讓幹道車先行。
（九）下坡須用適宜排擋行駛，不得關閉電門，空擋行駛。
（十）行車須靠緊路右邊，下列各地不得停車：
1. 狹路；
2. 急彎；
3. 陡坡；
4. 路中間或防礙交通之處；
5. 橋上；
6. 隧道。

如車輛拋錨無法移動時，須於車輛前後各約三十公尺處，樹立臨時顯著標誌（如將竹枝樹枝等插放地面，但事後應即除去）。

（十一）市區即人口稠密交通繁盛之處，停車時間應遵照各地市政管理機關之規定。
（十二）大型車長途行駛必要時須攜帶三角枕木，以備在坡道停車之用。不得使用石塊，如不得已非用石塊不可時，事後須立即移置路外。
（十三）駕駛室兩旁及車頂上不得攀援或站搭乘客。
（十四）車輛肇事，應立即停車救護，其他經過車輛亦應予以協助。
（十五）美軍雇用之中國籍司機，除應領用中國駕駛執照外，並須有美軍部發給之中英文對照之雇用證件。

二、人獸車部分：
（一）人獸力車應絕對緊靠右邊單排順序行駛，不得超越爭先。
（二）人獸力車停放地點，須遵照各地市政及公路管理機關之規定。
（三）夜間行車須燃點燈火。
（四）讓汽車先行，不得攔阻。
（五）必要時得由市政及公路管理機關禁止於相當時間或區段內行駛。

三、行人牲畜部分：
（一）有人行道之路，須在人行道上行走，否則緊靠路邊行走。
（二）穿越道路，須看清兩面有無來去車輛。
（三）不准在路上聚集觀望。

二、機構

1. 全國經濟委員會西南公路運輸總管理處組織規程（1937年12月16日）

第一條 全國經濟委員會為辦理西南各省乾路運輸管理及工程改善事宜設置西南公路運輸總管理處。
第二條 總管理處設下列各組室分掌各項事務：
一、車務組 掌理關於車輛之調度站務之管理等事項。

二、機務組 掌理關於車輛之修造及其他機械電訊設備等事項。
三、工務組 掌理關於公路工程之改善與修養等事項。
四、營業組 掌理關於沿路經濟之調查及客貨之招徠等事項。
五、材料組 掌理關於車輛燃料機器配件等之採辦與保管事項。
六、會計室 掌理關於營業收支稽核統計及其他會計事項。
七、秘書室 掌理關於文書庶務人事及不屬於各組室事項。

第三條 總管理處設處長一人，承本會之命綜理處務並指導監督所屬職員，副處長一人輔助處長處理處務。

第四條 總管理處設車務總管一人主管車務組事務，機務總工程師一人主管機務組事務，工務總工程師一人主管工務組事務，營業主任一人主管營業組事務，材料主任一人主管材料組事務，會計主任一人主管會計組事務，秘書主任一人主管秘書室事務。

第五條 總管理處設技術人員事務人員若干人，分別在各組室辦事。

第六條 總管理處處長副處長會計主任由會委派；車務總管、機務總工程師、工務總工程師、材料主任、營業主任、秘書主任由處長請會委派；其餘職員由處長委派報會備案。

第七條 總管理處為便利處務進行起見，設置車務段、養路段、修車廠、工程處、材料廠、車務機務人員訓練所及各地辦事處等，其組織辦法由處擬訂報會備案。

第八條 各組室為辦事便利起見得分股辦事。

第九條 總管理處辦事細則及其他一切管理，取締規章均由處擬定呈會備案。

第十條 本規程自公佈日施行。

2. 交通部西南公路運輸管理局組織規程（1939年3月9日）

第一條 交通部為辦理西南各省乾路運輸管理及工程改善事宜設西南公路運輸管理局。

第二條 管理局設下列各科：

一、總務科 掌理文書人事出納事務，編審警衛及不屬於其他各科事項（下設文書人事事務出納警衛編審六股）。

二、業務科 掌理車輛調度營業計畫交通管理，通訊設備與站務輪渡等之管理及其他有關業務事項（下設綜核調度營業交通電訊五股）。

三、機務科 掌理車輛輪渡之保養修理，修車廠所之管理考核，機器配件之設計製造，行車消耗之稽核統計及其他有關機務事項（下設□□廠務計畫三股）。

四、工務科 掌理公路工程之改善修養與其他有關土木工程事項（下設養路工程造計畫四股）。

五、材料科 掌理車輛燃料機器配件與各項工程上應用材料之採購轉運保管及收發等事項（下設採購儲轉考核登記四股）。

六、會計科 掌理本局一切會計事項（下設稽核賬務檢查三股）。

第三條 管理局設局長一人，承本部之命綜理局務並指揮監督所屬員工；副局長一人至三人，襄助局長處理局務。

第四條 各科設科長一人秉承局長督率所屬辦理各科主管事務。

第五條 各科分股辦事，每股設股長一人，科員一至三人，辦事員二人至四人，秉承主管科長辦理各股主管事務。

第六條 管理局設秘書一人至二人，助理秘書一人至三人，秉承局長之命辦理機要審核及他交辦事項。

第七條 管理局設正工程師、副工程師、幫工程師及工務員分派各部分秉承長官之命辦理工程技術事項，其員額視事務之繁簡隨時呈請核定之。

第八條 管理局為稽查業務得設視察員，其員額隨時呈請核定之。

第九條 管理局於必要時得設專員一人至三人。

第十條 管理局於必要時得酌用助理員雇員及練習生。

第十一條 管理局局長副局長由部派充，科長、秘書、專員、正工程師、副工程師，由局長遴員呈部派充，其他職員由局長委派並呈部核准備案。會計人員依照交通部附屬機關會計人員任用章程任用之。

第十二條 管理局為辦理運輸及工程事務得設辦事處、工程處、修理廠、機械廠、材料庫、訓練所等，其組織另定之。

第十三條 管理局於必要時得指派高級職員長駐衝要地點秉承局長辦理特定事務及對外接洽事宜。

第十四條 管理局辦事細則及其他一切規章均由局擬定呈部備案。

第十五條 本章程自公佈之日施行。

3. 交通部西南公路運輸管理局段辦事處暫行組織規程（1939年3月9日）

第一條 本規程依據交通部西南公路運輸管理局暫行組織規程第十二條之規定制定之。

第二條 段辦事處設下列各股份掌事務：

一、總務股 掌理段內文書、人事、事務、出納、警衛及不屬其他各股事務。

二、業務股 掌理股內車輛調度、客貨運輸、車輛檢查及通訊等事項。

三、機務股 掌理段內廠所管理、機務行政及應急材料之購配等事項。

四、工務股 掌理段內道路保養房屋修繕及其他工務事項。

五、會計股 掌理段內會計事項。

第三條 段辦事處設主任一人秉承局長之命主管段內事務並指揮監督所屬員工，必要時得設副主任一人襄助主任辦理段內事務。

第四條 各股設股長一人秉承主任之命督率所屬辦理各股主管事務。

第五條 各股設股員一人至二人，辦事員一人至五人秉承主管股長之命辦理各股事務。

第六條 段內車站、貨站、修車廠所、養路所、無線電臺等分別設置站長、副站長、站員、廠長、管理員及報務員秉承長官之命辦理主管事務。

第七條 段辦事處及段內所屬站、廠、所等，得視需要設助理員書記及練習生。

第八條 段辦事處及段內各站、廠、所工程技術等事項由局長就局內正工程師、副工程師、幫工程師、工務員，分派辦理並呈部備案。

第九條 主任副主任由局長遴員呈部派充，其他職員除會計股人員依法任用外，統由局長委派並呈部核准備案。

第十條 本規程自呈請核准備案之日施行。

4. 交通部公路運輸總局暫行組織規程[①]（1939 年 7 月 17 日）

第一條 公路運輸總局直隸於交通部，統籌辦理各省乾路或特約運輸業務，並指揮監督所屬各運輸局。

第二條 公路運輸總局設左列各組室：

一、業務組 掌理所屬各公路車輛調度，營業計畫與通訊設備，站務等之統籌規劃及其他有關業務事項。

二、廠務組 掌理所屬各公路車輛使用，修車廠所設施之考核，行車消耗之稽核，汽車服務站之設置及其他有關機務事項。

三、材料組 掌理所屬各公路車輛燃料，輪胎配件及其他器材之採購儲轉收發及稽核等事項。

四、秘書室 掌理文書、人事、出納、事務、編審、警衛及不屬於其他各組事項。

五、會計室 掌理本局一切會計及統計事項。

第三條 公路運輸總局設局長一人，承本部之命，綜理局務，並指揮監督所屬員工；副局長一人至二人，襄助局長處理局務。

第四條〈缺〉

第五條 各組分課辦事，每課設課長一人，課員六人至十人，辦事員八人至十二人，秉承主管組長辦理各課主管事務。

第六條 公路運輸總局設秘書一人至三人，秉承局長之命辦理機要審核及其他交辦事項。

第七條 公路運輸總局設正工程師、副工程師、幫工程師及工務員若干人，分派各部分，秉承長官之命辦理技術事項。其員額視事務之繁簡隨時呈部核定之。

第八條 公路運輸總局為稽查各附屬機關一切設施，得設視察員。其員額隨時呈部核定之。

第九條 公路運輸總局於必要時得設專員四人至八人。

第十條 公路運輸總局於必要時得酌用雇員、練訓生。

第十一條 公路運輸總局局長由部呈請簡派，副局長由部派充，組長、秘書、專員、課長、正工程師、副工程師，由局長遴員呈部派充，其他職員由局長委派，並呈部核准備案。

會計人員依照《交通部附屬機關會計人員任用章程》任用之。

第十二條 公路運輸總局就各公路運輸情形，分區或分路設公路運輸局，各局設經理、協理。其組織另定之。

第十三條 公路運輸總局為辦理運輸業務，得設馱運管理所、機械廠、材料廠及各種委員會等。其組織另定之。

第十四條 本規程自呈奉行政院核准之日施行。

[①] 本規則經交通部呈行政院核准公佈施行，原載交通部編：《交通法規彙編補刊》，1940 年出版。

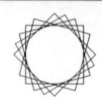

5. 交通部關於設立川桂公路運輸局、西南公路管理處、川滇公路管理處的命令（1939年7月20日）

查本部設立川桂公路運輸局，辦理重慶貴陽線，貴陽柳州線，貴陽長沙線，綦江三角坪線各公路運輸業務，並在川滇公路運輸局未成立以前，將昆明貴陽線運輸業務由該局暫行兼管。並成立西南公路管理處，辦理重慶經貴陽至柳州，長沙經貴陽至昆明，及綦江至三角坪等各公路工程管理事宜。又設立川滇公路管理處，辦理川滇東路工程管理事宜，在川滇東路運輸局未成立以前，所有昆明至瀘州運輸事宜，並由川滇公路管理處兼辦。並派薛次莘為西南公路管理處處長，馬軼群為川滇公路管理處處長，莫衡為川桂公路運輸局副局長，代理局長職務。除分令外，合亟抄發公路運輸總局暫行組織規程，公路運輸局組織通則，公路管理處組織通則各一份，令仰該局遵照結束，會同各該處長，代局長，分別移交接管具報為要。

6. 薛次莘等為改組公路機構告國人書（1939年8月1日）

敬啟者：本局近數月來，以車輛之漸增，運輸之頻繁，事業日見發達，已非原有組織所能兼籌並顧，應付裕如，大部於是有改組之舉。鑒於以前運輸業務與工程管理之集於一局，職務龐雜，不克專心，難免顧此失彼，故將該運輸管理局之運輸管理，量為劃分。在運輸方面：設川桂、川滇、川陝、甘新等運輸局，而以大部運輸總局總其成。在管理方面：設西南、西北、川滇等公路管理處，而以大部公路總管理處總其成。由衡辦理川桂運輸，以重慶至柳州為其幹線，湘黔、川黔、滇黔、川湘三段為其支線。世圻任運輸總局副局長。軼群辦理川滇公路管理，並籌備本路運輸。次莘則辦理西南公路管理。如此職務雖經重行劃分，而精神可依舊一貫。溯自本局開辦以來，篳路藍縷、百端草創；由數人而至數十人之經營擘劃，以達數百人而至數千人之眾擎共舉。各人之任務雖有不同，而竭誠以效力於局務則一。經此劃分，莘等雖似分道揚鑣，實則異途同歸。回想同人已往之精神團結，益望今後之一心一德，本此一貫之精神，勇往邁進，以完成後方交通之使命。敬布區區，並表謝悃。惟希公鑒！

薛次莘　王世圻
莫　衡　馬軼群

7. 交通部公路總管理處組織條例[①]（1939年12月14日）

第一條　交通部為規劃建設管理全國公路，並指揮監督各公路管理處，依《交通部組織法》第四條之規定，設置公路總管理處。

第二條　公路總管理處分設下列各科：

一、總務科。

二、監理科。

三、工程科。

四、橋渡科。

第三條　總務科掌理事項如下：

[①] 本條例由國民政府公佈，原載交通部編：《交通法規彙編補刊》，1940年出版。

一、關於本處文書收發、撰擬、保存事項。
二、關於典守印信事項。
三、關於本處及所屬人事與技術人員之登記事項。
四、關於本處所屬機關事業專款之核計及出納事項。
五、關於本處庶務及其他不屬於各科之事項。
第四條 監理科掌理事項如下：
一、關於公路交通行政之管理及其規章之擬訂事項。
二、關於汽車及其駕駛人與技工之考驗、登記、給照、檢查與其他管理事項。
三、關於公路省營及私營汽車運輸機關之立案開業與監督考核等事項。
四、關於公路旅行之提倡及警衛安全之監督事項。
五、其他有關公路交通管理事項。
第五條 工程科掌理事項如下：
一、關於公路工程計畫之擬訂及審核事項。
二、關於公路工程計畫應需經費之核計事項。
三、關於公路工程建築與修養之督察考核事項。
四、關於本部直轄公路工程之直接實施事項。
五、其他有關公路設施之工務事項。
第六條 橋渡科掌理事項如下：
一、關於公路橋渡計畫之擬訂及審核事項。
二、關於公路橋渡計畫應需經費之核計事項。
三、關於公路橋渡工程建築與修養之督察考核事項。
四、關於交通部直轄公路橋渡工程之直接實施事項。
五、其他有關公路橋渡之工務事項。

第七條 公路總管理處設處長一人，簡任，承交通部部長之命綜理處務，並監督所屬職員及機關。

第八條 公路總管理處設秘書一人，薦任，秉承處長之命辦理交辦事項。

第九條 公路總管理處設科長四人，薦任，承處長之命督率所屬辦理各科主管事務。

第十條 公路總管理處設科員十四人至十六人，辦事員四人至六人，委任，承長官之命辦理各項事務。

第十一條 公路總管理處設技正六人至八人，薦任，其中四人簡任；技士十二人至十四人，其中六人薦任，餘委任；技佐四人至六人，繪圖員二人至四人，委任，承長官之命辦理各項技術事務。

第十二條 公路總管理處設主任督察工程師四人至六人，其中三人得為簡任；督察工程師六人至八人，薦任，承長官之命辦理督察公路工程事務。

第十三條 公路總管理處因事務上之必要，得呈請交通部調派專門人員。

第十四條 公路總管理處於必要時得設各種工程隊及其他附屬廠所。

第十五條 公路總管理處因事務上之必要得酌用雇員、練習生。

第十六條 公路總管理處辦事細則由交通部定之。

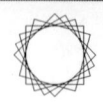

第十七條 本條例自公佈日施行。

8. 交通部川桂公路運輸局組織規程（1939年12月22日）

第一條 交通部為辦理川桂乾路及其支線各公路運輸業務及運輸上之設施事項，設川桂公路運輸局直隸於公路運輸總局。

第二條 本局設下列各課室：

一、總務課 掌理文書、人事、出納、庶務、編審、警衛、建築及不屬於其他各課事項（下設文書、人事、事務、出納、警務、編審建築七股）。

二、業務課 掌理車輛調度、客貨營業、通訊設備與站務等之管理考核及其他有關業務事項（下設綜核、調度、營業、電訊四股）。

三、機務課 掌理車輛輪渡之使用、保養、修理及修理廠所之管理考核，貨車消耗之稽核統計，機器配件之設計製造及其他有關機務事項（下設考工、廠務、計核、設計四股）。

四、會計課 掌理本局一切會計及統計事項（下設稽核、檢查、賬務三股）。

五、材料室 掌理車輛燃料機器配件及各項急用材料之採購運輸保管及收發等事項（下設採購、儲轉、考核、登記四股）。

第三條 本局設局長一人承運輸總局之命綜理局務並指揮監督所屬員工，副局長一人至二人襄助局長處理局務。

第四條 各課設課長一人，材料室設主任一人，秉承局長督率所屬辦理各課室主管事務。

第五條 各課室分股辦事每股設股長一人，課員一人至三人，辦事員二人至五人，秉承主管課長或主任辦理各股主管事務。

第六條 本局設秘書一人至二人，助理秘書一人至三人，秉承局長之命辦理機要審核及其他交辦事項。

第七條 本局設正工程師三人至六人，副工程師六人至十人，幫工程師十人至十六人及工務員若干人，分派各部分秉承長官之命辦理技術事項。

第八條 本局為研究計畫技術及業務事項得設專員一人至三人。

第九條 本局為稽查業務機務等得設稽查員，其員額每營業區一人至二人。

第十條 本局於必要時得酌用助理員雇員及練習生。

第十一條 本局局長、副局長、正工程師、副工程師由運輸總局局長遴員呈請交通部部長派充，課長、主任及秘書、專員由局長遴員呈請運輸總局派充報部備案，其他職員由局長派充報請運輸總局呈部備案。

會計人員依照《交通部附屬機關會計人員任用章程》任用之。

第十二條 本局為辦理運輸業務得設區辦事處、修理總廠、修理廠所、機械廠、停車場、車身廠、材料庫、油庫、訓練所、板車管理處、轉運處、車站、貨棧、旅舍、食堂等，其組織另定之。

第十三條 本局於必要時得指派高級職員駐衝要地點秉承局長辦理特定事務及到外接洽事宜。

第十四條 本局辦事細則及其他一切規章另定之。

第十五條 本規程自公佈之日施行。

9. 國民政府特許中國運輸股份有限公司規程[①]（1939 年 12 月 22 日）

第一條 中國運輸股份有限公司，經交通部轉呈行政院呈請國民政府特許組織之。

第二條 公司之業務如下：

一、經營公路鐵路水路及航空之客貨及包裹運輸業務。

二、製造及裝配運輸工具。

三、製造裝配存儲及分配各項應用材料及配件。

四、為業務之必要，購置及租賃房屋地產。

五、載運郵件。

六、建築及經營便利旅客及員工之設備。

七、投資於其他運輸公司及購買其證券。

八、經營其他有關運輸業務。

第三條 公司營業期定為三十年，期滿得呈請交通部轉呈行政院呈請國民政府核准延長之。

第四條 公司股本總額定為國幣五千萬元，分為五千股，每股一萬元。由交通部認購半數，其餘半數由其他政府機關或商業機關分認之。

上項股本應以現金或同等價值之資產認購之。

股本總額如有擴充必要時，得隨時呈准增加之。

第五條 政府機關所有公司股票，非經國民政府特許不得轉售。

第六條 公司經行政院核准呈請國民政府特許，得商借外債。

第七條 公司設董事七人至十一人，內交通部指派三人至五人，餘由其餘股東中選任之。公司總經理為當然董事。

第八條 公司設監察人三人，內交通部指派一人，餘由股東中選任之。

第九條 董事會設董事長一人，由董事中互選之。必要時得設置常務董事二人或三人，由董事互選之。

第十條 公司設總經理一人，如有業務上之必要時得設副總經理一人，均由董事會聘任之。

第十一條 公司應向交通部註冊，並向經濟部登記。

第十二條 公司詳細章程由董事會議決，呈報交通部核准備案。

第十三條 本規程自行政院公佈日施行。

10. 公路運輸總局為成立中國運輸股份有限公司給川桂公路運輸局訓令（1939 年 12 月 28 日）

案奉交通部二十八年十二月二十七日人甄渝字第二五八二四號訓令開：本部為集中運輸管理，增加運輸經濟及效率起見，經呈行政院呈請國民政府特許組織中國運輸股份有限公司，該公司定於二十九年一月一日成立，設於重慶中四路九十九號，並接收川桂公路運輸局及復興商業公司之運輸設備，如車輛機器配件材料廠站地皮及一切生財資產暨必要檔簿冊等

[①] 本章程係由行政院公佈施行，原載交通部編：《交通法規彙編補刊》，1940 年出版。

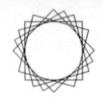

項：除分令外，合行令仰知照。等因。奉此，自應遵辦。合行令仰遵照辦理具報。此令！

11. 1937年至1939年西南公路機構之變遷[①]（1940年）

西南公路之興築

西南公路，東起長沙，西迄昆明，北自重慶之海棠溪經貴陽南走而抵柳州，更以川湘路為其輔助線，其興築始於民國十七年之長沙常德段，及貴陽至馬場坪、黃果、松坎三段，至二十四年東路之湘黔線，南路之黔桂線，北路之川黔線，先後完成，二十五年西路之滇黔線亦相繼□□，西南公路全線至是遂行完成，以貴陽為其核心。

統一運輸之發軔

民國二十六年七月一日行政院、軍事委員會、全國經濟委員會、軍政、交通、鐵道三部，及川、滇、黔、湘各省當局，在京集議，改進西南公路交通辦法，以長沙至貴陽，貴陽至昆明，及重慶至貴陽為聯運線，另組西南各省公路聯運委員會主其事，於同年九月二十日成立辦事處於長沙，即舉辦長沙至昆明，及貴陽至重慶之聯運，當時客貨運輸尚不頻繁，長沙至貴陽，計畫每日對開客車二輛，貴陽至昆明，及貴陽至重慶，每日各對開客車一輛。除區間運輸及養路管理等項，仍由各省自辦外，凡聯運客貨，均由聯運委員會統籌辦理，本路統一運輸，此時已略具雛形。

統一管理之經過

其後戰局日益開展，後方運輸，急如星火，深感原有組織，尚不能與需要相配合，爰由現貴州省政府吳主席鼎昌、交通部張部長嘉璈、經濟部翁部長文灝、財政部秦次長汾、資源委員會錢主任委員昌照等，擬具辦理西南各省公路運輸計畫大綱，函呈行政院孔院長，建議改組西南各省公路聯運委員會，為西南公路運輸總管理處（以下簡稱「總管理處」），仍隸全國經濟委員會，是為本路統一運輸與管理之實現。

最初之幹部人員

二十六年十二月七日，行政院第三百四十次會議，通過成立「西南公路運輸總管理處」，同月十六日，由全國經濟委員會派薛次莘為處長，王世圻為副處長，周鳳九為工務總工程師，楊得任為車務總管，夏憲講為材料主任，陳士廉為機務總工程師，夏鄭為營業主任，李軔哉為秘書主任，李偉超為會計主任。頒佈西南公路運輸總管理處組織規程，訂定接管各省有關各公路辦法，本路事業由此發軔。

辦事處三度遷徙

二十六年十二月十八日，初設辦事處於長沙北大路，時僅平房一間，除一桌四椅一炭盆外，餘無所有。而人員缺乏，尤感棘手。迨同月三十日派秘書李軔哉接收西南各省公路聯運委員會後，始得漸具規模。同時遷辦事處於該會原址中山堂。二十七年一月一日，正式成立「總管理處」於長沙，旋改隸交通部管轄，並改西南公路運輸總管理處為西南公路運輸

[①] 原載《三年來之西南公路》第一章《本路史的回顧》，1940年出版。

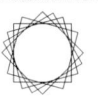

管理局，（以下簡稱管理局）仍任薛次莘為局長，王世圻為副局長，並添派莫衡為副局長。以業務日益發展，原有中山堂辦公地址，不敷應用，乃於是年二月間，遷局址於靈官渡。同時副局長莫衡，率領首批人員七名到達貴陽，賃得南通路七號最後進房屋三間，為辦公兼住宿之所，設備等等，均付缺如，該屋前二進為一旅館，喧鬧嘈雜，不宜辦公，每於夜深人靜後，一燈相對，批閱公牘，親譯電報（其時尚無譯電室）。三月一日公佈本局暫行組織規程，十八日奉令核准本局辦事細則。自四月起開始次第接收長晃、築柳、築昆、渝沅各段。

正式遷局址於貴陽

同年六月遷局址於貴陽鹽行路六十號，十二月復遷至禹門路一三三號別墅，即今之局址。二十八年二月添派馬軼群為副局長，兼轄川滇東路，因路線日益拓展，業務繁重，人事複雜，乃於二十八年三月，呈准修正組織規程與辦事細則，改機務等「組」為「科」，合併車務、營業兩組為業務科，並依據組織規程第十二條，設置段辦事處辦理運輸及工程事務。

添設川桂運輸局

自二十七年一月「管理局」成立後，接收各省幹線，歷時一年，至二十八年一月，始完成全部接管工作，開始調整全線組織，逐步推行統一運輸與管理，惟時戰事日趨緊張，軍運民運日見繁重，運輸工程二者之集中處理，試辦僅及半載，萌芽初茁，成效未著，而已感工作範圍過於龐大，原有機構，勢難兼籌並顧，應付裕如。當局有鑑於此，因即迅謀補救，再為調整，決定將運輸業務與工程管理劃分辦理，於七月二十日訓令改組，添設川桂公路運輸局（以下簡稱「川桂局」）專辦運輸業務，調莫衡為該局副局長，代理局長職務。設西南公路管理處（以下簡稱「管理處」）辦理工程管理事宜，任薛次莘為處長，蕭衛國為副處長，並將川滇東路劃出，另設川滇公路管理處，調任馬軼群為處長，八月一日起，原有之西南公路運輸管理局，即行結束，新處局分別成立（已附件一〇），繼續工作。

成立中國運輸公司

「川桂局」成立後，將原來兼理工程與運輸之各總段辦事處改為區辦事處，專負運輸之責，隸屬該局，至工程及管理方面，則由「管理處」設立各段工程處，以專責成。經此調整後，數月以還，業務突飛猛進，運輸需要，有增無減。惟運輸機關林立，人力物力，仍感分化，工具經濟，猶難充實，適美國公路專家謝安、白熙、範百德三君，應政府之請，來華協助當局改進公路運輸，經兩月之實地考察，認為本路之運輸業務，應有更進一步之集中管理，經濟組織，爰建議政府，設立國營公司，以增加運輸經濟與工作效率，經行政院呈准國民政府，特許設立中國運輸股份有限公司，集中辦理國內運輸業務，定於二十九年一月一日正式成立，同時誕生甫及五月之「川桂局」，即行結束，移轉業務。至「管理處」則一仍原狀，不在改組之列。

變更內部組織

抗戰進入第三年後，公路運輸日益繁重，新興工程，與日俱增，按照本處原來組織，工務一科，綜管轄區內各幹線及橋渡之工程，職務繁重，幾占本處全部工作之大半，為適應實際需要起見，決定將工務科劃分為工程、橋渡兩科，工程科下設道路、樹口、工事三股，橋渡科下設橋樑、船渡、營造三股。又以本處轄區遼闊，工程浩繁，需用材料為數甚鉅，為

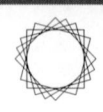

便於統籌支配稽核管理起見，擬設置材料室。又本處綜管五省交通，對於一切事業之推進，應有精確詳盡之統計，擬設置統計室，專司各項統計材料章則刊物之搜集、編制、審訂、保管。以上二室，暫不分股辦事。至原設之管理科，則以接管路警關係，特設警務一股，掌理公路員警之指揮調派考核訓練等事宜，同時將該科原設之發照、稽查、調查三股，加以裁併，改設交通、稽查二股。其他各科，悉仍其舊。似此量為調整擴充，庶於健全組織之中，得收分工合作之效。經於二十九年六月呈奉交通部核准施行。此為本路統一組織成立以來歷史方面之演進也。

　　回溯本路統一組織，自二十七年一月一日隨抗戰而呱呱墜地，開始統一運輸與管理之工作，中間機構幾經調整，以迄二十九年年底為止，荏苒光陰，已閱三稔；在此大時代之過程中，雖遞嬗變遷，滄桑屢閱，然事業之推進，迄未稍懈，始由數人而至數十人之經營擘劃，浸假而數百人乃至數千人之鼎擎共舉，內外精神，始終一貫，初不因行政機構之幾經調整，而稍有停滯也。

12. 交通部西南公路管理處組織規程（1940年1月24日）

　　第一條 交通部為管理西南各省乾路行政及養路工程事務設西南公路管理處。
　　第二條 管理處設下列各科：
　　一、總務科 掌理文書出納人事事務及不屬於其他各科事項（下設文書人事出納事務四股）。
　　二、管理科 掌理車輛及駕駛人之登記檢驗發照收費，公路運輸業之督察，公路旅行之提倡、指導及其他有關公路管理事項（下設發照稽查調查三股）。
　　三、工務科 掌理公路工程之改善、修養地方公路之督察協助及其他有關土木工程事項（下設道路橋樑營造工事四股）。
　　四、會計科 掌理本處一切會計事項（下設稽核賬務編檢三股）。
　　第三條 管理處設處長一人承本部之命綜理處務並指揮監督所屬員工，必要時得設副處長一人至二人襄助處長管理處務。
　　第四條 管理處設總工程師一人秉承處長主持工程技術事務。
　　第五條 各科設科長一人秉承處長督率所屬掌理各該科事務，科員四人至十二人辦事員八人至十六人承長官之命分掌事務。
　　第六條 各科得分股辦事，各股設股長一人。
　　第七條 管理處設秘書一人至二人，必要時得設助理秘書二人至四人，秉承處長之命辦理機要審核及其他交辦事項。
　　第八條 管理處設正工程師十人至十五人，副工程師十二人至十八人，工程師十五人至二十人，工務員十八人至二十五人分派各部分秉承長官之命辦理工程技術事項。
　　第九條 管理處為稽查路線管理及工務暨運輸業務情形得設視察員八人至十二人。
　　第十條 管理處為承交通部之命督察地方公路起見，得設督察工程師六人至十二人。
　　第十一條 管理處於必要時得設專員一人至三人。
　　第十二條 管理處於必要時得酌用助理員雇員及練習生。

第十三條 管理處處長副處長總工程師由部長派充，科長、秘書、專員、正工程師、副工程師由處長遴員呈請部長派充，□□員由處長派充呈部核准備案。
　　第十四條 管理處為辦理交通管理及工程事務得設辦事處檢查站，其組織及人員名額另定之。
　　第十五條 管理處於必要時得指派高級職員長駐衝要地點秉承處長辦理特定事務及對外接洽事宜。
　　第十六條 管理處辦事細則及其他一切規章另定之。
　　第十七條 本規程自公佈之日施行。

13. 行政院關於由運輸統制局接管全國公路工程運輸管理機關等事項給重慶市政府代電（1941年9月10日）

　　重慶市政府：查抗戰期間各公路工程運輸事項，必須歸由軍事方面集中事權，統一運用，以期增進效能。凡交通部所屬部內部外關於全國公路工程運輸之管理機關，連同車輛、廠庫、工程設備、人員、器材及經費等，應一併撥交軍事委員會運輸統制局接管辦理。前經分電該部局等遵辦在案。茲據運輸統制局報稱：業於本年六月十五日起開始交接，六月三十日交接完畢，七月一日起正式改隸等情。除電覆並分行外，合行電仰知照。行政院。灰四。印。

14. 行政院為抄發軍委會運輸統制局修正組織條例給重慶市政府訓令（1942年3月9日）

　　查修正運輸統制局組織條例暨系統表，前准軍事委員會函送到院，業經通飭知照在案。該局上年因接管公路工程及運輸業務，曾經局部改組，頃據電送修正組織條例暨系統表前來，除通令外，合行抄發原件，令仰知照並轉飭所屬一體知照。此令。
　　計抄發修正運輸統制局組織條例暨系統表各一份
院長　蔣中正

軍事委員會運輸統制局修正組織條例[1]

　　第一條 軍事委員會在抗戰期間，為統制及管理運輸與其有關之各項業務，並求指揮與監督之統一，以應抗戰需要，特設運輸統制局（以下簡稱本局）。
　　第二條 本局掌管下列事項：
　　一、國內外各項公私運輸機關與工具之管理調配；
　　二、支配進出口物資運輸之數量及程式；
　　三、審定有關運輸之一般設施；
　　四、液體燃料之管理；
　　五、各線路工程之計畫興築修理保養；
　　六、各運輸線路之警衛稽查。
　　第三條 本局設主任、副主任、秘書長及下列各處會：

---

[1] 本條例於1941年9月25日奉軍事委員會辦制照字第1753號指令准先試行。

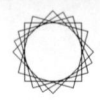

一、秘書處；
二、運輸總處；
三、公路工務總處；
四、監察處；
五、財務處；
六、液體燃料管理委員會；
七、汽車司機技工管訓委員會；
八、汽車配件管理委員會。

第四條 本局設參事專員若干人，秉承主任、副主任暨秘書長之命分任研究、審核暨編纂各項設施方案與法規等及其他交辦事項。

第五條 秘書處設人事科、文書科、統計科、事務科、檢診所，掌理人事、文書、統計及庶務、衛生及其他不屬於各處會之事項。

第六條 運務總處設調度科、倉庫科、管制科、通信科、廠務科、驛運科，掌理運輸機關之建設整理，運輸工具之調度、管制、保養、修理，物資運輸之分配及其他關於運務事項。

第七條 公路工務總處設監理科、工程科、橋渡科、材料科、人事室、督察室、計畫室，掌理公路橋渡及一切設備工程設計建築修理保養及督察考核待事項。

第八條 監察處設考核組、稽查組、警衛組，掌理運輸之紀律秩序、路線之保安及工作考核等事項。

第九條 財務處設會計組、理財組、審核組，掌理運輸工程等經費預計算之造報，款項之收支保管暨所屬各機關財務之稽核監督等事項。

第十條 液體燃料管理委員會設採購組、儲運組、分配組，掌理液體燃料之採購、儲運、分配等事項。

第十一條 汽車司機技工管訓委員會掌理汽車司機、技工之訓練管理及各機關訓練工作實施之督促考核及司機、技工福利等事項。

第十二條 汽車配件管理委員會掌理汽車配件之製造、購補、分配、調撥及舊料之徵集利用等事項。

第十三條 凡不屬本局之各運輸機關，其運輸業務均受本局統一指揮調度。

第十四條 本局之編製錶系統表及服務規程另定之。

第十五條 本條例由軍事委員會呈請國民政府核定施行。

15. 四川省、重慶市公路交通委員會組織章程（1943年2月18日）

中華民國三十一年八月十五日本會第九次常會修正通過，呈奉四川省政府三十二年二月十八日建四字第一九七四號訓令轉准；重慶市政府市秘三字第一〇四七號馬秘三代電核准公佈施行。

第一條 四川省政府及重慶市政府，為發展四川省及重慶市公路交通並統籌劃一管理起見，共同組織四川省重慶市公路交通委員會，並指定本省市有關交通各機關，為該會會員機關。

第二條 委員會之職掌如下：

一、公路交通法規及管理之劃一及籌設事項；

　　二、公路交通事業之促進事項；

　　三、公路交通安全衛生設備之舉辦事項；

　　四、公私道路之考察及建議關於發展改良事項；五、有關公路交通事業之提倡研究事項；六、互通車輛辦法之改進事項；七、交通人員之訓練及指導事項。

　　第三條　委員會設委員若干人，由四川公路局派代表二人，其他各機關派代表一人充任之。

　　第四條　委員會得設辦事處辦理日掌事務。

　　第五條　委員會設常務委員一人，主持辦事處事務。由各委員互推充任之。

　　第六條　委員會每六月舉行常會一次（即每年在成都重慶各舉行一次），開會日期，由常務委員於開會前二十日通告各委員。

　　第七條　委員會常會之主席，由委員輪流擔任之。

　　第八條　委員會委員因緊急事項，經其他委員二人之副署，得召集臨時會議。第九條　委員會開會時，得請上級機關派員出席指導，並得邀請其他關係機關派員列席。

　　第十條　所有常會及臨時會議決議案，由委員會分呈四川省政府及重慶市政府核定施行。

　　第十一條　委員會辦事處之組織規則及辦事細則，由常會決定之。

　　第十二條　委員會經費，由會員機關按所派代表名額，平均分擔。其預算由常會決定之。

　　第十三條　委員會各項收支帳目，應報常會，由常會指定委員審查之，並分呈四川省政府及重慶市政府備案。

　　第十四條　本章程如有未盡事宜，由委員三分之一以上之提議，出席委員三分之二以上之表決，得呈准修改之。

　　第十五條　本章程經本會第九次常會會議議決，呈請四川省政府轉商重慶市政府公佈施行。

16. 公路總局之使命與任務（節選）[①]（1943年3月1日）

　　當前我國最急切最需要而又最困難者，莫如運輸問題。運輸之中，鐵路航空水運驛運各占相當地位，但公路運輸在目前環境之下，尤為重要，且其困難亦最錯綜。就一般而論，公路運輸原居輔助地位，所以補鐵路水運之不及，乃因抗戰局勢所推演，公路運輸克下竟處主要運輸之地位，雖不合理，但為事實上之需要，公路不得不負當前運輸之重任。此次公路劃歸本部管轄，特設公路總局，負責主持，吾人根據過去之情形，深知以後有關配件油料人事技工經濟等等問題，均將隨時發生困難，惟公路運輸既為當前主要運輸工具，職責所在，自必排除萬難，力圖推進。再本部所定三十二年度中心工作，關於協助限價，便利軍運二點，公路所負責任尤較重大，際此成立之日，應請共事同仁特加注意，茲後工作方針，當即根據前訂原則，具體實施，謹再為同仁分別詳述之。

　　一、公路總局之工作方針，計有三端：

[①] 此文為公路總局局長曾養甫在該局成立大會上的訓詞，標題為原有。

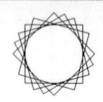

（一）減低運輸成本：公路運輸之成本，向較其他運輸為高，其中固有不可避免之因，但亦不無可以減省之浪費，如油料配件調度管理等等，倘能設法改善，則成本即可相當壓低，公路同仁務須隨時注意。

（二）爭取時間：凡事之成敗關鍵，悉係於能否爭取時間，以往公路汽車平均每車每日僅能行駛五十公里，亦即每日行駛二三小時，嗣後必須增加行駛里程，提高運輸效能。

（三）發揮服務精神：公路運輸與人民發生直接關係，從事公路運輸者，尤應領會，總理「人生以服務為目的不以奪取為目的」之遺訓，對於客商之便利，必須顧到，客商之困難，必代解除，此種為社會服務之精神，必須儘量發揮。

二、公路總局之中心工作，針對現時情形，應以下列十項為主要：

（一）加強國際運輸：我國物資仰給於國外者頗多，自應加速內運，目前國際運輸中最要者，除空運外，即為公路，現於公路總局之內，設立國際運輸委員會，負責主持國際路線之開闢，與運輸力量之增加，此後務必積極推展，爭取時間，協謀大量運輸之實現。

（二）增加商車運量：以前政府對於商車限制較嚴，以致商車多置而不用，影響公路運輸至鉅，茲為促進合作解除商運困難及加強運輸力量計，已於總局內設立商車指導委員會，對商車施以適當公平之管制，此後應即詳細規劃，嚴密監督，務使所有商車均能運用無阻，藉以增加公路運輸之力量。

（三）整理車輛：本部各公路線所有車輛，現在可以行駛者為數無多，其大部分車輛多因缺少配件存廠待修，無法行駛，殊屬可惜，目前經由本人限於是短期內修理 2000 輛，加入行駛，應急促其實現，以後並應隨時加緊修理，以利運輸。

（四）配件與油料之製造：本部配件製造廠對於若干汽車配件已可大量製造，嗣後應積極提高製造以供需求，至於煉油工作，雖以酒精原料不多，未能大量製造，但提煉桐油已有相當成功，亟宜積極提倡期增供應。

（五）加強司機技工之訓練與管理：汽車司機習氣不好，技能不佳，實因訓練與管理之不當，此後訓練司機精神與技術，須同時並重，又技工缺乏與其技術不良，影響修車甚鉅，亦應施以技術訓練，並嚴加管理。

（六）推進客貨聯運：現在一般社會咸有行路難之感，尤以自重慶至廣元寶雞一帶，每需候車至久，公路總局擬設聯運處辦理各路線聯運，便利行旅，應即及早實施。

（七）幹線工程之改善與養路制度之確定：我國公路建築未盡完善，嗣後對於幹線工程，務須改善，對於養路制度，尤應確定經費，俾可隨時保養。

（八）加強全國公路運輸之管理並擬定公路法：公路總局對於全國公路負統籌監督之責，以往有國道省道縣道之分，似不甚妥，應參酌實際情形，重予規定，且抗戰勝利以後，鐵路恢復匪易，公路運輸仍屬相當重要，應即擬訂公路法，以資依據。

（九）邊區路線之開闢：邊區各省，如新疆、青海、甘肅、雲南、西康等省，急待開發，公路之修築，刻不容緩，應即斟酌實地情形，逐謀舉辦。

（十）復員及復興工作之準備：復員及復興為本部中心工作之一，公路總局對於是項準備工作，亦應積極進行。

17. 公路總局為該局成立致重慶市政府公函（1943年3月13日）

案奉交通部三十二年二月三日人甄渝字第四零六八號訓令開：案奉行政院三十二年一月二十九日仁人字第二七零四號訓令開：本院第五九八次會議決議：任命曾養甫兼代交通部公路總局總局長，陳菇玄、龔學遂、趙祖康代理該總局副總局長，合行令仰知照，並轉飭知照。此令。等因。奉此，合行令仰知照。此令。等因。旋又奉交通部三十二年二月二十七日總文字第六一四八號訓令開：茲隨令頒發該局木質關防一顆，文曰：交通部公路總局之關防，仰即祗領啟用，並將啟用日期連同印模呈報備查為要。此令。各等因。附發木質關防一顆。奉此，本局遵於三月一日組織成立，養甫等同日就職視事，啟用關防。除呈報暨分行外，相應函達貴府，即希查照為荷。此致

重慶市政府

兼總局長　曾養甫

18. 交通部公路總局組織法①[1]（1943年4月19日）

第一條　交通部為統一管理全國公路運輸工程及其有關業務，設公路總局。

第二條　公路總局置下列各處：

一、總務處。

二、工務處。

三、監理處。

四、運務處。

五、材料處。

六、財務處。

第三條　總務處掌下列事項：

一、關於收發、分配、編擬、保管檔事項。

二、關於典守印信事項。

三、關於本局及所屬機關之人事事項。

四、關於財產物品之登記保管事項。

五、關於員工福利事項。

六、關於庶務及不屬其他各處事項。

第四條　工務處掌下列事項：

一、關於公路設計建築事項。

二、關於公路保養修理事項。

三、關於公路橋渡事項。

四、關於其他公路工程事項。

第五條　監理處掌下列事項：

一、關於車輛牌照、路線執照、駕駛人技工之登記給照事項。

---

① 本組織法於1943年3月30日經立法院第四屆第235次會議通過，國民政府1943年4月19日公佈施行，原載立法院編：《立法專刊》第22輯，1943年出版。

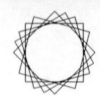

二、關於運量觀測、行車安全事項。

三、關於公路運輸機構之監督事項。

四、其他關於公路監理事項。

第六條　運務處掌下列事項：

一、關於公路車輛調度修理事項。

二、關於行車考核訓練事項。

三、關於物資儲藏接轉事項。

四、關於公路通訊設備事項。

五、其他關於運輸業務事項。

第七條　材料處掌下列事項：

一、關於公路運輸工程工具材料之配製儲備事項。

二、關於倉庫之設備事項。

三、關於燃料之化煉事項。

四、關於材料之採購事項。

五、其他關於公路器材事項。

第八條　財務處掌下列事項：

一、關於經費之支配調劑事項。

二、關於款項之收支保管事項。

三、關於財產契據之登記保管事項。

四、其他關於財務事項。

　　第九條　公路總局設局長1人，簡任，承交通部部長之命，綜理本局事務，監督所屬職員及機關；副局長2人，簡任，輔助局長處理事務。

　　第十條　公路總局設秘書4人至6人，其中1人簡任，餘薦任，辦理機要文件及長官交辦事項。

　　第十一條　公路總局設處長6人，簡任，分掌各處事務；副處長6人，薦任或簡任，輔助處長處理處務。

　　第十二條　公路總局設警稽主任1人，簡任，掌理公路之保護警衛及檢驗稽查之聯繫事項。

　　第十三條　公路總局設醫務主任1人，聘任，掌理關於公路醫務衛生及旅客之臨時救護事項。

　　第十四條　公路總局設科長20人至26人，薦任；科員160人至210人，辦事員50人至70人，均委任，承長官之命，辦理各科事務。

　　第十五條　公路總局設技正10人至12人，其中8人簡任，餘薦任；主任督察工程師1人，簡任；督察工程師12人至15人，其中2人簡任，餘薦任；技士18人至20人，薦任；技佐20人至24人，委任，承長官之命，辦理技術事項。

　　第十六條　公路總局因業務及技術上之需要，得聘用專門人員20人至30人，視察15人至20人。

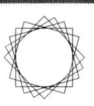

第十七條　公路總局就業務之需要，於全國公路線得設公路管理局，於興築新路工程時，得設公路工程局。

第十八條　公路總局設會計處長 1 人，承主計長之命，並受局長副局長之指揮，辦理歲計會計統計事宜。

會計需要佐理人員，由公路總局及主計處就本法所定科長科員辦事員名額中，會同決定之。

第十九條　本法自公佈日施行。

19. 抗戰時期西南公路管理機構的變遷[①]（1943 年）

二十七年一月總管理處隸屬於全國經濟委員會時，內部分為秘書室暨車務、機務、營業、材料、會計六組（見附表一）。旋改隸交通部，更名西南公路運輸管理局，將會計組改為會計室，並分股辦事，局外設訓練所與修車廠（見附表二）。二十八年三月遵照部頒組織規程，內部設總務、業務、機務、工務、材料、會計六科，局外設各段辦事處等附屬機關（見附表三）。同年八月奉令將公路運輸與工程，劃分辦理，其運輸業務，經由部另設川桂公路運輸局專司其事，試辦五月，旋復採納美國公路專家謝安、白熙、範百德三君之建議，經行政院呈准國民政府特許設立中國運輸股份有限公司，於二十九年一月一日成立，同時撤銷川桂公路運輸局，所有該局一應設施及業務，均由中國運輸公司接辦。至工程及交通管理，奉令改組為西南公路管理處，專負其責，即於二十八年八月一日宣告成立，內設秘書室暨總務、管理、工務、會計四科，外設各辦事處等附屬機關（見附表四）。抗戰進入第三年後，公路運輸日益繁複，新興工程，與日俱增，本路為適應事實需要起見，將原來組織，加以調整，將工務科改為工程科，並增設橋渡科及材料統計兩室，於二十九年六月奉准施行（見附表五）。

三十年六月奉交通部令知奉委員長手諭，飭將部轄全國公路工程運輸管理等機關，一併劃歸軍事委員會運輸統制局接管辦理，並定六月十六日起移交，七月一日正式改隸。

附交通部訓令——三〇.六.二〇。

案奉軍事委員會委員長蔣宥川侍參代電開：現在各公路工程運輸情形，甚為複雜，不能適合戰時要求，在抗戰期間必須歸軍事方面集中事權，統一運用，以期增進效能，擬將交通部所屬部內部外關於全國公路工程運輸之管理機關，連同車輛廠庫工程設備人員器材及經費等，一併撥交本會運輸統制局接管辦理，並定六月十六日起開始移交，六月三十日以前移交完畢，七月一日起正式改錄何如，希即日具報。等因。奉此，自應遵辦，除呈覆外，仰即遵照辦理，為要。此令！

三十一年二月又令改稱西南公路工務局，其組織亦有變更（見附表六）。

三十一年十二月奉運輸統制局令以奉軍委會令，運輸統制局撤銷，公路部分自三十二年一月一日起，劃歸交通部接管；並由交通部成立公路總局負責主持公路業務，本局遂復改隸交通部，受公路總局指揮監督。

---

① 本文節錄自 1943 年出版的《西南公路史料》，標題係本書編者所加。

附運輸統制局訓令——三一，一二，二十三，甲字第九二〇六號，至內部組織，亦遵照部頒組織規程規定，將管理科改組為監理材料兩科，並成立人事室。（見附表七）

軍事委員會　　　　　甲字第九二〇〇號

訓令

運輸統制局　　　　　民國三十一年十二月廿三日發出

事由：為本局奉令撤銷所屬單位分別移轉管轄由。

一、奉軍事委員會辦一字第二五三〇七號令發調整中央軍事機構辦法，運輸統制局應即撤銷，爾後之業務移轉劃分及內部單位改隸改組，附屬單位之移轉，實施時期之決定等，由參謀總長擬呈核定，分別飭遵。

二、復奉委座核定本局各單位移轉辦法如下：

（一）割歸交通部接管者：

1. 運輸總處，包括重慶公共汽車管理處及各路運輸局。

2. 公路工務總處及各公路工務局。但公路建設與軍事有關，在立案之初，應先呈軍委會決定。

3. 秘書處之人事科。

4. 汽車牌照管理處。

5. 司機技工管訓會及運輸人員訓練所暨各路整訓班。

6. 汽車配件管理委員會及配件總庫製造廠整車廠。但配件之分配管制應由軍事委員會核定。運輸統制局所投股本，撥歸軍政部接收。

7. 會計及財務兩處除酌留一部分辦理運輸統制局結束外，餘一併移交。

（二）劃歸行政院接管者：

液體燃料管理委員會，但液體燃料之分配管制，仍由軍委會核定辦理。

（三）撥歸軍事委員會接管者：監察處。

（四）上列應行移轉之單位統限於本年底移接完畢，運輸統制局負責至本年底止。

三、除遵照自三十二年一月一日起，本局停止收文並分行外，合行令仰遵照移交為要。

右令

西南公路工務局

　　　　　　　　　　　　　　　　　　　　　　　　主任　何應欽

總管理處時期（二十七年一月）

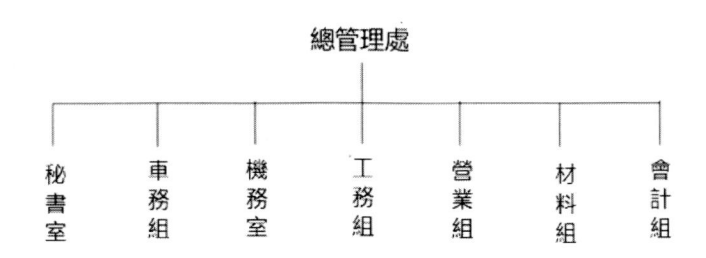

```
                        總管理處
    ┌────┬────┬────┬────┬────┬────┐
   秘書室 車務組 機務室 工務組 營業組 材料組 會計組
```

改稱運輸管理局時期（二十七年三月）

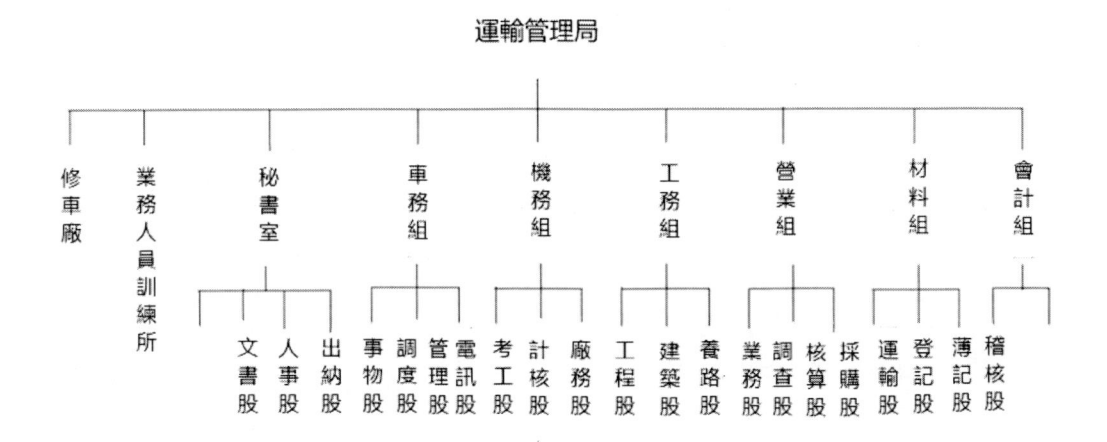

```
                              運輸管理局
  ┌──┬──┬────┬────┬────┬────┬────┬────┬────┐
 修車廠 業務 秘書室 車務組 機務組 工務組 營業組 材料組 會計組
       人員
       訓練所
```

秘書室：文書股、人事股、出納股
車務組：事物股、調度股、管理股、電訊股
機務組：考工股、計核股、廠務股
工務組：工程股、建築股、養路股
營業組：業務股、調查股、核算股
材料組：採購股、運輸股、登記股
會計組：薄記股、稽核股

〈後附件略〉

20. 軍委會戰時運輸管理局關於抄送該局組織條例致重慶市政府公函（1945年1月30日）

　　查本局組織條例業經呈奉軍事委員會三十四年元月二十一日辦制渝字第七七八〇號指令核定，除分別函令外，相應抄附原組織條例，函請查照並轉飭查照為荷。此致
重慶市政府附組織條例一份

兼局長　俞飛鵬

軍事委員會戰時運輸管理局組織條例[①]

　　第一條　軍事委員會為適應作戰需要，統一管理戰時各種運輸及各項有關業務，特設戰時運輸管理局（以下簡稱本局）。
　　第二條　本局直隸於軍事委員會，設下列各處室：

---

① 本條例於 1945 年 1 月 21 日經軍事委員會辦制渝字 7710 號頒佈實施。

一、秘書室；

二、總務處；

三、運務處；

四、公路工務處；

五、機料處；

六、財務處；

七、會計處；

八、人事室；

九、警稽室。

第三條 秘書室職掌如下：

一、機要文電之撰擬；

二、法規章制之審訂；

三、對外事務及檔之編譯；

四、統計資料之彙編。

第四條 總務處職掌如下：

一、文書之收發及保管；

二、印信之典守；

三、員工福利之統籌；

四、庶務及不屬其他各處室事項。

第五條 運務處職掌如下：

一、運輸工具之統籌調度及管制；

二、運輸計畫之擬訂及運量之考核；

三、運價之釐訂；

四、牌照與行駛執照之登記及核發；

五、駕駛人與技工之登記考核；

六、其他水、空、鐵、驛各項運輸業務之聯繫及監理。

第六條 公路工務處職掌如下：

一、公路路線之規劃與新修及改善工程之設計與監工；

二、公路之保養與養路費率之釐訂；

三、公路工程器材之籌措；

四、公路工程之督察及各項工程計畫之審核；

五、其他有關公路工程事項。

第七條 機料處職掌如下：

一、運輸工具經常保養修理之督導；

二、運輸工具整修裝配之統籌；

三、各種配件製造修理之規劃；

四、各廠所倉庫之統籌設置；

五、國內外材料之儲運及採購；

六、燃料工具配件之統籌支配。

第八條 財務處職掌如下：

一、經費之籌措及調劑；

二、款項之收支及保管；

三、財產契據之登記及保管。

第九條 會計處職掌如下：

一、關於預算之編審、流用、登記、決算之核編，總損益之計算事項；

二、關於會計制度之設計及所屬機關會計事務之指導監督事項；

三、關於賬務之處理檢查及報表單據之審核事項；

四、關於監盤交代及監標驗收事項；

五、關於會計人事之任免進退事項。

第十條 人事室職掌如下：

一、本局所屬人員之任免、賞罰、考核及銓敘；

二、各種人事之登記；

三、員工之管訓；

四、員工之退休及撫卹。

第十一條 警稽室職掌如下：

一、運輸路線警衛保安之督導聯繫；

二、水陸運輸紀律秩序之考核監督；

三、其他有關違法違章案件之檢舉審理。

第十二條 本局設局長1人，承軍事委員會之命，綜理全域事宜。設副局長2人，輔助局長處理局務。

第十三條 本局設秘書主任1人、秘書若干人，辦理機要文件及長官交辦事項。

第十四條 本局設處長5人，分掌各處事宜。得酌設副處長若干人，輔助處長處理事務。

第十五條 會計處設會計長1人，承國民政府主計長之命，並受局長、副局長之指揮監督。辦理歲計、會計事務。

第十六條 本局人事室、警稽室各設主任1人，辦理各室事宜。得各酌設副主任，輔助主任處理事務。

第十七條 本局各處室得設科長、科員、辦事員，承長官之命，辦理各處室事務。

第十八條 本局各處室得設技正、技士、技佐，承長官之命，辦理各項技術事宜。

第十九條 本局得設顧問、參事、專門委員、督察、工程師、專員、視察、編譯、賬務檢查員及稽查等，承長官之命，分別辦理審核、研究、編譯及稽查、視察等事務。

第二十條 本局得酌用雇員。

第二十一條 本局為技術合作，得聘用外籍專家，分任各級職務。

第二十二條 本局為業務需要，得設各種委員會，其辦法另定之。

第二十三條 本局為業務需要，得在國內外設管理局、運輸處辦事處及汽車配件總庫、分庫等，其組織規程另定之。

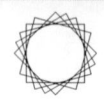

第二十四條　各種運輸工具、燃料配件，由本局核定支配，並為管理嚴密起見，得於各軍公商運輸單位中備車較多者，派駐中美技術人員為監理官，管理其車輛、工廠及器材倉庫。本局對各省公路，管理局運輸事宜有指揮權。

第二十五條　凡不隸屬本局各運輸機構關於軍運均須受本局指揮監督。

第二十六條　本局編製錶及服務規程另訂之。

三、概況

1. 戰前四川公路「四大國道」的建築[①]（1937年）

一、緒言

四川公路之過去，大多建築於防區時代。路線無一定計劃，建築無一定標準，只求縣與縣間或市與市間之聯絡，無縣道鄉道之分，更無省道國道之別，各自為政，任意施工。雖小有完成，而聯繫不周，工程不合，對於國家大計，殊少相關，地方交通，亦鮮成效，識者譏為有路等於無路。自去年行營參謀團入川，因剿匪軍事緊急關係，蔣委員長限期令築川黔路後，旋復令劃川黔、川陝、川鄂、川湘、川康、川滇（計分中東西三線），川甘、川青等十大幹線為國道，規定工程標準，劃定經過區域，責由四川公路局分別設計勘測、建築、整理。個人負此重任，兢兢業業，隕越時虞，幸賴層峰之策勵，各級員工之努力，各縣民眾之協助，截至現在，凡十八閱月，得以整理告竣者，有川陝路成綿段，並建築完成者，有川陝綿廣段及川鄂路萬渠段，與乎川湘路全段，是謂四川四大國道，至今已完全通車。吾人回溯此四大國道之建築與整理，有經十餘年者，有經數月者。而工程之艱易，經費之籌集消耗，及建築機關與負責人員之變遷，各路有其特殊之情形。為使各界人士明瞭其概略起見，僅就可考者略述於篇，並闡述此四大國道今後所負之使命，藉以喚起民眾瞭解公路之重要，一致努力完成未成各公路，並進而共同維護此已成之四大國道，使其功能，愈趨顯著，尚希各界人士加以批評指正，以作借鏡，實所厚望雲。

二、建築及整理經過

（一）川黔路，川黔路自成都經簡陽、資陽、資中、內江、隆昌、榮昌、永川、璧山至重慶渡河再經綦江而達貴州之松坎，全段共長646公里，自民國十三年開工建築，二十四年全線始告通車，考其建築情形，初由成都士紳周蓁池等於民十三年組織成簡汽車股份有限公司，勘測興修成都簡陽一段74公里之公路，其經費多係私人勸募，或自動入股，全段工程共用建築費約50萬元，於民十六年五月完成。其簡陽至資陽一段長37公里，係由資陽縣馬路局於民十七年核賣官公營廟會產，並附加一年糧稅，共得款60餘萬元興工修築，民二十年完成。資陽至資中一段，長66公里，於民十五年八月由資中駐軍與知事集合全縣士紳公決，變賣莊田神會廟產公產，作為修築專款，前後共得118萬餘元，興工後至十八年二月始完成。資中至內江一段長39公里，民十九年成立內江縣馬路局，變賣會產廟產，附加糖稅糧稅，興築後不足之款，由商幫籌款補助。民二十一年六月完成，共用款60餘萬

[①] 本文節選自魏軍藩著：《四川四大國道建築之回顧及其使命》，原載《四川經濟月刊》第7卷第1、2期。

元。內江至隆昌一段，長 37 公里，民十六年重慶渝簡馬路局成立，隆昌設分局，變賣官公營廟會產，並隨糧附加得款 40 餘萬元，興工修築，於民二十年全段完成。隆昌至榮昌一段，長 35 公里，於民十六年成立榮昌馬路局，開工修築，以變賣徵收所得之會產廟產及糧稅附加鹽稅作為建築經費，民二十年全段完成。榮昌至永川一段，長 42 公里，民十六年成立永川縣馬路分局，由地方人士勸募款項並向士紳借貸，共得款 49 萬餘元，十七年興工修築，二十一年十月始告完成。永川至璧山一段，長 57 公里，民十七年六月由渝簡馬路局派工程人員勘測，分段包工修築，提賣官公廟會產，並附加條糧，得款 42 萬餘元，作為建築經費，民二十一年五月完成通車。璧山至巴縣一段，長 63 公里，於民十六年由渝簡馬路局勘測建築，其建築經費，初由巴縣三裡分擔 30 萬元，商會 10 萬元，紳士 10 萬元，併發路股股單及附加百貨統捐，先後共得款 450 餘萬元，作為建築經費，十二年七月開工，二十年二月完成。巴縣經綦江至松坎一段，長 196 公里，民二十四年四川公路總局，奉軍委會委員長行營令飭督修，其建築經費，由行營暨省府指撥專款 120 萬元，於二月開工，五月完成。總計全線建築時間在 12 年以上，建築經費在 1000 萬以上，平均每公里建築經費約 15000 餘元。以價值而論，表面似甚經濟，然考其實質，路面多係土坭，橋樑涵洞多不完備，一經淫雨，則滿道泥濘，陷車滑車，屢見不鮮，行旅苦況，至難言喻，雖迭經整理，路面亦不堪行車，至二十四年本期奉委員長行營及省府令徹底整理全川公路，川黔線於十二月後次第開工，遵照行營所頒之《整理四川省已成公路實施辦法》由公路沿線省府徵調民工，從事斯役，得各縣府之輔助，民工之努力，多能如期完成。川黔路經此一番徹底整理後，雖不敢雲一勞永逸，今後隨壞隨修，當無如何困難也。

（二）川陝路，自成都經新都、廣漢、德陽、羅江、綿陽、梓潼、劍閣、昭化、廣元而達廣元之較場壩，全段共長 413 公里，自民國十六年開工建築，二十四年十一月八日全段始全部通車。考其建築經過，初由葉大勳等於民十六年邀請成都、新都、廣漢、金堂各縣士紳，會商呈准駐軍組織成趙馬路總局，各縣設辦公處，提賣甲田款項並附加糧稅，以作建築專款。成都經新都至廣漢一段 45 公里之公路，即於是年開工修築，至十七年全段即行通車，建築經費共用 5 萬餘元。廣漢至德陽一段，長 25 公里，於民十七年由駐軍變賣全縣廟產，得款 10 萬元，興工修築，人工材料，多係徵集，十九年全段完成。德陽經羅江至綿陽一段，長 70 公里，於民十九年由駐軍變賣各縣廟產，徵收糧稅附加及馬路捐，前後共得款 16 萬餘元。興工修築，二十年完成。綿陽至廣元之較場壩與陝西之公路銜接一段，共長 273 公里，於民二十四年七月本局奉令修築，即派隊踏勘，八九月之交，測繪設計工作，次第辦竣，即組設總工程處 1 所，縣段工程處 7 所，分段工程處 16 所，監工室 33 所，並依照省政府核准施行之《川陝公路義務徵工築路施行綱要》之辦法，徵集各縣民工從事修築，民工應工總數，在 15 萬以上，招雇之石工，亦在萬名左右。綿陽、梓潼、昭化，均於九月十五日開工，廣元於九月十日開工，劍閣於九月二十日開工，十月十日車即可由綿陽通至梓潼，十八日通至劍閣，三十日通至昭化，十一月一日通至廣元，十八日全線即可通車，十一月底梓潼、昭化、劍南、廣北，四段工程所撤銷，二十五年一月底綿陽、劍閣工程所撤銷。其餘未完之路面橋樑工程，及廣北段明月峽、七盤關一帶之艱巨工程，不久亦已完全開工。計全段工程概算費為 1232490 元，現預算為 137 萬左右，全由委員長行營指撥善後公債備用，考川陝路全線之建築，可分為兩時期。成綿段為自由建築時期，綿廣段為統籌建築時期，

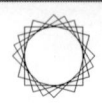

自由建築期中，全段公路全由各縣分頭籌畫，興工修築，其對於經費之籌集，既無□□辦法，而工程之興築，復無一定計劃，故先成之路，路基路面之廣狹，坡度彎道之大小，橋樑涵洞之架設，行車安全之設置，多不合工程標準，後雖常加修理，而汽車亦常行壞路。二十四年十月奉委員長令徹底整理，本局遂設立成綿整理工程段，開工整理，沿途874個涵洞中，整理者148個，橋樑130座，其寬度不足6公尺者，亦加以整理，沿途並添設船渡，加寬路基，添鋪路面碎石，改善坡度彎道，疏通排水溝等工程，設置行車安全標誌，全段工程，如限完成。成綿段經此一番整理，汽車始可暢行，至統籌建築期中，一切建築工程，均係有計劃有步驟而不斷的進行，故時僅兩月，即完成270餘公里，其工程進展之速度，實開築路之新紀元。現養路工程段業已設立，未善土工程已逐步改進矣。

（三）川鄂路，川鄂路自簡陽起，經資陽、樂至、遂寧、蓬溪、南充、岳池、廣安、渠縣、大竹、梁山、萬縣而至湖北利川，全長800餘公里，簡渠段內，由簡陽樂至至遂寧，計長152公里，係在民國十五年，駐軍李家鈺，奉省府委為遂簡馬路局總辦時，測量修築，於十六年開工，十九年完成，用款約60萬元，其經費由變賣神會家祠廟產人民捐股及糧稅附加而來。蓬溪一段，亦由遂寧馬路局修造，民十八年開工，十九年四月完成，計長57公里，經費來源，為民眾捐款及糧稅附加，其用款若干，冊卷遺失，無從查考。順慶一段，於民十六年，由南充馬路局建築，民十六年五月開工，十七年十一月完成，共長63公里，經費來源，為附加稅款，用款約70餘萬元。岳池一段，亦由南充馬路局建造，民十七年十二月開工，十八年三月完成，共長73公里，經費來源，亦係附加稅款，共用款若干，亦無案可稽。廣安渠縣一段，由嘉渠馬路局建造，民十七年一月開工，同年完成，長33公里，經費為糧稅附加，約用款16萬元。至萬分段建築經過，係民十七年二十軍軍長楊森駐萬時，設萬梁馬路總局，開工建造，民二十一年一月完成，計長42公里。經費來源，係由梁萬二縣，糧附加及護商附加，用款約370萬元，此兩段工程，雖係各自建造，工程標準，多有未合，然為舊路，故只須整理，其餘萬縣至利川一段，則以工程艱難，暫緩修築。由是建築川鄂路之新工程，僅渠縣至分水嶺之一段，計長187公里，於二十四年六月派員踏勘，十月勘畢，十一月開始測量，於二十五年二月十五日將民工修築工程，先行開工，分設渠大段（渠縣大竹縣境內共長77.44公里）梁萬段（梁山萬縣境內共長109.59公里）二工程處，本義務徵工辦法，修築路基土方及路面工程，由民工辦理，至橋涵石方用包工制，兩段工程經費預算共100萬元有奇。總計187公里間，石方共80餘萬公方，土方共340萬公方，橋樑65座，溝涵700道。渠大段路線較短，渠大二縣，工作分配較勻，且工程尚不困難，加以石工多半自渝市招來，技術熟練，工程進行，甚感順利，於本年九月底石工已經竣工，十一月五日大竹境民工之路面工作，最後亦全部告竣。渠大段工程處，於十月十五日已先行結束，梁萬段路線較長（109.5公里），由梁山縣負擔造築，而該縣連年旱災，民力已困，負擔築路工程，甚覺維艱，且路面材料，有數處頗感缺乏，不能就地取用，須由別處運往，復以境內東西二山，工程困難，如大啞口，鹽井口，及石河溝等處，工程艱巨，實所罕見，再石工人數甚少，且無經驗，而在開工後，米價騰貴，工款不濟，石工聚而復散，既至停頓，故遲未完成，至九月奉行營令限期十月底通車，經嚴令工程趕工，幸民工努力，工段督促石工之逃散與無法復工者，其未完工程立即轉包。乃於十月底，已經通車，總計二段徵用民工最多時達47000餘人，中間且因農忙歸耕，故工作時間，拖延至六個月至十個月不等，

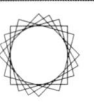

石工於三月間開工，最多時達 14000 餘人，於十一月底已全部竣工，現正結束，籌備營業，但川鄂全路營業，須俟簡渠段整理完畢，方能舉辦。惟川通鄂公路，萬利段既未修築，川鄂交通，除水道外，別無路可通，不得不設法補救，在鄂省方面，巴東至恩施，早已修通，刻已由恩施西展經鹹豐而達川鄂邊境石門檻，故本局奉令，速測黔江至石門檻一段，以期利用川湘路綦江至黔江一段，而連接鄂省境內之京川幹線，計自鄂省鹹豐縣至四川黔江段，路線長共 52 公里。鄂省境內者，33 公里。川省境內者僅 19 公里，二十五年五月令，派川湘路黔江總段工程處，抽調人員前往勘測，工程數量，土方計 10 餘萬公方，石方 6 萬餘公方，黔江縣附近之觀音岩，縣壩附近之苦竹林，工程較難，縣壩渡河，高水位時，河寬 400 公尺。低水位時，僅 70 餘公尺。建橋不易，暫用渡船，原定七月初旬開工，路基土方及路面，仍用義務徵工，但據黔江段長及黔江縣長先後呈請，以黔江民工，負擔川湘黔江工程，已覺難於勝任，統計該縣全縣，僅有可調壯丁 15000 名，已全徵築川湘公路，萬難再徵。同時本局估計黔鹹段土方 30 萬方，如可日補助伙食二角，其方價不低於包工，而技術低劣，時間遲延，當據情呈請上峰，請派兵工或改包工修築，於開工之時，並派員前往複查路線，擬具詳確預算，以求經濟。在此期間，派定員工，準備開工，因上峰延未批示，在工地等候三月，該段概算 15 萬元，十月六日本局准行營公路監理處函，黔鹹路已簽准用包工制，並先撥一部工款，克日動工，期與川湘路同時打通，當令川湘路黔秀總段，派員前往包工辦理，於十月下旬開工，十一月五日正式開工，奉行營令，限二個月完成通車。限期本屬太促，因值川湘路黔江段酉陽段完工之際，故石工土工前往應包者，極為踴躍，二十五年十二月底，可達通車。但完工期間，約需延長一月，始克完成。

（四）川湘路，本局於二十四年九月二十六日，奉省府轉行營訓令，趕速修築川湘公路，並規定川境以內綦江至秀山一段由公路局測量，秀山至沅陵一段，則由湖南省政府轉飭該省公路處測量，所有本省路線，其測量及計畫圖表工費估計等，限於十一月底以前辦理完竣。並部分開工，十二月底以前，全部開工，本局派張熠光，組織測量隊三隊，每隊設三組，先後成立，分段施測，於九月三十日出發踏勘測量，至十一月十四日踏勘全部完畢，測量於十二月底大部完畢。因奉令隨測隨修，以將當時已經測畢之綦江段先行於十一月二十八日開工，其他各段相繼開工，迄二十五年一月底始全線動工。本路自川黔路綦江縣起經南川白馬彭水黔江酉陽秀山而至川湘交界之茶洞鎮，全長 698 公里，所經各處，大部群山溝壑，工程艱巨，曾經飛機踏勘，認為不易修通，惟該路為軍事交通要道，又兼可作通鄂省幹道，按鄂省通川公路，本定由恩施經利川而達萬縣，現以恩施至利川一段，工程艱難，不易修築，而恩施經鹹豐而達黔江，接通川湘公路，較為簡易，至湖北鹹豐至四川黔江，僅 50 公里，其在四川境內者，僅 19 公里，兩省分段建築，事屬易舉。故川湘路之建築，不特僅關川湘路之溝通，亦川鄂二省之惟一幹道，故當時積極籌備開工，提早完成。全線既有 690 餘公里，故設二總段工程處，總辦屯路工程，又設七縣段工程處分段建築，其經貴州桐梓縣及松桃縣境者，因僅長數公里不另設段，分別由綦江段秀山段兼管，當時派李壽松為綦彭總段段長，轄綦江南川涪陵彭水四縣段，全長為 365 公里，張熠光為黔秀總段段長，轄黔江酉陽秀山二縣段，全長為 333 公里。工段之下，每約 10 公里設三區處，由區長 1 人監工 1 人辦理，各該區施工事宜，土方石谷方及搬運開山石方徵工辦理，由民工日帶糧食，工畢返家。其他石方橋涵由包工承做，開工後估計各縣需徵民工原定綦江 30000 名，南川 23390 名，涪陵

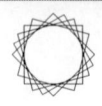

65000名，彭水70000名，黔江20000名，酉陽35000名，秀山22000名，綦南六段，預定民工工作20日，其餘則以1個月為限。但實際到3萬人，較原徵人數相差甚遠，全路最多時，僅有民工5萬人，且隨時逃散，繼以五六月間之農忙，七月間之秋收，民工返往工作，效率極小。此外為二十五年三月間黔江白蠟園蔡家槽教匪事變，民工石工星散，幾至停工。經本局呈請撤換縣長，派隊彈壓，新任縣長到任後，徵調民工尚稱努力，故復工後進行尚速。彭水段因路較長，工程較難，原定徵工7萬名，因該縣地瘠民貧，盡力徵募，僅達1萬餘人。復經規定由涪陵補助2萬名，赴彭協助，該項民工，因糧食問題，延至九月底始到達1萬餘名，修築路基。第二批於十二月上旬調往6千名，修築路面，故民工工作原定一月完成，結果則延至十月之久，始大致完成，全路以綦江南川秀山較易，涪陵彭水酉陽黔江較難。如涪陵之茅峰岩豹岩蕭家溝，彭水之三道拐滑石子木梯子峽門口冤家岩大岩腳□□斷頭岩火岩斬子溝羅家沱老虎口韭菜梁梯子坎等鑿岩工程，均極艱難，該段懸岩陡壁之處，合計共10餘公里，石質最艱，開挖達10公尺至52公尺不等。黔江之土地岩梅子關，酉陽之箱子岩三陽岩均屬工程艱險，或則地狹不能容人，或則工程數量太大，不能短期完成。又因路線所經，多荒僻之區，工人給養困難，岩邊居宿，難覓飲食，用水有時須至數裡外汲取者。山中常有雨霧，氣候寒冷，工作期間凡經過兩冬，其工作之艱苦可想而知。即以民工石工之傷已達數千名，一部原因雖以醫藥衛生設備之不適，但工程之艱巨有以致之。全路工程數量，土方約1千萬公方，石方260萬公方，橋樑208座，洞溝3469道，堡坎170000公方，渡船8處，工程經費預算550萬元。各路施工時間，原定5個月，而實際則達2年之久，其原因一為民工缺少，工程巨大，如以工款不濟，各段施工期間，屢有伙食將斷工人怠工，幾次停頓，一以勘測規定，限期短促，不免粗略，開工後發覺必須改線之處甚多，後雖抽調工段人員及由局增派人員協同局部改線測量，此項工作於本年五月十日始行完竣，但各該處之施工，因而稽延，再工款運送因工段均在邊僻地點無從匯兌，人力運輸，又以現金過多，殊不穩妥，乃商請行營用飛機運輸，由重慶起飛，達南川酉陽秀山等處，每以天氣關係，在重慶等待一二十天，始行運往，又以行營籌撥工款，不能應工段當時之需要。此外石工問題，四川省技術工人數有限，數百公里公路之橋涵石方等，同時開工，自屬供不應求，乃於湘鄂二省，分別招募，但往返過遠，時間及旅費均多耗費，又沿路頻增數萬工人，糧食尤感缺乏，青黃不接之際，米價騰貴，勢不能不設法補救。乃由湘省常德採運食米，但緩不濟急，且運輸所費甚多，米價因之極貴，殊不經濟，自二十四年十一月二十八日綦江首先開工，其他各段均先相繼開工，至本年九月施工已經十月，當由路局一面令飭工段將石工加緊趕工，一面規劃各段民工未完工程，令飭沿線各縣築路委員會增工趕築。九月二十二日又奉行營訓令，限十月底全線通車，當加令各段趕工。綦南秀山段至十月底，已可通車，十月趕工最為緊張，至十月底止，橋樑堡坎未完工處，一方繼續修築，為通車計，暫用便橋木架，維持交通，大填方及之字拐處，雖未完工，但均可通車。彭水段工程二十三至二十六工區，約30公里，九月下旬涪陵助彭民工調往1萬餘名，民工望歸心切，工程殊屬努力，星夜趕築，至十月底止，路基粗成，但彭水段石方甚巨，有懸岩15處，十月底無法完工。暫自三道拐做便道下河，由烏江渡至峽門口起岸，再行築路。黔江段經工段及築委會督工懸獎，搶修路面，雖未完畢，但於十月底已達通車。酉陽箱子岩等處，亦於十月底打通，至是川湘全線通車。十月份趕工效率，一方因民工獎金及行營補助金145000元及省府補助涪陵11萬元之分發，

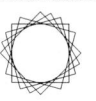

民工有此津貼，人數始增，同時層峰之督促，工段員工及各縣築路委員會民工之努力，有以致之，計綦江段於十月底完工，南川計於十二月九日完工，涪陵段於十二月底，彭水段工程約需延至二十六年一月底始能完成。黔江酉陽秀山各段均於十二月底完成，綦南段因民工完工較早，已先行通車營業，十一月十六日起，並組織道班養路，至遲二十六年二月內全線可通車營業。

2. 中央統制西南五省公路聯運辦法詳志[①]（1937年）

關於西南五省公路聯運，曾經中央飭由主管機關切實商議具體辦法，刻已擬就川、陝、滇、黔、湘五省聯運辦法，其內容與經費等項，已志本刊。至於川、陝、滇、湘、黔五省聯絡公路，共長3700餘公里，其在長江以北者，自西安經寶雞至成都一段，長1035公里，已由全國經濟委員會、西北國營公路管理局，與四川省公路局辦理聯運。自成都至重慶一段，長450公里，應即加入川局聯運。其在長江以南者，自重慶至貴陽、自貴陽至昆明，及自貴陽至長沙三段，共長2232公里，本部分由中央協款興築。局部行車不多，交通尚未發達，似應由中央組織公司，統制管理行車業務。至於川、黔、滇、湘其他各支路，仍由各省自辦，並與聯運路密切聯絡，茲特將川、陝、滇、黔、湘五省公路各項統制管理辦法分志如次：

一、路線之選定

川、湘、黔、滇四省已成聯絡公路之在江南者，暫可分為三段，一曰川黔段：自重慶經綦江、東溪、松坎、桐梓、遵義、息烽至貴陽，長凡531公里。二曰湘黔段：由長沙經益陽、德山、沅陵、芷江、玉屏、貴定至貴陽，長凡1041公里。三曰黔滇段：自貴陽經安順、平彝、曲靖至昆明，長凡660公里。三段合計，共長2232公里。此外沅陵經酉陽至綦江之川湘段，待路工完竣後，再行加入。至聯運範圍、聯運公路沿線坡度及彎度等，其未合規定標準者，應由各該省政府設法改善。關於尚未興築完成各路段，及已成而損壞之處，亦應分別由各該省政府負責即予修整。

二、車站之規定

各路段重要之車站、擬定如下：

（一）川黔：重慶、海棠溪、一品場、杜市、綦江、東溪、松坎、板橋、泗珠站、大橋、遵義、懶板凳、堰絲螺、刀杞水、養龍槽、養龍站、黑神廟、息烽、狗場、沙子哨、貴陽，共24站。

（二）湘黔段：長沙、白箬鋪、寧鄉、滄水鋪、益陽、太子廟、德山、桃源、桃花源、鄭家驛、茶庵鋪、官莊站、馬底驛、沅陵、辰溪、懷化、榆樹灣、芷江、冕縣、鯰魚堡、玉屏、楊平場、五星牌、三穗、響水、鎮遠、劉家莊、施秉、濫橋、黃平、重安、爐山、雞場、馬場坪、黃絲、貴定、甕城橋、龍裡、穀腳、貴陽，共46站。

（三）黔滇段：貴陽、狗場、清鎮、西城橋、平壩、石板房、安順、麼鋪、鎮寧、斷橋、關嶺場、永寧、安南、沙子嶺、普安、盤縣、平彝、沾益、曲靖、馬龍、新街、楊明、昆明，共23站。

[①] 原載《四川經濟月刊》1937年第8卷第1期。

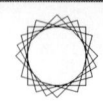

三、各路營業權之轉讓

各路段沿線，已有公營或商營長途汽車者，一俟中央組織聯運公司成立，其營業權須即行轉讓。如需專營費，得參照地方政府以前擔任修築路工之經費所占中央協款之成數，由聯運公司視營業收入，酌認若干。其已有行車設備之費用，並得由聯運公司估值，按期歸還。其詳細辦法，應俟該公司成立，實地查察情形，與地方政府協定之。

四、行車設備內容充實

（一）車站宿及站沿線各車站，均應建築正式站屋及貨棧。凡車輛停住各站，應備旅社食堂，每一車站之中途適宜處，應設中餐食堂。

（二）加油站及儲油站之距離，以550公里為度。茲擬定加油地點為：1.桐梓；2.芷江；3.安南；4.平彝、重慶兩岸適宜處，或海棠溪附近，應設容量6萬加侖之儲油站，長沙應設容量16000加侖之儲油站，桃源應設容量6萬加侖之儲油站，共166000加侖，足供所有營業車輛3個月之用。

五、修車廠及車庫

在貴陽應設大修車廠及車庫。在貴陽應設大修車廠一處，重慶、沅陵、昆明應設修車廠各一處，大修車廠各一處。大修車廠之能力，以能同時修理20輛汽車為標準。小修車廠之能力，以能同時修理5輛汽車為標準。關於配件之製造或修理，均應有相當之設備。凡沿途之起站及宿站之地點，如未設修車廠者，應設立車庫，以便車輛停駐及修理之用。

六、渡船

查川、湘、黔、滇四省聯運，所經各路，尚有大河10餘處目前尚未建築橋樑，所有渡船設備，每頗簡單，其中重慶之長江河面尤為寬廣，擬分別設置正式輪渡，或加建橋樑，改設輪渡與充實渡船設儲。

七、電信

聯絡公路共長2000餘公里，內未設行車專用電話者，約1500公里之左右。擬擇主要車站酌設無線電臺。

八、交通標誌號

為保護行車安全，及劃一管理起見，聯運公路沿線應由聯運公司依照全國公路交通委員會之規定，豎立禁令警告指示路線里程、橋樑涵洞等標誌號。

九、路線之保養

川湘黔滇四省之聯運公路，由聯運公司負責保養，其保養方法，可採用保甲養路制度，另備飛班養路隊，各該省政府應儘量協助辦理。所有的保甲養路得四聯運公司酌給津貼。

十、聯運之組織

川湘滇黔四省乾路運輸事宜，由中央組織共同統一辦理之，上設一理事會決定聯運路線之運價、營業計畫、各項法規，並稽核全部會計帳目等，理事會之人數按照各機關認股數分配之。聯運公司須完全商業化，採用成本會計。

十一、人才之訓練

四省聯運之範圍甚廣，其組織務須健全，為增進辦事效率起見，所有公司辦事人員均應一律予以嚴格訓練。該項人員擬就各路段原有人員，及另招具有相應學識與能力者，集合訓練之。

十二、經費之籌備

聯運事業所需設備開辦及周轉各費，約為 120 萬元。除中央與地政府認股外，並得招收商股。其概算如下：（一）購置柴油汽車 96 輛，每輛 9000 元，擬先現付半數，餘由營業收入項下分期擬付，約計 432000 元。（二）宿站 7 處，每處 4000 元，約計 28000 元。（三）中途餐室 10 處，每處 600 元，約計 6000 元。（四）車站築費，約 66 處，平均每處 1500 元，約計 99000 元。（五）加油站，每處 2200 元，約計 4800 元。（六）儲油站 5 處，總容量 166000 加侖，每加侖建築資約 3 角，約計 49800 元。（七）修車廠，大修車廠 1 處，40000 元；小修車廠 3 處，每處 20000 元，約計 100000 元。（八）車庫 7 處，每處 1 萬元，約計 70000 元。（九）渡船設備及加建橋樑預備費，約計 200000 元。（十）交通標誌及里程牌等，約計 50000 元。（十一）無線電臺 20 處，每處 2000 元，約計 40000 元。（十二）開辦費及籌備費，約計 80400 元。（十三）周轉金約計 40000 元，以上各項共計 120 萬元正雲。

3. 川陝黔滇湘五省公路聯運大綱[1]（1937 年）

川陝黔滇湘五省聯絡公路，共長 3700 餘公里。其在長江以北者，自西安經寶雞至成都一段，長 1035 公里，已由全國經濟委員會西北國營公路管理局與四川省公路局辦理聯運，自成都至重慶一段，長 450 公里，亦已由國營路局與川路局商洽加入川陝聯運；其在長江以南者，自重慶至貴陽，自貴陽至昆明，自貴陽至長沙三段，共長約 2200 公里，應另組織川黔滇湘四省公路委員會辦理之。其辦法大綱如下：

一、組織 聯運委員會由軍事委員會、全國經濟委員會、鐵道部、交通部、軍政部及川黔滇湘四省各指派委員 1 人，由全國經濟委員會與鐵道部就委員中指定中央機關委員 2 人，省方委員 1 人為常務委員。聯運委員會設辦事處，秉承常務委員之命，處理一切事務。辦事處職員，儘量由各省公路機關就各聯運路線之各級職員中調用，由聯運委員會加委充任之。其委員會章程另定之。

二、職權 聯運委員會負監督指揮一切聯運業務，並管理聯運基金責任。

三、聯運基金 中央各部會擔任之聯運事業經費，作為聯運基金，歸聯運委員會保管支配，視業務需要，隨時撥借各省，為購置車輛，擴充其他行車設備，與發展施行事業之用。此項借款，由各該省政府分期償還聯運委員會（基金保管章程及其他詳細辦法另定之）。

四、聯運路線 川黔滇湘四省已成聯絡公路，暫分為三段：（一）川黔段，自重慶經綦江遵義至貴陽；（二）湘黔段，由長沙經沅陵鎮遠至貴陽；（三）黔滇段，自貴陽經安順平彞至昆明。此外自沅陵經酉陽綦江至重慶之川湘段，待路工完竣後，再行加入聯運範圍。

五、營業 各聯絡線，除各省公路機關行駛之區間車，限定在本省境內各段行駛外，另開聯運直達快車，跨省行駛。其營業實施之責，仍由各公路機關擔負。除出售跨省車票外，在一省境內之路線上，得指定若干站售票，是項省境內各站間之票價，得另定快車加價。上列兩項營業收入，統歸於省公路機關。惟聯運直達快車，應採用獨立會計，以便清算（詳細法另定之）。

---

[1] 原載《四川月報》1937 年第 11 卷第 3 期。

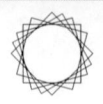

六、經費 聯運委員會之經費，由聯運直達快車收入項下指撥。

4. 重慶市政府為公路運輸技術顧問團諮詢委員會會議議決有關事宜給市工務局的指令（1939年8月31日）

二十八年八月二十四日呈一件——為據技正曾威簽報參加公路運輸技術美國顧問團諮詢委員會第一次委員會議情形請鑒核由。呈悉。仍仰於本府應辦事項分別籌畫報核或主辦府稿呈判。

此令。

市長　賀國光

擬簽呈市長：

八月十六日行政院召集「公路運輸技術美國顧問團諮詢委員會」第一次委員會會議，經派本局技正曾威參加，謹將會議經過陳明如次：

參加機關計有：交通部、運輸總局、公路總管理處、復興公司、軍政部交通司、水陸運輸聯合委員會、財政部、經濟部、外交部、運輸總司令部及市政府等14機關。由召集人潘光迥報告陳光甫先生向美國財政部長摩根索接洽借款及派遣運輸顧問經過，大意謂：公路運輸關係國家貿易及國際投資，美國所派三顧問，由「新」氏領導，均係運輸業權威，而有實際經驗者。其來華目的，一方面因欲對中國公路運輸有所貢獻，他方面則實負有考察之責也。各關係機關務請儘量貢獻材料，並負招待之責。顧問團約於九月九日抵渝，在渝約作二三星期之勾留，在此期內應請市府幫忙招待，並核發汽車通行證三份（按此證刻由衛戍司令部頒發）。嗣經討論本委員會之組織，經決議各機關所派代表同為諮詢委員，由各代表中選定陳體誠（水陸運輸委員會）、繆鐘春（財政部）、潘光迥（交通部）三人為常務委員，陳為主席委員。由各常務委員負責聘請編輯，搜集材料，編印報告書，其總綱目有如附件。此項報告書具中英兩種文字，約在九月九日以前全部編就。

會議經過大略如斯，至於詳細紀錄將來當由會分發。理合具文呈請鑒核轉呈上。

曾威

八．十七

5. 抗戰以來的公路設施[①]（1939年）

公路運輸，於鐵路淪陷以後，更見迫切需要。本部隨戰事之發展，增修各主要幹線，計抗戰以前所築公路，自民國二十年迄二十六年，共成11萬公里。抗戰以後，由中央專案撥款興築之最急公路，有冀、晉及蘇豫皖北部之公路，如海州鄭州開封湯陰太原大同等縣共1500餘公里，其他由軍事機關逕交省方自築者，尚不在內。例如江蘇一省，於戰事發生前，早將幹線完成，但上海戰事發生，戰區支路及沿江沿海要塞興築者，達2000餘公里。浙江及皖南方面，亦臨時增築公路甚多。又西北方面新增之路線，計600餘公里。尚有由本部擔任一部分經費，督造完成可通車者，共3200餘公里。至於各路之沿線修車廠、車站、無線電臺、電話等設備，亦經陸續添設，並添置汽車配件製造廠，現已開工修造機件。

---

① 節選自張家璿著：《抗戰以來之交通設施》，原載《新經濟》1939年第1卷第8期。

今後公路方面之工作，一面積極開闢新線，以期增密公路線網，一面則在改善舊路，以期增加運輸效率，改善工程最要，為減少渡口，改善坡彎度，修整路面等三項，現均逐步實施。他如增置充分車輛，健全車輛修理機構，訓練司機，加添人力獸力之運輸等，亦為今後公路方面之急要設施，亦皆在切實進行中。

西南各省公路，已經改善及提高原有工程標準者，計有川黔（貴陽至重慶）、湘黔（貴陽至長沙）、黔桂（貴陽至柳州）、黔滇（貴陽至昆明）、滇緬（昆明至畹町）、川滇東路（隆昌至昆明）等六路，共長4741公里。西北公路經改善者，計有西蘭（蘭州至西安）、甘新（蘭州至猩猩狹）、甘川（蘭州至臨洮）、華鳳（華家嶺至天鳳）、西漢（西安至漢中）、甘青（蘭州至玉樹）、張寧（張掖至西寧）、漢白（漢中至白河）、鹹榆（鹹陽至榆林）等9路，共長5822公里。

西南西北聯絡路線之已經改善者，計有川陝（漢中至重慶）、川康（成都至瀘定）、川鄂（成都至萬縣）等3路，共長2263公里。

至新路之正在開闢者計西南有康滇（瀘定至昆明）、黔桂西路（安龍至羅裡）、田河（田州至河池）、滇桂（昆明至百邑）等4路，共長2081公里，西北有甘川（臨洮至成都）、青康（玉樹至康定）等2路，共長1750公里。至西南西北聯絡路線，則有川鄂（宜昌經巴東萬縣至恩施）、漢渝（漢中至西鄉萬源達縣至重慶）、康印（康定經巴安而至康印邊疆之塞的亞）等3路，共長2300公里。

綜計西南西北及中間聯絡各路線，已改善者，計共長14700餘公里，其應興築者，共長3000餘公里，兩項共長約17700餘公里。

公路運輸溝通國際路線之最重要者，為滇緬公路，自昆明通緬甸之臘戍，共長964公里，自二十六年底開工，徵20餘萬人，費10月之久，現全線已可通車，全線工程，並在積極改善，以增其運輸能力。

此外公路方面，以今後後方運輸，可採用人工畜力經營貨運，促進出口貿易，增益外匯基金，於二十七年十二月間，特設運管理所於昆明，辦理此項運輸。同時又以重慶昆明間交通本繁，廣州武漢棄守，此路運輸益增頻劇，並舉辦渝昆聯運，以應急需，自昆明會澤昭通鹽津至敘府之大道，為川滇捷徑，業經中央撥款修竣，駄馬可以暢通，自敘府至重慶，則用船舶，二十七年八月間已開始聯運。

6. 戰時汽車及駕駛人分類統計[①]（1940年12月）

一、汽車分類數量統計：（單位：輛）

（一）貨車：11829；（二）小客車：2421；（三）大客車：1593；（四）特種車：338；（五）郵車：232；（六）機踏車：16。合計16429。

二、汽車來源國別百分比：

（一）美國：83%；（二）德國：7%；（三）俄國：5%；（四）英國：3%；（五）其他：2%。合計：大型車13992輛；小型車2421輛。

三、各地登計公商貨車數量統計：（單位：輛）

[①] 據交通部汽車牌照管理所編制的有關統計圖綜合編制。

（一）貴陽：4179；（二）昆明：1719；（三）重慶：1680；（四）西安：860；（五）柳州：726；（六）成都：447；（七）永興：409；（八）蘭州：344；（九）曲江：327；（十）永康：289；（十一）下關：172；（十二）永安：168；（十三）贛縣：162；（十四）衡陽：100；（十五）洛陽：56；（十六）桂林：50；（十七）口州：44；（十八）屯溪：40；（十九）襃城：37；（二十）其他：20。合計：11829。

　　四、公商營業大客車分戶統計：（單位：輛）
　　（一）中國運輸公司：264；（二）江西公路處：199；（三）湖南公路管理局：162；（四）西北公路運輸管理局：130；（五）貴州公路局：122；（六）四川公路局：112；（七）廣西公路管理局：87；（八）浙江省公路運輸公司：79；（九）福建省運輸公司：64；（十）重慶公共汽車公司：39；（十一）安徽養路處：35；（十二）河南公路管理局：20；（十三）滇緬公路運輸管理局：18；（十四）湖北公路巴威段：15；（十五）巴縣汽車公司：10；（十六）金武永汽車公司：10；（十七）貴州商車聯運處：8；（十八）南通車行：7；（十九）豐奉汽車公司：5；（二十）嵊長汽車公司：5；（二十一）其他：85。合計1746。

　　五、畹町進口新車統計：（1940年6月至12月，單位：輛）
　　（一）6月：204；（二）7月：332；（三）8月：150；（四）9月：222；（五）10月：529；（六）11月：631；（七）12月：785。

　　六、中央公營運輸機關貨車分戶統計：（單位：輛）
　　（一）中國運輸公司：1634；（二）西北公路運輸管理局：1095；（三）中央信託局：240；（四）紅十字會總隊：190；（五）鹽務總局運務處：182；（六）滇緬公路運輸管理局：172；（七）資委會鎢銻聯合運輸處：159；（八）貴州郵政管理局：102；（九）粵漢湘桂兩路接待所：98；（十）中國茶葉公司：85；（十一）資委會運務處：77；（十二）農本局運輸處：57；（十三）資委會東南運輸處：52；（十四）資委會錫業管理處：44；（十五）禁煙督察處：43；（十六）液體燃料管理委員會：35；（十七）雲南郵政管理局：32；（十八）資委會甘肅油礦籌備處：30；（十九）西川郵政管理局：29；（二十）湖南郵政管理局：24；（二十一）交通部材料運輸隊：23；（二十二）隴海線區司令部：23；（二十三）湘桂鐵路桂林營業所：15；（二十四）東川郵政管理局：14；（二十五）成渝鐵路瀘縣運輸分所：12；（二十六）工礦調理處：12；（二十七）浙江郵政管理局：11；（二十八）資委會運輸隊：11；（二十九）資委會銻業管理所：10；（三十）廣西郵政管理局：10；（三十一）其他：17。合計：4538。

　　七、汽車駕駛人分類統計：（單位：人）
　　（一）職業：23644；（二）普通：691；（三）學習：106。合計：24441。

7. 解決商車貨運困難有關文件（1941年4—5月）

一、重慶市社會局致市政府簽呈（4月15日）

　　請簽呈者：查市商會於本年三月五日奉令召集進出口貨物公會報告貨運情形，本局派員出席參加，據報稱：竊職奉派出席市商會，聆取進出口貨物公會報告貨運情形，茲將各有關公會代表報告大意列陳於後：

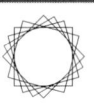

（一）據長途汽車公會代表報告，自運輸統制局統制商車辦法施行後，規定每二次軍運始接運商貨一次，且商車承辦軍用公用物品，運輸手續繁複，裝卸需時，每往返渝昆一次，幾達一月之久，以致商貨須候此無定期之輪值運輸。且有時少數公務人員，尚不免有藉口封車情事，致形成供需失調之象。仰光線與衡陽線，原來運價甚低，至今已逐漸漲至 12000 元或 15000 元之運價，尚難覓車裝運，即由封扣車輛之所致。再有，如遇公路橋樑交通機關職員，動以不能勝重為詞，暗中需索，實為交通上一大弊端。關於衡陽一帶，軍公用品較少，但商車多恐封扣車輛，以致本市貨源漸減。其救濟辦法，惟有請求政府對軍運、商運車輛予以合理分配，並請特許各業貨主集資購置卡車若干輛，專運存滯緬甸及衡陽一帶商貨來渝，回程時亦專運商貨出口，如是則貨暢其流，物價自抑。

　　（二）據運輸公會代表報告，該業為人力運輸與板車運輸，近來縱出高價難雇力夫，其原因為沿途強拉壯丁，外來者不易到渝；在渝者不願他往。應請轉請制止，始能貨暢其流。其次為供應差使頻繁，致人力車板車均感缺乏。

　　（三）據五金電料公會代表報告，海關及各檢查機關設置驗卡於市區以內，往來貨運多所留難，如運出整件，分零運進，均應照完轉口稅。又如貨運因中途車輛發生障礙，貨物不能一次運進海關，則動輒沒收或不諒實情，故意為難。應請將關卡設置市區邊界，並免重複徵稅，而利商賈。

　　以上所有奉派經過，理合報請鑒察。

　　等情。據此，查貨物運輸通暢與否，影響後方物資供應甚巨，所有上開各公會代表報告運輸困難情形，查核尚屬實在，案關後方物資供應問題，未敢緘默，擬請鈞座轉請經濟會議設法改善，以利商運，是否有當，理合簽請鑒核示遵！謹呈

　　市長吳

社會局局長　包華國

二、重慶市政府致行政院經濟會議秘書處公函稿（4月18日）

案據本市社會局三十年四月十五日簽呈稱：

　　「謹簽呈者云　云示遵。等情，據此。覆查該局轉呈」各節，詢屬實情，除指令外，相應函達貴處查核辦理，並希見覆為荷。此致

　　行政院經濟會議秘書處

市長　吳

三、行政院經濟會議秘書處致重慶市政府公函（5月24日）

　　案准貴府本年四月十八日市秘二字第一一八四八號公函，以據社會局轉報貨運困難情形一案，函請查核辦理見覆等由到處。當經分別函有關機關洽詢去後，除沿途強拉壯丁機關及事實與供應差使情形，俟復到再行核辦外，茲准運輸統制局及財政部先後函復商運辦法與關卡設置查驗情形等由前來。相應抄附原文，暨附件隨函復請查照轉知為荷。此致

　　重慶市政府

　　附抄運輸統制局渝統指字第零一一二六號公函一件，財政部關渝字第二九七二九號公函一件暨附抄修改重慶關驗放疏散貨物辦法草案一份

行政院經濟會議秘書長　賀耀祖

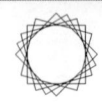

運輸統制局公函原文

案准貴處經秘運字第零零六號公函，略以轉據長途汽車公會報告商車運輸困難及驗卡留難情形，囑為查覆等由。查：

（一）本局管制商車辦法，原以為公服務與車商利益兼顧為重，該會轉據所稱以手續繁複、裝卸需時等，如實有其事，自當轉飭各管制交通負責人員儘量改善。

（二）本局為鼓勵新車入口及衡陽等方面之商車內駛起見，早經規定準各該車輛自由載貨直駛重慶後再開始服務。該會轉據所請擬許各該業主購置卡車專運商貨一節，已無問題。

（三）本局對商車利益向亟注意，惟如各站暗中有需索多所留難情事發生，自應轉飭一體嚴查取締，以為商艱。嗣後如再發生此類情事，准各該車商據實逕呈本局，以憑究辦。

除已將第三點轉飭本局監察處及昆明貴陽辦事處遵照注意嚴查外，相應函覆，至希查照辦理為荷！此致

行政院經濟會議秘書

處主任　何應欽

財政部公函原文

案准貴處三十年四月三十日經秘運字第零零九號大函，為准渝市府函據社會局呈，以據報海關及各檢查機關設置驗卡於市區以內，往來貨運多所留難等情，轉請設法改善等由，究竟實情如何，囑查照見覆，以憑核覆等由。查本案前據重慶市商會具呈前來，經飭重慶海關切實加以調整，酌擬辦法具覆。旋據該關稅務司霍啟謙本年四月支代電稱：

查按照總稅務司通令之規定已完轉口稅之貨物，於一年之內不再重徵等因，歷經遵辦在案。其已逾一年期限之關單，因格於定章，自未便視為有效。至原呈所稱貨物必須為整件且與關單相同一節，並不詳確。查已完稅之貨物，欲改成小件運往他處時，照章得於改包之前，向職關申請派員監視。此項改包之貨，雖非原來整件，亦得免予重徵。至職關本市各分卡設立之地點一節，查兩路口及海棠溪兩分卡，係分別設在成渝及川黔兩公路之終點，以便將汽車載運之貨物，在該兩處於到達之後或起運之前，予以查驗，以期周密，且免中途耽延。至該兩卡附帶徵收非汽車載運貨物之關稅，則係為就近便利本市商民起見，以免因繞道前來總關或前往市區邊界報關納稅，而額外耗費時間與交通費用。再查香國寺與黃沙溪兩處，係口日厘卡，所在地水勢較平，便於泊舟。而黃沙溪向係為竹木筏停泊起岸之處，職關該兩處分卡，係以查驗船運貨物為主，為遷就舟民與竹木商之習慣起見，故設立於該兩處。且該兩處設有本市之各檢查機關，所有往來民船停泊一次，各種檢查稽徵事項，均可一次辦竣，與政府統一檢查之意旨亦相符合。該兩卡現在地點距市中心不遠，對於轉運貨物之機關或商號派人攜款前往報關納稅，或遇有須先向有關各機關辦理免稅或請領護照各項手續，再向各該分卡洽辦放行之處，均尚稱便利。今若將該兩卡移往市區以外，而轉運貨物之各機關及商號均在市區以內，其間復無價廉而迅速之交通工具，其往返接洽所需之交通費用與所耗之時日，無不在少數，似亦不容漠視。至化龍橋一處，職關現未設有分卡。其小龍坎一處所設之分卡，現正與軍事委員會運輸統制局監察處接洽，移設新橋。至該商會三月十九日原呈內所稱遠興、永興兩商號之案，查本年二月十七日經關員攔獲補稅之貨物中，並無該兩號名義。且寸灘及黑石子兩處，現均未設有關卡。惟職關前據密報，因職關在嘉陵江各碼頭及香國寺

查緝較嚴，凡江北之貨物，多係繞道運至澌瀾溪過江入城銷售，其由重慶沿長江以下各處上運之貨物，亦率多利用內河小輪，先在寸灘起卸，再伺機轉運至市區銷售，以圖逃避轉口稅，等語。經即派員按址前往巡查，果然發現由江北各地繞道之貨物數起。惟此項查獲之貨物，若持有相當證件，能以證明係已完轉口稅之貨物或按規定手續疏散之貨物，概係立予放行。其無上項證件亦無重大走私情節者，酌准補稅放行。確係繞道企圖逃避轉口稅者，始援用海關緝私條例，惟仍從輕處罰，以示薄懲。竊按職關各分卡設在市區以內，係為便利各機關及正當商民與船戶起見，其在市區以內運輸之疏散貨物，及工廠在城市與郊外往來運輸原料及製成品，前經呈奉財政部核准，訂有專案辦法。至於確係在市區以內轉運之其他貨物，若依照正當手續報關，提出確實證明或擔保者，似亦可酌予免徵轉口稅放行。各商民如能恪遵章則辦理，並無任何損害，惟據聞未按照疏散辦法辦理之貨物，多係因商民向商會或同業公會報請按照該辦法第三條給予保證時，感覺困難或延誤，茲為便利疏散起見，似應將原定之疏散辦法酌予修改，俾商民得以隨時逕向海關洽辦，而免周折。理合擬具上項疏散辦法修改草案一份，隨電附呈，是否有當，敬祈鑒核示遵。等情，附件到部。當以該稅務司所陳各節確係實情，其所擬修改驗放疏散貨物辦法草案，亦尚妥適。經即抄呈行政院鑒核施行，並電覆重慶市商會知照各在案。准函前由，相應照抄修改驗放疏散貨物辦法草案一份，送請查照轉知為荷。此致

行政院經濟會議秘書處附抄修改重慶關驗放疏散貨物辦法草案一份

孔祥熙

重慶關驗放疏散貨物暫行辦法修改草案

（一）已完關稅貨物持有海關所發之完稅證據於報運疏散時應由報運人將貨物品名件數重量價值碼運往地點填注登記單兩紙向海關登記，查與原完稅證據相符准予放行。上項登記單以一紙存海關備查，以一紙交報運人收執，將來運回重慶時海關即憑登記單查驗放行，但以不改裝者為限。登記單式樣由海關規定之。

（二）未完轉口稅貨物於報運疏散時，應由報運人將貨物品名件數重量價值碼運往地點填注登記單兩紙，及商會或同業公會保證向海關登記，經查核與登記單相符准予放行。如報運人不願取具商會或同業公會保證時，得逕向海關繳具等於稅款之現金押款以代前項保證。

（三）按照前條登記之疏散貨物如於六個月以內運回重慶時，海關即憑登記單驗放並將所繳之押款發還，倘逾六個月限期尚未運回時，則應按登記單補繳轉口稅，但屆時如尚在疏散期內，得由原報運人申請海關酌予延展補稅。

（四）應給外匯之貨物於報運疏散時，除適用本辦法規定者外，應請由貿易委員會發給疏散准運單呈關驗放。

8. 行政院為制止不肖公務人員扣留商車給重慶市政府訓令（1941年6月10日）

案據經濟部本年五月三十日陷管代電稱：案據本部視察貨運委員報告重慶市貨運情形略稱，據市商會及各業公會報告，商運車輛時有被不肖公務人員扣留，或以軍用為名包攬貨運，從中漁利等情事。查貨運停滯攸關後方供需平衡，目前商運車輛已感缺乏，何能再

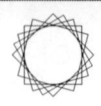

任籍名扣留！公務人員尤不應濫用職權，假公濟私，擬請鈞院俯賜通令制止，以整風紀，而暢貨運。除分電軍事委員會外，是否有當，理合電請鑒核示遵。等情。據此，除分行外，合行令仰遵照，並轉飭遵照。此令。

院長　蔣中正

9. 軍委會運輸統制局為抄發安司丹改進公路運輸意見致重慶市政府代電（1941 年 9 月 22 日）

　　重慶市政府：案奉行政院回代電開：據滇緬公路運輸工程監理委員會俞主任委員呈送安司丹君視察滇緬路沿線發表意見七點到院，查第七點應由工程專家再行研究，第五點（一）（二）（三）三項，應由該監理委員會與各有關機關商酌辦理，（四）項並已飭將研究結果具報；其餘一、二、三、四、六各點，均甚切要易行，且不僅滇緬一路為然。應請貴局轉飭所有公路運輸機關一體切實注意改進，等因。除分電外，相應抄同原意見，電請查照辦理，並飭屬一體切實注意改進為荷。運輸統制局。申福至。車印。附抄安司丹原意見一件。

安司丹君視察滇緬路沿線發表意見七點

　　一、關於車輛保養及修理問題

　　安君認為我國修車工具最感缺乏者，厥為修車及檢驗機器，將來返美後，即可設法購運。但目前對於車輛注意加黃油及滑潤機油一事，最為急要，以往車輛之損壞，多半由於滑潤油不足。此後應由各運輸終點站，添派員工專責辦理其事，不可假予司機。倘我方對此事不能切實做到，則彼將向美政府報告少撥新車。

　　二、關於車輛裝載問題

　　我方使用汽車最大缺點，為裝載逾量。現在中國行駛之道奇及 G-MC 車，照美國規定為 2 美噸（即 4000 磅），而我國裝貨恒規定為 3 公噸（合 6720 磅），若再加司機私帶搭客或商車自帶汽油，較之美國規定之 2 倍以上，故車輛各部易於損壞。現美政府所租借與中國之軍用車輛，雖係名為 GMC 兩噸半，而事實上可載 4 噸。若照中國之裝貨方法，應裝至 6 噸。

　　沿途所見政府車輛所帶鐵桶、汽油及木桶、桐油，常集中於車廂之前部，幾致車廂後部空虛，故其結果：

　　（一）前鋼板常斷；

　　（二）後部無重量，車之牽引力減少；

　　（三）前部分量過多，剎車不靈，肇禍之事叢生。

　　對於此事，應平均裝載於車身全部之內，設有空隙，應以空桶在縱向中部填塞如圖。

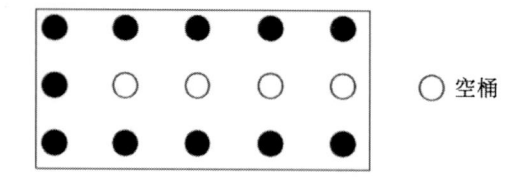

●	●	●	●	●	
●	○	○	○	●	○ 空桶
●	●	●	●	●	

　　似此空桶填塞辦法，既可減少載重不均之弊，且可將空桶東運至昆，備裝桐油之用。

三、車輛清晨出發問題

關於此事（一）司機應專任駕駛，不應令兼任洗車、加油及修理等工作。在出發前一日下午或夜間，一切裝卸、檢驗、加油等工作，應先行辦妥，以備次晨六時司機到站即可駕車出發，中途不能無故停留。預計一日行程當可於下午三四時到達指定之站，尚有餘時，可辦理或裝貨工作。安等以在途中所遇見者，先為商車，後為政府車輛，足證政府車輛出發比商車較晚。而在各站所見西南車輛，每因司機兼任洗車等工作，故有此論。（二）不應令司機點驗物資細數（如子彈顆數）即物資內容，苟原箱未破或汽車鉛封完好者，司機不應負其責任。如強其負責，則因點驗細數或內容，而時間上之損失積少成多，足以影響運量，較物資之短少或漏耗其損失尤為重大。

四、關於站廠隊問題

安君以為在前方作戰，運輸固應用陸軍隊，但滇緬公路之運輸較有固定性質，應以站之制度為主體。以西南現有制度而言，有分支處、有大隊部、有管理站、有駐修所或修車廠等部門，機構複雜，事權不一。若用站之制度，則每站有指揮官一人負該站之全責，有進退獎懲全站人員之權，不論車輛之檢驗修養，司機之出發停留，貨物之裝卸，經費之領發，紀律之維持，警衛之指揮統率，皆由此指揮官全權辦理。每站選派幹員擔任，並提高其待遇，使較目下之大隊長及分支處科長階級為高。似此。滇緬全線有此種幹員七八人，即可推動一切。

修車廠可少設，而每站對於保養檢驗及小修工作則不可少。站之修車技術員工絕不能與站分立，如每站對於保養檢驗工作辦理得宜，則大修工作自可減少。目前西南運輸處舊車待修甚多，新車復源源而來，苟以現有之技工辦理修車舊車工作，則新車修養勢必耽誤。故主張另增加技工，將不堪修即可報廢之車輛，全部拆卸或整作配件或以拍賣，其堪修者另行集中相當地點，陸續整修，切不可將新車保養及舊車修理兩事，責由現有能力薄弱人數較少之技工勉為擔任，而均無所成。

照其所說，則大隊部分支處管理站及駐修所合併改組為較單純而較有力之組織，必要時，總機關可派高級人員分段巡查督促。

五、關於統制商車問題

本日（七月二十七日）安司丹君等與臘戌車輛統制官霍姆斯談話，（一）對於昆明至臘戌統制商車方法，應商有共同標準，不論華車及緬車，不論運輸公司車輛或貿易公司車輛，凡在滇緬路行駛者，均須以50%車數或裝載量，供給中國政府，而以待運汽油一宗為最重要，最簡便。（二）商車應繳養路捐、牌照稅及□□□捐、消費稅等，應使其單純化，而以簡易方法徵收之（滇省應收部分，似可由中央統一徵收而補助之）。（三）畹町地方缺少車地，無法擴充佈置統制局海關及牌照機關，最好能遷至遮芒一帶平原辦理，俾可減少目前擁塞情形，否則雨季一過，轟炸危險。（四）霍姆斯提議能否以臘戌至保山段之運輸，交由緬方統制官督率，緬車承辦，而由中英雙方會組路警指揮交通，維持運輸秩序。所有緬車不許越過保山，中國車輛由昆明統制官自保山接運，雙方運輸力量分配得宜（緬方缺少車輛，可由美國租借車輛，隨時補充），以免保山物資有積滯之弊。如此分段管理，則司機車輛及運量問題，均可順利解決。默察安君之意，認為值得考慮，職對於該項計畫曾與貝克君一度研究，並以奉聞。

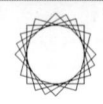

六、關於沿路交通指揮問題

安君等認為巡迴路警指揮交通為目前重要之一事,必須富有公路交通經驗之軍官擔任辦理。對於巡迴工具,安君等認為摩托腳踏車不適用,而贊同用四輪小車(裝設有特別喇叭)。

七、關於鋪澆柏油工程

安君以為滇緬鐵路完成後,此路用途必較減少。為迅速完成柏油工程,是否可視各段公路工程情形,分別鋪設 3 公尺及 6 公尺之柏油路面,此點可留待工程專家再為研究。

10. 川湘川陝貨運業務及川湘鄂區旅客聯運概況[①](1943 年 8 月 30 日)

一、總管理處成立經過川湘川陝水陸聯運,創辦於民國二十九年九月宜昌淪陷之後,由招商局與民生公司合辦,經營由衡陽至重慶水陸聯運業務,及由重慶至廣元循嘉陵江線水道運輸。三十年一月由交通部撥款 10 萬元參加投資,同年 9 月交通部增撥基金 50 萬元,並將東南聯運處汽車 81 輛,川鄂驛運幹線板車 300 輛,暨沅酉兩水及嘉陵江貸款木船 312 艘,撥交使用。三十一年六月,部令將招商局及民生公司股本各 1 萬元退還,自是完全國營,成立川湘川陝水陸聯運總管理處,並改組川湘聯運處及嘉陵江運輸處,復於三十二年度撥給建設專款 1500 萬元,此本處成立之經過,暨政府投資之大概情形。

二、十五閱月貨運業務本處自三十一年六月成立,迄年底為止 7 個月內,運貨 13492 公噸,平均月運 1927 公噸,據報收支概數,計營業收入 37474756 元,支出包括擴充設備費用為 37368306 元,又三十二年一月至八月,計川湘聯運處統計至八月二十日為止,嘉陵江運輸處統計至八月十日為止,運貨 43325 公噸。其中:(一)軍米 19812 公噸;(二)食鹽 11188 公噸;(三)棉花 3802 公噸;(四)礦品 2868 公噸;(五)磚茶 1180 公噸;(六)水泥 1130 公噸;(七)兵工器材 555 公噸;(八)汽油 426 公噸;(九)銅元 357 公噸;(十)部料 78 公噸;(十一)其他物資 1929 公噸。平均月運 5417 公噸,據報一至六月收支概數,計營業收入 48719029 元,支出 44524805 元,每月平均收支數 800 萬元,只因三十二年度川湘線承運軍糧運價過低,故營業收入,未能比照運量增加。

三、沿線機關工具設備川湘聯運處營運路線,計 2942 公里,嘉陵運輸處營運路線計 741 公里,兩共 3683 公里,尚有渠江涪江等支線,正計畫開闢中,全線計設:(一)辦事處 7;(二)總站 15;(三)站 40;(四)修理廠 4;(五)煉油廠 1;(六)材料庫 3;(七)檢修所 3;(八)電臺 11;(九)物資接運隊 1;(十)陸運大隊 2;(十一)員警中隊 1。

以上連同總管理處,暨川湘聯運處,嘉陵江運輸處,共凡 92 個單位,現有職員 1298 人,技工船夫司機警士公役等 7994 人,運夫 14895 名,合計員工 24187 名。縴夫大隊,甫能編組,尚未據報,縴夫名額工具 1 項,計舊有汽車 81 輛,木船 322 艘,均已修整行駛,板車 300 輛,尚未利用,新購新建輪船 1 艘,煤氣船 13 艘,柴油船 1 艘,汽車 15 輛,木船 98 艘,輸力仍感不敷,15 閱月以來,計利用民船,占全部輸力 2/3 強,又沿線倉庫站屋,多數系向民間租用,三十二年度建設專款項下撥發倉庫站屋建築費 198 萬元,現在衡陽沅陵瀘溪龍潭彭水等地倉庫站屋,均已建築完成,其他各處倉庫站屋,正在趕修中。

---

① 原載《交通建設》1943 年第 1 卷第 10 期。

四、川湘鄂區旅客聯運 中國運輸公司裁併後，其原管川湘鄂區間客運貨運業務，奉部令成立川湘鄂區汽車聯運處接管辦理，直轄公路總局，茲已接收客車 13 輛，客貨兩用車 3 輛，救濟車 4 輛，正在接洽沿線治安準備。餐宿各站，定期十月一日舉辦客運業務，計開行（一）自重慶至常德之川湘通車；（二）自重慶至恩施之川鄂通車；（三）自常德至恩施之湘鄂通車。

以上各通車先於九月十六日試班，全程 1312 公里，其中經行湖北公路 138 公里，湖南公路 192 公里，西南公路 982 公里，分設辦事處 1，段 6，站 21，管制站 3，保養場 7。

五、重視人力安全迅速運輸事業，原以服務為前提，本處經營業務，固以儘量利用各種不同之工具，惟調度指揮與實際輸轉，仍多賴充分發揮人力，乃能適應各方之便利與滿足，至於客貨兩運之安全與迅速，前經勉力做到，猶覺未臻極境。來日方長，職責益重，只因各單位分佈沿線距離遙遠，深恐督導難周，敬祈大部同仁隨時指正，俾有遵循，實所祈禱。

11. 西南公路統一管理的經過[①]（1943 年）

民國二十六年七月，行政院、軍事委員會、全國經濟委員會、軍政、交通、鐵道三部，及川、滇、黔、湘各省當局，在京集議改進西南公路交通辦法，另組西南各省公路聯運委員會，以長沙至貴陽，貴陽至昆明，及重慶至貴陽為聯運線，除區間運輸及養路管理等項，仍由各省自辦外，凡聯運客貨，均由聯運委員會統籌辦理，本路統一運輸，實發軔於此時。其後戰局日益開展，後方運輸孔亟，復由現任黔省府吳主席等上書孔院長，建議統一路權，改組聯運委員會，成立西南公路運輸總管理處，仍隸全國經濟委員會，是為本路統一組織之嚆矢。

附吳主席等上孔院長函

庸公副院長鈞鑒：查西南各省公路運輸，於經濟國防並多關係，去歲各部會迭奉委座電令並經鈞院會議通過，設立西南各省聯運委員會，辦理西南各乾路聯運事宜，惟以時值平常，僅求達到聯運目的，未將各省路權完全接管，以致對於客貨運輸，車輛調度，未能儘量統籌。值此非常時期，種種困難，隨時發現。鼎昌等一再會商，僉以為宜加改組，以應需要。滇緬公路業荷鈞長撥款興修，國際交通，實多利賴。貴陽柳州一線，北通湘鄂，南接安南，亦關重要，似應加入聯運範圍，以完成西南公路運輸幹網。茲謹擬具辦理西南各省公路運輸計畫大綱，送請鑒核，敬候裁察施行，專肅，祇請

鈞安！

                吳鼎昌　張家璈　翁文灝　錢昌照　秦汾

總管理處於二十七年一月一日，正式成立於長沙，旋奉令改隸交通部，更名西南公路運輸管理局，即先後與有關各省磋商接管省際各幹線，計：

 一、湘境　長沙至晃縣段　二十七年四月一日接收。
 二、桂境　六寨至柳州段　二十七年七月一日接收。
 三、川境　海棠溪至松坎段　二十七年七月十九日接收。
 四、黔境　晃縣至平彝段暨松坎至六寨段　二十七年十月一日接收。

[①] 原載《西南公路史料》，1943 年出版。

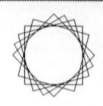

五、川境　綦江至茶洞段　二十七年十二月一日接收。

六、滇境　平彝至昆明段　二十八年一月五日接收。

至是始完成西南公路之統一管理，至川滇及滇緬二線，原亦在西南公路統一管理範圍之內，嗣以路線過長，政府特將該二線劃出，分別另設川滇公路管理處及滇緬公路運輸管理局，以專責成。

12. 抗戰中成長之西南公路[①]（1943年）

一、總述

西南公路為抗戰後誕生之新機構，全路計分5大幹線，以貴陽為中心，東至長沙，西至昆明，南抵柳州，北達重慶。此外復有四川綦江至湖南茶洞之川湘一線，跨越川湘黔滇桂五省，總長為3500餘公里，最初興築係民國十七年之長沙常德段及由貴陽至馬場坪黃桷樹松坎三段。全路竣工乃在二十五年冬。至統一運輸管理則始於二十七年一月一日，是時抗戰局勢日益擴大，軍運頻繁，迥非昔比。政府為提高運輸能力，健全後方交通機構起見，爰有「西南公路運輸總管理處」之設立，隸屬全國經濟委員會。當時設處於長沙，旋即改隸交通部，更名「西南公路運輸管理局」，開始與有關各省洽商接管原有各幹線，先自湘省長沙至晃縣一段入手，及湘滇黔川桂各省。歷時經年，始全部接管竣事。於是開始調整全路組織，逐步推行統一運輸與管理。為便於指揮起見，局址亦自長沙遷至貴陽。當時人才缺少，經費支絀，器材匱乏，而運輸則因戰局而日繁。於此種環境中，一面須支撐維持，一面又謀改善擴展，應付殊非易易，嗣交通部亦認為以如此綿長之路線，將運輸業務與交通管理及工程事項交由一處負責辦理，殊太繁重。因於二十八年八月予以調整，另設川桂公路運輸局，專理運輸業務，而原有之西南公路運輸管理局，則改組為「西南公路管理處」，以負工程及交通管理之責。至三十年七月，復奉令改隸軍事委員會運輸統制局。迨三十一年二月，統制局為統一附屬機關名稱起見，又令飭改稱為「西南公路工務局」，專管工程及徵收養路費事宜。茲就其運輸、工程、管理三項，分別述之於次。

二、統一運輸

西南公路，係於二十七年四月十六日開始通車，彼時經費非常拮据，關於業務之周轉，及油料之儲備，端賴借款運用，或竟借油濟急，幸能勉強維持，至接收各方移交舊車，總數雖有105輛，而可用者僅70餘輛。適值彼時機關後撤，物資內運，軍民移徙，工廠內遷，實在需車。僅恃此時接收之舊車，實難應付。中央雖曾撥發購車專款200萬元，而外匯一時無法結得，仍屬畫餅。在萬分困難中，惟有在漢口長沙各地登報收購舊車。窘迫情況，可見一斑。後匯兌漸通，即以上項專款購置新車357輛，分裝客貨車身，然仍感不敷，乃又百計設法，向各機關及各商業公司等借款購車，約定在承運貨物運費內分期償清。前後成立借款者，有國幣85萬元，美金56萬元，港幣20萬元，共購得各牌車輛687輛。最後又得交通部撥到美貸款案內道奇車一部分。截至二十八年底，實際可供運輸者約有880餘輛。於此二十七年四月至二十八年冬二十個月中，運輸物資總額23400餘公噸，行駛14676000餘噸公里，運送旅客969000餘人，行李包裹總重4564000餘公斤。

[①] 原載《經濟建設季刊》1943年第1卷第3期。

三、公路設施

（一）改善工程。西南公路，原由各省分別興築，時期先後不同，人力財力亦異。故各線工程設施頗多差別。更以路線所經，為崇山峻嶺，懸崖絕壁，建築之時，或以經費支絀，或為期限促迫，一切設施，未能悉合工程標準。路線縱坡有大於25%以上，曲線半徑有小至6公尺以下者。路基寬度亦不一律。大部分山路寬僅6公尺左右，甚至寬僅4公尺者。路面每以大塊片石與泥土相膠結；缺乏粗細混合之級配材料。橋樑則大多為石拱或半永久式之石台木面。載重既不一律，且皆歲久失修，橋身腐朽，難於負重。自統一管理後，首先注重原有工程之改善，及養路工作之加強，決定原則四項：1. 添建新橋，減少渡口；2. 充實暫難建橋各渡設備；3. 加強舊橋載重；4. 修改危險路段。並先後成立各改善工程處以專責成。計橋樑之重建及加強者達240餘座，全路原有渡口21處，除長沙港口益陽3處已在破壞路段中外，經興建大橋者，共計13處。其中重要者如築晃段之施秉橋、重安江橋、築渝段之縈江橋、趕水橋、烏江橋，築柳段之懷遠橋、三江口橋，築晃段之盤江橋、江西坡橋等，跨度自30公尺至200餘公尺不等，均為鋼筋混凝土墩座鋼結構縱梁。以材料採購及運輸之困難，各橋施工頗屬不易。現全路渡口尚餘辰口長江江口彭水灣塘5處，因工艱費巨，暫難建橋，然均經加強設備，添置大批汽劃板劃，嚴密管理，以利交通。即已建橋者，於原來船渡設備，仍予維持。如遇意外，車輛仍可通行無阻。至路段改善之處，其著者若築渝段之九龍坡、花秋坪、釣絲岩，築柳段之擦耳崖、白臘坡、黑石關，築晃段之盤山、蜜蜂坡、鵝翅膀等處，過去均屬急彎陡坡，危險異常。皆經分別徹底改線，或拓寬路基，並於傍山險路懸崖絕壁之處，大量添設護欄，總長達53000餘公尺。又埋立路緣石約計120餘公里，及其他各種交通標誌3600餘方。完成以來行旅稱便。至路基之拓寬，及路面之經過加料翻修者，約計有800餘公里。

（二）建築新路。二十八年冬，中央倡修川桂東路。其自川境秀山至黔境松桃一段，奉命劃歸此路測量興建，路線共長45公里。所經在秀山境內，地勢尚平，松桃境內，頗多高山，於二十九年春開始興築，迄三十年九月完成通車。一切工程，均嚴格遵照交通部所定丙種公路標準，路基寬7.5公尺，最大坡度10%；路面寬5公尺，厚15公分，橋涵均為永久式。全路工程及管理費用，共支155萬元，平均每公里僅及34000餘元。衡之當時一般物價，頗為低廉。

（三）道路保養。道路養護系，由11個工程處分負其責。每一工程處管轄三四百公里不等，視其所轄路線之長短及工程之難易，分設3個或4個分段。每一分段管轄80公里至100公里，每10公里設一道班，每班規定路工17人，以班長1人統率之。每二道班設監工1人監督之。常班之外，更設飛班，擔任緊急搶修工作。為安定路工生活起見，於全路各段普遍建置道房，約每隔10公里即建有道房1所，每所可容三四十人。其中除工人宿舍食堂工具室外，復另辟一室以作監工與養路工程人員食宿之所，使員工生活打成一片，以期促進工作效率。現已完成者計有284所。

為提高養路幹部人才學識起見，曾開辦監工人員訓練班，受訓期限為三星期，科目分精神訓練技術訓練體格訓練及工人管理4項。已受訓者有200餘名。又舉行道班工作競賽，分路容、道房整潔、路面、業餘增產等專案。各段按季舉辦，每次派員評判，分別獎懲，收效頗宏。

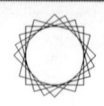

路工因入不敷出，與夫外界之引誘，在昔頗多逃亡，影響工作極大。故凡可安定其生活者，莫不力為籌措。除前建道房外，並按季貼費制發單棉制服。復視米價之高下，加發米貼。此外更創辦巡迴診療車，道房壁報，及提倡儲蓄等等。而最重要者為增產運動，利用沿路荒地及道房餘地，並由各段工程處分別購得地 3000 餘畝，以之造林栽樹種植作物。植樹分公路行道樹與種桐兩種。現全路行道樹共已植 39 萬餘株，內有 16 萬株完全為路工工餘所栽。桐樹已播種 8 萬餘粒，栽植 36000 餘株。農作物則已有千餘畝墾殖矣。至畜養豬羊，編制竹器草鞋，亦頗有成績。均於路工略有沾益。將來推而廣之，希望能達到自給自足之目的。

四、交通管理

（一）設置管理站。西南公路因路線過長，管理指揮殊難集中，為求管理周密指揮便利計，於全路各重要地點，如貴陽昆明重慶沅陵南川等處，分區設辦事處。每區各轄管理站若干處，負責督導實施交通管理。已成立者有貴陽之 3 橋圖雲關及平彝盤縣 6 寨等 30 餘處。自三十一年七月一日起，復奉令改稱養路費徵收站。站屋係斟酌實際情形，分特等及甲乙丙丁等 5 種，自行設計建造。

（二）實施聯合檢查。西南公路運輸既繁，軍警稅務機關鹹在沿路設立站所，各別檢查，地點不同，手續各異，行車頗感不便。因就衝要地點所建之甲等管理站，邀集各檢查機關，集中一處聯合辦公。實行以來，省時省事，頗稱便利。

（三）統一徵收養路費。自統一機構成立後，適軍公商車輛數量激增，路面損壞既速，養路費用支出日巨，僅恃政府貼補，殊難挹注。乃根據中央頒佈之專營公路徵收汽車通行費規則徵收通行費。嗣為確立公路保養基礎經決定統一徵收養路費，奉頒公路保養設施通則及公路徵收汽車養路費規則。同時並規定養路費徵收率，所收費用，即充養路之用。此項徵收率，以料價日高，不得不隨之一再修增。自二十八年九月開始時，每卡車每噸公里收費 6 分，至三十一年七月已增至 6 角。

（四）訓練管理員警。統一公路交通管理工作，在國內尚無足資借鏡之處。負荷此項工作之員警，因手續之繁重，規章之細密，非加以適當之訓練不可。故曾經先後舉辦管理人員訓練班，暨路警訓練班。抽調各處站服務員警，予以短期之訓練。關於交通管理之各項常識規章，徵收養路費各種手續之處理，以及服務精神之修養，均經訂定課程，認真教授。並舉行小組討論會及座談會，對各種管理問題，作公開自由之研討。受訓後分發各處站服務，尚稱滿意。成績優良之路警，並經提升為正式站員，以資鼓勵。

（五）完成電訊設備。電訊為交通事業之脈絡，各路路線四布，廣達五省。非有組織完善之電訊設備，不足以收指揮靈活調度迅捷之效。統一接管之初，各線電訊設備，均極簡陋。經逐步整理舊有話線，同時擇要添設新線，並完成無線電報通訊網。自運輸劃分後，此項電訊設備，大部分轉輾移交中國運輸公司接管。現公務局方面，除利用該公司原有設備，或借用省公路局話線，以作短距離通話外，所有各重要工程地段，經與所在地電政管理局洽裝長途專線，或自置無線電臺。目前已設置者，計共 15 座。全路已能得相當聯絡矣。

13. 最近三年來之川滇東路概況[1]（1943 年）

一、引言

本路全長初為 901 公里，自敘昆鐵路昆曲段通車後，該段運輸鐵路辦理，縮短汽車行程 160 公里，則本路現有里程，由瀘至曲全長僅為 741 公里。興修之始，係由川黔滇三省分別施工，迨二十八年三月劃歸川滇東段辦事處，統承其事。同年八月川滇東段辦事處改組為川滇東路管理處，繼續興工，限期完成，卒於二十八年冬正式通車。

考本路之運輸，初係就其業務對象，設置兩個運輸機構：一為前西南運輸處瀘州支處，於二十八年春成立，專負西南進出口物資運輸之責，一為辦理客貨運輸之機構，初以當時之川滇公路管理處兼理其事，旋改由中國運輸公司接續辦理。其後瀘州支處雖於三十年五月改組為曲靖分處，而其業務對象及其所負之使命，並未變更。迨至國內交通機構積極調整之際，曲靖分處奉令於同年十一月改組為川滇東路運輸局，直隸運輸統制局並接收中國運輸公司所有在本路之設備，統一全路運輸業務。同時川滇公路管理處改組為川滇東路工務局，辦理全路工程事宜。最近復於國內交通機構力謀統一之下，本路運輸局及工務局奉令改隸交通部。至於本路自二十八年十二月通車迄今，已三載有奇，爰將本路最近三年之史實，加以檢討，以明發展之因果，而供交通人士之參考，拋磚引玉，就教於高明。

二、設備

茲就路線、車站、車輛、廠所、電臺及醫院諸設備，分述於後：

（一）路線　本路線始自四川之瀘縣，迄於雲南之昆明，全線長凡 901 公里，劃為三段：其在川境者，為由瀘縣至赤水河之瀘赤段，長 207 公里，在黔境者，為由赤水河至杉木箐之赤杉段，長 359 公里；在滇境者，為由杉木箐至昆明之杉昆段，長 335 公里。

1. 道路工程：道路工程可分為路基、路面、涵洞、防護、標誌五項而言，關於路基者，本路初以沿線雇工不易，及自然環境惡劣，故路基工程至為草率，尤以川境之江門峽、東門箐一帶，有狹至僅 3 公尺者。其後逐漸將寬度不足之路基，分別加寬，以故現有土質之路基寬度已合於 9 公尺之標準，而開山石方路基亦漸辟至七公尺半之寬度，復以沿途坡度不合之處至多，經先後修正，坍塌之事乃不常聞。而全線路基縱坡過陡之處，其坡度有達 16% 者，均經陸續改善，除特殊地段外已降低至 8% 以下，又前以沿線急彎甚多，且無加寬及超高之設置，而其視距亦不能達到 60 公尺之最小標準，現則彎度均在 10 公尺以上。加寬超高，亦已依照標準，妥為設置，對於安全視距，復一一加長達於 60 公尺以上。至原有邊溝，或橫截面積，不敷洩水，或淤塞致路基常受水患。亦歷經積極修挖，全線邊溝，已稍具規模。

關於路面：本路原有路面，非石質不良，即厚度不足，且均碾壓未實。瀘段內之路面尤嫌薄弱，赤杉段內之路面亦因昔日用風化石，迭經車輛碾壓，已成石粉。天晴則塵土飛揚，天雨則濘滑不堪。凡此窳陋之路面，均經分別施工，修補改善，勉可行車。

關於涵洞：本路涵洞計 2100 座，屬石造。但因昔日施工簡略，缺點至多。蓋其出入水口翼牆，非嫌過短，即為砌築不固，且有未經建造翼牆者，以致涵洞兩端之土方及翼牆之本體，坍塌時聞。雖經分別加固，惟因沿線路基，間有因水沖毀，或山水不洩，故原有涵洞之數，實不敷排水之需。必須分別緩急，酌量加造。

---

[1] 原載《交通建設》1943 年第 1 卷第 3 期。

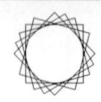

關於防護工程：概言之，計有護土牆及護欄兩項，用以鞏固路基並策行車之安全，過去因時間及財力所限，未能充分設置，近則分在急彎陡坡及瀕鄰深谷之處，加以護欄。並將原建之石護欄及護牆之不固者，亦經先後修復。

道路標誌及里程牌之設置，乃分段樹立各種標誌，計1700，以策行車之安全。至各段原有之里程牌，多屬木制，式樣不一，今已改用永久性之石牌矣。

2. 橋渡工程：橋渡工程最重要者計為永寧河、赤水河、七星關及野馬川等橋。永寧河為本路第一大川，造橋工事較為艱巨，除已將木便橋完成外，並已建成石拱正橋。赤水河橋，初於河之南北岸，建有高中低水位碼頭各1座，並有渡船駁運，其後復建長凡82.15公尺之木便橋，於廿九年五月竣工。故通車不久，該渡口即予取消。今正在設計鋼筋洋灰三合土之正橋，七星關渡口，寬約35公尺，在未通車前，係於南北兩峰修建臨時碼頭各1座，用船搭浮橋，一度維持交通。及後復利用舊石墩搭半永久式之單車道木構架橋1座，迨二十九年底，即已完成雙車道上承式木構正橋矣。野馬川原有之木便橋，長凡32公尺，繫以木排椿及木桁梁架搭而成，共計15孔，其結構極形草率，不堪載重。經翻修後，在該橋南端加建1孔4公尺便橋1道，以利排水，至該河正橋為3孔8公尺跨徑石拱橋，亦係於二十九年完工。上述各大橋工程外，其他舊橋，僅予加固，足以維持交通者，有上馬場、宋江、永盛橋等：重建者有曹溪溝等橋。統計本路橋樑共計79座，其載重多在12噸以上。本路接通成渝公路尚需在瀘連渡長、沱兩江，江面遼闊（洪水期內長江流闊在700公尺以上，沱江流闊在300公尺以上），水深流速，造橋匪易，於是乃在兩江之各岸作永久式之輪渡碼頭，均用塊石鋪砌，寬10公尺作鋸齒形，每兩鄰齒高度之差為55公尺，縱使在洪水期中，亦可有三級碼頭同時適用，現配有機力拖輪行駛於長沱兩江間，計每日可往返渡車100餘輛。將來若運輸更行頻繁，則擬在長沱兩江匯流處之茜草壩，興築碼頭，以免連渡兩江之繁。

本路原有各項工程，經3年來之積極改善，固可通車無疑，惟本路所負運輸之使命重大，尚無堅實之路面，強固之橋涵，將無以供應此項國防運輸之需求。此後自應以交通部之公路工程標準為準繩，儘量改善，並應將所有坡度儘量降低至8%以下，藉以增加車輛之載重及行車之速率，更應建較完善之排水系統，必須在邊坡之頂加建截水天溝（Intercepting ditches）路肩或邊坡之適當地點加建截水盲溝（Intercepting blind drain）及路面之下加建人字溝等。俾流水無淤積路面之患，而地下之水可暢泄無遺，則路基得常保穩固，而路面亦得常保其堅實平整之良好狀態矣。再則本路興建之始，對於路線之選擇，橋涵之定位，多未能利用天然形勢，以適應公路條件，尚需重新視察勘測，期將不合理之部分，加以徹底改善，此外本路行道樹木，為數寥寥，為減少行車肇事及增加行旅之美感，實亦不可忽視。凡此種種，均有待於今後之努力者也。

（二）車站　本路沿線設站，始於民國二十八年八月，初為前西南運輸處瀘州支處之敘永、赤水河、畢節、威寧四站。通車前一月，該處增設瀘南一站。二十八年底，復章、哲覺、宣威、曲靖各站。當時各站，除瀘站站屋車場是年十一月底完工外，餘項因陋就簡，租用民房寺祠，勉強辦公；而到達車輛，亦僅就附近公路空場停放。及至二十九年五月該處所有各站站屋、車場、始陸續修建完竣。同時交通部川滇公路管理處所建各站（與西運瀘處在同一縣鎮內），亦已修竣，並移交中運公司昆瀘線應用。當時上述各站，除油庫、停車棚、救濟車及附屬工具略具雛型外，其他如售票間、行李包裹儲存房，磅秤及起重設備等，均付缺如。

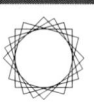

迨川滇東路運輸局成立接收，統籌增補，各站設備乃略具規模。

（三）車輛　車輛若廠牌單一必易管理，若種類複雜，不特修理困難，即調度運用亦難靈敏。本路通車之始，其行駛之車輛，僅有前西南運輸處瀘州支處 GMC 及道奇卡車 120 輛及前交通部川滇公路管理處雷諾卡車 30 輛。二十九年五月，川滇公路管理處奉令專司築路及保養工程事宜，其業務部分移交中國運輸公司辦理，昆瀘線客貨車輛增至 50 輛。六月復增加 230 輛，半為道奇，半為 GMC。此後各牌商車亦陸續到路，往返瀘昆為數不多，且時有更動。同年底西運瀘處卡車 100 餘輛奉令調駛他線，本線僅存有 380 輛，迨三十年五月，西南運輸處瀘州支處奉令改組為曲靖分處，所轄車輛復增至 430 輛。三十年十月，西運曲處又奉令調撥卡車 100 輛，行駛他線。十一月西運曲處改組為川滇東路運輸局，並接收中運公司昆瀘線所有車輛及附屬配備（修理救濟配備），共有車 380 輛，除歷次損壞不堪行駛及待件大修車外，實僅 200 輛。又航會所訂購之萬國牌新車，於本局成立時起，即奉令撥交 250 輛，迄三十一年三月初始陸續撥齊。惟一年以來，迭次搶運，車輛之運力達於極限。益以修理材料及配件缺乏，車輛遇有損壞，難以復原。三十一年十月中緬局改組，本局又奉撥萬國及雪佛蘭卡車 130 輛。迄今全路經常行駛者，僅 200 輛左右而已。車輛既少而種類複雜，修理運用均極困難。此外尚有輜重兵汽車第五團之車輛，於最近一年來亦常行駛本路。

（四）廠所庫　在本路線辦理運輸之機關，以其業務物件不同，原有川滇公路管理處，兼營客貨運輸，及西南運輸處瀘州支處專運進出口物資，前已述及。至其修車廠所之設備，川滇公路管理處當時曾於昆明、畢節、瀘州 3 處，各設 1 修理廠，於宣威、威寧、敘永 3 處，各設 1 修理所，並於曲靖、哲覺、赫章、赤水河 4 處，各設 1 停車場。修理廠規劃各設 52 匹馬力柴油發電機 1 座，大小車床 5 部，電鑽 2 部，鑽床、銑床、刨床、壓床、鋸床、充電機、打氣機、抽水機、電焊機、磨缸機、補胎機、起重機各 1 部及各種常用工具、公用工具，以供全路修理配件。除少數重要配件外，其餘各項普遍零件，均由自裝。修理所規劃各設 15 匹馬力柴油發電機 1 座，電鑽、車床、鋸床、充電機。電焊機、打氣機、補胎機、抽水機、起重機各 1 部及各種常用工具、公用工具，以供修理之用。停車場規劃各設車床、打氣機、補胎機、起重機各 1 部及簡便而必須用之工具，以供小修及保養之用，惟上項各種設備，雖經規劃周詳；然以受歐抗戰影響，機器工具進口困難，且在籌備開始通車之際，而運輸業務，旋劃歸中國運輸公司辦理，因之上項機器工具，多未能按照規劃辦到，中國運輸公司則一乃其舊，直至停止其在本路之運輸業為止，並未擴充。

瀘州支處於二十八年春成立之初，即先在瀘州設立丙種修車廠 1 所，二十九年一月復在畢節設一駐修所。同時西南運輸處總處並在宣威設一駐修所。二十九年下半年運輸日繁，又在威寧設立修車廠，及敘永設立修理所。各廠所之設備，以威寧整車廠為最佳，車床在 20 部以上，備有車、銑、刨、鑽，各種普通及特種機械，為本路各廠之冠。瀘州廠則僅有車床 2 部，設備較簡。其餘大致與川滇公路管理處各廠所之設備相近。

二十九年十一月，本局成立時，各廠所之重要機器、工具，均撥交他處，而威寧整車廠之全部設備，更掃數遷往川滇西路。本局不得已乃就原有之瀘州修車廠，先行充實，再於威寧設修理廠，繼復在敘永、畢節、宣威、曲靖四處各設修理所，以擔任修車及製造配件工作。此外並於瀘州、敘永、畢節、赫章、威寧、哲覺、宣威、曲靖等八處，各段站內，設立小修隊，

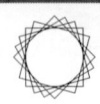

以擔任檢驗、小修、保養及救濟車輛等工作。嗣以前西南運輸處及中運公司移交之損舊車輛太多，乃於三十一年三月將畢節修理所擴充，更名為畢節車輛整修廠，除擔任修車及裝造配件外，並整修一切廢車舊料，以增效能，上列各廠所，計有33匹馬力柴油引擎發電機1座，柴油動力引擎（係利用報廢朋馳車改就）1部，11匹馬力柴油引擎1座，12kW、14kW及4kW發電機各1部，10kVA發電機4部，大小車床19部，刨床3部，銑床1部，大小鑽床10部，壓氣機8座，壓力機1部，充電機12部，電鋸機6部，鏜磨機1部，鏜缸機5部，磨汽門機6部，磨汽門座機4部，手提電鑽機4部，澆連杆波斯機6部，洗車機4部，鉚釘機5部，濾油機2部，油壓機1部，大小油幫壓床3部，補胎機3部，電補胎機4部，翻砂設備3全套，淬火爐3個及各種精細檢驗工具常用工具與公用工具等。

本局初以缺乏機器、工具，修車力量薄弱，乃一面向各廠定制，一面向市面搜購，復向各有關機關商請撥讓，往還周折，幾費心血，始有今日之設備。

（五）電臺 公路運輸，貴在通訊靈敏，本路限於財力，未能裝設調度電話，故電臺之設備，必須充實。在通車之初，除中國運輸公司當時曾於各站設有電臺外，而前西南運輸處瀘州支處於通車前後，對此亦積極籌設。奈以機件缺乏，直至二十八年十二月間，始得於瀘州設立電臺，其餘各站，則無力設置，然尚能利用中運公司各電臺，互通消息，對於行車狀況及車輛調度等，尚可無誤，三十年五月，復增設畢節、曲靖2電臺，通訊力量，因而加強。及至本局成立，中運公司電臺完全撤去，僅接收曲靖分處，原設之瀘、畢、曲3台，乃積極設法繼續增設各段站電臺，並遵照運輸統制局調整公路現有無線電臺計畫，於該局所在地之畢節設立大台，沿線各段站各設支台，計瀘州、敘永、赫章、威寧、哲覺、宣威、曲靖、昆明9個支台。大台設3機，以與各支台聯絡，各支台則視其業務之繁簡，分為甲、乙、丙三等。此外尚與渝，築及黔西3處各機關所設之電臺，取得聯絡，以通消息。於是本路無線電臺之通訊網，差告完成。

若夫各電臺機件之配置，除大台第一機係用75瓦特發報機暨赫章支台5瓦特發報機外，餘概為15瓦特發報機。至具電源之供給，大台第一機原用汽油發電機，而昆明支台係用交流市電，餘則均為手搖發電機。現以汽油來源之缺乏，已設法將大台第一機之汽油發電機改燃柴油，以資節省。此本路設置電臺，三年來之大概情形也。

（六）醫院 公路運輸，危險性大，而其服務員工，隨時隨地皆有疾病患難之處；況本路瀘、哲段內，山道險僻，氣候惡劣，居民既乏衛生常識，公私方面亦無衛藥設備，為保全員工健康，維持運輸實力，則醫務之設置，刻不容緩。前西南運輸處瀘州支處有見即此，乃於本路通車前，即作積極之籌備。當以經費及人才兩感缺乏，經多方之努力與數月之籌畫，始於二十九年七月成立臨時診療所，開始門診旋復派員至沿線各站、廠、隊巡迴診療。嗣籌有確實經費，復將臨時診療所略事擴充，成立正式診療所，於是本路之醫藥設備，亦漸具雛形，瀘州支處改組為曲靖分處，為事實之迫切需要，後於曲靖設立分診所。醫務在表面上似有發展；實則人手不敷，藥物缺乏，窘迫異常。此亦財力不足，有以致之。本局改組成立後，對於本路之醫務，乃復力謀擴充，先於畢節設立醫院，繼將前瀘州診療所擴充，改為分院及前曲靖分診所改為診療所。旋應實際之需要，再於威寧設立診療所。各院所各設門診部及住院部，同時可容住院病人40餘名，而門診部於必要時，即為社會服務。又為配備之適當計，更就各院、所駐在地附近之廠、所、隊各設診療室，定期巡迴診療。復感事實之需要，

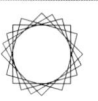

更設巡迴診療車,往來於沿線各段站間,巡迴施診,以資補救,如是則沿路旅客及服務員工,即在中途疾病,亦可醫治。本路醫務推行至此,可謂有長足之發展。又本路通車之後,衛生署於沿線各重要地點,亦先後設置衛生站,參加服務,裨益公共衛生,亦非淺鮮。

三、運務

（一）調度　本路線行駛車輛,均採用晝間對向行駛制。前西南運輸處瀘曲兩處車輛之調度,係由運務科按實際狀況訂定原則,由各起迄站遵照自行組隊,隨時調派。本局成立以來,仍係仿此辦法實行,若前中運公司昆瀘處,對車輛之調度,亦與此辦法相仿,由處訂定原則,而各站自行商洽廠所調派。除上述辦法外,本局並訂定 C.R. 電報（Car Report）一種,飭由各段站將每日車輛動態以無線電報局運輸組即根據是項電報每日在車輛牌上移動,俾明瞭各段站車輛情形,以利調度。所有各車行駛情形,肇事次數原因及其結果,亦立有專本登記,每月作一統計,以為改善之張本。

（二）業務　業務分客運貨運及軍運三項,分述如下:

1. 客運:前中運公司每星期於瀘昆對開客車二次,終因車數不多,且時有損壞,致未獲竟功。而前西南運輸處瀘、曲兩處,則利用空便資車,附搭乘客。此項乘客需有機關證明檔,以示限制,本局成立後,雖積極籌辦客運,終因燃料限制,迄難舉辦,故仍採用資車附搭旅客辦法,勉強維持。

2. 貨運:本路貨運,大半繫運由昆明出口貨物,並以復興公司之桐油為主。迨滇緬線切斷後,此項貨運,即告停止,近僅有南下棉紗,柳煙等數種而已。

3. 軍運:本路初通車時,所有北上車輛均載運進口兵資或航油,迄今仍復如是。迨三十年十一月緬局告緊,南下車輛,大部繫趕運出國部隊。目前仍有大批部隊及軍火南運。本局成立後,對於旅客及貨物運輸,均釐訂有暫行辦法,與一般公路法規相輔而行。對於前西運處及中運公司之客貨票據以與實際情形不符,亦經陸續修訂,俾切實用。並訂定 TR 電報（Traffic Report）一種,飭由各段站將每日運量情形,以無線電報呈局,運務組即根據是項電報編造運量統計表,並參酌各段站所報票據單表,編造運費統計表及其他統計圖。

茲將本路兩年來客貨運情形,附列統計表於後:〈刪略二十九年度統計表〉

川滇東路客貨軍運統計表

月份	三十年度					
	軍運		貨運		客運	
	車數	噸數	車數	噸數	人數	延人里
一月	87	193	241	564	275	42808
二月	139	301	176	392	320	68477
三月	171	378	89	198	130	47373
四月	167	372	213	457	217	58090
五月	119	200	98	218	144	30335
六月	34	67	117	256	150	36122
七月	30	86	136	279	296	9561
八月	92	191	132	262	342	110851
九月	82	168	215	494	609	214810
十月	171	399	164	384	352	106055

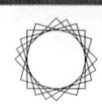

十一月	16	8 41	7 25	51	191	32000
十二月	278	3993	153	391	346	26179
合計	535	6765	1759	3946	3372	872721

月份	三十一年度					
	軍運		貨運		客運	
	車數	噸數	車數	噸數	人數	延人里
一月	353	1002	34	60240	391	143890
二月	261	744	51	147755	824	244548
三月	425	1209	22	6660	1041	481888
四月	82	221	19	47000	1474	440332
五月	396	1129	72	198568	1506	476705
六月	211	583	54	157000	2197	596651
七月	243	618	189	487870	2995	778781
八月	197	539	134	382175	7006	948501
九月	241	651	175	438360	3926	908014
十月	322	946	187	566724	3077	750296
十一月	437	290	227	644695	3232	556011
十二月	657	1975	301	616955	1963	265167
合計	3825	10907	1465	3808022	30632	659284

（三）管理及管制　前中運公司在本線行駛之車輛，概由該線各站直接管理調派。前西南運輸處在本線行駛之車輛，則分隊編配。每大隊轄車130輛至145輛，下分3中隊，每中隊轄車45輛，中隊之下分為3分隊，每分隊為3班，每班轄車5輛。各大隊均直隸於總處，並由駐在地之分支處負責監督指揮。本局成立後仍仿西南運輸處成規，成立3個大隊，直隸於局，一切編制如前。其對司機技工之管理訓練暨保養車輛之事，則交大隊直接負責。至本線公商車輛之管制，係於三十年九月開始，由管制站專司其事。初隸運統局，復於三十一年二月改隸本局。所有公商車輛之過戶，請領執照、牌照、派裝及糾分之仲裁諸事，概由管制站辦理。成立迄今，對公商車輛之調度，運量之增加，助益不少。

（四）供應　前中運昆瀘線及前西南運輸處瀘、曲兩處，於本路通車後，係陸續由昆裝運油、胎，分發沿線各站應用。自後每月均有運到數量，多寡不一。本局成立之初，適逢太平洋戰爭爆發，行車燃料及車胎，均感缺乏，惟恃前西南運輸處移撥存在沿線各站之燃料及車胎，但因數量無多，未及一月，即告用罄。其時奉撥美租借法案內燃料尚未運到，困難萬分，爰簽奉統制局俞副主任核准，由中緬運輸總局月撥備用。惟以中緬局燃料亦不充裕，所能供給者，為數甚少，致燃料供應困難，仍未稍減，迨至三十一年四月間，鑒於行車燃料，來源幾絕，特籌畫設立酒精廠，以謀自給。一面採購木炭，將舊車改裝木炭車，擔任運輸，一面呈奉統制局核准與內江各酒精廠訂約，按月供售酒精計6萬加侖。車胎則分向中緬局及配件委員會洽撥，或在市面搜購，勉使運輸未告中斷。嗣於八月間奉令搶運滇邊存資。燃料問題，改由該委會籌撥，規定月撥本局數量只105000加侖，僅能維持經常運輸，若遇緊急搶運即感不敷。至於車輛蓬布，多付缺如，現經滇緬局洽撥一部分，並經將拖車蓬布改制暨舊蓬布修補，已將所有行駛車輛，每車備一張。此外本局對於籌供液委員會空桶，亦未敢

稍事疏忽,現在本局及滇緬局共已撥發者達 17000 餘隻。

四、機務

本路機務,關於廠、所、庫之設備,已述之於前,茲再就其保養、修理及製造方面,分別述其大概。

(一)保養　本路車輛保養工作,先就川滇公路管理期間而言,當時沿線行駛之雷諾車,均係由法新到。且該車鋼板及一部分機件,於製造時即按我國公路情況,予以加強,頗能耐用。故新車行駛之初,各廠、所特別重視保養,注意車輛之潤滑,與機件之清潔等事項。次就西南運輸處期間而言,該處車輛之保養,係歸車隊負責。每大隊規定設技佐 1 人,率領技工若干人,配發工具若干,受中隊長之指揮,擔任車輛之保養及清潔等工作。此外尚規定保護車輛獎懲辦法,頗收實效。本局成立後,即以車輛之保養,重於修理。規定各牌車輛,每行駛 500 公里應注意之保養工作,切實施行。更督飭各廠所站於每日之到達車輛,不待司機報告,自動分類加以檢查,保養。並指定洗車站,興建洗車池,隨時加以清潔。又印發行車記錄冊,予以記載。頒定「各車隊保養車輛獎懲辦法」,按記錄冊所記錄之情況,對司機及隊長予以獎懲。實行以來,頗收宏效。

(二)修理　本路車輛之修理,在川滇公路管理處時期,以機器工具,皆自法國裝運,到達太遲,車輛修理,深感困難。加以雷諾車之製造,皆照法國尺寸,國內所有工具,多不適用,技工對於該牌車輛之修理技術,又不熟練,故該處曾於昆明設立技工訓練班,授以雷諾車之構造、修理法,並送昆明雷諾廠實習受訓,期滿後始分發至沿線各廠所工作。迨至中國運輸公司時期,接收之雷諾車,因行駛較久,其損壞程度,亦漸增加,尤以連杆波司及平板波司,最易燒壞。又以該牌車輛之汽缸壓力特高,普通波司合金均不適用,因是停修車輛大多不易修復。該公司自三十年即已停止運輸,而其修理保養及製造等工作,亦隨同停止。至西南運輸處方面,配修本線行駛之車輛頗多,經常有 2 大隊,約車 200 餘輛,有時且達 400 餘輛。關於修理工作,亦較紛繁,以當時材料進口較易,供應裕如,而技術員工亦頗安心工作,對應修車輛,尚能按時出廠,無使擱置。及川滇鐵路運輸局成立,對修車工作更加注意,所有能行駛車輛,均按時予以檢修,平均每車每月約可檢修 4 次。惟本局現有車輛,半數為道奇、白氏、奇姆西等之過齡車輛,大抵磨觸過甚,材料亦缺,常感旋修旋壞之繁,半數為萬國牌半新車輛,而國內公商機關,均無是項材料,市面亦無法購買,常感待料難修之苦,此實為修理上之最大困難問題。計三十一年度全年修理大修車輛 620 輛,中修 2300 輛,小修 13363 輛,保養 4834 輛,合計 21119 輛。又本局以汽油來源斷絕,經將汽油車輛改燃酒精及木炭,以利運輸。計改裝酒精車 593 輛,改裝木炭車 66 輛。復以本局接收前西南運輸處及前中國運輸公司車輛,多係破舊,除已報廢一部分外,其餘堪以修復者,已規定各廠所分級檢修,拼修行駛。

(三)製造　關於汽車配件之製造,在川滇公路管理處時以機器工具運到太遲,而五金原料亦不充足,對於製造一項,僅有一小部分之機件,如中心螺絲,連杆銅套,連杆波司等類而矣。至西南運輸處方面,設有設備較全之威甯整車廠,對於各項配件,製造頗多,增加修車效率不少。及本局成立,適災機器設備甚少,常感不敷應用。特為招足技工兩班,分日夜工作,以增制量,計去年一至十一月,共自製配件約值價國幣 43 萬餘元,自製工具約值價國幣 67000 餘元。現正努力推進中。

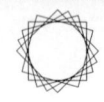

五、司機管訓

（一）司機管訓之重要　公路運輸如欲發揮其效能，盡其陸上運輸之重要任務，司機管理問題，不可忽視。蓋汽車之行駛，依賴司機之處特多，諸如車輛之駕駛、保養，物資之維護、管理，車輛出站後，悉由司機一人負責，故司機如能勝任，則行車業務問題，皆可圓滿解決。司機在汽車運輸上既如此重要，然試觀我國汽車司機之思想、行為、工作，不能令人滿意，甚至惡習罪行，幾為社會所不齒，不特在汽車運輸界形成一嚴重問題，即在社會間亦成為眾目睽睽不容忽視之問題。惟考其行為惡劣之原因，多係環境使然，而非天賦，固可以教導，可以改善，決不可聽其墮落，任其腐化。本路對於司機管訓一事，於通運之初即已注意，而瀘、曲兩處，亦已盡相當之努力。直至本局成立，始專設機構，積極推進，而本路對司機之管訓，因此益彰。

（二）司機管訓之方法　經過瀘、曲兩處兩年之經驗及實地之考查，深覺過去司機之種種罪行惡習，不外由於待遇太低不足以養廉，教育程度過淺，易受不良環境之誘惑，以及紀律不強，賞罰不明，不足以獎功懲惡，有以致之。乃從情理法三方面，提出「養」「教」「管」之方法。蓋「養」以安定其生活，解決其困難。「教」以訓練其思想，增進其學識。「管」以糾正其行為，整飭其紀律。本局對於司機管訓，即以此為基本原則。

六、警務

公路運輸業務，因以在適當之方法運用其所有之設備為基本原則：惟物資及客貨運輸之條件，以安全為第一，而盜匪之搶劫，奸偽之破壞，禍患堪虞，苟無保護之力量，縱有完善之設備，亦雖難以任其運用，故保護之力量不可缺乏。公路之警務工作，即所以防護一切禍患者，於公路運輸業務，亦至重要。舉凡沿路之警備，兵力之籌畫分配，匪情之偵察，陰謀之破獲，物資之押運以及有關沿路治安諸事項，莫不屬於警務範圍。惟範圍既廣，責任亦重，倘應用得宜，則人盡其力，事致其當；否則浪費人力，事倍功半。本路警務工作，係應其業務之需要，由簡而繁，逐漸擴展。蓋其運用之原則，對於外勤人員，重質不重量，以補人力之缺乏，而收事半功倍之效；對於匪患及奸謀，在能偵察防範，以遏於未然，對於武力，在使流動，以免顧此失彼，至於本路警務推進之實在情形，是又待路線經過之事實，以明其大概。

溯自本路通運之始，其主要運輸機構，為前西南運輸處瀘州支處。初以業務簡單，警務工作亦不繁忙，故該處負責警務職責之監查科，工作人員甚少；而奉派服務之部隊，僅內政部員警一班及特務團一排，分佈於沿路各站廠，二十九年秋至三十年秋，警務逐漸增加，而瀘州支處復於三十年五月改組為曲站分處，業務劇繁，於是監察科人員，亦自二十九年秋逐漸補充，而服務部隊，則自二十九年八月起，由警務團一排改為憲兵一連，其內警隊亦逐漸增至兩中隊，惟本路經過之地，多崇山峻嶺，居民稀少，警務方面仍感人手不敷，武力不足。為彌此缺陷，對於物資押運工作，乃利用回程押運辦法，所有由瀘運昆出口桐油等，均以由昆運瀘原資車之押運員押運回昆，其有轉渝之重要物資，始於臨時派遣專人押送，節省人力不少。對於警衛及稽查工作，乃組織巡查隊，配合武力，於沿路遊動巡查，並與統制局各檢查站密切聯絡，以加強力量，收效甚大。一面更採取積極方針對於肇禍受禁之司機，作有效之訓練。規定作息時間及進行課目，逐日履行，俾其改過自新，加強抗戰力量，實開本路機工管訓之先聲。此二十九年至三十年之情形也。

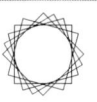

三十年十一月本局成立，警務方面，初仍照成規辦理，迨至三十一年二月，始遵照統制局頒發之運輸局警衛稽查組組織通則，正式組織警衛稽查組並充實內部工作人員，警務工作因以開展。當時之服務部隊，因憲兵連離去，僅餘內警第三大隊七、八兩中隊，官兵160餘員名。武力薄弱，不敷分配。經請調交通警備第一團第三營及第二團之八連，共5個連，計官兵約360餘員名。旋內警三大隊亦於五月間呈准招募新警50名，施以訓練，分別補充七、八兩中隊，九月間復由渝內警總隊，撥補警兵50名。至此本路服務部隊，合內警及交警兩部，約有官兵700餘員名，但亦僅可勉強支配而已。

14. 川滇東路與沿線經濟[①]（1943年）

　　一、川滇交通之重要　川滇東路自四川隆昌向南至瀘縣南岸藍田壩，經川之納溪、江門、敘永，黔之赤水河、畢節、赫章、威寧、哲覺，滇之宣威、沾益、曲靖而達昆明，全線計長974.7公里。自里程方面言之，川滇線較為經濟，較之由重慶經貴陽而至昆明之路線1148公里者，減少233公里。如由成渝公路成都經隆昌瀘縣畢節而至貴陽計有862公里，較之由成都經隆昌重慶而至貴陽之路線有930公里者，可以減少76公里。將來敘昆鐵路完成，通至宣威以後，則川滇東路北段由宣威至昆明利用敘昆鐵路，可以減少汽車行程259公里，較之渝築昆公路由沾益至昆明，利用敘昆鐵路只有173公里，可以多利用鐵路86公里。再以川滇西路而論，西路現轄之路線，包括以前之樂西西祥兩公路，正線與支線共長1070餘公里。此路雖為邊疆重要路線，惟其經過多為貧瘠區域，加以崇山峻嶺，工程較為不易，如謀川滇兩省之直交通，則西路終嫌迂遠而不及東路之便捷。川滇東路雖亦山嶺重疊，工程方面亦不甚易，但較行經邊區之西路，及現在繞道渝築之路線，節省行駛日期及燃料甚多。自國防方面言之，東路沿線大部分皆是重山疊嶂，汽車行駛其間，容易掩蔽。加以密邇陪都，有公路及水運之便，南由昆明而通緬越，西可至成都以通陝甘，中接畢清公路以通滇黔及川黔各線，一面溝通西南西北兩國際路線，一面完成西南公路路線網。該路可謂之川滇兩省直接交通之要道，並為抗戰建國之生命線也。

　　二、工程概況　川滇東路由雲南宣威至昆明一段為已成路線，自四川隆昌至宣威計716.8公里係新建築者，由前重慶行營主辦，撥款520萬元，飭四川貴州及雲南各省政府各就其本省段內負責修築，並由雲南省政府撥給威甯至宣威段工款約60萬元，至沿線各縣所撥付之民工代工金，無從確實統計。迻交路面窳敗，改善工程，刻不容緩，由行營發給125萬元為該路二十八年度路工改善之用，並於二十八年八月一日起交通部特設川滇公路管理處，負責主辦改善工程，在川滇公路運輸局未成立以前，所有昆明至瀘縣運輸事宜，並由川滇公路管理處兼辦。該處二十八年度改善工程費經交部核准為149萬元，二十九年度改善工程費為819萬餘元。該線始自川之隆昌，迄於滇之昆明，全路長凡974.7公里，其在川省境內者，自隆昌至赤水河北岸為隆赤段（現改稱為瀘赤段）長213公里。在黔省境內者，由赤水河南岸至杉木箐為赤杉段，長365公里。在滇省境內者，由杉木箐至昆明之杉昆段，長337公里。惟川滇東路實際起訖地點，係自瀘縣南岸藍田壩至昆明，計910公里。茲將各段工程概況分別簡述之：

[①] 節選自周健民著：《川滇東路之管理與運輸》，原載《交通建設》1943年第1卷第11期。標題為編者自擬。

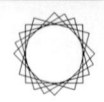

（一）隆赤段　自隆昌起，南經嘉明鎮、福集場、雙牌場、石洞鎮，由小市渡沱江而至瀘縣。由瀘縣渡長江經藍田壩至納溪。再渡永寧河，沿永寧河兩岸，經渠壩驛、大洲驛、上馬場、江門、馬嶺、興隆場，而達敘永。自敘永草壩起盤越天臺山、營盤山、關山，以達川黔交界之赤水河北岸，全段共長274.3公里。該段由四川省公路局在瀘縣設川滇東路總段工程處負責修築，於二十七年三月間開工。工程預算原為399萬餘元，嗣後核減為283萬餘元，重慶行營只撥發250萬元，因與工程決算相差較巨，故於二十八年三月交通部又增撥加寬工程費30萬元。

此段路基，自隆昌至敘永，均屬平地，海拔在350與500公尺之間，沿河臨江大部分屬於平地路基，惟隆敘間亦有山地路基一段，在江門一帶綿亙約12公里，劈山開石，工程較為艱巨。自敘永天臺山以南轉入山地，坡度陡增，盤旋於海拔2000公尺之高峰，路基海拔有達1692公尺之高者。敘永以南，皆屬山地路基，尤以天生岩，懸岩絕壁，峽峪千仞，以及東門箐口岩削峙，萬笏朝天，為最艱險部分。路基坡度最大者，為6%至8%。寬度隆昌至納溪為9公尺，自納溪至赤水河縮減為7.5公尺，其工程困難之處為6公尺。曲線最小半徑為30公尺，特殊地帶只有10公尺。路面寬度原定挖方均為5公尺，橋樑則為6公尺。路面厚度平地路面填方為30公尺，挖方為25公分，堅石谷及軟石路基之挖方為10公分，堅石路基則為5公分，規定均合予標準。

（二）赤杉段　自川黔交界之赤水河南岸起，往西南行經清水鋪、亮岩、燕子口、孫家鋪、毛粟坪、毛雞廠，而至畢節。再往西行經長春鋪、高山鋪、灑拉溪、楊家灣、七星崗、平山鋪、野馬川、赫章、七家灣、水槽鋪、媽姑、土坡腳，而至威寧。再由威寧北門起，順草海東岸，經馬鞍山、岩格青，黑石頭、蜜蜂嶺、舍姬羅、哲覺，以達黔滇交界之杉木箐，全段共長362.2公里。該段工程由貴州建設廳負責，並於畢節設川滇東路貴州赤威總段工程處，主持修築，於二十七年四月間開工，當時工程預算為260萬元，嗣後工程決算為220萬元。前重慶行營撥給是項工程費250萬元，其中以30萬元撥作威杉段路面工程處工程經費。此段路基寬度以9公尺為標準，其工程艱巨之處為7.5公尺。坡度最大者為6%，工程艱巨處不得超過8%。曲線半徑最小為15公尺，曲線之超高與加寬三公尺半均合標準。路線高度，自赤水河往南，即逐漸高升，以達威寧之最高點，高差1600餘公尺。此段路面，不論挖方填方或橋樑，其寬度均係5公尺。其厚度堅石路基為5公分，軟石路基為10公分，堅石穀為15公分，挖方為20公分，填方則為30公分，均合標準。

（三）杉昆段　自杉木箐經宣威，來遠鋪，至天生橋與京滇國道會點，順京滇國道經沾益、曲靖、馬龍、易隆、楊林，以達昆明，全段共長338.2公里。查威甯至宣威段工程原係雲南公路總局宣威昭通段工程分處之第一段及第二段工程，於二十四年九月間即已開工，嗣後川滇東路興工後，該段劃歸川滇東路，由中央撥補助費20萬元，仍由該工程分處繼續負責。全部工程經費預算為654000餘元，其中11萬元係民工伙食津貼。嗣因宣威二縣，民工貧苦，伙食補助費較薄，工程進展甚緩，經成都行轅公路監理處規定，將黔境威甯至杉木箐一段之路面，劃歸貴州建設廳辦理。於威甯縣成立川滇東路貴州威杉段路面工程處負責辦理，其經費由赤威總段工程餘款30萬元內撥付。滇境杉木箐至宣威間路面，仍由雲南公路總局辦理，飭宣威縣政府徵工鋪墊，經費由中央撥給6萬元。路隊坡度通常自2%至5%，最大坡度為7%。曲線半徑最小者平地50公尺，山地25公尺，及「之」字拐彎者15公尺，

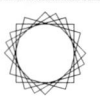

均屬相宜。路基之寬度，仍與各段一律為 9 公尺，其路面寬度亦一律為 5 公尺，至路面之厚度，威甯至杉木箐間，仍照赤杉段之規定，按地質之情形，分別鋪壓。自杉木箐至昆明，係按雲南公路總局之規定，凡土質堅實者或堅實之路基，鋪 10 公分至 15 公分，如土質不良者，鋪 20 公分至 30 公分。全路堡坎設備，路標裝置，傍山險道，危險彎道，崎嶇路，危險，載重限制，速率限制，指路，慢行等行車安全標誌，均已裝置，至各路段之路程牌，均已採用永久式石牌，並以昆明為零點起記，順序栽立。

三、沿線交通與經濟 四川瀘縣為川滇東路起點站，位於長江與沱江會合之口，三面臨水，週邊多山，在地形上似同重慶。沿長江上游可至嘉定，下游至重慶，由沱江而上可通內江簡陽。民生公司輪船經年航駛於重慶宜賓之間，洪水時可航行至嘉定。農作物出產甚為豐富，如米、麥、高粱、大豆、棉花、菜籽、麻、甘蔗、桂圓等，其他農村副業如白豬鬃年產約 10 萬斤，品質之佳，甲於全川，又黑豬鬃三四萬斤，鴨毛二三萬斤，大都皆可輸出。牛皮產量較少，只能供給本地需要，此外大麯美酒，名聞全省，年產 457000 餘市斤，本地銷量只有 28000 餘市斤，運出之酒量有 428000 餘市斤。

納溪為三等縣治，位於長江上游之南岸，東接合江，南鄰古宋，西界江安，北連瀘縣，面積甚小。該縣以前之交通，僅恃土路與水道，土路與其各鄰縣皆可通行，水道溯長江西行經江安宜賓，以達嘉定。向東北航行可由瀘縣而至重慶，南由安富鎮經永寧河以通敘永。現川滇東路經過該縣，因此交通更稱便利。出產以米為大宗，惟產量甚屬有限，只俱自給。他如玉蜀黍，麥，豆等產量亦不甚多，其他茶糖煙葉亦有相當產量。工商礦業均無甚可稱。

敘永為二等縣制，全縣東西稍窄，南北較長，縣城瀕永寧河上游，為川滇川黔交通要道，亦川南之重鎮也。川滇東路未通之前，如赴古宋納溪古藺等縣，皆利用土路。水運可利用永寧河而通長江至瀘縣，但河面極窄，水亦較急，灘險又多，即數噸之木船，尚虞擱淺，每在中途阻滯，而待水漲，然由川南運往黔西之布疋、食鹽、棉紗，以及由川南黔西運出之桐油，仍有利用此水道也。惟水道至敘永後，即不能通至黔省，故川黔邊區交通，不得不利用人力耳。農產品以米、黃豆、包穀為大宗。其他黑白豬鬃各約 1 萬斤，牛皮約 2 萬斤，羊皮數量亦巨，但無統計，輸入之食鹽，除銷售本地古宋古藺兩縣外，其餘轉銷黔省。其他如糖、油、疋頭，大都銷售於本地及鄰縣，而疋頭油類亦有半數運銷於黔省。至於輸出貨品包穀 15000 石，穀子 2 萬餘石，黃豆 1 萬石，均係運瀘轉售。他如豬鬃五六萬斤，漆 5 萬斤，牛皮六七萬斤，五倍子 67 萬斤等數量，已包括本地產量及由黔西運敘運銷之數，又桐油年約售出 100 萬斤，其中半數繫鄰縣所產，運瀘縣再經輪運至渝銷售。由此可知敘支係鄰縣及黔西各縣之轉運樞紐，過去因水道不暢，未能儘量發達，現在川滇東路通車，將來吸收原有水運輸出輸入貨物改由煤汽車運輸，不妨減低運價，或利用回空車輛，則敘永商業經濟諒有起色。

畢節為一等縣治，地勢高峻，海拔約為 1200 公尺，雲貴高原間一小盆地。縣城西南有七星山，七峰並峙，形勢險要。山上有七星關，係滇黔之咽喉，下臨七星河，水勢急流，上建半永久式橋 1 座，以便汽車通過，係川滇東路之大橋之一。全縣面積有 1 萬方華裡，可耕者只有 25% 耳。該縣西北有馬道，可通雲南之鎮雄昭通兩縣，為黔西入滇之大路。東有清畢公路，經大定清鎮而至貴陽，計長 231 公里，為貴州省有公路。現貴州公路局每隔二日開客車一次往返畢築間，以利商旅。境內並為大河，故無水運之可言，運輸遠近貨物，

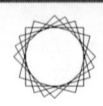

仍用馱馬人力二種，每騾馬約能負重 120 華斤，日行 30 公里，人力夫每人約可負 100 斤，日行 25 公里。農產品以玉蜀黍為大宗，並略產米麥豆類，因農業荒蕪，以至糧食供不應求，民食所需，尚需仰給外省。境內雖有煤銻鉛汞等礦，惟未經探測，故蘊藏量不詳，但煤係用土法開掘，可以供給全縣燃料之用。

威寧為一等縣治，係貴州省最西之縣份，地屬貴雲兩省之高原，為七星關外唯一之重鎮，全縣面積甚小，約 10350 方華里，耕地只占 40%。境內東有馬道通貴州之水城，西北有公路計 116.8 公里，可達雲南之昭通。將來敘昆鐵路完成，威寧亦為該路經過之處。北接昭通宜賓，舉凡西南各省及緬越等處之物資進出，恐將取道於此，將來市面之繁榮，人口之增加自不待言。川滇東路及宣昭公路客貨運輸尚未正式辦理，故本地交通工具仍以馱馬為主。出產以水腿黃梨為大宗，火腿年產 5 萬斤，大都運銷四川之宜賓及雲南之宣威昭通。黃梨年產 10 萬斤，運往黔西及滇黔交界之各縣。煤產量甚多，四郊皆有，而在縣城東北 20 公里之麼店，煤礦為最著，藏量較多，而煤質亦佳。又離縣城 70 公里之小礦山有鐵礦，惟尚未開採耳。羊毛線及羊毛呢均係手工製造，銷路除本地外，只黔西各縣。白臘年產約 800 挑至 1000 挑，運銷川湘兩省。其他尚有豬鬃年產約 8000 斤，銷往昭通宜賓等處。

宣威為一等縣治，位於雲南省東北部，與貴州之威寧盤縣等縣交界，為通雲貴間北路之大道。地勢東北低而西南高。境內重山疊嶂，崗陵起伏，海拔約 1 萬餘尺，故氣候較寒。本縣公行由雲南省政府修築，係利用原有大道加闊路面而成者。南行 32 公里至永安堡，入沾益縣，與京滇國道（滇黔公路）銜接，可至昆明。北行 77 公里至杉木箐入威寧縣界。惟因縣境所屬均係山地，故無水運之可言。產物運往各地及道路平坦之處多用牛車，如須經山嶺區域，則賴人力及騾馬馱負。本縣每年產稻約 32000 餘石，番薯約 34000 石，麥約 11000 石，玉蜀黍約 43000 石，其他豆類雜糧約 3 萬石，共計 15 萬石，惟以人口較多，以至糧食供不應求，尚賴鄰縣接濟。境內礦產以煤鐵銅為最富，多未開採，以至貨棄於地。其他石炭酸及漆等項，產量亦多。出口貨以火腿為大宗，年約 60 萬斤，罐頭火腿約 30 萬罐，桐油約 5 萬斤，豬鬃約萬斤。將來敘昆鐵路完成之後，經過宣威，以及川滇東路正式辦理客貨運輸，則本縣商業之繁榮，經濟之流通，必多裨益也。

曲靖在昆明之東，為滇黔貿易之孔道，離昆明只有 160 公里。川滇鐵路及川滇東路公路均經過此處。出產以米、豆、木灰為大宗，除供給本地外，尚能運銷昆明，及其各鄰縣。此外陶器工業產量亦巨，其他韭菜花雞蛋麵為全省馳名產品。

昆明為滇省四達之點，環山帶湖，形勢雄勝，全市土地面積共計 1639808 方丈，其中山場地占 1221208 方丈，住宅地占 186400 方丈，耕地占 167100 方丈，鋪房地占 65100 方丈。城南市店密集，商賈輻輳，繁華為全省冠。南門外即商埠所在之地，為清光緒十三年中法商務追加條約新開闢。

昆明無水運之利，只有滇池四周，可以通航，計（一）由昆明至昆陽，航程 150 公里。（二）由昆明至晉陽航程 50 公里。（三）由昆明至海口航程 20 公里。其他如省境內之怒江金沙江瀾滄江諸大河流，均以經過山峽之間，故不便航行。滇省以前交通之舊道，以昆明為中心，其幹道有四。（一）迤東幹道經馬龍、沾益、平彝至貴州盤縣。（二）迤南幹道可分二線，一經宜良、路南、彌勒、邱北、廣南、富州、剝隘以通廣西百色。又自路南分道，經陸良、師宗、羅平以通貴州興義。一經昆陽、玉溪、峨山、元江、墨汀、寧洱、思茅、車

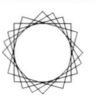

裡以通緬甸。（三）迤西幹道經安寧、祿豐、廣通、楚雄、鎮南、彌渡、祥雲、鳳儀、大理、鄧川、鶴慶、麗江、德欽（即阿墩子）以通西康。又自鳳儀分道，經漾濞、永平、保山、騰冲、盈江以通緬甸。（四）迤北幹道分二線，一經嵩明、尋甸、會澤、昭通、大關、鹽津至四川宜賓。一自昆明經富民、武定、元謀，而至四川會理。至於滇省公路，亦以昆明為中心，其主要路線亦有四。（一）滇東線由昆明經楊林、易隆、馬龍、曲靖、沾益、平彝直通貴陽，是為滇黔公路，計長 662 公路。北循川黔公路以通成渝，沿京滇國道而達內地各省。另由曲靖而南至陸良，折而東行，費師宗，以至羅平。此為曲羅段計 170 餘公里。（二）滇南線由昆明經晉寧、昆陽、玉溪、河西、通海、曲溪以至建永。此為昆建段，計長 236.9 公里。（三）滇西線由昆明經安寧、祿豐、鎮南、祥雲、鳳儀、下關、漾濞、水準、保山、龍陵以至畹町，即滇緬公路是也，計長 965 公里。其開由下關轉大理北行，經鄧川、洱源、劍川以至麗江。此為昆麗段，由昆明起計算，計長 622.86 公里。又由安寧西北行，經羅次以至武定，此為昆武段，計長 132 公里。（四）滇東北線由昆明經馬龍、沾益以至宣威，計長 258 公里。又由昆明經楊林、嵩明、羊街、功山、尋甸、光頭坡之至會澤，此為昆會段，計長 253 公里。

鐵路方面已成之路，有法人經營之滇越鐵路，自昆明經宜良至勞開，計長 289 裡。自勞開起入安南境，直通至海防止，計長 245 公里，其兩路合計有 534 裡。其他尚未完成之鐵路，有敘昆及滇緬兩路。

昆明農業，無甚可稱，米糧一項，每年且須由安南輸入若干，他如普洱之茶，每年輸出逾 40 餘萬斤。迤西各縣之雲茯苓及邊地各縣之牛黃等，均負盛名，然多以昆明為集散之地。

昆明雖無特著礦產，然全市金、銀、銅、鐵、錫、鉛、鋅、煤、瑪瑙、珊瑚、琥珀之富源，均駕凌各省之上，實與昆市之經濟，脈息相關。銅以會澤所產者為最佳，產量占全國 80% 以上。錫礦產地，以個舊為最著，每年產量，平均約 1400 萬斤，占全國產量 90% 以上，其出口總值為數甚巨。

全線以四川最為富庶，雲南次之，而貴州最為貧瘠，經過數十裡不見人煙，又無耕種，沿線滇境亦多荒涼之地。至於氣候以川境為最適宜，黔境寒暖不定，有「一雨便成冬」之諺，且時常陰雨，惟夏日氣候清涼，可為西南避暑之地。滇境氣候亦不佳，時起大風，每日溫度，波動頗大，旅行川滇東路之黔滇兩境者，當為留意。

四、路局之組織

前西南運輸處二十八年春設立瀘州支處，辦理川滇線進出口物資運輸事宜，復於三十年夏改組為曲靖分處。迨三十年冬前運輸統制局為統一本路運輸計，乃設立川滇東路運輸局，即就前西南運輸處曲靖分處原址，於是年十一月一日正式成立，並分別接收前西南運輸處暨中國運輸公司在東路沿線之一切設備，於十二月移駐貴州畢節現址辦公。運輸局成立之時，適值太平洋戰爭爆發之前夕，搶運極形緊急，惟當時以組織無成規可循，只為參酌實際情形，並按照汽車 1000 輛之計畫，故局中內部組織，分為秘書室、總務組、運務組、會計組、機務組、警衛稽查組、機工管訓委員會及工程事務室等八部門。自本年一月一日隸屬於交通部公路運輸總局後，因各公路局編制，尚未公佈，故局內組織仍沿照舊有機構。

沿線分三段，瀘州為運輸第一段，管轄納溪、江門、敘永三運輸站及瀘州油庫。畢節為運輸第二段，管轄赤水河、赫章、威寧三運輸站。曲靖為運輸第三段，管轄哲覺、宣威二運

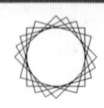

輸站及曲靖油庫等。辦理物資運輸及分配存儲燃料適宜。

司機及酒精車輛之管理，由隊部負責，直轄路局，計設汽車運輸第一、二、三大隊，分駐瀘州、曲靖、畢節3處，負擔全線運輸之責。至木炭車只行駛於川境瀘州敘永之間，故先成立煤氣車運輸第一隊，駐在敘永負責管理木炭車之司機及保養等事宜。東路沿線，既設段站辦理運輸，設廠所修理車輛，另外又設運輸隊部管理車輛及司機，以致段站只承辦裝卸物資，供給燃料等工作，並無許可權管理司機及車輛，而隊部以司機駕駛車輛，時常行駛於沿線，無從管理司機及車輛，故此種隊部管理制度，不但增加開支，而於段站與隊部之間，事權不統一，職責不分明，因此影響於運輸效率甚巨。路局為調整段隊機構，增進運輸效能起見，故已決定將大隊部裁併，所有車輛與司機撥歸運輸段管理，各段設立1個隊務股，管轄若干運輸隊，每一運輸隊所轄司機及助手之名額，需視車輛之種類而異，如屬酒精車應管轄15輛及司機15名，如屬煤氣車應管轄10輛及司機與助手各10名，每段另配置預備司機5名至10名。路局業經規定第一段接收第一大隊及煤氣車隊車輛，第二段接收第三大隊車輛，第三段接收第二大隊車輛，並限於本年八月十五日以前將交接車輛之事辦理完竣，又限八月底以前所有各大隊部及煤氣車隊完全結束。今後段站集中管理司機及車輛，則事權可以統一，指揮調度，均感靈敏，運輸效能更可發揚光大。

沿線修車廠所，計有瀘畢威3廠及敘宣曲3所，暨威寧器材庫1處，專司全域機務方面器材之保管及供應等事。其他沿線分佈酒精製造廠3處及煉油廠5處，以便自己製煉，就近供給燃料。

〈後略〉

15. 西南公路運輸局概況[①]（1944年）

一、沿革

查平時公路運輸原居輔助地位，抗戰軍興，首都內移，運輸事業側重大後方，乃一躍而居於主要地位，同時為求車輛調度鹹宜，物資轉運適當以配合前線作戰起見，故有管制機構之設立，本局奉前運輸統制局令，於三十一年一月在貴陽成立，任務為管制公建商車，負擔西南各省軍事與進出口物資運輸及附搭旅客，但本身尚無車輛，而當時實際負荷西南幹線主要運務業務為前中國運輸公司。三十二年一月前運輸統制局撤銷，本局改隸交通部公路總局，嗣以有與前中運公司合併之必要，旋呈奉交通部公路總局令，准自三十二年七月一日起實行合併，局址仍設在貴陽，此為本局之大概沿革。

二、組織概況

本局成立之初，因本身尚無車輛，組織比較簡單，局內設置總務、運務、機務、會計四科，及警衛稽查一組，局外設置各級管理站，辦理車輛物資管制事宜，至兼併前中運公司後，業務增繁，且兼辦客運，為適應實際需要，組織酌予擴大，局內改設總務、運務、管理、材料、會計、警稽六組，及技術人事兩室，總務組內分機要、文書、出納、事務、福利五課，並管轄沿線各醫務所，運務組內分運輸、業務、機務、計核、電訊五課，並管轄沿線各客貨車站、保養場、保養分場、整理場、救濟站、電臺交換所及零件配修所，管理組內設管制、

[①] 原載《交通建設》1944年第2卷第6期。

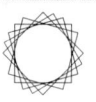

調查、登記三課，分管全線車輛物資管制調查及登記事項，材料組內分採辦、儲轉、料賬、稽核四課，並管轄各材料庫及貴陽電工廠，會計組內分核收、核支、編查、賬務等四課，警稽組內分第一第二兩課，並指揮交通警備司令部派駐本局員警第四總隊第三大隊，技術室掌理本局有關技術之設計考核推進等事項，人事室掌理本路有關人事等之管理事項。至局外則設昆明重慶兩地代表，俾便對外接洽公務，並設重慶曲靖獨山晃縣等地區辦事處，分別辦理各該區所屬事宜，又設置各修車廠，曲靖公商車輛調配所，及各管制總站管制站等，惟各該管制總站嗣奉令於本年十一十二月間先後亦改為公商車輛調配所或調配分所。此外為推行委員長倡頒之行政三聯制，以加強行政效率計，經於三十二年八月初成立設計考核委員會，嗣又陸續改組員工福利委員會，組設舊廢料審理委員會，及大學實習生甄考委員會，分辦各種事務，又為解決商車營運困難以期增進運量計，協助籌設商車指導委員會貴陽分會，該會已於三十二年二月二十五日正式成立。

　　三、路線

　　本局原轄路線北至重慶接成渝線而達西北，名曰築渝線，南至金城江與黔桂鐵路銜接，而管制路線並伸展至柳州，名曰築柳線，東至桃園線之鄭家界，此線可由水陸交通以達長沙衡陽，名曰築桃線，西至曲靖與川滇東滇兩公路及川滇鐵路銜接，名曰築曲線，又由川境之綦江至湘境之茶洞，而運輸線復由綦江伸至重慶及由茶洞伸至東線之三角坪，名曰川湘線，縱橫共計3371公里，綿亙川湘黔滇桂等五省。惟川湘線奉准於三十二年七月移交，當經本局與前中運公司自行將該線管制與運輸業務分別移交川湘鄂區汽車聯運處，嗣於三十二年九月黔桂鐵路正式通車獨山，本局南線運輸隨而縮短，改以獨山為起迄站，但柳州管制站未予取消，又晃線以東於三十三年一月呈准移交川湘鄂區汽車聯運處接管，東線乃止於湘晃，計截至現在（三十三年二月）止，本局運輸路線只為1610公里，以管制線算，則為2012公里，茲所轄路線雖有減少或縮短，但本區為國際運輸之聯絡線，地位仍屬同樣重要，而際此最後勝利將臨近之時，責任更屬日益加重。

　　四、業務概況

　　查本局業務大致分為管理與運輸，管理即管制公商及生產建設機關車輛，物資運輸分客運貨運，茲將各項情形及車輛與運輸情況概述如下：

　　（一）管制車輛

　　1. 公車　凡政府機關自運物資之自備車輛屬之。本區公車均須向本局登記領取登記證，並按自填車輛動態表送本局備查。該項車輛以自運本身機關物資為限，並由調配所憑該機關證明檔填發准行證放行，如遇本身物資缺乏時，得將車輛交由調配所為公服務，不得任意曠置，非經特准亦不得運輸其他貨物，或攬運其他機關物資及商貨。又每次行駛，須載足噸位，如有剩餘噸位應交由調配所配裝，至回空或放空時，應報由本局所在地調配所配裝軍品公物或商貨，非領有空駛證者，不得空駛。本局遇有緊急軍運，得酌調各機關公車擔任搶運。

　　2. 建設生產車　凡政府或社會集團所辦有關抗戰建國需要之一切建設生產機關其自備車輛屬之。該項車輛其屬本區者，須向本局登記領取特許證，惟有下列情形之一者，得拒予發證：（1）所經管事業與抗戰無關者；（2）無大量機件原料或成品常川運輸者；（3）運輸路線有其運輸工具可資替代而不妨害本身業務者；（4）運輸方向適與進口方向相反，本局有回程車可資利用者，又未經核准發證者，應依照管制商車辦法登記服務，其餘比照管制

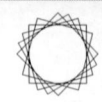

公車辦法辦理。

3. 商車　商人自營車輛屬之。凡本區商車均應向本局申請登記，其未經核准者，不准行駛，已核准者發給登記證，並填發服務簿，初次領到服務簿者，應於2日內向調配所報到。又商車裝貨駛抵目的地卸空或回空駛抵目的地後，須於24小時內（日夜計算）報到，已報到之車輛由調配所依照車輛裝派次序（商車、建設生產機關車、公車，如有軍車利用以軍車為最先），按報到先後派裝已登記之軍公商物資，既派裝者，應即駛往指定地點裝載，並於辦清行車有關手續後，向調配所領取車輛准行證，於領得該證後，須在24小時內向指定目的地出發，但起迄站兩方待運物資不平衡時，調配所得規定來往行駛日程，准與放空或回空。至商車如因機件損壞或配件不全，必須停車修理者，應由車主或代表人申請報修，小修者至多不得超過5日，大修者不得超過15日，如因待件或特殊情形不能照規定期間內修竣時，應由車主取得承修廠行之證明，經查實後，方准展期，一俟修復應即報到服務。

（二）管制物資

1. 各調配所除海棠溪調配所別有規定外，配運物資均以先運軍品。俟軍品運竣，始配運公品，俟公品運竣，始配運商貨。

2. 海棠溪調配所以物資待運情形特殊，按照軍品七公品二商貨一比例配運，即每放10輛，以7車運軍品，2車運公品，1車運商貨，如無軍品即應將運軍品車按公品2車商品1車比例配運。

（三）協助客運

查客運原由前中國運輸公司經營，本局只辦公建商車附搭旅客，自本局與該公司合併後，始兼辦客運。現築渝築獨築晃間均有固定班車行駛，此外並有專供軍政人員乘坐之特約交通車，旅客眾多時之加班車，及近辦之渝獨直達車等，同時以公建商車附搭旅客為輔助，至築曲間則因貨運特多，利用公建商車附搭尚可應附，故未專開客車。

（四）貨運

此項係指公建商車及本局貨車運輸軍公商品而言，軍品為首要，公物次之，商貨又次之。

至各種物資名稱及數量，以事關軍秘，概從缺略。

五、困難情形

本局自成立以來兩年有餘，困難殊多，幸賴上峰督率指導，上下一致努力，勉可支援，茲略舉數端陳述如次：

（一）車輛破舊，配件缺乏：自滇緬事變國際路線暫告中斷後，車輛與配件之來源頓感缺乏，年來車輛多已行駛逾齡，新車無法補充，只得在保養與修理方面用人力補救。但已國內市場所存配件日少，只得自行仿製，並儘量設法由國外運入若干，然仍感供不應求。此種困難外間人士未能深悉，故對本局車輛中途損壞拋錨，動輒嘖有繁言，本局固當力求改善，尚望各界人士體察時艱，曲予諒解。

（二）汽油潤滑油欠缺：自前年滇緬線中斷，汽油來源立成問題，當時本區車輛即著手改裝木炭爐，旋又改以酒精為主要燃料，然汽車本為燃用汽油，如改用其他燃料，無論成績如何卓著，終無法彌補其缺陷，故車輛壽命與行車效率當比燃用汽油為低，尤以木炭車為甚。至潤滑油亦至感供應困難，其中機油黃油雖現有國內產品，但遠非舶來品可比，而黑油

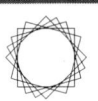

則時虞間斷，如此情形影響行車亦非淺鮮，幸最近設法內運若干接濟，目前尚可應付。

（三）代收代付運費之困難：關於本局代運物資之運費，向由物資機關於托運時估計概數，一次或分次交由本局代付，然後按實報銷，但每有實際所運超過原托運量數，或有因增加運價而超出預算，亦有物資已開始運輸，而運費仍未撥到，本局以物資運輸事關軍急，未便須臾耽延，不得不徵調車輛先行啟運，並先墊運費，此外尚有經將報銷送出仍遷延不付者，致本局周轉不靈，影響至大，深望各物資機關念本局處境之困難，時予利便與亮察。

（四）運價問題：查運價似應根據運輸成本而轉移，邇來各項汽車用料日益增高，運輸成本加重，但運價尚未調整，此非惟影響本局經費，且車商因所收運費不敷成本，每多虧蝕，動輒托故報修，不願服務，影響運輸實非淺鮮，敬盼層峰迅賜調整，俾釋困難。

16. 抗戰時期的公路運輸機關及車輛[①]（1944 年）

一、運輸機關之分類及其變遷

運輸機關可大致分為三類，即行政管理機關，運輸業務機關，及指揮設計機關。

（一）行政管理機關　行政管理機關本身並不辦理運輸，其工作為運輸法則之擬編，運價之釐訂等等，此類機關，恒為一般人士所忽略，實則運輸行政管理機關為運輸之主體，決不可缺者，一切實際辦理運輸業務之機關，必須依照行政管理機關之章則運價辦理運輸。換言之，運輸人人可辦，而運輸行政，必須操之政府，由政府指定之機關，集中管理一切運輸機關。

行政管理之工作，自全國經濟委員會結束後，即由交通部主持之。及廿九年夏交通部公路運輸總局改隸運輸統制局後，行政業務指揮三者統一，三十一年底運輸統制局取消，公路運輸之行政又歸隸交通部，成立公路總局司其事。

（二）運輸業務機關　公路運輸業務機關甚夥，茲擇其要者略述梗概如下：

1. 西南運輸處　廿六年冬國外物資經港大量內運，軍事委員會乃設置西南進出口物資運輸總經理處為國際運輸之主腦機關，西南運輸處除接收進口物資外，並兼辦粵桂湘黔等省之接運，最初鐵路公路水路並重，嗣因戰事之變遷及路線之更易，公路部分逐漸龐大，先後轄有卡車約 5000 輛，為全國最大之公路運輸機關。三十年冬西南運輸處奉令結束，滇緬路部分移交於中緬運輸總局，川滇東路部分移交於川滇東路運輸局，渝築昆線一部分則移交於中運公司。

2. 中國運輸公司　交通部之公路機構，自沿海各省後撤後，運輸力量，多集中於桂黔川各省，嗣為加強運力辦理國內各線運輸起見，向外增購卡車，其時適財政部復興公司訂有大批卡車，乃決定合組中國運輸公司，由國民政府特許成立，廿九年一月開始運輸，以川桂滇黔各省幹線為主線，轄車約 2000 輛，為國內次大之公路運輸機關。三十二年六月底奉令結束，歸併於西南公路運輸局。

3. 各路局　交通部原在各幹線設置公路管理局，兼辦運輸，如西北西南川東滇緬等等，其後因運輸與工程劃分，乃相繼改組陸續成立者有西北公路運輸局，川滇東路運輸局，川滇西路運輸局，西南公路運輸局，滇緬公路運輸局等，自西南運輸處及中國運輸公司相繼結束

[①] 節選自屠雙著：《抗戰以來之公路運輸》，原載《交通建設》1944 年第 2 卷第 3 期。

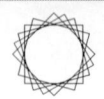

後，全國各幹線路局，意見劃一。

4. 其他機構　其他辦理運輸業務之機構，過去甚多，不勝枚舉。現在公路總局之下，則有直轄汽車總隊部、重慶公共汽車管理處、聯運汽車管理處以及兼辦公路運輸之各管理局等。

（三）指揮設計機關　公路運輸之指揮設計機關，變遷最多，照記憶所及，軍委會曾設有運輸總司令部，又曾設有運輸總監部，行政院則設有水陸運輸聯合委員會，嗣改組為水陸運輸聯合設計委員會，廿九年為統一運輸權責起見，成立運輸統制局，直隸於軍事委員會，一切軍公運輸機關，不論大小，悉數劃歸統轄，原期徹底實行一元化，但至三十一年底，運輸統制局又奉令撤銷，各項行政業務，移由交通部主辦，另成立軍委會運輸會議，為指揮設計機關。

二、運輸車輛

運輸所需要之設備及條件甚多，但其中最主要者究為車輛，公路運輸汽車可就其管理之單位，分為四種，一為路車，即各路局所直接管理之車輛（包括前西南運輸處及前中運公司等機關），二為軍車，三為商車，四為公路及生產建設機關車。

（一）路車　路車為政府辦理公路運輸之基本車輛，其最主要之目的，即為將外援物資運至目的地，將出口物資運往各口岸，並經常維持國內各線之客貨運輸。

路車之數量本屬不少，但因以次改組多度分撥，實際現有之行駛車輛，已極有限。照本刊第一卷第三期所載，中國運輸公司（即西南公路運輸局）實際能駛客車，約計100餘輛，貨車總數1400餘輛，日常行駛者，僅及5/10，則西南運輸局現有實力，當在1000輛以下。川滇東路局現行車輛，則為200輛左右，其餘各路局車輛實數未公開發表，但實際運輸能力，至多亦不過與西南川東兩局近似。

路車既為公路運輸之主幹，則自應設法改進，以期發揮示範作用，在運輸統制局時代，曾一度實行運輸計畫制度，當時每月有一搶運計畫，規定各單位所應擔任之工作，此種計畫雖或不無相當之推動性，但實施之進度如何，甚少過問。自滇緬路阻斷後，運輸計畫制度，亦告中止。各路局求維持不暇，遑論其他矣。

（二）軍車　軍車可以軍政部交通司所管轄之汽車兵團為主體（亦有撥由其他各署擔任勤務者），轄車甚多與路車相埒，分編為各汽車兵團，各軍隊亦各轄有相當之卡車，各軍事機關亦有合辦運輸者，以航空委員會為規模較大。

軍車在管理方面係由各車主機關任之，指揮調度方面，則有後方勤務部於各線設線區司令部辦理之。

（三）商車　我國公路上之商營卡車，原極稀少。粵漢鐵路滇越鐵路時代，商人可以種種方法取得鐵路車皮，及各鐵路相繼告斷，商人運貨入境之唯一孔道即滇緬公路，政府卡車不能運商貨，且最初滇緬路上只有西南運輸處一個機關辦理運輸，所運者十九為兵工器材。其時恰值英國政府宣佈禁運軍品三個月，商人即大量在港仰星各埠收購卡車，當時每輛卡車之車價不過美金1000元左右，合國幣約萬元。

商車駛入國境，在滇緬線及其他各線活動，數量日見增加，地位亦日見重要。當時積存緬甸之物資漸漸增多，香港海防存資亦陸續轉口至仰光，各機關以海防淪陷之前鑒，多不惜鉅資，設法將存緬物資運入國境。於是競租商車之風大熾，各機關商號除高價租車外，

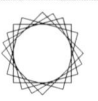

尚有以鉅款貸給商人，另行購車組織公司，以冀將存緬物資早日內運者，但實際成效，則優劣不一。

二十九年底，緬甸政府應我國政府之要求，在臘戍開始統制商車，指定以 200 輛經常行駛之卡車撥運中國政府物資。換言之，即由臘戍出發之車輛，大部分須應徵為國家服務。

緬境商車既已管制，國內商車又極度紊亂，加強統制，成為當時之必然趨向，在此之前，商車之行車原受各路局之管理，服役制度如四次中以兩次承運軍品，一次自運油料，一次承運商貨，但滇緬路重開之後，政府決定加強統制，在昆設滇緬公路運輸工程監理委員會，開始嚴格管制商車，取消各機關與各車商訂立之運輸合約，全部商車受統一之管制，各車主與物主機關不直接交易，而由統制局支配商車以承運各機關之物資。

及滇緬公路更為緊張時，統制局改訂商車管制辦法，商車須以全部力量承運指定之物資，不能自運油料及承運商貨，滇緬路阻斷後，因汽油來源困難，又規定汽車不得裝運商貨，此為管制商車之最嚴格時期。

改裝煤氣爐起見，規定商車凡改裝煤氣爐者，可於承運一次軍品之後，承運一次商貨，此為開放商運之先聲。及公路機構移隸交通部，為求達到便利運輸及協助限價兩大目標起見，決定原則上開放商運，但運價則仍予嚴格管制，不許造成黑市，波動物價。事實上因一年餘來國外物資未能大量內運，運輸方面現在可有餘力兼顧商運，俾於抗戰之中，顧及建國及人民之生活，將來國際路線暢通，國外物資大量湧入時，則軍公商車自有一致為國家接運外援物資之責任。

（四）公車與生產建設機關車　政府所有之車輛，除軍車路車外，他如各部會各地方政府及其所屬各機關之車，均可稱為公車。公車機關大多為物主機關，其本身有相當數量之物資須自一地轉運至另一地，例如資源委員會，甘肅油礦局及郵政總局等。

各省運輸機關，例如公路局、交通局及省營運輸公司之車輛亦為公車，但其任務除自運物資外，大多兼辦省內之客貨運輸。

生產建設機關車之性質與公車類似，此種機關或為官辦或為商辦，或為官商合辦，均以符合生產建設之宗旨為原則，其本身之產品或原料，需向外採購或運銷有自辦運輸之必要者，經申請審查登記，發給生產建設車之服務證件，即為有法定範圍內之自由營運權。

公車及生產建設機關車均受政府管制，但較之商車所受之管制為寬。

17. 西南公路運輸概況[①]（1944 年）

一、序言

公路交通為社會目前急切需要之運輸，以服務社會為目的，而以安全、迅速、舒適、低廉，為辦理運輸之四大原則，但運輸業之達成，實有賴於運輸工具。本局自去年七月合併中運公司，行政業務方告統一，計由中運移來客車（224）輛，貨車（1205）輛，奈是項車輛多數逾齡，除報廢及待大修者外，實能行駛者僅客貨車 300 餘輛，分配於渝築、築金、築曲、築鄭，及海溫、海土各線行駛，以車輛太少，供應不敷，配件收購不易，種種困難紛至遝來，致所謂迅速，舒適，低廉，各原則蒙受打擊，不易實現。就貨運言，際茲非常時期，軍事運

[①] 原載《交通建設》1944 年第 2 卷第 6 期。

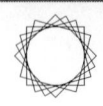

輸已為本局唯一使命，自當傾注全力以赴，惟任務艱巨，不得不管制公商車輛協助運輸。至客運方面既感車少人多，求過於供，只得實行登記辦法，依次疏運，並分別幹線支線及其旅客多寡，作為調度車輛釐訂班次準繩，數月以來苦心維持服務社會，以種種困難，事倍功半。緬懷既往，歉仄良深，策勵方來，尚祈指導，茲將辦理客貨運狀況臚陳如下：

二、客運

汽車之構造本以燃用汽油為設計標準，如改用其他燃料，無論研究成功至何種程度，終必有其缺陷，而無法彌補。自仰光淪陷後，汽油來源斷絕，經盡力研究燃用木炭替代後，經試驗改良，雖不能十分滿意，但在汽油斷絕之際，尚覺可行，遂將所有客車分批裝置木炭爐，自三十一年七月開始行駛。惟木炭車之缺點為速度較慢，牽動力亦弱，每於上坡必須以酒精為輔助燃料，且木炭體積龐大，不能隨車多帶，需酌設木炭供應站，又炭屑飛揚，車身不易保持清潔，而木炭車駕駛人之技術，亦與駕駛汽油車有難易之別，車須特殊訓練，方能保行車之安全，此點觀於木炭車行馳以來，較汽油車肇禍之案少而准班率較高，似訓練已獲效果，與汽油車比較，其行駛紀錄較使用汽油車輛並無遜色。茲更將各線客運分述之。

（一）渝築線（附海溫海土線）：渝築間計程488公里，分行程為四日：第一日行駛84公里宿東溪，第二日行駛133公里宿桐梓，第三日行駛116公里宿烏江，第四日行駛105公里到達貴陽。本局為便利旅客起見，在各宿站均出資委託中國旅行社代辦餐宿事宜，又南溫泉土橋兩地密邇陪都，遊客眾多，本局應事實需要，於海溫海土間每日各開班車多次以便行旅。

（二）築金築獨線：築金間計程441公里，為自築至桂粵交通要道，客運特繁，每週築金對開客車計達9次。去年九月黔桂鐵路正式通車獨山，本局遂改獨山為起網站，並將客車開至獨山賓館接送旅客，分行程為二日，以馬場坪為中途宿站，該站有本局委託中旅社代辦之招待所，現獨築間每週對開客車13次，並擬逐漸增加以便行旅。

（三）築晃晃鄭線：築晃線計程390公里，規定客車每週對開4次，晃鄭線計程378公里，原定客車每日對開1次，旋於本年一月奉准將晃鄭線移交川湘鄂區汽車聯運處接辦，本局為便利行旅計，經與該處洽定築沅旅客聯運辦法，俾長途旅客仍能迅速到達。

（四）築曲線：築曲線計程302公里，該線運輸物資之車輛最多，旅客雖亦不少，所有旅客儘量利用貨車附搭，尚可容納。又該線山嶺綿亙，坡度較峻，木炭車行駛特別困難，故不便專開客車。但因有貨車附搭調劑，尚不擁擠，沿途餐宿有本局委託中旅社代辦之黃果樹食堂及晴隆曲靖等招待所供應，是項投資每多虧蝕，亦無非聊盡為旅客服務之職責耳。

三、貨運

查本局車輛係接收前中國運輸公司移交，而能行駛者尚不足300輛，其餘非逾齡老廢，即損壞太過。本局主要任務為出口物資之運輸，惟是項物資關係重要，本局任務重大，而車輛有限，故將轄線貨車集中行駛築曲一線以資專運，冀能達成任務。但汽車配件無法進口，為時愈久則損壞待件停修之車愈多，即能行駛之車日漸減少，運力日益減退，乃調配公商車輛協運，邇來是項物資大量到達，本局悉力以赴，俾免能應付，茲將所轄各線運輸狀況，概述報告如後：

（一）渝築線：該線以往運輸甚繁，自仰光被陷，國際路線中斷後，即漸轉稀少。

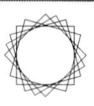

（二）築曲線：該線為本局主要運輸路線，所有貨車悉集此線行駛，進口物資數量甚多，為避免築曲空駛，經與資源委員會運務處洽訂接運該會鎢砂及茶葉等外銷物資。

（三）築獨金線：本局既代運資源委員會鎢砂茶葉赴曲，故由築運獨山或金城江之物資，則由該處車輛接運至金城江或獨山，交黔桂鐵路接收轉進，回程再運鎢砂錫塊及其他物資來築。

（四）築晃線：該線貨運素極稀少，目前由晃至築，略有自用材料如代汽油等運送來築。

18. 川陝公路管理局概況[①]（1945 年）

一、沿革 本局為川陝公路工務局改組而成。公務局成立於三十二年五月，直隸交通部公路總局，嗣以公路機構改組，本局亦於三十四年二月奉命將前公務局改組為管理局，並改隸軍事委員會戰時運輸管理局。

二、轄線範圍（一）渝綿路——由重慶經璧山、遂寧至綿陽，長 370 公里。

（二）川陝路——由成都經綿陽至廣元，長 357 公里。

（三）漢渝路——由重慶經大竹、達縣至萬源，長 417 公里。

（四）川鄂路——由簡陽經樂至、遂寧、南充梁山至萬縣，長 640 公里。

（五）青澄支線——由青木關經北碚至澄江鎮，長 36 公里。

（六）綿江支線——由綿陽經中壩至江油，長 55 公里。

以上干支各線總長 1875 公里。

（附線路圖）

三、主管業務

（一）工程業務：辦理上列各線工程之養護、改善及加強。

（二）管理業務：辦理上列各線內公商車輛之管理、養路費之徵收及汽車司機技工之登記考核發照。

（三）運輸業務：辦理渝廣（廣元）客車、渝寶（寶雞）直達客車及渝竹（大竹）、遂綿（綿陽）、遂南（南充）區間車，其他各線段運輸尚在計畫中。

四、組織（詳見組織系統表）

五、工作情形

自三十二年五月至現在止，經辦各項業務情形如次：

（一）改善及加強工程

1. 渝綿路　本局三十二年成立時，該路未鋪路面及路面不良陷滑總長約達 200 公里，經本局配合財力分年改善，現已完成路面為 161 公里。桂花鎮河渡口原無橋樑，係用渡船撐渡，嗣經建造鋼架大橋長 94 公尺，高 13 公尺，於本年七月完成通車。其餘全路橋樑除陸續改建者外，計現正興工改建為鋼筋洋灰橋面者有青木關橋，三匯附近之吳家橋、太和鎮附近之白衣庵橋及三台南橋 4 座，總長 184 公尺，此外僅有木橋面 18 座，總長約 300 尺，尚待籌款繼續改建。

[①] 原載《川陝公路》1945 年第 12 期。

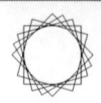

2. 川陝路　本路橋樑共長約 3600 公尺，其中木面橋總長約 2300 公尺，經兩年來之改善，完成鋼筋洋灰橋面石拱橋共計 1000 餘公尺，其餘未能改善之木橋面數百公尺，尚待籌款繼續改建。該路路面前於新建時未將石子打至規定大小，以致行車，除就財力所即業經改善者外，現有 100 餘公尺尚在繼續改善中，至該路快彎陡坡之處，如著名之武侯坡、劍門關、牟家山等處，均已予以改線完成。

3. 漢渝路　該路於本局接管時未鋪路面地段，長達 150 公里，兩年來已全部加鋪完竣。

4. 川鄂路　本路萬三橋、黃家橋、板橋、板猴子背橋、金竹壩橋、磨盤灘橋、長生橋、袁家橋及黃坭橋等 9 大橋，或坍毀有年，或木橋面腐朽。本局成立以後，均經改建為鋼筋洋灰橋，又為便利盟軍輸運物資起見，萬縣江邊之汽車碼頭業已建成，梁萬一段之路基路面亦經加以改善。

5. 青澄支線　該線原有路基低窪，路面不良，雨天行車陷滑，經予改善，現已完成，晴雨暢通無阻。

總計兩年來本局經辦之重要改善工程已如上述，其他較小工程，如增闢廣元渡洪水位碼頭，及改善廣元寶輪院綿陽石門檻各渡碼頭暨充實浮水設備，改善涵溝等，因項目零星，故未計列。

（二）本年度各路水毀工程現況　本年洪水為害各路，水毀工程甚多，除經努力搶修業已全部修復者外，計三台綿陽間及綿陽廣元間，因公款及材料關係，尚有便橋便道數處，而尤以綿陽附近之勝利橋及寶輪院附近之下寺河橋受損最烈，現正一面暫維通車，一面準備材料改建中。

（三）養路費工程　本局各線養路工作，係按各該路運量並配合財力設置道班經常駐路，擔任路面坎坷之修補、路線之巡示、水溝之清疏、邊坡行人道之整理與乎橋涵之保養檢查工作。但為經費所限，未能按工程需要配備道工人數，局所轄各路平均每公里道工人數不及一人，然而交通之賴以維持，此少數道工之設置仍有其功效。

（四）運輸　本局自改組為管理局後，本年八月十六日起接辦川湘公路局之渝廣段聯運業務。抗戰勝利後，本局復奉命擔任復員運輸，自九月二十一日起，渝廣兩線均增加班次。近奉戰運局令復飭渝寶（寶雞）直達客車自十一月二十五日起試辦，每日由渝寶兩地對開客車一輛，此後由渝赴寶或由寶赴渝之旅客，可於六日內完成此 1071 公里之行程，免在中途換車、待車之苦，當較便利多矣。至遂綿（綿陽）、遂南（南充）、渝竹（大竹）各段區間車，近亦奉令辦理，現正籌備中，不日即可開行。

（五）監理　本局工務局時代，監理部分僅辦理轄線內公商車輛之管理、養路費之徵收稽核等專案。本局改組為管理局後，除仍辦理以前之監理業務外，前公路總局所屬之重慶監理所並劃歸本局管理，計增辦汽車之檢驗及司機技工之登記考核、執照之換發等事宜。

19. 川陝公路管理局工作概況[①]（1945 年）

一、前言

[①] 該文原名《三年來之公務》，作者劉宗周，原載《川陝公路》1945 年第 12 期。

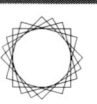

三十二年歲序更新之際，中央為謀適合事實需要，全國公路行政和公路業務，必須健全統一，因將數度遞嬗之全國最高公路機構，由軍事委員會直轄之運輸統制局蛻化為公路總局，還隸於交通部，總攬公路工程及運輸管理等項業務。將各公路幹線之工務與運輸實際事業分設兩局主管，旨在簡化執掌，集中精力以分頭並進，達到提高工作效率之目的。

本局（指前川路工務局）在上述前提下，奉命成立，是年三月在渝籌備，五月正式組局，六月遷局址於遂寧，八月將所轄各路分途全部接收，九月工款撥到，同時展開各路改善及養路工程之實施，進行至三十三年底，各路交通均能暢達無阻。

三十四年初，中央準備對敵軍事反攻，交通與軍事關係緊密，而後方交通脈絡，惟公路是賴，所以公路運輸之監督指揮，自應力求簡化，方能使交通配合實際軍事行動。為符合此項目標，政府不得不將全國最高公路機構，改弦易轍，再度隸屬於軍事委員會，並正名為戰時運輸管理局，使名實一致，且將各路工務及運輸兩局合併改組為公路管理局，使每一公路工程與運輸業務之管理一元化，提高行政效率加強業務機能，庶乎有濟。本局因於是年二月奉命仍就原轄路線，改組為川陝公路管理局，在原有執掌公務之外增辦運輸，擔負軍事反攻時期之重大任務。

二、轄線範圍

三十二年本局成立之初，奉命接管川境內通陝西之軍事幹道：如渝綿、蓉棋、漢渝等路，復以遂寧、梁山兩處機場位於川鄂路上，經常空運器材之補給，胥賴該路之聯絡，乃一併劃為本局主管範圍內。茲將各路線名稱經過城鎮及長度臚列於次：

（一）幹線

1. 渝綿線　經重慶之歌樂山，與重慶市區路線銜接，經璧山、銅梁、遂寧、三台至綿陽，共長 370 公里。

2. 川陝路蓉棋段　起成都經廣漢、綿陽、劍閣、廣元，至川陝交界之棋盤關，計長 419 公里，三十四年七月奉命將廣元至棋盤關一段長 62 公里移交西北公路管理局接管，故本局現轄川陝路，係起成都止廣元，長 357 公里，亦稱成廣段。

3. 漢渝路　起重慶小龍坎，經鄰水、大竹、達縣至萬源，計長 417 公里，惟達縣以北因缺乏重要性。於三十四年奉命暫時放棄養護。

4. 川鄂路　自簡陽起經遂寧、南充、梁山至萬縣，共長 640 公里。

（二）支線

1. 青澄支線　自重慶之青木關起經北碚至澄江鎮共長 36 公里。

2. 綿江支線　自綿陽起經中壩至江油共長 55 公里。

除已奉命移交西北公路管理局接管之川陝路廣元至棋盤關 62 公里不計外，總計本局所轄干支各線長度尚有 1875 公里，附本局轄境路線圖。

三、接管前各公路工程設施概述

三十二年五月本局成立接收各路後，即分別著手調查各路原有工程現況，以為計畫改善之張本。根據調查所得資料，各路工程設施，大率因陋就簡。關於橋涵工程，有臨時式及半永久式之木橋涵，有利用舊式之現成橋涵，寬度及荷重決難適合准標，材料且多腐朽，式樣亦極凌亂。至於路面有已鋪及未鋪兩類，其已鋪路面地段，或石質不良，易致風化，或厚度不夠，無法負重，一至雨天，車馳所屆，泥濘滿途，車輪深陷泥淖中而不能自拔，晴

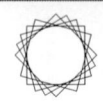

日揚塵四起，行旅苦之。路線多循地勢繞行，故彎道曲徑有小至 10 公尺以下，而縱坡有大至 20%，在當時為圖省工節費，並未顧到行車安全和行車效率，其致此之由，不外：（一）時限迫切，需路通車至急；（二）經費支絀，降低工程准標；（三）修築時期漫無標準，馴至只求路「通」未使路「暢」。局接管各路只有公路雛形，離現代公路准標遠甚，強求擔負抗戰時期後方繁重之軍事通輸以配合軍事進展，實戛乎其難。本局成立，政府期望於本局所轄路線各類工程應有所改進，不但在路通必須使路暢，以免軍事運輸發生停滯現象。但限於國家財力，各路應行改善之各項工程，勢不能通盤徹底全部依照標準辦理，必須依照政府所可能撥發之經費，衡其工程緩急情形，採逐年改善辦法進行，以完成路暢為原則，茲將各路原來工程設施亟待改善之工程分述於次：

（一）渝綿路　本路未鋪路面及已鋪路面而碎石太薄、石質不良仍為陷車地段總長達 200 公里，占全路可以通車無阻之路面地段達 50% 以上，橋涵破損亦極重大，多數木橋因年久失修，已腐朽不堪任重，該項木橋全路計 25 座，長達 468.08 公尺，上列工程為維持交通順暢，必須分期整修或改建。

（二）川陝路蓉棋段　雖經鋪築路面，以未依照標準施工，路面之上大石嶙峋，缺乏表面磨耗層，復有少數地段碎石厚度太薄不夠載重，亟應加石築厚。當前該路最嚴重待解決之問題，首為半永久式之 110 座木橋面，其總長度達 2300 公尺，占全路橋樑 60% 以上，再次則為綿陽寶輪院及廣元三處渡口，因設備欠佳，碼頭不善，影響行車效率。

（三）漢渝路　重慶至達縣間未鋪路面，里程達 150 公里。新築路基並未穩定，而挖方及填方邊坡坍溜土石方極巨。全路 31 座木橋面，共長 361.14 公尺，木料腐損。為使行車暢利，均需整修。

（四）川鄂路　本路係先後分年分段陸續修築，至二十五年始勉強全線修通，路成之後，又因養護欠周，全線路面甚多破壞，簡陽、遂寧、南充、渠縣四渡口，均為臨時式便道，並無正式引道碼頭設備，全路 49 座木橋面共長 662.10 公尺，大樑及面板均已朽蝕，擬就財力所及逐步整理。

（五）青澄支線　路基低窪，路幅窄狹，未鋪路面地段長 6 公里，已鋪路面地段，亦因石質欠堅，厚度不夠，綿雨數日，陷滑難行，全線路面實有徹底改善之必要。

四、三年來各路改善工程進展情形

三年來本局所轄各路應行改善之工程，舉凡路線之裁彎取直，降低縱坡，加寬路基，新鋪及改善路面，改建橋涵以及渡口碼頭設備之充實，皆係因照財力，衡其緩急，分年逐步施行，茲將已舉辦及正在施工中之工程分別略述梗概：

（一）已完成改建之大橋工程　川陝路成都廣元間之黃許鎮、烏木鎮、武侯及王家營 4 大橋樑，原均屬石台墩木桁構橋面，所用木料，悉於建橋時採自深山，未嘗經歷乾燥和處置工作，即行豎架搭橋。完成之後，歷受風雨侵襲，腐蝕自極迅速；復經來往車輛輾壓，大樑及面板自易折斷，雖不斷檢修，交通仍隨時被阻，耗費亦極繁巨，不合工程經濟與運輸迅速及行車安全原則。本局雖於財力拮据情景之下，鑒於工程對交通之重要性，迭經努力，將此 4 大橋樑陸續改建為求永久式鋼筋洋灰板梁橋面，並已分別完成通車，惟在幹道上僅築成 4 公尺淨寬單車道橋面，仍屬美中不足，此蓋為財力所制，非計畫之不周。茲將各橋工程狀況清單如次：

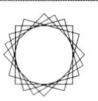

橋名	椿號	材料式樣	孔數	徑間（公尺）	總長（公尺）	橋面寬（公尺）	建築經費（元）	完成年月
黃許鎮	80+605	鋼筋混凝土板梁橋	13	12.80				
			15	5.00	241.40	4.00	45760419.20	三十四.六
烏木鎮	125+533	土板梁橋	12	12.8	153.60	4.00	7159931.82	三十三.四.十九
武侯橋	269+600	鋼筋混凝土	2	5.55	65.50	5.00	2297106.91	三十三.四.三十
		土板平橋	9	6.00				
王家營	350+080	鋼筋混凝土板梁橋	1	7.50				
			4	6.90	101.25	4.00	18667000.00	三十四.七
			2	7.25				

　　（二）完成新建渡河大橋工程　無論任何渡口，倘財力許可，應以建築永久式橋樑為原則，建築費一次支付，固甚巨大，但節省逐年累積之渡口維持費實至可觀，對於提高行車效率及便利行人，則有其特殊功用，以渡代橋，非可以望其項背。軍事時期，迅速安全第一，以橋代渡，方能達成任務。本局所轄各路渡口共有9處之多，河面寬狹不一，工程大小懸殊，乃就財力所及，先將渝綿路河渡口，計畫廢渡建橋，以謀逐步減少渡口之設置。經於三十二年底詳細鑽探基腳，選擇橋位，為遷就地形，適應地質，渝岸兩孔17公尺同徑間，灌注鋼筋洋灰板梁橋面，中跨河一孔30公尺徑間，為鋼架桁構鋼筋洋灰橋面，綿岸一孔12公尺徑間，亦係灌注鋼筋洋灰板梁橋面，共計四孔，總長81公尺。台墩悉屬石洋灰漿砌，中孔桔水面距橋面底高約達10公尺，橋面淨寬4公尺，兩端接線引道804公尺，全部工程，完成於三十四年六月二十日，共計建築費3400餘萬元，惟三十三年一度因工款不濟，施工停頓，以致完工期限展至三十四年，復以材料價值倍增，工程費超出預計達40%以上，終能克服困難，完成此巨大橋工，事之竟成，非偶然也。

　　（三）改建中之大橋工程　渝綿路三台南橋原為26孔石台墩木梁石面式舊橋，全長138.42公尺，橋面寬4公尺，構造有悖近代橋樑建築原理，且年久失修，石面多折斷，木梁泰半腐朽，業已失卻荷重能力，行車極為危殆。目前該橋多孔繫於橋下加撐支持，以維臨時交通。為免除上述行車危險，符合現代公路車輛載重起見，業經計畫將該橋橋面改建永久式鋼筋洋灰板橋面，並將原有台墩加高1公尺，兩端接線亦同時提高，俾新建橋面在通常洪水位之上。該橋改建工程已組橋工所負責施工中，便橋便道業已竣工通車，正橋工程正準備拆卸改建，所需鋼筋洋灰，均已備齊，預計三十五年四月間可全部告竣。改建工程費共計約需6700萬元。

　　川陝路成廣段下寺河橋，原為石台墩木平橋，全橋18孔，共長107公尺。於三十四年八月間為洪水沖毀橋面14孔，交通一時為之阻斷，此即用最迅速方法於二日內設渡通車，嗣後感覺車輛過渡極不方便，且維持渡務，需費甚巨，乃決定廢渡運架便橋，以維臨時交通，茲便橋已於十二月十日工竣通車。然便橋非能持久，洪水季節輒為大水摧毀，非將正橋修復，實不足以勝任繁重交通。為資永逸計，就原正橋位置利用原來台墩計畫改建為永久式鋼筋洋灰板橋面，材料業已備齊，預計本年四月可以改建完成，工程費計需4500萬元。

　　（四）各路各項重要工程改善狀況　本局三年來經濟已完成及即將完成之大橋工程，已詳前述。各路其他各項工程之改善，經衡量緩急，配合財力，銳意籌畫，諸如各路橋涵之改建加固；路面之鋪修備料；路線之裁彎降坡，以及渡口設施之充實；高低水位碼頭之增築加強；

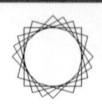

均曾竭盡其力，而橋涵路面之良，直接關聯於交通之暢利，所以備加重視，故年來以改善此兩項工程為中心工作，並已著成效。雖各路各項工程損壞程度不一，改善結果，消長互見，然為提高工程標準，加強運輸效能，初無二致。茲就三年來各路業已完成及即將完成之各項改善工程，分別摘陳於次：

1. 渝綿路　該路年來計已加固木橋抽換大樑面板 18 座，共長 287 公尺。新建涵溝 3 道，整理涵溝 6 道，鋪修路面 135.30 公里，備料 5838.76 公方，新建渡船 1 只，修理渡船 3 只，以及其他零星工程如清理坍方、增設標施、修理防護工程，均經按照實地需要情形而有所改善。正在施工中之白衣庵、吳家橋、青木關等三橋，計長 47.56 公尺，改建為永久式鋼筋洋灰橋面工程，及遂甯附近桂花鎮街道增築涵溝七道工程，短期內亦可次第告竣。該路各項工程三年來，雖均經局步改善。然為公款控制工程，其結果僅在完成路暢局面。離現代公路工程標準則遠甚。該路未經改建之木橋，尚需徹底整理，業已損壞之石拱橋，必須拆建，已經翻修及尚未整修之路面，應再加強，方勝重荷。至於路線之裁彎取直，亦應有所籌謀擘劃，俾成完善公路。

2. 川陝路蓉棋段　該路木橋業經改建為永久式鋼筋洋灰橋計 34 座，共長 348.28 公尺。抽換大樑面板加固木橋計 30 座，新築涵溝 27 道，整理涵溝 2 道；翻修路面 58.05 公里，碎石備料 1425 公方，新造渡車木船 24 只，修理渡車木船 28 只，整理汽劃二次各 6 只，增築廣元東岸洪水碼頭 1 處，每年洪水前後培修廣元寶輪院及綿陽三渡口中低水位碼頭各 1 次，至於全段護欄標誌之整修，堡坎之加固，橋墩之護基，均經就財力所及分別改善。再該路正進行改建鋼筋洋灰橋面 9 座，共長 185.00。加固木橋三座及翻修路面 27 公里，正加速施工中，短期內可全部藏事。惟尚未改建之木橋及須待翻修之路面，尚應籌畫請撥鉅款繼續實施；而廣寶綿三渡口在財力充裕之時，實應廢渡運築大橋，以增強運輸效力，確保行車安全，固不僅在節省逐年累計之巨額渡務維持費而已。

3. 漢渝路　經將該路原木橋改建為石拱橋計 1 座長 6.10 公尺；抽換大樑面板加固木橋 14 座；增築涵溝 5 道，新鋪路面 102.64 公里，碎石備料 2000 公方；整修石門檻渡口碼頭及充實船具設備，每年均經於洪水前及洪水後分兩次辦理，共計新建渡車木船 2 只，修理渡車木船 5 只，洪水季節拖拉渡車木船過渡之汽劃 2 只。因使用年久，引擎損壞，零件不全，完成大修一次，埋設大竹至萬源間里程號誌 140 塊，清除坍溜土方 11500 公方，石方 4000 公方，重開路基邊溝 5 萬餘公尺。該路雖為溝通重慶至陝西之最短路線，然因萬源至陝西西鄉縣一段山嶺路線未經開闢，所以北行赴陝車輛現尚繞道成都廣元或遂寧廣元兩線，時間與經濟皆不合算，實有及時展築之必要。而重慶至萬源已成路線各項工程，應切實加強，俾符合現代公路工程標準。

4. 川鄂路　該路木橋經改建為石拱橋計 4 座，共 37.78 公尺，抽換大樑面板加固木橋計 20 座；新建涵溝 47 道，修理涵溝 12 道，翻修路面 8.10 公里，加石填平整理路面 83 公里，碎石備料 1400 公方，新築過水路面 30 公尺，寬 7 公尺，加寬路基長約 1 公里，土方 4930 公方，石方 14320 公方；新造渡車木船 6 只，修理渡車木船 4 只；埋設遂甯至渠縣里程標號 261 塊，整修簡陽、遂寧、南充及渠縣四渡口碼頭每年 1 次，船具設備亦逐年充實加強，已興工改建之鋼筋洋灰橋面 3 座計長 45.50 公尺，及石拱橋 7 座計長約 90 公尺，即將於短期內完成，新闢萬縣江邊碼頭，接線引道並計全長 680 公尺，已於三十四年十一月十五日

全部告竣。

5. 青澄支線　加固木橋整理石拱橋各 1 座；新建涵溝 4 道，鋪修路面 25.25 公里；清除路線坍方 1086 公方，開鑿路基石邊溝 758 公尺；新建石護欄 440.80 公尺及堡坎 6.10 公尺。

三年來各路已完成及即將完成之各項改善工程總計有：將原木橋改建為鋼筋洋灰橋面 56 座，共長 1511.75 公尺，改建為石拱橋 26 座，共長 340.06 公尺，及加固原有其他未經改建木橋 86 座，增建涵溝 93 道，整理涵溝 20 道；鋪修路面 365.40 公里，加石填平整理路面 83 公里，碎石備料 10663.76 公方；路基加寬完成土石方 21532 公方，路線改道完成土石方 6013.74 公方，清除路線上坍溜土方 17587.45 公方；新建渡車木船 33 只，修理渡車木船 40 只及汽劃 14 只；增築廣元東岸洪水位碼頭及新辟萬縣江邊接軌物資碼頭各 1 處，其他零星小工程之整修：如各渡口碼頭逐年之培補，護欄之增設整理，堡坎之修復，橋墩之護基，里程號誌之埋置，行車標誌之豎立，以及臨時發生各項水毀工程之搶修，因此類工程零星瑣碎，故未以數字詳述，然仍為本局年來改善工程之一環，未嘗以工程微小，而忽視其對行車效率和行車安全之功用。

五、三十四年各路水毀工程略述

本年入夏以來，川省各地大雨滂沱，山洪暴發，夏末秋初，其勢更熾，各河水位之高，殆為數十年所僅見，兩岸堤堰，已無法束水歸槽就下，氾濫橫溢，不可向邇，本局所轄各路各項工程，均被災奇重。漢渝路渝竹段於六七月間受水害於前，渝綿路綿遂段、川陝路成廣段及川鄂路於八九月間被洪流於後，當時交通為之阻斷，然經全力漏夜冒雨搶修，三數日各路交通均以臨時便道便橋而告恢復。自經此重大水災之後，各路水毀之重要工程據調查所報：為橋樑 48 座，涵溝 70 道，路面約 40 公里，路基 4.5 公里，路線上坍溜之土石方 44900 公方，堡坎 25 處，渡口碼頭 5 處以及其他零星小工程。為使三十五年洪水期之交通正常暢達，在此枯水時期，正為恢復水毀工程施工之最佳季節，現候層峰撥發鉅款辦理中。

六、養路工程

養路目的和方法　本局三十二年接管各路後，經按工程現況，並就財力配合運量之繁簡，組設經常養路道班，分駐各路沿線各路段，擔負平時養路工程之實施。其主要工作為：

（一）修補路面　採集修補路面所需之石砂，整理路基，清疏水溝，檢修橋涵，粉刷標誌號，巡視路線，撤出路上有礙交通之障礙物，以完成交通順暢為主旨。

（二）道班組織及分配　每道班之編制為 15 人，內以 1 人為班長，1 人司炊事，實際工作人數為 13 人，由班長統率在路實施各項工程之保養。道班養護路線之長度，根據運量繁簡及工程設施之優劣而劃分段落，大體上自 12 公里至 50 公里不等。直接指揮並監釘作之管工人員由監工任之，每一監工指揮一道班或兩道班，當視其養護距離長短而確定。本局配備各路道班，並未完全就工程上之需要而設置，仍以財力豐絀情形為轉移，渝綿路實際有效工作人數平均每公里不過 1.2 人，川陝路成廣段則為 1 人，漢渝數及川鄂兩路僅 0.4 人，此種就款派工之不合理措施，非籌謀不善，實以囿於現時環境。

（三）養路工作成績　年來因生活高漲，道工待遇微薄，招募精壯工人匪易，雖然有此困難，仍竭力克服環境，使各路養護工作順利進展，除因特殊不可抗之天災外，各路交通從無間斷，設非道工保養得力，決難臻此境地。吾人固未嘗滿意其成就，隨時在不斷改進中求進步，以符吾人養工護路之目標。茲就三十三及三十四兩年度各路養路工作成績歸納如

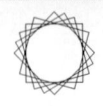

次表。

路別	工數（工）	搥運石砂（公方）	鋪修路面（平公）	清除坍方（公方）	清疏水溝（公尺）	整理路肩（平公）	檢修橋涵（座）埋設標誌號（個）	栽植行道樹（株）	備考
渝綿線	177463	352	901040	6305	118287	102303	229／249	530	包括青澄支線在內
川陝路	147041	3709	2120236	689	68722	10000	98／6		包括綿江支線在內
漢渝路	38406		79453	2930	96106	70400	40／51		
川鄂路	63369	1444	75161	21428	109235	12970	106／652	1700	
小計	426279	8905	3175880	31852	392350	195673	473／958	2230	

七、結論

三年來各路改善及養路工程，雖在國家財力限制物價狂漲情形之下，仍能竭盡全力，以謀推動各路各項工務之進行。雖三十三年秋季兩月長時間之綿雨及三十四年夏秋之季，兩度洪水，各路交通曾受阻斷，此乃為不可抗禦之天災所構成。然於極短時日內得告恢復，除此以外，各路交通未嘗因工程之阻滯而影響車輛行馳，是本局維持路暢初步任務，已完成其使命。

20. 關於改進重慶市區公路交通管理辦法的一組文件（1945年5月）

一、軍委會代電（5月1日）

戰時運輸管理局俞兼局長、重慶市政府賀市長均鑒：茲抄發魏德邁將軍四月二十七日第538號備忘錄一件。所請組織行車聯合管理委員會一節，應准照辦，除復外，希各派員會同辦理具報。中正。辰東申侍參。

附魏德邁一九四五年四月二十七日第538號備忘錄

現時重慶人數及汽車數目日增，致令車輛擁塞之公路，成為嚴重問題。茲職建議，請採取緊急行動，頒佈近代化的行車法令，建立管理機構，以規範車行，減少失事。在目前，一方面市面公共汽車及其他汽車開行速度過快，往往傷及行路之人；在又一方面，路上行人亦無限制地在街道上觀望，亦為汽車傷人案件增多之一因。

建議：擬請鈞座及職共同指派中美人員，組織行車聯合管理委員會，研究上述問題，並向鈞座建議應如何訂立行車法規及建議管理機構，不僅通用於重慶區域，而且通行於全中國各區。

二、軍委會戰時運輸管理局公函（5月8日）

案奉軍事委員會本年五月一日第一八二七號侍參代電，抄發魏德邁將軍四月二十七日第538號備忘錄一件，關於改進重慶市區交通管理一案，飭會同辦理具報，等因。自應照辦。茲定於本月十一日（星期五）上午九時，在本局運務處開會商討，用特函請查照，屆時派負責人員出席，討論進行辦法為荷。此致

重慶市政府

兼局長　俞飛鵬

三、改進市區及公路交通管理辦法討論會記錄（5月11、12、13日）

時間：三十四年五月十一日、十二日、十三日
地點：戰時運輸管理局運務處
出席：王兆槐（交通巡察處）
　　　葉在杭　胡希之（市政府）
　　　王尚質（本局警稽室）
　　　孔慶饒（市警察局）
　　　謝文龍（本局運務處）
　　　繆經田（本局秘書室）
　　　王潤生（本局運務處）
　　　白利上校（美軍部）
　　　張子孚（本局運務處）
主席：謝文龍
記錄：張子孚
主席報告：

茲奉軍事委員會代電，抄發魏德邁將軍備忘錄一件，提請改進重慶市及全國公路交通管理辦法，飭會同辦理具報一案，特請諸位出席，共商進行辦法。

討論事項：

一、關於汽車行車部分：〈第221—223頁辦法已列，此處刪略〉

二、關於人獸力車行車部分須注意下列各點：〈第221—223頁辦法已列，此處刪略〉

三、關於行人牲畜部分須注意下列各點：〈第221—223頁辦法已列，此處刪略〉

四、關於重慶市區交通改進辦法：

（一）市區人行道上一切障礙物及足以妨礙行人之情事，由市政府責成警察局負責取締（石子、沙泥、水池、攤販、什物、招牌、廣告、擱置之汽車、挑水行列、不適宜地點之壁報、臨時街頭成群聚集之行人等等）。

（二）全市交通紀律之維持，應由員警負責其全責，惟須加以訓練。

1. 指揮行車手勢，一律改為雙手平舉式一種。
2. 遇有違章車輛，先用勸告，司機如不聽從，應抄錄車號分別通知美軍部、軍政部或戰時運輸管理局查明取締之。
3. 沿路人行道上及路上，如有聚集觀望，或臨時發生情事，足以妨礙交通者，須隨時注意勸導。

（三）由市政府（員警工務兩局）衛戍總司令部（交通處）交通巡察處戰時運輸管理局會同派員巡視全市，研究下列各項問題，提請市政府執行之。

1. 人行道之擴充及開闢。
2. 選定汽車停車地點與停車場。
3. 交叉道員警崗台及軍用堡壘，是否仍有保留之必要。
4. 自來水給水站之數量及地點之改進。
5. 壁報張貼地點。

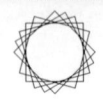

（四）由市政府（警察局）衛戍總司令部（交通處）戰時運輸管理局定期派員檢查全市汽車及司機牌照。

　　（五）以上各點，擇要發報通公告周知。

　五、以上議決各案施行辦法如次：

　　（一）第一案關於汽車行車部分，由戰時運輸管理局譯送白利上校，轉呈魏德邁將軍核定後通令美軍駕駛人遵照。

　　（二）第一案至第四案由戰時運輸管理局呈請軍事委員會分別通令各軍事政府機關遵照辦理，並將第一、二、三案以命令公佈。

21. 關於車輛改為靠右行駛的一組檔（1945年7—9月）

一、行政院令（7月5日）

令重慶市政府

奉委員長蔣本年六月二十二日侍參第二四五一號巳養酉侍參代電開：

　　查我國車輛多由美國輸入，其方向盤及燈光之安置，均係依照美國交通規則靠右行駛設計。惟我國現行交通規則，係靠左行駛，其方向盤及燈光等非先改裝不切實用。茲為節省改裝，減少肇事起見，亟應修改。著自本年十月一日起，全國一律改為靠右行走，在施行之前，希即先期準備，廣為宣傳，俾交通警察之指揮，得先訓練，民眾及車馬之行駛，得以周知。等因。自應遵辦。除通令各省省政府、交通部及戰時運輸管理局外，合行令仰遵照並轉飭遵照。此令。

院長　宋子文

二、全國公路車輛靠右行駛討論宣傳會議記錄（7月5日）

時　間：三十四年七月五日
地　點：戰時運輸管理局會議室
出席人：孫　民（中央執行委員會秘書處）
　　　　楊國鼎（中央宣傳部）
　　　　班鎮中（教育部）
　　　　陳鹹照（內政部）
　　　　吳曙曦（社會部）
　　　　魏　敦（外交部）
　　　　張正宗（經濟部）
　　　　胡希之（重慶市政府）
　　　　盧雲程（外事局）
　　　　何伯塤（軍訓部）
　　　　楊培元（新運總會）
　　　　周　謨（交通巡察處）
　　　　龔學遂（戰運局）
　　　　王潤生（戰運局）

張子孚（戰運局）

主　席：龔學遂
記　錄：劉振華

一、報告事項

主席報告

　　最近本局奉軍委會命令，於十月一日起全國車輛一律改為靠右行駛，飭預為宣傳，以策安全，等因。自應遵照辦理。本案原係由魏德邁將軍向委座建議，為適應世界趨勢，並配合盟軍作戰起見，希望中國亦可採此辦法。當蒙委座採納，並決定以三個月為籌備宣傳時間，於十月一日起實行。這是本案的經過情形。但茲事體大，有關全國行車習慣之改變，各機關均有密切的關係，所以邀請各位前來共同商討，如何推進此項宣傳工作，希望多多指教，以免實行時發生困難。此外，由本局張科長子孚再為補充報告。

張科長報告

　　關於車輛靠右行駛問題，報紙、雜誌早經有所論，列最近軍委會決定實行，實為適合世界趨勢之舉，就是時間方面，也相當。以世界大勢而論，以戰前調查所得，左行者有 12 國，如中國、日本等。右行者有 21 國，如美國、蘇俄、法國等。所以右行者占國家全數 7/10。以全世界之汽車數而論，據一九三六年調查，共有 3600 萬輛，右行者有 3159 萬輛，占全數 9/10。所以改為右行，實為適合世界趨勢。再以我國目前汽車情形而論，舊車正在逐漸破毀、減少，同時新車由美方訂購者尚沒有大批湧到，實為青黃不接時期。在運輸方面固屬極端困難，但是在改革行車方面而論，確為極適當的時間。至於實行起來當然難免有困難之處，但是也不是不可克服的。第一點，關於司機習慣問題當然最大。本來開慣靠左的一朝改為靠右，似乎不容易。可是為了司機個人的切身利害關係，如不小心就有生命之憂，所以比較其他習慣的改變要容易得多。第二點，是車輛裝制問題。靠左者方向盤應在右面，靠右者在左邊比較容易開，如果全部改裝，事實上絕難辦到。不過現在所有舊車，因廠牌龐雜，方向盤左右都有，但是我們司機都能同樣駕駛，所以一朝改為右行，即使不改裝也沒有多大問題。還有其他慢行之人獸力車，當然應該與汽車同一方向，因為速度慢，其改變也沒有問題。至於行人問題，以往是規定與汽車同一方向的，似乎不甚妥善，因為同一方向不容易避讓。假使改為相對方向，就可以看見來車，互相避讓，更可以減少肇事。所以對於行人方面，應該維持原來的方向，仍舊靠左走。因此我們所定的標語是：「車輛靠右行，行人靠左走。」請各位代表多多指教，如何宣傳，使得實施的時候得以順利進行，不發生肇事，這是最所盼望的。

二、議決事項

（一）由中央黨部通電全國各級黨部發動黨員宣傳。

（二）由中央宣傳部通電全國各大小報紙在報紙邊線外面或新聞中間加印「自本年十月一日起車馬靠右行，行人靠左走」字樣，連續刊載至本年底止，及電影院義務公告。

（三）由教育部通令改正各級學校教科書及民眾教育讀物。

（四）由社會部通令各級社會團體注意宣傳。

（五）由內政部：1. 通令各級政府就地公告區保甲長按戶口頭宣傳注意。2. 通令各級警察局立即訓練交通警察，準備指揮車馬。

（六）由經濟部通令所屬運輸生產機關注意宣傳。
（七）由外交部通知駐華各使領館注意並轉飭各國人民注意。
（八）由外事局通知駐華各國軍事代表團轉飭注意。
（九）由軍政部通令軍車駕駛士兵注意。
（十）由軍訓部通令各軍事學校暨訓練機關改正教材。
（十一）由交通巡察處通令各地檢查所公告並口頭告知各司機注意。
（十二）由重慶市政府通令所屬知照並飭警察局準備訓練交通警察。
（十三）由新生活運動總會通行所屬各分會宣傳。

三、內政部公函（9月6日）

　　准軍事委員會戰時運輸管理局代電，略以全國公路車輛決定自本年十月一日起改為靠右行駛，關於以往規定之駕駛人行車手勢及交通警察指揮手勢亦應改變。經與駐華美軍總部交通管理專家研究，釐訂簡單適用易行之手勢圖，檢請印發各級員警訓練機關，列入教材並分發各級員警機關□□訓練交通警察，等由。附駕駛人行車手勢暨交通警察指揮手勢圖各一份。應即照辦，除分行外，相應抄送原圖，函請查照轉飭遵照為荷！此致
　　重慶市政府附抄送駕駛人行車手勢及交通警察指揮手勢圖各一份〈略〉

部長　張厲生

四、行政院命令（9月19日）

　　令重慶市政府：
　　據戰時運輸管理局運字第一零二八九號申寒運監渝代電稱：
　　奉鈞院本年八月二十一日平肆字第一七七六三號訓令抄發國府修正改進市區及公路交通管理辦法飭遵照等因，並奉軍事委員會八月二十五日會辦總通字第零九三一九號令飭將原發上項改進辦法內靠左靠右各點分別修正於十月一日汽車改靠右行日起實行，等因，自應遵辦。惟查汽車改靠右行。業奉軍事委員會申微侍參字第三二五八號代電改為明年元旦起實行，奉發上項修正改進辦法，擬請迅賜轉呈，亦改為明年一月一日起實行以資符合。謹電陳覆，敬祈鑒核施行。
　　等情應准照辦，除呈報國民政府備查及分行各省省政府、臺灣省行政長官公署、交通部並電□外，合行令仰遵照。此令。

第四章 航空

一、管制、管理法規

1. 四川省政府為轉發《航空委員會飛行站場借用規則》給重慶市政府的訓令（1937年6月30日）

案奉行政院二十六年五月十八日第四〇二九一六號訓令開：

案奉國民政府二十六年五月十一日第三七一號訓令內開：為令知事，查航空委員會飛行站場借用規則，現經制定明令公佈，應即通施行。除分行外，合行抄發條文令仰知照。並轉所屬一體知照。此令。等因。計抄發航空委員會飛行站場借用規則一份，奉此，除分令外，合行抄發原件令仰知照，並轉飭所屬一體知照。此令。等因。計抄發航空委員會飛行站場借用規則一份。奉此，除呈覆並分令外，合行抄發原件令仰知照，並轉飭所屬一體知照。此令。

計抄發航空委員會飛行站場借用規則一份。

中華民國二十六年六月三十日
主　席　劉　湘
建設廳長　盧作孚

航空委員會飛行站場借用規則
（1937年5月11日）

第一條　凡經核准之外籍飛機及本國非軍用飛機，在本會所屬飛行場站臨時升降，或借用站舍機棚地面及其他建築物貯存者，依本規則納費。

第二條　飛機貯存費係按該機翼長及機身全長所占之面積；並包括降落燈、航行燈使用費；航行報告供給費；以及看管飛機各種工役費，一如推動飛機及添加油料等而言。

第三條　凡使用機棚以外之飛行場範圍內地面而納費者，為場地費。使用機棚而納費者，為機棚費。

第四條　各項納費規定如左：

一、場地費

（一）凡飛機暫時使用本會所屬各飛行場者，無論起落、不分晝夜，每次納幣1元（夜間燈火費除外）。

（二）氣球飛艇之升降費另定之。

（三）僅在飛行場範圍內指定之區域停放，凡二日以內者，按機棚費1/3計算；二日以上者，按1/2計算。

如所用飛機之翼可以折疊，或將飛機拆卸貯存者，其應納之費，可按折疊或拆卸後面積計算之。

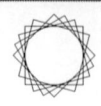

二、機棚費

機棚費	日費	月費
小型飛機佔地面積在 50 方公尺以內者	2.5 元	50 元
小型飛機佔地面積在 90 方公尺以內者	5 元	100 元
中型飛機佔地面積逾 90 方公尺至 180 方公尺以內者	10 元	200 元
大型飛機佔地面積逾 180 方公尺至 360 方公尺以內者	20 元	400 元
大型飛機逾 360 方公尺者	30 元	600 元

第五條　飛機在夜間起落需用燈火時，分柴火與照明燈兩種。如用柴火，應按所用之材料多寡算費。就照明燈時，則依下列規定分別納費：

一、小火（僅照滑走地區）納國納幣 10 元；

二、中火（照滑走地區及其附屬地區）納國幣 20 元；

三、大火（照飛行場全部）納國幣 40 元。

第六條　本國民用飛機（除營業之商用機外），借用本會飛行場時，得按第四條規定八折納費。

第七條　國籍或外籍飛機因特別情形，經政府特准者，得免納費。

第八條　各項應納費用，如屬短期者，應於飛機場前繳納。在一月以上者先納 1/2 餘者期滿繳納，由各站場登記，分別核收掣發收據□集報解，其收據格式另定之。

第九條　各站場之建築物及地面在借用期間，各該站場仍負管理全責。

第十條　凡國籍、外籍各機，借用本會建築物及地面時，其工作及飛行時間、使用地帶等，均須受該站場長之支配，並遵守本會所頒一切飛行規則。

第十一條　凡飛機存於站場，除有特別情形經該管站場長允許代為照料者外，須自行留人管理。

第十二條　在借用期間，因天災及人力不能抵抗之禍患，所發生一切損失，各站場不負賠償責任。

第十三條　本規則自公佈日施行。

2. 航空保安建設費徵收辦法[①]（1938 年 6 月 24 日）

一、本部為充裕航空經費，以推進航空建設，保障飛行安全起見，特於航空乘客及空運貨物附收定額之費，定名為航空保安建設費。

二、前條所稱航空乘客及空運貨物，係指國內各航空線及國際航線在國內一般所搭載之乘客及載運之貨物而言。

三、航空保安建設費之徵收率定為客貨票價之 15‰，由各航空公司隨票價代收。

四、各航空公司於票價以外代收之航空保安建設費，應併入原票價內，定為一個單一票價。其因併入該費後票價發生畸零之數者，並得斟酌加減以成整數。此項加減之數不得超過 5 元。該公司仍一律以總票價之 1075 分中之 75，於每月十日以前，將上一月所收之款用「交

---

① 本辦法於 1938 年 3 月 23 日由交通部頒發，同年 4 月 1 日施行；同年 4 月 19 日修正第一、第二、第三條條文，同年 6 月 24 日修正第三、第四條條文。原載交通部編：《交通法規彙編補刊》，1940 年出版。

通部航空保安建設基金」戶名逕行存入郵政儲金匯業局，同時將該月份代收保安費款數，暨各航站乘客貨物運輸數量到達航站收費數目等項，分別清單呈報本部，以憑審核。

五、前項徵收之款，由本部指派基金保管委員會予以保管，俟積有成數以後方得動用。基金保管委員會組織章程另定之。

六、前項航空保安建設基金，以用於研究及發展公用及自用航空運輸事業，並保障其安全為限。詳細用途由基金保管委員會擬具，呈經本部核定之。

七、本辦法有未盡事宜，由本部隨時修正之。

八、本辦法實施日期另定之。

3. 非常時期民用航空乘客購票及包機辦法[1]（1938 年 11 月 22 日）

一、現值非常時期，為防止各航空線奸人活動及窺測起見，所有乘客均應備具證明檔，經審查核准方得依次購票。

（一）黨政軍學各界乘客，應由所屬機關部隊學校備具證明文件。

（二）商民乘客，應由所屬公司行號或當地士紳備具證明文件。

（三）各國外交人員及僑民，應以本人護照為證明文件。

二、證明檔內容，應敘明乘客姓名性別籍貫年齡起訖地點因何事由及隨帶物件。其以護照證明者，應由本人填具購票請求書留存航空公司備查，請求書內容與上開證明檔內容同。

三、凡發售客票之各民用航空站，均由航空委員會指派官佐一員常川駐站，擔任審查乘客證明文件事宜。除外交人員外，遇必要時並得施以檢查。

四、乘客到站購票，應先將證明文件交出，經航委會駐站人員審查核准後，再由各站售給客票。其未經核准者，概不售票。

五、各航空公司職員因公往返各站持用免票者，亦照前項手續辦理。其證明文件即由各該公司備具。

六、倘飛機到站發現無票乘客，應由駐站軍警檢查扣留，送由當地軍警機關訊明情節，報請軍委會核辦。

七、各公私機關團體如欲包機乘用時，應由各航空公司敘明情形，電呈交通部核准後方得派機。每十日由交通部呈報軍委會備案一次。

八、各航空公司如有違反前列各款情事者，由交通部查明情節，予以懲辦。

九、除前列各款規定外，其他事項仍照各航空公司向章辦理。

十、本辦法自公佈日施行。

4. 交通部為修建九龍坡機場致重慶市政府公函（1939 年 2 月）

查本部為便利渝市航空交通起見，現經勘借九龍坡成渝鐵路站址及附近地點，修建民用飛機場，並定於本月二十四日正式開工，期於最近期內完竣，恐外界不明真相或有藉端滋擾，臻礙工程進行。相應迎請查照，出示佈告，嚴禁一切閒雜人等阻撓工事，以利進行。

---

[1] 1937 年 12 月 9 日交通部頒發，同年 12 月 31 日修正第七條條文，1938 年 11 月 22 日修正第一條丙項及第二條條文。原載軍政部兵工署編印：《法令選輯》第 3 編，1941 年出版。

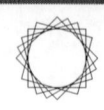

至紉公誼。此致
重慶市政府

部長　張嘉璈

5. 交通部民用飛機養護檢查暫行辦法（1939 年 3 月 30 日）

　　第一條　本部為維護民用飛機飛行安全，預防意外危險，特制定本辦法。
　　第二條　凡一切民用飛機均須遵照本辦法辦理。
　　第三條　各公司除原有修理廠外，應於航線各主要場站儲備消耗零件材料，指派高級機械員一人、機械員一二人，負飛機翼身及發動機檢查修理之責，並呈報本部備案，以便稽考。
　　第四條　飛機翼身及發動機，應嚴格依照原製造廠規定期限，按時大翻修，不得借詞拖延。
　　第五條　飛機翼身發動機及螺旋槳，均應備有經歷簿各一本，詳記名稱、號數、飛行鐘點、檢查日期，損壞狀況、修理情形、修理日期等項，每次登記均須有負責人簽署證明。此項經歷簿須隨機攜帶，以便稽查。
　　第六條　飛機翼身及發動機大翻修，應在修理廠行之，每次應分別在經歷簿上登記之，並由負責翻修人簽署證明。
　　第七條　平時之養護檢查，應隨時注意行之，亦應記載於經歷簿上，並由負責人簽署證明。
　　第八條　凡一切民用飛機未遵照本辦法檢查，或遵照檢查而尚有障礙者，均不得飛行。違者依照法令規定嚴予處分。
　　第九條　飛機起飛之前，應由負責人機械員依照程式嚴密檢驗，如發現障礙，應立限通知飛機師暫停飛行。如不通知或經通知，而飛機師仍不停飛時，均應分別依照法令嚴予處分。
　　第十條　本部航政同為督促本辦法施行起見，得隨時派員稽查。
　　第十一條　本辦法自公佈日施行。

6. 重慶市政府關於轉發《交通部管理重慶珊瑚壩飛機場暫行規則》訓令（1940 年 3 月 14 日）

　　案准交通部二十九年三月八日航空字第五六二七號公函內開：
　　查重慶珊瑚壩民用飛機場，向由使用該場之航空公司自行管理。茲為嚴密管理起見，特改由本部航政司管理，並制定管理該場暫行規則，派本部航政司高□辦大經兼任該場督察，另派黃一葦為該場場長。除繼續辦理有關該場管理事項暨分函外，相應抄同該項暫行規則，函請查照，並轉飭有關所屬知照為荷，等由。附抄送管理重慶珊瑚壩飛機場暫行規則一份。准此。除分令外，合行抄發原規則一份，令仰知照，並轉飭所屬知照。
　　此令！
　　附抄發交通部管理重慶珊瑚壩飛機場暫行規則一份

市長　吳國楨

交通部管理重慶珊瑚壩飛機場暫行規則

第一條　本場職員之組織，遵照部訂管理本場辦法第二第三兩條之規定，本場設場長一人，承航政司督察員之指導，負責管理全場事宜；設事務員二人至四人，聽受場長指揮，辦理本場一切事務。

第二條　本場警衛之組織，遵照部訂管理本場辦法第六條之規定，由部商請重慶衛戍總司令部加派憲兵駐場，負責擔任警衛事宜，同時聽受場長指揮。另由本部總務司調用本部警士二名，常川駐場，聽受場長之命，協同維持本場秩序。

第三條　本場規定之職掌如左：

一、關於場內秩序整潔及警衛消防事項；

二、關於場內航空應用一切符號標誌燈標及照明事項；

三、關於各民航機之出發與到達升降之指揮事項（飛行場航機遵守規則另訂之）；

四、關於場面及廠庫房屋之修繕工程指導事項；

五、關於場內一切設備之保管事項；

六、關於臨時到場工作員工之支配及指導事項；

七、關於各民航機出發與到達客貨之登記及檢查事項（請海關及有關各軍警機關派員駐場辦理，其檢查辦法由各該機關自訂）；

八、關於場內設備及改善之一切工程計畫事項；

九、關於場內油料收發登記事項；

十、關於各發航機出發與到達之消息問訊及廣播報告事項；

十一、關於氣象報告事項（請當地氣象臺供給報告，由各民航公司電臺自行送達）；

十二、關於場內附設販賣部營業監督事項。

第四條　本規則自奉部令批准日施行，如有未盡事項及增減之處，得隨時呈請修改之。

7. 軍委會為頒佈《民用空運統一檢查實施規則》給重慶市政府的訓令（1941年4月23日）

茲制定民用空運統一檢查實施規則公佈施行，除分令外，合行檢發規則一份，令仰遵照。此令。

附民用空運統一檢查實施規則一份

民國政府軍事委員會委員長　蔣中正

民用空運統一檢查實施規則

第一條　民用航空器航站乘客及貨物之檢查，悉依本規則辦理之。

第二條　空運統一檢查，由軍事委員會指定辦公廳特檢處，於必要航站組設檢查所，負責主持辦理。另由航空委員會、財政部（海關或貨運稽查處）、交通部（航政司）派員參加之。

第三條　檢查所設主任一員（由特檢處派），副主任三員（航委會財政部交通部各派一員）及檢查員事務員若干人。檢查所之編制及服務細則另訂之。

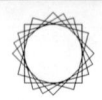

第四條　檢查所主任直屬軍事委員會，承辦公廳特檢處之命，主持本所一切事宜。各參加機關所派之副主任及檢查員，各承其派遣機關之命，分任檢查及執行其特定任務，並受主任之指導監察。

第五條　各檢查所主任，對於各參加機關擔任檢查事務之範圍與方法及參加人員人事上之問題，認為有修改或調整之必要時，應呈請軍事委員會辦公廳特檢處，轉行商洽處理之。

第六條　各檢查所應配屬之警衛兵力，由憲兵司令部或當地最高軍政當局撥派之。

第七條　各檢查所應經常與所在地之高級軍政員警機關取得工作上之密切聯繫，如借用軍事機場者，並應受總站或空軍司令部之指導。

第八條　檢查員相互間應本精誠團結精神，彼此關切，遂行其任務檢查時，態度、服裝尤應和平整肅，不得有傲慢腐敗之行為。

第九條　執行檢查，應於航空器起飛前或抵達後即時為之，不得遲延參差，妨礙航行時間或客貨裝卸。

第十條　檢查所應注意維護之任務規定如左：
一、航空器及航站建築設備之監護與警戒；
二、航空器起落前後之戒備；
三、航站附近地形地物之注意及報告；
四、航空器滑走方向之警戒；
五、航空器站服務人員及乘客之警護；
六、郵件及貨物之保護；
七、航站內各種禁令之執行；
八、其他應行維護之事項。

第十一條　檢查所應執行檢查之事項規定如左：
一、航空器身及發動機有關記錄之提閱與檢查；
二、航空器上服務人員姓名、執照之調查與檢查；
三、起飛站及到達站，飛行日時，乘客額數、姓名、年齡、籍貫、住址及裝載物品種類，應列表調查；
四、所載物品之檢查及取締；
五、所載人員之人事檢查及取締；
六、其他應行檢查取締事項。

第十二條　外國航空器降落航站時，依照「臨時特許外國航空器飛航國境暫行辦法」處理之。

第十三條　所載人員之行李、書籍、檔或寄運之貨物包裹，皆須經過檢查後，方准起運或提取。

第十四條　乘客須於起航三日前，填具乘客調查表，呈由各當地航站檢查所審查認可後，方准購票通行。前項調查表，須包括乘客年齡、籍貫、性別、職業詳細住址、旅行事由、到達地名等項。

第十五條　各檢查所發現所在地之航站或乘客有不當或犯罪嫌疑時，應立即呈報軍事委員會辦公廳特檢處核辦。如屬於參加機關之主管事項者，並應分別呈報之。遇情形急迫時，

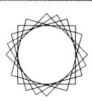

得與當地高級軍政員警長官或該站負責人協同施行緊急處分。

第十六條　由各部會派赴檢查所服務人員之薪餉及旅費，由派遣機關支給之。其他該所經費，由軍事委員會□發之。

第十七條　其他檢查法令與本規則不相抵觸者，得適用之。

第十八條　本規則如有未盡事宜，得隨時呈請軍事委員會修改之。

第十九條　本規則自公佈之日施行。

8. 行政院關於奉令公佈《航空法》給重慶市政府的訓令[1]（1941年5月30日）

案奉國民政府本年五月三十日渝文字第五一四號訓令開：

為令知事，查航空法現經制定，明令公佈，應即通行飭知。除分令外，合行抄發該法，令仰知照，並轉飭所屬一體知照。此令。等因。奉此，除分行外，合行抄發原件，令仰知照，並轉飭所屬一體知照。此令。

計抄發航空法一份

院長　蔣中正

航空法
（1941年5月30日）

第一章　通則

第一條　本法稱航空器者，謂飛機、汽艇、氣球及其他飛航空中之器物。

第二條　本法稱飛行場者，謂供航空器升降所用之陸地或水面場所。稱航空站者，謂飛行場及其所附一切建築設備之全體。

第三條　本法稱航空人員者，謂航空器長、領航員、駕駛員及為飛航服務之機械報務或其他人員。

第四條　本法稱飛航者，謂航空器之飛升、進航、降落及在陸地或水面之滑走。

第五條　軍用航空器航空站飛行場及航空人員，不適用本法之規定。

第二章　航空器

第六條　航空器應由製造人或所有人向交通部申請檢查，檢查合格者，發給適航證書。

第七條　領有適航證書之航空器，應由所有人向交通部申請登記，領有登記證書後始得飛航。

在交通部所指定之飛行場或其他場所試飛時，不適用前項之規定。

第八條　航空器合於左列各款規定之一者，為中國航空器。

一、中國官署所有者。

二、中國人民所有者。

三、依照中國法律所設立，在中國有主事務所之左列法人所有者：

（一）無限公司，其股東全體為中國人民者。

---

[1] 原載《國民政府公報》渝字第366號。

（二）兩合公司或股份兩合公司，其無限責任股東全體為中國人民者。

（三）股份有限公司，其董事長、總經理人及董事三分之二以上為中國人民者。

（四）其他法人代表人全體為中國人民者。

非中國航空器不得申請登記。

第九條　曾在他國登記之航空器、非經撤銷其登記，不得在中國申請登記。

第十條　航空器登記後，應將中國國籍標誌標明於航空器上顯著之處。

第十一條　適航證書遇有左列情事之一者，失其效力。

一、有效期間屆滿時。

二、航空器所有權移轉時。

三、〈原稿缺失〉

四、航空器滅失或毀壞時。

第十二條　登記證書遇有前條第二款至第四款各款情事之一，或航空器喪失中國國籍時，失其效力。

第十三條　適航證書或登記證書失效時，應自失效之日起二十日內向交通部繳還，逾期不繳還者交通部應公告作廢。

第十四條　已登記之航空器，如發現係冒充第八條所定各款或不合第九條之規定者，交通部應撤銷其登記，並令繳還登記證書，不遵令繳還者，應公告作廢。

第十五條　登記證書失效時，除依前二條之規定外，交通部應即註銷其登記。

第十六條　航空器除本法有特別規定外，適用《民法》關於動產之規定。

第十七條　航空器得為抵押權之標的。

第十八條　航空器所有權之移轉，抵押權之設定及其租賃，非經登記不得對抗第三人。

第十九條　共有航空器，准用《海商法》第十三條至第十六條及第十八至第二十一條的規定。

第二十條　航空器除本法或其他法令別有規定外，自開始飛航起至完成該次飛航止，不得施行扣留扣押或假扣押。

第三章　航空站及飛場

第二十一條　航空站及飛行場，除軍用者外，國營者由交通部設置之；省營或市縣營者，經交通部核准後設置之。

航空站除依前項規定外，無論何人不得設置。

民營飛行場，得由中國人民或具有第八條第三款所定資格之一之法人經交通部核准後設置之。

前項飛行場之經營人及管理人，應以中國人民充之。

第二十二條　航空站及飛行場所需用之土地，得依法徵收之。

第二十三條　航空站及飛行場，非經交通部許可，不得以之兼供他用。

第二十四條　航空站及飛行場之廢止讓與或租與他人經營，應經交通部之核准。

第二十五條　航空站及飛行場供他人航空器升降之用時，得收取費用。其收費標準，由交通部定之。

第四章　航空人員

第二十六條　航空人員經交通部檢定合格發給技能證書後,向交通部領得航空許可狀,方得從事工作。

第二十七條　交通部對於航空人員得為定期檢查及臨時檢查,遇有技能體格或性行不合規定標準時,應限制、停止或禁止其工作。

依前項規定禁止工作者,應自禁止之日起二十日內,向交通部繳還航空許可狀,逾期不繳還者,應公告作廢。其停止工作者,交通部應扣留其航空許可狀。限制工作者,應將其事由附記於航空許可狀。

第五章　飛航及運送

第二十八條　航空器除試航外,飛航時應具備左列文書:

一、航空器適航證書。
二、航空器登記證書。
三、航空人員技能證書。
四、航空人員航空許可狀。
五、航空日記。
六、載客時,旅客名冊。
七、載貨時,提單及貨色單。
八、有無線電裝置時,其許可證書。

第二十九條　航空器飛航前,應受交通部所派人員或所委託機關之檢查,如發覺不具備前條規定之文書或文書失效者,應制止其飛航。

第三十條　航空器除遇不可避免之故障外,不得在飛行場以外飛升或降落。

第三十一條　航空器之飛航,應遵守交通部指定之航線。

第三十二條　航空器之飛航,應遵守交通部所定之高度。

第三十三條　航空器在軍用飛行場降落或利用軍用航空站設備時,應由航空器所有人呈請交通部轉諮軍事航空主管機關核准。

航空器未經核准而降落軍用飛行場,經檢查並非被迫降落者,應扣留其航空器。

第三十四條　航空器不得在禁航區域飛航。

第三十五條　航空器除經交通部許可外,不得裝載武器彈藥、爆裂物、毒瓦斯、無線電通訊機、傳信、攝影器及其他法令禁止裝載之物品。

第三十六條　航空器飛航中,不得投擲任何物件,但法令另有規定或為保持飛航安全起見不得已而須投擲時,不在此限。

第三十七條　航空器降落後,應受該管行政官署之檢查。

第三十八條　以航空器經營運送業者,應經交通部之許可。

第三十九條　前條航空器,應依《郵政法》之規定負載運郵件之責。

第四十條　外國航空器,非經交通部商經軍事航空主管機關同意,呈請行政院特許,不得在中國領域飛航。

第四十一條　飛航國際間之航空器,應在交通部指定之飛行場飛升或降落,並應遵守交通部指定之航線及其所規定之事項。

第六章　失事及責任

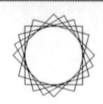

第四十二條　航空器飛航時，因失事致人死亡或傷害人之身體健康，或毀損動產不動產時，航空器所有人不問有無故意或過失，應負損害賠償責任。自航空器上落下或投下物品致生損害時，亦同。

第四十三條　航空器依租賃或借貸而使用者，關於前條損害，由所有人與承租人或借用人負連帶責任；但租賃已登記者，除所有人有過失外，由承租人單獨負責。

第四十四條　損害之發生，由於航空人員或第三人故意或過失所致者，所有人、承租人或借用人對於該航空人員或第三人有求償權。

第四十五條　關於旅客及載運貨物或航空人員之損害賠償額，有特別契約者，依其契約。

前項特別契約，應以書面為之。

第一項賠償額，經交通部核准登載於客票或提單，而經旅客或托運人簽名或蓋章者，視同書面契約。

第四十六條　航空器因一次失事，多數人受損害，致賠償債務履行困難時，除有前條特別契約者外，法院得依債務人之請求，酌量其負擔能力，就各債權人應受之賠償額比例為分期給付之判決。

第四十七條　航空器因失事所生損害，顯非債務人資力所能負擔時，除有第四十五條之特別契約者外，法院得依債務人之請求，酌量其負擔能力，就各債權人所受損害比例減低賠償金額，並得為分期給付之判決。

前項減低之賠償金額，不得低於損害額 50%。

第四十八條　依前條規定仍不能負擔時，得經交通部呈請行政院核准，由國庫貸與債務人適當之金額或為其他救濟。

第四十九條　航空器所有人應於依第七條申請登記前，航空運送業者應於依第三十八條呈請許可前，依交通部所指定之金額加入責任保險。　第五十條　特許外國航空器在中國領域飛航時，交通部得令先提出適當之責任擔保金額。

第五十一條　未經令具責任擔保之外國航空器，或未經特許而因被迫降落或傾跌於中國領域之外國航空器，致人或物發生損害時，地方官署得扣留其航空器及駕駛員。

遇前項情形，除有其他違反法令情事外，航空器所有人、租賃人、借用人或駕駛員提出地方官署認為適當之擔保時，應予放行。

第五十二條　關於本章損害賠償之訴訟，依原告人之選擇，由被告人住所地或失事後最初降落之法院管轄之。

第五十三條　關於航空器失事責任，除本法有規定外，適用《民法》之規定。

第七章　罰　則

第五十四條　以詐術聲請檢定或登記，因而取得適航證書或登記證書者，處三年以下有期徒刑、拘役或 2000 元以下罰金，並撤銷其證書。

第五十五條　用未登記之航空器飛航者，處五年以下有期徒刑、拘役或 3000 元以下罰金。以無效之登記證書飛航者，亦同。

第五十六條　有左列各款行為之一者，處拘役或 500 元以下罰金。

一、國籍標誌不標明或不依規定地位標明者。

二、適航證書或登記證書應繳銷而不繳銷者。
三、任用未領有航空許可狀之航空人員者。
四、未經許可而經營運送業者。

第五十七條　未經核准而設置民營飛行場，或違反第二十一條第二項或第四項之規定者，處拘役或 300 元以下罰金。

第五十八條　民營飛行場之經營人管理人有左列各款行為之一者，處拘役或 200 元以下罰金。
一、未經許可，以飛行場兼充他用者。
二、未經許可，將飛行場廢止讓與或出租者。
三、飛行場收取費用不依定率者。

第五十九條　航空器長、領航員或駕駛員有左列各款行為之一者，處六個月以下有期徒刑、拘役或 1000 元以下罰金。
一、未經領有航空許可狀而從事工作者。
二、工作逾越限制者。
三、航空許可狀應繳銷而不繳銷者。
四、飛航時不具備第二十八條規定之文書者。
五、違反第三十條之規定，在飛行場以外飛升或降落者。
六、不遵指定航線或空間範圍飛航者。
七、飛航時不遵規定之高度者。
八、航空器降落後不受檢查者。

第六十條　違反第三十四條之規定者，處二年以下有期徒刑。

第六十一條　航空人員、旅客或其他乘坐航空器之人，違反第三十五條或第三十六條之規定者，處拘役或 500 元以下罰金。

第六十二條　違反第四十條或第四十一條之規定時，航空器長、領航員及駕駛員各處三年以下有期徒刑、拘役或 3000 元以下罰金。

第八章　附則

第六十三條　在本法施行以前，經中央政府特許之中外合辦公司所有之航空器，不適用第八條第一項、第九條、第四十七條及第四十八條之規定。

第六十四條　關於左列事項，以交通部命令定之。
一、關於航空器之檢查及登記事項。
二、關於航空站飛行場之監督事項。
三、關於航空人員之檢定許可及監督事項。
四、關於空中交通及運送事項。
五、關於航空表演及試飛事項。
六、關於航空營業之許可及監督事項。

第六十五條　關於左列事項，應由交通部轉諮軍事航空主管機關決定之。
一、關於航空器之製造購置設計事項。
二、關於航空站飛行場之設置廢止及轉讓事項。

三、關於航空人員之檢定標準事項。
四、關於航線之指定事項。
五、關於飛航高度之規定事項。
六、關於民航教育事項。
七、關於航空器之標誌及燈火信號事項。
八、關於航空器材及航空電信器材事項。
第六十六條　關於左列事項，以軍事航空主管機關命令定之。
一、關於禁航區域之劃定事項。
二、關於外國航空器入境及過境事項。
三、關於航空器航空站飛行場及航空人員之依法徵用事項。
第六十七條　本法施行日期，以命令定之。

9. 中國航空公司為抄送民用航空站計畫致陪都建設計畫委員會公函（1941年11月4日）

案准貴會技函字第五五四號大函，衹悉，承詢民用航空站計畫五點。茲經如囑依照所示各節，分別另文答覆，隨函送請察收。即煩查照為荷。此致
陪都建設計畫委員會
附一件

中國航空公司啟

航空站計畫五點

一、新航空站理想之地點：
離都市不遠靠近湖沼或水流不急之寬闊江河。附近無山峰，電線鐵塔，及其他高大建築等障礙物。洪水不淹，交通便利之處。
二、航空站之大小及最小之限度：
愈大愈好。倘附近無高大障礙物，有堅實之1000公尺長100公尺寬之跑道2條或4條（跑道方向及多少隨航空站所在地之四季風向而定）則3公里見方之地，即可應用。
三、飛行場最適宜之升降方向：
飛機必須逆風升降，順風升降或升降時遇側風，均易發生危險。
四、飛行場附近必要之設備：
飛行場邊界應建築深寬溝渠。若用竹籬或木欄，則不可高過2公尺，以免閒人及畜類闖入機場致飛機升降時發生危險。
五、飛機場內部之佈置：
飛機庫、汽油庫、修理廠、消防設備、飛行人員及乘客休息室、辦公室、無線電臺、電燈、電話、有茶水飲食供應、清潔之男女廁所及夜間飛機升降設備。若有水上飛機，更須購置小汽艇划子及建築水飛機碼頭。

10. 歐亞航空公司為抄送民用航空站計畫致陪都建設計畫委員會公函（1941 年 11 月 15 日）

十月十二日技函字第五五四號大函敬悉。茲擬就民用航空站計畫一份，隨函寄覆，煩請查照，酌作參考為荷。此致

陪都建設計畫委員會

附民用航空站計畫一份

經理　李景樅

茲擬具民用航空站計畫於下：

一、新航空站之理想地點：

依陪都之地形，應在長江兩岸附近 1 公里以內及離市不超過 5 公里以外，水陸交通四圍（或三邊）3000 公尺以外，都無 500 公尺以上之高上，覓一荒高地帶建築，是新航空站最理想之地點。

二、航空站之大小及最小之限度：

以二發動機或三發動機之飛機為限。依照各國目前所用之民用飛機速度，單機或二機起落者則 1200×2000 方形或曲尺形（按照該地常年之風方建築一曲尺形機場，可以減少許多荒地及建造費，同時對於場內之設備亦較簡便），加築跑道長寬度 1200×50 米，但最低之限度則為 800×1200 米，跑道則為 1000×35 米。

三、飛行場最適宜之升降方向：

陪都常年之風向此間不甚明瞭，但依西南各省之風方，則以東風及西南風為多，想陪都常年之風向亦相差不遠。航空站之跑道建設，應取東風及西南與無高上之方向為宜。

四、飛行場附近必要之設備：

（一）無線電臺　　（二）氣象設備　　（三）油庫
（四）修理室　　　（五）風向袋　　　（六）停機場（庫）
（七）停車場　　　（八）夜航設備　　（九）消防設備
（十）機航管理室　（十一）員工住食處所（十二）交通器具設備
（十三）通訊設備　（十四）電力室　　（十五）醫務室

五、機場內之佈置：

（一）軍政檢查處　（二）各航空公司辦事處（三）海關檢查處
（四）郵件室　　　（五）書報室　　　（六）飯食室
（七）飛行人員休息室（八）旅客休息室　（九）男女解小處
（十）侍役室　　　（十一）訊問處　　（十二）衛生檢查處
（十三）包裹置放處

11. 中國航空公司為總經理任免事項致重慶市政府公函（1941 年 12 月—1943 年 8 月）

一、公函一（1941 年 12 月 16 日）

案奉交通部人甄渝第二五五七五號訓令開：

查該公司副董事長兼代總經理黃寶賢，因病不能執行職務，按照公司合同規定，總經理職務應由董事長兼任，並派包可永代理董事兼代副董事長。除分函外，合行令仰知照。此令。等因。奉此，學沛等遵於本月十日分別就職，除呈報並函令外，特函奉達，敬煩查照為荷！此致重慶市政府

兼總經理　彭學沛

二、公函二（1943年8月10日）

敬啟者：案奉交通部三十二年八月十六日人甄渝字第一八四三二號令開：

中國航空公司總經理王承黻呈請辭職，應予照準。

茲派李吉辰暫行兼代中國航空公司總經理。此令。各等因。奉此，經於本月十六日接收視事，除呈報並函令外，相應函達，敬煩查照為荷。此致

重慶市政府

兼代總經理　李吉辰

12. 外國航空器飛航國境統一辦法[①]（1942年11月13日）

一、凡友邦航空器飛行來華，均依本辦法之規定施行。

二、外國航空器飛航國境，應由各該國先期正式申請，經中國政府許可，發給入境許可證後，始得飛航入境。

三、外國航空器申請飛航國境時，各該國使節應將左列事項開送查核：

（一）飛行目的。

（二）航空線。

1. 入境及出境或降落地點。

2. 來自地點及飛往經過地點。

（三）出發暨到達中國各地點，並在中國境內停留日期。

（四）飛航員及隨機工作之人數、姓名與國籍。

（五）航空器所載運之物品、種類、數量。

（六）航空器之式樣、數目、標識，發動機之式樣及馬力。

四、外國航空器在中國境內飛航，應按照中國政府核定之航線飛行，不得自由飛航至該航線左右界線為20公里，並於必要時，得由中國政府派員領航。

五、外國航空器在中國境內升降，應以中國政府核定地點為限。除遇不可避免之故障外，不得在指定地點以外自由升降。

六、外國航空器飛航國境，非經特許之人員不得搭乘。

七、外國航空器飛航國境時，不得攜帶武器彈藥、毒瓦斯、爆發器材、傳信鴿、照相機及其他違禁物品。但經中國政府特許者，不在此限。

八、外國航空器於中國境內飛航時，除升降外，不得於沿途作低空飛行，並不得由天空撒下物品。

[①] 本辦法由軍委會頒佈施行，行政院1942年11月13日令重慶市政府知照。

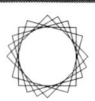

九、凡入境航空器不得於禁航區域，或要塞地帶周圍 20 公里內之上空飛行。其他地點於核准入境時規定之。

十、入境之航空器誤入禁航區域時，如駕駛者一經查覺，應照附表第二「1」誤入禁航區域之規定急發遇險信號，並速降落於最近之飛行場，靜候地面公務人員處置。

十一、遇有入境之航空器駛近禁航區域，如欲警告其改變方向，應照附表第三「2」改變方向之規定。

十二、凡欲令一航空器降落，應照附表第二「3」降落信號之規定。

十三、外國航空器入境，應接受中國政府各地航空檢查所檢查人員之檢查，檢查辦法另定之。

十四、外國航空器飛航國境應攜帶航空日記，以便檢查。

十五、本辦法自公佈之日施行。

13. 外國航空器飛航國境檢查暫行辦法（1942 年 11 月 13 日）

一、本辦法依據《外國航空器飛航國境統一辦法》第十三條之規定訂定之。

二、外國航空器於中國境內降落時，除經中國政府臨時特許免核者外，餘均按照左列事項施行檢查：

（一）入境許可證；
（二）航行日記；
（三）物品及隨機工作人員及特許搭乘人員之證明文件；
（四）物品及行李；
（五）機身及發動機。

三、外國航空器飛航國境如遇左列情形之一者，應當地檢查所報請當地最高長官，予以扣留。

（一）無入境許可證或升降地點不符者；
（二）搭乘人員姓名、國籍、人數或物品種類、數量與所報不符者；
（三）載運違禁物品者。

四、本辦法自核准之日施行。

14. 中央航空公司為總經理就職任事致重慶市政府代電（1943 年 3 月 2 日）

重慶市政府公鑒：

奉交通部三十二年二月二十五日人甄渝字第五九六五號令開：茲派陳卓林為中央航空運輸股份有限公司總經理；又奉同日同號令開：茲派查鎮湖為中央航空運輸股份有限公司副經理。又奉令，以歐亞航空公司全部結束，所有一切資產、人事及設備，即由該公司接收，會同具報，各等因。奉此，遵於三月一日飛滇就職任事，除呈報分行外，特此電達查照。中央航空運輸公司總經理陳卓林、副經理查鎮湖。冬。秘印。

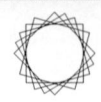

15. 行政院為軍機不准擅自搭客事給重慶市政府訓令（1943年12月26日）

准軍事委員會三十二年十二月二十七日辦檢航字第一○六○號代電開：

案奉交下航空委員會本年十一月二十六日謀戰癸渝字第二二六七號報告：案奉鈞座本年戌筱手啟代電開：據報近日中外軍用飛機常有擅自搭客等事。以後無論中外任何軍用飛機，未有本委員長准許及親簽之憑證，一概不准搭客起飛。希即通令各機場檢查人員，切實負責執行。等因。自應遵辦。尚有兩點擬請核示者：（一）本會空運機過去黨政軍各機關及邊遠各省請搭人員、物品者甚多，茲奉手令，擬請通令一律停止；（二）本會調職人員、重要公差人員、外國軍人、空軍烈士家屬以及已准登記之赴新疆公務人員等，擬請俟本會空運機遇有空位時，仍准搭乘。是否有當，理合報請鑒核示遵（以上外國軍人、空軍烈士家屬一語，經奉委座刪去）。經呈奉委座十二月九日指示：飭所屬一體知照。等由。准此。除分行外，合亟令仰知照，並轉飭所屬一體知照。此令。

院長　蔣中正

16. 行政院為轉發軍用運輸機搭乘辦法給重慶市政府訓令（1945年3月10日）

准軍事委員會本年三月二日謀訓乙渝字第三二六號代電開：

查軍用運輸機專為運送重要物資之用，雖經規定有重要任務人員得請求搭乘，係限於特殊急迫之情形。乃近查各機關對請求搭乘多該無限制，以致妨害空運計畫，影響作戰任務。茲特規定辦法如下：（一）凡請求搭乘軍用運輸機，應一律先呈報本會委員長核准。（二）凡水陸交通可到達之地點，非有至急任務者，不得請求搭乘軍用運輸機。（三）對不通水陸交通之地點，亦限於與作戰直接有關或負有特殊重大任務者，始可請求搭乘。（四）凡奉准搭乘人員，應遵守航空委員會之搭機規則，並嚴禁攜帶違禁物品或走私圖利情事。如有違犯第四項之規定，經查明有據者，應按軍律從嚴治罪。以上四項，除通飭本會各屬切實遵照，並分飭航空委員會、各部會對於搭乘人員嚴加檢查約束外，特電請查照，並轉飭各部會及所屬各機關，一體遵照為荷。等因。准此，自應照辦，除分令外，合行令仰遵照，並轉飭所屬一體遵照為要。此令。

院　長　蔣中正
代理院長　宋子文

二、概況

1. 抗戰爆發以來的航空線[①]（1941年）

一、戰前之準備

[①] 節選自《最近之交通》第四章，標題為本書編者所擬。寫作時間大約在1941年。

我國航空運輸事業，抗戰以前，係以上海為中心，舉凡航線之設置，機航之設備，器材之存儲，電訊之聯絡，均以上海為樞紐，此蓋有其歷史關係，以及經濟交通上種種原因所致。嗣以中日戰爭無法避免，故對應付戰事一切必需措施，預為進行，以資準備。舉其要者，為航空公司總辦事處與機航總部之遷移，督飭中國航空公司在漢口，歐亞航空公司在西安，事先佈置，為各航站機件與油料之儲備，並在洛陽、西安等處建築油庫，為對飛行技術人員之訓練，以便逐漸替代外籍人員。為航線調整計畫之擬定，俾可臨時變更航運路線，交通不至中斷，並料一旦戰事發生，漢口香港之間，對於航運需要，必甚重大，特於戰前趕速開辦自漢口經長沙、廣州以達香港之國際航線。又軍用航空，關係密切，為協助空軍起見，預組航空運輸隊，以航空公司飛機與技術人員，除必須維持各線航運者外，編成二隊，以備專供空軍運輸之用。賴此各項準備，用能迅速事機，匪特運輸業務，並未間斷，且迭應空軍之需，協助空運，對於戰時交通，貢獻甚大，而因航運設備，保存不少，數年以來，空運事業之發展，抑亦幸於當時保此基礎，有以致之。

二、武漢撤退前之設施

戰事發生，中國、歐亞兩航空公司立即依照預定計劃，分別督飭遷往漢口、西安，重要器材，大部搶運離滬。原有各路航線，除滬平、滬粵、滬漢、京鄭、平並、平包等線段，因軍事關係停航外，其餘漢渝、渝蓉、漢港、蘭漢、鄭蘭、蘭包、陝滇各線段，如常維持航運，旋並即將蕪湖、漢口段復航，更為便利國際及後方交通起見，積極開辦新線，計至武漢撤守時止，先後辦成者，計有：

（一）國際航線：

1. 昆明、河內線。
2. 重慶、桂林、香港線，均於二十六年十二月開航。

（二）國內航線：

1. 漢口、西安線，於二十六年八月開航。
2. 漢口、長沙線，二十六年二月開航。
3. 重慶、瀘州、敘府、嘉定線，於二十七年五月開航。
4. 重慶、貴陽、昆明線，二十年八月開航。

此外與蘇聯磋商合辦哈密與阿拉木圖間之線，以便中蘇交通。又津貼法國航空公司，開辦河內香港間之線，以備萬一漢港、渝港兩線遭受敵機威脅停航時，仍能經由渝昆、昆河兩線與河港線之連運，維持內地與香港之交通。後以敵人在越登陸，始將昆河線停航。以上各時期，除一面隨時協助空軍運輸，並為預籌穩妥計，復再督飭中國、歐亞兩航空公司分別將其總辦事處及機航總部遷至重慶與昆明。對於各站油料，以當時從粵漢鐵路輸入，尚較便利，故復大量趕運分儲，目前西北方面，仍有數處航站用油，係為當時所儲備者。此外駕駛巨型飛機飛行人員，在抗戰初期，已有一部分訓練成熟，逐漸加入各線工作，替代外籍人員。有關國防軍事各地，遂得限制外員飛行，同時訂定種種有關飛行之禁制，以保國防機密。迨至二十七年十月，國軍自武漢撤退，事前通達漢口各路航線，臨時儘量加開航班，疏運軍政人員及各界旅客與重要之公物，晝夜不停，直迄國軍離漢之翌晨，猶趁敵騎未到前，趕派飛機往漢載運最後之乘客數人，及飛機自漢飛出時已遙見敵軍炮火矣。

三、武漢撤退後之設施

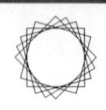

國軍自武漢撤退後,航空運輸事業又生重大變化,然幸對於西南、西北各重要地點,多已設站通航,後方航運,尚能勉強維持。其時立即停辦者,計有:漢口香港線、漢口西安線、漢口宜昌線。而以漢港線停航後,影響對外交通至大,爰即充實渝港線之設備,儘量增開航班,以維持國際交通。嗣後陸續開辦者,計有:

(一)國際航線:

1. 昆明、臘戌、仰光線,於二十八年十月開航。
2. 哈密、迪化、伊犁、阿拉木圖線,係與蘇聯合資設立中蘇航空公司經營,於二十八年十二月開航。
3. 臘戌、加爾各答線,三十一年一月開航。
4. 昆明、定疆、加爾各答線,三十一年五月開航。

(二)國內航線:

1. 昆明、桂林線,於二十七年十一月開航。
2. 重慶、西安線,二十八年一月開航。
3. 蘭州、西寧線,二十八年七月開航。
4. 成都、蘭州線,二十八年七月開航。
5. 重慶、漢中線,二十八年九月開航。
6. 蘭州、涼州、肅州、哈密線,二十八年十二月開航。
7. 南雄、香港線,二十九年十月開航。
8. 成都、雅安線,三十年六月開航。

以上各線,嗣有因太平洋戰事發生而停辦,亦有以油料運濟不易而停辦,或暫時停航者,除此以外,現在籌設中者,亦有數線,對於國內之康定、西昌,均將籌畫開闢航線。就通航地點言,目前經常通航者有重慶、成都、昆明、桂林、蘭州、肅州、哈密、迪化、伊犁、阿拉木圖、定疆、加爾各答各處,至隨時可以承包飛機前往者,尚有南雄、衡陽、柳州、貴陽、昭通、漢中、西安、涼州、天水、寧夏、西寧等處。數年以來,航空運輸業務日趨發達,只因飛機購置不易,雖經隨時設法補充,運輸能力,已較戰前為高,但為數量究屬有限,對於大量需要,未能完全適應,致對各地客貨,常難充分搭載。惟是對於政府重要物資之進出,無不極力航運,對於空軍運線,更無不儘量協助,工作艱巨,與時俱增,所幸努力之結果,器材尚可勉有接濟,飛行技術人才,亦尚續有養成,得以維持需要。

2. 中國航空公司 1940 年至 1942 年概況[①](1943 年)

抗戰六年,我國沿海七省重要口岸,悉被敵占,一切國防兵器與生產物資之供應,凡由國外輸入者,解不賴航空運輸以溝通之,任誰不能否認空事業立於抗戰交通之第一前線。

二十九年一月四日,敵機群 27 架,首次向滇越鐵路轟炸,遮斷滇越運輸聯繫。本公司補給汽油,與政府物資,遽受無限延期之阻滯。公司渝港航線,乃於二月中,增加航班。每日飛行一次,以資疏運,復於四月一日起,增設昆明——香港直航客機。六月二十二日敵人軍隊,向越南政府威脅,制止中越貨運活動。七月六日,實行武力封鎖滇越鐵路。自是東南

---

① 節選自王承黻著:《最近三年來之中國航空公司概況》,原載《交通建設》第 1 卷第 3 期。

第四章 航空
二、概況

運輸，形勢頓成僵局。本公司汽油機件，感受嚴重打擊，不得不另闢一途，改道由龍川運韶輸入。七月十八日，英日封閉漢緬路線之協定，由英使克萊琪，與日本有田簽訂於東京，禁止軍機、彈藥、汽油、載重汽車及鐵路材料經緬境輸入中國，期限定為三個月。雖然短促期間，惟航行上一切之給養，益陷於停頓狀態。八月二日，渝嘉航線，蒙受汽油缺乏影響，致告停航。九月二十四日，接河內法國航空公司來電，勸止我機飛越，由是昆河航線，迫於結束。

同年九月，准廣東省政府函商，擬請創辦港韶航線，雙方協訂，經匝月而籌備完成。十月八日，由香港正式開航。時韶州機場，經軍事上之破壞，不堪修用，故自港直飛南雄，亦名港雄線，計程320公里，由南雄改乘長途汽車赴韶州，車行3小時可達。三十年二月，增加班次，定為每星期一三五各飛行來回一次。三月間，增設貨運班，以康道Condor式雙引擎飛機兩架，擔任行駛，每次載重1500公斤。旋復加賃同式飛機3架，利用夜航設備，參加航行。每機每晚飛航二次以上，出口以承運經濟部資源委員會鎢錫為大宗，營業鼎盛。當時請購外匯困難，而本公司器材燃料之購置與外籍人員之薪津，均以美金支付，利用外幣收入機會，遂至整個航運業務，集鵠於港站，以為基點。顧港島形勢，孤懸海隅，溯自廣州虎門淪陷以後，香港環境週邊，無形被敵封鎖，隨在皆有施予攻勢或偷襲之可能。公司昆河線受迫停航，昆仰線尤不可恃，對國際航線，為懲前恐後之謀，不得不籌維別徑，於爾試航中印，遂定決心。當三十年一月十八日派機師施爾甫O.D.Sharp、副機師赫格斯F.L.Higgs、電報員羅昭明，駕DC2第26號（成都號）機由渝出發，同機者為美方副董事長班德W.L.Bond、印度空軍團長Burhury、財政部顧問Lynch、美大使館武官Mchugh及本公司董事Sollett。當日經昆明停於臘戍，十九日由臘戍起航，經吉大港（Chiltagong）到達加爾各答，二十日及二十三、二十四各日，由加爾各答飛阿拉哈白（Allahabad）、德利（Delhi）、阿格拉（Agra）等地，二十五日由加爾各答（Calcutta）飛回臘戍，中印試航遂告成功。又於三月一日奉令派撥專機一架，每日擔負蓉一蘭段航運事務，至十五日為止。

當八月中旬，渝市連周空襲，各線航班蒙受影響至巨。八月十一日，由仰經渝轉港之班機，於警報解除後到達重慶，旋復敵機夜襲，隨即起飛，一降一起之間時至短促，後此連續日夜空襲，以致各線班機，無法依守秩序，惟始終維持，並不因此而廢止。內勤人員，於解除警報30分鐘，即恢復辦公。遇有緊急事項，臨時增加夜間值班。繼將售票處移置×××飛機場碼頭，以利乘客洽商購票。鑒於夜襲之頻仍，更於二十日，假×××機場，附設小型無線電報機，即日開始通報，藉策安全，二十五日，開始夜間飛航。十月二十三日，派DC-3式第47號機由渝飛蓉，轉飛康定。試航機抵康定時，正值大雪，地面盡呈銀白色，無法尋覓機場，只得環繞數匝，折返成都。十一月三日，再度試航西昌。二十日，派機由昆明起飛，試航塞地亞Sadiya至二十五日，任務完成回渝。

十二月八日，太平洋戰事爆發，香港適當戰潮衝激，九龍啟德機場，首受敵機群轟襲。本公司利用夜航設站，而停於啟德機場之飛機，計有道格拉斯DC-2式第24號、第26號、第81號3架，DC-3式第41號、第46號機2架，另康道Condor式貨運機3架，及本公司總代理之聯美航空公司飛機1架，除31號41號46號星夜脫險飛出外，其餘各機，均先後中彈著火沉沒。公司動員全體飛航機械與業務人員，不分晝夜營救，戮力搶運工作，其原

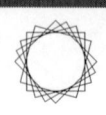

駐重慶之DC-3第47號機聞訊後，亦冒險趕赴香港參加，其赴難熱忱，有足多者。計每機每夜飛行往來於港雄間三次，又以日間應遠離戰區，避免犧牲起見，故於夜深最後一次飛行，則均由香港直飛重慶，蓋當時敵機正偵騎四出，南雄機場，迭次發生空襲，至十日晚，原定繼續飛行搶運各機，紛紛在途，徒以香港政府因敵軍漸次逼近，九龍啟德機場急須破壞，來電阻止，遂令棄港，各機從此不復再能返港，而留港趕修備用之另一康道式貨機，亦只迫於自毀，以免資敵。駐港職工，除大部分技術人員外，餘多未能隨機內撤，留港看守物資，馴至二十五日，九龍香港，相繼陷落，各員工饑寒凌辱之苦，知所不免，惟有以次設法分途撤退而已。

當港變發生，大部以黃前總經理寶賢久病駐港，未能執行職務，令派彭董事長學沛兼任總經理，加派包可永君為董事兼副董事長協助之。

渝港航線截斷後，此時國際航線，益切需要，乃於十二月十八日，派DC-3式第47號機，作首次通航渝加。由重慶起飛經昆明，停臘戍度宿，次日續飛加爾各答，全程2230公里。是為渝加線開航之始。同時並派工程人員赴密支那Myjtkyina察勘該地機場，以備必要時作中途之轉樞。

仰光航站，感受敵軍威脅，已失其地位之重要性，且渝加航線開航以還，因時代遷移，轉以臘戍站為樞紐，渝仰航務，自可緊縮歸併於臘戍航站。承戴奉令承乏中航公司總經理職務，遵於一月十六日視事，受任於航運業務創巨痛深支離零落之餘，唯知勉竭綿薄，堅定本身崗位，願率所屬同人，以整個精神智慧，貢獻國家，服務社會。對內調整人事，充實工作效能，清算財務，應付周轉需要，並加緊訓練技術人才，籌儲航空器材給養。對外一面增強西南渝加國際航線運輸力量。四月二十六日，緬戰局勢緊張，臘戍畹町挨次撤守，該線改道經停雲南驛密支那。五月五日，密支那放棄，遂由昆明逕飛丁江Dinjan以達加爾各答。同時美亞新航線成立，Clipper由紐約Newyork航邁阿米Miami（1233英里）至拉哥斯Lagos（6699英里）至開羅Cairo（3290英里）至加爾各答（4062英里）需時僅四天半，比較曩昔之太平洋航線，尤為迅捷，經本公司之商洽結果，與渝加航線，取得密切聯絡，今後中美航郵客運，悉可由新航線轉遞。四月間，奉命接管運用租借法案美供運輸機，添設丁昆專線，經營貨運，發動全部機數參加。由七月後每日平均往返飛行六七班，使國防軍需與生產物資，源源內運。近月來運率，已超300噸以上，惜各種備用機件，未能及時補充，而飛機之性能，與缺乏適當之無線電裝置，不適於天氣惡劣環境中之高空長途飛行，否則不僅此數。七月中，奉令專撥飛機3架，擔負特殊任務，攜帶大批糧秣，飛赴印度新平洋Sindmorang投擲，對同盟國博得忻慰之同情。

一面籌策西北國內航線，以圖啟發西北蘊藏富源，冀與中蘇航空公司航期取得聯繫。曾於七月十八日試航中印線，橫斷飛行喜馬拉雅山麓，係以航委會新機74號，由本公司國籍機師陳文寬、副機師潘國定、電報員華祝駕駛。當日自重慶起飛，往成都蘭州，十九日抵迪化，二十日抵伊犁，二十一日抵莎車，二十二日越喜馬拉雅山西端入印度國境，沿途經停Gjlgit及Rawalp indi兩機場，完成中國新疆飛越喜馬拉雅山至印度之處女航。途中高空飛行，有升至28000尺以上者。復於七月二十八日，復作第二飛航，由印度首都新德里NewDelhi出發，即日抵Peshowar，二十九日晨六時半，由Peshowar起飛，越喜馬拉雅山西端，中途折回。下午二時四十分，再由Peshowar起飛，經莎車以達迪化，三十一日

離迪化飛肅蘭州，八月一日，由蘭州經成都返重慶，完成第二次航程。七月中，恢復渝桂航班。八月一日，開闢渝蘭航線。惟格於飛機分配，運用困難，汽油接濟不易，暫定每兩星期往返飛行各一次。

爰將最近三年來本公司之概況，試為簡明之檢討：

一、營業概況

年度	飛行公里數	購票乘客公里數	收費乘客人數	收費郵件重量（公斤）	收費貨運重量（公斤）
二十九年	1616834	11340724	16432	74585	494107
三十年	2127377	15308269	21292	90271	5477409
三十一年一至八月	1378254	12240174	13865	35800	1499666

二、航線概況

航線名稱	航程公里	開航日期	停航日期	附記
渝港線	162 公里	二十六年十二月四日	三十六年十二月八日	
渝嘉線	351 公里	二十七年五月二十日	二十九年八月二日	
昆河線	560 公里	二十八年三月十五日	二十九年九月二十一日	
昆仰線	1380 公里	二十八年十月三十日	三十年十二月十四日	
港韶線	320 公里	二十九年十月八日	三十年十二月八日	
渝蘭線	780 公里		三十一年八月一日	每 × 星期往返 × 次
渝桂線	610 公里	三十一年七月		同右
渝蓉線	290 公里	二十二年六月十一日		無定期飛行
渝加線	2341 公里	三十年十二月一八日		每星期內往返 × 次

敵人嫉視我國航空交通線，久擬實施消滅軍略，自二十七年八月二十四日，DC-2 第 32 號機（桂林號）在廣東中山縣境遭敵機被擊沉沒，敵以其計已售。二十九年十月三一日，DC-2 第 39 號機（重慶號），在益被迫降落，慘炸焚毀。三十年五月二十日，DC-2 第 46 號機（峨嵋號），避難敘府機場，被炸右翼。又司汀遜第 7 號機，停駐九龍坡機場，道爾芬水上飛機，寄泊李家沱，先後均為敵機掃射沉毀外，三十年十二月八日，敵機群發動空中攻勢，大規模突襲香港九龍啟德機場，狂施轟炸，我機 DC-2 第 24、第 26 號 2 架，康道機 3 架，悉遭炸毀。本年十月下旬，印境狄布魯加各地，迭告空襲，雖同盟國飛機多架被毀，本公司幸無損失。丁江航站上空，亦時有敵機盤旋偵察。敵人之欲積極掃蕩粉碎我航運之根據者，無所不至其極。要知敵之壓迫愈重，則我之抵抗益堅，夫前事不忘，後事之師也，吾人當本我大無畏精神，與不折不撓鐵的志趣，以維我抗戰期中無殊於接血治療之航空供應，以達成吾人一貫之使命。

3. 中國航空公司近況[①]（1944 年 4 月 10 日）

今日奉命出席報告中國航空公司概況，按吉辰對於航空機械及飛行技術都非專長，實不敢冒充內行隨便發表意見，任事九月，所以幸未隕越者，有賴諸長官董事長及各同人之諄諄

---

① 該文係中國航空公司總經理李吉辰在交通部「國父紀念周」上所作報告「中國航空公司近況概述」，原載《交通建設》1944 年第 2 卷第 6 期。

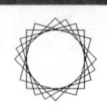

指導。茲將本公司最近一般情形作一簡單報告，以就正於各位長官及各位同事：
〈原稿缺失〉

二、中航財務收支平衡　中國航空公司因係中美合辦，故既不能以賺錢為目的，但亦不能使之賠累。以每月收入但求維持收之支平衡。公司會計亦即成本會計。各項收支悉取公開方式。由中美雙方簽證。現在財務組設正副主任各1人，正主任由我方擔任，副主任由美方擔任，單就開支而言，最近一年來地面開支增大，國內方面以昆明及宜賓為最大。蓋昆明一地每天停留之飛機師不下60人。最初建築之招待所僅可容30餘人，自不得不逐漸擴充，現在房間三四十間。其次為宜賓，其設備亦較多，公司對於地面建築在國內以堅固為原則，期於戰後可以繼續使用，至於印度方面，因各項修理均在該地，故地面建築亦復不少，最初僅用簡單之茅房，但時加修理所費不貲，終覺不合經濟原則，乃改變方針，商由印度最大之煉鋼廠供給鋼料。凡可拆卸之廠棚，均用鋼料構架。俾將來不用之時可以拆至國內應用，其損失最多不過30%，且利用之時間頗久，甚為經濟。凡此種種均所以力求減輕運價之成本，以利公司，以利國家。

三、中航飛機飛行紀錄　中航公司機航組內以前並無本國工程師負責，最近該組擴大組織，增用本國工程師4人。1人係建築工程師，專辦地面建築與設備，其餘3人係航空工程師，分別擔任訓練技術員事宜。此外尚有3人負無線電工程之責，總共現有中國工程師7人。關於飛機飛行情形。本年一至三月份每一客機，每月平均飛行鐘點為194小時，就貨機而論，去年三月份每一飛機之平均飛行鐘點為120小時，而本年一至三月份之平均飛行鐘點為212小時，可知其飛行鐘點業已大增。最近美國派一有名之工程師來此視察，據其意見每機每月之飛行鐘點通常應為90小時，我國竟達212小時，即就科學立場言，亦殊出人意外，足證工作之緊張及利用物力之高度。

四、抗戰以來之殉職人員　公司人員之因執行職務而犧牲其生命者，迄至今日計有48人，其中中國人員計34人，美國人員計14人，中國人中正飛機師5人，副飛機師8人，報務員14人，侍應生2人。地面上之所長1人，領班報務員1人，技術員2人。美國人中正飛機師12人，副飛機師2人，公司方面以彼等以身列職，非僅為公司之業務，其冒險犯難，內運國防物資，不幸以身殉職，其英勇壯烈，一如前方作戰之將士、現正搜集各人之照相及傳略，擬予開會追悼，對於殉職人員之眷屬，正盡力資助，其眷屬現在公司服務者已有6人。

五、中航傑出飛行員　本公司飛行人員不乏傑出人才，其中最使人注意者為陳鴻恩君，陳君之飛行鐘點已達12000小時以上且從未肇事。蓋其人性氣平和，謹慎確實。故駕駛客機甚為穩當。另一飛行員名潘國定。潘君短小精悍，先習航空工程，後復赴美學習飛行，駕駛貨機，可以連續在空中飛行達10小時以上，普通每人每月飛行時間規定100小時，飛行日數約20日，而潘君往往於十二三日內畢其航行鐘點。尚有一人名黃肇基。黃君體格十分強壯，技術又佳，竟可於九日內飛畢100小時之航程。此外另有飛行報務員1人，最受一般人所敬重，即為陸昭明君。此人生活簡樸，對人極和藹，樂於助人，往往願意犧牲自己，服務他人，曾經三次危險，均未遇難，在飛行員中最足以代表我國淳厚朴質捨己為人之民族美德。至於美國飛行員與我國飛行員之氣質略有不同，因美國飛行員之年齡較小。大抵在18歲至30歲之間，灑脫輕快，舉止活潑，雖處某種嚴重狀態之下，每喜以開玩笑之幽默態度出之，神情自若，無往而不樂觀。

六、技術人員之訓練　本公司對於技術人員之訓練甚為重視，今日勝利在望，尤當把握時機，積極從事。現第一機械員訓練班已在加爾各答成立，第二飛行報務員訓練班最近即在昆明成立，一年半後可望各訓練 120 人。第三訓練班亦正在籌備中。第三訓練班為副飛機師訓練班，一俟訓練機運到即可成立。本公司之希望，期於二年以後訓練正飛機師 100 人（至少 50 人），副飛機師 100 人，飛行報務員 100 人，如此方足以應付國內 50 架飛機之飛行與管理。

4. 陪都民用航空概況（1944 年）

民用航空之管理，初由軍事航空機關兼辦，現經中央政治會議，核定以民用航空主管許可權，歸之交通部，此外交通部，並設有民用航空業務改進研究委員會，以為改進之助。

我國交通部對於空運事業，向採分管辦法，所設航空公司，現在原有三家除中蘇航空公司僅航哈密段外，陪都空運原有中國、歐亞兩公司，現歐亞亦停航矣。

名稱	設立辦法	股本總額國幣（元）	總公司及總機廠所在地	備註
中國航空重慶公司	與美國飛運公司合資設立	10000000	總公司及總機廠原設上海，二十六年八月遷至漢口二十七年一月再遷重慶。	
歐亞航空昆明公司	原與德國漢沙航空公司合資設立民三十年	90000000	總公司及總機廠原設在上海，二十六年八月遷至西安，改歸交通部，同年十二月遷至昆明，現已停航。	

除各線由該公司分別開行固定航班外，其餘設有軍用機場，而准民用飛機飛航之各地，中國航空公司，並可承辦雇用專機，擔任臨時之運輸。

民用飛機在各地起落經停，除一小部分係自設專用機場外，多係借用軍用機場，惟為求適合空運起見，亦常須自行擴修。三十一年擴修重慶「九龍浦」民用機場，業已擴修告竣。

政府物資之運輸，自緬甸淪陷我國物資輸入困難時，政府曾撥若干架飛機，交由中國航空公司使於重慶—昆明—丁江—加爾各答之線，飛運進出貨物。軍用則由美空運大隊擔負。

陪都空運在戰時管制甚嚴，乘客必須填購票申請書及保證書各一份，繳衛戍司令部稽察處核准得到通知後，方能購票，詳細手續，可至下列各處詢辦。

　　中國航空公司　　　　南紀門燕居　　二一五八
　　中國航空公司售票處　飛機碼頭　　　二〇一五
　　珊瑚壩機場詢問處　　　　　　　　　二六八二
　　九龍浦機場　　　　　　　　　　　　二九三一
　　國際空運

我國國際航空運輸，正積極擴展中。除原有之巨型運輸機，仍維持空運外，美國並添派最新式巨形運輸機多架，以供我運輸物資之用。此批運輸機之載重及速率均較以前為大，一般美國運輸機每架可載重 20 噸，中型運輸機亦可載重 12 噸。

至我國物資外運問題，自緬甸陷落以後，主管當局即力謀補救辦法，現已將豬鬃等物改用輕裝，由空運出，以應盟國之需。

中美聯運航線現況，但此實為中國亦即重慶在仰光上海港口未暢通前惟一的國際路線。茲將關於中美國際聯運航線各情，特分別譯錄如次：

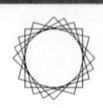

一、班期 （一）重慶至加爾各答，每星期均有飛航。（二）加爾各答至喀剌蚩，每星期亦有飛駛。（三）喀剌蚩至巴索拉每星期四飛駛。（四）巴索拉至開羅每星期五飛駛。（五）開羅至喀土穆每星期開駛一次。（六）喀土穆至麥杜戈星每星期飛行一次。（七）麥杜戈星至拉戈斯每星期飛行一次。（八）拉戈斯至巴得斯脫每星期飛駛一次。（九）巴得斯脫至納塔爾每星期飛駛一次。（十）納塔爾至西班牙港每星期飛駛一次。

二、行李 重慶至加爾各答，限帶 35 公斤或 77 磅（指聯運赴美者）；加爾各答至開羅限帶 20 公斤，或 44 磅；開羅至拉戈斯限帶 25 公斤，或 55 磅；拉戈斯至紐約，限帶 35 公斤，或 77 磅。

三、護照簽證 國人乘機前往者其護照須經下列各國簽證，計印度、伊朗、伊拉克，由英領事館簽證外，約旦、巴勒士旦、埃及、英埃蘇丹暨英屬非洲尼日利亞、岡比亞，由英領事館代簽證，巴西由巴西駐開羅領事簽證，特裡立達馬（即西班牙港所在地），由美國領事館簽證。

四、健康證明文件 （一）牛痘證書，須由中央衛生署簽證，其日期在一年以內者。（二）防疫證書，簽證機關同上，其日期凡注射一次者，有效期三月，注射二次者有效期四月半，注射三次者有效期六個月。（三）黃熱病症者，此項證書可向開羅泛美航空公司詢問後辦理，其日期，不得超過十日。

備註：牛痘證書及防疫證書須各有 2 份，防疫證書、黃熱病症證書，各需 1 份，附於所掣簽證單內。

五、錢幣兌換 關於攜錢幣限制頗為嚴厲，普通旅客至多只准攜帶現款 20 磅，旅行支票及信用憑信，在加爾各答，均可購買貼現兌換，唯需向加爾各答兌換所聲明方可。

六、沿途膳宿 除自重慶至加爾各答段，及加爾各答當地開羅白廉聖同安麥密 5 地外，其他各處之膳宿及機上膳宿費，均包括票價之內。

第五章 驛運

一、管制、管理法規

1. 交通部馱運管理所組織規程[①]（1938年11月24日）

　　第一條　交通部為利用人工及畜力辦理公路貨運起見，設置馱運管理所，隸屬於公路總管理處。
　　第二條　管理所設左列各組：
　　一、運輸組。
　　二、業務組。
　　三、總務組。
　　第三條　運輸組掌理左列事項：
　　一、關於驛站之籌設及管理事項二、關於夫子騾馬及板車之登記支配管理事項。
　　三、關於貨物之轉運及保管事項。
　　四、關於沿途貨物之保護事項。
　　第四條　業務組掌理左列事項：
　　一、關於運輸價目之擬訂事項。
　　二、關於貨物之登記與報運事項。
　　三、關於客貨之招徠事項。
　　四、關於沿線經濟之設想事項。
　　第五條　總務組掌理左列事項：
　　一、關於文書之撰擬繕校收發及保管事項。
　　二、關於印信之典守事項。
　　三、關於現金之出納及保管事項。
　　四、關於人事庶務及不屬其他各組事項。
　　第六條　管理所設所長1人，由部長派充，秉承公路總管理處之命綜理所務，並監督指揮所屬職員。
　　第七條　管理所設副所長1人至2人，由部長派充，襄助所長辦理所務，視路段增加得酌量添設。
　　第八條　管理所設稽核1人，辦理各路業務站務運輸等各項稽核事宜，並得隨事務之繁簡增設幫核襄助之。

---

① 原載交通部編：《交通法規彙編補刊》，1940年出版。

第九條　管理所各組設主任組員1人，由所長遴員，呈請公路總管理處轉呈部長派充，承所長副所長之命辦理各組事務。

第十條　管理所設會計員1人，助理會計員1人至2人，受所長副所長之監督，辦理會計事宜。

第十一條　管理所設技術員2人至4人，事務員8人至12人，雇員6人至9人，均由所長派充，呈請公路總管理處呈部核准備案。會計人員依照《交通部附屬機關會計人員任用章程》任用之。

第十二條　管理所於衝要地點，得呈准設立辦事處、驛站及倉庫。其組織另訂之。

第十三條　管理所辦事細則另訂之。

第十四條　本規程自公佈日施行。

2. 交通部為成立驛運總管理處致重慶市政府公函（1940年8月10日）

案准運輸統制局二十九年八月三十一日渝統指字第〇〇〇六五一號公函，以驛運會議主席團報告書件，業奉委座未梗侍秘渝代電准予照辦，並奉軍事委員會未世辰統驛代電指示原則，限令立即籌辦，克日實施，各等因。依照決定原則，本部之下設驛運管理總處，主管全國驛運行政之指導監督事宜。遵經令派王國華代理本部驛運總管理處處長，於九月一日組織成立，在重慶牛角沱桂花村十八號開始辦公。除呈報並分行外，相應函達，即希查照為荷！

此致

重慶市政府

部長　張嘉璈

3. 交通部驛運總管理處組織規程[①]（1940年10月23日）

第一條　交通部為管理全國驛運事業，設置驛運總管理處。

第二條　本處設左列各組室：

一、總務組。

二、管理組。

三、會計室。

第三條　總務組分文書、事務兩課，其職掌如左：

一、文書課職掌：

（一）文書之撰擬、繕校、收發、保管及印信典守事項。

（二）人員之任免、考核、登記事項。

（三）報告之編制事項。

二、事務課職掌：

（一）款項之核計、出納、保管事項。

（二）員工福利事項。

（三）庶務、採購及其他不屬於各課事項。

[①] 原載《行政院公報》渝字第3卷第21號。

第四條　管理組分運輸、業務、考核、技術四課,其職掌如左:
一、運輸課職掌:
（一）運輸路線之調查、選定、調查事項。
（二）運輸計畫之審查編擬事項。
（三）夫馬車船之調查、徵集、登記、編配、管理事項。
（四）運輸報表之擬訂及聯運之籌辦事項。
（五）其他有關運輸事項。
二、業務課職掌:
（一）業務之調查、計畫、推行、調整事項。
（二）運價力價之釐訂、調查事項。
（三）業務章則之釐訂、審核、彙編事項。
（四）業務之拓展推進事項。
（五）其他有關業務事項。
三、考核課職掌:
（一）驛運工作之考核及訓練事項。
（二）力價支付之考核事項。
（三）各項設備與運輸業務配合之考核事項。
（四）貨運表冊票據之考核事項。
（五）其他有關考核事項。
四、技術課職掌:
（一）運輸工具及站房倉庫之設計建造事項。
（二）材料之購運、配發、稽核、保管事項。
（三）驛運之改善維持事項。
（四）通訊之計畫、設備事項。
（五）其他有關技術事項。
第五條　會計室分綜核、簿記兩課,其職掌如左:
一、綜核課職掌:
（一）資本支出之審核事項。
（二）業務收支之審核事項。
（三）款項之請領、繳解、劃撥、檢查事項。
（四）帳簿單據表報之審核檢查事項。
（五）其他有關賬務之審核事項。
二、簿記課職掌:
（一）預算決算之審核編擬事項。
（二）帳冊單據之登記、制報、保管事項。
（三）票證之制發、驗印、保管事項。
（四）會計章則之審訂事項。
（五）有關統計事項。

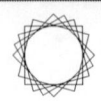

第六條　本處設處長 1 人，承交通部部長之命綜理處務，副處長 1 人，襄理處務。

第七條　本處設組長 2 人，承處長副處長之命，分掌總務及管理兩組事宜。

第八條　本會設秘書 2 人，課長 8 人，課員 26 人至 32 人，辦事員 20 人至 24 人，電務員 2 至 4 人，承主管長官之命辦理各項事務。

第九條　本處設督察 8 人至 10 人，承處長之命督察業務有關事項。

第十條　本處為推行省際聯運，得於各主要幹線設主任 1 人，副主任 1 人至 2 人，由各總所所長兼任之。

第十一條　本處處長由部呈請簡派；副處長由部派充；秘書組長課長督察由處長遴員，呈部派充；課員辦事員電務員由處長派充，呈部備案。

第十二條　本處視事務之繁簡，得酌用實習生及雇員。

第十三條　本處會計室設主任 1 人，依照《交通部附屬機關會計人員暫行規程》任用之。

第十四條　本處視事實需要，得設設計委員會，辦理驛運設計事宜，並於適當地點設立板車製造廠及木船製造廠，分別辦理造車船事宜。其組織另定之。

第十五條　本處辦事細則由交通部定之。

第十六條　本規程自公佈日施行。

4. 中華民國水陸驛運載貨通則[①]（1941 年 1 月 9 日）

第一章　總　綱

第一條　中華民國驛運機關辦理人力、獸力、板車或木船貨物運輸，悉依本通則之規定辦理。

本通則於貨物聯運，除另有規定外，亦適用之。

本通則所驛運機關，係指中央及各省主辦之水陸驛運干支線段而言。

第二條　各驛運機關應在各驛站備有或揭示下列各款規章表冊，俾便眾覽，其條文有已修改者，應隨時修改；其已失效者，應隨時撤除之：

一、載貨通則。

二、貨物分等表。

三、載貨附則暨運價表及各種雜費表。

四、其他公眾須知之有關貨運各項規章表冊。

第三條　貨商對於驛運貨物規章及運價等項，如有不甚明瞭之處，得隨時請求驛運機關解釋。

第四條　各驛運機關員工與貨商間，概不得授受饋贈。員工對待貨商，如有侮慢、留難、疏忽或勒索情事，貨商可據實報告所屬驛運機關或驛運總管理處，以便究辦。

第二章　驛運機關與貨主之責任

第五條　驛運機關之責任　凡驛運機關承運之貨物，除本通則第七條所規定者外，在本通則第八條規定之期限內，倘有損失遺失，概由驛運機關照章賠償。

---

① 本通則係由交通部公佈，原載中央訓練團編印：《現行法規選輯》下冊，1943 年出版。

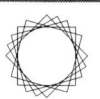

第六條　不負賠償責任之貨物　凡下列各種貨物托由驛運機關運輸者，應由貨商負責，倘有損失遺失，驛運機關不負賠償之責任。

一、禽畜、水產、昆蟲及植物，人要飼養或灌溉等類貨物。

二、貴重貨物。

三、軍械及危險貨物，但煤油、汽油、酒精、燒鹼、硫化鈉、電影片、爆竹焰火、火柴及其他另有規定之危險貨物，不在此限。

四、轉帳、減價或免費運輸，而無現款運費收入之貨物。

五、驛運機關認為有特殊困難，經呈明交通部核准暫不負賠償責任之貨物。

第七條　不負賠償責任之損失　凡驛運機關運輸之貨物，其損壞遺失之原因，為下列規定之一者，驛運機關不予賠償。

一、凡貨物因天災、戰爭或其他不可抗之事故致受損失者。

二、凡貨物因其性質狀況而發生自然腐化，或自然縮減，或自然燃燒，或蟲鼠齧傷，致受損失者。

三、凡貨物因貨主包裝不固，或填報不實，或自行裝載不善，或貨物包皮自封雖屬完好而內容短少不符，或貨主其他過失，致受損害者。

四、凡貨物因運輸遲延，致低減其時價，或影響其交易者。

第八條　驛運機關之負責期限　驛運機關對於運輸之貨物，其負責期限，自接收貨物，並在托運單上加蓋「並作存站收據」戳記之時起，或如貨物存放托運人自有堆疊，自托運人將貨物交運並取得貨票之時起，至運抵到達站經收貨人提出貨物並在貨票上加蓋印章，注明收到時刻之時為止。

第九條　貨主之負責　凡托運之貨物，如因自然燃燒，或因貨主包裝不固，或因貨主其他過失，以致損害他人貨物或驛運機關財產者，應由貨主負一切賠償之責任。

各驛運貨場或倉庫內，絕對禁止吸煙，或其他易肇火災或損貨物之行為，如貨主違禁肇事者，應由貨主負損害賠償之責任。

凡發生對於驛運機關或受損害之其他貨主，應負損害賠償之責任時，其賠償標準，如驛運機關已有規定者，應照規定辦理；如驛運機關未經規定者，臨時估定之。

第十條　稅捐之繳納　托運貨物在運輸途中應繳之地方稅捐，應由托運人自行負擔。但托運人得委託驛運機關代向收稅機關繳納之，驛運機關僅取百分之五手續費，此項稅款及手續費，托運人須於起運時交付起運站，並在貨票上注明代收稅款數目。如在稅款代收以後，貨物運到以前，稅率發生變更，所付稅款不足完稅時，驛運機關得代為預墊，所墊稅款應由到達站向收貨人憑稅票結算補繳，始得提貨。

第三章　貨物運價及其他費用

第十一條　貨物之分等　凡驛運機關運輸之貨物，除另有規定者外，分為三等，一律載於本通則所附之貨物分等表。

凡貨物在分等表內，如有兩種或三種等級同可適用時，除有顯著之區別，可就貨物名稱上確定其適當之等級者外，應按較低之等級計算運費。但事後仍須呈請驛運總管理處轉呈交通部核定。

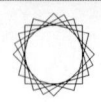

第十二條　分等運價比例　驛運貨物一、二、三等運價比例，規定為 200：150：100。

第十三條　貨物運價　驛運貨物運價，除定有特價及另有規定者外，各驛運機關應按照貨物分等表所定等級及劃一分等運價比例，並依據當地驛運成本實際情形，分別規定並分期修訂之。所有一切運價及特價，均須呈請驛運總管理處轉呈交通部備案。

第十四條　權度標準　驛運機關所用之權度，以公用制為標準，其與市制權度之比較如下：

一、每公里即 1000 公尺；合 3000 市尺；每公尺合 3 市尺。

二、每公噸即 1000 公斤；合 2000 市斤；每公斤合 2 市斤。

第十五條　運費之計算標準　凡驛運貨物之運費，應按照下列規定計算之。

一、里程單位及起碼里程。驛運貨物，以公里為單位計算里程。尾數不及 1 公里者，亦作 1 公里計算，其起碼里程規定為 20 公里。如遇特殊情形，必須在兩站間卸貨者，除水運外，其里程應算至前方站。

二、重量單位及起碼重量。驛運貨物以「10 公斤」為單位計算重量，尾數不足 10 公斤者，亦作 10 公斤計算。其起碼重量規定為 10 公斤。

三、起碼運費及運費尾數。驛運貨物之起碼運費，每一貨票核收國幣 4 元。起碼運費為最低運費，不得以任何計算方法再予折減。運費之尾數不足國幣 1 角者，亦作國幣 1 角計算。

四、運費之加成或減成。運費如有加成或減成時，應先照運價計算運費，然後分別加成或減成，並再將尾數之不足 1 角者收整為 1 角。

五、運費之比較。凡托運之貨物，如有兩種或兩種以上之計算運費方法，同時適用時，驛運機關應告明貨商，按照計算運費最少方法托運之。

第十六條　輕笨貨物費之計算　凡貨物分等表內所列之輕笨貨物（見貨物分等表附表），應照實在重量，加 30% 計算運費。

輕笨貨物之實在重量如不足起碼重量 10 公斤時，應先將實在重量加 30%。加成後，如仍不足起碼重量時，應按起碼重量計算運費。加成後如已超過起碼重量時，其尾數不足 10 公斤者，亦作 10 公斤計算運費。

第十七條　混合托運貨物費之計算　凡運費「貨物托運單」內，以兩種或兩種以上之貨物混合托運時，（經貨物分等表內所列定有等級之每一貨物名稱為一種貨物），其運費應照其中最高之等級，按全部貨物重量計算運費。

但貨物之性質形狀重量或體積可相侵害者，不得混合托運。

凡輕笨貨物與普通貨物混合托運時，應全部作為輕笨貨物，按照本條第一項及前條之規定辦理。

第十八條　貨運雜費　凡托運之貨物，有下列各款之一或一款以上之情形者，除另行規定免收者外，驛運機關應按照各該款之規定核收費用，並准適用本通則第十五條第一項第二款之規定。但每種雜數之尾數不足國幣 1 角者，亦作國幣 1 角計算。核收時，除應填入「貨票」者外，並分別填發雜費收據。

第五章 驛運
一、管制、管理法規

一、裝費　貨物由驛運機關裝卸夫裝入車船者,應核收卸費。其費率由各驛運機關另定,呈由驛運總管理處轉呈交通部備案。

二、卸費　貨物由驛運機關裝卸夫卸下車船時,應核收卸費。其費率由各驛運機關另定,呈由驛運總管理處轉呈交通部備案。

三、保管費　貨物由驛運機關所設倉庫貨棚或貨物保管者,在下列規定時間內,每24小時或不足24小時以24小時論,應核收保管費。其費率由各驛運機關另定,呈驛運總管理處轉呈交通部備案。

（一）貨物托運後,超過28小時,尚未送站或送站未齊者,其托運之全部貨物,自超過28小時之時起,至送齊之時止。

（二）貨物取消托運時,自承運之時起,至搬出完畢之時止。

（三）貨物運抵到達站,超過所發通知單送達後三日仍未提出,或尚未提出完畢者,其全部或未提出部分,自超過24小時起,至提完畢之時止。

（四）其他另有規定者。

四、檢查費　貨物在驛運機關負責期限內,貨主請求予檢查者,驛運機關對於檢查部分之貨物,應核收檢查費。其費率每貨物10公斤,核收國幣5分。

五、無票領物費　貨商不能將「貨票」交出,請以商號保證領物者,驛運機關應核收無票物費,其費率每一「貨票」,運量滿10公噸以上者,核佃幣4元,運量不滿10公噸者,核收國幣2元。但「貨票」係因驛運機關代遞達到者,應免則此項費用。

六、接送費　驛站替托運人在驛站與存貨地點間接送貨物時,得核收接送費。其費率由驛運機關另定,呈驛運總管理處轉呈交通部備案。

七、變更費　托運人按照本通則第四十八條之規定,請求運輸變更者,驛運機關應核收變更費。其費率每一「托運單」之貨物,每變更一次,核收國幣2元。

八、其他雜費　其他各種雜費另有規定者。

第十九條　運費之交付　凡驛運機關運輸之貨物,所有運費及雜費,除另有規定者外,一律先付,不辦到付、記帳及保付（即由貨商覓具殷實商號擔保於貨物運到後交付者）。但存付（即由貨商預交之存款內扣付者）辦法,得酌量情形辦理之。

第二十條　運費雜費之退還或補收　驛運機關對於運費及／或雜費①,如發現溢收或短收時,應由驛運站迅速退還或補收之。

驛站退還運費及／或雜費時,除另有規定者外,須填發「運費雜費訂正單」。倘遇驛站當日現款不足,得通知貨商於次日或數日內補領。其應補收之運費或雜費,除另有規定者外,亦須填發「運費雜費訂正單」,由貨主負責迅即補足。

凡驛運機關對於運費及或雜費如有溢收,經貨主發現者,應自「貨票」填發之日起算,於六個月內向驛站請求退還之。逾期無效。

第二十一條　運費雜費之繳抵　驛運機關對於短欠運費及／或雜費之貨物,得全部扣留或扣留其一部分,以待清付。倘貨主自「貨票」填發之日起算,於六個月內未能清付,驛運機關得將該項貨物拍賣或以其他方法辦理之。

---

① 「運費及／或雜費」,意即「運費及雜費或雜費」。

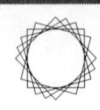

第四章　貨物之托運

第二十二條　托運之限制　凡驛運機關因政府法令、貨物性質、運輸工具或設備之缺欠或其他正常原因不便承運時，無論在貨物分等表上已否列入，均得不受理托運或延運受理托運。

第二十三條　貨物之包裝　凡托運之貨物，用箱桶護筐簍袋等裝貨容器或以其他方法所包裝者，均應由托運人將其包裝嚴密牢固，以防損壞或遺失。

第二十四條　貨物之標誌　凡托運之貨物，應於托運人於包裝顯明之處係貼貨物標籤，記明貨名、件數、托運站、到達站、托運人及收貨人等項，以便識別。如貨件上原有失效之標誌，應由托運人設法除去之，始得托運。

第二十五條　易破貨物之托運　凡易破貨物，應由托運人於每件貨物上明顯之處標明「易破」或類似之字樣，始得托運。

第二十六條　危險貨物之托運　凡係危險物，應由托運人按照貨物分等，並於「貨物托運單」上附記欄內注明，始得托運。

第二十七條　違禁貨物不得托運　凡違禁貨物，不得托運。但托運人持有該管官廳所發之護照，並於「貨物托運單」上附記欄內注明者，始得托運。

第二十八條　填具托運單　凡托運人托運貨物，須填具驛站所備之「托運單」一式二份（驛業一），並署名蓋章。如須查驗有關證明單據，並將單據號數日期等項注明「托運單」內。隨將貨物送交驛站倉庫或指定堆疊，以便檢驗接收起運。如托運人不便將貨物送站，請求由自備貨棧裝載起運時，須預先在「托運單」內注明，站長得酌量情形，派員前往查驗過磅，再接收起運。但托運人自備貨棧，離站以不超過 1 公里，並便於查驗及起運為限。

第五章　貨物之承運

第二十九條　查驗　凡經托運人填具「托運單」請求運輸之貨物，驛站必須分別按照本通則第二十三條至二十八條各條之規定逐件施以查驗。並將附繳各種有關單據詳加查核。如有不全，應由托運人加以更正或整理，始予承運，但貨物因包裝或其他原因不便逐件查驗，經托運人聲明內容，並無捏報者，亦得逕予承運。

第三十條　過磅　凡托運貨物以物以查驗妥善後，應即由過磅員逐件過磅，將各件實在重量，用顯明顏色注明於各件包裝上，並填入「過磅單」（驛業二），加蓋名章，過磅名單，過磅單用畢，須附貼於托運單副張上，以備查考。

凡包裝一致之貨物，得抽若干件過磅，求得每件之平均重量以推算其全部重量。其包裝不一致者，應一律過磅。

第三十一條　承運　凡送站托運之貨物經過磅完畢後，應由過磅員根據「過磅單」將共計實重連同送站時刻及存倉號信碼填入「托運單」加蓋名章，並在托運單正張加蓋「並作存站收據」戳記，交托運人收執，即為承運，驛站開始負責。

如托運之貨物存放托運人自有貨棧時，經派員查驗，並用自帶秤過磅完畢後，除照本條前項前半段之規定辦理外，應在托運單正張加蓋「貨物存放托運人堆疊，經查驗過磅後，不得變更，站方不負保管責任」戳記，交托運人收執。俟正式接收起運，並填發「貨單」（驛業三）後，始為承運，開始負責。在正式起運以前，如托運人變更托運貨物，即以取消托

運論。

　　第三十二條　配運之順序　凡經辦理托運手續之貨物，應由驛運機關按照所有運輸工具之運輸量，按照配運貨物分類百分率及托運號數之先後次序，配撥夫馬車船載運。配運貨物分類百分率規定如左：

　　甲類　包括有關抗戰物資，掉換外匯之進出口貨物，占運輸工具總運量 65%。
　　乙類　包括人民生活必需品，占運輸工具總運量 24%。
　　丙類　包括人民生活日用品，占運輸工具總量 10%。
　　丁類　包括各項非生活日用品，占運輸工具總量 1%。

　　前項各款規定各類配運比率，如遇某類待運貨物不足規定運量之百分比時，得以次類待運貨物補之。

　　但在軍事緊急時期，驛運機關應將所有運輸工具完全運送軍用物品。

　　第三十三條　派運之通知　驛站對於托運貨物，每次配運妥當後，應即發出「派運通知單」（驛業四），通知托運人到站辦理起運手續，同時並將配運先後次序及貨名數量等項代表公佈之。

　　第三十四條　貨票之填發　托運人於接到「派運通知單」後，應將托運單連同各種有關單據，持赴起運站照章算清運費雜費，並向指定收款地方繳納之。運雜費繳清後，驛站應即填發「貨票」（驛業五），交托運人郵寄收貨人，憑向到達站提領貨物。如托運貨物不能一次運完時，得在「托運單」內注明已經派運數量，發還托運人收執。

　　如托運貨物係存放托運人自有貨棧時，托運人於接到「派運通知單」時，應即赴站將運費算明繳清，換取貨票，然後由驛站派員率領應需運輸工具隨同托運人前往存貨地址，先將貨物複查並複磅，如無變更即行載運。

　　第三十五條　貨物之押運　凡驛運機關負責運輸之貨物，均由驛運機關派員押運。除有特殊情形者外，無須由托運人派人押運。

　　凡驛運機關不負賠償責任之貨物，得由托運人派人隨行押運。其未經派人押運者，驛運機關應仍照常派員押運，但不負賠償之責。

　　第三十六條　押運人應遵守之事項　托運人所派押運人，應遵守驛運規章，聽從驛運員司指揮。在貨物停放地點，不得吸煙及攜帶燈燭等物。

　　第三十七條　貨物之檢查　凡驛運機關運輸之貨物，在負責期限內，如由驛運機關發現損破或遺失時，應通知貨主會同檢查，遇必要時，驛運機關得逕行施以檢查，將檢查結果，通知貨主。概不核收檢查費。

　　貨主對於在驛運機關負責期限內之貨物，如認為有損壞或遺失之虞時，得請求驛運機關予以檢查。如檢查結果，貨物並無損壞或遺失，或其責任不在驛運機關者，應按照本通則第十八條第一項第四款之規定核收檢查費。但其責任在驛運機關者，應免收此項費用。

　　檢查貨物時，應視需要情形，施行查視貨名、包裝、標誌、封志、查點件數、複磅或其他各種手續。

　　第三十八條　貨物之複查　凡貨物運抵到達站或在中轉站，驛運機關認為有必要或可疑時，得將貨物查驗，或複磅，或查對貨名等級，或覆核運費雜費。如有不符，應由規定之驛站照章訂正。補收或退還運費及／或雜費。如有捏報情事，應按照本通則第四十三條之規定

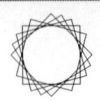

辦理之。但貨物之重量與「貨票」所填相差不超過百分之三，或係重量自然縮減，但仍以「貨票」所填之重量為准。

第六章　貨物之提收

第三十九條　貨物運到之通知　凡同一貨票起運之貨物，先後運抵到達站時，驛站應就可能範圍內以「貨物到達通知單」（驛運九）或其他迅速之方法隨時通知收貨人，限於三日內至站辦理提貨手續。倘通知不理或無法通知時其保管費等，仍應照章核收。

第四十條　貨物之提取　貨物運抵到達站，收貨人必須將「貨票」交出，並在「貨票」上簽名或蓋章，交到達站收回，並補繳應補車費雜費及墊款後，始得提取貨物。凡貨物經貨主提出時，驛站所負責任即為終了。

收貨人如將「貨票」遺失或「貨票」尚未寄到而欲提取貨物者，應覓妥實商號，填具驛站所備之「無票領物保證書」，並按照本通則第十八條第一項第五款之規定繳納無票領物費。

收貨人務將「貨票」妥為保存，尚有遺失，被他人冒取貨物，驛運機關不負責任。收貨人於提貨之後，如將「貨票」覓得或寄到交還到達站者，其已繳納之無票領物費概不退還。

第四十一條　無人認領或收貨人拒絕收受之貨物　凡貨物運抵到達站後，無人認領或收貨人拒絕收受時，驛站應將該項貨物堆存保管，核收保管費，並按照下列規定分別辦理之：

一、凡貨物運抵到達站，經過一月尚無人認領或收貨人仍拒絕收受者，到達站應即據情通知托運人，詢問關於該項貨物之處置方法。但生活、易腐、易破或價值特廉，驛站認為不足保證其應納各項費用之貨物，驛運機關得酌量情形隨時將其拍賣，保存價金。

凡在上開通知發出以後，托運人之答覆尚未接到以前，如收貨人前來提貨時，到達站仍將原貨照單交付收貨人，一面並再通知托運人。

二、凡貨物運抵到達站，自「貨票」填發之日起算，經過六個月尚無人認領或收貨人仍拒絕收受，而托運人亦無相當處置方法答覆者，驛運機關得將該項貨物拍賣，保存價金。

三、凡貨物須拍賣保存價金時，驛運機關應於可能範圍內通知貨主。

第四十二條　貨物拍賣所得款項之處理　凡貨物經驛運機關拍賣後，其所得之款，除扣付拍賣費用、驛運機關墊款、運費及或雜費外，如有餘款，驛運機關應代為保存。其保存期間，自「貨票」填發之日起算，定為一年。在該期間內，貨主得覓其殷實商保，並填具收條，向驛站領取之，如逾期不領，即為驛運機關所有。倘拍賣所得之款不足扣付一切費用時，仍向貨主追取之。

第七章　捏報及私運貨物之處理

第四十三條　貨物之捏報　凡托運之貨物，驛運機關如查出貨主有捏報情事，應按照下列規定分別辦理之：

一、如查有等級或運價略高之貨物捏報為較低之貨物者，該全部貨物之運費，應照該等級或運價較高貨物之運價，計算補收，並加收 10 倍運費。

二、如查有等級或運價較高之危險貨物捏報為較低之普通貨物者，該危險物部分之運費，應照該危險貨物中等級或運價較高貨物之運價計算另收，並加收 15 倍運費。

凡捏報貨物運價之補收，概由起運站至到達站之總里程計算之。

第四十四條　貨物之私運　凡未經驛站起票而私運之貨物，一經查出，應照下列規定分別辦理之：

一、如係普通貨物，應照所定之運價核收運費，並加收 10 倍運費。

二、如係危險貨物，應照所定之運價核收運費，並加收 15 倍運費。

三、上開第一項第（一）款或（二）款之私運貨物，如無人認領時，應按照本通則第四十一條及第四十二條之規定辦理之。

四、如係漏遺貨物，除按照本條第一項第（一）款及第（二）款之規定徵收運費外，並應將關係人連同貨物一併送交當地主管官廳究辦。

五、上開第一項第（一）款及第（四）款私運之貨物，如遇其運費不足起碼運費時，除應照起碼運費計算外，其應加收之運費照起碼運費核收。又各該項私運貨物如應核收雜費時，並應另行照收。

六、如係違禁貨物，除應將關係人連同貨物，一併送交當地主管官廳究辦外，應免收運雜各費。

凡私運貨物運費之核收，概由起運站或夫馬車船隊出發至停運站之總里程計算之。

第四十五條　凡驛運機關之員工如與托運人勾結，或收受賄賂或其他不正當之利益，而捏報或私運貨物者，除托運人依本通則之規定辦理外，驛運機關之員工應移送法院依法論罪。

第八章　運輸變更及換票

第四十六條　運輸變更之請求及種類　凡托驛運人對於所托運之貨物，如請求下列運輸變更之一種或同時請求一種以上者均作為一次變更，須依照本通則第十八條第一項第七款之規定，繳納變更費，請求變更運輸時，應覓具殷實商保，並應具驛站所備之「運輸變更請求書」，簽蓋與「托運單」上同一之簽名或印章，交與起運站，經該站查核認可，即於照辦。

一、取消托運。

二、運抵到達站後之返回原站（即運回原起運站）。

三、未載運前或運抵到達站後之變更到達站（如有必要，得同時請求變更收貨人）。

四、停止交貨。

五、解除停止交貨。

六、變更收貨人。

第四十七條　請求運輸變更之限制　凡托運人向起運站請求運輸變更時，應受下列規定之限制：

一、請求運輸變更，不得有取巧之行為。

二、對於每一「托運單」上所填報貨物之一部分，不得請求運輸變更。

三、貨物運抵到達站以後，業已交貨者，不得再請求變更到達站或變更收貨人。

第四十八條　運輸變更運費之計算　凡托運人在起運站請求運輸變更時，如係取消托運，其運費應全部免收或退還之。如係運回原站，其運費應按由原起運站至原到達站之運價及由原到達站至原起運站之運價，分別計算運費，以其合計之數，與原計運費比較差額補收之。如係變更到達站，其運費應分別按照下列規定計算之：

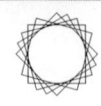

一、如在未載運前，請求變更到達站時，應按由起運站至新到達站之運價計算運費，與原計運費比較差額，補收或退還之。

二、如在運抵到達站後，請求變更到達站時，應按由起運站至原到達站之運價，及由原到達站至新到達站之運價，分別計算運費，以其合計之數，與原計運費比較差額補收之。

第四十九條　運費變更雜費之計算　凡托運人在起運站請求運輸變更時，除原應核收之雜費外，並應另行計算下列雜費及因變更所發生之費用：

一、因變更所發生之裝費及／或卸費。

二、取消托運時，自承運之時起至將貨物撥出完畢之時止，其間之保管費。

但第一次取消托運，而不將貨物搬出，並聲明在24小時以內再行托運者，得免收保管費。但第二次取消托運，無論再行托運現否，須自原承運之時起，至將貨物搬出完畢或再行托運之時止，核收保管費。

三、因處置停止交貨之逾期、所發生費用。

第五十條　貨物換票運輸　凡收貨人對於已運抵到達站之整船或整隊板車貨物，請求原船或原車不卸，換票運輸至別站者，應於該項貨船運抵到達站1小時以內，或未卸貨以前，將「貨票」交出，另照托運手續填具「托運單」，一併交與到達站。經該站查核認可，即另行填發由原到達站至新到達站之「貨票」，照章核收運費及雜費，得免收或扣還在原到達站之卸費及裝費，並免予卸船或卸車，仍利用原船或原車運輸。此項換票運輸，得接受本通則第三十五條所規定依照托運號數先後次序配運之限制，但不得為取巧之行為。

第九章　貨物損失之賠償

第五十一條　賠償之請求　凡貨物在驛運機關負責期限內，其全部或有一部分遇有損壞或遺失（凡貨物如按應運抵到達站之時起，經過兩個月仍未運到，而驛運機關亦不能確定該項貨物之所在地時，亦以遺失論），除本通則第六條所規定之貨物外，貨主得憑「貨票」，自其填發之日起算（如尚未填發「貨票」，得憑「托運單」自承運之日起算），於六個月內向起運站或到達站請求賠償。過期即不得行使賠償申請權。

凡貨主接到驛站貨物損失通知單（驛業十）時，應於可能範圍內到場，會同驛站檢查貨物之損壞或遺失情形，然後填具驛站所備之「貨物損失賠償聲請書」（驛業十一左聯），連同「貨物價值證明單」「貨名詳細單」及「貨單」等，一併交由驛站轉呈該驛運機關查核辦理；一方並先填發「賠償聲申請書收據」（驛業十一左聯）交付賠償申請人，以為核准後，領取損失賠償之憑證，凡貨物運抵到達站，如發現一部分損壞或遺失，經會同檢查後，其受損失部分之貨物，應由收貨人先行提出，在「貨票」（各貨主聯及到站聯上）註明提出之貨名件數及每件重量，並簽名蓋章，其「貨票」仍歸收貨人持執。俟其填具「貨物損失賠償申請書」時，再同時交與驛站。但收貨人不願將該項未受損失部分之貨物提出時，驛站應為保管，核取保管費。

第五十二條　賠償之處理　凡貨主按照本通則第五十一條之規定請求賠償時，驛運機關應自收到「貨物損失賠償申請書」之日起，至多於兩個月內，分別按照下列規定處理之：

一、凡驛運機關在未核定賠償以前，如將遺失貨物之全部或一部分查出者，應將該項貨物完整交付賠償申請人接收，以解除其全部分賠償之責任。

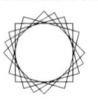

二、凡損壞或遺失之貨物，驛運機關如經核定應予賠償時，得酌量情形，以全部或一部分品質相同之貨物抵償之，以免除其全部或一部分賠款之支付。

三、凡損壞或遺失之貨物，驛運機關如經核定應予賠償時，其賠償之貨物價值，以調查所得該項貨物在起運站托運時同樣貨物之普通市價為查核之標準，惟不得超過「托運單」上所填托運時價值之額數。又「托運單」上雖經填明，然其實在價值仍須由賠償申請人提出之單據證明之。其運費及雜費應一併予以退還，至一部分之損失，應照其對於全部貨物之比例數予以賠償。並退還其運費及雜費。賠款核准後，如無法通知賠款申請人，驛運機關應將原「貨物損失賠償申請書」所填之主要事項及核准賠款之額數，在起運站及到達站公告兩個月。如逾期仍無人領取，驛運機關應代為保存。其保存期間，自「貨票」填發之日起算（如尚未填發「貨票」，則憑「托運單」自承運之日起算〈有關各種驛運單證格式原件闕如〉），定為一年。在該項期間內，賠償申請人得隨時憑「賠償申請書收據」，並填具領款及收據，向驛站領取之。如逾期不領，即歸驛運機關所有。

第五十三條　賠償後查出遺失貨物之處理　驛運機關在支付賠款以後，如將遺失貨物之全部或一部分查出，應即通知賠償申請人，可將驛運機關已付賠款之全部或按比例之一部分退還，提取該項貨物。如此項通知發出後，經過兩個月仍不提取，該項貨物即由驛運機關自決處理之。

第十章　附則

第五十四條　各驛運機關得參照當地特殊情形，依本通則及載貨程式訂立細則，呈由驛運總管理處核准施行並轉呈交通部備案。

第五十五條　自本通則施行之日起，所有以前交通部各車馱運輸所公告之《聯運貨物暫行辦法》、《板車聯運貨物簡則》以及各省所頒有關驛運之載貨辦法，均廢止之。

第五十六條　本通則自公佈之日起施行。

5. 驛運車馱管理規則[①]（1941年8月14日）

第一章　總則

第一條　全國驛運車馱，無論公營私營，除另有規定外，悉依本規則之規定管理之。

第二條　本規則所稱「車馱」之範圍暫定如左：

車：指以營運為目的之各式人力獸力車輛。

馱：指以營運為目的之馱運騾馬驢牛及駱駝。

凡以營運為目的之挑夫背夫及船筏，均不適用本規則之規定。

第二章　牌照

第三條　公營或私營驛運車馱，除行駛公路之車輛另有規定外，應一律向主管驛運機關申請登記，並領取驛運執照一張及每車馱號牌一面，方准行駛。但車馱所有人或代理人已在驛運機關申請登記徵用，並領有徵雇登記證者，在徵用期間，應由徵用機關負責取號牌，

---

① 原載《資源委員會公報》1941年，第1卷第5期。

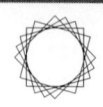

並適用機關自領之同一執照。

第四條　凡行駛公路之驛運車輛，仍由公路管理機關發給行車執照及號牌，但車輛所有人或代理人應先向主管驛運機關請領驛運執照，方得核發。

上項號牌依照本規則所定之式樣制定，發給時並將其號數填注於驛運執照內。

第五條　行駛公路之驛運車輛數額，由主管驛運機關商同公路管理機關酌定之。

公路管理機關憑驛運執照所發驛運車之行車執照及號牌，隨時通知主管驛運機關備查。

第六條　車馱行駛線路跨越兩省或兩省以上者，其驛運執照及號牌除公路車輛號牌外，由交通部驛運總管理處製造核發，車馱行駛線路不出省境範圍者，其驛運執照及號牌除公路車輛號牌外，由主管省驛運管理處制定核發。

第七條　號牌兩端應冠以「驛」字及跨越省份或所屬省份之簡稱。除公路車輛號牌之中央上部加蓋公路管理機關之火印外，並於中央上部加蓋「交驛總處」或「△省驛處」字樣之□形火印，以資查考。

第八條　驛運執照及號牌得由主管制發機關酌收工料費。其費率由主管機關另訂之。

第九條　驛運執照每年度換發一次。初領執照至換發期間不滿一年者，以一年論。凡車馱所有人至換發執照期間，應呈繳舊照，照章備費向原登記機關換領新照。惟號牌仍繼續有效。

第十條　領照車馱如改變行駛路線，而不出原定省際或省內之範圍時，如屬臨時性質，應向原發證機關報告備案；如屬長期性質，應將原照送請登記機關加以改正，以資查考。

第十一條　原領省內驛運牌照之車馱，如須跨省行駛時，應換領省際驛運牌照，並將原領省內牌照繳還原登記機關註銷。

第十二條　原領其省際或省內驛運牌照之車馱，如須改變行駛其他省際或省內之路線，應換領其他省際或省內之驛運牌照，並將原領牌照繳還原登記機關註銷。

第十三條　牌照如有遺失或損壞不能辨認時，車馱所有人或代理人應即照章備費換領新牌照。

第十四條　驛運執照除機關請領者外，應由車馱所有人或代理人於車馱行駛時隨身帶，如遇檢查應即交驗。

第十五條　車輛號牌應釘掛車架左旁顯明地點，馱獸號牌應懸掛頭旁左側之顯明地點，以便查檢。

第十六條　驛運牌照得由主管制發機關發交各驛運幹支線重要網站，轉發車馱所有人或代理人具領。其屬未開辦驛運之路線者，得由他線鄰近驛運站轉發或酌該管理站轉發。

第十七條　驛運站如遇停止營運時，車馱所有人或代理人須將原領牌照繳還原登記機關註銷。

第三章　養路費

第十八條　公營或私營驛運車馱，除請領牌照外，並須按照下列規定繳納養路費：

公路養路費：應按照公路定章直接由公路管理機關徵收之。

驛運養路費：由主管驛運機關擬定徵收率，呈由驛運總管理處覆核，轉呈交通部核定公佈後，由主管驛運機關徵收之。

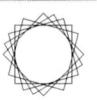

公路及驛路養路費，每年應稅納一次。其初次之徵收，至第二年度不滿一年者，按月計算之。

第十九條　車馱所有人或代理人對於前條規定之養路費如未照繳，主管機關不得發給執照及號牌。但車馱所有人或代理人已在驛運機關領有徵雇登記者，在徵雇期間，應由徵用機關負責繳納養路費。

第二十條　公路養路費須掃數轉繳主管公路機關。驛路養路費須掃數轉繳主管驛路機關。

第二十一條　各驛運站或管理站每次核發牌照及徵收驛路養路費，應分別省際、省內造具報告，連同牌照費及養路費款項送呈交通部驛運總管理處或主管省驛運管理處，以備分別編制統計，核銷牌照工料費並轉繳養路費。

第二十二條　各省驛運管理處核發牌照及徵收驛路養路費情形，應按月分別具報告送呈交通部驛運總管理處查考。

第四章　管理費

第二十三條　凡領取驛運執照之車馱在指定路線行駛營運時，得享受主管驛運機關之保護及驛站設備之便利。

第二十四條　主管驛運機關對於已領驛運執照之車馱得徵納管理費，以補助驛運管理經費。

第二十五條　驛運管理費按照車馱營運之運費加收，不得超過運費 5%。如有特殊情形須予提高者，必須呈由交通部核准方得增加。

第二十六條　驛運機關徵收管理費應填發三聯收據（格式附後）一聯交繳款人，一聯徵收機關存查，一聯報驛運總管理處或省驛運管理處核存。

上項三聯收據由總處或省處印發之。

第五章　行駛

第二十七條　車馱在公路或驛路行駛，均須緊靠路左，以便交錯或避讓。

第二十八條　車馱行駛應魚貫前進，並彼此相隔相當距離，不得並排行駛或前後緊接，以免互撞危險。

第二十九條　車馱行駛不得在轉彎上下坡或橋樑處停留，以免妨礙交通。

第三十條　車馱夜間行駛應點燈籠，以策安全。

第三十一條　車馱在公路行駛，如遇汽車迎面或跟蹤而來，應即緊靠路左避讓。

第三十二條　車馱回空行駛時，驛運機關得給予公平運費利用載運軍品或物資，不得藉故拒絕。

第六章　罰則

第三十三條　凡驛運車馱所有人或代理人違犯左列各項之一者，處以 10 元以下 1 元以上之罰款。

一、牌照遺失匿不報請補發，擅自行駛營運者。

二、驛運執照除機關請領者外，未隨身攜帶者。

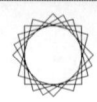

三、號牌未照規定懸掛者。

四、號牌已損壞不能辨認而不換領新牌照者。

五、車馱停止營運，未將原領牌照繳銷者。

六、貨物裝運不當，妨礙其他交通者。

七、違犯本規則第二十七至三十二條之規定者。

第三十四條　凡驛運車馱如有違犯左列各項之一者，處以20元以下5元以上之罰款；如已領牌照，並將該項牌照吊扣半個月至兩個月。

一、車馱未領得執照及號牌而擅自行

二、將執照號牌私自過戶者。

三、借用他人執照或號牌者。

四、將執照或號牌轉借他人者。

五、因違反行駛規則致傷害人畜或財產者。

六、肇禍後希圖逃避者。

七、原領牌照損壞，私自改制者。

八、偽造執照或號牌者。

第三十五條　凡車馱所有人同時違犯本章各條一款以上者，得分別按照各款之規定合併處罰。其有涉及刑事者，呈送司法機關究辦。

第三十六條　凡罰金判定後，限十日內繳納。如過期不繳者，得將牌照扣留，俟繳清後發還。

第三十七條　本章各條規定，由主管驛運機關所派暫督察視察及各驛運段站及管理站負責人員執行監督之，並隨時將處理情形分別呈報主管驛運總管理處或省驛運管理處查核。

第七章　公運車馱

第三十八條　物資或公運機關自備之驛運車馱，應用於部省已開辦之驛運線路者，以委託驛運機關代為管理為原則，驛運機關對於代管驛運車馱，應儘量運輸原機關之物資。除利用回空或剩餘工具外，不得運輸其他公私物資。

第三十九條　物資或公用機關自備之驛運車馱。用於部省已開辦驛運線路者，無論委託驛運機關代為管理或自行管理，除仍應依本規則第二至四章各規定請領牌照及繳納養路費管理費外，並以運送本機關物資為限，不得營運其他公私物資。

第四十條　物資或公運機關自備之驛運車馱，應用於部省未開辦驛運之線路者，得由部省委託兼辦其他公私物資運輸，以資利用回空或剩餘工具。但仍應依照本規則第二至四章各規定，請領牌照並繳納養路費及管理費。

第四十一條　部省所辦驛運線路如遇軍運特別緊急時，得徵雇各物資或公運機關所有之車馱。其徵雇辦法按照徵雇民間車馱辦法辦理之。

第八章　附則

第四十二條　本規則施行以後各省交通管理機關現行驛運管理規章應即廢止。如有特殊情形，得自訂附則，仍須報請交通部核准後方可發生效力。

第四十三條　本規則自公佈日施行。

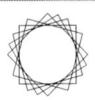

附牌照式樣圖、三聯收據式樣〈略〉

6. 各機關辦理驛運聯繫辦法[1]（1941年8月30日）

一、全國各機關自備人力獸力車輛或馱獸辦理驛運時，悉依本辦法之規定辦理之。

二、各機關運輸物資，如經過已辦驛運之路線，以委託主管驛運機關代為運送為原則，非有特殊情形不得自辦驛運，以免分散人力財力物力，減低運輸效率。

三、各機關托運有關民食或換取外匯之物資，驛運機關應予優先起運，但不得先於緊急軍運。如有原運輸能力不足適應需要時，應設法增加工具。

四、各機關為便於物資之迅速運輸起見，得以貸款方式商請驛運機關增加工具，此項工具應專運貸款機關之物資。但得利用其回空或剩餘力量運輸其他物資。

五、各機關如有特殊情形，必須在已辦驛運之路線自辦驛運者，應申敘理由，並按照《驛運車馱管理規則》之規定，向主管驛運機關請領驛運牌照，並繳納一切規定之費用。

六、各機關辦理驛運如須徵雇民間工具時，其所付力價或租價，不得超過驛運機關所規定之力價或租價。

七、已辦驛運之路線所有驛站之設備（包括站房倉庫及通訊設備等），應儘量供給各機關利用，並酌收費用。

八、各機關辦理驛運，對於沿線自備馱馬車夫之照料，貨物之裝卸或中轉，得商同主管驛運機關委託沿線驛運站代辦。

九、各機關在未辦驛運之路線辦理驛運者，按照《驛運車馱管理規則》之規定，向主管驛運機關請領驛運牌照。

十、未辦驛運之路線業經核定某機關辦理，其他機關不得任意在同一路線辦理驛運，其物資應委託原辦驛運機關代運。如有下列情事之一者，不在此限，但仍應依照本辦法其他各項規定辦理之。

（一）原辦驛運機關因本身任務關係未能兼運其他物資者。

（二）原辦驛運機關因限於人力財力無法增加運量者。

（三）其他機關因其物資之特殊性必須自辦驛運者。

十一、各機關同時在同一路線辦理驛運時，仍以合資設置驛站倉庫及通訊等設備，並各站聯合辦公為原則。

十二、本辦法自公佈之日施行。

---

[1] 本辦法由行政院公佈施行，原載《資源委員會公報》1941年第17卷第5期。

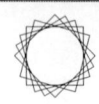

二、概況

1. 瀘昆驛運線之概況[①]（1941年）

上年七月開全國驛運會議後，樹仁即於八月二日飛昆，開始籌備瀘昆驛運幹線。九月一日，開始運輸，數月以來，差免隕越，特將本線開辦以後概況分述如後：

組織

本線長910公里，設總段二，由瀘縣藍田壩至威甯為藍威總段，由威甯至昆明為威昆總段，每總段下設三分段。全線共擬設45站，因板車在崇山中，每日不過行20公里，故設站不得不較多也。以期爭取時間，爭待開始搶運物資，特先於昆明、易隆、曲靖、宜威、哲覺、威甯、赫章、畢竟、赤水河、敘永、藍田壩等12重要處所設站。嗣以貴州境內，人煙稀少，食宿困難，復於上述各站間增設大板橋、戛樂、渣格、大水、韭菜沖、岩格青、馬鞍山、老雅營等8小站，趕建車棚、牛馬廄及食宿棧，以供人、畜、車貨安頓之用。

規章

因瀘昆驛運，實係初創時期，業務非常繁雜，對於處站內外勤人員工作，及業務運輸，均經訂定規章，頒發施行，其重要者，有（一）貨物收運辦法，（二）牛馬承拖板車運貨管理規則，（三）站長須知，（四）押運物資辦法，（五）押運司機須知，（六）業務工作摘要等數種。此外如獨立會計制度之規章表簿，各站日報表，收發物單表冊票據等，亦經擬定格式，印發使用。

造車

開辦之初，原本請求照兩端站每日能對開10公噸之運量製造車輛，預計每日約可載重400至500公斤，全程90天一往返，連備修車在內，約共需板車2000輛，始足資周轉，施奉批准1200輛除飭接收中央機廠定造鐵架膠輪馬拖車200輛先行開始運物資外，並飭自製1000輛，以足1200輛之數。查1200輛板車僅敷兩端站每日對開各四公運之用，估計全月兩端站最大運量，可達120噸，當時中央機廠應撥之板車200輛，被該廠售出60輛，故僅收140輛，為補足200輛之數，經向昆華煤鐵公司購進膠輪板車43輛，又向永記木作定制17輛，兩共60輛，始湊足接收之200輛。除當時即以此200輛先行運輸物資外，並即與永記木作，信誼車行，福利鐵工廠訂定合同，包制牛馬兩拖之板車1000輛。經四個月之督制，與陸續交貨，現已制齊543輛。關於本線板車車輪部分，初由木制之十字輪包以膠胎，復由十字而六輻，復由六輻而改為實心，近復鑒於改善之實心木輪，因本身舊膠胎，不能耐重壓力，與石渣路面，兩硬瓦相磨擦，致易損壞，經研究結果，仍以打氣輪為堅固耐用，現決定將本線板車，全部改裝氣胎膠輪，俾能持久耐用，免在沿途修理。再本線為增高運量，並將昆市各商有膠輪板車，招雇擔任本線搶運物資，截至現在為止，已有150餘輛，在路行駛。

修車

本線鑒於板車行駛長途，難免損壞，特在昆明，威甯，藍田壩3大站，各設修運廠1所，派員管理，中間各站亦預備修車器材，並招雇木匠小工各1人，以備車輛過站，遇有損壞，

[①] 原載《驛運月刊》第2卷第2、3期。

立即修好，隨隊前進。

動力　本線馬車除中央機廠製造之鐵架須用馬拉者外，其餘定制馬車，用牛拖或馬拉均可。惟因年前十至十二月間，沿途適患牛瘟，在此數月間，沿途鄉民牛頭，死亡率極大，在 2000 只以上，故牛拖各車均行中止雇牛拖運。現本線承運者，多係用馬車臨時改為牛馬兩用，各該馬戶，均與本線訂有特約，常川在本線承拖馬車，擔任搶運。同時本線為廣泛招來牛馬幫承拖起見，另訂牛馬管理及攬運辦法，普通招致沿線牛馬幫承拖，現經遵章申請登記者，尚屬躊躇。

押運

馬車出發，均經編隊，每隊 10 輛，派押運司事 1 員押運，並詳定押運規則，押運人員獎懲，查蔡請候辦法，以資警勵，並每日由押運員填具日報表寄出，以便隨時明瞭車輛動態，及有無其他事故。

運價

本線為國營交通機關，旨在搶運公物，對於收取貨，經係本「量出為入」之原則，使收支得成正比，國家可免賠累，確收搶運之功，惟驛運須設備周密，例如保護貨物安全，人畜健康等，在□款，故收取運費，不得不略形高昂。以現在實際支出估計，每噸公里，約需費 3.3224 元，每公噸藍昆間單程，約需費 3023.35，惟按諸慣例，由瀘縣藍田壩入至昆明物資，支給之運價，均極低微，每公噸尚不及 2000 元，各公私運輸機關，為免除回運賠累，多將由昆運瀘鹽價提高，藉資挹注，本線為驛運機關，動力仰賴民間獸力，支給牛馬戶之力價，無論往返，均係一律，不分軒輊，故為免除回運鉅大損失，亦不得不增收由昆請運鹽價，藉得挹注，現本線對由昆運藍貨物運價，每公噸收費 3700 元，對由藍昆之貿易委員會復興公司桐油，每噸公里特訂收費 2.06 元合每公噸 1884.9 元。

運量

本線於上年九月一日，即行以接收之板車 140 輛，開始運輸，隨後逐月以補購及裝成之車輛，漸漸加入搶運物資，每輛板車載重 400 至 450 公斤，每月運量因板車係逐月增添，並非開運即有 1200 輛，故運量係隨製成車輛之多寡而定，復因各該車輛，均係由昆明起運，平均經 50 餘日，始能離瀘縣藍田壩返昆，故由藍運至昆貨物至十月份始有運量。

購藥

為維護全線員工健康，藉以增加工作效率起見，在雨季將屆之前，特購配必需藥品多種，配裝急救藥箱，分發各站應用，並於昆明，畢節，藍田壩各大站，特設醫師各 1 員，隨時應診。

通訊

查瀘昆沿線，現仍用旱班通信，傳遞遲緩，誤時誤事，同時商電局亦未嘗普遍設置，本線為聯貫消息，利於指揮起見，經呈准在昆明，威寧，藍田壩 3 處，各設無線電電臺 1 座，並聘請台長及報務員，專負本線與各大站間電訊聯絡之責，現昆明及威寧藍田壩 3 處電臺，均已正式成立通報。

刊物

為使本線同僚明全線規章，法令，運業概況，興革事宜，並激發工作興趣，俾能奉公守法起見，特按月編印《瀘昆驛運月刊》，專供本線同僚閱覽，現已編印至第五期。

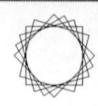

2. 川黔驛運線之概況（節選）[①]（1941年）

一、引言

貴州古稱山國，交通不便，自抗戰以來，地位日形重要。公路建設，經中央及地方當局之積極努力，與川湘滇黔諸省，次第貫通，成為後方交通之一大動脈。民國二十七年十月武漢撤守，軍事方面轉入山地作戰，黔省當西南各省要衝，關於軍公商用重要物資器材之疏運，大都取道於此，胥賴於公路運輸，力量已感不足；加以海口封鎖，汽車及油料配件來源，日益缺乏，為解決當前困難及未雨綢繆起見，將固有人力獸力運輸工具集中管理，並製造新工具，加強運輸力量，實為當務之急，於是川黔運輸事業，因之產生。惟開創之初，車馱運輸、尚係分途舉辦，茲將沿革略述於次。

（一）車馱分運時期

1. 馱運　民國二十七年十月中央召集全國公路水道交通會議，議決利用全國人力獸力增進貨運，由交通部專有機關趕速辦理。同年十二月一日，成立馱運管理所，開辦各勘定線馱運業務，翌年三月設貴陽辦事處，辦理川黔滇線馱馬運輸，乃先後開闢貴陽、烏江、遵義、桐梓、銅仁、松坎、綦江、海棠溪、獨山、都勻、六寨、鎮遠等站，同年六月份各站開始運輸，綜計自二十八年六月起自二十九年二月底該處結束之日止，共運貨物946噸零7公斤。

2. 車運　民國二十八年一月前西南公路運輸管理局局長薛次莘鑒於抗戰時期後方交通之重要，為節省外匯暨補助汽車運輸之不足起見，擬具建造板車計畫，呈請交通部在美代購板車輪胎5000套，一面派員押運載重板車10輛試行渝築間，結果甚為圓滿。因於同年三月，招商承造板車2400輛。四月設板車管理處於貴陽專司板車營運事宜，先從川黔線勘測開辦，計由重慶海棠溪至貴陽488公里，平均每10公里1站，共計48站，劃分3段管轄。站址勘定後，一面租用民房先後辦公，一面租購地皮計畫建築站屋。至款項來源，則由西南公路局與中央交農四行聯合辦事處洽商貸款160萬元，專儲蓄備用。七月所造板車完成一部分，運夫亦經在川招雇編成隊即於是月下旬開始運輸，第一次車係由海棠溪站出發。八日西南公路局裁撤，板車管理處移歸川桂公路運輸局管轄，仍本以前計畫繼續進行，板車貸款，由川桂公路局與行繼續洽商，於十日簽訂合約，實借到110萬元，全數撥交板車管理處作為開辦及建設經費，各站站屋，亦即開始興工，同時在美所購輪胎，搶運進口800套，所造板車，因得趕速裝配出廠運用，運量日見增加。其時承運之貨，由渝至築為貿易委員會桐油及貴陽鹽務處花鹽，由築至渝則為工礦調整處五金器材及農本局棉紗等，均係長途直達運輸，計自二十八年七月起至二十九年二月底該處結束之日止，共運貨物419噸444公斤。

上述由二十八年三月至二十九年二月，歷時一年，為馱運管理所貴陽辦事處及西南公路局板車管理處分別組設時期，板車管理處以自有之板車工具，招雇民夫擔任人力馱運，馱運管理所則就原有馱馬招攬運用，擔任獸力運輸，分管並進。其間板車管理處為加強運輸力量，擬開闢綦江及蒲河水運。派員調查，擬具造船及營運計畫，旋以該處奉令結束，移歸川黔車馱運輸所接辦，此本線驛運初期之大概情形也。

（二）車馱運輸合併時期

[①] 原載《驛運月刊》1941年第S期。

二十九年三月，公路運輸總局為加強驛運，將原有機構予以調整，撤銷馱運管理所，各線設立車馱運輸所。川黔車馱運輸所，即由前馱運管理所貴陽辦事處及前川桂公路局板車管理處合併改組成立，原有段站，一仍舊制，惟積極於招徠營業及充實各站設備。其時業經開運者，計有下列各線：

1. 築渝線：由重慶至貴陽，辦理車馱及有關水道聯運業務；
2. 築三線：由貴陽經馬場坪都勻至三合，辦理馱運及夫運；
3. 築六線：由貴陽至六寨，辦理馱運；
4. 築鎮線：由貴陽至鎮遠，辦理馱運；
5. 築昆線：由貴陽至昆明，辦理馱運；
6. 蒲河線：由綦江至叢林溝，辦理水運及車運；

以上各線運量，逐漸增加，最高每月運量為1400餘噸，綜計自二十九年三月起至十二月底止貨運總數為7619噸零88公斤，總計1134088533延噸公里。

（三）川黔驛運幹線之設立

二十九年七月全國驛運會議閉幕後，大部根據會議決策設立驛運總管理處將公路運輸總局所屬驛運部分移歸管轄，積極推進，川黔車馱運輸所仍本以前計畫秉承總處辦理。本年一月奉令改組為川黔驛運幹線，舉凡設備、增置、業務之改善、章則的更訂，均由驛運總管理處統籌辦理令飭遵行，本線業務，亦蒸蒸日上。計自本年一月至七月，貨運總數為10793噸851公斤，總計1534873104延噸公里，較之前兩期所運貨物總量，超過1800餘噸，而時間則僅及1/3。

二、本線業務概況

（一）營運路線

本路線係由川黔車馱運輸所改組，營業路線，與前川黔車馱運輸所時期，無甚差異，現可列舉者，為1.馬場坪站與黔桂幹線銜接，兩線聯運，業已開辦；2.由貴陽至三合增辦板車運輸；3.六寨站在黔桂轄線內，經予撤銷；4.鎮遠站營業精淡，且大部指定由黔省驛運處開辦築晃支線，已無設立之必要，故予裁撤；5.昆明線馱運停頓，該處臨時站亦經撤銷；6.由重慶至瀘縣，承運大批出口桐油，用木船裝運，經在該處設立臨時收貨站照料一切；7.蒲河線由萬盛場至南川，因承運大批軍糧，增設網站；8.由獨山至貴陽，因城塞局與本線訂約交運兵工器材及貴州郵政局存函郵包急待疏運，該處設立臨時營業站。茲將最近本線最近營業路線及其里程，列舉於左：

1. 由海棠溪經由貴陽至馬場坪，沿川黔公路，全程603公里；
2. 由馬場坪至三合，沿貴州省公路，全程123公里；
3. 由馬場坪至獨山，沿黔桂公路，全程115公里；
4. 由重慶至蓋石洞，沿長江綦江松坎河水道，全程283公里；
5. 由蓋石洞至萬盛場，沿松坎河水道，全程60公里；
6. 由萬盛場至南川，沿川湘公路，全程51公里；
7. 由重慶經江津至瀘縣沿長江水道，全程276公里。

以上各縣，陸運共為893公里，水運共為619公里，總計為1512公里。

（二）運輸工具

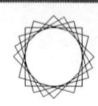

本線運輸工具可按車船夫馬四種分述於次：

1. 板車　本線原批自造板車2400輛，嗣以交通部在美所購輪胎5000套，僅運進800套，致使原有造車計畫無法實現。經多方搜購，擬造成600輛，又於上年六月在渝市民與工廠內被炸損失800餘輛，實僅收用509輛，旋復由本線北渡管理所自造100輛，已完成84輛，故本線現有膠輪板車為593輛，每輛載重500公斤。由交通部黔中機器廠代造1000輛，為膠輪板車，已接收運用者316輛，每輛載重400公斤。上項板車，以膠輪較為適用，且使用時期較久，然以輪胎搜購不易，成本太高，不得不有賴於膠緣板車之輔助。最近本線計畫製造馬拉膠輪板車，已製成1輛，俟在渝築間試駛合用即繼續大批製造，以節人力。

2. 木船　本線現有木船102艘，計30噸及24噸各2艘，為交通部漢口航政局所造，又自造14噸及12噸船各30艘，在長江綦江蒲河間航行。5噸及6噸船各4艘，3噸船30艘，在松坎至蓋石洞間航行。近為調整運輸完成水陸聯運起見，擬添造3噸船170艘，6噸船114艘，分配於松坎至綦江間航行，已擬具計畫呈核。

3. 肩夫　此項肩夫，在三合至馬場坪段內，曾經大批雇用，如遇農隙，最多可至3000名，以苗夷為多。蓋苗民軀幹強建，能耐勞苦，而翻越山路，如履平地，其肩運方法，或用肩挑，或用背馱，每人可負重40公斤，日行30公里。惟於招雇之初，須借當地政府助力，廣為宣傳，使其明瞭自己任務，又力資一項，須隨到隨發，決不可少事稽延，至失信仰。如能善為編練，在農事餘間，使其從事勞作，而又不妨役政，實為驛運勁旅。

4. 馱馬　黔省馱馬，各立幫戶，派別紛歧，向無統率，平時載貨，或由馬戶自行接洽，但匹數零星，或由馬哥頭承攬發運，可以結合成幫，貨價較有保證。然彼輩每於貨運繁忙時，乘機漲價，若不屬行統制，極難令其就範。現由本線可以隨時雇用者約四五百匹，忙時可至千餘匹，每匹載重80公斤，日行40公里。據調查所得，黔馬生殖不繁，加以馬種選擇不良，保養欠周，生產率小，死亡率大，如不積極設法改良，恐馬種日趨劣小，對於國計民生，均有影響，此則希望主持牧政者注意及之也。

（三）設備

1. 驛站　本線渝築間驛站、房屋現已陸續完成，每站一律設有辦公室、存車間、運夫宿舍及運夫廚房。各營業站均另設有倉庫及員工宿舍。運夫宿舍內備有木床、棉被、草墊，廚房則有餐具等，以備員夫炊事歇宿之用，由各站員工負責經營，訂有保證使用辦法通飭遵行。水運段及築三築馬間各站，尚多租用民房，現正計畫分別興建。至各站馬廠，擬於將來馱馬實行統制後，即行添建，以便管理。

2. 修理所　現在北渡設有修理所，內分修車、修船兩部分，可以自造板車。各中轉站及營業較繁之站，如萬盛場松坎遵義貴陽，則設修理分所，擔任車船修理工作，現已次第籌設，分別開工。各段間擬擇要設立保養站，因經費支絀，技工招雇不易，尚未舉辦。

3. 電訊　本線綿長至千餘公里，通訊極不方便，每遇緊急事故，不特本處與各段站間消息遲滯，即段與站間亦呼應不靈。總處有鑒及此，因有全國驛運無線電通訊網計畫之頒行，本線現已設立者，有海棠溪、松坎、遵義、貴陽、四台，將來擬於綦江、東溪、馬場坪、三合各增設一台，則情報聯絡更為便利矣。

4. 醫務　醫務直接關係員夫健康，間接影響工作效率，亟應充實設備，俾臻完善。本線原有在業務發展至相當程度後，於各大站設立診療所之計畫，現與沿線各衛生院所商洽代

辦診務，隨到隨診，尚無不便。其有院所狹小不難留住者，則自設病房，收容病夫，給以醫藥食宿等項之便利，使其安心服役。將來業務發展，經費略形充裕，即按原定計劃，次第施行。

(四) 貨運

本線主要貨運，輸出為鎢銻、桐油，輸入為五金器材、汽油，其他重要物資，如食鹽、煤焦、滑石、郵包、軍米、棉紗、文化用品、生鐵等為數亦夥。按本年一至七月總運量平均核計，每月約為1500噸，如運輸工具及力夫來源不虞缺乏，每月平均可至2000噸以上。本來營運目的，在使往返貨載與工具配合，無放空回空或停留情形，保持貨運與工具之平衡發展。不過在事實上，因天災事變，或氣候寒暑雨雪及河道水勢漲落之關係，各種工具，在一定區段內不能如期到達，則難免有停滯虛糜之患；車隊運夫募自農村，來去自由，無軍事管理之強制力，在農隙時夫隊增多，迨農忙時則遽行減少，不能保持永恆固定狀態；沿線物價，有漲無跌，運夫迫於生計，易受外界引誘，相率私逃；馱馬未經統制，一遇貨運繁忙，即難令其就範；貨物來源並無定準，忽繁忽簡，捉摸不定，有時將工具調配妥當，而某方貨物忽告中斷；車船例有停修時期，現在將工具未充車船進廠修理，或中途損毀，即感調度不靈；新造膠緣板車載重不足400公斤，構造方面，尚須改良，往往裝貨出發，未及半途，即行損壞，掉換修理，延誤運限，糜費不貲；資金不足，周轉欠靈，遇有大宗貨運，須先墊付鉅款，既無充足之周轉金可資挹注，營業方面，即感無法進展。有此數種原因，故於工具之調度與貨載之配合，頗難達到預期之目的。茲將本線同有工具配備情形，列述於次：

1. 貴陽到松坎間係用車運，如貨運繁忙車輛不足，則雇用馱馬協助。由松坎至海棠溪，以利用水運為原則，貨到松坎，交本處3噸船運至羊蹄洞。該洞長約2華里，亂石嶙峋，河流淺急，不能通航，貨物卸載後，須用力夫搬運過洞，再交本處5噸或6噸船運至蓋石洞，不足時加雇商船。最近蓋石洞水閘完成，可直放綦江換裝12噸或14噸船運往重慶；在水漲時，12噸及14噸亦可上達蓋石洞，無須在綦江轉，此段如本處船隻不敷，亦即加雇商船補助。

2. 蒲河線自魯峽洞以上（在蒲河站上游距站約2華里）本處12及14噸船不能到達，須用民船接運，凡由南川、叢林溝、萬盛場起運之貨（南川至萬盛場用車運）在三元橋裝民船至魯峽洞，該洞灘惡，與羊蹄洞相若，船行至此卸載，搬運過洞，至蒲河站交本處12、14噸船裝載下駛；在枯水時期魯峽洞以上不能通航，則由萬盛場用板車接運至蒲河再交船運。運自綦江以上，松坎蒲河兩線，河身寬窄不一，灘險無慮百數，沿線設有水閘水堰，航行至此，須俟開閘，始能通行。每遇山洪暴漲或河水枯落時，航行即告停頓。導淮委員會綦江工程處現在積極疏建，較之昔年，固已便利多矣。

3. 貴陽至馬場坪及馬場坪至三合，均係車馬搭配運輸，如貨運繁忙，則招肩夫協助，此段途距較近，貨物來源亦較有定準，支配調度尚易為力。

復次，關於運價及力費方面，亦應附帶陳述。本線現行板車基本運價，每噸公里，一等3.8元，二等3.3元，三等2.8元，近以力價增高，不敷成本甚鉅，正在核擬改訂。平時所運貨物，多為軍公用品，均訂有專價，限期運竣，如須放空行駛者，則將回空費用包括在內；惟物價變動過速，往往有合約簽訂甫經開運，而力費即須增加，甚至有如限運完，而力費已增加數次者，以此虧損不少。現雖極力將訂約限期縮短，或於限期內增加工具提前趕完畢，

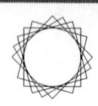

然事實上窒礙重重，終難如願以償，此種情形，恐近來主辦國營交通事業者，均有同感也。

（五）客運

重慶海棠溪至南溫泉一段，全程為 18 公里，為陪都市郊交通要線。總處鑒於原有汽車運輸，供不應求，為便利行旅起見，飭令瀘縣車船製造廠，趕造雙輪單馬客車及四輪雙馬客車各 2 輛，交由本線試行營業，標價規定按中國運輸公司現行客票價目加 20% 計算，設備方面，暫在海南兩地汽車站附近，各設客站一，馬廄一，車場一。業經擬具營業計畫入開辦經常兩費概算，呈奉核准，所有站址一經覓定，一俟車馬齊備，即行定期開始營業。

3. 川陝驛運線之概況（節選）（1941 年）

一、引言

（一）路線：川陝驛運幹線，陸程長為 713 公里，水程長 400 公里，劃分為寶廣（寶雞至廣元）、天雙（天水至雙石鋪）兩總段暨廣白支段（廣元至徽縣白水江），廣白段為嘉陵江上游，水量極淺，枯水時期，航行甚苦，故水運現尚僅為廣元至陽平關一段 185 公里。

（二）運量：本線於去歲十月中旬開始運輸，第一月運量不滿 300 噸，約為 5 萬餘延噸公里，往後漸漸增加，最近運量每月平均可過 5000 噸，約合 162 萬餘延噸公里，往後如無重大變故，運量不致減少。

（三）運具：驛運工具大都受地理道途限制而演變，戈壁千里惟駱駝能任重，陝豫平曠則大車可暢行，西南多山宜於馱載，蜀道崎嶇挑不如背，是皆環境使然也。本線管轄川陝公路，故運具以民間騾馬膠輪大車為多，人力膠輪小車次之，馱騾數量亦大。開運之始，僅有大車 500 餘輛，小車 200 餘輛，嗣後日見增多，現大車達 2600 餘輛，小車 1000 餘輛。最近本處自製之木船 50 只，已先後下水，部撥之膠輪板車 800 餘輛，亦陸續起運，本線在運具方面，不感缺乏。

二、川陝線之管理〈略〉

三、川陝線之業務

（一）運價：驛運價以直接成本之大小為轉移。而直接成本之大小，則視一般物價之高低而定，故驛運運價可謂全由物價而來，米麥漲則人工貴，豆料漲則騾馬運力昂，是皆經濟旋律，絕非統制所能奏效，或謂食料之貴，運輸困難有以致之。誠然，但運輸之困難，亦可謂因工料貴有以致之，因果相乘，綜複錯雜，決食片斷解應所可判言。故本處於運價之釐訂，以現實物情為准循，對軍品運輸主張賠損，對公物運輸主張維持成本，對商品運輸主張有盈利給補軍運損失，正當應得利潤必須維護，不正當非法勒索必須取締。不強人所難，演至人獸鳥散，民力潛藏。

（二）軍運：本線軍運每月平均在 800 噸以上，開運之初，因車輛不多極感困難，應付之苦不可形容。邇來運量大增，運力充足，應付已不若前之困難。是以暗盤運價與軍運補貼，亦逐漸減少，將來或可至於全免。

（三）公運：本線公品運輸以郵件、電料、交通器材、食城、茶葉、桐油、羊毛、鎢砂等為大宗，其運量以視嘉陵江水運情形為轉移。年來嘉陵江航路失修，航運不暢，枯水時期上水更難，因之本線南運多北運少，南北運量不易求得平衡，南行運價高，北行運價低，種因於此。

（四）商運：商品南運以棉花為大宗，藥材百貨甚少，北運以煙葉、紙張、糖、藥材為多，百貨亦少，商品之消長以商情為推移。近來匯兌困難，稅務紛歧，是亦阻滯商運之一原因。

（五）軍運補賠：軍運價低，商品運價高，是以車戶運夫多規避軍運而趨商運，本線開辦之初，軍品幾至無法運出。嗣後迭經研究，將現有車輛分成攤派軍運，凡攤派軍品車輛，可另得軍運補貼，其綜合所得運費可與商運相等，而是項補貼即由擔運商品之車輛所出。換言之，即將軍品運價與商品運價相加而平分之，使運戶不致規避軍運。辦理以來，尚稱順利。惟本處為消除隔膜免茲誤會起見，將是項補貼收支手續，悉歸之於車業公會辦理，本處僅處於監督地位，邇來車輛日增，是項補貼亦遞減，將來軍品運價如以稍增，則補貼或可全免。

（六）運價暗盤：去年冬季，物價日在增長，不及累月，即增高至一倍以上，於是一般車戶感於成本之不足，鹹私提暗盤，本處雖有所聞，但亦限於事實不便取締，蓋因本處釐訂之運價，必至相當時日方可改定，決不能追逐物價，三日一易，而增市面之不安。且暗盤之消長，與運力大小物價趨勢有關，近日運力大增，物價稍穩，暗盤已漸漸降落，與本處釐訂之運價，相差極微。

（七）辦理負責押運：本總寶廣總段貨運極旺，惟車戶良莠不齊，常有中途棄貨、拐貨、剽盜情事，商人苦之，損害運務，莫此為甚。本線累思有以改善，經於前月試辦押運。成績甚佳，近各轉運商行連署請求，派員押運，辦理之後，棄貨已絕，商人稱快。

（八）辦理公段運輸：車馱運輸已採用分段接運為宜，茲可略舉幾項優點：
1. 不能致運之運輸工具可利用。
2. 緊急軍運車輛集中容易。
3. 運具在中途損壞出事救濟容易。
4. 貨物車輛管理確實。
5. 人獸食料可隨車帶載。
6. 雨雪季候可減少損失。
7. 人獸工具修養機會增多。
8. 運具調度靈敏。
9. 迎合運夫心理。
10. 牲獸與氣候適合。

以上十項俱是優點，在創辦之初，壞處亦不可免。
1. 貨運不能平衡時，運具受停空回空等損失。
2. 站務人員須增多，業務費擴大。
3. 貨物多裝卸，損壞程度增大。
4. 裝卸費時，增多停空損失。
5. 增多設備費。
6. 貨物漏耗壞等責任查究困難。

本處現正辦理分段運輸，由寶雞至雙石鋪與輕便鐵道聯運，雙石鋪至陽平關一段，由本處自有牛車接運，陽平關至廣元水運段，由本處自製木船接運，試辦期中未敢言必然，辦理分段運輸係車馱運輸進步工作即有挫頓，亦須改善求進。

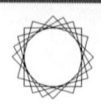

（九）糧宿站：食宿店之設備，為驛運要政，但亦為辦理驛運之最困難工作。蓋驛運行駛，道途大都人煙稀少，甚且絕無人煙，如糧由夫畜自帶，則運量減低，或且無運力可言，如運糧先儲，則此等地方最易為匪徒光顧，非唯安全堪慮，且耗費亦不貲，困難實甚。本處情形較好，但試辦結果，成效亦不佳：一因辦理食宿人員，必須遴選年事稍高，方能居處僻鄉，耐性株守，而年事高者，則多家室累累，侵佔私潤，考核不易；二因夫畜過往停歇時間性極無把握，如炊成以待，則糜費腐敗難免，如隨到隨炊則又耽誤行程，誠所謂兩難也。至於貨款特約辦法，本線亦曾嘗試，困難類同，夫畜不易受惠，現本處擬不辦食宿店，改辦糧宿站，儲糧以待，憑券發糧，車隊行駛，炊夫前行，前途無站，後站給糧，於是夫畜無趕程之苦，無勒索剝削之慮，而本處亦減少諸多損耗。

四、今後計畫〈略〉

4. 加強川陝川湘兩線運輸能力[①]（1941年）

一、前言　川陝川湘兩線的運輸，以水運為主體。川陝線是利用嘉陵江來運輸，使著重慶和西北銜接的廣元有直接的聯繫，打通了驛運的脈絡；我們賴著這條便利而且經濟的水路，不僅在軍事政治方面得著不少的幫助，而且在我們對俄貿易工作上，更發生了很大的作用。川湘線是利用著烏江回水和沅江的水運，雖然中間有龍潭龔灘間陸運中轉的煩難。但是計畫得當，管理有了方法，仍不難達到暢運的目的。是本線在沙宜未收復以前，中樞和西南的溝通，實具有很大的價值！所以兩線在目前的抗建工作上，所負的使命極大！

二、運輸機構　川陝川湘兩線運輸的重要全國人士所注視，辦理川陝川湘兩線運輸的機關，原來是招商民生合辦川陝川湘水陸聯運總管理處負責，後來因為加強組織，增進兩線運輸能力的關係，曾於本年一月十五日奉了交通部的命令，改組為交通部特許川陝川湘水陸聯運處，而由驛運總管理處招商和民生公司三部分聯合組織成立這個機構。內部設理事會，置理事9人，理事會之下，設經理處、置營業、運輸、總務、會計四組；外部分設川陝川湘兩總段，川陝總段下設二分段（包括重慶南充及南充廣元兩段），川湘總段下設三分段（包括重慶至彭水，彭水至龔灘龍潭以及龍潭至常德三段），一切都照著驛運編制和管理的方法，辦理水陸聯運的業務，隸屬於交通部，這樣不僅是組織一統，達到行政和業務的配合，同時事業的方針，也能吻合著抗戰環境的需要，所以聯運處的改組，已由半商行為的活動，轉入正式國家事業的機體，它的目的當然不僅僅是為著某一個集團的生活，或者偏狹營利的維繫，而是加重了它在這國家時代巨輪的前面，達到它應盡最大的任務。

三、運輸情況　川陝線水道運輸的範圍，限於重慶廣元間，長約740公里，照線路的名稱來說，應當延長到陝西省的陽平關，或者白水鎮，其不如此劃分的原因：以渝廣兩端，是南北物資的集散地，若能把這段運輸能力加強，已是盡到了接通川陝間貨運的作用，而且陽平關白水鎮間的水運，已有川陝車馱所計畫辦理，用不著再申展到上游，免去重複設置和加重管理上的煩難，除開這個幹線外，並利用涪江的運輸，溝通了重慶綿陽間（長約336公里）的聯絡，以輔川陝間運能的不及。

[①] 原載《驛運月刊》1941年第1卷第2期。

川湘線的運輸，不似嘉陵江僅僅是單純的水運，而是兼具著水陸接運的煩難，全線的範圍，跨越了川湘兩省，長約 1000 公里以上，除開了重慶涪陵彭水龔灘和龍潭沅陵常德間的烏江酉水沅江運輸外，中間還有龔灘龍潭和龔灘沿河秀山茶洞永綏到保靖間的木船和夫運。雖然中間接運頻繁，管理上感覺不便，但是加強了彭水到龍潭間一段的輔運能力不少。近以六戰區專運軍品關係，為加強公物疏運起見，現另闢了沅陵經辰溪襄陽銅仁江口、閔家場施南至沿河循烏江至重慶一線，現正試運期中，這條新線，雖然有些迂迴，但是在酉陽龔灘間雇夫的困難和公路興築未解以前亦算是川湘線中最有力的一條。

　　兩線的運輸，自上年（二十九年）八月間聯運處成立，九月二日開始運輸，所有軍品物資數量很大，川陝線方面，總計運量平均每月在 500 噸以上，承運的物資，有子彈、桐油、鎢錫、棉線、燃料、煤炭、藥材及羊毛等物。至涪江的輔運，照漢口航政局造船處三十年度擬造的船隻 150 艘，合 1550 噸恰能配合糧食管理局運米的計畫，不過應設法趕工完成這批船隻，現已由川江造船處正積極進行中。

　　川湘線運輸，在目前的情況，比較川陝線還要重要和繁忙，如湘米運川，川鹽濟湘為現在首要工作。同時，公物方面的鋅砂、油料、電磁、水泥、硫磺、藥材等物資的運轉工作，也在積極的擔負著。照現在月運 600 噸以上的運量，僅以米鹽兩項而論，也距著需要運量還遠，有待積極加強運能的必要。茲將兩線在本年一、二、三三個月當中運輸的數量列表於左：

線別	運輸數量（噸）						
	起運			到運		
	一月	二月	三月	一月	二月	三月
川陝線	291.375	69.393	38.00	104.024	39.0365	285.132
川湘線	一月	二月	三月	一月	二月	三月
	391.312	870.013	343.124	57.142	214.687	58.731

　　四、加強運能計畫　　川陝川湘兩線運輸，因著天然地形的限制和工具的缺乏，以及管制機關缺乏合理的管理等等原因，遂形成了各運輸機關互爭競運，影響整個運輸效能極大；尤其是川湘線的龍潭龔灘黔江彭水間的接運方面，若是無法解決，則全線的整個運輸，即成了問題。同時川陝線嘉陵江的船隻若是管制不得當而沒有合理的支配，都能影響到全部軍品和公商物資的運輸。我們為著支撐抗建的力量，就不能不從加強兩線運輸能力著手。加強計畫的內容，分別說明於左：

　　川陝線

　　川陝線嘉陵江上下行的軍品和物資的數量，因著抗戰力量的加強，它的運輸能力，也隨著時代的使命，增加到數十百倍，運輸的物資，除開主要軍品和普通商貨不計外，僅川陝川湘水陸聯運處最近負責洽運的公商物資，每年往返於重慶廣元間上下行及中途轉運的數量，約在 51000 噸以上。嘉陵江全流的船隻，約有 900 艘。以渝廣間中小水的上下行船隻周轉的能力計算，全年可有 57000 噸的運輸能力。但是以該江運輸的繁忙，上述的船隻，事實上實難得全部利用，縱然能以辦到，其發生的結果，不僅影響到其他部分利用船隻的機會，同時貨物的回空和管理方面都成為問題，我們為了減少無謂的擊折，計畫方面，採左列辦法：

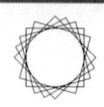

（一）運行方法：原來重慶廣元間的船隻，是重慶到南充和南充到廣元分段運行的，因為嘉陵江上下游的河身水位狀況不同，因此使船隻的構造和船夫認識航道的生疏方面，就天然決定了它行駛的範圍，所以過去運行的方法，習慣上已分得很合理的。後來因為政府遷渝，重慶頓成了西北西南轉運的樞紐。因為物資往返的頻繁，全江運輸，在軍事機關控制下，就把這條江分段運輸，硬變成了直達的通行。這種航行方法，不僅使船隻失事的情形發生得太多，同時保合幫和廣元幫船戶都互相嫉妒運載，影響到船隻的周轉能力。我們為免除這些困難，運行的計畫，仍然把它恢復渝南間和南廣間兩段的接運方式，一來可以減少船隻的失吉率；二來便利了我們徵雇船隻，可以減除船隻不夠周轉的病源。

（二）徵雇船隻：嘉陵江全部船隻，可以用的充其量不過 1000 只。都是在四川省船舶總隊部控制之下，目的在根據需船機關來分配應用。這是戰時的一種管制方法，在政府運輸物資，於徵調船隻的時候，不感覺困難，管理已覺得很周到，同時，又有上下水運價的規訂，不許隨便增長水腳，但是事實告訴我們，船戶不因著嚴格的控制而不逃飛（船夫逃走意）不隱避；不因著有固定的運率而不隨便漲價（因為生活的高漲，中途船戶開銷很大，到了目的地，就要破產，賣了船來賠補）。這些都是事實，所以我們徵雇船隻，我以為控制船隻除緊急的軍事用船外，都嫌有點多餘，結果好了不勞而獲的中間人，苦了直接出血汗的船戶船夫，所以我們徵雇船隻，應採自由的租雇方式。設法減少兩端和中途的停息時間，加強船隻的周轉能力。運價以適合船戶生活的水準，剔除削剝船戶的種種苛索，這樣來徵雇船隻，自然感到便利。

（三）運輸數量：我們計畫渝廣間分為兩段運行，照中小水上下行船隻的周轉，每月可達 1000 噸以上的運輸能力。計需 6、12、15、24 噸級木船 420 艘。照嘉陵江現有木船總數，約有 900 艘，計算這與 1000 噸以上計畫運量之需求，尚有餘裕，倘回空物資，果有把握，運輸能力之加強，更無問題。

川湘線

川湘線的運輸，在武漢淪陷的前後，還沒有那麼重要，後來因為沙宜失陷，湘江和長江直接的聯繫斷絕，所有福建廣東浙江和廣西運到四川來的物資，雖然可由衡陽經桂林貴陽到重慶，但是失事的煩難很多，而運費和時間上，都感到不經濟。所以川湘線的作用，日漸顯其重要性，目前所有軍品，公商物資的疏運，極其頻繁。同時，它中間水陸接轉的困難，和各運輸機關的爭運等關係，都是該線運輸癥結所在，我們的調整計畫分左列四點：

（一）運輸數量：過去每月運量約 600 噸，現擬增加至 1000 噸，以運湘米入川，川鹽濟湘為主要任務。配運數量，暫定米鹽占 70%，軍品、鎢砂、油料及有關建築材料等公物占 30%。

（二）接運方法：全線接運，分主幹及輔運兩路，前者由常德或沅陵間北行，循沅酉兩水用木船運至龍潭，由龍潭中轉，利用板車、汽車兼運黔江（運輸第六戰區軍米 700 噸，至黔江轉運恩施），卸空至鬱山鎮接運湘岸食鹽，由鬱山鎮經彭水至涪陵間，用木船來往銜接涪陵至重慶間為長江航線，民生公司輪運頻繁，月運千噸以上，絕無問題。輔運線有二：一由龍潭至龔灘，由力夫負運。一由保靖起，船運永綏至茶洞，換夫運經秀山至沿河，再轉船運龔灘，兩線即以此為中轉，再用木船循烏江經涪陵船運重慶，每月共計輔運能力為 300 噸運輸公物。

（三）配置工具：全線工具缺乏，不敷應用，照千噸運輸計畫：1. 木船——烏江船隻有 14 噸級者 30 幫（每幫 8 只），計 240 只（合 3360 噸），雜貨船 8 噸級者 300 只（合 2400 噸），總計共有木船 540 只（合 5760 噸），照計畫運量，足敷分配，所成問題者，船夫縴夫之缺乏。若照龍潭川鹽運輸處之計畫，果能於涪陵彭水兩地徵雇免役壯丁 3600 名，增加拉縴能力，則烏江船隻，自無問題，現由該處積極籌進中。沅江酉水船隻，在常德沅陵保靖間，擬增 15 噸級者 100 只（合 1500 噸），沅江以上之裡耶龍潭間，以水小流急，擬增添 2 噸級者 400 只（合 800 噸），彭水鬱山鎮之鬱江，擬增添 2 噸級者 30 只（合 60 噸），保靖永綏茶洞間，擬共增 2 噸級者 40 只（合 80 噸），照現有船隻情形除長江船隻不需增加外，沅江酉水鬱江三遊中，需添置 2、5、15 噸級木船 570 只，計 2440 噸。除將原有船隻儘量利用外，一面由交通部貨款增造（現已完成 2、5 噸經者 54 艘）新船，一面由川陝川湘聯運處撥款收買民間廢船隻，加以修葺。2. 力夫——龍潭龔灘間川鹽運輸處，經常雇有力夫約 4000 人，以月運 200 噸計算，需力只 2500 人，無需增加。沿河秀山月運 100 噸計算，需徵夫 700 人，秀山茶洞間，月運 100 噸，需力夫 700 人，3. 汽車及板車——照計畫需汽車 40 輛，板車 750 輛，除板車由驛運總管理處調撥外，汽車部分，擬由中國運輸公司籌撥接運，所需燃料，擬由第六戰區供應酒精。

（四）管制方面：川湘線運輸頻繁，以各機關互相竟運影響運輸效能極大，第六戰區長官部曾以購運軍糧關係，召集軍政有關機關（包括交通部、川陝川湘水陸聯運處、財政部、鹽務分處、第六戰區兵站總監部、運輸統制局、兵工署、資源委員會、第二十集團軍總司令部、水上警察局、縣商會及民船公會等 13 單位機關在內），商討加強糧油軍品及公物運輸法，經於本年二月一日成立第六戰區運輸聯合辦事處，由各有關機關參加組織，直接受運輸總司令部之指揮，負控制木船，徵調民夫及統籌運輸之責。經分別規定沅酉兩水範圍，由交通部川陝川湘水陸聯運處主辦，永綏龍潭龔灘彭水涪陵間，由川鹽運輸處主辦，黔江由兵站主辦，並於各衝要地點，設立民船登記處，由各負責機關直接辦理，以分工合作，統一協調之精神，謀該線運輸能力之加強與持久。

5. 四川省驛運之概況（節錄）[①]（1941 年）

一、引言

自抗戰軍興，我國重要交通路線，相繼淪陷，後方主要運輸，端賴公路汽車，惟有敵寇封銷之下，油料零件，供應艱難，去秋後以滇越滇緬兩路之阻塞，來源更少，致汽車亦不能為普遍之利用，運輸問題，遽成抗建之難關。賴我領袖，殫精擘劃，根據自力更生國策提示以科學的方法辦理驛站遞運，以謀挽救，運輸前途乃見曙光。二十九年七月十五日，全國驛運會議，開於陪都，決議由交通部成立驛運總管理處，各省省政府成立驛運管理處，主持其事，築山奉派兼任本省驛運管理處處長，川黔車駄運輸所主任張沖霄兼任副處長，張副處長於同年九月二十一日由渝抵蓉，經旬日之商討籌備，本處即於十月一日正式成立。川省為復興根據地，驛運使命，尤為重大，本處同仁，夙夜警惕，努力工作，雖於環境與經費，未克達到預定計劃，但同心同德，無日不在困苦中前進，計開辦路線已達 25535 公里，

---

① 原載《驛運月刊》1941 年第 S 期。

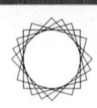

自上年開辦至本年六月底止已運出軍商貨品軍米工糧等 12789 噸 2947776 延噸公里，貨物之平均行駛，里程約為 230 公里，茲將本處自成立以來營運情形，及將來計畫，略述梗概，以告當世之關心驛政者，並就質於運輸專家。

二、營運概況

（一）運輸部分

1. 籌設路線　本處各驛運支線，第以適應抗戰之需要而設，並斟酌緩急而確定開闢之先後，現今已行開辦者為計：

（1）奉建線　由四川之奉節至湖北之建始，計長 105 公里，二十九年十月成立，分設奉節、巫山、建始三段，及大溪、王家溝、廟宇壇、沙壩、天鵝池、隴裡、建始等 7 站，旋延展至鄂省之恩施，增設白楊坪、民興鎮、龍鳳壩等 3 站，共長 165 公里，為本處開闢之第一線。該線自大溪至建始一段，完全為崎嶇山道，僅能行駛背挑之力夫與駄運之駄馬。力夫每人負重約 30 公斤，駄馬約 60 公斤，一日行 25 公里左右。力夫係由奉節等縣徵調，初時因選擇不嚴，素質太劣，又以沿途食宿不便，時有逃亡情事，運輸頗受影響。嗣經該線排除萬難力謀改善，逃亡之風得以漸戢，運輸亦因以暢旺。因該線純以軍運為主，又復接近戰區，為便於指揮調度管理計，已奉令於本年六月初移交第六戰區接辦。

（2）新渝線　由新都沿沱江而下至瀘縣入長江而達重慶，共長 816 公里，於二十九年十月成立，分設新都、金堂、內江、瀘縣、重慶 5 段及新都、趙鎮、內江、瀘縣、重慶等 5 站。該線沱江一段，航路灘險頗多，水枯時僅可行駛載重 6 公噸至 15 公噸之木船，夏季水漲，可行駛 30 噸之木船，逆流每日行 15 至 20 公里，順流日可行 40 到 50 公里，過瀘縣入長江後則木船航運決無問題。自成立迄今，雖徵雇船隻困難叢生，然托運之食糧，源源輸出，未嘗稍有間斷，對於接濟軍糧民食，貢獻不少，今後欲謀發展該線之運輸，應從統制工糧著手。

（3）渝廣線　由重慶至川北之廣元，共長 1127 公里，分水運與陸運兩段。陸運由成都沿川陝公路至廣元，計長 357 公里，分設成都、綿陽、廣元三段，及成都、新都、綿陽、劍閣、廣元五站。道路大致平坦，最大坡道為 19%。水路由成都順岷江而下，至宜賓入長江，直入重慶，長 770 公里。全線縱貫川省南北，為川陝滇黔運輸之大動脈，極為重要。本年初，適因新津特種工程緊急需要大量工糧，該線遂於一月成立。開運以來，對於調劑民用，運輸工糧，著有相當成績。目前正籌辦負責運輸及與川陝幹線商辦聯運事宜。至水運方面，僅設成都東門一站，近正試航中，並一面設法籌備正式開運。日後如能對民間工具加以統制及增造自備工具，則其發展，可立而待也。

（4）川西線　以新津為中心，東北自郫縣經成都、雙流至新津，長 78 公里；西北自溫江經雙流至新津，長 50 公里，北自崇慶至新津，長 40 公里；共長為 263 公里。分設郫縣、溫江、崇慶、邛崍、蒲江五段；及郫縣、溫江、崇慶、邛崍、蒲江、新津六站。該線係專為運輸新津特種工程處急需工糧而設，於三十年一月十五日成立，工糧運竣，旋於同年四月撤銷。

（5）渠萬線　由渠縣至萬縣，共長 224 公里，分設渠縣、大竹、梁山、萬縣四站，及渠縣、大竹、袁驛壩、沙河鋪、梁山、分水、沙河子、萬縣等八站。於二月正式成立，開始運輸。工具方面，由驛運總處撥借膠緣人力板車二百輛，因係自備板車，對於管理，均較其他各線稍易。

第五章 驛運
二、概況

2. 籌造工具　辦理驛運「工具」及「動力」缺一不可，尤以「工具」一項，為發展之先決條件。因如有充分之工具，則動力一項，較易籌辦也。茲將籌撥工具情形分述如後：

(1) 驛運總處撥租膠緣人力板車 200 輛經過及使用情形：本處因鑒於自備工具之重要，曾於本年一月，渠萬支線未開運以前，商請驛運總處由瀘州板車製造廠撥交膠緣人力板車 200 輛，以資應用，每輛規定載重為 400 公斤。惟是項車輛，因非汽輪行駛時震動較大易於損壞，修理費亦較重。為補救損失與徹底改善以維運輸計，刻正研究改進中。

(2) 四川糧食購運處預付運費 60 萬元，作購膠輪人力板車 200 輛至 250 輛之經過：本處因鑒於撥交之膠緣板車損壞過甚，影響運輸，遂又於本年四月間，商由四川糧食購運處，預付運費 60 萬元，作訂購膠輪人力板車 200 輛至 250 輛之用。旋即於重慶交通板車製造廠，造訂 100 輛，於本年五月，交渠萬支線使用。每輛規定載重量為 600 公斤。試用結果，尚屬圓滿。嗣於五月十七日，又向該廠訂購載重 1 公噸之膠輪人力板車 100 輛，擬撥交渝廣支線使用。

3. 運輸情形　本處因籌備倉促，及經費支絀，致第一期開辦各線，對於運輸工具與動力，未能充分準備；僅按事實之需要，臨時向民間徵雇。茲將過去各線徵雇工具動力及其運輸情形述列於下：

(1) 奉建　該線商定每月徵調力夫 1800 人。自三十年一月起，至五月底該線移交第六戰區時止，共計徵調力夫 7955 人。每月平均於 1591 人。又臨時雇用馱馬 376 匹，及人力膠車 12 輛。共計載運 658 公噸 529 公斤，計 84101 延噸公里。平均每公噸運行約 127 公里。

(2) 新渝　自三十年一月起至六月底止，前後共徵雇木船 666 艘，每船船夫平均約 12 人（該線運輸多為順流），共約 7992 人。每月雇用平均約 111 艘，計 1332 人。共計載運約 2199 公噸 68 公斤，計 1240820 延噸公里。平均每公噸運行約 564 公里。

(3) 渝廣　自三十年一月起至六月止，共雇用膠輪人力板車 2487 輛，平均每月約 415 輛；膠輪獸力板車 615 輛，平均約 103 輛；人力車 1448 輛，平均每月約 241 輛。運夫共計約 14861 人，騾馬 1210 匹，共計載運 3565 公噸 716 公斤，計 5280971 延噸公里，平均每公噸約運行 149 公里。

(4) 川西　自開辦迄結束共 4 個月，計雇用板車 1306 輛，獨輪車 19840 輛，竹木筏 336 只；共計運夫約 27378 人，載運 3493422 公噸，計 156481 延噸公里，平均每公噸運行 45 公里。

(5) 渠萬　三十年二月撥給該線膠緣人力板車 200 輛，五月撥給膠輪板車 50 輛，六月以撥給 50 輛，二月因所撥給膠緣板車須待裝訂曾暫租人力車 40 輛（為期一月），以助運輸，共載運 1589 公噸 625 公斤，計 85284 延噸公里，平均每公噸運行 54 公里。

為便於明瞭各線實際情形起見，特列表於後。〈表一、表二均從略〉

4. 困難問題　辦理驛運以工具動力幹部人員通訊設備為四大要素。本處自開辦以來，對於上述各項每感缺乏，因而發生諸多困難。

(1) 工具　各線所需工具，大部分係同民間徵雇，自備工具甚少；而徵雇之工具，又多製造不良，或配件不全，或無防雨設備，不適於用。有時工具所有人居奇操縱，以射厚利，故每遇徵雇，輒屬供不應求。

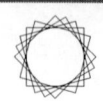

（2）動力　欲發揮驛運之效能，端賴廣大之人力及獸力。遵照領袖所指示，按半義務性質，徵雇夫馬，使之服役，極難辦到，即按雇傭性質，亦多觀望赵趄。幸或徵雇前來，而值此抗建時期，各方需要人力至急，或被利誘，或被威脅，時有潛逃情事，所餘者率多體弱力小難以勝任。動力既屬缺乏，運輸效能遂不能儘量發揮。

（3）幹部人員　驛運事業，方在初辦，事前未能儲訓健全之幹部人才，管理調度

（4）通訊設備　運輸之能事在於調度之敏捷與情報之靈通。現各線通訊，只賴郵局寄遞。消息遲緩，調度隨以稽延，運輸亦因之不能迅速。

（二）業務部分

1. 奉建支線　該線雖屬本處，實際由驛運總處指揮，其主要業務為運輸軍糧。方向自北而南。初定月運Ｘ萬小包，嗣減為Ｘ萬5000小包。運價力價，均由驛運總處與軍方商定。運雇因力價不敷生活，時有逃亡。軍糧而外，南下貨有食鹽，北上貨有鐵礦等，均待運至急，因軍方限制，不能攬運。致運貨收入不敷維持員工開支。其積累虧損，已商總處設法。該線自開辦迄移交，共運出756噸229公斤，計91815延噸公里。

2. 新渝支線　該線全為水道，其主要業務，為運輸事公食米。船舶徵自民間，配運管理，雖多困難而均能安全到達。折耗約1%，在水運中為最少。該線運輸食米，係半養性質，員工開支，未計入運輸成本；亦未收取管理費。自二十九年十月成立迄三二年六月共運出軍公食米338428公斤，計2083225延噸公里。

3. 渝廣水陸聯運線　該線陸運方面，除轉運特種工程委員會工糧外，對於調劑民食及軍運，均有相當成績。水運方面成效尚未十分顯著，目前正在積極推進。其運費除付力價外，差可自給，該線自成立迄六月底，共運出軍商品3565噸716公斤，計520971延噸公里。

4. 川西支線　該線主要業務，為供應特種工程委員會之工米，運輸時間約達三月工糧，賴以源源接濟，該線自成立至撤銷共運出工糧3493噸422公斤，計156481延噸公里。

5. 渠萬支線　該線於民國三十年二月成立，其主要業務，為輸運四川糧食購運處糧食，自梁山至萬縣，自大竹至渠縣。回程貨則為萬縣至梁山之食鹽與軍品，鹽月約百餘噸，軍品無定量。此外大竹縣至渠縣尚有麻布麻袋，以車輛無多，尚未招來承運。該線自二月至六月共運出公商品1589噸625公斤，計85284延噸公里。

總計本處所轄各線自開始運輸至本年六月底止共運出軍品公商品，12789噸共計2947776延噸公里。

6. 困難問題

（1）本處成立不久，調查工作未能詳盡，而各線沿途除食米外既乏大宗物產，一般經濟狀況，亦未能與驛運相配合；因而招來固定大批運輸，實屬困難。復以工具之缺乏，貨物之不能對流，供應難期適應。以致營業遭受阻礙。

（2）驛運運價之成本，以力價為基準，力價又視物價而變化。各地物價不同，力價一日數變，訂定運價失所根據。既不能因物價力價之高漲隨時改訂，復須顧及運輸成本，故運價力價之調整，實難適應當前之環境。

三、未來之展望〈略〉

6. 1938年秋至1941年冬驛運概況[①] (1942年)

一、萌芽時間之驛運

本部舉辦驛運，迭經排除萬難，努力邁進，三年以來，驛運事業，由萌芽而趨於發展漸至成熟階段，現在重要驛路幾遍全國，成效可期。茲將辦理經過分述於左：

二十七年秋行政院召集公路水道交通會議，決定利用人力獸力，增強運輸力量，經本部擬具計畫及組織綱要，呈奉行政院次年二月二十二日第三九〇次會議決議通過，准予設立驛運管理所，主辦驛運事宜。彼時適值廣州失守，粵漢鐵路中斷，國內物質之輸運，均以昆明為樞紐，單恃汽車運輸，力有不逮。本部有鑑於此，故先從敘(府)昆(明)大道著手，辦理驛運，以資補助，經短期籌備，即於二十八年二月四日開始運輸，由敘載運桐油、五子至昆，回程裝運軍公器材，辦理以來，成效尚未大著。同時以事實需要，並籌辟渝築(重慶至貴陽)、築晃(貴陽至晃縣)、築六(貴陽至六寨)、柳三(柳州至三合)等線，先後於同年五六月間分別開運，至此營運路線計已達2900餘公里，截至是年底，經運物資達7900餘噸。

二、擴展時間之驛運

驛運係我國自力運輸主要部門，以過去運量計，節省外匯消耗，為數至鉅。驛運成效既宏，本部遂謀普及擴展，一面則將原有機構予以調整加強，於二十九年一月成立車駄運輸所8所，直錄於本部公路運輸總局。復以驛運工具極感缺乏，除貨款民間獎勵製造外，為適應需要，成立板車製造廠於瀘縣，以期於最短期間，完成5000輛板車製造計畫，以便分撥應用；並疏浚敘府鹽津間之關河險灘，俾便利用水道運輸，以縮短敘昆間車駄行程，減輕運輸成本。此項艱巨工作，歷時半載，始告完成。同年七月間復奉委員長諭召開驛運會議於陪都，決定今後辦理驛運擴大計畫，並成立驛運總管理處，直錄於本部，綜管全國驛運事宜，運驛基礎，得以成立。截至同年八月底，已開運各線沿線設備亦大部完成，經運物資計達12800餘噸，路線展長至7100公里。茲將各線名稱等表列於左：

線別	起訖地點	公里	使用工具	備註
蘭猩線	蘭州—猩猩峽	1171	駝馬膠輪大車	已開運
漢渝線	漢中—重慶	800	駝馬板車	因公路破壞停辦
瀘昆線	瀘州—昆明	976	板車	已開運
川陝線	寶雞—成都	890	板車	已開運
川康滇線	瀘定—昆明	1300	夫駄板車	正在籌備
	西昌—樂山			
桂黔線	柳州—三合	522	木船	已開運
	河池—岳墟	486	板車	因越局變化停辦
川黔線	重慶—貴陽	488	板車駄馬	已開運
滇越線	昆明—老街	476	板車駄馬	因越局變化停辦

三、成熟時期之驛運

[①] 原載《最近之交通》第六章《驛運》。

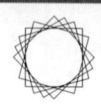

自全國驛運會議議決由交通部設立驛運總管理處，在各省設立驛運管理處之初，大概規定幹線由中央主辦，支線由地方主辦。現在各省驛運管理處已成立者，有四川、陝西、甘肅、河南、湖南、湖北、雲南、廣東、江西、浙江、福建、安徽、寧夏等14省。尚在籌備中者，有貴州、西康兩省；幹線之擴充及增設者，原有陝甘、川陝、川黔、川鄂、瀘昆、黔桂、敘昆及川陝、川湘水陸聯運線共8路。三十年七月間，川鄂線因承運軍糧任務終了，移交第六戰區接辦；黔桂線因黔桂鐵路通車至金城江後，已失重要性，乃將該線裁撤，仍將該線金城江至馬場坪一段保留，併入川黔幹線以與鐵路聯接。九月間復將川陝、川湘水陸聯運線改組分設川湘聯運處及嘉陵江運輸處以增強運輸能力。現在幹線實為7路：

（一）陝甘線　由天水經蘭州至猩猩峽延長至哈密，接通國際運輸。

（二）川陝線　由天水至廣元。

（三）嘉陵江水運線　由廣元至重慶。

（四）川湘水陸聯運線　由重慶經涪陵、沅陵、常德至衡陽。

（五）川黔線　由金城江至重慶。

（六）瀘昆線　由昆明至瀘縣。

（七）敘昆線　由昆明至敘府。

綜計七線共長約9000公里，支線已開辦者，約27000餘公里，三十一年度擬增闢關聯國際運輸之樂山至祥雲線計長1034公里，並開闢各省辦支路線5000公里。

（一）運量方面：

1. 幹線　自開辦以來至三十一年八月底止，共128417噸，其中4/10為商貨，5/10為公物，1/10為軍品。

2. 支線　自開辦以來至三十一年八月底止，共395178噸，其中8/10為商貨，1/10為公物，1/10為軍品。

（二）設備方面：

三十一年度擬加強川湖（彭水至龍潭）、瀘昆（瀘縣至昆明）、川黔（重慶至貴陽）、陝甘（蘭州至猩猩峽）四驛線。

（三）工具方面：

已發動民夫393283人，馱獸（包括騾、驢、馬、駱駝等）63542頭，自備板車8200餘輛，租用民間各式車輛（包括膠輪板車、鐵輪大車、單雙手車及牛車等）59000餘輛，木船2萬餘艘，竹木皮筏約1000只，自備木船約200餘艘，三十一年度擬增置膠輪板車4000輛，分配新闢及已闢各路線。

驛運路線大都在交通極其不便及人煙較為稀少之處，故辦理之不易實較任何運輸為甚，現在推行驛運最大之困難，尚在動力之缺乏，不但牲畜不多，各地強壯運夫亦以兵役、農事及各項建設所需人工過多之關係，徵求極感困難，今後尚須加強宣傳，使人民能踴躍參加，各方能充分協助，俾能發動大量人力，實為今後推動驛運當務之急也。茲將抗戰以來，驛運狀況統計如後：

根據三十年十二月統計，路線方面之里程，除已經開闢，旋以任務完畢結束者不計外，總共現有路線里程計中央經辦之幹線為9213公里，各省經辦支線計福建省1959公里（此僅係該省驛運處管轄之線路里程，省方運輸公司經營驛線未計在內），浙江省4838公里，

江西省 4881 公里，安徽省 1421 公里，雲南省 1222 公里，廣西省 5053 公里，甘肅省 2350 公里，湖南省 1571 公里，河南省 930 公里，陝西省 1078 公里，四川省 2167 公里，廣東省 386 公里，統計全國現有幹支線里程為 37069 公里。

7. 全國驛運工作之展望（節錄）[①]（1943 年 5 月 3 日）

一、全國驛運概況（一）關於幹線分處者　本部直轄各驛運幹線，原有川陝、陝甘、甘新、瀘昆、中印、新疆等 7 個分處，除中印線奉令結束，新疆線正在籌辦尚未開運外，現辦運輸業務者有 5 個分處。所轄之驛運路線共有 8197 公里。所用工具計民夫 26000 人，騾馬駝獸 20000 匹，板車 15500 輛，木船 200 艘。

5 個分處之運輸能力，三十一年度全年共運貨 115000 噸，計 36000000 延噸公里，平均每月約運貨 1 萬噸，計 3000000 延噸公里。本年三個月之運量如下：

一月份　13000 噸　3500000 延噸公里
二月份　11000 噸　3100000 延噸公里
三月份　14000 噸　4000000 延噸公里

驛運運輸速度較慢，每噸貨一個月內約運 100 公里之運程，即每月可運 10 公里。

各分處去年全年營業收入為 122000000 元，支出為 120000000 元。

（二）關於支線省處者　除本部直轄之幹線分處外，支線方面，每省設有省驛運管理處，直錄於省政府，受本部之監督指導，共有 16 個省處，驛運路線計 33226 公里。分述如下：

1. 西南——有四川、貴州、雲南、西康 4 省驛運管理處。
2. 西北——有陝西、甘肅、青海 3 省驛運管理處。
3. 東南——有浙江、福建、江西、湖南、廣東、廣西 6 省驛運管理處。
4. 中原——有河南、安徽、湖北 3 省驛運管理處。

以上除貴州、湖北兩省處已併入建設廳及湖南、安徽兩省處改隸建設廳外，其餘均仍直屬省府，依照省驛運管理處組織規程之規定，省處處長由建設廳廳長兼任或派員專任，現由建設廳廳長兼任處長者有四川、甘肅、雲南、廣西、浙江、江西等 6 省，專任處長者有陝西、湖南、青海、西康、河南、廣東、福建、安徽等 8 省，又依照組織規程，重要省份本部加派副處長 1 人，現已派有副處長之省份，有甘肅、陝西、四川、浙江、江西、廣東、雲南 7 省。

各省處所用驛運工具，尚無精確之統計，因各省驛運工作進度，情況頗不一致。概括言之，東南各省之驛運主要工具為木船，大概每省有 8000 至 13000 只木船。西北各省則重陸運，主要工具為車馱，以陝西、甘肅兩省言，每省約有膠輪大車 3000 至 6000 輛，鐵輪馬車 6 萬至 10 萬輛，駱駝與騾馬毛驢，據甘肅最近調查有 100 萬頭。

各省驛運量，本處根據比較完善之 9 個省處之報告，三十一年度總運量為 1240000 噸，的為 141000000 延噸公里。

二、驛運運量比較

驛運在我國戰時運輸上之重要性，究竟如何？應從事實上以求證明，即將驛運運量與同時之他種運輸量加以比較，而估定其價值。

[①] 原載《交通建設》1943 年第 1 卷第 8 期。

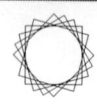

（一）幹線驛運與幹線公路運量之比較

公路運量據本部統計處之統計，本年一月份為 10000 噸，計 4800000 延噸公里，二月份為 13000 噸，計 5250000 延噸公里。平均計之，每月為 1 萬噸，500 萬延噸公里，每噸貨一個月內在公路上約運 500 公里之運程，即每日可運 17 公里。

驛運運量根據本處統計，一月份為 13000 噸，計 3500000 延噸公里，二月份 10000 噸，計 3100000 延噸公里。平均計之，每月為 1 萬噸，惟噸公里則為 300 萬，即每噸貨平均一個月能運 300 公里之運程。是公路與驛運之運量、噸位相等，汽車快，每月能運 500 公里遠，驛運慢，每月能運 300 公里遠。

（二）驛運幹線（分處）與驛運支線（省處）運量之比較

陝西省最近驛運量，每月公商運輸為 2 萬餘噸，軍運為 1 萬餘噸，平均每月在 3 萬噸以上。東南各省，每省平均約有木船 1 萬艘，每艘平均載貨 10 噸，每月運程平均 100 公里，則每月有 1000 萬延噸公里之運能。但五個幹線運量之總計，每月僅有 1 萬餘噸，300 萬延噸公里，僅及西北或東南各省 1/3，故幹線運量實遠遜於支線。

（三）各省驛運與各鐵路運量之比較

鐵路貨運本年一月份本部統計，隴海路 60000 噸，湘桂路 36000 噸，粵漢路 24000 噸，平均運程約為 150 公里，即有 400 萬至 1000 萬延噸公里之運能，與驛運之每省 1000 萬延噸公里比較，可證各省驛運運輸能力，等於一條鐵路。

（四）西北獸力馬車與汽車運能之比較

西北運量最大者，為改良馬車，所用之輪軸與輪胎皆為汽車之廢料，載重 1 噸至 2 噸，所用騾馬 1 匹至 4 匹，每日運程 30 公里。汽車每輛載重 3 噸，每日運程 150 公里。以此比較，馬車 10 輛等於汽車 1 輛。馬車構造簡單，不易拋錨，實際行駛效率有 90%，即 100 輛中有 90 輛在路行駛；而汽車之行駛效率，最低為 10%，最高亦僅 50%，平均在 30% 左右。故並行駛效率而論，馬車 3 輛即可等於汽車 1 輛。飼馬草料沿途就地可以供給，而汽車則須自帶汽油，汽車之運輸力量，除去應攜油量，實際上僅等於 2 輛馬車。

三、西北驛站工程概況

西北驛站工程，本年一月奉令限本年六月前完成，工程內容為自重慶至新疆哈密，3000 餘公里之途程中，每 30 公里設一旅客食宿供應站。自重慶沿嘉陵江經廣元蘭州至酒泉為一段，每日供應 30 人至 50 人，自酒泉至哈密為一段，每日供應 120 人。一月底本處根據初步調查，將全部計畫預算完成，重慶至廣元之水運，食宿利用船隻，自廣元起陸運於哈密 2300 餘公里，計設站 79 個，鑿井 6 眼，經費需 1 萬萬 2 千萬元，經行政院審查會議減為 6 千萬，最後核定數為 3 千萬元，至四月初始將計畫正式核定，領到第一批工款後，炳訓即親往蘭州督辦，現全部工程分為四段，自哈密至猩猩峽，委託新疆省府辦理，自猩猩峽至蘭州，由楊子建築公司及泰山實業公司承辦，自蘭州至徽縣，由富國工程公司承辦，自徽縣至廣元，由中國工程公司承辦。工程本身並無困難，材料工人運到工地後，兩個月即可完工。西北建築成本約為戰前之 60 倍，全部工程僅有戰前 50 萬元之量。困難處即在工程不大，而散佈於 2000 餘公里之長路線上，分為 80 個單位；酒泉以西，糧食水及木料，皆自數百公里外運去，故運輸問題頗為嚴重，工程管理費用亦因之而高，加以現時沿途治安，使公路交通不能暢通，故深受影響，工人材料何時以運齊，難以預計，現惟有以最大努力，

拼命冒險起做，以期早日完工。

四、目前驛運的三大問題

目前驛運方面的三個重要問題，亦可謂為驛運方面之極大難關，關係抗戰，關係人民生活，亦關係人民對政府之信仰，部長對此曾有剴切指示，故最近數月來，本處集中精神，秉承部長意旨，以謀解決之途。現若干已獲解決，若干尚待努力。所謂三大問題者為管理費問題，軍運運價問題，及驛運政策問題。

（一）各省驛運管理費之取消

驛運管理費之徵收，已有二年餘歷史，其根據為二十九年驛運大會之決議案，此種管理費之性質，究為行政費或運輸業務費，不但無明確規定，而兩年來徵收章程，亦付闕如。如徵收管理費後，確能辦理運輸服務，則收 5%，自不為多。然實行結果，各省將徵收管理費之手段，視為目的，並不以管理費用於辦理運輸業務，甚或行政管理亦未辦理，浸假為徵收而徵收！流弊所至，誹言四起，對於驛運之推行，不但無幫助，甚且有妨礙。去年九月本部奉令取消，十一月本部直轄各分處先行取消，同時令各省處作取消準備。惟因各省經費無著，且原定取消辦法，不能適用於各省，對於取消後之經費及業務方計，均無具體規定。本年以來，承部長指示，關係人民痛苦的事，應儘先起辦，經詳加研究，擬訂徹底取消驛運管理費辦法，呈行政院經三月九日六〇四次院會通過，其要點為：1. 驛運行政與驛運營運經費及工作均予明確劃分。2. 各省驛運行政經費應列入省概算按月撥付，未列入省預算或不足者，在省準備金或建設事業費項下勻支。3. 驛運營運經費應自給自足。4. 驛運路線之調查開闢等建設事業費，得編省單位預算。以上辦法，由行政院電令各省於本年四月一日起實行，將管理費及類似管理費名目之費用，一律停徵。現據報告，提前取消者有江西、陝西、福建等省，請求暫緩者有浙江、湖南二省，甘肅省於炳訓去蘭州後亦經商定實施辦法，最近期間即可取消，其他各省原未徵收者，有四川、貴州、雲南、湖北等省，已徵收取消後有困難者，另派員前往為之解決，當不難達到各省一律取消之目的。

（二）軍運運價之調整

驛運之舉辦，原以辦理軍運為主，抗戰時期軍事第一，擔負軍運，實義不容辭。二年以來，軍事方面，以為驛運機關專門承辦商運，而不願辦軍運；民眾方面，則以軍隊封扣車船民夫，付費不足維持其生活，驛運機關不能為之解除痛苦。辦驛運者處此兩種不諒解之情況下，事業上所受之影響極大。其癥結所在，因軍政部所訂之軍事給予標準太低，且全國分區太廣，按日計算租金，不管運程，不計運本，此項標準係於抗戰前訂定，二十九年修改一次，三十年十一月又修改一次，最近擬再修改，動議已有半年，當時擬改之標準，約等於商運運價 60%，但至今日運本又漲，雖經修改，亦僅等於商運 25%，仍不足維持車船夫馬之最低生活。驛運擔負軍運運量極大，據運輸會議估計，即照擬定之標準調整，雖增加到現行運價 25%，已需增加預算 30 萬萬元以上，其中軍糧運輸須增 16 萬萬元（原預算列 15 萬萬元），軍政部須增 7 萬萬 8 千萬元（原預算列 6 萬萬 3 千萬元），航委會須增 1 萬萬 6 千萬餘元（原預算列 2 萬萬 4 千萬元），後勤部應增數字尚未送到。如援照汽車軍運按三等商運價計算，則需增加預算 100 餘萬萬元。故軍運問題，實為驛運最嚴重之問題。有若干省驛運處在管理費之外，加收 2%至 10%的軍運補貼，軍隊雇用馬車，照軍事給予標準日給租金 18 元，實際每車人馬消費至少 130 元，此項差額，完全由驛運機關負擔，不

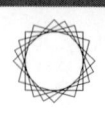

得不分攤於其他商運運費中,如此顯與限價政策相違背,驛運機關徵收2%,人民負擔則何止20%。但如不攤派,則無其他善法,否則祇有由軍隊自行徵扣工具,對於運輸秩序影響甚大。此問題之解決,現正由本處商請軍委會運輸會議研究中,解決之原則為:1.軍運損失全體人民平均分擔,勿使車船戶或行軍沿途少數人去負擔。2.確定軍品種類之限制。3.確定軍品交運之手續。4.劃分軍運為「戰區前方搶運」「調防軍運」及「經常軍運」等三種,分別釐訂其所需工具及給費辦法。5.軍運運費之直接撥付,照公路辦法,由國庫直接撥付運輸機關。

(三)驛運政策之確立

關於今後驛運政策之確立,經擬訂《推進各省驛運工作綱要》送呈部長核定,其中一部分已論及今後之驛運政策,業奉批准,若干問題之技術方面,尚在研究編擬中,簡要述之如次:

1. 驛政重於驛運——驛政為驛運行政,驛運為驛運營業與運輸。公路及鐵路之行政與業務合一,均由本部及直轄機關主辦。驛運則為人民的運輸,政府所製備之工具有限,必須將民間之運輸力量,加以發動組織管理,使之為國家服務,此為與公鐵路根本不同之點。政府所辦之驛運行政,即如何配合政治力量,推行合理政策,發動人民,組織人民,使蘊藏民間之偉大輸力,從事運輸工作。驛政為驛運之基本,驛政失敗,驛運不能成功,所以說「驛政重於驛運」。

2. 人民共營重於政府專營——驛運既為人民之運輸,政府即應運用獎誘方法,配合政治,利用鄉鎮保甲機構或合作社之組織,使人民組織起來,共同為運輸服務,俾力量集中,運能增強。政府專營,工具有限,力量甚小管理困難,成本極高。專營應限於特種路線,辦理特種運輸,並為人民之示範,驛運實無政府獨佔專營之必要與可能,故人民之共營應重於政府之專營。

3. 〈略〉

4. 獎勵扶助重於管制——過去驛運管制,多主張全面徹底的管制,以「統收統運」為目標。結果,此種管制僅屬理論,而不能見諸實現,且擾民太甚,流弊極多。今後之管制在縱的方面,應有限度,橫的方面,應有範圍;尤應先以獎勵扶助之方法,解除人民痛苦及困難,使人民樂於參加驛運服務,再逐漸加以合理之管制。凡足以減低運量,提高運輸成本之強迫管制方法,應完全避免。而後民間輸力,始能普遍發動,驛運工作始可大量發展。故獎勵扶助實重於管制,並應先於管制。〈後略〉

8. 水陸驛運管理規則[①] (1943年12月30日)

第一條 全國水陸驛運之管理,除法令別有規定外,依本規則之規定。

第二條 本規則所稱水陸驛運動力及工具之範圍如左:

一、以營運為目的之各式人力獸力車輛;

二、以營(運)為目的利用風帆櫓棹為主要動力之船筏;

三、以營運為目的之騾馬驢牛及駱駝。

---

① 本規則由行政院訓令發佈。

第三條　本規則所稱驛運主管機關，為驛運行政機關或經委託辦理驛運行政之驛運業務機關。

第四條　水陸驛運動力及工具除依法令由航政機關主管者外，應一律向該管區域之驛運主管機關聲請登記檢驗。

第五條　凡經驛運主管機關登記檢驗合格之水陸驛運動力及工具，均免費發給牌照。其牌照式樣另定之。

第六條　凡經驛運主管或航政機關登記檢驗合格，而領有證件之水陸驛運動力及工具，必要時得由各驛運主管機關按照事實需要與便利，編組成隊，委派各級隊長，並加以適當之訓練，其編隊辦法另定之。

第七條　凡經編組之水陸驛運動力及工具，得享受左列各款利益：

一、分配物資承運；

二、利用驛運機關運輸上之各種設備；

三、收受規定運價；

四、貨款添置或修理工具；

五、享受驛運機關規定之福利。

第八條　凡經編組之水陸驛運動力及工具，應遵守驛運法令，服從驛運機關之指揮調度。

第九條　水陸驛運動力及工具到達目的地卸載後，應向當地驛運主管機關報到。如無物資交通時，應即發給准行證，俾得自行攬運，不得留難。准行證式樣另定之。

第十條　凡軍公商品物資機關或商號，需用水陸驛運動力或工具時，應向驛運主管機關申請雇用，不得逕行封扣。其有自行雇用者，應向驛運機關登記。

第十一條　水陸驛運運價力價，除應會商航政機關者外，由驛運主管機關擬定後，呈准公佈施行。托運人及承運人均應遵守，不得自行抬高或抑低。

第十二條　各物資機關自備水陸驛運工具，應將工具種類、數目送由驛運主管機關備查。前項自備工具，限於運輸自有物資，如兼營業時，應受驛運主管機關之管理。

第十三條　水陸驛運運輸商行如確實自備有水陸驛運動力或工具者，除依法令由航政機關主管者外，應向該管區域之驛運主管機關申請登記核發營業證後，始准營業。前項經核准營業之運輸商行應受驛運主管機關之監督管理。

第十四條　各驛運主管機關得就各地情形訂定施行細則呈准施行。

第十五條　本規則自公佈之日施行。

9. 獎勵民營驛運事業辦法[①]（1943年12月30日）

第一條　人民辦理驛運事業經向當地驛運主管機關聲請認可依本辦法之規定獎勵之。

第二條　各驛運主管機關沿線原有之食宿設備暨停車篷牲畜等廠得免費或收最低費用供給營驛運利用或代向當地餐館宿店商訂特約食宿站。

---

① 本辦法由行政院1943年12月30日訓令發。

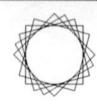

第三條　驛運主管機關關於沿線地點辦理合作社者准由民營驛運參加依法享受平價物品之供應。

第四條　驛運主管機關沿線所設之診療所或特約醫生及獸醫室應准民營驛運利用酌收最低費用。

第五條　驛運主管機關沿線原有之通訊設備得供民營驛運利用酌收最低費用。

第六條　民營驛運工具如有損壞得請由驛運主管機關所設之車船修理場所代為修理其工料費用應按成本核收。

第七條　民營驛運如因貨源缺乏而致工具裝載不足或放空行駛時得請由驛運主管機關向物資機關代為招攬貨物運輸。

第八條　民營驛運如因貨源缺乏□致工具裝載不足或放空行駛時得請由驛運主管機關向物資機關代為招攬貨物運輸。

第九條　民營驛運於運輸途中得請由驛運主管機關代辦關卡稅局等報驗手續。

第十條　各驛運主管機關得就各地情形訂定施行細則呈准施行。

第十一條　本辦法自公佈之日施行。

10. 四年驛運概況（節錄）[①]（1943年）

〈前略〉

一、黯淡時期之驛運

交通部於二十七年十二月間根據全國公路水道交通會議關於利用人力獸力以增加運輸力量的議決案，籌備成立馱運管理所，辦理人力獸力的運輸業務，這是驛運的萌芽時期，那時辦理的困難情形綜括的說起來至少有下述幾點：

（一）員司缺乏訓練　驛運開始辦理之初，一般中下級員司，因缺乏訓練關係，縱或具有運輸上的常識與經驗，也不足以應付手續繁雜的馱運業務。

（二）缺乏經驗　辦理任何事業，經驗最為重要，馱運事業既是首次由政府來經營辦理，對於一切鑒定的方法，雖經上層苦心孤詣，縝密策劃，無如缺乏實際經驗，很多地方，仍有待於腳踏實地去試驗，困難的遭遇，因而隨時皆是。

（三）缺乏經費　業務機關，尤其是運輸機構，必須有充裕的經費，靈活周轉，才能儘量發揮它的效能。馱運時期，因為經費缺乏，周轉欠靈，於是不得不藉預收運費一途來期求彌補。不料物價日漸上漲，人夫馱獸力價隨之增高，已收的運費，連最低的成本也不能夠維持，一方面又不能再向托運人增收，因此貨物在運輸中途都漸漸積滯，沒有辦法疏運。這樣一來，貨物不能預期到達，致遭托運人之責難，而驛運的信譽也受到重大的損失。

（四）缺乏行政制度　那時辦理馱運，一切規章均付闕如，因此增加業務上的困難很多，如當時敘昆線辦理工具管制，因為驛運行政制度的未及樹立，以致糾紛多時不能解決。

（五）缺乏運輸制度　第一，其時所選擇的馱運路線係敘昆大道，該線該線道路綿長，山嶺重疊，運行困難，且只能通行人夫馱獸，就地理上言之，實非初辦驛運之一良好試運線；第二，其時係採取直達運輸制度，線長達900公里，沿途又無適當設備，管理方面，最成

[①] 原載《交通建設》1943年第1卷第8期。

困難。最初又無押運制度，運夫於中途棄貨而逃者，屢見不鮮，收拾困難，糾紛益加增多。

嗣後因鑒於以往失敗之點，乃找出癥結所在，如以研究，妥籌善策，做初步的改革，舉其重要者數端如下：

（一）調整機構　將馱運管理所之中間承轉機關撤銷，如馱運分所如黔桂、川黔、敘昆等改組為車馱運輸所，統行直接隸屬於公路總局，總局之內於業務組設置輔運課，專司監督策劃之責。

（二）節約人力獸力提倡板車運輸　人夫肩挑運輸，運量至屬有限，計最高者，不過40公斤，若運輸4噸貨物，就需要人夫100名，人力的消耗既屬很大，管理方面也極感困難，反之，若以通常載重500公斤之膠輪板車載運，祇需要板車8輛，人夫16旬即可，運能既增大數倍，管理也更較容易。經一面積極提倡，以期節約人力獸力，並一面由公家籌設板車製造廠，以大量添置板車，增強運輸力量。

（三）提倡配合運輸試辦綦江水運　其時個人認為辦理馱運，不僅應儘量提倡板車運輸，以節約人力獸力的消耗，尤應本因地制宜原則辦理配合運輸，使運能更進一步的增強。最初試辦川黔線北段之綦江水運，自重慶起到松坎止，此段為水運，由松坎至貴陽則係陸運，陸運配備板車行駛，水運酌置木船航行，試運結果，情形很好，運能方面比較單用板車循公路直重慶既增高不少，並且所費經濟，管理亦甚便利。

（四）提倡客運籌備營業所　配合運輸計畫之另一部分為市郊客運馬車，使貧乏之汽車得儘量行駛長途。又為提倡車馱運輸，廣攬貨運，使各線辦理聯運起見，尤宜於各大都市普設營業所，便利托運人的問訊及代辦托運手續。惟在此時期，雖經極力提倡，但因一般人士對於馬車及營業所之業務鹹抱懷疑，一時尚未能實現。

二、擴張時期之驛運

前述之初期驛運，因員司缺乏經驗與訓練，一切基本條件亦未具備，匆促中開運，以致貨物中途積滯，或至遺失，無日不受各方責難，嗣經不斷之努力研究及試驗，始漸漸踏入正軌。二十九年七月間，委座召開全國驛運大會，驛政制度，至是遂樹立基礎，黯淡的驛運，乃進入發揚光大時期。

（一）初期社會人士對驛運之觀念

當驛運事業擴展之初，一般社會人士對於驛運功能看法如何，見仁見智，各有不同，約別之可分三類：第一為驛運擔憂者，此派人士因鑒於以往辦理驛運的種種困難若再推廣於全國，則將來遭受更嚴重之失敗，必無疑，友好者頗為本人事業前途擔憂；第二為極度熱心而樂觀者，此派人士立論以為我國素以無限人力自誇，民間驛運工具蘊藏極夥，果能發動運用，不唯可以補助新式運輸之不足，兼可節省外匯，繁榮農村經濟，與戰時全國總動員之意義，亦屬符合，故對於驛運的發展，極抱樂觀，而盡力協助；第三則為輕視驛運者，此派人士認為驛運載量有限，運行遲緩，效用極微，故對驛運事業之推動，不甚注重。總之，驛運在擴張初期，一般社會人士皆熱烈贊助，惟對驛運尚無正確的認識，使辦理驛運者，直接間接皆受其莫大影響。

（二）驛運總管理處成立時期之艱苦奮鬥

1. 佈置全國驛運幹線支線——驛運總管理處在全國注目情形之下產生，責任重大，而未來的任務，更極其艱難，籌備之初，同仁小心翼翼，不分晝夜，埋頭苦幹，因過去無成規

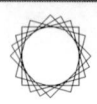

可循，感到百端待舉，最急要者為全國驛運路線之訂定。經根據當時環境需要情形，定其主幹，布其分枝，以期適合需要，其關係國際及跨省運輸者由中央辦理，其他與主要路線相聯繫的路線則由各省去辦。並規定第一期完成幹線，第二期完成重要支線，第三期完成其他支線。

2. 訂定各項驛運規章以樹立驛運行政制度——關於組織方面者訂有：（1）驛運總管理處組織規程；（2）省驛運管理處組織通則；（3）驛運段站組織通則。關於運輸方面者訂有：（1）驛運行車通則；（2）驛運行船通則；（3）驛運夫馬運行通則；（4）驛運夫馬車船調度通則；（5）驛運貨物押運規則等。關於業務方面者訂有：（1）水陸驛站載貨程式；（2）水陸驛運載貨通則；（3）驛運貨物分等表；（4）水陸驛運貨物聯運通則等。關於管理方面者訂有：（1）驛運車駄管理規則；（2）驛運夫馬車船徵雇通則；（3）驛站工人免役辦法；（4）全國驛站倉庫管理規則等。其他並先後訂定各項單行辦法，營運表格報單等，均為確立行政制度，規定辦事方法，使各級員司，得以劃一步驟，循序踏進，收事半功倍之效。

3. 寬籌經費避免預收運費——因鑒於以往駄運時期經費缺乏預收運費之惡果，實為駄運予社會人士以極壞印象之主因，故積極寬籌經費，務使能周轉靈活，以免影響業務推進。

4. 趕制工具補實設備——各線之運輸工具原以徵雇民間者為主，但各線貨運情形繁簡互有不同，民間固有工具多少亦有差異，供求關係，不盡相合。為適應需要起見，故必自製工具為之調劑，方克有濟。經審度各線貨運情形及可能徵雇運用之民間工具狀況，增制各式工具，酌量分配使用，同時並調查各線沿途情形，及運行上之需要，權衡財力，訂定計劃，逐步充實其設備，以加強運輸效率。

5. 規定業務重心——軍運：如四川省之萬（縣）恩（施）線及奉（節）建（始）支線，皆規定以軍運為主，並撥款整修萬縣恩施間驛道，以便利人夫駄獸運行；糧運：如四川省西部之各支線，均係規定以糧運為主，協助糧食徵實政策之推行，而利軍糈民食；國際運輸：如西北之陝甘線、甘新線，出口以運輸羊毛鎢砂等為主，人口則以運輸油料彈械等為主；其他公運；郵運。

6. 訓練業務人員——根據驛運計畫之推展，所需中下級幹部，為數甚多，並因鑒於以往駄運時期，員司悉皆缺乏訓練，業務進行，不無影響，爰估計需要，籌辦驛運業務人員訓練班附屬於交通部交通技術人員訓練所，訓練中下級幹部人員；並舉辦押運員訓練班，完全招收榮譽軍人，使彼等在後方仍有報國效勞之機會。一面擬訂驛運業務人員訓練綱要，分飭各省驛運管理處，各按需要情形，辦理訓練班，以訓練各級驛運幹部。

三、成長時期之驛運

自驛運總管理處成立後，瞬即三年，在此艱苦之過程中，一面根據過去失敗之經驗，一面秉承長官之指導，痛定思痛，不務矜誇，逐步研究，隨時改進，各界對驛運之信任，遂得日益增加，驛運基礎於焉奠立，要皆同仁數年來艱苦努力之結果。茲分述如後：

（一）從紛亂中理出系統

1. 驛政制度的確立　驛運初辦之時，行政與業務未曾顯明劃分，政府責成自足自給，驛運行政經費無著，各省乃不得不徵收管理費，以至為各方所詬病。本年經徹底取消管理費後，同時將驛運行政與驛運營業之工作及經費，均予明確劃分，行政經費列入省概算接月發給，營業經費力求自給自足。前者為國家之行政（驛政），後者為公營運輸事業（驛運），

系統分明，性質互異，驛政制度，因而確立。

2. 運輸制度之納入正軌　諸如驛運路線之選擇，配合運輸之實施，直達運輸，分段運輸之採擇，工具之徵集配備與調度，車船之保養整修與增制，線路需要之設備等等，均經不斷研究次第納入正軌。

（二）從理想到實踐

當驛運舉辦之初，因遠無成規可循，近乏借鏡可資，一切皆須憑諸理想，付以絕大之努力，以求其實現，舉其大者如：

1. 旅客運輸——初由重慶市上清寺至化龍橋一線之試驗，現已擴展至城區及市郊之歌樂山，業務日臻發達。近且辦理由渝至成都之長途客運，以補助汽車之不足，而為社會人士所贊許。

2. 配合運輸——初由川黔線綦江水運段開始，繼則擴展至川湘川陝水陸聯運，於茲收効更著，現全國各線莫不以此種運輸制度之實施為最經濟，管理既屬便利，運能復可增高。

3. 節約人力——初由單純人力之利用，如肩挑背負，進而為人力板車之利用，復由人力板車，進而改為獸力板車之運輸，更由小型板車載重三四百公斤者，改良為巨型板車，載重可達一噸至兩噸，不僅人力之撙節為數可觀，即運量方面，較方單純人力運輸，又何止增大數十倍！

4. 水道運輸——驛運辦理之初，一般人對於驛運之認識，均從馬字旁著眼，來作狹義解釋，因囿於此種觀念，所以以為驛運範圍。只能及於便道及公路之陸運，殊不知千餘年來凡屬人力獸力及水路陸路之運輸工具，皆屬驛站之範圍，嗣經積極宣導開闢，目前均已認為水道運輸為驛運之重要運輸線。其可以利用者，悉皆次第舉辦營運，予以利用矣。

5. 負責聯運——驛運原以管理困難，一切行政運輸制度亦未臻完善，對於聯運，未能及早舉辦。現今已由於客觀之需要，與驛運本身基礎之加強，漸次推行此種制度。最近更因協助限政之實施，湘、桂、粵、贛四省，並已舉辦省際間之貨物負責聯運。

（三）從幹線擴大至全國驛運網

馱運時期所辦之驛運路線僅限於少數之幹線，今則不惟幹線之里程增加至8648公里，且擴展至全國各省，計浙、皖、贛、湘、鄂、閩、粵、桂、川、滇、黔、康、陝、甘、新、青等16省，里程達33200餘公里，干支分佈，水陸縱橫，脈絡貫通，自成交通線網蔚為壯觀。

（四）從國內運輸展長至國外運輸

由於環境需要，驛運運輸路線之範圍，已由國內而展長至國外。例如三十一年四月間擬定舉辦之保山至八莫幹線及騰沖至密支那之中印幹線，雖因西南戰局轉變，未能如期開辦營運，而驛運之重要性及其任務之繁重，於此可見矣。近擬勘查之新印驛運線，亦其一例也。

〈後略〉

11. 陪都驛運概況[①]（1945年12月）

一、驛運機構

[①] 原載《陪都工商年鑑》第4章《驛運》。

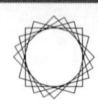

民國二十九年七月，全國驛運會議之後，交通部遵照蔣院長宣導驛運之訓詞，與驛運大會之決策，成立驛運管理處，一方積極籌辟國際運輸幹線，一方督促各省籌辦必要支線，以期完成全國驛運線，年來驛運規模大致具備，藉補新式工具運輸之不足。

驛運機構，分行政與營業兩種，驛運行政機構，在中央為交通部驛運總管理處，在省為驛運管理處，經已成立者計有四川湘鄂等。營業機構方面，在中央有各幹線管理局，在各省為驛運處，所屬之驛運線段，或驛運區段。

截至三十一年底止，全國水陸驛運干支線路，長凡5萬公里，普及川、康、滇、黔、陝、甘、豫、寧、湘、鄂、桂、粵、贛、閩、浙、皖等16省，其中陸路占60%，水道在40%，幹線部分計有7線，總長10459公里，均由交通部自辦，支線部分計有193線，總長30480公里，由各省驛運管理處管理。

二、陪都驛運

川省驛運為適應抗戰需要而生產，亦為新興交通事業，年來戰局轉移，滇緬一度道阻。使命益愈重大，中央迭令加強工作效能，以期前方軍需及後方物資民食，得以供應無間，並為責成起見，二十九年十月川省即奉令組辦川省驛運管理處，先後開闢奉建支線（由本省奉節至湖北建始並延展至恩施），長165公里，渝廣水陸聯運線（由重慶沿沱江流域經成都至廣元），長1127公里。新渝水運支線（由新都經內江瀘縣至重慶）長816公里。渠萬支線（由渠縣至萬縣），長224公里，川西支線（以新津為中心，分至邛崍蒲江崇慶郫縣溫縣等縣），長263公里。各線共長2595公里。奉節線於三十一年八月移交××××戰區司令部接辦，川西支線，以任務完成結束，其餘渝廣新渝渠萬三線，仍經常辦理營運，兩年來共支物資3885571公噸，貨品7544830公噸，糧食12408934公噸，至三十一年下期，移交交通部川陝驛運管理處辦理。

至渝赴省外線，三十三年已有川滇線瀘州至昆明1012公里。川黔線有渝蓋、蓋桐、桐築、築三、馬金、長三、遵思等7段，運輸工具如馱馬、木船、膠輪車等，均將大量制配，沿線向民間徵用之馱馬，均接市價付給運費，最近為求易於管理起見，將實行民運工具總登記，以規定適當之運費，目前該線運輸數量，每月計達3000餘萬噸，且多為公物。川陝線驛運管理分處，在蓉成立，川省驛運管理處，除移交事宜業已辦竣，該處轄渝廣陸路330公里，成渝水路800餘公里，渝廣、成渝陸運已開始，將配備馬車100餘輛，每輛可載6人，成渝間7日可達。渝內段自三十一年十月開車以來，情形甚為良好，貨運客運，均已舉辦，短期後又完成成渝全線之驛運工作設施，並將添設川中公路自流井至隆昌間之驛運。又重慶至廣元線，暫側重貨運，而已備有騾車100餘輛，運貨運行李包裹，除陸運以外，又兼利用木船航行成渝一段，據交通部發表，以重慶為起訖點之驛運線，切至三十一年底已有4條：

幹線名稱	起止地點	公里數	附註
川黔	重慶—金城江	2045	有補助線八線
川陝	重慶—廣元	1645	有補助線一線
川湘	沅陵—重慶	982	
嘉陵江	重慶—廣元	740	

驛運總管理處又為加強川省驛運工作效率起見，擬訂籌設川中驛運支線計畫：（一）以威遠為中心，分向內江、鄧井關、貫井，開辦鹽運路線，以運輸為主要業務。（二）工具來

源,由瀘縣車船場借撥膠緣板車數十輛,先行開辦,俟有成效後,再自行購買工具。(三)人才方面,調用奉建支線遣散之幹部人員。

此外為加強川滇康三省邊區運輸起見,將決定籌辦金沙江水陸聯運,業經派員勘查並制訂分段通航計畫,限期完成,該江下游黃坪石角營改理灘工作,以使與陸運配合。該處現已派督察萬宗組織試航隊,由宜賓出發,溯江而上,至黃坪為止,試航成功,水陸聯運,不久即開始。至國際線方面,交通部亦於三十一年八月奉令籌辦中印驛運事宜,經成立中印驛運總理處,並組勘察隊分兩路考察實施。

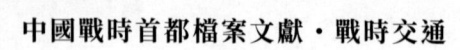

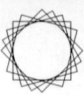

第六章 鐵路

一、修築綦江鐵路

1. 行政院關於撥款修築綦江鐵路給交通部的訓令（1940 年 4 月 17 日）

案奉國防最高委員會二十九年四月十五日國機字第九〇七〇號訓令開：

案據國防工業委員會本年四月五日呈稱：查由綦江三溪修至江岸之鐵路，關係煤鐵運輸與國防工業建設，至為重要。前經擬具節略請鑒核，奉諭已函送交通部查照辦理在案。嗣經交通部派員前往踏勘，決定採用珞璜、崇興、五岔、廣興、綦江、三溪線，約長 85 公里。關於鐵路軌制，無論採用標準路軌與 1 公尺軌制，均有現成材料在湘桂一帶可以利用。為求運量充足起見，已經本會議定採用標準軌制，惟仍由交通部、兵工署詳細研究，以期萬全。全部計畫經費另案呈核。惟該路既勢在必修，為迅速施工計，擬請先批發國幣 200 萬元，供路線測量及路軌車輛等趕速內運之用，以緊急命令支付，以應急需。等情。據此，查所請撥發國幣 200 萬元一節，應准照辦。除飭交通部編制計畫及預算呈送該院核定，迅速興工，並指令知照外，合亟令仰遵照，並轉飭財政部迅速撥發具領為要。此令。等因。奉此，自應照辦。除以緊急命令飭財政部令庫迅予照數撥交該部應用，並函覆國防最高委員會秘書廳查照轉陳外，合行令仰知照，並仰迅速編具工程計畫及經費概算，呈候核轉，此令。

院長　蔣中正

2. 交通部為上報修築綦江鐵路計畫致行政院呈文（抄件）（1942 年 3 月 21 日）

案奉鈞院本年三月六日順肆字第三九五一四號訓令，以據經濟軍政兩部會呈，大渡口鋼鐵廠原料運輸，水運不能勝任，修築鐵路為唯一有效辦法。所需路軌、車皮，可由鋼鐵廠製造，列入三十二年度預算；機車亦可由該廠撥用。現僅須本部建築路基，以利運輸，而應國防需要，飭即迅速核辦具報。等因。遵查該項鐵路線之修築，籌畫已久，本部經於二十九年五月間，設立綦江鐵路工程處，辦理其事。路線早經勘選藏事，工程亦可隨時實施，只以鋼軌車輛問題未獲解決，迄當不克動工。現鋼鐵廠既可供應，則路基修築，自可積極進行，謹將修築該路重要各點分陳如次：

一、工款方面：全線工程估計需款 153554300 元，若連同鋼軌及配件計算，應為 218054300 元。按該路需款數額，係照現時實際情形估列。以年來物價變動甚鉅，例如土方在二十九年每方約計 1 元 8 角，現進則需 11 元；軟石每方約計 3 元 6 角，現時則需 20 元；堅石每方約計 7 元 6 角，現時則需 54 元。其他工料價值，亦莫不增漲甚鉅。又該路在二十九年籌辦時，所需鋼軌車輛，擬由各路調撥，不需現款支付。嗣因運輸受阻，致未克由

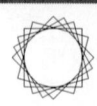

衡陽運出，現時雖可由大渡鋼鐵廠分別制配，但工料各項，均須現款支付。此兩者實為構成此次估列數額之原因。現在工款如奉核定，自宜極早施工，庶該路可早供應用，經費亦多所樽節。

二、期限方面：估計貓兒沱至三溪全線工程，如工款按期充分撥發，集中人力物力，同時趲趕，可按原會呈所稱期限，於一年半內如期完成。

查該路為爭取時間、節省工費起見，自應以全線施工分頭並進為宜，估計本年度自四月份起，全年九個月，應需工款數額為8940萬元。第一個月以須籌備各項工具器材，並招雇工人等費用較多，需款1500萬元。餘數則於五至十二各月份，平均支配撥用，計每月930萬元。如蒙核准，擬請以緊急命令飭撥四五兩月工款共2430萬元，俾可即時興工。所擬是否有當，理合檢同綦江鐵路工程計畫、工程總概算表，及三十一年工程概算表〈略〉各一份，備文呈覆，仰祈鑒核示遵。

謹呈行政院

附呈工程計畫一份概算表各一份

綦江鐵路工程計畫

查綦江鐵路起自重慶上游綦江口之貓兒沱對岸適為成渝鐵路之江口車站，循長江下駛，則為大渡口鋼鐵廠，再下即為重慶，該處水勢，極為平穩，且不淤漬，故適宜設置碼頭，即設置鐵路列車渡江輪渡，亦屬可能，兼以地勢平坦，便於發展，故選作起點車站，最為相宜。路線經測勘者凡四，其中循綦江而上之一線，天然坡度，頗適合於鐵路，工程亦較其他三線為省。自貓兒沱起，經廟基場、墨斗沱、賈嗣場、夏壩、廣興場、北渡、綦江縣城、轉口，而達三溪，全線長985.5公里。擬全線同時趲趕，准於一年半內全線通車。

一、全線工程數量及工作工數時期如下表

工程名稱	數量	一年半完成實際工作天數	每日約需工人數量	附記
土方	2236000立公方	400	5750	所有工程均可發包
軟石	396000立公方	400	1500	
堅石	891000立公方	400	6600	
御土牆	20000立公方	300	930	
護坡	6000立公方	300	600	
改河	15000立公方	100	300	
大橋	13座	400	2500	
小橋	23座	400	1250	
涵洞	270座	400	560	
車站	10處			
修理廠	1處			
車房	2處			
碼頭	1處			
購地	49000公畝			
遷墳	4800座			
遷屋	2100間			

共計需要工人：18000 人

二、需要材料數量如下表

材料名稱	數量	附記
水泥	22000 桶	可在重慶採購
枕木	160000 根	可用槓木鋸制
軌料	100 公里	大渡口鋼鐵廠供給
機車	5 輛	大渡口鋼鐵廠存有機車
車輛	50 輛	大渡口鋼鐵廠已有 20 輛餘並可自制
鋼料	100 噸	可在重慶採購
炸藥	200 噸	同上
其他	400 噸	同上

交通部綦江鐵路工程總概算表

會計門類	名稱	說明	款項（元）
C1	總務	按各項工程費用總數約 5%計	10400000
C2	籌辦	測量費及購置儀器	300000
C3	購地	49000 公畝每公畝均價 100 元	4900000
C3	房屋遷移	土房 600 間每間遷移費 250 元	150000
C3	房屋遷移	磚房 1500 間每間遷移費 400 元	600000
C3	墳墓遷移	土墳 4000 座每座遷移費 40 元	160000
C3	墳墓遷移	磚墳 800 座每座遷移費 80 元	64000
C4	路基	土方 2236000 立公方每公方 11 元	24596000
C4	路基	軟石 396000 立公方每公方 30 元	11880000
C4	路基	硬石 891000 立公方每公方 54 元	48114000
C4	路基	御土牆 20000 立公方每公方 160 元	3200000
C4	路基	乾砌片石護坡 6000 立公方每公方 100 元	600000
C4	路基	改移河道及公路 15000 立公方每公方 20 元	300000
C6	橋工	大橋 13 座共 53740 立公方每公方 280 元	15047200
C6	橋工	小橋 23 座共 20420 立公方每公方 250 元	5105000
C6	橋工	涵洞 270 座共 13830 立公方每公方 170 元	2351100
C7	路線保衛	路線共長 85.5 公里每公里 3000 元	256500
C8	電訊	電話 85.5 公里及無線電報機	600000
C9	枕木	160000 根每根 25 元	4000000
C9	鋪道碴	100000 公方每方 60 元	6000000
C9	鋪軌	車站道岔在內共 100 公里每公里鋪軌費 2000 元，鋼軌及配件 4000 噸每噸運費 50 元	400000
C9	鋼軌	35 磅鋼軌 3500 噸每噸 15000 元，又配件 500 噸每噸 24000 元	64500000
C10	號誌及轉撤器	車站及碼頭 11 處每處 100111 元	1100000

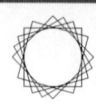

C11	車站及房屋	車站10處（房屋站台煤台及水台等）每處平均250000元	2500000
		道班房17座每9000元	153000
C12	修理廠及車房	修理廠1座車房2座及修理機具設備	2000000
C14	建築機件	開山機土斗車輕便軌抽水機及起重機等	2000000
C15	機車車輛	機車5輛由大渡口鋼鐵廠撥用，只估修理費及運費（由大渡口鋼鐵廠運至本路碼頭）	1100000
		貨車20輛由大渡口鋼鐵廠撥用，估修理費及運費	200000
		貨車30輛擬由衡陽存車拆卸運至大渡口鋼鐵廠裝配，估計運費及拆裝工料費	1500000
C16	維持費	每公里5000元85.5公里共計	427500
C17	碼頭	碼頭1處及躉船設備	2500000
C19	利息	建築時透支利息	1000000
C20	匯費	由重慶匯至工地用款匯費約計50000元	共計153554300
總計			218054300

附注：1. 表內鋼軌及配件64500000元應由大渡口鋼鐵廠供給，並按照經濟、軍政兩部原呈列入三十二年度預算；

2. 原奉撥發建設專款200000元。自二十九年五月起，所有路線測勘費，衡陽運機車車輛、鋼軌等料運費、修理費及總務費，並待命施工期間內各項開支均在該項專款內另案列銷，不再列入本表。

3. 行政院為抄發《修築綦江鐵路工程計畫及工款概算案審查紀錄》給交通部的訓令（抄件）（1942年4月10日）

前據該部呈覆擬具修築綦江鐵路工程計畫及工款概算一案，經召集有關部會審查，並提出本院第五五八次會議決議：交主管部研究分段建築辦法，除分會外，合行抄發審查紀錄，令仰遵照辦理具報。此令。

計抄發修築綦江鐵路工程計畫及工款概算案審查會紀錄一份

修築綦江鐵路工程計畫及工款概算案審查紀錄

一、主席報告：上次院會討論本案時，各方提出問題四項：（一）該路全長不及百公里，而工款部分即需15000餘萬元，為數是否過鉅。（二）鐵路與綦江水道平行，如儘量利用水道，則該路是否可毋庸建築。（三）該路除為鋼鐵廠運輸原料外，其經濟價值究若何。（四）當時鋼鐵廠何以不設於綦江。此四問題當時因無原設計人在席說明，爰經決定交付審查，現請各主管方面逐項說明，用備下次院會參考。

二、兵工署楊司長繼曾報告：第一項，經費問題，請交通部代表報告。第二項，利用水運是否即可不造鐵路，此則須視水道運量之大小為斷。按大渡口鋼鐵廠2座化鐵爐同時開工，日需礦砂煤焦至少400噸，而綦江水道每年除洪水初發及枯水時期不能通航外，其適航時期不過六個月，每月運量不過8千噸至9千噸，每日當不足300噸，僅及鋼鐵廠全年需要量1/3強，自非另築鐵路不可。第三項，就經濟價值言，南川煤質多硫磺，不宜煉焦，

第六章 鐵路
一、修築綦江鐵路

但適於普通爐灶之用。目前因運輸阻礙，積存礦場者已逾2萬噸，若輔以陸運則可濟重慶之煤荒，此其一；現在水運全程每噸需費300元，若鐵路完成，最多僅需100元，每年以運20萬噸計，可省運費4000萬元，此其二；水運經常需船1000只，每船水手六七人，即需消耗工人六七千，亦是影響物價之高漲，此其三；鐵路可與川黔公路聯運，節省汽車消耗，此其四。第四項，鋼鐵廠址問題，綦江水運每船不能超過10噸，而鋼鐵廠機器即就零件言，每件重量恒在20噸以上，故當時設計實無以廠就礦，移設綦江之可能。現大渡口廠機器裝置僅及一半，擬以出產生鐵為主，以供各兵工廠之用，將來鐵路通車，再將煉鋼部分設於綦江，分工合作。此外，當須附帶報告者，即鋼軌問題。倘該路決定興築，則自七月一日起，廠方即開始製造，至明年六月底止，可成軌條4000噸，配件500噸，總載重量為490噸。機車大者3輛，小者7輛，勉足應用。將來鐵路運量，每日可過600噸。

　　三、交通部楊司長承訓報告：經費概算除鋼軌配件外估計約需15300餘萬元，此實因目前人工食糧昂貴之故。茲試就土石方而論，約共350萬公方。堅石每方55元、軟石30元、土方11元，三者合計，即需8400餘萬元。又堅石每方54元，係以人工火藥材料及包工費合計，亦無浮濫。其他橋樑、電訊、枕木、車站、機房、碼頭等費，均係必要支出，殊難核減。鋼軌3500噸，每噸15000元；配件500噸，每噸24000元，共計6450萬元，係照兵工署分售各兵工廠之定價計算。查二年以前，路基工款原估2500萬元，今已6倍，若照市價，自已不止此數。因鐵路工程數量既大，並能按期付款，故價可稍低也。大渡口廠為國內唯一設備完善之鋼鐵及機器廠，目前鋼軌產量每日可過10噸。若鐵路通達，料源暢旺，自可比例增加。西南各省之經濟建設必賴鐵路以趨繁榮，而鐵路敷設則需自製鋼軌，原料尤賴綦江鐵路之轉輸，故其經濟價值實至宏大。又該廠現存機車9輛，牽引力總計為620噸，除去停修者外，實可用者至少尚有400噸。車皮29輛，總載重量共為490噸。今以400噸計，使與機車相配合，其與目前廠方需要相近。他日廠中需料增加，當可自造貨車，並以汽車內燃機改制機車以補足之。

　　四、水委會薛主任委員報告：綦江全部渠化工程計畫建閘壩20座，現已完成者7座，即將完成者2座，其下游自三溪至江口擬即動工者7座，預計每座建築經費500萬元，共需3500萬元。此項閘壩完成後，水源可達15公尺，適航30噸木船。船隻過閘，於一小時內可過6船，每日以10小時計，共過60船，得1800噸。將來設備加強，夜間通航則日夜可運3600噸。惟此項工程，本年度預算僅列經費1800萬元，尚不能完成4座，如繼續施工自今秋以後，尚需二個月枯水時期，至三十三年五月間方可完成。上述噸數係據導淮會報告，與楊司長所言者不無出入，本人接任未久，對於實際情形尚難確切明瞭也。

　　五、經濟部莊同長智煥報告：鋼鐵廠遷建委員會係由軍政經濟兩部派員合組，當時決定設廠於大渡口，實因機器不能再向上游搬運。該廠現受原料運輸之限制，不能儘量生產，殊為可惜。

　　六、交通部盧次長報告：綦江運輸水陸均正需要，水道工程需分期進行，不若鐵路之可趕速完成。且在水道施工期間，船行不暢，故尤需要鐵路以維持運輸。鐵道之需要不僅在兵工方面，即糧煤運輸亦唯以此是賴。將來鐵道完成，則南川之煤，綦江之糧均可供銷重慶。現黔桂路已向貴陽展築中，若渝築之間亦以自製之軌敷設鐵路，則西南交通立將改觀，此其影響於經建者實鉅。又預算方面，依照過去經驗，常因經費不繼，致工程進度難如預期，

343

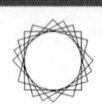

現當爭取時間起見，所估費額似不應過於緊縮，以免影響趕工。全部預算2萬萬餘元，雖覺為數頗巨，然以產鋼價值計，每年2萬噸，每噸市價2萬元，可售6萬萬元，其中純益已不在少矣。

七、財政部俞次長報告：財政部對於預算外之支出希望愈少愈好，本年度預算已列173萬萬元，而追加案仍不斷提出，國庫籌維深感困難。且仰光陷落，鈔券來源已成問題，故非迫切之事業，務祈以緩辦為宜。財政部對於本案並無成見，中央如認此舉勢在必行，財政部自不得不勉力籌款應付也。

審查意見：查綦江鐵路前奉委座決定興築，嗣因種種關係，迄未積極進行。最近復奉諭趕造，爰由主管部計畫辦理。鋼鐵為兵工及一切經濟建設之基本原料，外洋來源既告斷絕，自應及時自謀增產，以應需要。綦江鐵路為鋼鐵增進之主要動脈，似宜克期建造，以奠鋼鐵自給之始基。目前政府度支浩繁，凡非急需之支出，雖一二元亦應節省；但若為抗戰所必需無可節省者，則雖數萬萬之鉅，似亦非辦不可，且以速辦得計。綦江鐵路概算2萬萬餘元，其中6000餘萬元為購軌經費，亦即鋼鐵廠之收入。其餘工款部分，則隨物價以俱漲。若建築工程一再遷延，則其高漲程度，殆難設想。究其結果，仍必出於建築之一途，而時間之損失已無挽回之方矣。為爭取時間計，擬請院會准予照案核定撥款興築，俾鋼鐵增產計畫得以早日實現，抗戰前途實深利賴。

4. 綦江鐵路工程處總報告（1945年12月31日）

一、修築緣起

本路初議修築，遠在二十九年四月，奉行政院陽字七八七七號訓令，奉國防最高委員會同年四月十五日國機字第九〇六〇號訓令，根據國防工業委員會之呈請，以綦江上游南桐及趕水附近煤焦鐵礦蘊藏極豐，徒以綦江水道運輸困難，致軍政、經濟兩部合辦之大渡口鋼鐵廠所需煤焦鐵砂等項原料供應，不能適合需要，產量減低，費用虛耗，必須修築自礦區通至長江邊之鐵路，並須需要標準軌制，經予核准，並以緊急命令支付工款200萬元，飭令籌備興工，乃即設廠辦理。原議利用浙贛鐵路拆除後，存湘桂鐵路之鋼軌機車車輛，由衡陽水運入川，以資建築。詎甫經進行，便值宜昌失陷，不克內運暫告停頓，僅將路線勘測竣事。決定自江津縣屬綦江與揚子江交會處江口場東首之貓兒沱起，經仁沱、廟基、墨斗沱、水廟沱、賈嗣場、五岔、夏壩、廣興場、北渡等處入綦江縣境，經轉口至三溪場止，全長85公里。迨三十一年五月復奉行政院順肆字第三九五號訓令，以據軍政、經濟兩部會呈請修築，並以所需路軌車皮可由大渡口鋼鐵廠製造，機車亦可由該廠撥用，僅須交通部建築路基。旋又奉院令順肆字第六四三〇號訓令，以經第五五八次院會議決分段建築，於三十一年五月開始籌備興工。

二、機構組織

本路線甚短，需用員工本可減少，惟以整個機構必須健全，又以趕工關係，不能不適符應用。但為節省公幣計，仍力謀緊縮。原奉令規定全路員司為自312人至516人，經以僅先築貓五段，遂只半數，設總務、工務、運輸、會計四課，人事、稽核兩室，並分設工務總段、員警大隊（稽核係由本部財務司派駐路稽核，設稽核室，審核收支各事，嗣於三十三年裁撤員警大隊，本隸屬於軍委會交通警備司令部，同年改組，轉隸軍委會交通巡察處）。總務課

下設文書、事務、材料、地畝、醫務各股及各診療所,並設徵地事務所,於徵購用地完畢即行撤銷。工務下設工事、設計、電訊三股暨材料廠。運輸課下設機工、運轉、計核三股,並兼機廠工作。會計課下設簿記、綜核、出納三股,分掌各該管理事務。全路員司最多時為224人,最少時為164人,巡警35人,技工及工役190人。

三、地畝徵購

本路徵購沿線應用地畝,悉按照鐵路用地土地徵用法規辦理,所有徵收土地施行細則、地價分等及地畝價格暨附著物補償遷移各費等,均事先經呈由交通部轉呈行政院核定,轉諮四川省政府飭知縣政府佈告施行。其最高價每舊畝僅400元,因係根據5年平均地價及按照成渝鐵路徵用地價10倍計算,但與實際地方市價相差甚遠。本路因受預算限制,未能改增,乃經派員與地方政府及沿線人士,剴切說明本路為兵工鋼鐵原料運輸鐵路,攸關抗戰大計,地方利益,一方面於測定路線時極力避免拆除房屋,遷移墳墓,並設法儘量減少用地,地方民眾亦深明大義樂於向江津氏人張寶三獻地47.71公畝。故徵時工作進行極為順利。貓五段自三十一年六月起開始徵購,同年十月底即行完竣。五三段各用地則以經費關係,不能同時舉辦,延至三十二年五月始行繼續丈購,同年十月完畢。惟當時綦江縣地方人士及各業主曾有一度非難請由綦江縣參議會至部請願,各業主對於領價亦多存觀望,不肯具領。嗣又由本路派員會同地方耆紳,剴切曉喻,即獲諒解,接受地價。僅有少數業主已外出,未能具領,但為數甚微。此項應發未領之地價,經分別函送江津綦江兩縣府保存代發。本路對於用地力求樽節,丈測力求準確,發價等手續則力求簡捷,故全部徵地事宜得於短期間完成,且較原預算節省甚多,總計全線自江津縣屬貓兒沱起至綦江縣屬三溪止,計84公里,共徵購應用地4641146公畝,合755395舊畝。

四、工作概況

本路貓兒沱至五岔一段,路軌工程均完成,分列如次:

（一）測量

本路路線係沿綦江水道之東岸,丘陵起伏殊鉅,故坡度灣道較多,悉按規定最大坡度為15‰,最銳灣道為7度,軌距則採用標準軌制。

（二）路基

貓兒沱至五岔全段路基土石方計土方81餘萬立方公尺,石方75萬立方公尺,兩共156萬餘立方公尺。每公里平均約合41000餘方。

（三）橋涵

全段涵渠155座及小橋8座,計橋長144公尺,砌石1萬餘立方公尺。又大橋5座,其中江口、三溪子2大橋係用木架桁梁,計橋面共長155公尺。真武、青泊、賈嗣3大橋,則採用鋼筋水泥丁字梁橋面,計共長200公尺,均已全部竣工。

（四）堤垣

沿線堤垣砌築石方,全線計5800餘立方公尺。

（五）軌道

大渡口鋼鐵廠共撥到鋼軌計85磅重軌3公里、35磅輕軌43公里,其中重軌3公里及輕軌17公里,則係該廠根據原議無價供撥,餘35磅輕軌26公里,則係撥款制交。惟此項鋼軌長短不一,自4公尺許至9公尺許不等,大部均為5公尺左右,故鋪設時不特費工具,

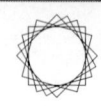

亦使用枕木甚多。

（六）車站及房屋

全段有車站 6 處，票房及司台均已建築，其中墨斗及賈嗣橋 2 站，因地勢關係，票房係兩層樓房，故已包括有站長及站員宿舍。另在貓兒沱車站，建築職工臨時宿舍 6 幢、道監獄 1 座，其他員工宿舍及道監獄以工款支絀，造價奇昂，不如租賃民房，反較經濟，故暫緩建，似可俟營業發達逐漸建築之也。

（七）電訊設備

貓五段之電訊設備，總長 50 公里，已設有 17 號銅線 2 對，各車站間及辦公處所直達及區間電話可以通訊。惟電報機以路線甚短，擬暫緩設。

（八）給水設備

在貓兒沱、廟基及賈嗣橋三車站，均已設有給水設備，以備機車上水之用。貓兒沱站則用蒸汽水唧，餘均用人力水唧。

（九）隧道

在五岔至三溪段內，因三十三年度預算內本列有五三段一部分工款，故經將工程較為艱巨之 77 公尺長隧道一處開鑿完竣。

（十）機廠設備

為便利裝配機車車輛及修養製造工作計，故在貓兒沱車站建設機器房及存車廠各 1 座，購裝應用機器。目前廠中設備，動力方面，則有 60 馬力臥式鍋爐及 10 匹馬力蒸汽機各 1 具，另裝設動力及發光設備，計 60kVA 交流及 10kW 直流發電機各 1 具。機器方面，則有鏇床 3 部，鑽床 2 部，銑床、刨床、螺絲床、沙輪機各 1 具，另工作臺 1 座。鍛工、木工設備亦已大致敷用，惟尚有龍門刨及車床等，則擬俟擴充時，再為裝設。又翻砂設備尚待補充。

（十一）機車車輛

查機車車輛，本應由大渡口廠供撥，嗣以該廠之機車 0-4-0 式僅有 6 輛，06-0 式雖有 3 輛，然鍋爐已經拆卸移作別用，無法供撥。且該項機車軸重較重，不能適用行馳於 35 磅輕軌之上，而貨車亦僅 20 餘輛，不能分撥。乃經呈准交通部由桂林存車整理委員會撥給各路後撤存放湘桂鐵路之輕型機車 6 輛，及 10 噸貨車 200 輛，並即由整理委員會代為修整拆卸，由桂林、黔桂兩路運至獨山，再用拖車運至綦江，藉水道運抵本路。嗣因經費關係，僅運到機車 3 輛、貨車 20 輛，便奉命結束，不能續運。繼則桂柳相繼淪陷，已無法搶運，故又經呈准由隴海鐵路就各路存車中，撥給 15 噸貨車 19 輛、20 噸者 25 輛，共計 44 輛，計 785 噸。亦請由該路代為拆卸，運至寶雞，再用卡車運至廣元，改由嘉陵江水道轉運重慶，換載運至本路。惟以運價一再調整，與預算相差數倍，故只能運到 20 輛，尚待裝配，餘則存寶雞待運中。現在由桂林運來之機車 3 輛，已悉裝配完成。目前計有機車 3 輛、能容載 12 噸半貨車 18 輛、客車 2 輛，勉強可以應付運用。其餘車輛，須俟有款，方能運裝補充。

五、材料購運

查鐵路材料大都係屬舶來，在抗戰期間所有建築各新路如敘昆、滇緬，則當時可以取給於越南及緬甸。黔桂、寶天則原有湘黔及隴海之器材可資挪撥。惟本路係在川省腹地，且在抗戰第 5 年開始建築，外洋材料既無法運入，而與國內各鐵路亦不相聯，無法移撥。只得設法搜購，困難萬狀。經採取下列各辦法，以應急需：（一）向其他鐵路機關商請價讓；（二）

儘量搜購國產替代；（三）搜集舊廢各料加以改造利用；（四）力求樽節使用，並設法替代所有一部分用品。如測繪儀器用具以及開山所需有8角鋼等，則請由敘昆、隴海兩路價讓。洋灰、炸藥、木料、枕木以及一部分鋼鐵等，則均就地購置。鋼軌及配件，均由大渡口鋼鐵廠制供。機器設備，則係由經濟部工礦調整處介紹選購兩停工機器廠之各項應需機器，湊合應用。機車車輛，則係呈交通部核准，由桂林存車委員會及隴海鐵路就各路後撤存儲之機車車輛中撥給（見機車車輛）。只以適在抗戰時期，物價波動甚烈，本路所需鐵路五金、建築材料及木料尤見跳漲，影響工程殊巨。

總計本路自開始籌備迄完工為止，共購材料連同運費等在內，計值5億4645萬5318元8角8分；由本部存車整理會暨隴海鐵路撥給後撤機車車輛及一部分器材，計值7349萬3197元4角1分；又大渡口鋼鐵廠遷建委員會無價供撥舊重軌3公里、35磅新軌17公里暨一部分轉撥器材等，共值1億4972萬1330元，總共材料得值7億6966萬9846元2角9分正。

已移交軍政部、兵工署、經濟部資源委員會大渡口鋼鐵廠遷建委員會、綦江鐵路局之存庫材料，總值計為1億8180萬5453元6角6分正。

六、經費情形

本路二十九年五月，初次估編概算全路工款，除機車車輛、鋼軌係由他路撥用編列運雜各費外，僅為國幣2864萬元，當時曾奉撥發籌辦費用國幣200萬元，嗣即停頓保管。三十一年三月重又估計全路工款已為國幣1億5355萬4300元，連同鋼軌製造費應為2億1805萬4300元。工款一項增高5倍有奇，當時以需款較巨，奉飭分段建築，先築貓五段。該段工款依最低估計為6254萬7800元，連同鋼軌製造費，應為7484萬7800元。因時屆四月，工程不能於年內完竣，故奉核准撥發四月至十二月工款數額國幣4500萬元。原擬以一年之時間修通段，並於三十二年度繼續展築至三溪為止，以期全線完成。惟三十一年應撥工款未能撥齊，而三十二年度又僅奉核定工款1億1千萬元，按當時工資物價增長情形，不敷甚巨。無法完成全線工程。故只有按照核定款額酌為分配，將貓五段各項主要工程及五三段之徵購地畝及隧道工程提前辦理。至六月間以工料價格迭次激增，原定工款不敷殊巨，經按當時工料物價切實重編全路工程概算，連同鋼軌製造費計，共需國幣7億零1280萬零900元。除奉核撥工款外，完成全路各項工程尚差國幣5億4428萬零900元。乃三十三年度仍僅核發工款國幣1億元，相差懸殊，故除五三段隧道工程仍予完成外，餘均用以趕辦貓五段未完工程。原擬於五月底完工，乃工料米價不斷暴漲，至五月間工款亦罄，不能完成。經即編具追加概算呈部核示，旋奉令停工疏散結束保管。方辦理正將就緒，而九月間又轉奉院指令義肆字第一七七八二號，以關係國防工業及經濟建設，仍應將貓五段繼續完成，並准予追加工款，連同鋼軌製造費共計國幣3億9403萬4600元。內鋼軌製造費約占3/4，工款約占1/4，但直至年終，始奉撥發，相差數月，工料價格又多波動，原列總務及工料等費，復感不敷。故於本年一月另行呈請追加工款9279萬元，迨至四月始由行政院召集審查會審查，在此數月間，物價增長益巨，追加數字又已不敷。經決定，按照三月物價重行估計案，再請追加工款，共計1億5954萬1632元，並由院令限大渡口鋼鐵廠於六月底前將軌料全部交。八月底貓五段全線完成通車。詎應用工款遲至六月始奉撥發，而工費運價一再調整增加；再則所有就需軌料，延至九月下旬始撥齊，致工期展延，工款無著，

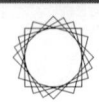

又在八月中轉奉院令，員工待遇重行調整，相差益鉅，故經再呈請追加。九十兩月分經費 7000 萬元，由部先行墊撥始獲，於十月下旬將全線軌道鋪設完竣。

結論

本路路線甚短，全部工程原定一年便可完成通車，但以歷年奉撥之工款並非按照工程實際需用預算撥發，乃繫上峰核定之數，或工款與工程不相配合，工作與計畫亦遂脫節，只能就款計工，無法依照原定工程計畫進度實施，工期亦遂一再延誤。

再則本路繫在川省腹地，又在抗戰後第五年方開始建築，所有築鐵路材料本都皆屬舶來，無法運入，亦無其他鐵路可以連接，調撥毫無憑藉。雖一釘一木之微，均須搜購。雖經商敘昆、隴海及交通部材料廠價撥若干，然為數甚微，故都就地購置，設法替代或利用舊料，又須運至工地，困難重重。再加以頻年物價日在騰漲，漫無止境，原估預算本繫按照當時物價人工造編不能臆測增加，致款方未撥發，物價、運費已逾倍蓰，雖迭經追加，仍難呈期延誤亦一因也。

曾因工款告竭，一度奉令停工結束，停頓幾將十月，虛間甚久。工期既一再延誤，工款乃因之屢增，總務費用亦不無增多。而鋼軌材料遲延直至本年九月方告撥齊，致此段線路完成之期，竟逾三載。種種原因，自雖縷述。

關於工程單價，本路以經費屬核定，只有就款計工，不得不力求樽節緊縮。本採用包工制度及滇緬、敘昆等路之米價調整辦法，然以正值抗戰時期，包商所用工人大都只能雇用乙級壯丁，有則僅用老弱充數，工作效能減退，工期虛糜，費用更增。雖經按米價增長調整，仍多賠累及糾紛各事。故自三十三年起，對於車輛及機廠房屋大橋混凝土鋼樑等即廢棄米價調整辦法，一部分改由本路雇工自辦，一部分採用包工發判，工程進度反較迅速，工費亦反較省。總計自三十一年迄今至工時止，所有各項工程平均單價似尚較他路為低，總計本路自二十九年奉命籌備三十一年開始直至本年完工止，共領工款 8 億 8057 萬 6232 元，內鋼軌及配件製造費暨運費共計 3 億 1320 萬零 5150 元，〈以下殘缺〉

二、興築成渝鐵路

1. 成渝鐵路工程局就奉令成立事致重慶市政府公函（1936 年 7 月 22 日）

案查本局前奉鐵道部六月二日總字第五五五號令開：

茲派鄧益光為成渝鐵路工程局局長兼總工程師，陳祖貽為成渝鐵路工程局副局長兼副總工程師。此令。等因。益光等遵於六月二日在京先行就職，並於六月八日在重慶新街口美豐銀行五樓設工程局，開始辦公。經分別呈報在案茲復奉鐵道部新路建設委員會七月二日在新秘字第五四八號指令，轉發木質關防一顆，文曰「鐵道部成渝鐵路工程局關防」，又角質小章一顆，文曰「鐵道部成渝鐵路工程局局長之章」下局，除於七月二十日敬謹啟用並呈報暨分函外，相應函達，即希查照為荷。此致

重慶市政府

局長　鄧益光

2. 徵收成渝鐵路用地委員會辦事處組織大綱（1937年6月）

第一條　四川省政府為徵收成渝鐵路用地，設置徵收成渝鐵路用地委員會辦事處（以下簡稱本處）。

第二條　本處直隸於四川省政府。

第三條　本處於沿線鐵路各縣設置分辦事處，其組織章程另定之。

第四條　本處由四川省政府刊發木質關防一顆，文曰「徵收成渝鐵路用地委員會辦事處關防」，以資信守。

第五條　本處委員以民政、財政、建設各廳廳長暨地政委員會常務委員，成渝鐵路工程局局長兼任，均得派員代行其職權，並以地政委員會常委為處長，綜理全處事宜。對外行文處長及委員均須署名。

第六條　本處設秘書1人，承處長之命，綜核全處檔及辦理處長特交事項。

第七條　本處設組長3人、組員若干，各承長官之命，分掌所管事務。前項所列職員，得由民政廳、財政廳、建設廳、地政委員會及成渝鐵路工程局就所屬職員派充。

第八條　各組分掌事務如左：

一、第一組　辦理文書、統計、庶務及不屬各組事項。

二、第二組　辦理調查、清丈、核價事項。

三、第三組　辦理登記、免糧、會計及發給地價事項。

第九條　本處為繕校檔及助理事務，得酌用雇員若干人。

第十條　被徵用之地價，其付給辦法另訂之。

第十一條　本處辦理徵收土地完竣時撤銷。

第十二條　本處辦事細則另訂之。

第十三條　本大綱如有未盡事宜，得呈請修改之。

第十四條　本大綱自公佈之日施行。

3. 徵收成渝鐵路用地委員會辦事處辦事細則（1937年6月）

第一章　總　則

第一條　本細則依據徵收成渝鐵路用地委員會辦事處組織大綱第十二條之規定訂定之。

第二條　本處職員處理事務，除遵照有關法令外，依本細則辦理。

第二章　職　責

第三條　處長指揮監督各職員及所轄各縣分辦事處。

第四條　秘書承處長之命，辦理機要及特交事項，並審核文稿。

第五條　組長組員各承長官之命，分任所管事務，雇員專司繕錄校對文件，或長官辦事文件。

第六條　各組之職掌如左：

甲、第一組

（一）關於文書收發，印信典守文卷保管事項。

（二）關於庶務事項。

（三）關於撰擬報告及統計事項。
（四）不屬其他各組事項。
乙、第二組
（一）關於土地定級，及附著物調查事項。
（二）關於清丈一切事項。
（三）關於土地占價一切事項。
（四）關於圖籍表冊之編制審查事項。
丙、第三組
（一）關於登記公告一切事項。
（二）關於免糧事項。
（三）關於本處之會計事項。
（四）關於發給地價事項。
第七條　各組事務互有關聯者，應會商辦理，若意見不同時報請處長核奪。

第三章　辦事程式

第八條　凡收到文電，由收發員摘由編號，填注日期，遇緊要文電，應先行提送外，餘分由各組負責辦理。

第九條　各組承辦檔，由承辦人蓋章，送主管組長核閱後送秘書覆核，轉呈處長判行，繕發後原稿歸檔。

第十條　外勤人員，須將逐日所辦事件，以書面詳為報告。

第十一條　本處置日記簿一本，逐日記載所辦事件。

第十二條　本處辦公時間，臨時酌定之。

第十三條　本處職員因病或因事請假，須由秘書呈由處長核准。

第十四條　第六條乙丙兩組所掌事務其處理規則另定之。

第四章　附　則

第十五條　本細則如有未盡事宜，得由處長修改之。

第十六條　本細則自公佈之日起實行。

4. 成渝鐵路工程局工程招標章程（1937年）

一、本工程之詳細施工地點及工作範圍載本工程說明書。

二、凡經在鐵道部或本局登記取得鐵道部包工認可執證者，均得投標。凡欲投標而未經登記者應先向本局工務課領取登記聲請書，遵照鐵道部包工登記規程辦理登記手續，領得鐵道部包工認可執證，方准領取本工程之標單等件。

三、凡欲領取本工程之圖樣說明書、規範書、包工章程、招標章程及空白標單者須向本局工務課或須本局郵寄者每分　　元，無論投標或得標與否，所繳之圖說費概不發還。

四、投標人應詳細審閱上述規章圖說，並親自前往本工程之地段詳細察勘，察勘時得請求本局該管工段，派人領導。投標人必須對於本工程之全部工作及當地情形完全明瞭，然後切實估價投標。

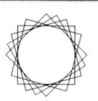

五、投標人依照圖說規章,將所有完成本工程各項工作之一切費用,逐項估計齊全後,須用向本局領到之空白標單,依式填寫。字體應端正清晰,價格數字,概用大寫。投標人並須在標單上,親自簽名蓋章。倘用他種標單,及填寫違式,或填寫不全,或數目不符者,概作無效。

六、本標內如附有空白之「承包人自備工作機具表」,投標人須將承辦本工程時所擬自備工作機具之名稱、數量、牌號、能力等項填入該表,連同標單,一併投送本局。

七、投標人除遵照本局圖樣說明書估價投標外,並得建議其他建造方法。但須將建議之比較計畫,詳繪圖樣,擬具說明,開列機具,逐項估價,簽名蓋章,附入標函,一併投送本局。

八、投標人須將標單及附件裝入向本局領到之標函封袋。將上下封口,用火漆封固,加蓋火漆印記,並於背面寫明投承第幾號工程標函字樣,妥送本局掣取收據。但亦得用掛號信,或用航空快信,寄送本局。

九、投標人須於開標期前三天,向本局會計課繳納投標押款法幣　萬　千　百元,掣回正副收據各一張,以副收據附入標函之內。得標者可將此款移作承包押款之一部分,不得標者於標函選定後,憑正收據無息領回。

十、投標人必須確繫曾在鐵道部或本局登記,持有包工認可執證之原人,倘有化名頂替,或其他串謀欺詐情事,一經查出,該項標函,概作無效。本局並得將該投標人已繳之投標押款沒收之。

十一、本標標函須於民國二十年　月　正午十二時以前投到。過時不收,如掛號信或航空快遞寄者,投標人須預計郵程,遲到者無效。

十二、本標定於民國二十年　月　日下午三時在本局當眾開標。投標人得於開標時憑驗投標押款正收據入場列席參觀,但每標以二人為限。

十三、得標者為擔保切實遵守合同及圖說規章依期完成本工程之各項工作起見除須覓一般實商號經工程認可者作為合同保證人外,並應向本局繳納承包押款。其數目按承包總額10%計算,以四捨五進至百元單位為率。

十四、得標者須於本局通知當選十日內,覓同保證人親至本局繳納承包押款,簽訂合同。倘逾期不到,本局認為該投標人自行放棄。得取消其得標權利,並沒收其投標押款。

十五、得標者於簽訂合同後,即為本工程之承包人。應立即遵照圖說及其附件進行工作。不得藉口因事前未盡明瞭,或察勘未周,或估價時將某項工料遺漏等情,有所爭辯,希圖加價。即使將來發生任何意外情事,致工資料價運費稅率等,有何變化,亦不得藉口要求加價或津貼。

十六、本局對於各標有絕對處置選擇之權。並不限定選取標價最廉者,遇必要時,本局得將本標分成數部分,分交數家承辦,或劃歸本局自辦。或將所有標函,完全取消之,取消後,或另行招標,或改歸本局自辦。無論採取何項處置。本局概不負說明理由之義務。

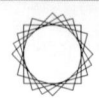

5. 成渝鐵路與四川經濟①（1937年）

眾目渴望之成渝鐵路，業於今年四月開工修築，預計二年半完成，全線通車。一年半由重慶修至內江，則渝內段則先營業。該路路線，由重慶之菜元壩，經九龍鋪、小沱、銅罐驛、沿長江北岸而達江津，再由白沙東北行，經永川、榮昌、隆昌於稗木鎮、沱江鎮而達內江，再沿沱江鎮西岸，經資中、資陽、簡陽、趙家渡而達成都。全線共長530餘公里。兩端接連本省之兩大都市，沿線所經重要縣境，計有20縣。以形勢言，成渝鐵路構貫本省腹地。其西端北接川陝公路，西接成雅公路，南接成嘉公路及岷江上游，其東端北連嘉陵江，東通揚子江，南接渝松公路，構成川省交通之總樞紐，川省經濟之大動脈，影響所及，豈僅該路沿線各地而已！茲據該路之工程設計，試簡略估計其運輸能力，當知成渝鐵路在運輸上之貢獻為何如也。成渝鐵路經幾度之測量，再三的研究，始確定現在之路線。以言曲線，其最銳者為5度（半徑229公尺），此種曲線僅有8個，散見於江津重慶之間；其次銳者為4度（半徑286公尺），全線共有35個，散見於重慶簡陽之間，其餘曲線皆在3度或3度以下（半徑等於或小於382公尺）。以言坡度，全線最陡坡度為1%。在山嶺崎嶇之地帶，而能測得若是之優良路線，實為始料所未及，此不得不歸功於成渝之測量隊也。又聞該路鋼軌重量定為每公尺30公斤（約合60英磅）及35公斤（約合70英磅）2種。標準長度為12公尺。各橋樑之載重為古柏氏E35級。由此觀之，則成渝鐵路之旅客列車，除渝津段外，其最低速度，不能少於每小時50公里，成渝間約需12小時（各站停留時間在內），成渝間來往旅客，可朝發夕至。貨物列車之速度，最低亦不能少於32公里，由重慶至成都，或由成都至重慶之貨物，連掉換機車，改組列車及錯車避車之時，運輸較成渝公路約快24小時，較水道下水約快兩星期，上水約快兩個月。成渝鐵路路線建築完竣，行車設備齊全後，若能有6萬噸牽引力之各種機車，4萬噸噸位之各種貨車，200輛各種客車，則成渝間每日能開特別快車來往各1次，直達旅客列車來往各2次，成內間及渝內間，每日能開區間客車或混合列車來往各1次，貨物列車來往各8次。

成渝鐵路每日之旅客及混合列車，若儘量載運，每日能載旅客至少25000餘人。每日之混合及貨物列車，若儘量載運貨物至少25000餘噸，故以運量言旅客能超過成渝公路及沱江、岷江約20倍，貨物能超過約200倍，且將來成渝鐵路之運價比照中國各鐵路，預為假定比現在成渝公路之運價至少可低4倍，比現在沱江、岷江之水腳，由渝至蓉至少可低3倍，由蓉至渝至少可低1/4。成渝鐵路之重要若是，其與四川經濟之關係，當非淺鮮。茲以限於篇幅，簡略述之，聊供留心川省經濟者之參考焉。

一、成渝鐵路與川省農業之關係

四川土質肥沃，氣候溫和，業農最宜。全省主要農產物之面積，約有12000餘萬畝，平均每年產量22100萬擔。農業經濟在本省實占重要位置，然以過去政治紊亂，連年內戰，苛雜之剝削，土匪之滋擾，使農村根本破產；更以種植方法，如種籽、施肥、灌溉、除害、收穫、儲藏等等，皆墨守土法，不知用科學方法，力求改進，以致農產面積雖廣，而產量漸減。尤以稻子一項、每畝產量，較諸其他產米各省為最小。故豐年僅足自給，荒年則生恐慌。救濟之道，除綏靖地方，減少捐稅，改良種植外，更賴便利之運輸，藉以大量的廉價的輸入

---

① 原載《四川公路季刊》第15期。

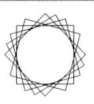

改良種子，新式農具，豐年賴便利之運輸，互通有無，使糧價平衡，無甲地「谷賤傷農」，乙地「奇貨可居」之弊，荒年賴便利之運輸，迅速救濟，庶不致使災區嗷嗷待哺之口，久望而米不至也。成渝鐵路所經各地，率皆土地肥沃，氣候適宜之區，農產特別發達，著名之產米縣份。如江津，永川，資中，資陽，簡陽，新津，金堂，新都，新繁，華陽，成都等縣皆在成渝鐵路之沿線或附近，該路通車後，米糧之產銷，必較前發達可知，又如成都與重慶兩市之米價，每斗常差至 1 元以上，成渝鐵路通車後，則成都盆地之大量產米，即可迅速的廉價的運至重慶，平衡米價。

　　四川之主要農產，產量甚微，已如上述。農民生活，大半依農業副產品，勉強維持。查本省輸出品中。如蠶絲、桐油、藥材、煙葉、牛皮、羊皮、羊毛、豬鬃等農業副產品，每年約計 3000 餘萬兩，占全省輸出品 92%，其在本省農業經濟上之地位，於此可知。唯近五年來，各種副產品之輸出量，逐年銳減，令人生憂，考其原因，不外出品不良，捐稅苛重，運輸不便諸大端，成渝鐵路通車後，與本省農業副產之輸出，有無補益，茲擇要述之如左：

　　（一）藥材：四川為全國之主要產藥區，每年產量約 900 萬斤，合 4500 噸，每年輸出總值，在最近十年內，以民九之 1 千萬元為最高，民二十二年之 370 萬元為最低，去年總值為 500 餘萬元，川省產藥區域甚廣。尤以中壩、灌縣、雅安一帶，所產種類，產量亦最大，除中壩、雅安出品，以距成渝路線稍遠，且各有水道直達重慶，恐難利用成渝鐵路運輸外，灌縣出品，每年出口約 160 餘萬斤（合 800 噸），運至成都後，可由鐵路直達重慶，需時既少，運費亦廉，將來松茂區之藥材出口貿易，勢必發達。

　　（二）煙葉：四川煙葉，本質甚佳、香味濃厚，可作雪加之用。產區以郫縣、金堂、新都、什邡為主，新繁、崇寧、青神、灌縣、夾江次之，以上各地平均年產 60 餘萬擔合 3 萬噸，約一半行銷本省，一半行銷外省。以上各產地中，除青神、夾江兩處外，其他產地之煙葉，皆可利用成渝鐵路之運輸，擴大銷場，增加輸出，即制煙工廠，精工製造紙煙及雪加，將來不特可以抵制進口紙煙，每年可減少入超 500 餘萬元（按二十五年紙煙進口總值為 508720478 元）且可出口行銷他省，希望頗大。

　　（三）豬鬃：據中央農業實驗所估計，全川養豬約 2400 萬頭，以每年宰殺一半，每頭產鬃 4 兩計，每年當產豬鬃 3 萬擔以上。唯以產鬃未能盡量搜集，加以本省亦自用一部外，每年出口平均 18000 餘擔，價值 190 餘萬兩，以價值言，占全省出口貨之第 5 位。且川鬃品質甲於全國，而白鬃稱為世界第一，故豬鬃一項，實為本省農業副產中之甚有希望者，唯年來出口數量，逐年遞減，前途堪慮。考其原因，亦不外運輸需時過久，貽誤行市，運費負擔太重，難與外貨競爭，有以致之，成渝鐵路通車後，則此困難問題，皆可迎刃而解，查全川產鬃較著之縣，計有 100 縣，其中可以利用成渝鐵路解決此項運輸問題者，至少有 31 縣。

　　其他如羊皮、羊毛、牛皮、兔皮、鴨毛等，在本省農業經濟中，亦占重要地位，且以產地及銷場言，多半須經成渝鐵路運抵重慶，然後出口。總之，本省出口之農業副產，其重要者，除蠶絲、桐油或以產地較成渝鐵路線較遠，或以運輸方向不同故，不能利用鐵路之優良運輸外，在成渝鐵路通車後，皆有發達希望，於本省之整個農業經濟，必有補益。

　　二、成渝鐵路與川省工業之關係

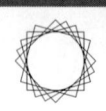

四川地大物博，原料豐富，且人口眾多，工資低廉，銷費力大，更以與各省高山隔絕，不特舶來品不易在川中暢銷，即上海之工業品運至四川後，其成本幾增2倍有餘。以此觀之，本省有低廉之工資，豐富之原料，廣大之市場，又不受外來工業品之競爭，則工業發達條件，似已具備，各種工業，似應早有規模。然事實上則適得其反。川省經濟尚在手工業時期，機械乃大量生產，雖在號稱「小上海」之重慶，亦遍覓無有。考其原因，不外交通不便，有以致之。如川東之煤不能運達成都，則成都之工業燃料大感困難，川西之原料不能運達重慶，則重慶之工業原料亦成問題，故本省原料雖屬豐富，然以運輸不便，運價太昂，不能互通有無，機械工業創辦維艱。本省銷場固屬廣大，然以交通不便，製造品運輸需時過久。運費負擔過重，工廠出品不能迅速銷售，且成本因運費增大，獲利甚微，大量生產之工業，即無法維持。更以機械輸入，異常困難，運費之昂，尤為驚人，此亦川省工業不能發達之一因也。成渝鐵路通車後，前述困難，當可減少大半，尤以成渝沿線各地，便利更多，最低限度，沱江流域之工業，可以日漸繁榮，如內之造糖工業、隆、榮、內、津之夏布工業，富榮、簡陽之制鹽工業，已有相當基礎，發達更易，其他新興工業，亦必雨後春筍，逐漸萌芽，可為預卜。

或謂川省進口貨物，類皆工業製造品，成渝鐵路一旦通車，以運輸迅速，運費低廉，故外來之洋貨，及蘇雜貨，必較前激增，侵佔市場，川省之機械工業，不特難以發達，即現有之手工業，亦恐破產，此種顧慮，不為無理，唯外貨之來也，其由於交通便利者少，而由於本省無現代工業者多，蓋就經濟原理言之，有需要必有供給，供給之尋求需要，如水之就下，無孔不入，如甘肅、青海交通可謂不便，然日本貨亦光臨焉。本省地處偏僻，交通滯塞，外貨似難輸入，然據民十七年至民二十一年之海關貿易冊統計，五年間每年進口貨物總值，平均有5000餘萬兩，即以棉紗一項而言，五年間每年平均總值即有2900餘萬兩，此無他，本省棉產既少，又乏大規模之紡紗廠故也。本省如能一方改良棉種，一方在涪江流域適於種棉之區，推廣棉田，並在重慶設立大量生產之紡紗廠，織布廠，則利用省內之迅速廉價之運輸，可以遍銷全省，外紗疋頭自不能侵入矣，近聞四川省政府之三年建設計畫中，有提倡成渝鐵路沿線工業一項，擬積極的利用鐵路，發展工業，實為上策。抑有言者，我國鐵路運價，有優等與普通之別，寓有保護國貨之意；且鐵路沿線之本國新興工業，鐵路常對其出品，制定特價，以示提倡，成渝鐵路通車營業後，對於本省之重要工業，大宗出產，一本保護提倡之旨，予以優待亦意中事耳。

三、成渝鐵路與川省礦業之關係

四川礦產，埋藏甚富金、銀、銅、鐵煤石油等，無一無之，獨就礦產中之最要者。煤鐵而言，即可知四川之礦在全國中，其地位之重要也。據譚錫疇先生之估計，全國煤之儲量，山西第一，陝西第二，四川則居第三，全省蘊藏之煤共計有987400萬噸。至於四川之鐵，只綦江一處。據李賢誠先生之調查，估計，鐵之儲量即有2250餘萬噸，除去歷年採掘之700餘萬噸尚餘1480餘萬噸，再除去開採及運輸之損失可得淨礦八成，約1200萬噸，其他產鐵之區，如滎經、威遠、廣元等處之埋藏量，因無精確調查，尚未計入。唯以礦產品，體質笨重，運輸困難，且本身價值甚低，不能負擔昂貴之運價，故掘出之礦，不能遠銷，因之本省各礦，率皆用土法開掘，僅供附近各地之需要而已（金、銀、銅，以體積較小，運費負擔力亦大，行銷較遠），今欲大量開發資源，非先建築鐵路不可，然則成渝鐵路之興築，

與四川礦業之開發,究有若何補益?

查成渝鐵路各地,除煤礦而外,尚未發一其他礦產,茲據地質調查所之調查,將成渝沿線各地之煤礦,列表如下:

縣屬	出煤地點	儲藏量
江北縣	木洞子	662 百萬噸
江北縣	龍王洞	203 百萬噸
江北巴縣	觀音峽白市驛	188 百萬噸
縣屬	出煤地點	儲藏量
巴縣	唐家沱	2098 百萬噸
巴縣	來鳳驛走馬岡	41 百萬噸
永川縣	鹽井溪	178 百萬噸
榮昌縣	龍興寺溝	未明
榮昌縣	蒙自橋	未明
隆昌縣	石燕橋	1.3 百萬噸
簡陽縣	龍泉驛	94 百萬噸
共計 34653 百萬噸		

由上表可知成渝鐵路沿線之煤礦,其儲量除榮昌之興寺溝及蒙自橋兩處不計外,共有 24 億 6530 萬噸,約占全省儲煤量 35% 強,惟再觀下表,則知各礦產量。實屬有限,其重要原因,當以運輸困難,產煤不能遠銷,故不能大量開採也。

產煤區域	最近產量(每年)
江北巴縣一帶	228133 公噸
永川之鹽井溪	3000 公噸
榮昌各礦	1080 公噸
隆昌之石燕橋	12567 公噸
簡陽之龍泉驛	尚未開採
共計	244780 公噸

成渝鐵路通車後,重慶、隆昌一帶之煤,定可暢銷內江至成都各地,茲以中國各鐵路之煤炭運價,預測成渝鐵路之煤炭運價,若由重慶運煤至成都,每噸運費大約不能超出 10 元。再以每噸成本以 3 元計,及裝車前,卸車後之搬運費以 2 元計,是重慶之煤運至成都,每噸如能售 15 元以上,即可獲利(現在成都之煙煤,整售每噸二十七八元,零售約 30 元),若由隆昌運煤至成都,每噸運費較重慶之煤,尚可減少 3 元,其在成都之市價,若能在 12 元以上,即有利可圖。故成渝鐵路通車後重慶,隆昌之煤,定可西行無阻,大量銷售渝、隆一帶之煤礦,必蒸蒸日上,可為預卜,而尤以隆昌石燕橋煤礦希望最大。蓋據重慶中國銀行之調查,該礦煤層較厚,煉質亦較佳,且距燃料缺乏之川西亦較隆昌以東諸礦為近耳。

四、成渝鐵路與川省商業之關係

本省因工業尚未發達、地礦未曾開發,農業亦極不振,故商業無法繁盛,更以交通不便,金融沽渴,各地商業紛紛破產,大有岌岌不可終日之勢,查川省商業以土產出口為主,然年來出口貿易每年銳減,試觀下表,可知梗概:

年份	出口總額	備考

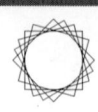

二十年	54000000 元	全川總計
二一年	37500000 元	同上
二二年	20900000 元	同上
二三年	17260753 元	單以重慶計
二四年	15137043 元	同上
二五年	14113634 元	同上

成渝鐵路通車後，本省農、工、礦業既可有相當之發展，則全省商業之繁榮，亦大隨之，而尤以出口商最有希望，不特此也，成渝鐵路接連重慶成都兩大商業繁盛之地，待通車後，成渝兩地之交易。不特因運價低廉獲利較易，且因運輸迅速，成交較快，金融可望敏捷的流通，貨幣之效用，可民較前增長，則商業自可活動矣。

6. 成渝鐵路籌備之經過[1]（1937 年）

　　川省鐵路現在雖在萌芽，而動機實遠在三十年前。當前清光緒末年，各省組織鐵路公司之時，川路公司曾經聘請胡棟朝先生來川預測過一條路線。不久辛亥反正，國內政治不能即復常軌，修路計畫當然不能進行。民國二年，北京政府實行鐵路國有政策，簽訂漢粵川鐵路大借款，湘鄂段由英國投資，漢宜段由德國投資，宜夔段由法國投資，皆已開始測勘籌備。民國三年，歐戰發生，各段工程先後停頓。夔成段雖曾經宜夔總工程師美人倫多夫君一度測勘，但亦與他各段同其命運。歐戰告終，各國財政紛亂，自顧不暇，無力向外投資。其後十幾年中，內爭不已，不惟新路無法進行，即舊有已成各路亦皆橫遭破壞，瀕於破產。直至國民政府成立，統一完成，政府始克規定經濟建設計畫，漸次推行。同時歐美各國經濟狀況漸復原狀，對華投資亦日見踴躍，中國鐵路，至此始入復興時期。

　　近幾年來，東南之浙、贛、湘、皖，西北之山、陝各省，新修、展修之路已經佈置就緒，第二步即到西南。二十四年冬，五中全會通過國內提前興修鐵路幹線之中，成渝即為其一。鐵道部新路建設委員會成立，遵照五中全會決議案，首先籌備修築成渝。二十五年三月，即派遣勘查隊入川，一面由京組織測量隊八隊，隨於五月間來川，開始初測及定測工作，十一月間即已完竣。距五中全會決議僅及一年。政府對於成渝如此積極如此重視者，實因成都為西南鐵路網之中心點，西北經寶成線可通陝甘，西南由川黔線可通雲貴，東南經湘黔線可分道通過廣州、上海。川省物產富饒，成渝路線所經又為繁盛之區，亦即西南鐵路網之幹脈，全線完成，不惟川省實業得以發展，即全國國防亦賴以鞏固。

　　成渝線既為國有幹線，何以又歸川黔鐵路公司承辦，此中有一重大原因。現在國內鐵路同時並舉，資金缺乏，政府最大之任務莫過於提倡國人對本國建設投資，並在平等條件不喪國權範圍內，利用外資。此次成渝借款，政府為實行其建設之政策及避免政治關係，不願由政府出面。而法國正當商人，亦以不涉政治範圍，於投資比較有利，政府乃將特許權界川黔公司。所謂特許權者，係准公司集資修築鐵路，一切工程標準及營業辦法，均照部定章程辦理，完工之後，許其營業三十年，以為報酬。是成渝鐵路名為商辦，實在仍是國有。且公司所謂商股者，實大半均屬國家銀行，尚有部股省股。一切施工營業，仍受政府監督，

---

[1] 該件為成都鐵路局局長鄧益光在重慶市府學術研究會講演內記錄稿，標題為原有。

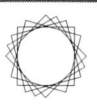

并非少数商人单纯以牟利为目的之企业也。

关于工程方面，已开工者，有沱江大桥、九龙坡码头、第一总段之土石方工程、第一、二总段之隧道及石桥涵洞工程，自此以上，除少数零星工程外，大部尚未动工。自去年十一月定线测量竣完，迄今已逾半载，成绩不过如此，当然不能使人满意。不过川省有一种特殊情形，即枯水时期不能运料，洪水时期桥梁不能施工，当测量竣事时，正当冬季，大部分材料工具，尚未能运到，动工自多困难。春融之后，各地无知乡民，对于征用土地又多有误会，亦使工事未能顺利进行。若在其他各路遇有延误，稍稍赶工即可弥补。独在四川，偶因细故迁延，时期错过，往往即须停工数月之久。此中无形损失，恐尚有外界人多不及知者。至关于工程设计，当时因借款购料关系，所有各种桥梁涵洞，采用外国钢料甚多，工程预算系按当时市价核实估计，毫无馀裕。现因欧洲钢料缺乏，市价腾贵，超过从前市价1倍至3倍，且因其他未及预料增加之数，超出原预算甚巨。工程设计，势又不能不稍变更，除基本工程如路线坡度、桥梁、钢轨仍须维持标准外，其他各项设施不得不因陋就简，期能早日完成。好在此路通车之后，营业发达可以预期，将来仍可随时逐渐改良，俾能臻於尽美尽善也。

7. 行政院为准发成渝铁路工程局地产出租暂行规则给重庆市政府训令（1941年5月）

据交通部本年二月八日财产字三四三九号呈称：

案查二十九年九月间，据川黔铁路公司呈，以成渝铁路全线用地计有5万馀旧亩，现在征购发价手续大致完毕，除已竣工及开工所占用者外，约计可以耕种地亩有3万馀旧亩现尚由原业户自行耕种，并未缴租。为鞏固产权增裕收入计，拟具地产出租暂行规则，呈核到部。当以所拟条文，对于原业户虽有优先权利，惟尚有应行修改之处，饬令该公司重加修正。于同年十一月由部检同修正规则谘准四川省政府，谘复同意，并通饬成渝沿线各县政府协助各在案。嗣据成渝铁路沿线农民以该路局不应强迫征租等情，纷呈前来。复经饬据该铁路公司呈，略称：川中谷价近来激增甚巨，原业户按照原订租率折合国币交租，负担过重。为减轻原佃户负担，并适应目前环境起见，由成渝铁路局长亲往成都面商省府，参照主管厅局之意见再加修正，以示优惠。且该路局以各项征租手续及机关均已完备，迄今尚如再不速办，则损失愈多，进行益增困难，待修正规则，早日公佈施行。兹为免转辗稽延起见，经已先行公佈，转行合併陈，等语。附呈修正规则一份，备文呈请鉴核备案，实为公便。等情。据此，应准备案。除指令并令知内政部及四川省政府外，合行抄发原件，令仰知照。此令。

附抄发原规则一份〈略〉

院长　蒋中正

8. 成渝铁路工程局关于征购和出租工程用地的说明（稿）（1942年）

一、购地经过

本路于二十五年冬定线测量竣完后，关于征地给价问题，当由前铁道部四川省政府及川黔铁路公司数度磋商，并未按照当时国营各路最高地价每亩为20元，而改为每亩平均必45元计算，所有河川公地及无收益之荒丘，亦均照数给价。经议定后，即于二十六年夏筹

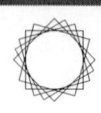

設徵收成渝鐵路用地委員會於成都,由省府各廳長及本路局長任委員,指定民政廳長為主任委員,主持審核、評價、發價、免糧等事宜,根據本路需地範圍,繪圖送核,由會按民地肥瘠情形,再行統籌核定價格等級,至公庫應得之河川公地款額,悉數捐貼在內,以資體恤。核計上等稻田業主每畝價約近百元之譜,雖不能及當時一般買賣市價,但亦相差不多。二十七年開始發價時,由徵地委員會通飭沿線所經市縣政府,佈告被徵業主前來具領,同時辦理立契免糧手續。間有很少數地主不願領價,意圖阻撓倖免,實則反致自誤。按本路於開始發價時,即將全部地價掃解清楚,其未領部分之款項,經由會一再催領,後提存省庫,故依法不論業主具領地價與否,本路已取得管業之全權。

二、工程緊縮原因及情形

本路所需鋼鐵材料,因借款合同關係,全部購自法國,自外洋抵滬後,以長江為輸入孔道,乃設運輸所於上海。二十六年春,工程與運料同時並進,不意甫及半年而「七七事變」發生,轉瞬復有「八一三」之滬戰,即將運轉所移設香港及漢口。使材料改由粵漢鐵路轉運到渝。佈置未久,而武漢撤退,為鑒於後方鐵路之需要,仍不避艱難,分設運輸所於海防、昆明等處,將材料自香港水道至海防,經滇越鐵路抵昆明,換卡車轉渝。運量雖極薄弱,費用亦復增高,亦在所不惜。乃二十九年海防復陷,在此唯一之水道國際運輸線亦遭斷絕,不得已乃將工程予以緊縮進行。在二十七年時,已將渝內段橋樑、涵洞、隧道等工程次第完成,復致力於路基、土石方之築造。當時籌備擬在戰後一年半內可以實行通車,迨武漢陷落,戰爭轉趨嚴重,勝利和平之希望似非短期所能實現,爰將新工再度緊縮,則著手於修養工作。蓋本路已成工程為數甚多,倘不予保管修養,勢將全功盡棄,抑且因而影響戰後之復工。為籌畫是項支出,乃有出租地畝藉資挹注事實。

三、地畝出租理由

本路已成工程必須保養之重要性既如上述,則需用款項當為必然之事實。鑒於地畝之產權可資收益,且為平衡已經動工之土地空置及未經動工之地段仍為業主無價耕作之不平等狀態起見,爰於二十九年間仿照各路成例,以暫時不用之地,撥租耕種,擬具合理之辦法,呈由交通部轉奉院令核准施行,並由部諮請四川省政府通飭沿線市縣政府佈告,周知各在案。是項租地辦法,原業主有優先承租權利,經佈告後二個月不來投佃者,得予撤銷,准由其他人員承租。具見本路繫依照習慣及事實之合理辦法以期兼籌並顧。

四、本路對議案應行申述各點

(一)本路所擬地畝納租辦法,其應納租額較一般佃農繳給業主者為低,且原業主既已領得地價,喪失產權,若任其無價耕種,復無納稅義務,而坐享淨利,於理似非所宜。

(二)原議案有謂繼續佔用田指為徵用範圍一語,似不相符。查本路用地,全係價購,並非無償徵用,且有圖有界,決不能溢出範圍。故開始即非佔用。現更繼續佔用之事實,是節或係出自被徵購而不甘投佃地主之蒙詞。

(三)本路於九龍坡地段,曾有轉租軍事委員會特務團及本路自辦農場各一處,上項兩處地畝總計約為80畝之譜,均屬本路用地範圍,抑且迭經公告原業主投佃,延至三年之久,未據遵辦,嗣准軍委會辦公廳函商租用,當將小岩頭部分地畝予以租給。至自辦農場之原因,為遵政府提倡公務員自謀墾植之法令,爰於上年夏在曾家灣地方,利用該原業等,不遵投佃之地約40畝,試辦農場。在辦理伊始,復經先行通告在案。詎知上年初冬,忽有

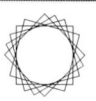

原業主在本路農場內毀壞青苗作物並及堤界，本路常以訴諸重慶法院，經判處原業主相當罪行有案，此為是項事實經過之大略情形。

總上所述，本路一切購地出租等情形，均按法令程式辦理，至保養工程，繫維人力，尤具苦心，深冀勝利來臨，俾偉大交通事業得迅速復興。

9. 成渝鐵路的過去（1945年）

一、地方當局的單獨發動和設計

發動成渝鐵路的興築，說得遠一點，我們可以追溯到川漢鐵路。這在清末四川第一條發動修築的鐵路，這在辛亥革命史上留下光輝一頁的鐵路。我們都知道，川漢路的「保路事件」是間接幫助了武昌起義的一舉而成功。辛亥革命成功，清廷推翻後，「保路事件」也隨之成為過去，當時繼起的爭論，是築路程式先後的問題。原來川漢路的全線是從成都到漢口，有一派主張先修重慶到漢口段（渝漢段），另一派主張先修成都到重慶段（成渝段）。前者認為只有先築成四川對外的鐵路，才能順利展開四川內部鐵路的建設；後者認為成渝段的重要性大於對外的鐵路。雙方爭持不下，川漢路就在這個爭持中被擱置下來，可是成渝路的重要性卻在這一次爭論中第一次被人們提出和重視。

興築成渝鐵路的比較具體的提出，是在民國二十一年。四川督軍周道剛是促成發動興築的有力因素。經他奔走接洽，才商定由當時駐在成渝兩地的二十四和二十一兩軍成立籌備處負責籌備，並請周氏全權辦理一切。周氏接辦後，就親自到江南考察，並聘請了藍子玉為總工程師，入川測勘路線。重慶到內江一段，就在當年勘測完竣。第二年（二十二年）九月，籌備處又詳細的議定了建築辦法大綱，這個計畫的大要是：

（一）路線　依據重慶到成都的東大路舊道，而以不佔用已成的成渝公路為原則。

（二）工程標準　採用廣距重軌（軌重每碼60磅以上，軌間距尺又八半）。

（三）經費　假定每公里工程費需國幣80萬元（以每公里需費2萬美金計，每1美金合國幣4元）；路線全長500公里（實際只有480餘公里），工程費共需4000萬元。尚有沿線共需徵土地47000餘畝，平均每畝地價80元，約400萬元。工程費和地價合計4500萬元。

籌措方法，本省資本負擔1/3（1500萬元），其餘利用外資。本省資本，除地價400萬元，採用鐵路公債或股票方式籌集外，所餘1000萬元，由田賦附徵中負擔4/10（400萬元），進出口貨物或商業上負擔6/10（600萬元）。

建築辦法剛決定，全部路線也踏勘完畢，不幸二十二年年底，二十一與二十四兩軍內戰發生，於是各項工作都與陷於停頓。

等到二十一與二十四軍兩軍戰事結束，四川善後督辦劉湘進入成都，成渝路的建築再被提出。因為建築費籌集不易，所以決定除了地價外，工程費用完全利用外資。原來在民國二年，北京政府所簽訂的漢、粵、川鐵路大借款中，夔成段（奉節至成都）已決定由法國投資，現在成渝路的興築，要利用外資就要由法國投資了。經過幾次磋商，二十三年七月，四川善後督辦公署代表周見三，高泳修和法國實業自組團法國巴黎解土曼街二十七號代表柯米斯基在成都簽訂了合同草約三十八條，主要內容是：

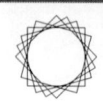

（一）鐵路主權　「成渝鐵路一切主權完全屬於甲方四川善後督辦公署，以下均同，所有關於此路建築工程由乙方（法國實業自組團，以下均同）負責承辦」（合同草約第二條）。

（二）建築費用和清償辦法　「本路所需之土地，無論直接間接，由甲方供給之」（合同草約第二十條）。

「甲方負責交付建築鐵路全部經費，其總額不得出於中國國幣 3000 萬元」（合同草約第三條）。

「甲方委妥實銀行經乙方同意後，向乙方擔保全部建築經費」（合同草約第六條）。

「建築成渝鐵路所需經費，除以甲方在建築工程進行期內所有交付之年金支付外，其不足之額，作為甲方對乙方之欠資。此項欠資，自成渝鐵路全部建築工程完成之日起，由甲方在十五年內付清，並按每月欠資餘額，約予年息 6 厘。甲方付與銀行之年金，按月盡收得之數撥交，但每年半年所交之總額，不得出於 150 萬元。甲方應付之利息，於每年六月底，十二月底，各結算一次，此項利息，仍包括在年金 300 萬元以內」（合同草約第四條）。

「甲方所負乙方之欠資，應按照第四條辦理。至本路正式營業，每年所得收入，除正式開交外，如有盈餘時，以 50% 付給乙方，作為提前償付欠資之用」（合同草約第三十一條）。

（三）建築期限　自開工之日起，限定三年以內全路通車，屆四年，所有全路一切建築工程須一律完竣。（合同草約第十條）。

當時並商定，合同草約由善後督辦公署轉呈國民政府批准立案後，方為有效。

二、中央和地方的統籌舉辦

二十四年蔣委員長入川，認為四川是民族復興的根據地，發展四川的交通是刻不容緩的工作，所以又注意到成渝鐵路。這年冬天，五中全會所通過的國內提前興修的鐵路幹線中，成渝路也是其中之一。鐵道部為了執行五中全會的決議案，特別成立了新路建設委員會，最先就計畫繼續修築成渝鐵路。成渝路的興築，到了這個時候，已經被全國所重視，而進入中央和地方統籌舉辦的階段。

（一）勘測路線和成立成渝鐵路工程局

川省當局從前所測就的草圖和各種附帶表冊在二十四年十月呈寄鐵道部後，二十五年三月，鐵道部就派遣勘查隊入川，五月又組織了八隊測量隊，入川幫同工作。為了工程實施的統一，六月又由鐵道部命令成立成渝鐵路工程局，全權負責工程設施，鄧益光和陳祖貽分任正副局長。在勘查、測量隊的積極工作下，全部勘測工作在當年十一月就完成。

全部勘測完畢後，就要決定路線。當時計畫中的路線有三條：1. 北道從重慶溯嘉陵江而上到合川，經遂寧到成都。2. 南道（1）由巴縣經璧山、永川、榮昌、隆昌、內江、簡陽、到成都。3. 南道（2）由巴縣經江津、永川、大足、榮昌、隆昌、內江、資中、資陽、簡陽、金堂、新都、華陽到成都。

這三條路線中，南道（1）是捷徑，在經濟上價值最大。這條路是東大路的舊道，也就是從前籌備處所擬定的路線；可是一開始就要經過青木關大山，到了最後還要通過龍泉驛大山，這兩處大山增加了工程進行的困難。為了避免這兩處大山，決定採取最後一條南道（2）。

（二）籌措建築費和組織川黔鐵路公司

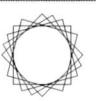

建築費的籌措實在是這一個階段中最重要的課題。二十五年一月，當時建設廳長盧作孚到南京和鐵道部商量，打算由中央發行成渝鐵路公債5000萬元，公債基金中央和省府平均分擔。後來盧氏還順道到上海，和中國建設銀公司總經理宋子良接洽投資；宋氏對原則表示接受，派人到渝繼續洽商；一面鐵道部在上海也和該公司洽商。到了四月，決定建築費完全由該公司投資，用川省四月一日發行的善後公債和鐵道部發行第三期公債的一部分，以及鐵路完成後的收入作為擔保。

上面的兩次計畫，都是採用借款的方式，在這一種方式下經營鐵路，當時的估計，七年內不會有盈餘。二十五年五月中國建設銀公司協理劉景山飛渝和川省當局洽商，最後決定組織公私合營的川黔鐵路股份有限公司，公司的資本構成在同月二十一日行政院核定的公司組織章程第五條中明白規定：「公司股本總額為2000萬元，分為20萬股，每股100元，先招半數，其餘半數由理事會議決定期募集。又鐵道部及四川省政府為提倡起見，各認22500股，其餘55000股，中國建設銀公司另行募集，於認股時一次全數繳足」。

經半年的籌備，二十六年一月公司股本已招足半數，依法成立公司，由創立會通過組織章程，推選理事及監察人，設立總辦事處於上海，公司的章程和理事監察人名單，經三月九日行政院會議通過，向中央政治會議備案。

公司章程共45條，其要點如下：

1. 公司名稱　「本公司定名為川黔鐵路特許股份有限公司」（第一條）。

2. 公司業務　「（1）經鐵道部核准先行建築及經營自成都至重慶之鐵路幹線，自內江至自流井之支線及其他應需之線。（2）經鐵道部核准建築及經營其他鐵路路線。（3）除經營鐵道部所規定之附屬營業外，經政府許可亦得經營其他附帶有關事業。公司辦理各項事業時，得另設專管機關，其組織由理事會另定之」（第三條）。

3. 營業期間　「選定之路線，經鐵道部核准，得分期建築。其營業期間，每一路線工程告竣之日起，定為30年，滿期時得呈請鐵道部核准延長之」（第四條）。

4. 資本　「總額定為國幣2000萬元，分為20萬股。每股100元，鐵道部及四川省政府為提倡起見，各認45000股作為官股；其餘11萬股，中國建設銀公司另行募集，作為商股，每股票價於認股時先繳半數，其餘半數由理事會議決定期收足」（第七條）。

5. 組織　「設理事17人，除總理為當然理事外，由鐵道部指派理事2人，財政部指派理事1人，四川省政府指派理事3人，其餘理事11人，由商股於開股東會時在100股以上之股東中選任之。為發展營業，延長路線，自四川省通達他省，須增加資本時，理事人數得此例增加之」（第二十二條）。

「監察3人，由鐵道部指派1人，四川省政府指派1人，其餘1人為商股，於開股東會時在100股以上之商股股東中選任之」（第二十三條）。

「常務理事5人，理事長1人，常務理事由理事互選，理事長由常務理事互選」（第二十四條）。

「總經理，協理各1人，由理事會聘任之」（第二十八條）。

理事，監察人，常務理事，理事長和總經理的名單是：

（1）理事　官股——張公權（財政部指派）、曾養甫、鄧益光（鐵道部指派）、劉航琛、甘績鏞、盧作孚（川省府指派）。

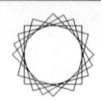

商股——汪楞伯、周作民、徐新六、胡筆江、宋子安、劉竹君、葉琢堂、徐子青、蔣逵、李石曾、楊介眉。

(2) 監察人　官股——杜鎮遠（鐵道部指派）、鄧漢祥（川省府指派）。商股——吳蘊齋。

(3) 常務理事　曾養甫、李石曾、宋子安、盧作孚、劉竹君。

(4) 理事長　曾養甫。

(5) 總經理　曾養甫。

在川黔鐵路公司招股籌備期間，鐵路勘測工程正在積極進行，現在需要金錢的支出。二十五年八月，工程局要求認股各方先繳400萬元，備工程進行時的需要。分擔比例是：中國建設銀公司200萬元，鐵道部100萬元，四川省政府100萬元。

四川省政府的攤額100萬元，由建設廳向渝金融界接洽，借款115萬元，用成渝鐵路股票100萬元和二十五年建設公債180萬元作抵。借款從九月份起，每半月一期，分六期平均在上海付款。借款期限六個月，從二十六年起，每半月一期，也分六期還清本息。每百元每月利息1元5角。各行莊分擔借款額：中國銀行15萬元，中國農民銀行15萬元，金城銀行15萬元，聚興誠、川康、川鹽、重慶、商業、江海等銀行各65000元，建設銀行4萬元，錢業公會14萬元。

三、逐段開工興築——陸續停工

在上一個階段中，路線已經決定，建築費也有了著落，現在就要統一組織，購買材料，採辦枕木，徵收土地，著手建築這條橫貫四川東西部的大動脈了。

(一) 川黔鐵路公司接收成渝鐵路工程局

為了統一組織，上年成立的成渝鐵路工程局，鐵道部命令從二十六年一月十五日起直接受川黔鐵路公司的管轄。川黔鐵路公司現在是工程上，經濟上實際負責修築成渝路的主體了。

根據川黔鐵路公司章程第四條第二項的規定，另外詳細訂定了成渝鐵路工程局組織規程二十一條。第二條中明白規定工程局的職權是「掌理自成都至重慶之幹支各線之測勘建築設備會計及其他附屬事項。在工程時期為事務上之便利起見，已成之段行車營業，暫由工程局兼營，全線完成後交由管理局管理」。第三條中規定工程局的組織是：下設「1.總務課；2.設計課；3.工務課；4.機務課機器廠；5.總稽核；6.會計課；7.材料課材料廠；8.地畝課；9.各工務總段各工務分段；10.運輸事務所。因全路保安之需要，得由局長陳請總經理提出理事會通過後，設置警務段及分段」。工程局的職員，第十三條中規定：「局長兼總工程師1人，副局長兼副總工程師1人，總稽核1人，專員2人，正工程師若干人，副工程師若干人，幫工程師若干人，總段工程師由正工程師兼任，分段工程師由副工程師及幫工程師兼任，課長每課1人，廠長每廠1人，所長每所1人，股長每股1人，醫師若干人，警務長1人，警務段長每段1人，課員、工務員、工務佐理員、工程實習生、事務員、司事各若干人。」至於局長和副局長仍是鄧益光和陳祖貽。

(二) 法銀行團的加入投資和向法訂購材料

在前面，人們已提到川省地方當局和法銀行團曾商討投資成渝路，並且還簽訂了一紙合同草約。川黔鐵路公司成立後，就再和法銀行團繼續談判，決定由川黔公司向法國中法工商

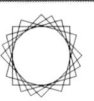

銀行借款 3450 萬元，全部用來在法購買材料。初步洽定後，鐵道部和川黔鐵路公司派劉城為代表，趙法接洽一切，二十六年五月在法國正式簽字。同時並在巴黎成立購料處，在上海設運輸事務所，專門處理材料的購買和運輸事務。第一批材料提前在這一年四月運抵滬。

（三）籌設四川採木公司採辦枕木

成渝鐵路所需器材既已向法訂購，而枕木一項則決定採用國內木材。天全、理番一帶盛產木材，先派員採取木材運滬，經交通大學試驗可用作枕木。於是二十六年五月川黔公司聯合鐵道、實業二部，四川省政府，和中國建設銀公司籌設四川採木公司。資本額擬定為 200 萬元，分為 2 萬股，每股 100 元，由鐵道、實業兩部和四川省政府各認股 20 萬元，再在上海、四川分別招募商股 70 萬元，上海方面由中國建設銀公司和川黔鐵路公司分擔。當時計畫在江津設立鋸木廠。接著，抗戰發生，採木公司和鋸木廠都沒有實現。

（四）徵購沿線的土地

鐵路全線需要的土地共 52000 畝，由工程局請省府徵購。省府決定徵購步驟：1. 圈地，2. 登記，3. 免糧，4. 審查各縣地價，5. 核定地價，6. 發給地價。應徵土地的田賦，二十六年起就開始豁免。

二十六年五月省府和鐵路工程局洽商組織徵收成渝路購地委員會，由民政、財政、建設各廳廳長，地政委員會常務委員和成渝鐵路工程局長分任委員，直隸於省府，全權辦理購地的事務。在成都設總辦事處，稽祖佑、何北衡分任正副主任委員，沿線各縣設分辦事處，縣長和徵收局長任正副主任。

關於徵購土地的價格，最初決定田每畝 20 元，土每畝 10 元，荒地每畝 5 元，房地產照市價折舊計算。付款辦法是 30 元以下付現，30 元以上酌付地價券。後來地主都認為地價太低，再改為依照自二十一年至二十五年的平均價格為收購價格。

徵購土地，因為要配合開工，就先從巴縣開始。在十二十六年內，巴縣、江津、永川、隆昌、榮昌和內江都先後完成，簡陽、金堂、新都、華陽、成都也在二十七年內分別完成。

同時，在施工時候難免要在徵收土地界線以外，採運或堆積石料，致損害地上作物和建築物，購地委員會決定由直接取用工作人給與權利關係人相當的補償。

（五）鐵路和公路互相交叉地區的處理

鐵路線的永川至簡陽一段，和公路線重復交叉的地區很多，淮州至趙家渡一段的鐵路線幾乎全部佔用公路線，這幾個地區決定由公路局讓與鐵路工程局，由鐵路工程局補償公路局損失費 60 萬元。30 萬元分期用現金支付，其餘 30 萬元，用法國出品的車輛或其他器材作價支付。公路局得到的補償費，就用來整理成渝北線——從成都經簡陽、遂寧、潼南、銅梁、璧山到重慶的公路線。

（六）公段開工——陸續停工的經過

照原定計劃，二十五年冬定測工作完畢後，就開始土石方工程，後來改定在二十六年一月分七段開工，每段所需工人八萬名也已招募，但因：1. 工程局中途改隸川黔公司，2. 川河水枯材料無法運川，3. 購地工作受地方勢力阻礙，不能儘先完成，又延期到五月一日，仍舊不能如期全線開工。

成渝路全線最先開工的是重慶車站和九龍坡碼頭，這由華西建築公司投標承包，在二十六年三月十五日動工。其次是第一總段的土石方工程和內江木鎮的沱江大橋，分別在四

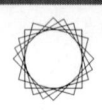

月中旬開工。在五月中陸續開工的有第一、二總段的隧道及石橋涵洞工程。到「七七事變」前已經開工的土石方工程，還有第三、四、五總段。抗戰發生後，中央要求積極趕修，提早在一年內完成，但是因材料的缺乏和運輸的困難，到二十七年春，川黔公司當局已經覺得全線通車的希望很難實現，想先完成渝內段，逐段通車，開始採取緊縮政策，擬定五個原則：

1. 盡現有資金，在二十七年底以前完成已經開工之各項工程，以免受可能之損失。
2. 完成用地收買及地價發給，俾免積極興工時再發生糾紛，致使工期延誤。
3. 再行緊縮公司及路局開支，以適合施行是項緊縮工程計畫為度。
4. 上述三項原則進行，預計至九月底止，共需現金1450萬元（法國料價及現已付出200萬元在外），除已收股本1000萬元及借款現金部分200萬元外，尚短200萬元（即等於第二項原則應發給之地價），應即向官商各股比例收繳。
5. 核准完成渝內段工程計畫，確定逐段通車原則，以謀便利地方。

到了二十七年底武漢淪陷後，不但材料的來源和運輸愈加困難，就是資金也成問題，於是各段陸續開始停工。

四、新工全部停頓以來

三十年太平洋戰爭爆發，本來已經由法國運到香港的幾千噸鋼軌來不及運入國內，全部隨香港陷入敵手，於是逐段通車的希望也完全斷絕，新工只得全部停頓。從此鐵路工程局的主要工作，只是養路工程，保護和維持這些已成和未成的工程。

今天，我們旅行在重慶到內江道上，旅途中可以看到許多大小橋樑和隧道，在木鎮橫渡沱江時，還可以看到屹立在江中的橋墩，這些都就是從二十六年到三十年這五年中，工程進行的成績。如果我們要明瞭這些成績的具體數字，後面的成渝鐵路工程局進行月報表可以詳細的告訴我們。

成渝鐵路工程局工程進行月報
（三十一年七月三十一日）

工程概況	工程數量	單位	佔全部工程百分率	累計完成數量	百分率	附記
土方	12050000	立方尺	14.90	2457000	3.23	
松石方	4016000	立方尺	8.00	915000	2.70	
堅石方	8032000	立方尺	24.00	1653000	6.90	
卸土牆	300000	立方尺	3.71	63000	0.78	
護坡	200000	立方尺	1.50	35000	0.26	
溝渠	100000	立方尺	0.24	25000	0.06	
道路	5000	公尺	0.24	1000	0.03	
隧道	2345	公尺	1653	3.27		
大橋橋座	207	孔數	1.55	124	0.92	
橋面	3500	公尺	6.90	1839	3.68	
小橋橋座	373	孔數	0.95	183	0.45	
橋面	1400	公尺	1.74	720	0.90	
水溝涵管	1122	座	1.65	760	1.12	
路線保衛	530	公里	0.07	284	0.35	

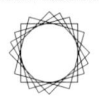

電報	530	公里	0.80			
電話	530	公里	0.50	284	0.28	正線長 530 公里，岔道約 50 公里，合計 580 公里
鋪軌	580	公里	3.60			
鋪碴	580	公里	1.73			
岔道	42	處	0.30			
號誌	42	站	0.05			
站房一等站	4	站	0.30			
二等站	2	站	0.10			
三等站	14	站	0.17			
四等站	21	站	0.16			
倉庫	12	所	0.24			
道班房	40	所	0.05			
站台	42	站	0.52			
機車房	5	所	0.10			
轉車設備	5	處	0.01			
給水設備	12	處	0.15			
煤台	12	處	0.20			
機廠	5	處	0.24			
碼頭	2	處	0.15	1	0.07	
總計				80%	24.90	

對於上面的表，我們還應該有三點說明：（一）這表雖然是表示三十一年七月底的工程進行狀況，因為這時新工已全部停工，我們在前面已有說明，所以足可以表示成渝鐵路已完工部分的一般情形。

（二）表中的百分率，並不單單依照數量計算，同時還包括工程進行難易的程度。

（三）最後一項百分率的總計只有 80%，其餘的 20 是因為根據交通部規定，施工前的籌備工程（路線勘測和土地購買）占全部工程的 20%，加上這 20，恰恰是 100。所以同理，我們也可以說成渝線路的完成部分已占全部工程的 44.9% 了。

三十三年夏天，討論中央歸還四川的谷款用途時，續成渝鐵路的呼聲叫得很響亮，這一條半途而廢的鐵道，又被人們從記憶中拉出來了。據今年七月二十一日中央日報的消息，川黔鐵路公司負責人劉景山已在美國和原投資成渝鐵路的法國銀行團代表接洽，等到戰後長江航運恢復後，材料立即可以運來，一年內可以完成，交通部已在籌備復工中。

五、過去的教訓

歷史是忠實而公平的，人類虛心接受歷史的教訓，這是最聰明的舉動。從上述成渝鐵路的興築經過中，指出我們可以學習的教訓，這是我們在本文臨時想大膽嘗試的工作。

第一，從民國元年首先興築成渝鐵路的提出，到今天已有三十四個年頭了；在這三十四年中，不能完成這全長 580 公里的鐵路線，固然有著許多致命的客觀原因，可是主觀上努力的不夠，也是不能忽略的。進一步分析主觀努力不夠的原因，我們認為由於：（一）對成渝路的認識不夠，（二）對興築鐵路的態度不正確。

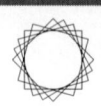

先說，對成渝路的認識不夠。在民初川漢鐵路建築程式先後的爭論中，有一部分人雖然已提出成渝段的重要性，可是這一種認識是相當含糊的，或者更確切地說，他們對於整個鐵道交通重要性的認識，毋寧是對於自身利益的認識更恰當些。民國二十一年地方當局的再度提出，對成渝路在四川的重要性，可以說已有進一步的認識，但是成渝路對全國重要性是茫然的。二十五年中央和地方統籌舉辦後，才開始認識成渝路在全國的重要性——認為是西南和西北鐵路交通的連絡線，可是這認識也僅至於此，所以到抗戰發生後的艱苦階段，成渝路又被擱置下來了。我們都知道在抗戰中我們完成了湘桂路和黔桂路的大部，還延伸了隴海路，可是成渝路終被擱置的事實，這無可諱言的是大家認為成渝路的重要性較次一等的結果。

在這裡我們不想分析成渝路和湘桂路、黔桂路或寶天路（隴海路的延伸部分）的重要性的等次，不過鑒於過去的教訓，我們願意指出成渝路的重要性，表示我們對於完成這條鐵路的期望的深切。

成渝路在地圖上看只是四川內部的一條路，可是實際上它是全國鐵路網中重要的一節，這在前面我們已提到。更具體的說，以成渝路為中心，向西北築成都到寶雞線，可以到陝西；向西南，由川黔線可以通雲貴和兩廣。成渝路可以把西北和西南緊緊的聯在一起。再向東南，經川漢路，把四川盆地帶出了三峽的天險——當然 Y、V、A. 如果成功，它會更圓滿完成這一任務。論者都在主張用鐵路來打開四川的每面大門。我們也承認四川對外鐵路的重要，可是如果只有四川對外的鐵路，沒有橫貫四川內部的成渝路，只是把大門打開，仍舊不能登堂入室的。就是 Y、V、A. 成功，四川盆地內部也要有一條橫貫盆地的成渝路，使 Y、V、A. 更能發揮它功用。

單從交通一點來認識成渝路，當然是不夠的，如果這樣，我們仍囿於過去的錯誤。我們還得認識交通線對於它沿線地區經濟發展的結果，同時還承認鐵路的完成可以說明這一個地區的經濟更向前發展，我想對於這一點因果關係，我們是決不會再有懷疑的了。那麼，讓我們再回頭來看成渝路所通過地區的經濟發展情形。

打開四川的地圖，我們可以立刻在四川中心找到成渝路所通過的地區，——這區域不但在地圖上是四川的心臟，在經濟發展上更是四川的心臟。這是四川物產最富饒，農、工、商業最發達的地區。從成都開始說起，成都平原是四川的穀倉和手工業中心；向東的沱江流域是四川的糖業和酒精業中心；再向東的榮昌隆昌是四川麻紡織業的中心；到了終點的重慶，依憑嘉陵江和長江，它是四川工商業的心臟，戰時遷川的工廠集中在重慶，尤其增加了它工業上的比重。還有支線到達的自流井，是四川的鹽倉和鹽鹼工業的中心。其他沿線還有許多有價值的煤鐵礦，最近又發現了石油，這一地區中又可以建立小規模的重工業。這些農、工、商業的發展已經很早就迫切需要有一條鐵路來聯絡活動的了；當然成渝路的完成可以使這一地區中農、工、商業更合理和更快速的發展。

四川支持八年抗戰的輝煌成績，使我們深刻的認識了四川在全國的重要性。現在抗戰勝利結束，我們著手建設新中國，我想再也不會忘記建設新四川，從我們上面的分析，成渝路在四川經濟發展中將擔當這樣重大的任務，在四川經濟建設中占這樣重要的地位！所以，我們認為成渝路的完成，不但關係四川，而且關係整個中國；這條路的繼續興修，不但是四川單獨的課題，而且是整個中國的課題。這是我們對於成渝鐵路必須再認識的。

第六章 鐵路
二、興築成渝鐵路

　　其次說到對於興築成渝路的態度。這是和上述對成渝路的認識有密切關係的。在前面我們曾說過先提出成渝路的重要性時,他們對於自身的利益比成渝路的重要性更認識得清楚,所以到最後沒有下文的結束,這原是不足怪的。就是在二十一年以後幾度的提出興修,因為對於這條鐵路的重要性的認識是如此含糊,自然對於興築這路的態度不會十分積極的。武漢淪陷後,固然環境非常艱苦,可是要繼續完成成渝路也未始不可,這在前面我們已提到過。甚至後來運到香港材料也沒有快捷搶運進來,忍陷敵手,這都可以充分的說明興築成渝鐵路態度的不積極。

　　說到這裡,我們也不得不對鐵路建築費的籌措說幾句話。民國二十五年川黔鐵路公司的組織,主要任務是建築成渝路,據當時估計完成這路的建築費要 5000 餘萬元,公司自己的資本是 2000 萬元,不足之數,再由公司向法國借款 3450 萬元購買材料。武漢淪陷後,川黔公司的資本已用完,法國材料不能來,於是工程就被迫停頓;我們要問川黔公司這時為什麼不再增加資本?如果公司資力已竭,政府為什麼不給與幫助?我們並不反對用官商合辦方式來經營經濟建設,可是當官商合營的組織財力不足時,政府要儘量給與支援;到必要時,我們不反對完全收歸公營。對於利用外資,我們也極端贊成,可是如果外資一時不能來,我們要立刻自力更生來完成,不能呆等,延緩我們的經濟建設。

　　最後,我們要分析上面提到使成渝路半途而廢的客觀原因。四川民國以來擾攘不安,抗戰前政治局勢剛安定,對外的抗戰便爆發,一言以蔽之就是沒有一個和平良好的政治環境;國內的經濟建設不能順利,也未始不是這原因。所以和平良好的政治環境,是經濟建設的前提。

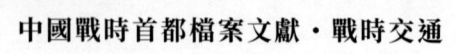

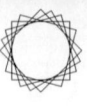

第七章 郵電

一、管制、管理法規

1. 交通部為規定內地與香港往來電報避免無線電傳遞補救辦法致重慶市政府公函（1939年1月6日）

　　查自廣州失陷，粵港間電線阻斷後，所有內地與香港往來電報，即以經無線電傳遞為正常路由。如所發電報必須避免經無線電傳遞者，自應另定方法，以資救濟。茲經本部規定《內地與香港往來電報避免無線電傳遞補救辦法》如下：

　　一、繞道滇緬陸線及印度香港間水線傳遞此項電報，因須經外國電局轉遞，故須按照國際電報辦法辦理。尋常電每字收費3.85元、官電每字收費2.3元（報價如有更改可向電局詢問）。惟電文如用洋文暗語（即以五個字母為一組之密碼），可照6折減價計費，其電底上並須由發報人注明 Via Bharmor and Madras（即經八募及馬德拉斯傳遞）之路由標識，以便電局照辦。

　　二、現在重慶昆明俱有航空郵遞可通香港，故渝昆二地與香港往來之電報，如機密性重於時間性者，可由發電人儘量利用航空快信，自行改作代電發寄。

　　三、內地（指重慶昆明以外各處，下仿此）發往香港電報，其機密性重於時間性者，可由發電人自行注明「航轉」字樣，交電局經有線電遞至重慶或昆明後，改用航空快信轉寄香港中國電報局投送。其由香港發至內地之電報，亦可由發電人注明「航轉」字樣，交港電局用航空快信郵寄昆明或重慶電局，再經有線電拍至內地（內地與香港往來電報航轉辦法另抄附後）。

　　以上辦法除通飭各地電局遞照外，相應函請查照，並飭屬知照，以備採擇。再現在發港電報，實以經無線電傳遞最為迅捷省費，倘能採用特別密碼，似亦足以防免洩漏。關於密碼之編制，聞軍委會及資源委員會均經研究得有周妥方法，似可商洽採用。當否，敬請一併察照辦理為荷。

　　此致
　　重慶市政府
　　附內地與香港往來電報航轉辦法一份

部長張嘉璈

內地與香港往來電報航轉辦法

　　一、內地（指重慶昆明以外各地，下仿此）發往香港之電報，其機密性重於時間性者，得由發電人在電底上注明「航轉」字樣，交當地電局用有線電拍至重慶或昆明電局，改用航空快信轉寄香港中國電報局按址投送。

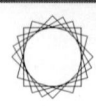

二、香港發至內地之電報，亦得由發電人注明「航轉」字樣，交香港電局用航空快信寄至昆明或重慶電局，再用有線電拍轉內地電局投送。

三、指定重慶、昆明二地電局為航轉電報之總匯地電局，將來航空郵路如有變更，該項總匯地電局另行指定之。

四、航轉電報由內地發往香港者，應由發報局在備註欄內加注英文業務標識如下：——（總匯局名縮稱例如昆明為 KM）to HK by airmail，其由香港發往內地者應由港局加注英文業務標識如下：HK to　　（總匯局名縮稱）by airmail。

五、總匯地電局及香港局，應各指定可靠人員負責辦理航轉電報之封寄收轉等事務。

六、航轉電報不得經無線電傳遞，倘遇有線電阻斷，無路可通時，應俟線路修通時再發。

七、航轉電報仍照無線電經轉內地與香港往來電報價目收費，其航空郵資，由總匯地電局及香港局支報。

八、航轉電報如因航空郵路或電報線路發生故障，以致遲延失誤，電局及航空公司均不負責。

2. 行政院關於抄發《取締中外商行拍發密電辦法》給重慶市政府訓令（1940年1月16日）

案准軍事委員會本年一月九日渝辦檢字第二號密函開：

查抗戰期間，關於限制國內外商行拍發密電辦法，尚無適當規定，茲經本會會同交通外交兩部，商訂取締中外商行拍發密電辦法八項，以資周密。除通令本會各部屬遵辦外，相應檢同該辦法，函請貴院查照通飭全國一體遵照施行，並希見覆為荷。等由。准此，除分令並函復外，合行抄發原辦法，令仰遵照，並轉飭所屬一體遵照。此令。

附抄發取締中外商行拍發密電辦法一份

院長　蔣中正
交通部部長　張嘉璈

取締中外商行拍發密電辦法

一、各種私務電報（簡稱商電），必須由發報人於電報紙下端書明姓名、詳細住址、職業或服務機關名稱及所在地點。

二、商行發電，應在電報紙上加蓋正式店戳，及負責人名章。私人或住戶發電，應在電報紙上加蓋發電人名章。

三、銀行或其他重要商行，因業務關係，有拍發密碼電報必要者，應先由商會具函向電局聲明，負責保證。又外國僑民或商行有拍發密電必要者，應先由主管領事具函向電報局聲明，負責保證，由電局填給「拍發密電許可證」，交該銀行與外僑商行收執，並於每次拍發密電時，送局查驗，以便放行。惟檢查員或電局認為必要時，仍得要求將密碼本交出檢查。

四、凡未領「拍發密電許可證」之中外人民商行，因正當事由拍發國內外密電，均應將密碼所代字句另紙錄出，連同密碼本送交檢查員或電局檢查。

五、國內外各處發來之密碼商電，檢查員或電局認為必要時，應由收報人將密碼本交檢。

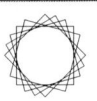

六、密碼商電之發報人或收報人，對於上述辦法如不遵辦，電局得拒收或扣送其電報。

七、中外人民商行往來電文，暫可不加限制，惟遇有不常通用之外國文電報，得於必要時令收發電人譯成在中國轉為通行之外國文，由檢查員或電局審核准予收發。

上項辦法自二十九年二月一日起實行。

3. 行政院關於修正公佈《郵局自備運郵汽車通行各省市公路辦法》給重慶市政府訓令（1940 年 7 月 23 日）

查郵局自備運郵汽車通行各省市公路辦法，現經修正公佈，應即通飭施行。除分令外，合行抄發修正辦法，令仰知照，並轉飭知照。此令。

計抄發郵局自備運郵汽車通行各省市公路辦法一份

院長　蔣中正

郵局自備運郵汽車通行各省市公路辦法

第一條　郵局自備運郵汽車通行各省市公路者，均須領掛交通部汽車牌照管理所制發之「國郵」字型大小牌、行車執照及郵車養路津貼繳訖證。號牌應釘於郵車前後兩端指定之顯明處所，行車執照隨車攜帶，繳訖證黏貼於車前玻璃窗左上方。

第二條　各地郵局自備運郵汽車，應向交通部指定之當地經發汽車牌照機關，領取交通部汽車牌照管理所制發之汽車申請登記檢驗書，依式填寫清楚，以該管郵政管理局名義，申請免費檢驗登記。由經發牌照機關逕行通知當地郵局，約時駛車前往，按章迅速檢驗合格後，當場發給牌照。郵局新購郵車入口時，應向交通部汽車牌照管理所所設之國境管理機關申請免費檢驗登記，按章領取牌照，方得駛往服務區域。

第三條　已領牌照及貼有本季郵車養路津貼繳訖證之郵車，得行駛於全國各省市公路。各省市車捐徵收機關或交通管理機關，不得另徵任何稅捐或養路費，以及其他任何類似費用。

第四條　交通部汽車牌照管理所訂制郵局自備運郵汽車牌照之費用，由各郵局於領取時，按照汽車管理規則規定數目付給之。

第五條　郵局自備運郵汽車在全國省市公路行駛者，由郵局津貼公路橋樑渡船（人力或□□□）一切修養費用，每輛每季 30 元。在市區內行駛者每輛每季津貼 12 元，按季由各郵局逕付當地省市車捐徵收機關，免費領取繳訖證。半噸小型運郵汽車，按上列津貼數目減半繳納。各種機器腳踏車，均按上列津貼數目 1/3 繳納。

第六條　公路機關對於郵政運郵汽車，應予以充分協助及便利。

第七條　郵局運郵汽車之駕駛人及技工，應分別照章考領汽車牌照管理所制發之統一執照後，方得執行職務。

第八條　郵局運郵汽車無論自備或租用，通行各省市公路時，除本辦法另有規定外，在不背郵政法原則下，應遵守汽車管理規則、汽車駕駛人管理規則及汽車技工管理規則。

第九條　長途汽車或營業運貨汽車由郵局租用者，如租期在三個月以上，照郵車例免納養路費，由郵局發給證書證明。

第十條　本辦法自公佈之日施行。

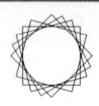

4. 重慶與各省會及軍事重點通郵情形表（1940年9月24日）

寄達地方	直接通郵或轉遞地方	郵運工具
成都	直達	郵政汽車
閬中	南充轉	汽船運至合川轉發早班郵差
西昌	成都轉	郵政汽車運至成都轉發早班郵差
萬縣	直達	輪船
黔江	彭水轉	公路局汽車帶運，無公路局汽車時用早班郵差
康定	成都轉	郵政汽車運至成都轉發早班郵差
貴陽	直達	郵政汽車
昆明	同上	同上
泰和	吉安轉	中間柳州至禾陽一段由大車運遞，其餘兩端由郵政汽車運遞
柳州	直達	郵政汽車取道貴陽
桂林	同上	郵政汽車取道貴陽至柳州轉湘桂鐵路
芷江	貴陽轉	郵政汽車運至馬場坪轉發公路局汽車，無公路局汽車轉發早班郵差
沅陵	同上	同上
長沙	直達	郵政汽車運至柳州交火車再經湘潭轉公路局汽車或早班郵差
衡陽	同上	郵政汽車運至柳州轉發火車
耒陽	衡陽轉	同上
曲江	直達	同上
襄陽	巴東轉	輪船運至巴東發交早班郵差
上饒	鷹潭轉	郵政汽車運至鷹潭轉發火車
南平	吉安轉	郵政汽車直運或運至鷹潭轉發火車經江山轉
永安	同上	同上
金華	直達	郵政汽車運至鷹潭轉發火車
永康	金華轉	同上
屯溪	同上	郵政汽車運至鷹潭轉火車經蘭溪交公路汽車
恩施	巴東轉	輪船運至巴東轉發公路汽車，無公路汽車時交早班郵差，如無直達巴東輪船則由輪船運至萬縣發早班郵差經利川轉運
巴東	直達	輪船
老河口	巴東轉	輪船運至巴東發交早班郵差
五原	寧夏轉	照寧夏條運至寧夏後交早班郵差
樊城	同上	同上
南陽	成都轉	郵政汽車運至寶雞轉發火車，其中華陰至□□鎮一段早班郵差銜接
洛陽	西京轉	同上
西京	直達	郵政汽車運至寶雞轉發火車
南鄭	同上	郵政汽車
興集	西京轉	
蘭州	直達	郵政汽車運至寶雞轉交火車，經西京發西北公路汽車
西寧	蘭州轉	照前條運至蘭州發早班郵差，每逢星期二、日兼用西北公路局汽車運遞
寧夏	同上	運至西京運交公路汽車

| 迪化 | 直達 | 運至蘭州交雙馬差晝夜兼程遞至猩猩峽，再由汽車運至迪化，逢星期五、六兩日自蘭州至酒泉一線用西北公電局汽車運送 |

附注：

（一）公路局汽車帶運郵件，常有限制，具僅以信函及明信片等輕類郵件為限，如遇公路局汽車無法儘量載運時，則由早班郵差運遞。

（二）表內所列之地運輸工具，係以運載信函明信片等輕類郵件為主，至書籍印刷物及包裹等重類郵件，係按運輸能力隨時限制或暫停收寄。

（三）凡公路通達各地往來郵件，依法原應由公路局汽車負責儘量盡速帶運，惟自軍興以來，各公路局汽車，多因運輸困難，限制帶運郵件之數量，郵局為免郵件遲誤，並補助公路汽車運量之不足起見，在各重要公路幹線上自置郵車協運，近又因汽油來源阻斷，頗難維持，將來公路汽車運量改進時，當仍交公路汽車載運。

5. 行政院為檢發《各機關領用空白自用密本規則》給重慶市政府訓令（1941 年 12 月 4 日）

案准軍事委員會密字第二九〇一號公函開：

查自抗戰軍興以來，各機關部隊軍訊頻繁，本會為求通訊嚴密計，經已禁用明碼本編制之密本，並飭由辦公廳機要室專印自用密本一種以供各機關部隊編制自用密本之需。惟邇未請領此項密本之單位日益增多，以致編印本乃供不應求，而各單位所需密本實屬必要，長此以往勢必影響軍訊。為顧及事實起見，嗣後本會編發此項密本以各軍事機關部隊為限！所有行政機關需用之自用密本擬請貴院統籌編發以資補救。等由。准此，自應照辦。除函復外，合行檢發領用此項密本規則一份，令仰知照。此令。

附檢發各機關領用空白自用密本規則一份

院長　蔣中正

各機關領用空白自用密本規則

第一條 本院為防止洩漏電訊機密起見，特編印空白自用密本一種專供本院所屬各部會署暨各省省政府備價具領，以便編發與其附屬各機關相互通訊。

第二條 各機關領用密本數量按附屬機關之多寡詳列表冊（各部會署以直轄附屬機關為單位，各省府以縣為單位），由各機關備文呈請本院核發。

第三條 各機關領用空白自用密本，每冊應繳印刷材料費國幣 1 元，於具領時繳呈（該項材料費根據材料價格漲落每半年修訂一次）。

第四條 各機關領到自用密本應自行編制角碼及橫直碼，分發所屬機關應用，並為拍發無線電時保持電訊機密起見，應附發加碼表備用。

第五條 自用密本使用期限，每種定為兩個月，如使用期滿或遇有遺失，應即隨時作廢，換發新本。同時須由分發機關將廢本收還銷毀。

第六條 各機關每兩個月請領密本一次，若遇遺失可隨時增領一次。

第七條 各機關請領自用密本，應具備印信，派員來院具領（各省省政府由駐渝辦事處派員具領）。

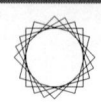

6. 行政院為抄發《修正各機關參加郵電檢查工作辦法》給重慶市政府訓令（1942年3月27日）

案准軍事委員會三十一年三月渝辦檢三描字第九七二四號公函開：

案據本會辦公廳特檢處報稱：查各地黨政軍機關派員參加本處郵電檢查工作施行以來，不惟收效甚微，且受牽制，其原因即為各派遣機關及參加人員，未按照本會前頒之各機關參加郵電檢查工作辦法辦理，參加人員多以其兼職，平日對工作敷衍塞責，僅負其名，其或有月餘不到公者。其不服從所長指揮違犯服務細則之事件更屬層出不窮。至如原派機關之調動亦甚頻繁，常有兩月之內更調數次者。似此即任何工作，亦難期良好，非但郵電檢查也。本處工作受此影響，實非淺鮮。前頒之《暫定各機關參加郵電檢查工作辦法》，亦尚有不合現在需要之處，特予修正附呈鑒核，重行頒佈，分別函令各機關知照辦理等情。據此，查該處所稱確係事實，各派遣機關參加人員應依法參加檢查，不能有所逾越。該項修正辦法，核尚可行，除分別函令頒行，並將前頒之本會辦公廳特檢處《暫定各機關參加郵電檢查工作辦法》取消外，相應照抄該項修正辦法一份，隨文送請貴院查照轉飭各省政府知照辦理。等由。准此，除分行並函復外，合行抄發《修正各機關參加郵電檢查工作辦法》，令仰遵照辦理。此令。

計抄發修正各機關參加郵電檢查工作辦法一份院長

蔣中正

修正各機關參加郵電檢查工作辦法

一、軍事委員會辦公廳特檢處（以下簡稱特檢處）為適應事實需要，增進郵電檢查工作效率，特規定本辦法。

二、本辦法適用於各機關之所有參加檢查人員。

三、凡不在特檢處支薪者，統稱參加人員。

四、中央及軍事委員會兩調查統計局，及各該郵電檢查所所在地之最高黨政軍機關，在工作上需要聯繫時，於徵得特檢處同意後，可派員參加檢查。

五、各機關參加人員，不得超過規定各該所需要額 1/3。

六、規定參加人員最短服務期為六個月，在此期內，如非特殊原因，及原派機關有移動或裁撤時，不得調離或另派員遞替，否則當予拒絕參加工作。

七、各機關派遣參加人員，須先將履歷像片齎由各該所報經特檢處批准，方得開始工作。若逾兩周不報到時，得予除名，拒絕再請參加。

八、參加人員須絕對服從所長指揮，如有不服指揮或違犯服務細則之行為者，當函請原派機關改派或拒絕參加。

九、在服務期內，如考查未參加人員成績優異堪能久任檢查者，得由原派機關徵求同意，改由特檢處支薪，以資養成檢查技術人才。

十、在服務期內，如考查參加人員有能力薄弱、不堪勝任或敷衍塞責、有犯規則時，得函原派機關調回。

十一、各機關在派遣參加檢查人員之前，應先考核其能力學識能否勝任，以重工作。尤須專任不得兼職，否則即予拒絕或函請調回改派。

十二、特檢處已施行之「工作人員懲獎條例」，得全部施行於所有參加人員。

十三、本辦法如有未盡事宜得隨時呈請修改之。

十四、本辦法自呈准之日起公佈施行。

7. 行政院關於太平洋戰爭爆發後寄往歐美航空函件辦法致重慶市政府代電（1942年4月17日）

重慶市政府：據交通部代電稱：案據郵政總局報稱：查自太平洋戰爭發生以來，美國泛美航空公司香港至三藩市航空線停航，我國寄往歐美航空函件不得不改道運遞。原僅可由我國渝加航空線，經由緬甸運至印度加爾各答，再由英國海外航空線，自加爾各答經由非洲開羅，運至南非洲德爾班，再改由普通郵路繼續接運。嗣以英國海外航空公司開辦非洲開羅至非洲拉哥斯航空線與泛美航空公司之歐美航空線銜接，當將前項航空函件改由拉哥斯轉遞，以期迅速。嗣准印度郵政電知，以開羅至拉哥斯段飛機運量有限，所有寄往歐美航郵，仍須改發德爾班，等由。當以國際航郵首重迅速寄遞，如僅由航空運至德爾班為止，則仍不免延遲。經與印度郵政切實電商，旋准電覆，我國政府機關寄往歐美各國航空函件，如經清晰注明：Chinesegovernment airmail 字樣，可由英國海外航空線飛機，自印度加爾各答經埃及開羅，運至非洲拉哥斯，再由泛美航空線飛機接運。惟非屬政府機關交寄之航空函件或私人交寄者，因限於運量，僅可由航空運至南非洲德爾班為止，再由普通郵路運遞，等由。准此，嗣後我國政府各機關交寄歐美之航空函件，其性質重要者，可送交外交部總務司文書科匯封外（見本部三十一年三月十四日第四四零四號寒代電），其餘函件如須全程由航空寄遞，應於封面上用紅筆清晰注明：「Chinese government airmail」字樣，並加注原寄機關名稱，納足普通及航空郵資，即可照寄。除通飭所屬各局遵辦外，報請鑒核，等情。據此，理合電請鑒核，分別通知各機關查照辦理，等情到院。除分行並電覆外，特電知照。行政院。筱四。印。

8. 行政院關於中英間互換外交專郵辦法給重慶市政府的訓令（1942年6月）

據交通部本月四日郵字第五八九號代電稱：查中英間互換外交專郵袋，並經我國駐英大使館與美國郵政商妥，即可開始寄遞。是項外交專袋之最高重量以不超過30公斤為限，先由航空經加爾各答寄至南非洲德爾班，再由普通郵路寄達英國。郵袋簽牌上應詳細注明「BY B.O.A. C.UP TO DURBAN VIA CALCUTTA AND ONWORD BY SURFACE TRAN SPORT」此項辦法，已與外交部商定，除分呈軍事委員會外，理合電請鑒核。等情。除分行外合行令仰知照轉飭知照。此令。

院長　蔣中正

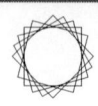

9. 行政院為檢發《非常時期拍發密電限制辦法》和《拍發密電許可證發給辦法》致重慶市政府代電（1942年11月11日）

　　重慶市政府：案准軍事委員會渝辦檢三字第一二七六四號函開：案據本會辦公廳特檢處呈稱：抗戰時期通訊亟應管制，嗣後拍發密電，似宜嚴予規定，以防機密外洩。經擬訂拍發密電限制辦法及拍發密電許可證發給辦法，已會同有關機關修正，謹檢同該兩項辦法隨文附呈鑒核公佈施行，等情。據此，查所擬各條，核尚可行，相應檢同該項辦法函請查照，並轉飭所屬知照，等由。准此，除分電外，合行檢發該兩項辦法各一份，電仰知照，並飭屬知照。行政院。真機。
　　附非常時期拍發密電限制辦法、拍發密電許可證發給辦法各一份

非常時期拍發密電限制辦法

　　非常時期拍發密電，除軍電、官電外，應向軍事委員會領取拍發密電許可證，方可拍發。其許可證發給辦法另訂之。
　　第二條　凡持有拍發密電許可證，向電報局拍發密電者，概須依照電檢規則接受檢查。
　　第三條　軍電、官電得不需許可證拍發密電，但須依照本會辦制渝字第三六八七號密令頒佈電信監察及防諜實施細則第六章第四十二條之規定接受檢查。
　　第四條　凡駐在中國之外交使領館，均可拍發密電。惟須具有各該國使領館印簽字，證明確屬外交檔，方准拍發，並免檢查。
　　第五條　各機關經呈准設置軍專用電臺者，得拍發密電，但須依照本會辦制渝字第三六八七號密令頒佈無線電臺檢查辦法之規定，接受檢查。
　　第六條　應受檢查之密電，電局應協助檢查。
　　第七條　本辦法自頒佈之日起發生效力。

拍發密電許可證發給辦法

　　第一條　本辦法依據非常時期限制拍發密電辦法第一條之規定訂定之。
　　第二條　凡申請發給拍發密電許可證者，均依本辦法之規定辦理之。
　　第三條　凡申請發給拍發密電許可證時，應先具備公函聲敘理由，檢同密本向當地電局申請發給。惟申請拍發洋文密語電報者，其密本以英、美等國著名流行之商用密本為限，並應於申請書內注明密本名稱、發行書局及出版年份等項，但勿庸將密本檢送。
　　第四條　電局據申請發給拍發密電許可證後，即將原函及密電本送交當地郵電檢查所詳細審查，認為理由正當，再行呈請軍事委員會辦公廳特檢處核准填發。當地如未設郵電檢查所，可逕行呈請該處核准填發。
　　第五條　拍發密電許可證如有遺失，應將遺失時間、地點及原因，備函報請電局註銷，並申請補發。
　　第六條　本辦法如有未盡事宜，得由軍事委員會辦公廳特檢處會同交通部隨時修正之。

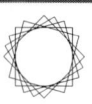

10. 行政院為抄發《非常時期郵電使用文字種類限制辦法》給重慶市政府的訓令（1942年11月6日）

案准軍事委員會本年十月三十日渝辦檢三字以第一二七六一號公函開：

案據本會辦公廳特檢處呈，以我國郵電現用文字種類加以限制，外國文字任意採用，致不法之徒往往利用為通訊工具，傳遞消息，洩漏機密，其影響抗戰至巨。嗣後郵電文字種類似應嚴加限制，以資防範。經擬訂限制辦法四條，並會同有關機關修正，謹檢同該項辦法隨文附呈鑒核，公佈施行，等情。據此，核其所擬各條均尚可行，除由本會辦公廳檢附該項辦法函送貴院外交、軍政、財政、交通四部查照外，相應檢同該項辦法一份，隨函送請貴院查照，並轉飭所屬知照為荷。等由。准此，除分行外，合行抄發原附件，令仰知照，並轉飭所屬知照。此令。

計抄發非常時期郵電使用文字種類限制辦法一份

院長　蔣中正

非常時期郵電使用文字種類限制辦法

第一條 中華民國境內郵件通用文字，暫以中（包括蒙、藏、回文字）、英、蘇、法、荷蘭等國文字及拉丁文為限。電報明碼使用文字，以中、英、蘇、法四國文字為限。其他各國文字，一律禁止使用。

第二條 中華民國人民所發郵件，以使用中國文字為原則，但有生長外國不通中國文字者，得使用第一條規定之外國文字。

第三條 外國過境之郵件或電報所用文字，不受本辦法之限制，但屬於敵國之郵電，不論何種文字，均應扣留之。

第四條 本辦法自公佈之日起發生效力。

11. 行政院為抄發《軍事委員會統制重慶衛戍區軍用與專用無線電臺辦法》給重慶市政府的訓令（1942年12月19日）

案奉國民政府本年十二月十二日渝文字第一〇五八號訓令開：

據本府文官處簽呈稱：准國防最高委員會秘書廳本年十二月五日國紀字第三一二〇三號函開：准軍事委員會本年十二月一日辦二通渝字第五九〇三號函稱：查本會於三十年七月曾頒訂陪都軍用與專用電臺限制辦法一種，茲以該項辦法限制範圍，應予擴大，業經另訂軍事委員會統制、重慶衛戍區軍用與專用無線電臺辦法，於本月二十六日以辦二通渝字第五七八一號訓令頒佈施行，所有陪都軍用與專用電臺限制辦法同時廢止。檢附統制重慶衛戍區軍用與專用無線電臺辦法函請查照，轉陳備案。等由。到廳。經陳奉批：准予備案。相應抄同原送辦法函請查照，轉陳飭知，等由；理合簽請鑒核，等情。為此，除飭復並分令外，合行抄發原附辦法，令仰該院知照，並轉飭知照。此令。等因。奉此，除分行外，合行抄發原附辦法，令仰知照。此令。

計抄發原附軍事委員會統制重慶衛戍區軍用與專用無線電臺辦法全份

院長　蔣中正

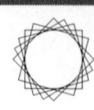

軍事委員會統制重慶衛戍區軍用與專用無線電臺辦法

一、軍事委員會（以下簡稱本會）為統制重慶衛戍區軍用與專用無線電臺起見，特制定本辦法。

二、凡在重慶衛戍區內架設之軍用與專用無線電臺（以下簡稱各電臺），不論其已否領有軍政部登記證或交通部執照，均須受本辦法之統制。

三、各電臺於本辦法頒佈之後，應立即依式填具請領許可證登記表，向重慶衛戍總司令部申請登記。其有延不登記者，即予以取締。

四、重慶衛戍總司令部接到上項登記表後，應即派員前往各該電臺細密檢查，並逐項簽注意見，呈會核辦。

五、本會收到上項登記表後，分別發交軍政部或交通部審核，本會複審。其合格准予設立者，即由本會頒發許可證，仍交重慶衛戍總司令部轉發。其不合格者，一概不准設立。

六、國營電臺及軍艦電臺、空軍航行電臺、船舶飛機上所設之航行電臺，情形特殊，可以不必填送請領許可證登記表申請登記，但對於重慶衛戍總司令部有所查詢時，應負責據實簽覆。

七、隨軍過境之軍用電臺，在重慶衛戍區內，架設通報在三日以內者，應於架設之前，報請重慶衛戍總司令部或其分區司令部備案。超過三日以上者，則按照第三條之規定申請登記領證。

八、黨政軍機關部（或與部相等之機關）以下單位所屬電臺，除中央通訊社、國家銀行、郵政匯業總局、航空公司及輪船公司等所屬電臺得按照規定手續呈請設立外，其餘一律不准在重慶衛戍區內架設。

九、部隊電臺，除陸軍通訊兵團編制內之各電班及擔任陪都或重慶衛戍防務部隊編制內之電臺班外，其餘一律不准在重慶衛戍區內架設。

十、黨政軍各級辦事處，概不准在重慶衛戍區內架設電臺。

十一、嗣後在重慶衛戍區內，如無戰事上之需要，或其通信地點為陪都各電臺及電報局連絡範圍以內者，一律不准新設或增設電臺。其有新設或增設之必要者，應聲述理由，並按照第三條之規定，申請登記領證。

十二、凡在陪都市區之內新設或增設電臺者，概依下列規定之地址架設。

（一）發射機電力在200瓦特以上者，其設置地點，應在下土灣、茶亭、復興關及黃沙溪以西。

（二）化龍橋以東、上清寺以西、復興關以東、兩路口以西，為局機台架設區域，其附近500公尺以內，絕對禁止立發射處。

十三、各電臺於彼此發生干擾時，應各自在技術設法避免，如仍無效，以設立在後者遷讓，其移地點，以不再干擾其他電臺為原則。

十四、各軍用電臺，除屬於本會各直屬機關及通信兵團各電臺班外，其餘電臺之人事、經費、機件，應造具表冊，報請軍政部登記備查。非經軍政部核准，不得稍有異動。

十五、現已設立而應予裁撤之各軍用電臺，所有人員、經費、機件等項，概由軍政部接收。

十六、各專用電臺所有電信工作人員,限三個月內一律向交通部請領服務登記證。嗣後未領證者,不得錄用,已領證者,非經交通部之核准,不得擅自進退。

十七、交通部對於現已設立之專用電臺,於必要時,得呈請接收管理。

十八、各軍用電臺除任務特殊(諜報、特務、防空、航空及擔任海軍通信上之任務者)有自行成立通信網之必要外,其餘電臺之聯絡地點時間及報務,均由軍令部(通信兵指揮部)統一支配之。

十九、各專用電臺應將每月報務次數及通報時間,於次月十日以前填表送由交通部審核。交通部得令其於空餘時間為其他機關通報,各台不得推諉拒絕。

二十、軍令部(通信兵指揮部)及交通部對於未設電臺或已設電臺而被撤銷之各級機關、部隊之重要報務,仍應設法維持。

二一、各電臺許可證在尚未領到以前,絕對不准架設通報。

二二、各電臺許可證內所列各項,如有異動,應立即呈報重慶衛戍總司令部轉報本會備查,並由重慶衛戍總司令部轉報本會備查,並由重慶衛戍總司令部分函有關各機關查照。

二三、各電臺許可證必須妥為保管,因故遺失時,應立即登報聲明作廢,檢同報紙向重慶衛戍總司令部申請轉報本會補發新證。

二四、各電臺許可證於電臺離境或撤銷時,應即繳送重慶衛戍總司令部轉呈本會注明。

二五、本會對於已經領有許可證之各電臺,認為有改正其機件內部之設備,或令其擔任特種通信任務,或令其遷移地址,或令其暫時停止工作,或令其與其他電臺合作,應絕對遵照辦理,不得托故推諉。

二六、本會頒佈之各軍用無線電臺隊班,應注意事項,不論其為軍用或專用電臺,均應一律遵守。

二七、各電臺如有妨害治安或違反本辦法之規定時,應由重慶衛戍總司令部負責檢舉呈報本會,視其情節輕重,分別依法懲罰。

二八、各電臺之經常檢查事宜,由重慶衛戍總司令部專負其責,必要時得呈請本會派員及邀請軍令部、軍政部、交通部派員協助之。

二九、本辦法自公佈之日施行。

12. 行政院關於抄發《郵寄密電限制辦法》給重慶市政府訓令(1943年7月6日)

准軍事委員會本年六月二十七日渝辦檢三字第零三九七號函:

據本會辦公廳特檢處擬定郵寄密電限制辦法兩項,並經辦公廳函商交通部,准飭各地郵電兩局協助實施,檢同該項辦法請查照轉飭,等由,附郵寄密電限制辦法一份。准此,除分行外,合行抄發原辦法,令仰知照並轉飭知照。此令。

抄發郵寄密電限制辦法一份

院長 蔣中正

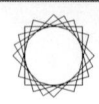

郵寄密電限制辦法

一、信件內不得夾寄密碼電報，否則如經發覺，即視同秘密通訊，予以扣留。但各機關有時因特殊情形，其密電必須郵寄者，應在信內附一圖記完備之正式公文，向收件人說明內密電幾件（限於用官軍電紙書寫者）及郵寄原因，並在信封面加注「內附密電幾件」字樣，方可放行。否則亦予扣留。

二、凡郵轉密電，須由電局送由郵電檢查人員檢查蓋章後，始得付郵。如經郵轉電局檢查員檢查者，應由電局在報頭上注明「檢查訖」字樣，否則如經檢查發覺，即予退還或扣留。

13. 行政院關於抄發《拍發官電須知》給重慶市政府的訓令（1943年8月8日）

案據行政效率促進委員會簽呈以官電擁護，影響電訊極巨，經詳加研究，擬定「拍發官電須知」提交七月十五日委員會議，除制印官電紙機關由主管部核辦外，決議原案修正通過請通令施行。等情。據此，當經提出本院第四二五次院會決議：「通過」。除飭交通部遵照辦理並分令外，合亟抄發該項須知，令仰遵照並轉飭所屬一體遵照。此令。

附抄發拍發官電須知一份

院長　孔祥熙

拍發官電須知

一、關於撰擬電稿應注意事項：

（一）擬稿前應注意事件之時間性及收發地間之交通現狀，決定應否拍發電報及應否加注「急」「特急」等字樣或其他航遞等通訊方法。

（二）撰擬電稿應力求簡明，一切不必要之字句，務須避免。

（三）各機關請示或報告事項，不得無故越級電呈，免致紊亂重複。

（四）收電上分別銜名之機關遇有相互商辦時，應僅申敘某人（或某機關）某電已據分呈或分電計達或摘敘事由，不得直錄原電。

（五）關於加注急電標識之規定。

1. 普通電不得加注「急」字。

2.「急」電以重要而時間性短促之事件為限，不得任意拍發。

3.「特急」電非極端嚴重迫切之事件，不得拍發。

4.「提前即到」電，除高級軍事長官所發有關戎機之軍電外，其他機關非萬不得已時，不得拍發。

（六）「急」「特急」「提前即到」電只敘要旨或辦法，如須申敘理由，應另發普通電或代電。

（七）每份官電電文字數除普通電外，

1.「急」電不得超過400字。

2.「特急」不得超過300字。

3.「提前即到」電不得超過200字。

（八）最機密之電報必須交有線電拍發者，應於電底上書明「有線電發」字樣。

二、關於譯發電報應注意事項：
（一）密碼務須繕寫清楚，不得潦草。
（二）電文首尾地址銜名，應用官電話碼。但收報地址銜名有掛號者，應用掛號（官電語碼本另編刊行）。
（三）電文中公牘用語，應儘量採用官電語碼。
（四）同文電報，應照同文電報發寄辦法辦理。
（五）兩個以上之收電人或機關在同一地點者，應於電上加列銜名，並與官電紙納費標識欄內，注明分送份數，毋庸分電。但有特殊情形者，不在此限。
（六）譯電人員對於電稿引用之「急」「特急」等字樣，認為不切合實際需要時，得商請改正。
（七）譯電人員發見官電中涉及私事，應作為私電呈明主管長官核示，其有隱匿不報者，一經查實應予處分。
（八）已經作廢之密電本，絕對禁止使用。
（九）送發電報時間務求分散，不得匯送，以免局台報務擁擠積壓。
三、關於官電紙管理及使用應注意事項：
（一）拍發官電應用定式，官電紙蓋有制印機關之印信及主管長官官章。官電紙式樣列後。
（二）各機關官電紙應指定人員負責管理及編號，並蓋管理員、領用員及譯電員私章。
（三）官電紙發給時，管理員應填明領用機關或領用人之職位、姓名。
（四）官電紙編號時，管理員應填明起訖有效期限，最長不得超逾一年。期滿未用之官電紙應即繳回。
（五）官電紙非經主管長官核准，不得發給管理員。如有擅自發給情事一經查實應予處分。
（六）官電紙非因公務不得使用，領用人如有擅發私電情事，一經查實應予處分。出差人員領用官電紙，公畢應即繳銷。
（七）機關裁併時餘存之官電紙，應即作廢。由其上級機關製發者，並應繳回。
（八）過期或失效之官電紙，絕對禁止使用。
四、關於電報局台應注意事項：
（一）官電紙有下列情形之一者，電局台得拒絕拍發其電報或洽商更正：
1. 格式或制印機關不合規定。
2.漏蓋印信或關防即主管長官官章或名章。
3. 未經管理員編號蓋章及填明有效期限。
4. 發電日期已逾官電紙有效期限。
5. 發電之機關名稱或領用人職位姓名，與官電紙上發給機關所填不符。
（二）電底字碼繕寫不清者，得洽商繕正。
（三）發電機關不按定章繳付報費經承發局台呈准交通部限期催繳仍不照辦時，得停收其記帳電報。但付款者，不在此限。

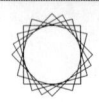

同文電報發寄辦法

一、同一電文之電報發寄數個收報地處者（例如一電同時發寄上海、北平、漢口等處），名曰同文電報。

二、同文電報收報地名不得達列一起，每電只能書寫一個收報地名，即發寄若干地處者，應分為若干份。

三、同文電報交電報局發寄時，各份中只須有一份全錄電文，其餘各份得在電底上分別書明收發地名及收報人姓名、住址，並注明「電文同第某號致某處電」務須全錄電文（例如上海吳市長勳鑒——電文同第某號致漢口張市長電……）。

四、凡係通電而欲收報人知悉者，應於每份收報地名之前加注納費業務標識「通電」或「Circular」字樣（例如「通電南京國民政府主席」鈞鑒）。

五、非通電而欲使收報人知悉該電同時併發致某處某人者，應在電文內敘明「除分電某處某人外」等字樣。

六、一電致數人在同一地方者（例如南京國民政府主席林行政院孔院長），應仍照分送電報辦法注明「抄送若干份」字樣，毋須照同文電報分作數份發寄。

七、本辦法由交通部呈請行政院轉呈國民政府通飭遵行。

14. 行政院為轉發寄交駐印軍郵件辦法給重慶市政府的訓令（1943年9月28日）

案准軍事委員會本年九月郵字第五零一三六號函開：

查由國內寄交駐印我軍郵件，前經本會規定暫以信函明信片及公文之附件為限，茲據本會後方勤務部報稱，為適應事實需要起見，擬將寄印我軍郵件範圍略予擴充，對於寄交駐印我軍書報亦酌量收寄，藉以充駐印我軍文化食糧。惟印度環境特殊，書報之寄遞必須特別慎重，庶免引起枝節，而中印間空運載量有限，對於收寄數量，亦宜酌加限制。爰給洽定辦法如下：（一）所有寄交駐印我軍第一類新聞紙及重不逾100公分之書籍印刷物（單本寄遞者得寬限至300公分），可准收寄。（二）前項新聞紙及書刊統應交本會政治部審查，如屬合格，即於逐件加蓋該部審查章後，由該部匯總交東川郵政管理局寄發。（三）所需包紮費、郵費、運費，由寄發單位自備。（四）目前交寄總重量，每日暫以10公斤為限，嗣後如情形許可，再行酌量放寬，等情，據此，經核尚屬可行，業經准予照辦。除分令本會所屬駐渝各機關外，相應函達即希查照，並轉飭知照為荷。

等由。准此，除分行外，合行令仰知照。此令。

院長　蔣中正

15. 關於抄發管理政務電訊辦法給重慶市政府的訓令（1944年5月17日）

茲為增進政訊機密，防止流弊，特認定管理政務電訊辦法暨審核密碼規則各一份，隨令抄發，仰即遵辦，並密飭所屬遵照為要。此令。

附發管理政務電訊辦法暨審核密碼規則各一份

院長　蔣中正

行政院管理政務電訊辦法

一、行政院（以下簡稱本院）為確保政訊機密，防止流弊起見，特制定管理政務電訊辦法。凡政務電訊之傳遞，除別有規定外，悉依本辦法辦理。

二、本院所屬各機關（以下簡稱各機關）及其所設各專用無線電臺（以下簡稱各專用電臺），應用密碼本、密碼表、密碼機及代字等（以下簡稱密碼），除由本院統籌編發外，其自行編制者，須送由本院政務電訊管理處審核，合格後始准使用。其審核辦法另定之。

三、本院政務電訊管理處得隨時派員至各機關考核密碼實際使用情形，或至各專用電臺抽查報底。

四、各機關自編通用密碼使用時期，除予審核時核定外，必要時得隨時令飭停止使用。

五、處理屬最機密之政務電報，應在印電紙左角標明「有線電發」字樣，送交國營電訊機關，經由有線電路拍發。此項電報如有線電路發生障礙，可由無線電路拍發時，國營電訊機關應通知發報機關，加用無線電密碼表拍發，或仍俟有線電路通達後再發。

六、各機關譯電工作人員應受本院政務電訊管理處之督導。

七、凡經本院政務電訊管理處收發之政務電訊，若認為有查閱電文之必要時，該處得隨時向各收發報機關譯對原文。

八、交通部於核准各機關設置專用電臺時，應同時通知本院政務電訊管理處備查。

九、交通部對於各機關專用電臺之移動或撤銷，應隨時通知本院政務電訊管理處備查。

十、各機關應用密碼未按規定辦理，經本院政務電訊管理處查明屬實者，應呈院議處。

十一、本辦法如有未盡事宜，得隨時修正之。

十二、本辦法自核准之日施行。

行政院審核密碼規則

一、本規則依本院管理政務電訊辦法第二務規定制定之。

二、本規則所稱密碼，包括密碼本、密碼表、密碼機及代字等通信所用密件而言。

三、本院所屬各機關及其所設各專用電臺自編密碼，應送由本院政務電訊管理處審查。在未經審查核定以前，不得付印使用。

四、各機關及各專用電臺請求審查密碼時，應填具申請書檢同原密碼及其附件（如橫直角碼表加碼表變碼表變碼表通用表等）一併送審。

五、凡向本院價領空白密碼本而請求審查自編之橫直碼時，除繳送橫直角碼表外，並應附送預備填用之密本一冊。

六、密碼經本院政務電訊管理處審查後，應造具密碼審查表，呈由本院核定，發給核定書。

七、各機關及各專用電臺得按照核定書之規定，自行印製密碼，注明核定書字型大小，分發使用，但不得超越核定書核定範圍。

八、各機關發往國外電信應用之密碼，應送由外交部審核，但必要時，本院政務電訊管理處得隨時復審之。

九、違反本規則之規定者，按照情節之輕重，懲罰其譯電主管人員。

十、本規則如有未盡事宜，得隨時修正之。

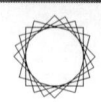

二、概況

1. 抗日戰爭時期的郵政[①]（1943年）

一、戰前之準備

郵政工作，首重郵件之疏運，而運遞郵件，按照各國成例，原係委託運輸機關辦理，郵局並不自置交通工具。自倭寇謀我日亟，中日不免一戰，以第一次歐戰德國動員平均每天開用軍車3600餘次之經驗，吾人深知開戰之後，即使原來交通幹線能以維持，而動員之初，軍運頻繁，或不暇顧及郵運，郵局必須起而自謀，於是分批預購汽車300輛，起初分配在各交通衝要地點；旋在成渝公路、湘黔公路行駛，嗣於民國二十七八年陸續添購，截至最近止，共有380餘輛，除行駛市區及常川修理者外，其在各公路長川運郵者約200輛，其他運輸工具如：膠輪板車及自行車等亦經分別購置，分配於內地平坦路線協運。抗戰以來，郵政交通得以照常維持尚少阻滯者，實賴戰前對於運輸工具略有準備之故。

二、戰時郵政第一期——戰區郵務之維持

「七七事變」發生之後，華北各郵局正在準備應付新環境；而「八一三」戰事爆發，上海為商業中心亦繫郵遞樞紐，上海一有戰事，長江一帶郵運即受影響。當時郵局緊急工作，厥為採取非常時期之措施，以應戰時需要，俾前後方郵政通不致因戰事關係發生阻隔。茲分述如下：

（一）充實郵運

淞滬戰事發生後，京滬及京杭鐵路均告阻斷，郵局即照以上所說組織汽車郵運，循公郵直達首都疏運郵件，一面另用汽船拖帶木船裝載重件，包裹由松江循運河以達蘇州、無錫、鎮江各地再交火車接運。未幾蘇錫淪陷，乃改由南通、天生港運至揚州轉遞。嗣後南京失守，郵件運輸頓感困難。蓋出省孔道只有粵漢、浙贛兩路，而兩路運輸擁擠郵件容間有限，除充分利用外，另在粵省組織民船，湘省組織汽車及小輪郵班直達武漢，以補孔道郵運之不足，而浙贛拆軌，於是又改汽車木船水陸聯運方法，分由永嘉鄞縣兩路運載大宗郵件，一面利用漢口至香港航空線，帶運後方與上海及沿海各地往來之航空郵件。因有以上種種方法，是以至「八一三」事變起至保衛大武漢時期止，前後方水陸空三方面郵政交通仍得照常維持。

（二）加強機構

民眾在流亡之際，所賴以互相聯絡與慰藉者，厥惟通訊。是以戰事波及之守，社會對於郵政之需要，實倍切於平時。郵政員工自願不避艱險，竭力撐持，至於最後一分鐘為止。即係非至當地機關與軍警全數遷移，決不撤退，即使撤退，亦應遷至附近安全地點暫避，以便相機恢復工作。所有管理局，業經淪陷之郵區其內地局所或撥歸鄰區管理，或選擇內地局所中之交通便利地點，設立管理局辦事處，指揮各該區內各地完成郵局之事務。計先後設立是項辦事處者有浙江、河南、廣東、湖北四區；浙江辦事處原設金華，嗣遷麗水，最近改設松陽，現在洛陽，其管理會計之機構，因上次戰事緊張，遷往瀘縣，現時尚在該處。廣東辦事處原設廣寧，嗣遷遂溪，現在曲江，中間一度曾遷連縣。此外，上次福州失陷後，曾在閩北之沙縣設立福建管理局辦事處，以備指揮該省完整地段之郵務，未幾福州克復，該辦事

[①] 原載《最近之交通》第8章《郵政》。

處即已撤銷。又安徽郵區完整地方各局所，原歸河南辦事處兼管，現因事務繁忙，為加強管理起見，決定在安徽立煌地方設立安徽管理局辦事處，指揮各該地方及鄂境邊區之郵務，現時正在籌設中。因有此項辦事處之設立，各戰區完，除行駛市所，雖與其管理局失卻聯絡，而對於郵票之供給、公款之救濟、工作之指示，得各訂行處代行，尚見便利。

　　（三）辦理軍郵

　　戰事開始，部隊移動，瞬息萬變，各地郵局繫靜的機器，而部隊繫隨時移動的團體，是以普通郵局對於前線作戰部隊官兵與後方親屬通信匯款寄物等事，不甚適用，必須在前線各地設立軍郵機構，隨軍轉移，以應作戰官兵通訊之需要。其設置區域，起始僅及於晉、冀、魯、浙諸郵區。嗣因戰事轉移，逐漸推廣，加以最近一年為防止郵車私起見，所有沿途檢查郵車之工作，亦撥歸軍郵人員辦理。現時除甘肅、寧夏、青海、新疆等省及淪陷區外，所有後方各省各戰區均有軍郵機構，計共有總視察段 13 個，軍郵業務局 200 餘處，辦理軍郵人員 500 餘人，年需經費約 300 萬元。

　　三、戰時郵政第二期——後方郵務之擴展

　　廣州及武漢陷落，全國各地機關民眾，先後撤至西南西北各省，於是後方各地郵遞需要，頓形迫切。同時物價高昂，郵運成本增加甚巨，加以員工生活艱困，急待救濟，郵政經濟，驟增重大擔負，頗感不易維持。故一面勉勵員工加緊工作，加強郵運，擴充業務，一面另籌調整經濟，安定人心之辦法。以應環境之需要。此一時期之重要工作，可分下列五點：

　　（一）後方局所之添設

　　郵政局所向斟酌地方需要情形，分別設置，西南、西北各省文化落後，郵政機構亦較簡單。抗戰以來各地人口增多，機關林立，建設猛晉，教育、文化以及工商業均日趨繁盛，郵政業務亦隨之進展，原有機構，不能應付新環境之需要，或須加強，或須另設。均經時分別辦理，計先後在川、滇、黔、桂、陝、甘、新七省，及湘、鄂、豫、皖、閩、粵、浙、贛八省完整區域，共增設郵政局所 7700 餘處，現時仍在繼續添設，以期適合環境，便利通信。

　　（二）通海郵路之增辟

　　自廣州棄守，武漢淪陷，粵漢鐵路阻斷以後，郵局最重要措施，厥為通海郵路之辟劃，蓋無有國際間吞吐孔道，則郵政作用將極狹隘，雖廣設局所，亦屬無補。故一向隨戰事轉移，盡心辟劃先後設置以資替換之通海郵路，不下 10 數條，其中較為重要者，起初有東西兩條幹線，東線經衡陽（最初由宜昌）、吉安、鷹潭、金華至鄞縣與永嘉出口，西線由昆明循滇越鐵路至海防出口，此外添辟遂溪至廣州灣、鎮南關至海防及福建三江口或三都至上海等線，其後又有曲江至沙魚湧，曲江至蘆苞至廣州，梧州經水東至香港，梧州經陽江或新昌至廈門之水陸聯運汽車班，及昆明循滇緬公路而至臘戌之郵運汽車班，是以出海郵件尚能暢通無阻。惟自二十九年六月越南發生事變，及上年四月鄞縣永嘉失陷以後，上述東西兩幹線均已阻斷，其餘各線則因最近敵方對我加緊封鎖，除曲江至廈門之水陸聯運汽車班及昆臘汽車班外，餘均或已停頓，或限於運量及海面風向之故，通滯不定，故出海郵件之疏運，頗感困難。現時正在隨時留意，依時局之轉變，相增辟，幸而出海郵件除水陸聯運外，尚有航空郵班可通，即如渝加、渝哈等線均可帶運郵件，尚屬妥穩迅捷，一面正在試辦新疆、印度間之郵運。

　　（三）業務人員之育儲

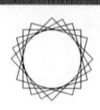

邮局人员之配备，原仅恰敷需要，战事西移，后方业务剧增，同时复竭力推进储汇办理节约储蓄，及华侨汇款事务，一时处处感觉人手缺乏，于是一面设法将沦陷区内资深干员抽调后方服务，一面按公务情形在各区招考服务员佐及信差等，分别加以训练后，派任职务。其奈生活高贵，邮局之待遇不足以诱致投考者之踊跃参加，故数十次之招考方得员工11600余人（沦陷各区则减少700余人）。截至现时止，全国各区统计共有员工38906人，较之战前增加10898人，以之应付目前业务，仍有捉襟见肘之象。

　　（四）邮政资费之增加

　　最近两年物价飞涨，邮政开支增加甚巨，其中尤以运输成本加得最多，有多至数十倍及数百倍者，例如重庆寄上海信件，战前交长江轮船带运，每公斤邮局交付运费国币7分，嗣经由缅甸及新加坡邮政转递，按照国际公约之规定，须以外汇（金佛郎）向该两邮政交付转运费，每公斤所需运输成本（所谓运输成本者，仅指邮局付出之费用而言，办事员工之薪水及管理费用，尚未计入），计达国币43.18元之多。详细数目如下：1. 重庆经由昆明至缅境腊戍，用邮局自备汽车运输，计6.4元；2. 腊戍至仰光须付缅甸邮政陆路转运费60金佛郎，按1金佛郎折合国币6元计算，计国币3.6元；3. 仰光至新加坡须付海路转运经费计2金佛郎33生丁姆，合国币30.98元；4. 新加坡至上海，须向新加坡邮政交付海路转运费，计3金佛郎20生丁姆，合国币19.2元。以上共出国币43.18元，与战前每公斤国币7分比较，计增加600余倍。即后方各地互寄之邮件，其运费之增加率，平均亦在10倍以上。缘抗战以前，依照交通部公布之「长途汽车代运邮件规则」规定，对于重类邮件如书籍印刷物等，由长途汽车运递，每公斤每经100公里付酬金1分，轻件如信函明信片等免费。抗战以来，各地公商汽车，因成本加重，客货拥挤，多不带运邮件或增高酬金。兹再举例如下：重庆寄贵阳重件，距离488公里，战前交长途汽车带运其酬金约1角余，现改驮运，每公斤运费1.55元，约增14倍。成都至宝鸡，距离825公里，战前汽车带运约0.18元，现由驮运计1.7元，如由汽车运递需1.82元，约增9倍以上。是就邮局付出之运费而言，至若器材物料，亦均增加。例如吨半道奇汽车，战前每辆售价合国币3500元，现售美金1800元，折合国币约4万元，增加10倍。汽油每加仑战前1.2元，现合30余元（系各地平均售价），约增30倍。此外各项邮用物品，一切设备以及员工薪津，无不因物价剧涨，开支浩繁，在在需费甚巨。而邮政资费，尚系民国二十一年所订（印刷物资费，自民国元年以后，并未修改），在二十九年九月以前，每封重不逾20公分之信函收费5分，平均每公斤约可收费3.4元，二十九年九月以后每封增为8分，每公斤约计5.4元，重件印刷物等二十九年九月以前，每公斤7分半，二十九年九月以后，增为1.2元，至三十年十一月又一次增加，惟与以上付出之运费，仍不能比较，所以最近数年中邮局亏累甚巨，截至现时止，将近1万万元。此外尚欠联邮各国之运费金佛郎400余万，折合国币2400余万元（战前仅合国币400万元），不得不酌加邮费，俾减轻亏损，现已呈请政府核办之中。

　　（五）员工生活之救济

　　近数年来，各地物价逐步上涨，生活必需物品有涨至10余倍或20余倍不等，邮政员工以力夫、邮差、信差、邮务佐、乙等邮务员为多，其入局之起首薪水，每月原仅20元至40元不等，甲等邮务员（即高等考试及格人员等于荐任职）为少，其起首薪水亦仅100元，是项月薪，因物价高涨非仅不足以赡养眷属，即维持本身生活，亦有不敷之感，以致已入局

人員，有棄職而去，別謀生計，或改營商業者。郵局招考人員，則報名人數不多，亦有不願投考者，因而不能錄取足額。即錄取者，程度亦較前為低，郵政業務，大受影響。為使員工安心服務及業務不致停滯起見，對於員工生活自須設法救濟，惟郵政局所，普遍全國各地，物價不同，生活情形各異，故救濟辦法亦以各地米價物價為標準，而採作食米平糶生活補助費兩辦法。食米平糶辦法原係按照市上米價核發米貼，為數頗大，自二十九年十一月份起，改照行政院所頒「非常時期改善公務員生活辦法」加以調整。試以重慶郵局為例，如郵差有配偶及子或女一人，除得購平價米 6 市斗外，每月所得薪津及生活補助費共為 106.5 元，尚須除去平價米基價 36 元（每一市斗 6 元）實得 75.5 元，甲等郵務員有家屬 5 人者，每月實得薪津 168 元，是項實得薪津尚須扣除所得稅等等，核之現時生活情形，仍甚困苦。

茲將抗戰前後郵政情況統計如下（統計數字算至三十一年三月止）：

戰前郵政局所共 72690 處，現有 71152 處，計減 1538 處，因抗戰以來，雖經增設 15800 處，而各淪陷區停辦者，計 9835 處之多，故全國合計較戰前之數字仍見減少。郵差郵路，戰前共長 584816 公里，現時為 587354 公里，計增 2538 公里。

2. 戰前和戰時的電信建設概況①（1943 年）

① 節選自陶鳳山著：《電信建設之方針》。

一、電報電話線路——在有線電報電話上，線路為通訊之惟一重要工具，須求其路長，而兼能普及於全國各處。在民國二十六年七七事變以前，統計全國各處，共有電報線路 95000 餘公里，長途電話線路 53000 餘公里。抗戰以來，形勢變遷，一部分已經淪陷及被毀，一部分因環境上已不需要而拆除，原有線路之減少頗多，計電報線達 45000 公里，電話線達 23000 餘公里。同時為開發大後方並適應環境上需要起見，不斷努力增設，截至現在，電報線方面新建設者計 45000 餘公里，電話線方面新建設者計達 25000 餘公里。是以戰前與現在比較，電報線仍能維持原有公里之長度，並未減少。電話線則已增加 2000 餘公里，現正在趕設之報話線不久即可完成者，亦有數千公里。

二、所裝機器數量——電報上所用之機器，分為有線電機與無線電機兩大類。有線電機在抗戰以前全國大小各局裝用者，計韋士登與克利特等自動快機共 118 部，莫爾斯等人工機共 1598 部，截至現在，大小各局裝用之自動快機已達 140 餘部，人工機則為 1200 餘部，人工機數量，雖較減少，但自動機數量，則較戰前增加頗多，是以有線電通訊效率上，非但並無減低，並得提高頗多。無線電報與電話上，在戰前共有 10 千瓦至 20 千瓦之大電力機 2 部，1 千瓦至 4 千瓦之電力機 15 部，50 瓦至 750 瓦之電力機 131 部，5 瓦至 40 瓦之電力機 23 部，大小合計為 171 部。五年來隨著事實上之需要，努力擴增，現在已有 10 千瓦至 20 千瓦之大電力機 3 部，1 千瓦至 4 千瓦之電力機 25 部，50 瓦至 750 瓦之電力機 142 部，5 瓦至 40 瓦之小電力機 78 部，大小合計為 248 部，較之戰前，已增加 45% 以上。在機器之質與量兩方上，俱有增加，在通訊效率上，當亦同樣增高。載波電話機，戰前僅有單路者 4 副，現在則有單路者 18 副，三路者 4 副，此外尚有三路者 2 副及單路者 15 副，正在籌備裝設之中。此項機器，較戰前約增 8 倍以上，是為各項機器中增加數量最高者。

三、局台站數量——在抗戰以前，全至現在，已達 1100 多處，已趕上抗戰以前原有之數量。國際無線方面，上海國際無線電臺，上海淪陷後於民國二十七年一月起被迫停止，但成都國際無線電臺即起而接替，擔負其國際通訊任務，不久復在昆明設立國際無線電支

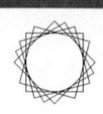

台。現更在南鄭籌設國際通訊上之大電臺 1 處，以備不時之需用。至市內電話之繁榮與否，全依當地商業繁榮程度為標準。戰前市內電話局所，原有 30 餘處，乃自北平、天津、南京、上海、武漢、青島、煙台、吳縣……等處相繼淪陷後，商業繁盛地區，遽形減少，在大後方需要設立之處所不多，現在僅有 12 處，尚有數處，則正在建設之中。是以市內電話一項，在數量上低落甚多，一時亦不易恢復，且在環境上盱衡緩急，一時尚無恢復原有數量之必要，惟長途電話服務站，戰前僅有 11 處，現在已達 40 餘處，較抗戰前約增 3 倍餘之多。

　　四、業務概況——在戰前五十餘年業務狀況，隨著歷史之進展，逐年遞增。在民國二十五年間統計國內電報共約 530 餘萬次，約計 2 萬萬字，其中官軍電報約占 63%，商電約 37%。抗戰以後，因軍事緊急，商業停頓，是以官軍電報增多，同時商電低落，在二十六年至二十八年之間，均係此種現象，其中最高之比例，官軍電報約占達 77%，商電僅占 23%。嗣經呈請設法整頓限制，此項趨勢，始見停止，漸復正常比例，在民國三十年內統計各種電報總數，約為 700 萬次，計達 3 萬萬字，其中官軍電報約占 66%，商電約占 34%，在總字數上比較戰前統計，已增加 1 萬萬字，即增加率為 50%。故在有線電報業務上，非但未受戰事影響而減少，反能進展至多。國際電報方面，在民國二十五年間全國各處與國外往來之無線電報，約計 970 萬字，抗戰以後年有激增，去年間之統計，約及 1900 萬字，較之抗戰以前，已增加一倍以上。長途電話方面，在民國二十六年間之統計，約及 250 萬次，此後亦年有增加，去年間之統計，約及 340 萬次，增加之比例率亦頗巨。惟市內電話一項，因現有繁盛之都市商埠，甚少業務上不免大見低落。

　　五、職工人數——在抗戰以前，全國電信各機關從業員工，共計 17500 餘人，年來隨著工作上之需要，逐漸遞增，至去年底統計，則為 29600 餘人，不但員工人數增加，一般技術水準，提高尤多。

　　六、報話費比較——在抗戰以前，電報納費，華文每字本省 7 分，出省 1 角，密語及洋文加倍計費，在當時各項物質上比較，已屬最低廉者，抗戰以後，因各項物價增加過多，成本指數過高，乃亦略予增加，至本年三月份起，始增為華文每字本省內 4 角，出省 6 角，密語及洋文加倍計算，電話納費之增加，與電報納費之比數相似。按之市上物價，即使以藥品 5 金等價格特殊高貴者不計外，其他大眾日常需用之糧食衣料物品等項，其增加指數，平均俱已超出 450 倍以上，故電報電話價格，仍為各項物價中之最特殊低廉者。

　　以上各點，為過去電信建設上之各項簡略情形，檢討已往，亦可以看出抗戰以來電信建設上之趨勢，以及有無線電報電話在國防軍事政治民眾通訊上之效能貢獻，有以察出今後如何分配建設之途徑也。

3. 1944 年郵電工作概況[①]（1945 年 1 月 29 日）

　　一、建設方面

　　上年度我國陸上的封鎖尚未打開，物資的缺乏和運輸的困難愈趨愈厲，同時因為物價波動的關係，一切經費的預算，都與實際需要相去甚遠。不過我們一查郵政方面如添設局所、增闢郵路、加強軍郵等建設性工作，以及電政方面，如增設修整長途電話及有線電報線路機

[①] 節選自趙曾珏在交通部國父紀念周報告《三十三年度郵電工作概況》，原載 1945 年出版的《交通建設》。

件，增設無線電臺，及擴充市內電話等各項工程，統能達到年度計畫或調整計畫規定的進度。略舉數字來講：上年度添設郵局、郵政代辦所、信櫃、郵站、郵票代售處等共計2500餘處，超過預定計劃100餘處。增闢郵差郵路22000餘公里，超過預定計劃11000餘公里，軍郵方面除增設軍郵局28局，軍郵派出所36所，軍郵聯絡站3站，軍郵收集所1所外，凡我印緬遠征軍所至之處無不有軍郵局之設，而自蔣主席號召全國智識青年從軍後，所有各知識青年志願軍訓練營中，亦經一律配設軍郵局。電信線路及機件工程方面，上年度共增設長途電話計畫線1700餘公里，軍方交辦長途電話線1100餘公里。修整舊電話線8600餘公里，裝置完成載波電話電路28路，增設電報計畫線660公里，軍方交辦電報線600餘公里，修整舊電報線1600餘公里，裝置完成快機電報電路11路，載波電報電路2路。此外又添裝完成無線電臺29座，其中有4千瓦電力者1座，3千瓦電力者2座，1.5千瓦電力者5座，所以該29座電臺之電力合計有19360瓦。又對於市內電話機件亦在萬分缺乏困難中擴充重慶局自動式300號，磁石式300號，及萬縣局磁石式100號，共計700號。以上數位均能達到調整計畫之目標，本來已是不易，但在電信建設方面，還有幾件大事，值得特別提出報告。一件是上年一月本部奉軍委會命令，辦理成都及附近各縣飛機場電信網工程，限三月底完成，當經撥料派員，盡力趕辦全部線路共長462公里，竟於三月二十九日完成，交與美軍使用。還有一件是上年三月間奉委員長手令，限九月底以前將蘭州迪化間的有線電報電路修通，也經本部努力趕辦，分段同時興工，全線2989公里，得於九月十八日修竣，隨即開放蘭州迪化間快機電路直達通報。此外如美國軍部請設昆明區飛機場通信網521公里之如期完成，以及滇西國軍出擊時，保山至騰衝龍陵等地之報話線路，隨軍搶修，迅速恢復，這一類工作還有多起，而截至目前正在進行中的，則有沿中印公路昆明畹町及騰衝間趕架長途電話線，以及在重慶裝設7.5千瓦無線電臺，以便與美國開放直達無線電話等工程，其意義之重大，自都無須細說。

二、改進方面

在郵電業務改進方面，上年所做的事情也是不少，現在只能撿幾件最有意義的說一說。一曰促進郵電合作。自上年訂定郵局電司兼辦電信及郵務辦法後，現在郵局實行兼辦報話者已有37局，電局兼辦郵務者已有8局。二曰擬訂郵電技術標準及復員復興計畫草案。綜計上年內經郵電技術標準設計委員會擬訂之草案，有郵務技術標準10種，郵政服務標準6種，電信技術標準12種，電信服務標準7種，郵電復員計畫綱要，及戰後五年郵政及電信建設計畫草案各1種。三曰恢復中蘇及中印間國際郵政包裹。查自海路阻塞，國際往來之郵政包裹即已無從郵寄，惟上年八月間經商得蘇聯及印度郵政當局同意，恢復新疆通蘇聯及新疆通印度互寄之包裹業務，其新印一線，並可經由印度轉遞英美等國包裹。四曰推廣郵政儲匯及簡易壽險。綜計上年內全國郵局及儲金匯業局增收郵政儲金及各種儲券21億2千餘萬元，超過年度計畫預定目標14億餘萬元，承匯國內匯款224億餘元，超過預定計劃189億餘元，增訂簡易人壽保險契約117000餘件，超過預定目標1萬餘件，除簡易壽險外，其他兩項成績分別為三十二年之2倍或3倍。五曰磋商修訂中美馬凱無線電報務合同。查該合同將於三十四年六月滿期，本部因認為其內容條款有修改之必要，故經依照合同規定，於三十三年六月先期一年通知馬凱公司，謂該合同期限屆滿之日應即廢止，並請指派代表來部磋商修訂新合同，業經該公司指定代表來部商洽二次，尚待續商中。六曰決定不再續發外國電報公司

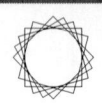

水線登陸執照,查大東大北太平洋三外國電報公司前領之水線登陸執照,於三三年年度期滿,各該公司曾按照規定事先來部申請續發執照。當經本部詳細研究,並商徵交部同意後,決定分別答覆,不再續發水線登陸執照。惟仍原俟情勢好轉時洽商平等互惠之合作辦法,本案並已呈准行政院備案。七日成立各區電信管理局。本部為健全電信管理機構起見,經公佈各區電信管理局組織規程,將全國電信區劃為五區,分別成立第一二三四五區電信管理局,所有以前之各省電信管理局及長途電話工務處,一律裁撤並於新管理局內。

三、維持方面

最後我們要談一談郵電事業苦撐維護的情形。依據國民政府主計處統計局所編躉售物價指數表,以民國二十六年上半年之物價為 100,到三十三年一月份之物價為 21000,即較戰前提高 210 倍,迨至三十三年八月,物價指數更高漲至 49000,即之 490 倍。但是郵政及電報資費,在三十三年內均僅於三月一日起調整一次。計普通郵資自每封 1 元增至 2 元,尋常電報價目自每字 2 元增至 4 元,統統都是戰前原價之 40 倍。諸位試想現時的物價及各種公用事業的收費,那裡還有只等於戰前 40 倍的東西。因此郵電事業的收費,本已低於成本。更加自上年四五月間豫湘戰事發生以後,郵政包裹及電信商電業務首先遭受重大打擊,營業收入銳減,同時因戰區郵電局所撤退,搶運器材,疏散員工,以及移轉報話中心等均需鉅款,支出劇增,經費方面委屬無法維持。不得已迭經本部迫切呈請行政院准由國庫補助,結果郵政方面於上年九月間奉准撥發緊急補助費計 5160 萬元。電信方面於上年五月及十一月兩次奉准撥發補助商電損失及員工待命薪津共計 2 億 6400 萬元。但查三十三年度郵政營業收支情形共計虧損 7 億 8300 萬元。上述 5160 萬元之補助,自屬相差甚遠,而且預計三十四年度一二三月份之郵政營業收入,平均每月為 1 億 3200 萬元,支出則需 3 億 2400 萬元,每月不敷 1 億 9200 萬元,自惟有仍請行政院准由國庫貼補,或准調整資費俾資自給。至於電信經費,綜計三十三年內除本國庫補助外,仍屬不敷 2 億 9200 餘萬元,自三十四年度起,預計每月不敷約 2 億 2700 萬元亦一併呈請行政院補助,或准提高電報電話價目,以資維持。

4. 陪都郵政[①](1945 年 12 月)

第一節 郵政之組織及業務

我國郵政,創辦於民國紀元前十五年,當時係由海關兼辦,隸屬於總理各國事務衙門。總理各國事務衙門改外務部後,又改隸外務部。光緒三十二年,成立郵傳部,設郵政司,綜理一切郵務事宜,而與海關劃分。民國成立,郵傳部改為交通部,仍設郵政司。其間幾經更迭,迄民國十六年,國民政府於交通部內設郵政司,部外設郵政總局。北平克復後,將前北京郵政總局移上海,隨復移南京,合併為一,而將內部郵政司取消,此制沿襲至今。總局之下,將全國劃為若干郵區,每區設管理局一處,一等二等三等郵局及其他郵政機構若干處。戰前全國共有 24 郵區,現郵區隨戰事而時有變更,其數目殊非固定。郵政業務外,另設儲金匯業局 1 處。郵匯之創辦,發軔於民國八年,十九年始正式成局掌管全國儲金匯兌業務。

組織業務

---

① 原載《陪都工商年鑑》第 7 章《郵政》。

一、郵政總局，郵政總局設於首都，直隸於交通部，辦理全國一切郵政事務。內分秘書室、總務處考績處、會計處、聯郵處、供應處、視察室等8部分，分別主管事務。

二、郵政儲金匯業局，郵政儲金匯業局直屬於郵政總局，管理全國儲金匯兌業務，內分總務、營業、會計、儲金、匯兌、保險6處，並在各重要地區設立分局三、郵政管理局，參酌行政區域及交通情形，將全國劃分為東川、西川、陝西、甘肅、新疆、貴州、雲南、廣西、廣東、江西、湖北、湖南、福建、浙江、江蘇、上海、安徽、河南、河北、北平、山東、山西22郵區。

四、郵政業務分專營兼營代理3種：（一）專營業務如信函、明信片、掛號、快遞、平快郵件之寄遞；（二）兼營業務如辦理儲金匯兌，簡易人壽保險，及寄遞包裹新聞紙書籍印刷物等等；（三）代理業務如代理公庫，代售印花稅票，代辦郵轉電報，代購書籍刊物等等。全國各局（辦整區在內）每年平均收寄信函約6萬萬件，每人每年寄信約占1.37封。

重慶市之郵局，隸屬東川郵務管理局，戰時業務之繁忙，為全國之冠，至寄遞郵件種類，及收費加價等，則全國一律，由政府公佈施行。

第二節 陪都郵政各局所

重慶郵務由東川郵務管理局總管下，設有支局16處，另有鄉村代辦處，及郵箱郵筒，以為補助，茲將各局所地址列下：

局名	地址	電話
東川郵務管理局	太平門	4901
一支局	陝西路	4903
二支局	民權路	2903
三支局	民生路	2080
四支局	林森路	3909
五支局	上清寺	2968
六支局	段牌坊	2207
七支局	中正路	
八支局	龍門浩上新街（南岸）	
九支局	菜園壩	
十支局	彈子石	
十一支局	海棠溪	
十二支局	觀音岩	
十三支局	江北正街	
十四支局	大溪溝	
十五支局	玄壇廟	
十六支局	陳家館（江北）	

此外如沙坪壩、小龍坎、山洞、黃角椏、磁器口、化龍橋、南溫泉、歌樂山等處均有郵局。

第三節 各類郵件

非常時期郵件之資費價左列之規定

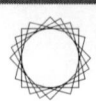

資費種類	計算標準	就地投送	各局互寄
信函類	每重20公分或其畸零之數	1元	2元
明信片	單	6角	1元
	雙	1元2角	2元
新聞第一類（平常）	每束一張或數張	每重100公分2角	每重50公分2角
新聞第二類（立卷）	每束一張或數張每次交寄總重按六折收費	每重100公分2角	每重50公分2角
新聞第三類（總包）	每份每重100公分或其畸零之數		4分
客籍印刷物貿易契等類	每重100公分或其畸零之數	4角	6角
所用印有點痕或凸出字樣交件	每重1公斤或其畸零之數	6角	1元
商務傳單	每50張或50張以內	2角	2元加印刷費
貨樣	每重100公分或其畸零之數	6角	1元4角
掛號函件	每件除普通餐費外另加	3元	3元
資費種類	計算標準	就地投送	各局互寄
快遞掛號函件	每件除普通資費外另加	4元	4元
平快函件	每件除普通資費外另加	2元	2元

三、東川郵政

1. 西密司為上報東川郵路概況致郵政總局公函[①]（1937年11月15日）

　　接奉鈞局二十六年十一月九日漢字第四號半公通函祗悉。查本區所有已成未成新舊各公路，除川黔川湘兩全線及川鄂線之渠縣至萬縣一段之里程，業經測量準確迄無變更外；其餘不過僅有路基，尚未修築完竣，其里程亦未經測量。茲僅備具本區已成未成各公路路線圖及業經測量明確之里程表各一紙，隨函附上，敬祈督收。再本函及附件抄張均已另寄漢口考績處李處長備用，各並陳明。

　　此上
　　郵政總局局長郭
　　附二件

西密司

[①] 西密司為當時在東川郵政機構工作的外籍工作人員名字的譯音。本件寫作月份因原檔案字跡不清故無法註明。

東川郵區公路里程表

	站名	公里	餘詳
川黔路	木鎮至隆昌	29.925	運郵
	隆昌至安富鎮	22.711	
	安富鎮至榮昌	13.039	
	榮昌至永川	38.580	
	永川至來鳳驛	37.844	
	來鳳驛至璧山	19.240	
	璧山至重慶	68.936	
	重慶至綦江	84.000	
	綦江至東溪場	50.000	
	東溪場至松坎	62.000	
	共計	426.275	
川湘路	重慶至綦江	84.00	運郵
	綦江至南平鎮	71.90	
	南平鎮至南川	16.20	
	南川至彭水	222.40	路壞不能行車，日內即將通車
	彭水至郁山鎮	55.00	
	郁山鎮至黔江	75.24	
	黔江至酉陽	111.03	運郵
	酉陽至龍潭	58.84	
	龍潭至秀山	46.82	
	秀山至茶洞	49.54	
	共計	790.97	
川鄂路	渠縣至大竹	51.33	未通車
	大竹至梁山	80.75	
	梁山至分水場	55.00	運郵
	分水場至萬縣	34.00	
	共計	221.08	

2. 東川郵政管理局 1940 年工作概況（1941 年）

　　東川郵區地處邊陲，在抗戰以前，郵務並不十分發達，較之沿海及其他交通利便之區，殊瞠乎其後。自國府西遷，機關學校工廠以及一般民眾紛紛入川，向之窮鄉僻壤皆驟臻繁榮，同時西南國際路線亦次第開闢，昔日邊區蔚成後方重心，郵務之發達，遂有一日千里之勢。本局爰在郵政設施方面不斷改進擴充，以應時勢之需要。時至今日，本區業務之盛，局所之多，郵路之密，已凌焉多數郵區而上。在二十九年度之始，本局曾懸添設局所，改進郵運，擴展業務，充實人手諸端為預定目標。經全體從業人員之努力，幸得排解困難，達成預期目的。茲將辦理情形分述如次：

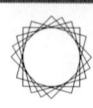

一、局所之添設

郵政局所之添設完全以適應地方需要為主旨。抗戰以還，本區各地，或因戶口增加，或因機關學校工廠之遷設，向之荒村僻隅，頓成鬧市要區，地方之發達，與其對郵政之需求適成正比。經本局悉心考察，斟酌地方需要，隨時添設局所，或就原有局所加以擴充。計二十六年抗戰之初，本區僅有郵局87局，代辦所560所，截至二十八年終，已陸續增至147局，738所。二十九年度中，經派視察員調查各地實況，就其需要繼續添設局所，全年計共添設19局，157所。對於舊有之郵局，復經按其需要，增添人手，改升等級，以資擴充。此外，並曾添設村鎮信櫃133，代售郵票處5。在此儘量擴充局所之際。如局屋之覓致，代辦人之選擇，頗費周章，固無待言。而郵局工作人員之缺乏，尤為最大困難。幸皆已設法解決，未致影響預定計劃進行。復次，因敵機常來肆擾，本局為預防各局因被炸而致檔案損失或公務停頓計，經令飭各局預備辦公房屋，以為儲存檔案及被炸後遷往辦公之用。故敵機雖到處為虐，毀壞局房多處，當地郵務仍能照常進行。

二、郵運之改進

抗戰期間，因人力及運輸工具與燃料之缺乏，運輸問題，最難解決。本局在二十九年度之初即預定不顧任何可困難，改進郵運，藉對一般運輸問題亦有所貢獻。隨局所之添設即陸續開闢步差郵路，以前偏僻之區不通郵路者，皆已儘量羅入郵路網內，復就舊有郵路加以改進，如間日班或三四日班之改為逐日班，逐日班之改為晝夜兼程班，單班之改為雙班皆是。二十九年度中凡增闢乾路8條，支路4條，輔助郵路13條，並改進乾路46條，支路16條。以里程言，乾路增加5668公里，支路及輔助郵路則分別增加772及477公里。渝昆渝蓉公路為溝通西南與西北之主要路線，郵局自辦運郵汽車行駛此線已歷數年，班期準確迅速，頗著成績。惟依據經驗，汽車如仿照驛運辦法，分段行駛，更能准班，並易管理。故自二十九年五月起渝蓉段信班郵車亦仿渝昆線辦法分段行駛，中途設管理站，嚴密監督，得以提高效率不少。渝蓉線重慶至木鎮一段，更自二十九年十月十日起開辦夜班郵，與蓉段晝班車銜接。自是以來，渝蓉間郵件一晝夜即可運到，較前約加速1倍。重慶至璧山與重慶至北碚間為遷建區域，重要機關甚多，為便利公文傳遞起見，本局特在渝璧間開專車1輛，渝碚間郵件則以快差在青木關地方與專車銜接。沿途郵件每日有渝蓉車及渝璧車帶遞，當日即可到達。對於渝蓉間重班郵件，本局則已置備板車數十輛協助運輸。對重慶市各碼頭間郵件之駁運，除原有汽船1只外，又添置小汽艇1只，對市內各支局與管理局間郵件之交換，以及航空郵件之接運，則特置專車行駛。凡此種種。皆郵局在運輸困難情形之下，自行置備運輸工具，以資改進郵運之實例。惟郵件之運遞無遠弗屆，以郵局之力何能遍置運輸工具，勢須儘量利用其他一切可資利用之方法。例如川江短程航線年內頗多添辟，本局與各輪船公司訂有帶運郵件合同，他如木船板車騾馬等項亦皆因地制宜加以利用。惟以輪船言，一般客貨既屬擁擠，輪只亦屬有限，致搭載郵件常有困難。例如自宜昌撤守以後，本區與鄂西之連絡，在軍事意義上至為重要。除已將萬縣至恩施之步差郵運加強外，渝萬一段則以交輪為速。但渝萬間輪船不多，不免耽延。又如渝合間汽船亦不敷需要，民生公司常限制載郵，妨礙郵運頗大。至於各公路上之客貨汽車更少接載郵件，設非郵局有自備汽車足資救濟，則郵運之耽延殆難設想。就中有本局必須加以利用者，如川湘一線，惜該線路局車輛缺乏，班

期未能十分一定，倘能確定班期，並增加帶運郵件數量，則本區東南及鄂西湘西往來郵件，當可加速不少。

三、業務之擴展

鑒於節約儲蓄之重要，二十九年度節以擴展節儲業務為重要目標之一，預計於此年度內將儲金業務推行於每一郵局，以各局人手不敷及經辦人手保證不足等關係至十月份始克實現。其推銷節約建國儲蓄券之成績頗有可觀。因局所之加多，匯兌業務亦隨之深入普遍。又因多數郵局提高等級，匯兌限額提高，此項業務頗有進展。至於一般業務因地方之繁榮，局所之增添，郵運之改進，幾莫不有長足之進展，計本區收寄之普通郵件，掛號郵件，快遞郵件較之二十八年度分別增加70%，66%，75%。惟包裹一項因道路梗阻，運輸困難，以及其他戰時之特殊原因，較之往年頗形減色。

四、人手之補充

在本區郵務積極擴展中，有一最大之困難，即人手之缺乏是也。舉如郵局之開辦，郵件之激增，儲匯之推進，在在均須增加多數熟練人員，方能應付。本區在二十六年僅有職員273名，工役761名。嗣經陸續招補增加，至二十八年底，全區已有職員712名，工役1243名。然仍感不敷。故二十九年內又擬定添招計畫，呈奉核准舉行初級郵務員、郵務佐、信差各級考試。至二十九年底，全區職員增至974名，工役增至1727名。惟近年各種事業皆感需人，而人才異常缺乏，本局每次招考皆難足額。投考人員程度亦有江河日下之勢。而女性職員，除少數例外，因體力關係，其工作成績亦經證明較男性為低。且此項新招之男女人員，對於工作隔膜殊多，初尚難裨實用。尤以本區人員，經迭次招補，在比例上生手占絕大多數，工作效率因之頗受嚴重影響。本局本擬有先施訓練再予錄用之計畫，惟每次招錄人員，以之應付正式工作尚感不敷，實不遑從容訓練。故此項訓練計畫，直至三十年度方克付諸實施。

本區二十九年度工作實施概況略如上述。其因熟練人手缺乏而影響原定計劃之迅速有效實施者，殊不在少。此外，如敵機之時時肆擾，對於人員工作妨礙實多，禦因電燈一時不能復明，工作亦橫受阻礙。但本局仍督促員工延長辦公時間，儘量將郵件趕封趕發，以求減免耽擱。再則當此軍事時期，郵路常遭意外之阻斷，致大批郵件囤積中途，不得不臨時另覓路線繞道運輸，匪特多靡運費，抑且不免重大之耽延，而尤以笨重郵件為然。至於郵政公用物品之供應亦感困難。各區應用公物，類如單冊文具以及郵袋制服等項，數量甚巨，向恃上海供應處統籌供應。軍興以來，前後方道途梗阻，欲由上海將公物送交後方，困難重重，常有緩不濟急之現象。迫不得已，則惟有視情形所需，就地製備，以資接濟，並多採土產以資代用。惟其價值既不低廉，且因質料太劣，對工作效率，郵件安全，以及觀瞻各方面皆足發生影響（例如單冊紙質脆弱易壞，鉛筆易斷，則妨礙工作；如包封紙易爛，郵袋易破，則郵件易於受損；如信差制服易於脫色，則雖新若舊，有礙觀瞻）。本局對此雖曾未雨綢繆。預計數年之需早為請領，以資儲備，卒因運輸困難，多數公件無從發運。其陸續運到者，殊不如預計之多，此亦一棘手之問題也。近年敵機時常襲渝，本管理局局房已屢瀕危險，迭遭局部損壞，局房前面江邊停泊之郵政鐵質躉船且於二十九年十月中彈沉毀。本局預防局屋萬一不幸被毀時，不致無地辦公起見，曾奉准在南岸麼塘地方公路之旁建修簡單臨時局房，

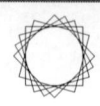

以備不得已時疏散辦公之用，藉維郵務進行於不墜。計於二十九年八月半間動工，三十年一月間完成。

東川郵政管理局之組織（二十九年）

東川郵政管理局設局長1人，承郵政總局局長之命，管理全區郵政事務，又設局長幫辦一人協助局長管理全區事務。局長及局長幫辦由郵政總局局長分別就相當資歷之郵務長及副郵務長中遴選，呈請交通部派充之。

本局置下列各股，股以下分組辦事，每股設股長1人綜理全股事務，並於每股設主任股員1人協助之。每組設組長1人，組務特繁者並設監理員1人或2人助理之。

（一）本地業務股。
（二）內地業務股。
（三）總務股。
（四）會計股。
（五）運輸股。

郵政人事制度

郵政人事制度實為一種文官制度，舉凡人員之進退、班次晉級、增薪、獎懲、假期、以逮養老、撫恤，莫不訂有詳密之規章，按章處理蔚有法治之精神。茲試就班次及考試、薪級、成績等第、獎懲。各項約略述之：

（一）班次及考試

1.郵務長		資深副郵務長，才具優異，辦事忠實者，得選任為郵務長。各級副郵務長，才具優異，辦事忠實者，得酌量選拔派署郵務長。
2.副郵務長		一等一級甲等郵務員，才具優異，辦事忠實者，得選任為副郵務長。
3.甲等郵務員		經高級郵務員考試及格，或乙等郵務員經乙等郵務員甄拔試驗及格者，得任為甲等郵務員。
4.乙等郵務員		經初級郵務員考試及格，或郵務佐經郵務佐甄拔試驗及格者，得任為乙等郵務員。
5.郵務佐		經郵務佐考試及格，或信差經信差甄拔試驗及格者，得任為郵務佐。
6.信差		須經信差考試及格。
7.郵差及其他差役		須經甄別檢驗及格。
8.技術人工		須經專門技術考驗及格。

（二）薪級

郵務人員係按級敘薪，每晉一級即增薪一次，晉級增薪之遲速，則依其成績等第而定，自十五個月晉升一次，以至二十四個月晉升一次不等（技術人工在某種階段有三年增薪一次者）。

  1. 郵務長　　　　　　共三級，薪水 700 元超 800 元止。

  2. 副郵務長　　　　　共三級，薪水 550 元起 650 元止。

  3. 甲等郵務員　　　　分三等共十五級（一等、二等各分六級。三等分三級），薪水 100 元起 500 元止。

  4. 乙等郵務員　　　　分三等共十五級（一等、二等各分六級。三等分三級），薪水 40 元起 270 元止。

  5. 郵務佐　　　　　　試用以上再分四等，連試用共 15 級（一等、二等各分三級。三等、四等各分四級）。薪水 30 元起 138 元止。

  6. 信差　　　　　　　試用以上分十六級。薪水 20.5 元起 82.5 元止。

  7. 郵差及其他差役　　分九級，薪水 17.5 元起 30.5 元止。

  8. 技術人工　　　　　〈略〉

（三）成績等第

  郵務員佐之成績等第，應由主管人員經過審慎考慮報由管理局局長考核，每年分四季（即三六九十二月）呈報郵政總局核定備案，並應由主管人隨時考察辦事成績之進退，倘應將等第予以升降，仍經上述程式辦理。成績等第分三等如下：

  一等　　　服務成績特別優異（每次晉級較二等速三個月）。

  二等　　　服務成績優異（每次晉級較三等速三個月）。

  三等　　　服務成績中常。

（四）獎懲

  郵政人員之功過考核素極審慎，凡甲等郵務員及一等各級乙等郵務員之功過，均須由管理局局長呈報郵政總局核定，至於以次人員之功過，則由管理局局長核定之。

  1. 功績

   一等功績　　提前九個月或一年加薪（視功績之大小定為九月或一年）。

   二等功績　　提前六個月加薪。

   三等功績　　提前三個月加薪。

   小功（限於差役）限年內彙集有三次時，記三等功績一次。

   傳令嘉獎

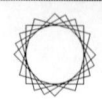

2. 過失

 一等過失 延緩九個月或一年加薪。

 二等過失 延緩六個月加薪。

 三等過失 延緩三個月加薪。

 小過（限於差役）兩年內積有三次時，記三等過失一次。

 誥誡   一年內彙集有三次時，記三等過失一次。

 警告   一年內彙集有三次時，誥誡一次。

東川郵區二十九年度之預算及決算

 郵政整個預算、決算，由郵政總局辦理，關於追加預算等，亦由郵政總局按各區情形統籌辦理。茲將本區二十九年度預算（係二十七年底估計）及決算數字列下：

	決算（元）	預算（元）
郵政收入	3241200.00	6803697.00
郵政支出	1907600.00	5245589.37
儲匯收入	357350.00	1566424.90
儲匯支出	79900.00	108335.00

3. 東川郵政管理局概略（1941年12月8日）

 一、沿革

 西曆一九〇〇年重慶海關在渝開始辦理郵政官局，稱為重慶郵界，拓展川黔兩省及滇北各地郵務。一九〇一重慶郵局係官辦外，各縣亦須次第設立郵政代辦所，由是逐年擴展，迨至一九一一年滿清政府郵傳部大臣盛宣懷奏准接管郵政，並設立郵政總局，重慶郵政始脫離海關，劃歸郵傳部郵政總局管轄，獨立經營。一九一四年郵政係統改組，重慶設立副郵界，歸成都郵界管轄，重慶局改稱一等郵局，同年副郵界撤銷，省內各局統歸成都四川管理局直轄。一九二三年四川全省劃為東西兩郵區，東川郵務管理局始於是年四月一日成立，以原重慶一等郵局改為管理局，管理東川郵區全區郵務。一九三一年當局改各區郵務管理局為郵政管理局，以迄於今。

 二、組織

 本局計分6股2室，其下共轄36組，另組織有設計考核委員會及購料委員會，附組織系統表［見附件（一）］。①

 三、人事

---

① 本文所提附件（一）至附件（十五）均略。

（一）本區人事機構，原屬於總務股之人事組，嗣於一九四六年三月一日始成立人事室，專辦全區人事工作。

　　（二）本局郵政人事管理，當依照一九四三年前交通部頒佈之郵政人事管理規則辦理，附規則一冊備閱［見附件（二）］。

　　（三）重慶為西南重鎮，居水陸交通要衝，需用人員甚多，現時本局員工人數為1669名，將來業務擴展，當更需大量人手，方能應付。

　　四、局所與郵運

　　（一）局所：渝市除管理局外，計有支局17所，附設郵局2所，郵亭6處，代辦所9處，郵票代售處62處，及郵筒52具，分佈城區及南北兩岸。

　　（二）郵運：

　　1. 航空郵路

　　本局為航空郵運中心局，過去水陸交通時有梗阻，各地郵件之運遞，大部利用中國、中央兩航空公司及可能利用之飛機帶運，以故此間航空郵運頗繁。

　　2. 汽車郵路

　　本局為西南運輸中心，郵件之經轉極為繁忙，除渝蓉、渝築兩線用局有汽車間日運輸外，並利用公私汽車公司代運渝市近郊各局及遠至遂寧、達縣、瀘縣、恩施等地沿途各局郵件。

　　3. 水上郵路

　　本局除自備有鴻騫汽船及小汽艇一艘及郵船及大小駁船運送港內來往郵件外，並與各輪船公司訂約利用輪船帶運長江上下游及嘉陵江沿江各局經轉各地郵件。

　　4. 步差郵路

　　渝市附近不通公路及輪船之偏僻鄉鎮，本局復組有郵差郵路，計渝至走馬崗、土沱、桶井、公灘、廣陽場、老廠、南龍鄉及溫泉場等八線，逐日行走聯絡。

　　5. 其他

　　渝市市區郵件之投遞計有上午九及十二時，午後三及五時四班，由市區運送信差前往指定地段，並繞市一周接運各支局及郵亭郵件回局，本局為便利公眾前曾利用汽車行動郵局經模範市場，中正路至嘉陵新村止，沿途收寄各類郵件，因業務欠佳，嗣乃於本年六月一日停止行駛。

　　五、財務概況

　　本局本年八、九、十，3個月全區收之損益概況詳情附表［見附件（三）］。

　　六、業務概況

　　（一）包裹：包裹業務向為本區收入主要源泉之一，本局收寄包裹以藥材為大宗，唯因運輸工具缺乏，復因交通梗阻，收進之包裹交運困難，影響於業務之發展者至巨，茲附本年八、九、十、十一月包裹業務統計表［見附件（四）］。

　　（二）印刷及新聞紙：本局本年八至十一月印刷及新聞紙之收寄，經轉及投遞數字詳情附表一份備閱［見附件（五）］。

　　（三）儲金：本區儲金業務近年來均有顯著增加，至本年十月底止，計結存儲戶有37641戶，附八、九、十月份儲金業務表［見附件（六）］。

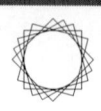

（四）匯兌：本區匯兌業務自一九四五、一九四六年復員以來，開發與匯兌數位漸減，本年六月以後，復因幣制紊亂，影響業務發展至巨，附本年八、九、十，3個月匯兌業務表〔見附件（七）〕。

　　（五）壽險：普通壽險業務前已奉令停辦，嗣開辦一年定期壽險，仍以保額過低幣值變動太巨，無法推動，附本年八、九、十，3個月業務表〔見附件（八）〕。

　　（六）代理業務：本區各局代售印花稅票，代理國庫。代收銀行普存準備金。代發之武職人員恤金，代發退役俸，代兌小鈔廢鈔。代兌法幣等項，均係前政府規定辦理，附代庫局各表〔見附件（九）〕及代理業務概況表〔見附件（十）〕。

　　（七）集郵業務：本區集郵業務，自抗戰時期以來，即已逐漸開展，各月售出數字均有增加，附詳請表〔見附件（十一）〕。

　　（八）視察業務：本局視察室係於一九四六年六月成立，設主任視察員1人，本地視察員3人（內1人兼管信差業務），內地視察員8人，專案視察員2人，並轄本地郵務稽查23名，村鎮郵務稽查9名，並設事務組及公眾服務組，本市各支局及城市代辦所每月由本地視察員2人至少查視一次，內地各級郵局及郵運係由內地視察員分段視察與督導，並規定上下半年度各普查一次，鄉鎮所櫃及鄉村郵運則分別由村鎮郵務稽查辦理。

　　（九）附本局本年八至十一月份收寄、經轉及投遞之各類函件詳情表備閱〔見附件（十二）〕。

　　（十）附本市各支局近三月來業務概況表〔見附件（十三）〕。

　　（十一）附郵務幫辦，財務幫辦移管報告書各一份〔見附件（十四）〕。

　　（十二）本局各股、室、站等部門所造財產、物料、傢俱、檔案等點交清冊，計14冊〔見附件（十五）〕。

　　說明：本報告書所述項係重慶本管理局範圍，其他隸屬本管理局之內地局並不包括在內。

東川郵政管理局局長　李渝生

四、重慶電信

1. 重慶電話局概況[①]（1938年）

　　民國三年，重慶員警，以磁石式小交換機搭電話10餘部，通各城門以維治安，是為重慶電話之發源。至十五年，重慶商埠督辦署成立，接收辦理，遂成立電話局於長安寺後街（距本局現址甚近）。陸續增配，至二十年市政府管轄時代，亦有磁石式小交換機3座，容量100餘門，但因經費無著，修理乏人，故實際上裝用者，僅七八十戶而已。當十九年春，重慶市政府頗銳意各項市政建設，重慶電話亦於是時開始籌備，撥地建房屋，訂購共電式總機及外線材料，於二十年十月，容量3000號實裝700門之共電式電話通話，定名為重慶市電話總所，隸重慶市政府。二十三年，以用戶驟增，不敷分配，又增訂720號機件，

[①] 本書編者判斷此文大體寫於1938年。

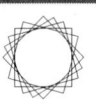

二十四年夏，完成之，預定二十五年即須再行擴充，因經費無著，欠款未清，迄未能如願。二十六年秋，改隸四川省政府。以國府有遷渝之擬議，遂先期派員赴漢粵港滬，訂購濟急材料。旋以戰事緊急，國府遷渝，而訂件，亦先後到達。二十七年七月，奉四川省政府令，移交交通部接辦，改名交通部重慶電話局，財力、物力、人力驟見增加。且本市人口亦因抗戰而大量激增，形見規模日見宏大，業務愈趨發達。此本局歷年之大概情形也。

　　本局局址在重慶城區中心之長安寺，占 170 方又有奇。南岸、江北及上清寺三處照環境之需要，各設分局。計總局裝 3000 號容量，實裝 1420 號之共電式總機 1 部，分 14 台。南岸、江北各裝磁石式 50 門小交換機 1 座。上清寺裝共電式小交換機 2 座，其一 50 門；其二 100 門，共計 150 門。總局用戶約 1380 戶，南岸 40 餘戶，江北 30 餘戶，上清寺凡 130 戶，共 1600 戶許。

　　本局在四川省政府管轄時代，收入約 9000 餘元，而按月需歸還債 3000 元，除維持材料月需數百元而外，每月開支實極有限。因經費之支絀，人力極感不足，交通部接辦之後，令按三等電話局組織，設事務、工務兩課及會計室，下設各股，由部調派技術員工數十名來局整頓，故營業與工事均大見進步。

　　本局之市話話務員之組織，目前當按前話所之辦法，只設班長，由交換股主任直接指揮監督，於招考時，一律招收初中畢業之未婚女生，到局後即一律寄宿局中。故值班時間，每次只一小時至二小時，不致疲勞。每九日輪值夜班一次，次日八至十九時得出外息。每週授課十八小時，分英文、算術、珠算、簿記、用器畫、應用文、服務須知諸課，由高級職員講授之（前話所在每月經費內得開支百元作話員圖書訓練及體育費用，故可擇聘所外教員一二人）。被單服裝，概有規訂，伙食由話員自行經理，藉以訓練家事管理之一部分。

　　本局於交通部接辦之後，人力、物力、財力，既均有增加，又茲首都函應：

　　一、徹底整理線路——前電所為財力所限，內外機件之線路因裝置過久，受天時與火災之影響，抑有欠良好之處，接轉市話，尚可敷，轉接長話後，聲音甚差，應撥發大量材料，擴充之，整理之。

　　二、改善過江線路——南岸、江北之過江線路，原係採用架空飛線，數量既不敷用，每當洪水時期，即有船桅撞斷而無法架設之虞（江水水流過激，洪水時不能工作），應撥發水底電纜以改善之。

　　三、訓練技工——前話所之機工，知識與技能尚略有可取，線工則以組織不同，知識技能均相差頗遠，故其待遇亦甚低微。接辦後，線工之待遇有增，而知識與技能差欠，應同時均加以相當之訓練。

　　四、增加機件——目前每一司機生，平均應付 130 戶，益以附機及小交換機，實際須等於應付 150 戶。本年八月最忙時，一小時中平均每座通話近 500 次，益以半數左右之未通通話，實感應付困難，貽誤頗多。應速增加機座，而疏散之（擴充工程處已著手安裝自動電話 800 號於純陽洞，但目前困難，仍無法減少）。且遷渝機關，有增無已也。

　　五、加緊訓練話員——四川語言之音調，原感生硬，調川服務之話員，又感語言隔閡，兩者均覺未能盡善，應一律授以國語，並使其知任務之重大而引起其服務之興趣，以增加工作之效率。

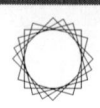

以上種只僅及犖犖大者，他如人事之調整、廠房之亟待修繕，及運動地點之待改進等等，均未詳及焉。

2. 1937年至1942年的重慶電話局[①]（1942年12月）

一、沿革簡述

重慶市內電話，濫觴於民國四年。後經市辦及省辦時期，至二十七年七月始由交通部接收辦理，茲將沿革情形，列表於下：

階段	創始年月	名稱	概要	設備
濫觴	民國四年	重慶警察廳設電話於廳內	磁石式小交換機	以聯絡各城門關卡
公用時期	十五年	重慶電話所	重慶商埠督辦公署接辦旋隨商埠公署改隸特別市政府，一度稱特別市電話局	共有機關二十戶十餘號
地方辦理時期	二十年十月十日	重慶電話總所	十九年市政府設立電話籌備處發行電話公債二十萬元，建局屋於長安寺	七百門總機於二十年十月裝竣第二期增購七百二十門總機，於二十四年五月裝竣
省辦時期	二十六年八月	重慶市電話總所	四川省政府接收辦理歸省建設廳管轄	設備仍舊
交通部辦時期	二十七年七月	交通部重慶電話局	交通部作價接收，設為三等電話局，另設市內電話擴充工程處，二十八年二月升為二等電話局，接收重慶市話擴充工程處，於局內設擴充工程組，於三十一年三月大部完成，三十一年九月升為一等電話局，三十二年一月一日奉令與電報局合併改稱重慶電信局	二十八年四月成立新市區分局，自動總機一千號。三十年增裝八百號於地下室，二十八年九月起接辦重慶遷建區電話，設立分局九處。三十年十月開放城區地下室，自動總機計一千五百號

二、任務與方針

戰時陪都電話局之迫切任務有二：（一）應付空襲，維護非常時期通訊，（二）平衡供求，適應用戶裝機要求。困難亦有二：（一）敵寇窮途，濫施轟炸，機線損毀日多，通訊備遭障礙，（二）器材不敷，原有擴充者，用於搶修救急，外國新購者限於交通困難，運輸不易，以致量入為出，動酌掣肘，未能普遍供應公眾需要。差幸寧漢撤退，首都電話局及武漢電話局曾將二局價值數百萬元之主要機件器材，作有計劃之拆卸，移轉來渝，本局得以裝置。

四年半來本局工作方針為（一）籌謀空襲安全，減少轟炸損失。（二）策動全體員工，維持戰時通訊。（三）積極進行擴充，力謀供求平衡。具體言之，則有空襲時期之搶修，城區及新市區地下機鍵室之完成，地下線路之建設，以及擴充工程之推進，凡此工作，俱在敵機狂肆轟炸下進行，一面建設，一面破壞，艱苦情形，倍逾常恆，所幸現在各項設施，次第完竣，此後工務業務當可更期發展。

三、工程設備

[①] 原文載1942年出版之《交通建設》，作者黃如祖，原標題為《最近四年半來之重慶電話局概況》。

本局接辦本市電話之初，全域機械設備僅城區共電式交換機關 1400 號，南岸及江北磁石式交換機各 50 號。全部線路計有架空電纜心線長 1701.5 對公里，及裸線長 117‧6 對公里，是時適逢軍敵機關紛紛遷渝，需用電話至切，遂感供不應求，經四年半來本局努力擴充，現在工程設備等已完全改觀、茲分述於後：

現在本局所轄分局共 16 所，分設於城區、新市區、南岸、江北及遷建區等處，其中城區及新市區兩局為自動式，餘均為磁石式，各局現有容量共計可裝 4370 號的自動機約占全數 75% 強，各局機械設備情形如下表：

機械設備表

（三十一年十一月）

局別項目	歇馬場	獨石橋	北碚	城區	新市區	南岸	廣黔支路	江北
機械容量	1500	1800	300	20	100	50	50	10
機械程式	西自動	美子機動	磁門自動機磁	門自動機	國司自機	磁石機	磁石機	磁石機

局別項目	相國寺	化龍橋	盤溪	沙坪壩	老鷹岩	歌樂山	賴家橋	青木關	共計
機械容量	100	100	100	20	50	50	20	100	4370
機械程式	磁石機	磁石機	磁石機	磁石機	磁石機	磁石機	磁石機	磁石機	

各局用戶線路及局間中繼線大部分為電纜，其心線長度共計 6207.8 對公里，約占全部線路長度 86.5%，現在電纜心線已有 82.7%，為地下線，此項地下線對於空襲損害可以減至最低限度，於通訊安全極為有利，至遷建區各局線路大都架設於山野間，線路少而長，故多用裸線，約占裸線 47%，茲將各項線路長度列於下表。

線路長度表

（三十一年十一月）　　　　　　　　　　　　　　　　　　　　　　　　單位：對公里

局別 / 項別		城區南岸江北各局	新市區分局	遷建區九局	共計	各項電線百分比
電纜心線	架空	454.08	198.20	372.26	1024.54	16.50
	地下	2033.55	3099.40	1.25	5134.20	82.70
	水底	49.15		49.15	0.80	
	共計	2536.78	3297.60	373.51	6207.89	100.00
架空裸線		310.0	180.65	480.40	971.85	7
總計		2847.58	3478.25	853.91	179.74	

四、擴充工程

本局辦理各項擴充工程設計之時注重二大原則：

（一）擴充建設，須適應戰時需要，方求安全，藉免轟炸破壞。

（二）戰時設施，必兼顧戰後需要，力避粗濫，以節日常浪費。故於進行上，形成三種特點：1. 計畫較為龐大；2. 現時需款較鉅；3. 完成需時較久。尤以歷年渝市遭受空襲，情況慘烈，對於各項工作進行不無時間影響，然四年半以來，本局各項機械工程迭遭嚴重破壞，而本局尚能勉維通訊於不墜，並於機線方面尚多所增進者，擴工方面不斷努力，實有以致之。

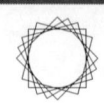

四年半來本局重要擴充工程約有下列弊端：

1. 設立上清寺分局——機線容量 150 號，二十七年九月完成，二十八年四月新市區自動分局成立後拆除，交換機係由前首都電話局拆運來渝者。

2. 設立新市區自動分局——機鍵容量 1000 號，外線 1300 號，二十八年四月十日完成啟用，是項自動總機及話機，係前首都電話局拆運來渝者。現時估值約計國幣 150 萬元。

3. 擴建新市區地下自動機鍵室——容量 800 號，地下室於二十九年九月完成，工程費共約 3 萬餘元，機鍵於三十年六月裝竣，三十一年十一月通話，亦係前首都電話局拆運來渝者，現時估值約計國幣 120 萬元。

4. 擴建新市區地下線路——全部暗渠長 11614 公尺，造價約計國幣 74 萬餘元，二十九年十二月興工，三十年三月至十月先後完成，地下電纜共長 19139 公尺，線條長度 8099.4 對公里，均已施放完竣，全部地下電纜估值 200 萬元。

5. 建設城區地下自動機鍵室——機鍵容量 1500 號，裝置經過七個月，三十年十月十六日啟用，該項自動總機及話機係前武漢電話局拆運來渝者，現時估值約國幣 220 餘萬元，地下室係於××街下山坡上鑿山洞，四處用石牆及鋼筋三合土拱頂，全部工程於二十九年二月開工，至三十年三月完成，造價約國幣 40 萬元，可容裝總機 3000 號，內部尚有空氣調節設備，正在裝置中。

6. 建設城區地下線路——全部管道長 1842 公尺，暗渠長 5525 公尺，造價約計國幣 425000 餘元，三十一年三月完成地下電纜共長 9632 公尺，線條長度共 2053.6 對公里，均已施放完竣，全部地下電纜估值 100 餘萬元。

7. 設立遷建區分局 9 處——計化龍橋、沙坪壩、老鷹岩、歌樂山、賴家橋、青木關、歇馬場、獨石橋及北碚各 1 處，二十八年九月至十二月先後成立。

8. 加建新市區地下自動機鍵室——容量 1000 號，地下室在原有地下室之側，於三十一年八月完成，工程費共約 22 萬元，機鍵擬將現裝在新市區分局內之 1000 號總機移裝其中，現正籌備，不日即可開工。

9. 設立廣黔路、相國寺及盤溪等地分局 3 處——南岸離海棠溪四公里半之廣黔路分局，江北相國寺分局及沙坪壩對岸盤溪支局，均於三十一年內次第成立通話。

10. 施放嘉陵江過江水底電纜——嘉陵江過江水底電纜於二十八年七月完成。

11. 添設遷建區長途線——重慶與沙坪壩，青木關間各添設銅線一對，其他各分局間中繼線亦添設一二對不等，均於三十一年十一月完成通話。

12. 其他機線擴充工程——隨時視需要進行。

擴充工程歷年經費表

年度	經費（元）	備注
二十七年	72249.07	
二十八年	126434.73	
二十九年	449982.37	城區 1500 號總機，新市區 1800 號總機均係前方局拆運來渝者，其價款未列入上數
三十年	3981319.06	
三十一年一月至十月	755101.92	
共計	4385087.15	

五、空襲與維護

四年半以來，渝市迭遭敵機空襲，濫施轟炸，本局原有機線設備本乏防空設置，每遇空襲，不特總機鍵室被炸堪虞，而外線電纜遍佈全市街衢，尤難免大量炸損，影響通訊，本局應付空襲，循二大方針進行：

（一）積極進行機線安全設施。

（二）集中人力搶修被炸機線。

屬於前者有 1. 地下機鍵室之建築裝置。2. 地下電纜線路之建設等項，其進展情形，已見擴充工程一節。

關於搶修被炸機線一項，工作異常艱苦，蓋敵機肆虐，災區甚廣，每次炸後，本局各處線路無不遭受慘重損害，甚有全部使用者線路被炸不通者，然而本局用戶之中，軍政機關約占 50%以上。其中有關防空軍令等重要電話，更不容有所間斷，故本局無不立時出動員工，漏夜搶修通話，四年半以來，差幸尚無貽誤。

修理電纜工作本稱艱難，而被炸以後之電纜，百孔千瘡修理更屬不易，尤以敵機空襲過頻，每有方經修復之電纜又復被炸者，亦有尚未修復之電纜，又迭被再炸者。惟本局一本爭取時間之要旨，隨毀隨修，絕不等待，絕不僥倖。故每年空襲開始以後，本局外線工作人員，不論晝夜晴雨，無不盡力以赴，其努力精神有足多者。

三十年新市區地下線路相繼敷設完成，故是年空襲雖較二十九年為烈，而本局三十年度電纜損失，反遠較二十九年為少，搶修速度亦較二十九年為高，據統計，三十年已完成之地下電纜被炸損壞者，僅占 9‰，而架空電纜被炸壞者，占 36%強，估計因地下電纜之完成而節省之電纜損失，其線條長度達 1400 公里，約值國幣 30 餘萬元。又據統計，被炸用戶在 5 天以內修復者，在城區方面，二十九年度僅占 17%，三十年度則為 58%，新市區方面，二十九年度僅占 30%，三十年度則為 52%，三十年空襲期過去以後，本局線路悉復舊觀，且有擴充，地下線路之功效，至為顯著，三十一年城區地下線路亦相繼告成，今後空襲□□□□□□□□。

六、業務與財務

二十七年七月本局接辦重慶電話之時，全市使用者共計僅有 1200 戶，經本局數年來積極擴充機線設備，發展業務，至二十九年五月初，全市用戶即已較兩年前增加 800 餘戶，到達 2069 戶，嗣經二十九及三十兩年劇烈空襲破壞，機關市民疏散，用戶驟減，用戶最少時期為三十年八月，僅餘 720 戶，本局仍一本初衷，再接再厲，補充擴設，不遺餘力，至本年十二月用戶已達 2315 戶，較接初期之用戶，已增加 1100 餘戶，較空襲最烈，用戶最少時期，增加 1595 戶，即現在用戶為接收初期之 1.93 倍，為空襲最烈時期之 3.22 倍。

四年半以來，本局營業收入與營業支出均有遞增，二十八年度以前收支尚能相抵，二十九年度則已虧損 158000 餘元，三十年虧損 140 餘萬元，本年度上半年已虧損達 490 餘萬元，此實因年來物價工資，俱見飛漲，其增加數達非收入方面僅因業務擴充增加者所可比擬，本局辦理電訊事業，旨在適應抗戰需要，便利一般公用，而非以營利為目的，是以於此百端困難中，仍一本初衷，竭力維持也。

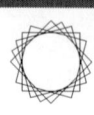

業務狀況表

年度	時間	市內電話用戶數	長途電話通話次數	營業收入（元）	營業支出（元）	備注
二十七年	七月至十二月	平均 1200 戶		92034.15	73332.22	盈 18701.93
二十八年	全年	低 10 月份 1454 戶，高 12 月份 1731 戶		375256.35	368379.42	盈 6926.93
二十九年	全年	低 12 月份 1302 戶，高 5 月份 2068 戶	164410 次	787408.75	946138.79	虧 158730.04
三十年	全年	低 6 月份 720 戶，高 12 月份 1636 戶	196983 次	1336307.60	2775780.65	虧 1439472.45
三十一年	一月至六月	低 1 月份 1743 戶，高 6 月份 2138 戶	11946 次	1903240.30	6906625.66	虧 4997385.36
三十一年	七月至十二月	低 7 月份 2153 戶，高 12 月份 2315 戶				

七、結論

本局四年半來，在轟炸頻仍物力艱窘中努力服務，未敢稍懈，現在檢討既往，對於各項工作所得引而述之者，約有下列數端：

（一）陪都為戰時軍政重心，本局執電話通訊總樞，四年半以來，雖在敵機強烈破壞之下，而軍政通訊，尚無貽誤，對於防空情報電話之傳遞，尤能始終及時達成任務，未貽全市數十萬市民以意外損害。

（二）重慶原有電話機線設備均無防空措置，本局接辦之初，深以一旦空襲破壞，全市電訊即將毀滅為慮，故經積極趕辦空防安全設備，陸續完成地下機鍵室及地下電纜之裝置，不特今後空襲可告無慮，對於空襲時所不可避免之損失減免尤多。

（三）重慶電話原用人工接線，使用不便，用戶頗多責難，四年半以來，本局利用南京及武漢拆下之自動機鍵，積極裝置，現在重慶城區及新市區電話，已全用自動機接線，即以全部轄區而論，自動機亦已占 75%。

（四）本局接辦重慶電話之初，全市僅有電話機線設備 1500 號，且均已裝置額滿，即軍政機關亦無法添裝，四年半來，本局機線設備，除將所遭空襲損失全部補充外，當有大量增加，計現時機械容量為本局接收初期之 2.92 倍，現時線路長度為接收初期之 3.95 倍，故本局電話使用者雖已增至 2300 餘戶，而剩餘容量尚多，如撙節使用，尚可勉維抗戰時期重要軍政機關之需要。

惟是電信事業，平時重在公用，戰時關係軍政者尤為重大，本局數年來辛勤所獲，殊未敢引以自滿，而服務諸端，仍有待積極改進，所幸基礎即立，將來施展較易為力，自當益加淬勵，努力邁進，以達成抗戰期中電信服務之使命也。

3. 重慶電信概況[①]（1943 年 5 月 17 日）

一、報話合一的組織

[①] 該文為黃如祖在交通部「國父紀念周」上所作的報告，原載《交通建設》1943 年第 1 卷第 7 期。

第七章 郵電
四、重慶電信

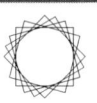

重慶電信就業務性質言，可分為電報與電話二個部門，原由重慶電報局與重慶電話局分別主持，自本年一月一日起遵部座令，將報話二局合併為重慶電信局，綜理重慶電信業務，內部組織由報務課主辦電報業務、材料、人事、總務及會計事項，則分別由工務課、營業課、材料課、人事室、總務課及會計課綜合辦理，此項組織與本部其他電報局兼辦電話業務者，其精神頗有不同，因後者報話雙方各有其工務、營業、材料等機構，雖在一局之內，而對於類似工作仍屬分別辦理也，本局因組織之變更，故對於此新組織之運用情形，曾加以注意，數月未感覺人，物，事之處理方面，頗收調盈濟虛，指揮靈活之效。

二、最近幾項業務數字

重慶為戰時首都，故各種電信業務之繁忙冠於全國，最近每月電報收發次數約達 45 萬餘次，內有線電報約占 80%，無線電報約占 20%，每月接通之長途電話來話去話及轉話約計 58000 次，市內電話使用者約計 2450 戶，內自動電話使用者約占 77%，營業收入方面每月應收，國內及國際電報費約計 600 餘萬元，內國際報費約 34%，每月應收長途及市內電話費約計 130 餘萬元，內長途費約占 75%。

三、空襲無虞的工務設施

重慶為敵機空襲之重大目標，過去曾有三年遭受慘烈的襲擊，在民國二十七八年之交，重慶的電信設備可說完全暴露空襲威脅之下，設不幸而彈中，重慶的電話電報很有被毀中輟之虞，幸經前電報局及電話局同人於空頻仍之下，各就本位努力改造或建設種種工務設備，先後達到空襲無虞的境地，現在霧季雖過，警報既鳴，而吾人已不若前此之惶惶然，惟恐機線之或被炸中矣。

重慶電信局之報房為電報吞吐之總匯，不特電報收發機器集中於此，有關人員工作於是者且超過 500 人，此項報房現設置於郊外龐大的天然岩洞之內，空襲時仍可照常工作，國內外大型無線電發訊機及收報機亦裝設於近郊特闢之防空洞中，不虞空襲破壞，此項設施實為本局維持陪都報務之保證。

重慶城區及新市區各有自動電話總機室 1 所，分別及共同擔負本市電話通訊。此項總機，限於線路設備，必須設置於電話中心地點，係屬無法疏散下鄉者，本局爰於城中心區特闢地下室 1 所，裝置 1500 門自動總機及應附設之測量及電力設備，此地下室之最大容量可設置自動總機 3000 門，內有空氣調節設備，調節室內之溫度及濕度，新市區方面亦有地下室 1 所，已裝自動總機 800 門，尚有 1000 門自動總機原裝於地面上者，現正在遷移入洞中。

四、簇新的電信業務——傳真電報

重慶與美國洛杉磯間於去年十二月十五日開放中美無線電相片電報業務，本年四月十日重慶與昆明間復開放國內無線電真跡與相片電報業務，此項傳真電報業務之開放，在我國電信史上或將為甚重要之一頁，蓋我國文字結構複雜，不若歐美文字可用少數字母聯串拼成，故歐美電報，因打字電報機之發明應用，已可將電文直接收發，免去翻譯符號之煩，而我國雖亦有打字電報機之應用，仍不能不以數碼代文字，經轉輾翻譯始可收發，惟傳真電報始足以解決我國電報問題，蓋其真意義尚不僅在真跡或照片之傳遞，尤重要者，則我國電報所特有之文字困難問題，亦可迎刃而解也。

五、努力的目標與現實的困難

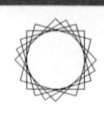

我們從事於重慶電信工作,竊曾自訂同人努力之目標:一日迅速準確的傳遞;二日優美周到的服務。良以無論電報或電話,所以優於他種方法者,以其傳遞迅疾也,故在歐美各國,一紙電報之傳遞,僅需數十分鐘至數小時之時間,每次長途電話之接通,數分鐘內事耳,同時亦必具有極高度之準確性,始能取信於人,而免致貽誤公私,至於員工對於使用者之服務精神,尤為歐美電信從業人員所注意,因電信不僅為公用事業之一種,且為與公眾接觸特別密切之公用事業也。

惟是目標雖卑之而無高遠,困難仍層見而迭出,困難之中,最感無法解決者,約有二端,一為物的貧乏,一為人的貧乏。

物的貧乏,即現有機線設備未能與現有業務需要相配合之謂,此種情形,使電報或電話之迅速傳遞為不可能。譬如由渝至蓉長途電話電路僅有 2 路,每小時僅可接來去電話約 16 次(每次 3 分鐘),而事實上,在繁忙時間渝蓉雙方用戶互相叫接長途電話者,每小時約計 40 餘次,由此可見渝蓉間長途電話自掛號至接通須等候至數小時之久者,實為當然之結果。又如各地電報機線,平時順利通報時僅勉敷應用,每遇線路障礙,而電報積壓隨之。凡此種種,非將機線大量增加及調整,使能適應業務上之需要,無法達到迅速傳遞之目的。

人的貧乏,即工作員工質素低下之謂,結果人浮於事,而工作精神不振,工作效率不張,對於電信之傳遞遂難免錯誤百出,大背準確傳遞之旨,更遑論優美周到之服務。考所以造成員工質素低下之因,大抵戰時生活費用高漲,而電信員工待遇菲薄,有以致之,因現在員工所得,僅勉敷一己衣食之所需,仰事俯蓄,形同夢想,遂使多年熟練之員工不得不棄其所學而為衣食奔走,造成電信人才流出現象。

六、結論

重慶地處首要,戰時電信業務特別繁劇,據本年三月份統計,重慶發出國內電報字數占全國數位 8.5%,國際電報數位占全國數位 83.5%,重慶接通長途電話去話次數占全國總數 5.1%,市內電話使用者數占全國總數 30%,報費話費全月收入占全國報話費收入總數 16.1%,而工作員佐人數亦占全國總數 6.5%,故重慶電信實為我全國電信極重要之一環,其服務成績粗可為全國電信服務之尺度,而其困難之點要亦為全國電信癥結之所在,幸各位長官與各位同人進而教之。

第八章 重慶市內交通

一、公共汽車

1. 重慶衛戍總司令部為公共汽車公司呈述有關事項致重慶市政府代電（1939年11月13日）

重慶市政府勛鑒：

查整理本市公共汽車業，於十月二十六日邀集各有關機關開會討論，經將會議紀錄電達查照，並分令遵辦在案。茲據重慶市公共汽車公司十一月七日呈覆，稱：昨奉鈞部巺字第二四八七號訓令，除原文有案，邀免冗錄外，後開：合亟令仰該公司即便遵照，分別辦理，並限於十一月十五日以前完成具報為要。此令。等因，奉此。竊商公司對於此次商議整理公共汽車開會時，曾由出席人據情詳陳利弊在卷。奉頒辦法三項中之乙、丙兩項在鈞部暨憲警機關之維護，自應於彈壓人員在場維護之下遵照辦理，但辦法甲項之設備候車欄及憑票上車等議實有縷陳從前試辦結果，懇予詳核，用符事實，而免糾紛之必要。查每車既額定乘客為30人，則每站已經購票之乘客憑票上車，適來車客滿，當然不能再搭或不得盡搭，此等有票不能上車之乘客，其心理當較未買票者更為不滿，勢必騷動。在過去試行中，曾有朋凶毆辱搗毀器室之事件多起，不但商公司無法維持，即彈壓人員亦愛莫能助。究其原因，實在於市區行車時間短促，站口又較長途者為密，在事先既不能預料來車之剩餘客位，更不能俟車到時再點數賣票浪費時間，至於事後退票，則招怨尤大。而延長停車時間及減少站口，皆非市區公共汽車應有之現象，且失卻公共汽車為平民節省時間之效用矣。在平時，商公司向以審度每日搭客多少之各個時段，而定調行車輛之數目，以救濟此病。所不幸者，即在本年五三遭敵寇狂炸後，適商公司人工、材料兩皆缺乏，新車又久滯國外未到，致不得已減站後，仍有擁擠現象。迨至七月以後，即漸次收到材料，修復舊車，更加新車11輛到渝，此類現象始不復見。商公司近復商得工務局派來指導人員同意，加車行駛第五路，商公司前在車多時行駛之舊路線，往來小什字、兩路口間，以資調劑第一路中間各段站口候車之客人，於是除因人稀抽調一二車外，過街樓、曾家岩間經常有10至12輛車行駛。凡此種種，皆係事實，當在洞鑒之中。又查本市房屋尤以馬路兩旁之租價既昂，且不易覓得，商公司若欲每站佃屋一間，結果實為事實所不容許。即能勉強租得部分房屋，則在收支上已難平衡，勢必增高成本，而牽涉票價，不但當局不容如此，且恐一般市民亦所非議者也，是應請予查核，曲諒苦衷，暫緩實施票上車之議。至若每站設候車欄事，商公司前亦遵命辦理數次，結果均被搗毀無存。又按本市街路較他埠窄狹，左右人行道上設欄，則縱橫占地不少，對於行人交通不無妨礙。本年六月，上城分局曾有將魚市街候車欄勒令取去之舉，其理由純基於此。故關於此層，商公司已覺尚有提請考慮之必要。他如乘車不購車票、不守

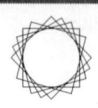

秩序，則曲在乘客，商公司售票人理直氣壯，自當請其補票。縱有奸頑作梗，然有彈壓人員之嚴厲執行，自無足慮。惟願當局一貫派遣彈壓人員，不令間斷，則商公司及乘車市民皆感激無涯矣。綜上各由，用特縷細陳懇體恤下情，免予設置候車欄及緩施憑票上車辦法。除分呈外，理合呈請鈞部核奪示遵，等情前來。查本部召集各有關機關商討公共汽車各問題，原期解決各種困難，俾臻完善，該公司所派之代表，當時既不儘量發表意見，一味含糊表決，嗣經本部飭辦之後，又復隨意請求變通，殊屬藐視功令。除批示申斥外，所稱是否屬實，即希貴府查明核辦，逕行飭遵為荷。重慶衛戍總司令部。灰。巽一渝。印。

2. 軍委會為嚴格執行《戰時管制經售汽車公司商行及修理廠行暫行辦法》致重慶市政府代電（1940年10月26日）

　　重慶市政府吳市長鑒：
　　據重慶衛戍總司令劉峙十月二十日巽一字第二九九一號呈稱：據重慶公共汽車公司二十九年十月十一日呈稱：查本市數月來迭遭空襲，損失慘重，自應乘此霧季加緊疏建工作。屬公司雖於損失奇重之餘，辦惟有繼續努力，以期所負之任務。惟零件車胎價值奇昂，加以商人囤積居奇，購配尤屬不易，除由屬公司盡力設法搜羅外，至高抬售價之商人，擬一方由屬公司利誘速售，一方懇請鈞部嚴加制裁，雙管齊下，以求價值之平抑，而便材料之補充，等情。據此，查所稱頗屬實情，關於渝市之汽車零件，可否飭由交通部會同本部規定辦法，予以統制之處，理合轉呈鈞會鑒核示遵，等情。據此，查統制汽車材料及零件等，業經國民政府頒佈《戰時管制經售汽車公司商行及修理廠行暫行辦法》施行在案，毋庸另定統制辦法。但為謀該辦法之嚴密實施及執行便利，應由衛戍總司令部會同交通部、重慶市政府照該辦法之規定，商定嚴格執行辦法及負責機關，呈會核奪。除指令及分電交通部外，希即查照辦理為要。蔣中正。寢。辦二通渝。印。

3. 行政院為抄發《整理重慶市公共汽車方案》給重慶市政府的訓令（1941年8月1日）

　　運輸統制局本年七月真代電：
　　擬具整理重慶市公共汽車方案一案，經提本院第五二四次會議決議：「通過。」除電覆並分令財政部外，合行抄發原件，令仰知照。此令。
　　計抄發運輸統制局代電及附件各一件

院長　蔣中正

抄原代電

　　行政院院長蔣、副院長孔鈞鑒：
　　查重慶市公共汽車公司及遷建區運輸，前以辦理不善，經交通部擬具整理合併計畫，呈奉鈞院核准施行，並經鈞院撥發官股150萬元，飭令四聯總處撥借300萬元，作為接收遷建區資產、償還公司短期債款及搶修車輛，購置油料配件，周轉金之用，合在案。該部於三月一日成立遷建區運輸辦事處，直轄該部運輸總局接辦遷建運輸事宜；並於五月一日組織公共汽車管理委員會，整頓公共汽車公司。原擬於七月一日將各該機構實行合併，成立新

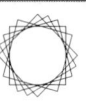

公司，繼續進行，嗣以奉令將公路事務劃歸本局接辦，該管理委員會乃於六月十四日結束，所有機構之合併、新公司之組織均未及辦理。本局於七月一日接收該部公路機關，該重慶市公共汽車公司及遷建區運輸辦事處亦隨同移轉管轄。茲據該公司經理迭次呈請，略以每月虧蝕過巨，新添官股已經用罄，四聯總處借款尚無眉目，現復無法維持，請求救濟前來。查本局中心工作，原在增高幹線公路之運輸效率，該項市區交通，本應由市政府主持，惟以陪都交通觀瞻所係，且以空襲時期，市民痛苦，本局亦難坐視，擬由本局代為整理兩月，俾使粗具規模，仍交市政府接辦，以免停頓。復查該公司內部情形過於複雜，亟宜改為官辦，以便徹底整理，茲擬將遷建區運輸辦事處原有組織加以擴充，將該公司業務併入辦理，應一切實施較易著手，謹擬具整理方案附呈鈞核示遵。運輸統制局主任何應欽。午真。渝統指車。印。

4. 軍委會戰時運輸管理局為抄送《重慶市區交通改進辦法》致重慶市政府公函（1945年6月19日）

查關於改進市區及公路交通管理一案，前經本局邀集貴府及有關各機關暨美軍總部代表共同商討分別議決辦法，並由本局呈請核定公佈各在案。茲奉軍事委員會本年六月十九日辦二通渝字第09100號令，以所呈辦法核尚可行，准予實施。除分別函令外，仰遵照，等因，附發改進市區及公路交通管理辦法及重慶市區交通改進辦法各乙份，到局。相應將各該辦法隨函抄送，即希查照。關於重慶市區交通改進辦法，並請主政為荷。此致。

重慶市政府

兼局長 俞飛鵬

重慶市區交通改進辦法

一、市區人行道上一切障礙物及足以妨礙行人之情事，由市政府責成警察局負責取締（石子、沙泥、水池、樹販、什物、招牌、廣告、擱置之汽車、挑水行列、不適宜地點之壁報、臨時街頭成群聚集之行人，等等）。

二、全市交通紀律之維持，應由員警負其全責，惟須加以訓練。

（一）指揮行車手勢，一律改為雙手平舉式一種。

（二）遇有違章車輛，先用勸告，司機如不聽從，應抄錄車號，分別通知美軍部、軍政部或戰時運輸管理局查明取締之。

（三）沿路人行道上及路上，如有聚集觀望或臨時發生情事足以妨礙交通者，須隨時注意勸導。

三、由市政府（員警、工務兩局）、衛戍總司令部（交通處）交通巡察處、戰時運輸管理局會同派員巡視全市，研究下列各項問題，提請市政府執行之：

（一）人行道之擴充及開闢；

（二）選定汽車停車地點與停車場；

（三）交通叉道員警崗台及軍用堡壘是否仍有保留之必要；

（四）自來水給水站之數量及地點之改進；

（五）壁報張貼地點。

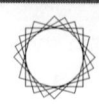

四、由市政府（警察局）、衛戍總司令部（交通處）、戰時運輸管理局定期派員檢查全市汽車及司機牌照。

五、以上各點擇要登報公告周知。

5. 重慶公共汽車概況（節錄）（1944年）

一、沿革

重慶市公共汽車創辦於民國二十二年，資本5萬元，購車5輛，行駛市內。二十九年，因受物價高漲影響，營業漸感困難，乃由重慶市政府加入官股，採官商合辦方式，擴充股本為300萬元。至三十年五月，又以迭遭轟炸，收入銳減，復由交通部增撥官股150萬元，予以維持。同年八月始移交運輸統制局接辦，與交通部原設之遷建區運輸辦事處合併，組設重慶公共汽車管理處。三十年年終，公路事業改歸交通部接管，本處亦隨同轉移，改隸公路總局。

二、組織

本處遵照頒佈組織規程（另附），分設總務、業務、機務、會計四課暨警衛、稽查及人事兩室；又另設南岸辦事處，負責辦理南岸各線客運業務。其現行組織系統附後（見附表一）〈略〉。

本處各部分人員配備，及本年各月份人數（見附表二及附表三）〈略〉。其任免升調獎懲辦法，悉遵奉頒之各項人事法規分別辦理。又現行薪津及各項待遇，暨歷次變更情形（見附表四）〈略〉，亦係依照公路職員之薪級表（見附五）〈略〉及中央公務員役戰時補助辦法暨各項明令之規定，分別核給，並予隨時調整。至現有員工教育程度、籍貫、年齡、性別以及工作年限等等，茲經分別統計附備參閱（見附表六至九）〈略〉。

三、業務

本處營業路線，可分為市區及郊外兩部分。目前市區計有曾家岩至過街樓直達車，及上清寺至小什字與上清寺至都郵街兩區間車。每日派車28至30輛，視實際需要情形，分派各線往返行駛。

郊外部分計分（一）渝碚線（重慶至北碚）；（二）兩石線（兩路口至石橋鋪）；（三）兩九線（兩路口至九龍坡）；（四）海溫線（海棠溪至南溫泉）及海土線（海棠溪至土橋）。自十月二十三日起，本處票價調整之後，以各線乘客驟見減少，經即按照需要情形，改訂行車時刻，目前各線每日開行直達及區間車次數如下：

區段	上行次數	下行次數	區段	上行次數	下行次數
兩路口—北碚	2	2	青木關—北碚	3	3
兩路口—青木關	3	3	歌樂山—青木關	2	2
七星崗—歌樂山	6	6	七星崗—山洞	6	6
七星崗—新橋	6	6	七星崗—高灘岩	2	2
七星崗—小龍坎	（每日派車七輛，每隔二十分鐘開行一次，如遇需要，並酌派駛七星崗至化龍橋及牛角沱至小龍坎區間車，以資疏運）				
兩路口—石橋鋪	11	11	兩路口—九龍坡	7	7
海棠溪—南溫泉	10	10	海棠溪—土橋	4	4
海棠溪—西南新村	8	8			

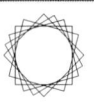

現行市區行車路線，係自本年十月二十三日起改訂，票價亦予同時調整，每客改按 40 元計收。在未調整以前，市區乘客每日平均約 4 萬餘人，星期假日達 5 萬餘人。自改價後，即減至 2 萬餘人，郊區乘客更形減少。本處初以營業虧損過鉅，原期票價調整之後，可資挹注，茲事實上所增票款，尚不及預計之半數、業務仍感不易維持。

　　本處現有客車計柴油車 45 輛，汽油車 85 輛，共計 130 輛。每日行駛數目，計市區 30 輛，渝碚、兩九、兩石各線 20 輛，南岸 8 輛，共 58 輛。預備車在外。惟本處車輛，多已行駛逾齡，加之配件困難，在上述客車 130 輛中，有萬國牌車 19 輛，即以配件無法搜購，未能修復派用。此外尚有朋馳及道奇牌車 15 輛在廠打造車身，一時未能上路行駛。又司蒂別克客車 3 輛，以裝配特殊，現尚存廠備駛渝歌間週末專車。故實際上可用之客車，不過 93 輛，而朋馳牌之柴油車，均屬一九三六年出品，行駛過久，陳舊不堪，維持行車實感不易。本處除已向西南公路運輸局換撥柴油車舊件一批，俾將現有之柴油車拼修補充藉維現狀外，一面擬再另向西北公路運輸局商撥舊車，留備市區乘客擁擠時，增派車輛，以利疏運。惟以整修需款，一時無力籌措，迄尚未能進行。又公路總局最近擬就中央信託局出售之貨車內，撥讓本處 20 輛，估計連同修造車身，共需 1500 萬元之巨，均須立即付現，目前亦一無法著手洽辦。茲將本年各月份營運統計列表附後（見附表十）〈略〉：

　　四、財務

　　本處以油料價格影響，營業收支，不能平衡，雖票價有時調整，但不能比照增加，日積月將，虧累深巨。計截至本年九月止，已達 11070 餘萬元。

年份	營業收入	營業支出	虧損
三十一年	54.49	737.00	682.51
	33142	480811	447669
三十二年	751.00	1424.61	673.61
	133.338	147.647	14.309
三十三年	765.46	787.02	21.56
	287.879	376.611	88.732
共計	570.95	948.63	377.68
	454.360	565.070	110.710

　　目前票價雖自十月二十三日起奉令調整，市區每張改收 40 元，郊外每客座公里 9 元，比較三十年八月本處成立時，市區每張收費 1 元，增加 40 倍，郊外每客座公里 3 角，增加 30 倍。但當時柴油每噸售價 6000 元，目前已增至 275800 餘元，增加 46 倍。當時酒精每加侖 23.6 元，目前已增至 895 元，增加 38 倍。故實際票價所增之數目，尚不能與油價抗衡。再目前本處市區行駛之車輛，1/3 係為汽油車，運輸成本較高，其比率尤不相同。且其他材料配件價格，有尚不僅增加三四十倍者，故營業收支仍屬不易平衡（最近成本計算方式見附表十一）〈略〉，況本處負債累累，自從票價調整之後，各方催索、紛至遝來，日入區區，應付且窮，劇至日常零星料款，亦且不能照付，而每月大宗之酒精柴油及材料價款，尤感無法張羅。

　　五、債務

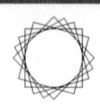

本處各項負債，截至目前止，計達 124190325.95 元（見附表十二）〈略〉，內中交通銀行透支借款 2000 萬元、公路總局墊款 5800 餘萬元、其他短期債款 4500 餘萬元。

（一）交通銀行透支借款　本處交行借款合約自本年六月間改訂以後，透支額增至 2000 萬元，按照合約規定，本處每日所收票款，除必須付現之開支外，應悉數存入透支往來戶。備付油料等疑，以不超過 2000 萬元為度。此項借款規定應自本年十二月份起，分六個月攤還，其透支額逐月縮減，至三十四年五月十八日止，應予全部清償。按此項借款，原係備作購置油料周轉之用，除關於分月攤還辦法，現正呈請轉商按照過去成案，改為到期後一次清償外，茲將改訂合約後透支戶收支情形，列表如下：

月份	上月結透	本月存入	本月支出	本月底結透
6	690354578	2493512938	3289011232	1485852872
7	1485852872	2908411220	3129072419	1706514071
8	1706514071	2753133091	2914261766	1867642746
9	1867642746	2284793345	2312559414	1895408805

（二）公路總局墊款　本年一月份起酒精柴油及各項配件價格飛漲，而本處員工之公糧及生活補助費，又奉令改由營業基金項下列支，不再由政府分別補助，本處負擔，更見沉重。綜計本年一至九月份，營業虧損已達 8800 餘萬元，大部分係由公路總局勉為挪墊，數目過鉅，牽累不堪，嗣幸由國庫撥到周轉金 4000 萬元，經即以 3000 萬元歸還公路總局，餘 1000 萬元則以購買十月份上半月燃用之酒精。其後，以十月下半月酒精款無法照付，又請公路總局續墊 1000 萬元，總計結算 5800 餘萬元。至國家總動員會議議決自七月份起，准予按照五月份以後酒精柴油價格之增加數，由政府予以補助辦法，則以文書往返迄未奉撥。將來領到後，即將由公路總局扣償墊款之一部分。此項補貼計七月份應領 7436406.40 元；八月份應領 7556002.93 元；九月份應領 8051560.88 元，合計 23043970.21 元。

（三）其他短期債款　本處以營業虧損過鉅，東挪西借還在羅掘，截至本年十月份止，所欠各方短期債款，已達 45641825.95 元，內中或為現款墊借，或為撥料限期價償，均待隨時分別清理。

六、結論

本處辦理渝市公共汽車，各項概況已如上述，雖勉強維持，而困難叢生，荊棘滿途，隨時均有被迫停頓之可能。以目前狀況而論，應請解決者約有數端：

（一）確定維持方針　查本處票價之釐訂，實以運輸成本為根據，顧事實上估計成本，僅能以現行物價為標準，惟往往估計以後，呈請調整，文書往返，層轉周折，比奉批准，物價□□□□□□增加，原請增加票價數額，若復酌予核減，上下之間更覺懸殊。目前票價調整後，如油料價格再復上漲，本處營業收支勢將又受影響。補救辦法，擬請先行確定維持方針，如採用補貼辦法，則請照以後運輸成本之增加數，由國庫徹底予以補助。倘以環境或其他關係未便實行，而陪都交通又須維持，則請準將票價按照成本隨時調整。並為避免層轉申請，多費周折起見，擬請明令公佈，此後公共汽車票價，得照柴油酒精價格，隨時比照調整，以利業務，而資維持。

（二）清理債務　本處積欠各項債務計達 12400 餘萬元，以目前營業收入維持現狀已感不易，無餘力償還宿債，此項鉅額債務，擬請專案清理，以免影響現行業務。

（三）撥款補充車輛　本處為設法補充車輛，經向各方分別接洽稍具眉目，惟以拼修等等，動需鉅款，無法進行。目前急需者計有 1. 購置中央信託局撥讓貨車 20 輛，並打造車身價款共 1500 萬元；2. 拼修西南、西北撥讓之柴油車工料費用，因車輛情形尚未細查，需費若干，仍待估計。惟以上兩項用款，擬請准予指撥專款，以利趕修，而應需要。

（四）四聯代辦訂料　目前訂購各項材料，例需預付定金七八成，在三四個月後方能交貨。本處周轉金素感缺乏，對於此項訂購方法，無法舉辦，修車工作極受影響。茲為補救起見，擬請四聯總處准予代辦訂購材料，由本處隨時以現款轉請交貨，以免資金凍結，而利運用。

（五）增加周轉金　本處每月需用酒精約 25000 加侖，以目前每加侖 895 元計算，至少須預付 2200 餘萬元。又需用柴油約 40 噸，每月亦須 1000 餘萬元。至材料配件，經常多須隨時採購，每月亦需 1000 萬元。連同員工食米及辦公需用等，每月至少需有 5000 萬元之周轉金，方敷可衍。本處前次奉撥之周轉金 4000 萬元，均已全部虧蝕，目前僅有交通銀行透支借款 2000 萬元作為油料配件，周轉之需，所差過鉅。除大宗訂購材料，擬請照第四項辦理外，並請國庫撥發周轉金 5000 萬元，俾利周轉，以維業務。

6. 軍委會戰時運輸管理局為檢送公共汽車監理會會議記錄及組織規程致重慶市政府代電（1945 年 8 月 15 日）

重慶市政府公鑒：

查組織重慶公共汽車業務監理委員會一事，已於八月二日開第一次會議，相應檢同會議記錄及組織各一份，送請查照至。關於該會副主任委員一席，經決定請由貴市府擔任，擬請將所派副主任委員一席姓名見示。再查議案第八件，增開下城公共汽車一案，應請特飭工務局，將下城馬路從速修葺竣工，俾便增闢路線。該會第二次會議定本月十六日上午九時，在本局舉行，並請轉知貴代表準時出席為荷。戰時運輸管理局。未元。運業。附會議紀錄及組織規程各一份。

重慶公共汽車業務監理委員會第一次會議記錄

時間　八月二日上午九時
地點　戰時運輸管理局
出席　馬毅（國民參政會）梁培衍（財政部）
　　　湯直夫（市黨部）孔英（衛戍總部）
　　　蔣樹芬（審計部）　鄧卓哲　胡代（市政府）
　　　龔學遂馬鐸王潤生何友益（戰運局）
　　　黃壽嵩（公共汽車處）
主席　龔副局長　　紀錄　查鈺良
討論事項
一、重慶公共汽車管理處黃處長報告公共汽車業務概況
（一）營業概況。

1. 郊外　自三十二年以來，郊外車次迄未減少，最近乘客擁擠原因係特約車及校車暨輪船班次減少所致，故本處車輛負荷加重。尤以七星崗至小龍坎一段乘客最多，本處雖曾在物質條件許可下儘量增加車輛，但仍感供不應求。

2. 市區　市區每日行駛客車35輛，曾家岩、上清寺及都郵街三站，平均約每隔三分鐘開行一次。上清寺站以上午九時左右乘客最擠，都郵街站以晚上最擠，小什字則早晚均擠。市區來客擁擠，候車秩序惡劣，亦係一大原因。如秩序維持能予改進，候車時間可望減少。

（二）收支虧損情形

本處因受物價波動，油料、配件價格飛漲，票價不能隨時比照調整，致營業收支不能平衡。本年一月份每車公里實際運輸成本為402元，其中燃料費187元，約占全部成本46%。至五月份每車公里成本為920元，其中燃料費為652元，約占全部成本70%。燃料價格上漲實為本處虧損之主要原因。

（三）歷年虧損原因

1. 目前油價及票價與三十年八月本處初接辦時相較，計酒精漲254倍、代柴油漲250倍，而票價郊外僅漲47倍、市區僅漲60倍。

2. 本處以往調整票價，均按當時運輸成本呈請調整，及奉批示則油價往往已增長甚多，運輸成本又已提高，故票價歷經調整，而虧損之情形依然存在。

3. 油價例於事後公佈，所有價款均須分別追繳，致本處調整票價增加之收入常不足以償付補繳油價之需，影響至大。

4. 本處員工之生活補助費及米代金，原均由政府撥發，自三十三年度起，一律改由本處直接負擔，致本處負擔加重。

（四）遵照大局規定標準，估計目前市區客票每張至少應為180元，郊外每客公里應為49元，始可勉敷成本。

（五）車輛情形

本處現有車120輛，能行駛者73輛，前次奉撥新車19輛，原定六月底即可裝竣加入行駛，因改裝車身所需之鐵皮延至七月二日始由美方運昆，故裝配日期因之延遲。現八輛已經裝竣加入行駛，其餘11輛可望於八月七日全部裝竣。此項新車擬全部行駛市區，並擬俟市區新車增加後，抽出一部分舊車充實郊外班次，將來下城馬路修好，並擬恢復班車行駛。最近又奉戰運局令，撥給新車20輛，正派員赴瀘接收中。

二、衛戍總部代表

（一）候車秩序紊亂，實因直達車與區間車車站未能分開所致，如能分開候車，秩序可較好。

（二）各車站稽查人員對待旅客態度傲慢，常起衝突，似應改善。

（三）上月份無票乘車案件總計共有160件。

（四）關於重慶交通上月份各有關機關開會擬成立督導組負責督導。

現監理會已成立，督導組是否需要，擬請在本會商決。

市政府代表：督導組管水上交通與監理會責職不同。

三、財政部代表

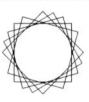

根據上次談話會紀錄，巴縣公司及校車亦包括在監理範圍之內，則將來監理會財務處理事項之物件，是否亦包括巴縣公司及校車在內。

主席：公共汽車業務照理應由市政府辦理，本局曾迭次請求市政府接收，迄未允接辦。現巴縣公司由市政府監督，校車則由軍委會核發登記證分別管理，故情形至為複雜。將來特約商車及校車之貼補票係由公共汽車管理處轉發，故巴縣公司及校車之財務處理事項，亦在本會監理範圍之內。將來本會擬每月開例會一次。

四、審計部、財政部、國民參政會代表

本部會不擬指派委員，惟開會時顧派代表到席。

主席：可照辦。

五、討論監理委員會組織規程草案

決議：修正通過。

六、公共汽車管理處黃處長

本處每月須用酒精 25000 加侖，以每加侖 6000 元計算需款 15000 萬元，柴油月需 40 噸，每噸 150 萬元，需款 6000 萬元，兩共需款 21000 萬元，本處周轉金約需 3 億元，現本處向四聯總處所領周轉金僅 5000 萬元，不敷實際需要甚巨。截至目前止，本處積欠戰運局款項已達 4 億餘元，財政困難達於極點。

國民參政會代表

公共汽車虧累如以加價方式解決，恐將刺激物價，最好用貼補辦法，一面並裁減冗員，節省器材，以減少支出。又每月貼補費似可呈請先期撥發，並請增加周轉金數目，以利周轉。

主席：關於公共汽車管理處虧累一事，行政院前開審查會時，曾稱該處人員太多及管理辦法不良，故經本局令飭該處裁減人員，已由該處裁減 106 人。各位如覺該處人員太多或管理不善，希指出何部分人員太多及何種管理不善，詳細告知本局，以便辦理。至於員工管理問題，擬於下次會議討論。再，該處周轉金不敷及貼補費發下過遲不能銜接情形，確甚嚴重。

七、公共汽車管理處黃處長：本處渝碚線各站站屋，多係前交通部遷建區辦事處所建，當時僅作二三年之打算，構造至為簡陋。今先後已逾五年，故多破爛，甚至已傾斜，亟待整修。

主席：站容整理需款若干希查照，以憑撥補。

八、公共汽車管理處黃處長：市政府曾據市參議會建議來函，請恢復下城公共汽車。因下城馬路路面太壞，尚未修好，故未辦理。惟將來本處新車增加後，究應恢復以前之特別快車，抑應增開過街樓經望龍門、儲奇門至都郵街一線？兩線不知以何者為宜，請各位不吝指教。

衛戍總部及市政府代表：似以增開過街樓經望龍門、儲奇門至都郵街一線為宜。

主席：修葺下城馬路可函請市政府從速辦理。下次會議定本月十六日舉行。

戰時運輸管理局重慶公共汽車業務監理委員會組織規程

（一）戰時運輸管理局為輔助重慶公共汽車業務並監督起見，設置重慶公共汽車業務監理委員會。

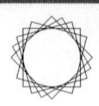

（二）本會由戰時運輸管理局、重慶市參議會、重慶市政府、重慶衛戍總司令部、重慶市黨部分別指派委員會同組織之。

本會設主任委員1人，綜理本會一切事宜，副主任委員1人，協助主任委員處理會務。由戰時運輸管理局代表擔任主任委員，重慶市政府代表擔任副主任委員。

（三）本會職掌如次：

1. 關於過去工作之檢討事項；
2. 關於將來業務進行之策劃事項；
3. 關於財務處理之監督事項；
4. 關於改進管理之指導事項；
5. 關於其他關業務之指示事項。

（四）本會每月開例會一次，必要時得開臨時會議，均由主任委員召集之。

（五）本會每次開會時，重慶公共汽車管理處得派員列席報告。如遇討論事項與其他機關有關時，得邀請有關機關派遣代表共同商討之。

（六）本會議決業務改進事項，由戰時運輸管理局及重慶市政府分別飭辦。

（七）本規程自核准公佈之日施行之。

7. 重慶公共汽車管理處工作概況（1945年11月至1946年1月）

概述

重慶為戰時大後方交通總匯之區，現值復員期內，人口薈萃數達一百二十餘萬，熙往攘來、肩摩轂擊，而又限於地形，通衢較少，一般交通情形，較之國內其他各大城市倍極沖繁。本市公共汽車管理處實負維持市區郊外及南岸交通之重大使命，顧以囿於財力物力，籌畫經營大非易易。管理處原隸交通部及前戰時運輸管理局，於三十四年十一月改隸重慶市政府。接辦以來，明知任務艱巨，而凜於國都所在，中外觀瞻攸係；且市郊兩區交通直接間接均與復員運輸所關，不得不於萬分困難之中，力謀維持，並求改進，以應當前需要。茲將三月來工作概況分述如次：

一、關於經濟方面　經費為事業之母，本處純為公用事業，原無固定資金。所有經臨各費，全恃車票售價以為挹注。而核計票價收入，平均每月約為3億元，支出則達4億2千萬元，出入不敷，月計1億2千萬元，捉襟見肘概可想見。理財之道不外開源節流。開源舍車票加價而外別無他策。惟終於政府限制在國府未還都以前暫不加價，不得已，惟有儘量提高行車效率。故目前收入數字已達頂點，至於節流則減輕行車成本，惟現每月消耗油料配件總值約3億元餘則用於補充設備以及各項管理，費用均已緊縮至最低限度，實屬減無可減。按本處票價規定市區為150元每延人公里25元，郊區28元，一般公路旅客運輸每延人公里成本則為55元，實較本處增加1倍以上。聞目前上海公共汽車票價為40元及80元，以渝市油料較上海約高15倍而票價即以40元計，本市僅高3倍強。以此例彼，是本市票價應增五六百元方不虧蝕，而事實上假定本市票價增加至250元已可使收支平衡，足證本處於經濟運用上已發揮最大效能。最近本處以虧耗太甚業務無法維持預算，至四月底止，除已領政府所撥補貼外，尚不敷3億餘萬元，業已呈請市府轉呈行政院如數補貼，正候核示中。

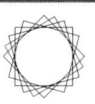

二、關於行車效率方面　本處現有客車共僅140餘輛，現每日在路行駛者約達100輛，分佈市區郊外及南岸各線。因此不得不將車輛勤加保養修理，迅速更替，總計能行駛車輛約占全部輛數70%，其工作成績為一般公路運輸機關所不及，且平均每車每月行駛里程恒在5000公里以上，至少亦有4000公里。其行車效率亦較其他公路機關倍增。

三、關於燃料配件方面　本處行車需要油量為數極大，前戰運局雖曾支助大量酒精，惟戰運局本身供需浩繁，自不能長此源指濟。而目前國內產量有限，外貨存量亦少，顧求維持運力減輕成本，惟有向滬採購之一途。但現時運輸又成問題，當此枯水時期，宜昌上游每月運輸量只，及100噸，本處月需油料180噸，計汽油140噸，柴油40噸，轉運艱難，緩急不濟。至於零件之配備，則以租借法案分配材料早已用罄，而市上適用材料亦以車輛牌號年分之複雜，搜購既感困難，配備更屬不易，凡此竭蹶情形，實非外界所能想像於萬一。現正逐步力求解決辦法。

四、關於策劃安全方面　運輸有安全、迅速、經濟三要義，尤以旅客運輸安全第一。本府接辦以來即以此二語最勉全體員司，尤其行車員工及司機時刻注意重慶地形崎嶇坡陡灣急、人口密集、車輛擁擠，尤以雨路濕滑，稍有疏虞，極易肇事。除於行車技術方面嚴密訓練司機外，並提倡安全競賽，發給安全獎金，提廠警戒不遺餘力，故行車肇事事件日見減少，即以最近車輛靠右行駛以來亦頗平順。

五、關於維持行車秩序方面　本處以便利市民為主旨，對於行車秩序固與市容及治安有關，自不得不加以維護，舉凡站距之調整，牌志之設備，警稽之梭巡，莫不詳密區劃，使一般市民知所趨向適從，同時並致力於員工之訓練，務能刻苦耐煩，態度和平，克盡服務社會天職，無如社會品類不齊，橫逆之來，常出意外，雖多方委曲求全糾紛仍屬難免，幸賴治安機關深諒本處困難，遇有衝突情事發生，隨時協助力為排解，行車秩序得以日臻良好。

六、關於補充車輛方面　本處接收車輛共為169輛，就中包括卡車及救濟車計23輛，實際只有客車146輛，均屬行駛逾齡，破損不堪，且多有行駛近10年者。所轄路線，計市區上下城各線，郊區北至小龍坎、歌樂山、青木關、北碚各站；南至南溫泉、土橋各站；又兩路口至九龍坎及石橋鋪等線。轄區廣袤，實超過重慶市範圍之外。而車輛窳舊，其不敷調配自不待言，雖集中全力儘量利用，終感不能適應需要，自非設法補充，不足以維現狀。經疊向有關機關請予撥助新車。現已呈請市府轉請交通部公路總局及善後救濟總署請撥新車50輛，以維陪都交通，惟新車輛未撥到，因種種困難，深恐緩不濟急，同時商請交通部就現有各路局可行駛車輛先撥本處數十輛以濟急用，現正洽辦中。

附言

綜上所述，本處由於先天之不足，益以負荷之過量，困難重重，勢所必然。三月以來秉承張市長之指示各界之督促，奮勉效命，昕夕匪懈，對於一應興革以及不可克服之困難，均在一一設法解決之中。惟是當前亟務厥惟財源之增闢與油料器材車輛之補充，苟能寬以經費，假以時日，使本市交通事業發揚光大，日臻進境則幸甚矣。

8. 重慶市政府為檢發《調整並加強汽車運輸各業同業公會組織實施辦法》給社會局的訓令（1943年11月20日）

案准交通社會部本年九月十日組三字第五四七九八號代電開：

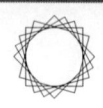

查汽車運輸為戰時交通重要工具，其有關各業同業公會之組織，亟應加強。尚未組織者，並應限期完成，以利管制，而宏效能。茲會訂《調整並加強汽車運輸各業同業公會組織實施辦法》一種，除呈報行政院備案並分電外，相應檢附該項辦法電請查照轉飭遵辦，並將辦理情形隨時具報為荷。

此令

附抄發調整並加強運輸各業同業公會組織實施辦法一份

市長　賀耀祖

調整並加強汽車運輸各業同業公會組織實施辦法

一、有關汽車運輸各業同業公會暫指定為下列三種：

（一）汽車運輸商業公會——以運輸貨物或搭客為營業範圍，並有汽車之公司行號或個人為會員。其以承攬運送為營業範圍者，應加入承攬運送商業同業公會，不得為汽車業公會會員。

（二）五金電料商業同業公會——以買賣五金材料汽車配件及供給電氣器具等業屬之。

（三）植物油制煉工業同業公會——以機器或手工榨制及精煉植物油之工業屬之。

又前項各業同業公會組織區域分別依照商業同業公會法第八條及工業同業公會法第六條之規定辦理。但汽車業得經交通、社會兩部之特准，依幹線援用航商組織補充辦法第三項之規定辦理，並呈報行政院備案。

二、凡合於第一款資格之會員應將其工營商車之種類、牌號、輛數、載重、行駛路段及營業狀況，分別向公會登記，並由同業公會審查合格後，發給會員證及會員車輛證。凡無會員車輛證者，一律不准行駛。

三、各地商車如由甲地駛往乙地，應向到達地點之同業公會報到。汽車業工會會員，應遵照政府規定價格營運公私貨物，違者依法處罰。

同業公會理監事應負督促責。

四、第一項各業同業公會書記，應由公會所在地政府派遣。惟其全國聯合會之書記，由社會部直接派遣之。

五、交通社會兩部為督促實施起見，得派員分赴各地切實督導辦理，商車指導委員會及各地分會應負責協助辦理。

六、汽車運輸之重要地區指定如下：

（一）重慶；（二）貴陽；（三）柳州；（四）桂林；（五）昆明；（六）衡陽；（七）曲江；（八）成都；（九）寶雞；（十）西安；（十一）蘭州；（十二）贛州；（十三）永安；（十四）瀘州。

七、交通社會兩部會電上列地區所屬省市政府，檢查有關第一項所列各業及其同業公會現狀，迅電具報，並限二個月內將已有同業公會組織者，依照本要點內容規定，調整組織，促其健全，尚無同業公會組織者，限期成立，於兩個月內詳細具報備查。

八、俟上列各地同業公會組織健全後，再由交通社會兩部會商，定期召集各該業全國聯合會。

9. 重慶市汽車商業同業公會章程（1943年）

第一章　總　則

第一條　本章則根據非常時期人民團體組織法商業同業公會法及商業同業公會法施行細則訂定之。

第二條　本會定名為重慶汽車商業同業公會。

第三條　本會以維持增進同業之公共利益及矯正弊害為宗旨。

第四條　本會以重慶市行政區域為區域事務所，請必要時得於管理站酌設分事務所。

第二章　任　務

第五條　本會之任務如下：

一、辦理有關會員業務上及其公共福利事宜。

二、關於會員經營汽車貿易運輸之統制。

三、關於會員營業之指導研究、調查及統計。

四、辦理合於第三條所提宗旨之其他事項。

興辦前項第一條事業時，應擬計畫書，經會員全體2/3以上之同意，呈請主管官署核准。其變更時，亦同。第一項第二條之統制，全體會員同意，呈由主管官署核准後方得施行。

第三章　會　員

第六條　凡在本區域內經營汽車貿易或汽車運輸同業之公司行號或工廠，除關係國防之公營事業或運令規定之團體專營事業外，均應依法加入本會為會員。

前項會員推派代表出席本會，稱為會員代表。

第七條　本會每一會員均應推派代表1人，凡有1車至4車者規定代表人1人，以後每增拾車加派代表，由此類推。但多至不得超過7人，以會員行號之經理、主體人或店員為限。

第八條　本會會員代表以中華民國國籍，年在20歲以上者為限。

第九條　有下列各款情事之一者，不得為本會會員代表：

一、背叛國民政府，經判決確定或在通緝中者；

二、曾服公務而有貪污行為，經判決確定或在通緝中者；

三、奪公權者；

四、受破產之宣告尚未復權者；

五、無行為能力者；

六、吸食鴉片或其他代用品者。

第十條　會員舉派代表時，應給以委託書並通知本會，撤換時亦同。但已當選為本會職員者，非有依法應解任之事由，不得撤換。

第十一條　會員代表均有表決權、選舉權、被選舉權，其表決權及選舉權以其車輛單位計算。茲規定有1車至4車者為1權，以後每增10車增加1權，由此遞增至7權為限。

會員代表因事不能出席會員大會時，得以書面委託其他會員代表代理之。

第十二條　會員非遷移其他區或廢業或受永久停業之處分者，不得退會。

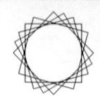

第十三條　會員代表有不正當行為，致妨害本會名譽信用者，得以會員大會之議決，通知原推派之會員撤換之。

第十四條　公司行號不依法加入本會或不繳納會費或違背章程及決議者，得經理事會立議，予以警告。警告無效時，得按其情節輕重，依照商業同業公會法第十六條規定之程式，為下列之處分：

一、300元以下之違約金。

二、有時間之停業。

三、永久停業。

前項第二款第三款之處分，非經主管官署之核准，不得為之。

第四章　組織及職權

第十五條　本會設理事9人，組織理事會；監事3人，組織監事會，均由會員大會就代表中無記名選舉法選任之。

選舉前項理事監事時，應另選候補理事3人、候補監事1人，遇有缺額，依次遞補，以補前任任期為限。未遞補前不得列席會議。

第十六條　當選理監事及候補理監事之名次，依票數之多寡為序。票數相等時，以抽籤定之。

第十七條　理事會設常務理事3人，由理事會就理事中用無記名選舉法互選之，以得票最多數者為當選。理事有缺額時，由理事補選之，其任期以補足前任任期為限。

第十八條　理事會就當選之常務理事中，用無記名單選任理事長1人，以得票滿投票人之半數者，為當選。若一次不能選出時，就得票最多數之2人決選之。

第十九條　理事會之職權如下：

一、執行會員大會之議決案；

二、召集會員大會；

三、執行法令及本章程所規定之任務。

第二十條　常務理事之職權如下：

一、執行理事會議決案；

二、處理日常事務。

第二十一條　監事會之職權如下：

一、監察理事會執行會員大會之決議案；

二、審查理事會處理之會務；

三、稽查理事會之財政出入事項。

第二十二條　理事及監事之任期均為4年，每2年改選半數，不得連任。

前項第一節之改選，以抽籤定之。但理監事人數為奇數時，留任者之人數得較改選者多1人。

第二十三條　理監事有下列情事之一者應即解任：

一、會員代表資格喪失者；

二、因不得已事故經會員大會議決准其辭職者；

三、曠廢職務，經會員大會議決，令其退職者；

四、依商業同業公會法第四十三條解職者。

第二十四條　本會理監事均為名譽職。

第二十五條　本會事務所設書記1人，分設總務、財務、組訓3股，每股各設主任1人，辦事員若干人，分股辦事。其辦事細則另定之。分事務所設主任1人，辦事員若干人，其辦事細則另定之。

第五章　會　議

第二十六條　本會會員大會分定期會議及臨時會議兩種，均由理事會召集之。

定期會議每年開會兩次，臨時會議於理事會認為必要時或經會員代表1/10以上之請求或監事會函請召集時，召集之。

第二十七條　召集會員大會應於15日以前通知之，但有商業同業公會法第二十五第二十六條之情形，或因緊急事項召集臨時會議者，不在此限。

第二十八條　本會會員大會開會時，由常務理事組織主席團輪流充任主席。

第二十九條　本會會員大會之決議以會員代表過半數之出席；出席代表過半數之同意行之。出席代表不滿半數者，得行假決議，在3日內將其結果通告各代表，於一星期後二星期內，重行召集會員大會，以出席代表過半數之同意，對假決議行其決議。

第三十條　下列各事項之決議，以會員代表2/3以上之出席、出席代表2/3以上之同意行之。出席代表不滿2/3者，得以出席代表2/3以上之同意行假決議，在3日內將其結果通告各代表，於一星期後二星期內，重行召集會員大會，以出席代表2/3以上之同意，對假決議行其決議。

一、變更章程；

二、會員之處分；

三、職員之解職；

四、清算人之選任及關於清算事項之決議。

第三十一條　本會會員代表人數超過300人以上時，會員大會得就地域之便利，先期分開預備會，依各預備會會員代表人數比例推選代表，合開代表大會行使會員大會之職權。

第三十二條　本會理事會每月至少開會一次，監事會每兩月至少開會一次。

第三十三條　理事會開會時，須有理事過半數之出席，出席理事過半數之同意，方能決議，可否同數取決於理事長。

第三十四條　監事會開會時，須有監事過半數之出席，臨時互推1人為主席，以出席監事過半數之同意，決議一切事項。

第三十五條　理事監事開會時不得委託代表出席。

第六章　經費及會計

第三十六條　本會經費分會費及事業費二種。

會員會費比例，視其車輛數目估計資本額之多少，為繳納會費之標準，計分甲乙丙丁四等。甲等估計資本在200萬元以上者，每月會費為600元。乙等估計資本在100萬元以上，200萬元以下者，每月會費為500元。丙等估計資本在50萬元以上100萬元以下者，每月會費為400元。丁等估計資本在25萬元以上50萬元以下者，每月會費為300元；不足25萬元亦以25萬元之規定繳收之。會員車輛資本估計，不計車名，依其年份定下列之

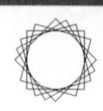

標準：計一九三八年值 10 萬元、一九三九年值 15 萬元、一九四〇年值 20 萬元、一九四一年值 25 萬元。

會員繳納會費時，得因業務關係，依其車輛行駛次數為標準，暫規定以每車行駛一次繳納會費 100 元。市區內行駛客車，每車每月繳納會費 300 元。前項會費之繳收，應於車輛行駛前一日將其行車輛數報或分事務所登記，並將其應納之會費如數清繳，掣換經社會局加蓋印章之收據，其詳細辦法另訂之。如有拖延少報情事，一經發覺，即按本章程第十四條規定之處分執行之。

第三十七條　會員退會時會費概不退還。

第三十八條　本會會費之預算決算，於每年年度終了一個月內，編制報告書提供監事會審核後，交會員大會通過，呈報主管官署並刊佈之。

第三十九條　會計年度以每年一月一日始至同年十二月三十一日止。

第四十條　事業費之分擔，每一會員至少 1 股至多不得超過 50 股。但必要時，得經會員大會議決增加之事業費總額及每股數額，由會員大會決議呈報主管官署核准。

第四十一條　前條之事業費，會員非退會時不得請求退還。其請求並須於年度終了時為之。

前項請求退還之事業費，其結算應以退股時本會事業之財產狀況為准，請求退還之事業費，不問原出資之類別，均可以現金抵還。

退還事業費時，關於本會所興辦之事務有未了結者，於了結後計算，並分派其盈虧。

第四十二條　本會會員對於本會興辦事業之責任，得依興辦之決議於擔任股額外，另負定額之保證責任，會員退還事業費後，經過一年始得解除其保證責任。

第四十三條　本會事業費之預算、決算依本章程第三十九條之程式辦理。

第四十四條　本會呈報預算、決算時，須附財產目錄、資產負債表、損益計算書及關於事業會務情況之報告。

第四十五條　本會事業費之總額及每股金額之變更或本會事業之停止，均由會員大會決議後，呈報主管官署核准。

事業停止後，所營事業之財產，由理事會照會員大會決議案負責辦理清算。

第七章　附　則

第四十六條　本章程未規定之事項，悉依商業同業公會法、商業同業公會法施行細則辦理之。

第四十七條　本章程如有未盡事宜，經會員大會決議呈准主管官署修改之。

10. 重慶市汽車商業同業公會 1944 年工作報告（節錄）（1944 年）

一、組織

（一）會員單位

會務推行，首重組織。年來此項工作，會中同仁，莫不殫精擘劃，積極開展，悉力策進，以求臻達理想鵠的，無忝厥職，並與業務上各有關機關經常保持密切聯繫徹底合作。凡未經入會同業，必須依法申請入會，領有會員證書及車輛行駛證，業務有關機關方以取得合法資格視之。因是會員數位增達 121 單位，收效頗著，良由本身不斷求其努力，加緊工作，

復得善自運用客觀協助，所以致之。

（二）校車入會案

本市校車，為數甚多，售票搭客，純係商業性質。本會為遵行「強制入會限制退會辦法」，經呈奉社會局轉下司法院詮釋，應遵照商業同業公會法第十二條第一項規定加入公會。本會於奉令後，遵即飭其入會，以重功令，未見受理。嗣後呈請主管機關轉屬入會，並派員前往婉言勸導，均無結果。其違抗法令拒不入會，殊屬不合。良以組織工作要皆順利推進，惟此獨未達成，本會誠引以為憾，刻仍正繼續呈請處理中。

（三）組織渝蓉廠區商車運輸總隊

本業同仁，歷來均係服務於抗建各種運務，惟團結尚待求其臻固，力量未盡發揮。值茲軍事進入決定階段，運務效率急宜加強，以期實際配合軍事，同爭勝利，完成使命，爰於三十三年春間，藉華西機場建修，各地商車多集中服務於一堂之時機，本會宣理事長在蓉與主管方面及成都、廣元兩地汽車公會協同進行籌組，乃於同年六月間成立，總隊部設重慶、新橋、成都、廣元等地各設一辦事處，所轄車輛共有416輛，分為7個大隊，公推本會宣理事長為總隊長，成都汽車公會鄧理事長為副總隊長。該隊工作進展甚速，主管當局極為重視。

（四）新橋分事務所裁撤

本會為加強會務推動，前於新橋、海棠溪兩地各設一分事務所，嗣渝蓉廠區商車運輸總隊在新橋設立辦事處，辦理事務諸多相同。本會為節省經費及免機構重複起見，特於七月份起，將新橋分事務所予以裁撤，所遺工作托請該辦事處代為辦理。至海棠溪分事務所，迄仍存在。

（五）倡組全國汽車商業同業公會聯合會

經本會積極發動後，陸續接到成都、昆明、貴陽、寶雞、蘭州、恩施等地汽車公會贊同函電，並敦促及早籌組。本會特具呈社會部請示，並經宣理事長、蕭書記去部面洽一切，一俟奉到令示，即作進一步籌畫，用期早觀厥成。

（六）組織車隊服務黔戰軍運

黔邊戰起，軍事轉繁，方人心震動，國軍源源開赴馳授。本會鑒及戰局如斯，增援貴速，應勿使國軍徒步勞形，以免影響銳氣，當即發動組織會員車輛，以集體行動參加軍運。各會員咸以國家存亡關鍵，正適報國時會，風起雲湧，響應號召，計共86輛，裝載炮彈、部隊，馳駛前往。西南公路峻嶺叢山，路面坎坷，陡坡尤多，我會員戴月披星，櫛風沐雨，晝夜奔赴，歷盡千辛萬險，車輛壞損不堪，終以能圓滿達成任務，使國軍威力得以服敵寇，肅清黔邊獸跡，引為無上快慰。

（七）上書參政會建議改善商車管制辦法

軍興以來，商車首先接受管制，惟政府所訂法令規章，因時間環境遷異，多有不合於實際者。至管制機構疊床架屋，林立繁複，彼此牽涉，遇事不決，東推西支，商車難於應付，無所適從。本會特逢三十三年第三屆參政會開會之際，就實際情況，應革時弊，會員要求，草陳建議書，籲請分別轉請有關政府部門，切實辦理。該書內列重要項目，計有1.統一管理機構；2.簡化手續；3.改善燃料、輪胎、配件供應辦法；4.調整合理運費；5.其他等項。

（八）組織車隊赴梁萬線擔任美資接運

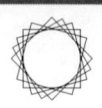

中美軍事當局積極佈署，以應付即將到來之大陸殲日工作，以是邇來內運物資，日益增加，戰時運輸管理局責成派車赴梁山機場擔任是項任務。會員車輛經編組先期前往服務者，已有15輛，茲後運務趨繁時，或將增派車輛前往。

（九）華西各機場建修運務督導經過

對日全面反攻作戰，及帶給戰禍予敵國本土，徹底毀滅其重要工業等，都皆以空軍當其先，盟邦美國商決我政府同意，乃在華西一帶，修建大規模機場數所，以資應用。發動民工數十萬從事工作，惟限修日程促，搬運堅石及其他必需材料，用以人工負荷，恐一年時間亦難竣事。且數十萬民工，擔此工作，難以應付，勢必疲於奔命，加重痛苦。綜上之故，當局調集各地商車集中服務，本會會員車輛參與為數甚多。機場工程浩大，運務繁重，宣理事長亦應邀前往主持督導一切。當時以限期迫切，恐難如時完工，宣理事長特倡組臨時性車隊，集體工作，並以「英雄司機」「模範司機」「榮譽司機」等光榮頭銜，鼓勵各車努力服務，運量成績逐日公佈，且詳訂有獎勵辦法。自是以後，日夜只聞車聲虎虎，瘋狂奔駛，個人與個人比，小隊與小隊比，競賽運動一經蔚成，每日統計運量竟遠超出所預計者多多，故能在限期內提前5日完成光榮任務。惟車輛經過此番勇邁奮鬥後，殘缺壞損之重空前未有，當車隊於完工紛紛駛向歸途時，數十萬民工，咸以感激光眼，滿腔謝忱，停立於道旁，歡呼送行。此次重大任務之完成，當局對商車倍加贊許。本會宣理事長返渝，各地同業特贈以錦旗一面，上書「功在同業」四字。

二、訓練方面

（一）會員訓練

本業會員流動性太大，時東時西，天南地北，逐處賓士，從不留停，以是開辦訓練班一事，經懸擱置。但訓練一項，至關重要，乃採行個別或三五施予機會訓練，如10人以上時，則舉行臨時座談會，以由理監事書記等分別簡扼講述總理遺教，總裁言行，時事動態及授以業務上之必備常識。如此訓練形式上雖與會員訓練班有異，而實質上亦屬以訓練為目的，實可謂「途異歸同」，無所軒輊。

（二）刊發《商車通訊》由於會員係屬流動，訓練工作故以把握機會及座談會等方式進行，收效雖頗稱意，但究屬難周，未達普遍。欲竟全功，尚待努力籌畫，本會為謀補救起見，爰在本月內刊發「商車通訊」

刊物一種，普遍分寄散處在各地之會員，內容著重精神訓練，業務常識灌輸，技術訓練生活指導等等。是項刊物，即在補訓練之不足，俾收宏大效果，用竟全功。

三、業務方面

（一）一年來會員業務概況

公路交通平時重要戰時尤然。舉凡兵員之輸送、炮彈之運濟、物資之流通、軍需物品及被服等裝運、國際貿易公物交換，鹹皆以公路運輸為主。年來本會會員離鄉別井，拋妻棄子，僕僕風塵，天涯海角奔駛，每逢節令，亦因運務在外，不克博室家團聚之歡。處此世人目為淒苦之境況，我會員尤覺津津其樂，從不稍涉鬆懈怠惰，蓋鹹能深識事體，以挺擔抗建各種運務為無上光榮之故耳。綜計三十三年度共運軍火××××××噸、軍用糧鹽被服××××噸、公貨××××噸。

（二）運送遠征軍

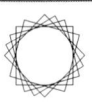

軍事當局為適應戰局要求,加強戰鬥實力,徹底殲滅敵人起見,特號召有為青年,入伍遠征,踴躍從戎,爭先恐後,情況盛極一時。報名參與者,為數甚夥。旋須赴蓉乘機轉飛國外接受訓練。事不容緩,貴在神速,設令徒步去蓉,貽誤戎機在所不免。本會會員鑒及於此,一如從軍之踴躍,爭相運送,車輛轉動,日日不停,未幾即已全部運竣,達成任務。

(三)運送從軍知識青年

欲達抗戰勝利,必須提高軍隊素質,俾能接受新式訓練,使用新式武器,以期來日與盟軍並肩擊潰日寇,重建世界和平。蔣主席特發表文告,勉囑黨員團員學生及一般知識青年,以許身疆場,殲敵復土為己任,各地青年熱烈響應,如澎湃潮踴,獻身報國,以酬素志。我會員亦滿懷熱忱,出其所有車輛,往返奔駛,分別運送指定受訓地點。

(四)運送航油

現代戰爭,首重空軍,世人所知。近年來盟邦美國,在我國內建築機場,經常出動,或助陳前線,或轟炸東北敵人經營之重工業,或遠征日寇本土,任務日繁,所需航油益增,故運送此項油料,至關重大。本會會員不辭辛勞,無間風雨,彼來此去,相繼運送,從未暫停,經常勤動,致使飛機出動,得以按照規定時間起飛,不致錯過時刻,貽誤戎機。

(五)各地機場接運

臨此大反攻前夕,國外空運內地軍火日增加多,麇集機場,亟待轉運,此又為我會員增一任務,咸皆樂所從事,不嫌繁劇,加緊速度,一遇空運物資到達,即裝車運出,駛向南北各地,甫經交卸,又急急轉回。擔任二次運務,來來去去,往返賓士,蓋因軍火,均屬貴速,稍遲即致誤。

四、福利方面

(一)北運專案軍品籲請發胎經過

軍事當局卓見遠謀,在河南戰事未爆發前,即著手進行佈署,用期痛懲來犯之敵,故斯時軍火北運頻繁,在渝車輛全部參加服務。西北公路素以難行見稱,會員車輛急急賓士,加緊速度運濟軍需,日夜不停載重往返,因是輪胎消耗之大,出諸意外,血本難維,損失慘重。本會特向有關當局發出緊急呼籲,迅予救濟,以維軍運。當蒙允許,凡由渝至廣元擔任北運軍品達 2 次以上並由渝至蓉 4 次以上者,可照官價向汽車配件總庫領輪胎 1 只備用。

(二)華西機場運務籲請救濟輪胎配件經過

新津、邛崍、彭山、雙流、廣漢等縣建築機場,同時開工,規模之大,罕有倫比。全部工程厥以運務為最要,各地商車參與工作,以本會會同成都、瀘縣兩地汽車公會協主其事,各地車輛,莫不努力從事。惟以機場附近汽車行道係屬臨時開闢,未臻精工,兼之數百輛車日夜不停行駛,故爾路面壞濫不堪,輪胎配件消耗特大,商車難以維持。本會等深恐影響工程,曾在蓉以急電分別呈請何總長、曾部長等,籲請設法救濟。乃邀批准撥給大量輪胎配件,經本會會同蓉瀘兩公會負責人合理配給各車,始解除其困難。

(三)請求合理調整運價

查本業運價係由政府比照燃料價格所規定,惟此中燃料價格已連漲數次,而運價未蒙一次調整,支出駕車收入之上多多,成本實極難於維持,各會員連聲叫苦。本會乃兩次具呈交通部並國家總動員會議,申述困難實情,請速予改訂運價,並一再前往面洽,均邀許可,當予重新調整公佈實施。

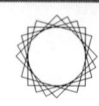

（四）設立新橋商車服務處

本會會員恒皆集中郊區新橋一帶，該地距城較遠，並不繁盛，鋪戶稀落，以是食宿至感困難。本會有鑒及斯，並謀供給精神食糧，提倡有益身心之正當娛樂起見，特在新橋創設商車服務處一所，內設有寄宿舍、食堂、沐浴、理髮、書報、流覽、俱樂部等部門，專為會員服務，咸皆稱便。

（五）設備救濟車

近來因軍事方面反攻將臨，積極佈署，是以運務繁忙，前所未見。各會員車輛，載重駕駛，來來往往，常於途中機械突生故障，整修困難束手無策，致延時日，匪獨會員業務遭蒙極大損失，且影響軍運亦甚深重。本會特電請戰時運輸管理局准許設置救濟車，經常出動巡視，擔任救濟拋錨車輛工作，既便會員業務，復利軍運，公私兩便。

（六）興建修車廠

目前運務愈形繁重，每日出動車輛，輒皆為數甚夥，重車遠行，高速飛駛，此一任務甫達，即又擔任二次運務出發，甚少停歇，故爾車輛壞損時有所聞，常見不鮮。各會員苦以當前物價高騰，修車費用龐大，難勝負荷。本會特在新橋覓地自設修車廠一所，藉以解決各會員修車困難，俾符謀取福利之旨。

（七）5000公里官價購胎

商車擔任運務，均屬直接關連抗建，與軍公車輛所負任務，殊無二致。而軍公車享有種種優待補助，商車獨無，實欠公平。本會曾一再呼籲，請予改善，蒙運務當局採納，訂定補助商車輪胎辦法，凡承運軍公物資行駛5000公里者，准許官價領購輪胎1只，藉資補充。

（八）歷次運務本會籲請供胎經過

車輛之輪胎如人之手足，不容缺廢，故極重要。方此物價高騰，輪胎市價上漲之速，竟將達20萬元1只。各會員限於成本不敢問津，而政府供胎必須駛足5000公里方可。目前運務繁忙，輪胎爆破迭有發生，深感青黃不接，難乎為繼。故本會於航油運漢中等地及西南緊急協運、萬梁美資接運等重大運務，皆籲請有關機關准予額外領購價胎應用，以利務，用解商車困難。

（九）策動設立海棠溪俱樂部

本會鑒於海棠溪一帶會員眾多，該地機關林立，擁用員工亦復不少，乃由海棠溪分事務所，邀集會員及各機關負責人商議共同設一規模較大之俱樂部，經邀同意，等竣成立。

本會理監事名冊

重慶市汽車商業同業公會理監事名冊

本會事務所職員名冊

重慶市汽車商業同業公會職員名冊

職別	姓名	年齡	籍貫	備考
理事長	宣傅京	30	安徽	
常務理事	何子華	42	河北	
	王樾	36	江西	

理事	胡金山	43	湖北	
	趙大春	51	江蘇	
	李子康	31	江蘇	
	顧乾臣	48	湖北	
	張明軒	36	山西	
	梁永恆	31	安徽	
常務監事	廖德楊	33	四川	
監事	馮金源	31	南京	
	高觀起	36	湖北	
候補理事	張貞富	33	湖北	
	朱鳳石	36	江蘇	
候補監事	陳柏平	39	湖北	
理事長	宣傳京	30	安徽	
書記	蕭宇柱	26	重慶	
總務股主任	顧乾臣	48	湖北	
財務股主任	何子華	42	河北	
組訓股主任	胡金山	43	湖北	
總務股幹事	黃燦	23	重慶	
組訓股幹事	簡俊銘	25	四川	
財務股幹事	戴芝富	34	安徽	
海棠溪分事務所主任	何子華	42	河北	
幹事	朱孟寬	33	湖北	
	黃鉞	51	安徽	

二、輪渡

1. 重慶輪渡股份有限公司創立會議記錄（1939 年 5 月 29 日）

開會日期：民國二十八年五月二十九日。

開會地點：重慶蓮花街華懋股份有限公司內。

到會股東：計 71 戶，共 1850 股。

查本公司股東共 76 戶，計 2000 股。

一、行禮如儀。

二、四川省政府建設廳代表范英士先生蒞會監督。

三、公推股東何靜源君主席。

四、主席報告本日到會股東戶數股數已足，公司法第一百條之規定可以開會。

五、主席請各股東通過本公司章程。逐條朗讀，討論通過，如另文。

六、主席請各股東投票選舉董事監察人，指定股東宋師度、徐修平兩君檢票。

七、投票結果如下：

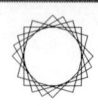

董事
何靜源君得 1145 權
康心之君得 1145 權
文化成君得 1120 權
黃次鹹君得 1118 權
寧芷村君得 1082 權
湯壺嶠君得 1082 權
李澤敷君得 1060 權
蔣相臣君得 1060 權
王海樓君得 1060 權
汪代璽君得 1060 權
另有董事 1 人,由四川省政府臨時選派。
監察人
髯子昂君得 912 權
唐建章君得 910 權
另有監察人 1 人,由四川省政府臨時選派。
八、散會

主席　何靜源
四川省建設廳代表　范英士

2. 重慶輪渡股份有限公司章程（1939 年 5 月）

第一章 總則

第一條 本公司依公司法股份有限公司之規定集資組成。定名為重慶輪渡股份有限公司。
第二條 本公司以經營輪渡便利本市及其附近江面交通為宗旨。
第三條 本公司經營輪渡業務種類如下：
一、橫江渡
二、順江渡
三、拖駁
四、應租
第四條 本公司設於重慶
第五條 本公司公告方法登載於重慶市之新聞紙。

第二章 股份

第六條 本公司股本總額為國幣 20 萬元，以 100 元為 1 股，一次收足。
第七條 本公司股票為記名式，股東以中華民國國籍者為限。
第八條 股票如以法人堂記記名者，股東應將代表人姓名、住所函報本公司。有變更時亦同。

第九條 股東應將其印鑒函送本公司存證，凡領股息、紅利及與本公司有用書面事件，概以此印鑒為憑，嗣後有變更時亦須函告本公司更改。

第十條 本公司股票得自由轉讓，但轉讓人須將股票繳還公司，並填明受讓人姓名住址，過戶，由本公司另換給新股票。因繼承關係須換填姓名者，手續與前項同。

第十一條 如有遺失股票者，須向本公司聲明，請補發股票。但須有 2 人以上之保證，並登報聲明，3 個月不發生糾紛，始行補給。

第十二條 凡換給或補給新股票，每張須收手續費 1 元。

第三章 股東會

第十三條 本公司每年於結帳後一月內，召集股東會一次，但遇必要時，得依公司法之規定，召集臨時股東會。

第十四條 股東會之決議，應有股份總數過半數者之出席，以出席人表決權之過半數行之。但關於變更章程，增減資本或解散合併之決議，須遵公司法第一百八十六條及二百零三條之規定，分別辦理。

第十五條 本公司股東第 1 股有 1 表決權，但 1 股東而有 11 股以上者，從 11 股起，每 2 股有 1 表決權。30 股以上之股東，概以 20 權為限。

第十六條 股東得委託其他股東代表到會，但須出具委託書，交由董事會存留為證。

第十七條 股東會主席由股東互推之。

第四章 董事會及監察人

第十八條 本公司設董事 11 人、監察人 3 人，凡本公司股東均得當選。

第十九條 董事任期為 2 年、監察人任期為 1 年，但得連選連任。

第二十條 董事會設董事長 1 人、常務董事 2 人，均由董事互選之。

第二十一條 董事會之職權如下：

一、對外代表公司；

二、經理人選任及解任；

三、召集股東會；

四、核定本公司出入款項及一切賬據；

五、議決應興應革事件；

六、視察營業狀況；

七、監視執行議決。

第二十二條 董事會每月開會一次，如有緊急事項發生，得召集臨時董事會。

第二十三條 監察人依據公司法第一百五十六條至第一百六十條之規定，行使其職權。

第五章 決算及盈餘分配

第二十四條 本公司營業會計年度自每年一月一日起至十二月三十一日止，每一年度決算一次。

第二十五條 每年決算結有盈餘，首提 10% 為公積金，次提所得稅，再提周息 1 分為股息，其餘作為百分分配如下：

一、特別公積金提 15%。

二、職工紅酬提 20%。

三、股東紅息提 60%。
四、補助各項事業基金提 5%。

第六章 職員

第二十六條 本公司設經理 1 人，總理本公司營業事務。其任免由董事會議決行之。
第二十七條 本公司各部職員名額之增減，須應事務之需要，由經理提交董事會核定之。
第二十八條 經理薪金由董事會決定之，其餘各職員薪金，經理核定報董事會備查。

第七章 附則

第二十九條 本章程未盡事宜悉遵公司法及其他法令辦理。
第三十條 本章程自經股東會議決呈請主管官署核准之日實行，修改時亦同。

發起人：

姓　名	住　址
何靜源	重慶南岸汪山何宅
康心之	重慶領事巷 10 號
文化成	重慶三元廟 39 號
黃次咸	重慶公園路青年會
甯芷邨	重慶打銅街川康銀行
湯壺嶠	重慶陝西街永美厚銀號
李澤敷	重慶白象街聚福洋行
蔣相臣	重慶蓮花街江海銀行
王海樓	重慶南岸汪家花園
汪代璽	重慶南岸汪家花園
鬍子昂	重慶蓮花街華懋公司
唐建章	江北縣弋陽觀唐家院
何北衡	重慶南岸汪家花園

3. 重慶輪渡股份有限公司董事監察人名單（1939 年 5 月）

職別	姓名	住址	股數	當選權數
董事	何靜源	重慶南岸汪山何宅	10 股	1145 權
	康心之	重慶領事巷十號	10 股	1145 權
	文化成	重慶三元廟三十九號	24 股	1120 權
	黃次咸	重慶公園路青年會	5 股	1118 權
	寧芷邨	重慶打銅街川康銀行	110 股	1082 權
	湯壺嶠	重慶陝西街永美厚銀號	10 股	1082 權
	李澤敷	重慶白象街聚福洋行	10 股	1060 權
	蔣相臣	重慶蓮花街江海銀行	10 股	1060 權
	王海樓	重慶南岸汪家花園	10 股	1060 權
	汪代璽	重慶南岸汪家花園	353 股	1060 權

監察人	鬍子昂	重慶蓮花街華懋公司	10 股	912 權
	唐建章	江北縣弋陽觀唐家院	6 股	910 權

4. 何靜源等為發起組織輪渡公司請核准登記致重慶市社會局呈文（1940年1月24日）

謹呈者：

商等遵照公司法股份有限公司之規定，在四川重慶市地方發起組織重慶輪渡股份有限公司，資本總額定為國幣 20 萬元，分為 2000 股，每股 100 元，一次繳足，曾經呈奉四川省建設廳批准備案，並派員蒞創立會監督各在案。茲遵照公司法及公司登記規則之規定，備具各項文件及執照費等，呈請鈞局察核，轉呈經濟部核准登記發給公司登記執照，不勝感激。謹呈

重慶市社會局

具呈人

重慶輪渡股份有限公司董事

何靜源　康心之　文化成　黃次咸　寧芷邨

湯壺嶠　李澤敷　蔣相臣　王海樓　汪代璽

監察人　鬍子昂　唐建章

代理人

會計師　謝　霖　會計師　蘇祖南

重慶狀元橋街太華樓正則會計事務所

5. 交通部為准予《重慶市輪渡管理辦法》備案致重慶市政府公函（1941年7月3日）

准貴府本年六月二十七日市秘三字第一四一一○號公函抄送重慶市輪渡管理辦法囑查照備案等由，准此。除存案備查並抄發漢口航政局知照外，相應函覆查照為荷。

此致

重慶市政府

張嘉璈

重慶市輪渡管理辦法

一、重慶市政府（以下簡稱本府）為策本市各航線輪渡之安全，訂定本辦法。

二、本市現有航線應設置渡輪及船躉之數量如下：

（一）經常航行者：

1. 儲海線，由儲奇門至海棠溪，設渡輪 3 艘（乘客少時 2 艘），躉船 3 艘。
2. 望龍線，由望龍門至上龍門浩，設渡輪 3 艘（乘客少時 2 艘），躉船 2 艘。
3. 嘉彈線，由嘉陵碼頭至彈子石，設渡輪 2 艘（乘客少時 1 艘），躉船 2 艘。
4. 朝野線，由朝天門至野貓溪，設渡輪 1 艘，躉船 2 艘。

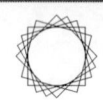

5. 朝溉線，由朝天門至溉瀾溪，設渡輪1艘，躉船2艘。

（二）枯水時停航者：

1. 南黃線，由南紀門至黃桷渡，設渡輪1艘，躉船2艘。

2. 嘉江線，由嘉陵碼頭至江北覲陽門，設渡輪1艘，躉船2艘。

前項應設渡輪及躉船，數量非有重大事故呈經本府核准，不得減少或停航。

三、本府認為交通上有必要時，得於前條各線外，隨時增加航線，其渡輪及躉船數量，以命令定之。

四、各渡輪安全設備，由工務局會商航政局設計，交輪渡公司照辦，並按月由工務局免費檢驗一次，呈報本府備案。

五、各般線每日開航、停航，由工務局按季節規定時間，各渡輪應切實遵守，並於各躉船上將規定時間通告乘客。但遇有大霧或大風雨，渡輪大副認為航行有危險時，乘客不得強迫開航。如有強迫開航事情，由憲警嚴切制止。

六、各渡輪或躉船如有損壞，應即修理，並於修理期間另調船隻補充。

七、各渡輪每次所載乘客，應嚴守航政局規定之數額，不得超過。遇乘客超過定額時，大副不得開航，如有強迫開航事情，由憲警嚴切制止。

八、乘客均應購票。服裝整齊之軍警，除整隊由官長率領者得向售票處領取臨時免費證外，應購半票。

九、售票處每次所售票數已達該次渡輪定額時，應即停售，俟該輪開航後，再售下次渡輪票。並在跳板上設木欄門，所有無票或超過定額之乘客，由憲警嚴切阻止其進入躉船。

十、各渡輪及售票處由工務、員警兩局隨時派便衣人員監視，其每次開航及售票是否超過定額，報各該局備查。

十一、各售票處應於附近搭蓋臨時棚屋，為尚待購票乘客棲息處所。

十二、各渡輪應按乘客定額，設置座位及救生工具。

十三、各渡輪兩側應懸掛布篷，其左右舷之欄杆高度應在2公尺以上。

十四、各躉船至岸邊應分出入口，各置跳板，寬度在2公尺以上。厚度為8公分至10公分，跳板兩旁並設扶欄。

十五、各渡輪及躉船上之職員，應佩帶袖章，水手、夫役應佩帶符號，以便稽考。

並於渡輪及躉船上，分別將大副及管理員姓名通告乘客。

十六、各躉船上之力夫、小販，不准進入渡輪，由員警勒令佩帶袖章，以資識別。

十七、各渡輪躉船及碼頭之清潔，應由輪渡公司負責辦理。

十八、各渡輪及躉船上於暑熱時應設置茶缸，並備救急藥品。

十九、輪渡公司如違反本辦法之規定，由工務、員警兩局視其情節，從嚴議處呈報本府核准施行。

二十、大副每次開航、售票員每次售票，如超過定額，除由輪渡公司予以撤職外，並由警察局科以逾額票價十倍之罰鍰。

二十一、本辦法自市政府公佈之日施行，並請交通部、重慶衛戍總司令部及憲兵司令部備案。

6. 重慶市工務局為報告重慶輪渡公司成立經過致市政府呈文（1941年7月4日）

　　案奉鈞府本年六月十九日秘二字第一三三四九號訓令，為據社會局呈送重慶輪渡公司申請核轉登記文件請核示等情，飭將該公司成立經過、集股情形、內部組織及近年來營業概況查明呈覆，等因。自應照辦。查四川省政府於民國二十七撥款10萬元創設輪渡，先成立籌備處著手試辦，當明租賃民生公司民約輪及綏靖公署小輪1艘，於儲海線試航，嗣於同年五月間，復由漢口購得小輪5艘，民約輪即行退租，同年十月正式成立「重慶輪渡股份有限公司」，為官商合辦，股資共20萬元。內官股5萬元，商股15萬元。二十九年初，又增商股20萬元。公司組織，董事會下設經理，分業務、工務、會計、出納四股。二十九年底止，公司有渡輪12艘（編為1至12號），內有購自舊貨者，素質欠佳。其中第2、3、6、11、12號為鐵殼，餘均為木殼，於二十八年間經本局督促徹底加以修理後，各輪船身及機器均已略見良好，惟終以大半逾齡，不耐久航，經常能應渡者，多僅8艘。不敷之時，另行租用。至於航線解逐漸擴增，迄二十九年底止，計有南黃、儲海、望龍、朝彈、朝野、朝溉、朝江共7線，內南黃、朝江兩線於枯水時不能航駛。公司營業，二十七年度三個月（十月至十二月）總收入為54960.81元；支出為37873.36元，除渡輪等折舊外，計盈餘8930元。二十八年度總收入為519297元，內客運收入為508385元；總支出為478302元，計盈餘41974元。其乘客人數及航行次數列如下表（甲）。二十九年度全年總收入為166810036元，支出為163090363元，計盈餘37196元。其乘客人數及航駛次數列表如（乙）。三十年一月至五月，營業虧損約10餘萬元。理合將輪渡公司成立經

　　過各情備文呈請鑒核。謹呈
　　市長吳
　　附呈甲乙表各一件

工務局局長　吳華甫

（甲）表

線別	航駛次數	乘客人數
儲海線	14588	3760911
望龍線	16825	2041471
朝彈線	14488	1486074
朝江線	13975	509292
合計	59816	7797748

（乙）表

線別	航駛次數	乘客人數
朝彈線	17900	1879968
朝野線	9926	496344
望龍線	23823	3096913
儲海線	36340	4360814
朝江線	5866	293331

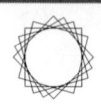

南黃線	11833	591644
朝灉線	1015	50759
合計	106703	10769773

7. 重慶輪渡公司創辦四年概況[①]（1943年）

　　四川的航業歷史，不久將有半世紀的記錄，而重慶輪渡公司，今日方才度過他四周年的生辰，我們趁這個機會，來簡單敘述幾位創造航業人物的故事（詳細事績的敘述，屬航業史的範圍，非本文所能詳）及本公司創辦的意義和經過，想來不是一件無意義的事罷？

　　輪渡公司，確實至今仍然是一椿小事業，雖然他有八條航線，有十餘條渡輪，每年載一千五六百萬乘客過江，但是他只有註冊資本20萬元，實收資本40萬元，現在幾百萬元幾千萬元資本的公司，到處皆是，這樣一個40萬元的東西，你能否認他是一個小公司麼？他不惟資本小，而且設備簡陋，這也是真實情形，毫不帶一點謙虛客氣的意思，今日的重慶，為全國人才者薈萃之區，有以千數計算的人，曾經到過外國，有以萬數計算的人，曾經到過其他繁盛通商口岸，乘過設備完善，船身寬大平穩，座位舒適寬敞的輪渡的，一定有人說，重慶輪渡公司的工具，未免太不充分；設備未免太簡陋了？這些皆是事實，不必隱諱，也無法隱諱的。

　　重慶輪渡公司，是今日中國範圍內唯一的輪渡公司，他是此次中日戰爭發生一年後方經何北衡、何靜源先生等籌辦起來的，當時只能就漢口與宜昌諸地市場上，現有的小輪及拖駁，酌量收費，實無合於川江航行之標準輪渡可資選購，各小輪拖駁，設計不同，機器式樣，馬力大小，皆不相同，其效率及平穩的程度，亦因之而差異亟大，管理經營，大費工夫，乘客觀感，對之亦至為紛歧，但因按時修理，不顧支出之增加，務求常川保持安全行駛之目標，本身力量不敷時，並多租外輪，以資補充，四年以來，幸無重大意外事件發生，此則可告慰於本市市民者也。

　　重慶三面臨江，渡江的交通工具，數千年來，襲用木船。川江灘多水急，不易控制，舉國皆知。每當洪潮湧至，或沙水大發時，木船全船沉沒之慘劇，每年必數十百次不等，寶貴生命之淪喪，財產之損失，不可勝計，夜間航行，更屬危險萬狀。從社會效率，及人道主義的立場，均有開辦輪渡之必要，本公司之開辦，實基於此項動機，因得主動機關之提倡，乘客之贊助及寬容，股東諸公之支援，職工之努力服務，四年以來，幸未甚辱使命，四年以來，搭載乘客總數，達六千萬人以上，自從去年，望龍線，儲海線，朝彈線，開辦夜航以來，每日為重慶市添加六個鐘頭的辦公時間，未敢自以為功，不過聊以答報，四年來繼續照顧信任不衰之乘客諸公的盛意隆情於萬一耳。

　　我在前面舉出後方多數工業，只解決了一部分有無問題，並未解決好壞問題，我並不是想用來作藉口，以為輪渡公司應該故步自封，不求進步了，反之，我們在種種不利的條件之下，始終在要求進步，今天以後，更要特別努力，要求做到環境容許的盡美盡善的地步。我們在這四周年紀刊內，敬謹將輪渡公司的事實和困難，和盤托出，請求讀者諸公指教。

---

① 節選自張澍霖著《重慶的江上交通》，原載《西南實業通訊》第3卷第1期。

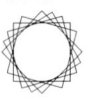

前市政府吳市長國楨先生，航務局王局長道之先生對於輪渡公司曾有許多的指導，如其過去一年來輪渡公司有任何的成就，那皆是兩位主管長官的指導之力，謹此誌謝。

　　我們希望每天過江的6萬乘客，招待不周時，格外寬容，服務不夠時，勤加指教，公用事業，全要靠公眾誠意合作，方能繼續進步。我們希望500多位輪渡職工，從水手到大副，要切實遵照新近頒佈的輪渡規則，各種輪渡手冊，守著自己的崗位，忠誠服務。

　　過江黃魚之多，足以威脅輪渡公司的生存，我們希望治安機關，加以取締。

　　拉雜陳述，不過之處甚多，如承指教，極所歡迎！

　　邱吉爾先生在他一次有名的演說詞中曾對美國朋友請求說「請給予我們以工具，以完成我們的工作吧」。我們敬謹仿照他的語法，向我們的政府及社會，發出請求，「請給予我們以時間與幫助，以完成我們的工作吧」。

8. 整理重慶市輪渡暫行辦法（1939年5月29日）

一、渡輪

　　（一）儲奇門至南岸海棠溪一線（即儲奇線），至低限度應經常設置渡輪2艘，相互往返。

　　（二）望龍門至南岸太平渡一線（即望太線），至低限度應經常設置渡輪1艘。

　　（三）嘉陵碼頭至南岸彈子石一線（即朝彈線），至低限度應經常設置渡輪1艘。

　　（四）嘉陵碼頭至江北嘴（即朝北線），至低限度應經常設置渡輪1艘。

　　（五）其他碼頭得隨時考察交通之需要，設置渡輪。

　　以上規定之應設渡輪數量，非遇特別重大變故，呈經航務處核准，不得減少或停航。

　　（六）渡輪左右舷之欄杆過矮，應設法加高至4尺以上，以策安全。

　　（七）防水救護工具，每只渡輪應均依照乘客定額，設備完善。每輪並應加添救生筏4具，每具以能容20人者為限。

　　（八）輪渡公司對各碼頭附近之救生船及民船，應取得密切聯繫，俾遭受危險時，互相救助。

　　（九）各輪渡每次開行時間，應嚴照規定，不得延誤。

　　（十）各輪渡每次渡江，應嚴照檢定乘客，定額載客，不得超出，以保安全。

　　（十一）各輪渡應即籌開夜班，至遲應於六月一日開班，不得違誤。

　　（十二）所有各線輪渡日夜班之規定設備，應由川江航務管理總處技術員免費每月施行檢驗一次，以策安全。

二、躉船

　　（十三）現有輪渡躉船船身欠堅，且嫌狹小，致常有傾斜之象。應即更換另造容量較大之躉船，以能容納多數乘客，並將內部分成四個待船室，以兩室為第一批上船客人之處所，其餘則為第一次售票滿額剩下之乘客之待船室。

　　（十四）躉船售票，須按照各該渡輪法定乘客數量出售，不得超出。如遇超出定額，乘客應分配於第二次待船室輪送過江，以維秩序。

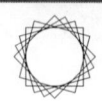

（十五）躉船至岸邊跳板，應分上下各別設置。跳板寬度應以 2 公尺以上為限，厚度以 8 公分至 10 公分為限，跳板兩旁仍須裝設扶欄，以防擁擠，發生不測。跳蹬亦須力求牢固，適合水勢。

（十六）乘客上下躉船之入口出口自經規定以後，躉船員工應即隨時督導，不得混淆。

三、船員及夫力等

（十七）各躉船上及渡輪上之行李工人，應由重慶輪渡公司分別清查登記，取保彙報航務處備查，並飭其逕向航務處呈請備案。遵照規定收費，穿著青色對襟短服，腕佩袖章，以資統制。餘則一律取締。

（十八）各躉船渡輪水手等工人，應由輪渡公司統一制度服裝、符號，以便稽考。

（十九）上下躉船及渡輪報販，應由各躉船管理，先行登記，取保報由輪渡公司轉報航務處備案，遵守一切規定，始准兜售，否則取締。

（二十）秩序之維持，除由憲三團派憲兵、航務處派水上保安隊協同負責外，加緊星期日、節假日、紀念日，並應由輪渡公司分別派幹員，負責躉船上及渡輪上秩序之維持。

（二十一）渡輪及躉船與躉船碼頭之清潔，應由輪渡公司多派幹役專司之，並聽從航警、憲兵之指揮。

（二十二）渡輪及躉船上於暑熱時，應分別設置茶缸及救濟藥品，以備救濟。

四、汽車渡江

（二十三）汽車渡江輪駁，應由西南運輸公路管理局隨時注意需要配置之。

（二十四）汽車渡江碼頭秩序，由憲兵及航警負責，各汽車整列江岸，挨次運輸，不得爭先恐後。

（二十五）汽車渡江船駁每日開行時，除准載與汽車有關或本公路局人員外，其餘一律嚴禁搭載以防奸宄而免覆沒，由憲兵及航警負責執行。

五、附則

（二十六）上列各項屬於輪渡公司者，由航務處限期飭令遵辦完善。屬於西南公路局者，函知辦理。

（二十七）有違犯本處辦法者，由航務處依法處辦。

（二十八）本辦法由衛戍總司令部稽查處、憲兵第三團部、川江航務管理總處會商決定，呈請重慶衛戍總司令部核准施行。

（二十九）本辦法應依交通之進展隨時呈准修改之。

（三十）本辦法自呈奉核准日施行。

9. 重慶輪渡配備計畫方案（1939 年 7 月 3 日）

一、現在開行航線

（一）望龍線（望龍門至龍門浩）：無論何時必須配備 3 艘渡輪輪流航行。

（理由）該線來往乘客最多，該公司本來派有 3 輪行駛，自本年月三十一日起，因江水枯落，五號渡輪又復損壞，缺乏相當輪船，以致停航。現往督促，已由該公司向國營招

商局借用河寬輪船，連同八號渡輪，於二月九日下午起復航該線，但乘客擁擠，供不應求。如遇星期日或空襲時，更感不敷。如無論如何，該線必須配備3輪航行，始能維持。

（二）儲海線（儲奇門至海棠溪）：無論何時必須配備3艘渡輪輪流航行。

（理由）該線來往乘客亦多，現在僅有6號及10號2艘渡輪行駛。近日該公司在行營碼頭添設躉船停靠渡輪，雖可縮短航線，增加來往速度，但如遇星期日或空襲時，乘客必多，難免擁擠。故該線無論如何必須配備3輪航行，始能維持。

（三）朝施線（朝天門至施家河）：最少須有1艘渡輪航行，不得停航，必要時再行增加。

（理由）該線現有四號渡輪航行，尚能適合供求，暫時不必增加渡輪，但不得停航，以免影響交通。

（四）朝溉線（朝天門至溉瀾溪）：最少須有1艘渡輪航行，不得停航，必要時再行增加。

（理由）該線本有十一號渡輪及順昌輪船輪流行駛，近因該公司向國營招商局借用河寬輪船，即以順昌輪船撥借國營招商局使用，故該線現在僅有十一號渡輪航行。經查，供求情形尚可適合，暫時不必增加輪船，但不得停航，俟乘客增多時，再行加派輪船航行。

（五）嘉彈線（嘉陵碼頭至彈子石）：最少須有2艘渡輪輪流航行。

（理由）該線現有九號渡輪及華遠輪船輪流航行，尚足維持交通，不必增加輪船，但亦不能減少。

二、現在停航航線

（一）朝江線（朝天門至江北）：江水稍漲應即派輪渡航。

（理由）該線前因水枯停航，惟該線為重慶與江北往來唯一之水上交通，應於江水稍漲時，即行復航。至需要輪船數量，須視乘客多寡情形，再行決定。

（二）東太線（東水門至太平渡）：水漲應即派輪復航。

（理由）該線因值枯水時期，不能安設躉船，故暫停航。將來水漲，應即復航。至需要輪船數量，須視乘客多寡情形，再行決定。

（三）南黃線（南紀門至黃桷渡）：應即派輪復航。

（理由）該公司因該線營業清淡及借調渡輪、躉船關係，自行停航。該公司辦理公共事業負有維持交通責任，自不應因營業清淡及非不可抗力之原因任意停航，故該線應即派輪復航，藉維交通。至所需渡輪及躉船，應由該公司自行設法調整。

三、需要增闢航線

（一）彈打線（彈子石至打魚灣）：應於洪水期間指派渡輪開航。

（理由）查南岸與江北間向無輪渡航行，交通頗多不便，應於洪水時期增闢該線，以便乘客來往。至需要輪船數量，須俟開船後，視乘客多寡情形，再行決定。

（二）臨廖線（臨江門至廖家台）：應於洪水期間指派渡輪開航。

（理由）查現在輪渡航線多在揚子江流域內，嘉陵江內兩岸之交通專賴木划載渡，深感不便。應於洪水時期，增闢該線，以利交通。惟廖家台方面如有缺點，可改為由臨江門至香國寺。不過嘉陵江內兩岸之航線確有增闢之必要，至需要輪船數量，應俟開航後，視乘客多寡情形，再行決定。

（三）彈儲線（彈子石至儲奇門）：應即指派渡輪開航。

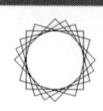

（理由）查南岸陸路交通本甚困難，如由南岸往返儲奇門或海棠溪等處，均須繞道重慶，行旅深感不便，應即派輪開航該線，以利交通。至該線需要輪船數量，應俟開航後，視乘客多寡情形，再行決定。

以上各線如同時開航，共須配備 16 艘輪船。現在該重慶輪渡公司自置渡輪 12 艘，租用輪船 2 艘，共計不外 14 艘，本已不敷分配。且川江航道情形特殊，輪船易生損壞，若無相當船隻準備替換，則難免有停航之虞。應由該公司再行購置或租用輪船 6 艘，以資調度而利交通。至各碼頭躉船及跳板亦多缺乏，應由該公司趕速添設。

三、纜車

1. 重慶市工務局建築重慶南山區纜車路計畫（1941 年）

一、概言

南山區位於重慶揚子江南岸，人口繁多，商務茂盛，風景幽雅，近年以來，國府西遷，因空襲疏散，覓居於南山區一帶者甚夥，故在該區一帶來往上下者為數頗多。

惟由山麓至山頂，高約達 200 餘公尺，來往至感不便，老路全係石級踏步，盤旋曲折，負販行人，轎輿騾馬，皆沿石級攀登而上，勞力費時，行旅苦之。從海棠溪至黃桷埡雖有海廣公路可行，因須經土廟子，繞道達 10 餘公里，亦不便利，故為建設陪都，繁榮南岸，利便交通，實有建築南山纜車之必要。

二、人口及交通現狀

南山一區，人口繁多，且以水陸運輸便利關係，商務將日臻繁盛，人口亦將激增。所謂南山區即包括南山頂以迄南山麓一帶而言，現劃分為 7 鎮。屬於南山麓者為南坪場、海棠溪、龍門浩、玄壇廟、彈子石 5 鎮，南坪場鎮人口數為 17501 人，海棠溪鎮人口數為 16764 人，龍門浩鎮人口數為 23857 人，玄壇廟鎮人口數為 17071 人，彈子石鎮人口數為 16768 人，五鎮合計為 91961 人。屬於南山頂者為黃桷埡清水溪兩鎮，黃桷埡鎮人口數為 11175 人，清水溪鎮人口數為 5025 人，兩鎮合計為 16200 人。上項人口數位係根據本市警局本年四月間之調查，現時雖不免異動，為數當大致不差（附人口圖〈略〉）。

全區人口既達 10 萬人以上，上下交通自屬繁多，經於九月間調查結果，每日由海棠溪龍門浩上黃桷埡平均為 4037 人，由黃桷埡下海棠溪龍門浩者平均為 3992 人，每日由龍門浩上清水溪者平均為 1426 人，由清水溪下龍門浩者平均為 1245 人，每日由玄壇廟上黃山者平均為 246 人，由黃山下玄壇廟者平均為 262 人，每日由龍門浩上真武山者平均為 226 人，由真武山下龍門浩者平均為 193 人，總計每日在南山區一帶上下者各達 6000 人弱，即平均每小時各約 500 人，此項數量不為不大，而其上下交通工具，僅滑竿 236 乘，馬 43 匹，舍此之外，皆須步行，人力、物力、時間經濟，莫不浪費（附交通狀況圖〈略〉）。

三、路線設計大概

南山區每日上下人數各達 6000 人弱，而其中在海棠溪龍門浩至黃桷埡一線上下者即達 4000 人弱，約占全數 70%，故本線建築以在海棠溪黃桷埡一線附近為宜。且海棠溪可接川黔公路，黃桷埡可接海廣公路，為求與公路取得聯絡，亦應擇定此線，經查勘結果，本線

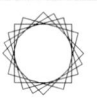

由海棠溪附近龍塘起，約行 1.5 公里，經周家河溝至窯廠，坡度平坦，可建築公路，通行汽車、人力車、馬車等，而與川黔公路取得聯繫。惟由窯廠起至黃桷埡市場兩端止，距離約 500 公尺，而高度差達 180 公尺，坡度甚陡，老路石級以此段為最曲折而又最難爬，故擬建築纜車路，雙軌平行，一上一下。

自黃桷埡市場兩端起接海廣公路，長約 500 公尺，坡度復平順，仍可建築公路，以資銜接，如是此路完成以後，不特一般市民上下便利，即汽車來往，亦勿庸繞道上廟子矣（附路線圖〈略〉）。

四、纜車路之設計

纜車路斜長約為 550 公尺，利用鐵路上之鋼軌，鋪設雙軌，上下分行，利用火車廂作車廂，而以鋼絲纜將兩車相連，裝電動機推動之，俾一車下時，即拉另一車使之能上，使車輛重量上下平衡而省電力，所須電力以用市內現有電力為宜。至其車廂大小應能容納 85 人，如是每小時以行車 6 次計數，其每日運輸量上下即各達 6000 人，正合於現時上下人口密度之數。

除乘客車廂外，如為便利汽車上下及裝載貨物起見，可另於車廂內設置車輛及貨物地位，可於設計時考慮之。

五、建築費概算

公路計長約 2 公里，每公里全部建築費估計需費 40 萬元，合計 80 萬元。纜車路計長約 550 公尺，全部建築費估計需費 150 萬元，車輛機械電訊各項設備估計需費 120 萬元，其他需費估計 50 萬元，總計為 400 萬元。

六、預計營業狀況

路線築成營業以後，預計每月上下乘客當在 30 萬人左右，每人每次收費 5 角，每月收入約為 15 萬元，至支出方面，因路線既短，管理自易，養路亦省，一切行車費用連車輛折舊及利息等費，即以每月 10 萬元估計，每月尚可盈餘 5 萬元。如在海棠溪至窯廠間辦理公共汽車運輸，則不特來往方便，收入將益增也。

七、籌建機構

本計畫範圍全在市區，自應由市府計畫籌建，惟所有鋼軌車輛電機材料，市內不易覓購，擬請由交通部方面予以協助，故本計畫之籌建機構，由交通部與市府會同組織，擬妥詳細設計，然後籌款興工，則本路之觀成可較易實現也。

2. 中國橋樑股份有限公司擬重慶市登坡纜車計畫書（1943 年 12 月）

一、緣起

重慶據長江嘉陵之匯，自昔為西南重鎮，抗戰後更為戰時首都，集軍政工商於一地，人口因之驟增。徒以原有市區處兩江之間，有如半島，不得不向沿江對岸發展，不數年間，昔日螢火蔓草之區，盡成華燈鬧市。顧為江水所隔往來交通殊感不便，苟在適當地點，架設渡江橋樑，對於市政設施自多裨益。奈兩江源遠流長，水勢浩淼，如此巨大工程，實難短期完成。故就目前環境兩岸交通惟有仍持（恃）輪渡。但沿江碼頭高低相差過巨，兩岸旅客上下以及沿江船運貨物之起卸，全恃人工，費時費力，亟不經濟。爰根據新學理設計登坡纜車若干種，分置沿江各處，以便客貨上下，利用機力，省時省費。茲擬先築嘉陵碼頭索

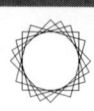

道一座專供貨運纜車之用。望龍門碼頭索道一座專供運客纜車之用，兼作少量貨物之運送。牛角沱索道一座以供客貨交運纜車之用。以作初步之嘗試如能推而廣之，則山城江岸之上下交通問題可望解決。茲將三處計畫及籌款辦法分別說明如下。

二、嘉陵碼頭貨運纜車計畫

嘉陵碼頭位於嘉陵江出口處，所有兩江上下游各處船舶，大都彙集於此。良以該處河闊流緩，便於停泊，因之貨物上下為數甚巨。現時全恃人力挑運頗不經濟。查該處起運登坡之貨物以麵粉煤炭棉紗煙草為大宗，平均每日達 200 噸，次為鹽糖等亦有 50 噸左右，合計每日約有 250 噸。至下岸貨物則為數甚少，可略而不計。現時運率每噸自 200 至 300 元不等。每日耗於運輸之費用達 5 萬元以上，全年合計當在 2000 萬元左右，不為不巨。

本計畫擬先辦貨運纜車，將來視業務情形再加客運。其貨運索道採用單線式，纜車運行則採用迴圈式，靠江停車場設於躉船。另用鐵錨碇繫，使水位上下可以自由升降。岸上停車場內附設堆疊及管理室等。發動機設於躉船上，緊張裝置及轉索盤等則設在岸上，鋼索備有長短二副，一副用於常水位時，一副用於常洪水位，如是可以終年營業不致停滯。運貨纜車計分籠式與斛式兩種，籠式可裝 300 公斤，斛式可裝 250 公斤。每一單位運送能力，以適合鹽糖棉紗米糧等斛貨品者。每分鐘可運送 1 次，迴圈不息。每小時運送 60 次（下行貨物未計）可運貨 15 噸，每日工作 12 小時，可運貨 180 噸，如貨物湧到，另加夜班工作，每日可運送 360 噸。該項索道之建設費用約為 470 萬元。全年平均工作 300 日，每日運送量 150 噸，全年運送總量達 45000 噸。預定每噸運費平均為 180 元。全年貨運收入可達 810 萬元。堆疊 1 所，占地 100 平方公尺，經常可容 250 噸貨物。全年收入棧租費約 90 萬元。兩共合計為 900 萬元。經常開支約為 290 萬元。假定全年營業收入以 7 折計，實收 630 萬元，除去開支，淨盈 340 萬元，約合所投資本 70%。茲將計畫草圖連同建築費用估計表及營業支出估計表等分別列後。〈下略〉

三、望龍門碼頭客運纜車計畫

望龍門碼頭為長江兩岸客運最繁之處，經常有渡輪 3 艘運送兩岸旅客，每隔一刻鐘開行一次。每次輪渡可載 150 人平均 70 人。自晨六時開始至晚六時始止。六時以後另開夜渡，僅有渡輪 1 艘直至十一時對渡。該處除輪渡外尚有短程航輪往來溪洞、溪江津等處，每班載客約 200 人，每日共有 4 班，統計每日輪渡旅客經行望龍門登岸者當在 7000 人以上。連同由板劃白木船等所運旅客以及肩挑負販等為數當在千人以上，該處碼頭由渡輪上岸到達林森路邊，共須登臨石級 300 餘步升高 60 餘公尺，坡長 200 餘公尺，如遇陰雨連綿更形不便。

該處濱江地段水流湍急，較小躉船難以錨碇。茲以地位所限，擬於輪渡躉船後 30 公尺處建築鋼筋混凝土停車場 1 座，其高度以水位到達輪渡不能開行時纜車亦隨之停止為標準。其堅固之程度，則足以抵抗洪水時之衝擊為准。岸上停車場設在林森路邊空地。發動機械等均置於岸上停車場內。江邊停車場則僅設轉索盤及緊張裝置等，預備在發水時將全部裝置拆去。索道採用復綫式，纜車由牽索拉行，主索則固定不動。復以地位促，車輛行駛採用往復式，中間設有鐵塔兩座以承托索道並減少垂度免生意外。旅客上下均需登樓再入車廂。每車可容 8 人，每人可隨帶行李 5 公斤。每次升登需時 2 分鐘。旅客出入車廂約耗 1 分鐘。每小時可開行 20 次。上下滿載時每小時可裝客 320 人。每日開行 12 小時可運送 3800 餘人，約可減少徒步登坡旅客之一半。該處貨運不多，可藉夜間餘暇代運。每輛貨車可裝 600 公斤。

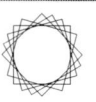

每晚開行 4 小時，可裝運單程貨物 45 噸。全部建設費用約需 1070 萬元。營業收入客貨兩項估計如下。

假定全年開車日數為 300 日。每日裝客 3000 人，全年運送旅客 90 萬人，每人納費 12 元（目前轎費每次 20 元），全年客運收入 1080 萬元。全年運貨以 200 日計約共 9000 噸。每噸收費 200 元，全年貨運收入 180 萬元。兩項共收 1260 萬元。全年營業開支，估計約 460 萬元，假定全年營業收入以 7 折計，實收 882 萬元，除去開支可盈利 422 萬元。約合所投資本 40%。茲將計畫草圖連同建築費用估計表營業開支估計表等列後。〈下略〉

四、牛角沱客貨交運纜車計畫

牛角沱碼頭地濱嘉陵江與香國寺隔江對峙，凡新市區上清寺曾家岩國府路李子壩等處日用必需品如油鹽米煤以及磚瓦石灰等建築材料，大都在該處起卸。每日上下貨物當在百噸左右。現時全恃人力挑運，每噸約需 150 至 200 元不等。對江香國寺董家溪等處過江旅客全恃板划，現有 20 餘艘經常往來兩岸，每日旅客約有 2000 人。此外尚有慶磁公司躉船 1 艘，亦在附近。每日渡輪往來 8 次。上下旅客約有三四百人。總計該處往來旅客每日當在 2000 人以上。江岸兩地相差達 50 公尺，水準距離在 100 公尺以外，如遇陰雨，步履維艱矣。

茲以該處貨物旅客數量不多，如專設運貨索道或旅客索道，均不足以發揮其效能。故擬採用客貨互運式，分主索為兩行，一行專駛運貨纜車，一行專駛旅客纜車。登降場所各別分開，不使雜遝。纜車行動全恃牽索，周而復始，與望龍門纜車計畫相似。又該處適在江流大轉彎處，發水時水流甚急，故靠江邊之停車場擬採用鋼筋混凝土建築。岸上停車場則採用磚石以求節省。其佈置與望龍門之纜車計畫略同。惟鐵塔兩座則全部省去。客車可容 8 人，籠式貨車每次可裝 650 公斤，斛式用以裝載散裝貨物，每次可裝 600 公斤。上下所耗時間，每次約 3 分鐘，每小時可運單程貨物 10 次，上下旅客 20 次。每日工作 12 小時，運送單程貨物 72 噸，上下旅客 1900 人，略與實際運送數量相合。預計全年工作 300 日，運送貨物 2 萬噸，旅客 45 萬人。每噸貨物取費 150 元，每客取費 8 元，（現時轎費每次 15 元），全年客貨兩項運費收入 660 萬元。附設堆棧 1 所，可容貨物 50 噸，全年收入棧租費 25 萬元，三宗合計共收 685 萬元。假定以 7 折計，實收 479.5 萬元，除去經常開支 335 萬元，淨盈 145.5 萬元。又該處建築費需 810 萬元。茲將計畫草圖建築費估計表營業支出估計表等列後。〈下略〉

五、籌款辦法

總計以上 3 處纜車工程費用約需 2350 萬元。另加週轉金 150 萬元，共需 2500 萬元。擬集資組織公司興辦之，預計四月完工，一年內可得毛利 900 餘萬元（以後物價指數變動時收入當隨之增減）。內除公司總務開支以 100 萬元計，約得純利 35%，利息可靠，且服務社會，當為投資者所資助。

茲就各項支出費用分類統計所需款項分配如下：

（一）鋼鐵材料　　300 萬元折合 60 股
（二）鋼索　　　　450 萬元折合 90 股
（三）機械馬達纜車等　　300 萬元折合 10 股
（四）房屋及躉船等　　450 萬元折合 10 股
（五）用地費　　　200 萬元折合 40 股

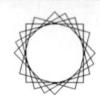

（六）周轉資金　　800 萬元折合 120 股

以上六項共計 2500 萬元，折合 500 股，每股 5 萬元。

如就上列各項資金性質分別向市政府及各廠商以材料成品土地等折作股本，其周轉金則約銀行及運輸業公會輪渡公司等投資，為數甚巨或非難事。如能合成 8 個單位並組織特種公司積極進行，他日三處客貨升登宛若游龍，不亦盛哉。

3. 重慶纜車公司籌備委員會籌備會議記錄（1944 年 2—3 月）

一、第二次會議記錄（2 月 11 日）

時　　間　二月十一日下午二時
地　　點　中國橋樑公司
出席者　　莊叔豪　鐘鍔　徐國懋　陳體榮　茅以升　楊綽庵
主　　席　茅以升

（一）報告事項

1. 工礦調整處代表報告：關於經募商股保本保息辦法，因經濟部正在統籌規劃中，尚未決定。

（二）議決事項

1. 商股 1200 萬元，由中央信託局、交通銀行信託部、中國銀行、金城銀行、上海銀行及輪渡公司承募，以三個月為期，招募不足所承募額之數，即由各承募人承受。在承募期間，由上列各銀行先行墊款，月息 2 分 4 厘。其承募數額分配如下：

中央信託局、交通銀行信託部、中國銀行共同承募 800 萬元。金城銀行：100 萬元；上海銀行：200 萬元；輪渡公司：100 萬元。

2. 通過籌備處章程。

3. 籌備委員除原經推定七人外，加推下列單位代表為委員：

輪渡公司：張澍霖
上海銀行：趙漢生
工礦調整處：張麗門
中國銀行：（函請派代表一人）

4. 公推重慶市政府代表楊綽庵、工礦調整處代表陳體榮、中國橋樑公司代表茅以升為籌備常務委員，並經互推楊綽庵為主任委員。

5. 推請中央信託局、交通銀行信託部、中國銀行、金城銀行經收股額。

6. 會計組長請銀行推薦，在未推定前，暫由中國橋樑公司派員辦理之。

二、第三次會議記錄（3 月 3 日）

時　　間　三十三年三月三日中午十二時
地　　點　中三路二號本公司籌備處
出席委員　楊綽庵　茅以升　徐廣遲（劉敷五代）　莊叔豪
　　　　　馮子栽　陳體榮　夏舜參（劉百銓代）　鐘鍔
　　　　　徐國懋（章以吳代）

列　席　　陳庚孫 趙國華
主　席　　楊綽庵
（一）報告事項
1. 主席報告：
（1）重慶市政府、工礦調整處、中國橋樑公司各預繳款50萬元。現已收股款150萬元。
（2）各銀行及輪渡公司已同意認募股款1200萬元，及先行墊款辦法。
（3）上海銀行代表改推馮經理子栽，中國銀行代表已派定徐經理廣遲（附籌備委員名單）。

職　別	姓　名	代表機關
主任委員	楊綽庵	重慶市政府
常務委員	茅以升	中國橋樑公司
	陳體榮	工礦調整處
委　員	張茲	工礦調整處
	鐘鍔	中央信託局
	莊叔豪	交通銀行
	徐國懋	金城銀行
	徐廣遲	中國銀行
	馮子栽	上海銀行
	夏舜參	重慶市政府
	張澍霖	輪渡公司

（4）租定中國橋樑公司工樓餘屋一間，為暫時籌備處址，二月十五日起租。每月租金3000元，先付半年租金，但租期久暫，並無拘束，每月另付茶水費300元。
（5）聘孟宣先生、俞季先生為總務組組員。
2. 工程組報告：
（1）現著手望龍門棧橋設計，中間關於增設貨車及停車支道之裝置，現已大半成功。
（2）關於望龍門沿江停車場改用浮船計畫，因礙纜車長度，不能任意變更，此項計畫實施，諸多窒礙，擬請仍照原計劃採用固定停車場之設計。
（3）奉陳委員交下資渝煉鋼廠輕磅鋼軌報價單一紙。又：工礦調整處代訂鋼筋80噸，每噸價10萬元；水泥2000桶，每桶價1200元，擬請早日核訂。
（4）建築費分配表
重慶市登坡纜車建築費用分配表

土木部分

	望龍門	嘉陵碼頭	牛角沱
工雜費	6230000元	1265000元	2128000元
材料費	9250000元	1244000元	2940000元

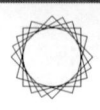

（內包括鋼筋水泥、鋼軌、鋼索等四種）

15480000 元＋2509000 元＋5068000 元

＝23057000 元

機械部分

工料費　　5150000 元＋1320000 元＋1970000 元

　　　　　＝8440000 元

地畝部分

1600000 元＋600000 元＋600000 元

＝2800000 元

增加部分

土木部　　2000000 元（增加貨車設備）

機械部　　600000 元

　　　　　＝2600000 元

監互管理費　2203000 元＋36897000 元

　　　　　（約為全部工程費用之 6%）

　　　　　＝39100000 元

開辦費　　900000 元

　　　　　＝40000000 元

3. 機械組報告：

（1）動力：重慶電力公司機器，目下負荷已逾規定容量，且以用久失修，致常發生障礙。為妥慎起見，決自採用蒸汽機，所需各項主要機件，已分向中國植物油料廠鐵工廠，及中原機器廠詢購。其中一部分機件，尚可向工礦調整處讓購。

（2）車輛：車輛工程，已交中國制鋼公司代為設計，現圖樣已大致完成，開價每輛約 70 萬元，經核減後，約可以 60 萬元交制。是否即予定制，應請討論。

（3）刹車部分：車輛之刹車部分，較為重要，已托中央工業試驗所顧所長派員先行研究設計，一俟有成，或即托該所代為監製。

（4）價格：目前工程進行，擬先著重於望龍門及朝天門兩線，故所有機械設備，亦先就此兩線所需者著手。

按照以上各廠家所估報價格，總計：

車（2部） 140萬元
②鍋爐（450方尺加熱面積2部） 260萬元
③車輛（刹車除外4部） 244萬元
以上三項共約需644萬元。
如照原度劃內，馬達、發電機及電氣設備之預算，僅550萬元，則現所擬定者，超出80萬元，應如何決定，敬請討論。
（二）討論事項：
1. 工程進行時，土木、機械部分各種問題、應隨時會商決定，並應保持密切聯絡，以資遲捷案。
2. 請限期完成工程、機械計畫書，及費用概算書案。
議決：授權工程、機械兩組決定各項問題，並限於本月十日以前，將計畫書及備用概算書送核。
3. 請自定各項工程發包，抑自置工程隊案。
議決：（1）全部土木工程，委託中國橋樑公司代辦。
（2）本籌備處工程組負監工及驗收之責，縮小組織，以節省開支。
（3）本籌備處工程組組長人選，改請重慶市政府工務局推薦之。
（4）機械組部分，請工礦調整處代辦。
4. 請商定交繳股款日期案。
議決：限於三月十五底先繳半數，四月十五日前繳清。
5. 會計組長現由中國橋樑公司派員暫代，應請決定人選，以利工作案。
議決：請金城銀行派員兼辦。
6. 請商定創立會日期案。
議決：創立會日期定於本月十五日上午九時在打銅街交通銀行，或機房街金城銀行舉行。
7. 請商定購買中正路一零玖號中國橋樑公司餘屋一座，為辦公處案。
議決：本案保留，辦公所需房屋不敷應用時，可先向橋樑公司商借。
8. 請決定籌備處職員待遇辦法案。
議決：已到差人員薪給，暫照中國橋樑公司待遇借支，俟公司正式成立後，再行核定。
散會。
主席　楊綽庵
三、第四次會議記錄（3月16日）
時　　間　三十三年三月十六日中午十二時
地　　點　中三路二號本公司籌備處
出席委員　楊綽庵　鐘鍔　陳體榮　茅以升　莊叔豪（趙恩綸代）
　　　　　夏舜參（劉百銓代）　張澍霖　徐國懋（章以吳代）
　　　　　馮子栽　徐廣遲（劉敷五代）
列　　席　陳庚孫
主　　席　楊綽庵

記　　錄　陳庚孫
　　（一）主席報告
　　1. 第三次籌備會議決本月十五日舉行創立會在案。茲因時間忽延，各項手續，尚未完竣，故予展期。
　　2. 工程組組長已准重慶市工務局派劉百銓君充任。
　　3. 會計組組長因金城銀行尚未派定，現仍由中國橋樑公司派員暫為兼辦。
　　4. 工程組編就重慶市登坡纜車計畫書一種，今後業務進行。
　　5. 工程組報告：〈略〉
　　6. 機械組報告：〈略〉
　　（二）討論事項
　　1. 查新編計畫書預算為4500萬元，原定股款4000萬元不敷應用，如何籌借案（預算表見計畫書末頁）。
　　議決：本公司股本改為4500萬元，其增出之股本500萬元，由商股方面募集。
　　2. 本公司成立在即，茲擬具公司章程草案，請討論，以便提出創立會案。
　　議決：修正通過。
　　3. 請重定創立會日期案。
　　議決：創立會日期改定於三月二十二日上午九時，假交通銀行舉行。
　　4. 本公司工程亟待進行，請重定交繳股款日期案。
　　議決：各股東認定之股款，應於三月二十二日前全數繳清。各銀行認定經募之股款，亦請於三月二十二日前先行墊發，以利工作。

　　　　　　　　　　　　　　　　　　　　　　　　　　　　主席　楊綽庵

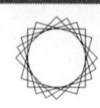

4. 重慶纜車公司創立會會議記錄（1944年3月22日）

　　時間　三十三年三月二十二日上午十時半
　　地點　打銅街交通銀行二樓
　　出席　翁文灝　楊綽庵　徐廣遲　夏舜參（劉百銓代）
　　　　　張茲　陳體榮　莊叔豪　馮子栽
　　　　　茅以升　趙國華　鐘鍔　徐國懋
　　　　　張澍霖　錢永銘　鬍子昂（傅汝霖代）　傅汝霖
　　主席　錢永銘
　　記錄　趙國華
　　開會如儀
　　一、主席致詞：
　　今日重慶纜車公司成立召開創立會，承各位推舉本人擔任主席，甚為榮華。本公司首由中國橋樑公司發起，承賀市長及翁部長之宣導，並由在座各位熱心贊助，在極短期間，將籌備工作順利完成，實可敬佩，茅常務委員為工程專家，對此新興事業之完成，諒與共事諸君同具信心，將來工程完畢，業務發達，可為預卜，現請籌備處楊主任委員報告發起籌備經過情形。

第八章 重慶市內交通
三、纜車

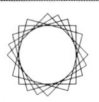

二、籌備處楊主任委員綽庵報告發起及籌備經過重慶市區，江岸高低，相差甚巨，因而旅客上下，物資起卸，至感不便，爰有建築纜車工程之計畫，利用機力，以利上下，省時省費，對於本市江岸間之上下交通，殊多裨益，經數月來之集議籌備，現已大致完成，辱承在座諸公之贊助，得有今日，至深感荷，茲將發起經過，及籌備情形，報告如下：

初，經濟部與重慶市政府為促進市政及繁榮鋼鐵機械事業，均在計畫發動新建設工程，適中國橋樑公司鑒於本市市民對於兩江橋樑之興建，至為關切，而建橋不但工艱費巨，就目前材料工具亦感不敷應用，乃創登坡纜車之議，特草擬計畫書，分送有關方面，請予贊助，賀市長首先熱烈提倡，翁部長亦甚為嘉許，本年一月二十一日由賀市長召集第一次發起人會議於市長官邸，即席決定根據中國橋樑公司計畫書，組織特種股份有限公司辦理之，並決定資本額為 4000 萬元，由經濟部工礦調整處擔任 1400 萬元，重慶市政府擔任 800 萬元，中國橋樑公司擔任 600 萬元，以示提倡，其不足之 1200 萬元，則商請各銀行及有關各方代為招募商股。一月二十八日假交通銀行舉行第二次發起人會議，仍由賀市長主席，到會有各銀行及重慶輪渡公司代表，一致贊助認募商股，頃刻滿額，情形至為熱烈，是日即草擬計畫進行辦法，並決議先行成立籌備會積極推行。

籌備會於二月三日在機房街金城銀行開第一次會議，到莊叔豪及綽庵等 7 人，推綽庵為主席，推定籌備委員 7 人，並推茅以升為籌備處總工程師，籌備處設總務、工程、機械、會計 4 組，組長人選由市府、工礦調整處、橋樑公司及經募銀行推薦，由發起人各交 50 萬元充作籌備費，籌備處暫設中國橋樑公司。二月十一日開第二次會議，通過籌備處章程，加推籌備委員 4 人，公推綽庵為主任委員，陳體榮及茅以升為常務委員，並議決商股 1200 萬元，由中央信託局，交通銀行信託部、中國銀行、金城銀行、上海銀行及重慶輪渡公司承募，以三個月為期，屆期招募不足，所承募額之數，即由各承募人承受，在承募期間由上列各銀行先行墊款，月息 2 分 4 厘，至是募集股本工作可告一段落，籌備處乃集中力量，進行工程之設計。三月三日開第三次籌備會議，到委員 9 人，授權茅、陳二常務委員洽商處理土木、機械部分各種問題，關於土木部分全部委託中國橋樑公司代辦，機械部分請工礦調整處代辦，並縮小籌備處組織，以節開支。工程組組長改請工務局推薦，會計組組長請金城銀行派員兼辦。股款於三月十五日先繳半數，四月十五日繳清，並決定三月十五日開創立會。三月十六日開第四次籌備會議，到委員 10 人，決議創立會改在本月二十二日舉行。本處草擬公司章程草案，修正通過，又以原定股款不敷應用，議決增加資本為 4500 萬元，其增加之股本 500 萬元，由商股方面募集之。並決定所有股款改於三月二十二日以前全數繳清。

現本公司資本總額，業已全數募足，計官股 2200 萬元，內經濟部工礦調整處 1400 萬元，重慶市政府 800 萬元，商股 2300 萬元，內中央信託局、中國銀行、交通銀行合計 1000 萬元，中國興業公司 200 萬元，金城銀行 200 萬元，上海銀行 200 萬元，重慶輪渡公司 100 萬元，中國橋樑公司 600 萬元，共計資本總額 4500 萬元。

三、茅常務委員以升報告工程事項

纜車工程計畫之動機，在代替橋樑，解決渡江問題，繼以江面遼闊，空中飛渡之新工具亦頗費款，兩岸交通之困難，並不在過渡，而實在上坡，故擬在兩岸架設纜車，以減上下坡之勞，同時江邊登岸之貨物，亦得藉此種運輸節省人力，因先選望龍門、嘉陵碼頭、牛角沱三處著手設計研究，擬成計畫書，以求各方指教，茲幸承市政府、經濟部及各銀行公司指導

449

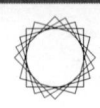

贊助，得於今日成立公司，專辦纜車業務，深感興奮，現在工程籌備事務，已由中國橋樑公司擔任土木部分，工礦調整處擔任機械部分，作有初步計畫，公司成立後，即可著手施工，預計 6 個月至 10 個月內，三處纜車工程，當可次第辦理完成。

四、翁部長訓詞：

此次利用比較近代的運輸方法，來幫助解決重慶市各碼頭運輸問題，是值得提倡的一件事。將來重慶市政日益發達，此種設施需要更多。纜車公司經市政府、經濟部及中國橋樑公司的發起，並得到各銀行及中國興業公司的幫助，得在最短期內完成籌備工作，將來工程完畢，市民對於新建設之信念，必然加強不少，今日是重慶纜車公司成立之日，也是事業發軔的第一天，是值得大家紀念的。

五、討論事項：

本公司章程草案，業經籌備處第四次籌備會議修正通過。提會請公決案。

議決：修正通過。

六、派選事項：

（一）指派公股董事、監察人案。

經濟部指派翁文灝、張茲、陳體榮為董事，張訓堅為監察人。

重慶市政府指派楊綽庵、許大純為董事，夏舜參為監察人。

（二）選舉非公股董事、監察人案。

選舉錢永銘、鐘鍔、徐國懋、徐廣遲、茅以升、傅汝霖為非公股董事。

選舉莊叔豪、張澍霖、鬍子昂、趙漢生為非公股監察人。

5. 重慶纜車公司第一次董監聯席會議記錄（1944 年 3 月 22 日）

時間　三十三年三月二十二日中午十二時

地點　打銅街交通銀行二樓

出席　翁文灝　錢永銘　鬍子昂（傅汝霖代）　傅汝霖
　　　茅以升　張茲　徐國懋（章以吳代）　徐廣遲（劉敷五代）
　　　鐘鍔　莊叔豪　夏舜參（劉百銓代）　陳體榮
　　　趙漢生（馮子栽代）　張澍霖　楊綽庵

主席　錢永銘

記錄　趙國華

開會如儀

一、選舉常務董事：

互選翁文灝、錢永銘、徐國懋、傅汝霖、楊綽庵為常務董事。

二、常務董事互推翁文灝為董事長。

三、監察人互推莊叔豪為常駐監察人。

四、翁部長致詞：

此次經濟部加入重慶纜車公司之目的，在協助與促進此項新興事業之成功，將來工程完畢，營業開始，本部所認官股，尚可逐漸轉讓商股承受，茲承各位推舉，尚望多多匡助，共謀進行。

五、聘請茅以升先生為本公司總經理。

六、茅總經理以升致詞：

本人謬承諸位董事選聘，承乏本公司總經理，自當在諸位指導之下，勉力策進，以期不負委任，所有本公司組織規程當擬具草案，於下次董事會提出討論。

七、副總經理一職，俟營業開始時再行設置。

6. 重慶纜車公司董事會第一次會議記錄（1944年4月3日）

時間　三十三年四月三日下午三時
地點　打銅街交通銀行二樓
出席　翁文灝　張茲　陳體榮　楊綽庵　許大純　茅以升
　　　錢永銘　傅汝霖　鐘鍔　徐廣遲　徐國懋
主席　翁文灝
記錄　陳體榮
開會如儀
一、報告事項：
茅總經理以升報告：（見另文）
二、討論事項：
提案一、商股保息。
議決：依照政府保息條例向經濟部呈請。
提案二、工程計畫。
議決：原擬牛角沱索道，移設臨江門碼頭。
提案三、施工辦法。
議決：土木、機械全部工程，概由公司自辦，工礦調整處前代訂合同，亦移轉公司辦理。
提案四、組織規程。
議決：修正通過。（見附件）〈略〉
提案五、本年預算。
議決：每月概算41萬元，照原提議通過。
提案六、員工待遇。
議決：照原提議通過。
提案七、茅總經理以升提，擬聘梅春為本公司副總工程師，王之翰為工務處處長，陳庚孫為業務處處長，王達仁為總務處處長，請公決案。
議決：通過。
三、臨時動議：
（一）茅總經理以升提：董事會秘書人選案。
議決：請陳董事體榮兼任。
（二）傅常務董事汝霖提：公司總稽核人選案。
議決：請錢常務董事永銘推薦。
四、散會。

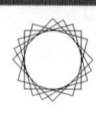

主席　翁文灝

重慶纜車公司董事會報告（第一號）

總經理 茅以升

此次承董事會之命，囑任本公司總經理之職，深懼才力不勝，有負各方殷望。惟以此項新興運輸工具，首次創辦於戰時陪都，本人以最初從事計畫之關係，重以賀市長、翁部長之熱心宣導，以及銀行工業各界之協力贊助，自應勉效綿薄，力促實現，仍祈董事長及諸位董事時加督導，俾有循率，無任祈禱，現本公司創辦之始，所有工程進度，按照原擬計畫，先行設立索道三處，開始營業，而本公司最大之任務，當使此登坡工具，逐漸推廣於本市任何需要架設之處，以期完全服務社會，改進交通之鵠的。是則本公司之積極工作不僅在第一期工程興建期中，而此初步基石之奠定，實為未來業務之開始，此則有重事諸公，指導不遺，庶使以升秉此方針，努力邁進，茲當舉行第一次董事會議，欣幸之餘，略貢數言，其所關事項，謹提案於後，敬候公決。

7. 重慶纜車特種股份有限公司章程（1944年5月）

第一章 總則

第一條 本公司依據公司法、股份有限公司及特種股份有限公司條例之規定組織之，定名為重慶纜車特種股份有限公司（簡稱重慶纜車公司）。

第二條 本公司以促進市政，發展運輸業務為宗旨。

第三條 本公司經營之業務如下：

一、興建重慶市各碼頭及市區暨附郊山道之纜車工程。
二、辦理水陸空客貨聯運業務。
三、經營碼頭倉庫業務。
四、經營其他有關運輸業務。

第四條 本公司設總公司於重慶，視業務發展情況，經董事會議決，得於其他地方設立分公司。

第五條 本公司營業期間，自呈准登記之日起定為三十年，在此期間，呈請行政院特准於重慶市各碼頭及市區暨附郊山道專營纜車事業，營業期滿時，得由股東會議決呈請延長之。

第六條 本公司各項公告，以專函通知，或登載於總公司所在地之新聞報紙。

第二章 股份

第七條 本公司股東以中華民國國民為限。

第八條 本公司資本總額國幣4500萬元，分為4500股，每股1萬元，一次繳足。內公股2200股，非公股2300股，其中公股股份日後如有非公股股東願意受讓得請求讓給之。

第九條 本公司股票係記名式，其以法人團體名義入股者，應將代表人姓名住址，書面報告本公司存記。

第十條 本公司股東，均應將印鑒送存本公司，如有更換，應憑原印鑒書面通知，倘遇原印鑒遺失，應登報聲明，並覓取保證，經本公司審查無誤，始得更換新印鑒。

第十一條 本公司股票，如有買賣讓與，或繼承關係請求過戶時，應由雙方聯名，或繼承人書面申請本公司登記，由本公司審查印鑒無誤，方得換給新股票。

第十二條 股票遺失銷毀，請求發給新股票者，應由本人出費登載指定之日報3日，聲明作廢，自登報之日超過60日無他項糾葛時，再取相當保證，經本公司核准註冊補發之。換發或補發新股票，除照繳應貼之印花稅費用，每股收手續費100元。

第十三條 在股東常會期前一個月內或臨時會期前半個月，停止股票過戶。

第三章 股東會

第十四條 本公司股東會分下列兩種。

一、常會

二、臨時會

第十五條 股東常會於每屆決算後二個月，由董事會召集之，臨時會由董事會或監察人認為必要，或有股份總額1/20以上股東書面請求時，依法召集之。

第十六條 召集股東常會，應於一個月以前通告。臨時會應於15日前通告。

第十七條 股東會之開會，應有股東過半數代表，股份總數過半數者之出席。其決議除公司法另有規定者外，以出席股東表決權過半數之同意行之。可否同數時取決於主席。

第十八條 股東之表決權，每股1權，一股東有11股以上者，自第11股起每2股作1權，不足1權者不計。

第十九條 股東得委託代理人出席股東會，但須將委託書署名蓋章，交公司存查。

第二十條 股東會之決議錄，由主席簽名蓋章，連同到會股東簽名簿，交董事會保存。

第四章 董事監察人

第二十一條 本公司設董事11人，內分公股及非公股董事，其名額按照股款比例分配之，公股董事由投資機關指派充任之。非公股董事，由非公股股東用記名投票法選舉之。被選舉董事之資格，以執有本公司股份40股以上者為限。

第二十二條 本公司董事組織董事會，由董事互推董事長1人，常務董事4人。

第二十三條 董事之職權，以董事會之決議行之。

第二十四條 本公司設監察人6人，並互推常駐監察人1人，其中公股及非公股監察人名額，按照股款比例分配之。公股監察人由投資機關指派充任之。非公股監察人由非公股股東用記名投票法選舉之。被選舉監察人之資格，以執有本公司股份20股以上者為限。

第二十五條 董事任期三年，監察人任期一年，均得連選連任。如董事。監察人因故出缺時，除公股另由各該機關派補外，其餘由當選次多數董監繼任之。

第五章 職員

第二十六條 本公司設總經理1人，主持公司行政及一切業務，另設副總經理1人協助之。

第二十七條 總經理及副總經理，均由董事會聘任之。

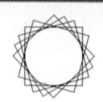

第二十八條 本公司之組織規程，由總經理另行擬訂，呈經董事會決定施行之。

第六章 會計

第二十九條 本公司會計年度，由一月一日起至十二月三十一日止。每年度總結帳目一次，由董事會造具下列各項書表，於股東常會開會前 20 日送交監察人覆核後，再提股東會議請求承認，並分送各投資機關一份備查。

　　一、財產目錄
　　二、資產負債表
　　三、損益計算書
　　四、營業報告書
　　五、公積金及盈餘分配表

第三十條 本公司於每屆年終舉行總決算，所得盈餘，先提 1/10 為公積金，再提法定捐稅，後提 1/10 為意外損失準備金，次付周年利息 1 分 2 厘之股息，其餘除酌提特別公積金外，作為一百分分配如下：

　　一、股東紅利　　　60%
　　二、董事監察人酬金　　7%
　　三、職員酬金　　25%
　　四、員工福利　　5%
　　五、社會公益　　3%

第七章 附則

第三十一條 本章程未規定事宜，悉遵公司法辦理之。

第三十二條 本章程得由股東大會議決修正之。

第三十三條 本章程自呈准登記之日施行。

8. 重慶纜車公司組織規程（1944 年 5 月）

第一條 本公司設總經理 1 人，秉承董事會綜理公司全部行政，由董事會聘任之。

第二條 本公司設副總經理 1 人，襄助總經理處理業務，由董事會聘任之。

第三條 本公司設總工程師 1 人，暫由總經理兼任。副總工程師 1 人，由總經理薦請董事會聘任之。

第四條 本公司設下列各處：

　　工務處 辦理有關土木及機電工程事項。
　　業務處 辦理有關營業事項。
　　總務處 辦理有關文書、會計、庶務、出納及不屬其他各處事項。

第五條 本公司各處各設處長 1 人，承總經理之命，督率所屬分掌處務，由總經理薦請董事會聘任之。

第六條 本公司設（甲）工程師、副工程師、工務員，（乙）課長、課員、辦事員各若干人，分任各項職務。由總經理視業務需要，隨時派任，報由董事會備案。

第七條 本公司設總稽核 1 人，由董事會聘任之。

第八條 本公司得設監工、實習生及雇員，由總經理派任之。

第九條 本公司各處人員得分課辦事,每課設課長1人,承處長之命,督率所屬分掌該管事務。

第十條 本公司視業務需要,得附設各項機構辦理指定事項。由總經理提請董事會設立或撤銷之。

第十一條 本公司辦事細則及附屬機構之組織規程另訂之。

第十二條 本規程經董事會議決後施行。

9. 重慶纜車公司董事會第二次會議記錄（1944年6月15日）

時間　三十三年六月十五日下午三時

地點　打銅街交通銀行二樓

出席　翁文灝 楊綽庵 陳體榮 徐國懋 張 茲

　　　徐廣遲（吳夢白代）錢永銘 傅汝霖 鐘 鍔

　　　許大純（吳惠和代）茅以升

主席　翁文灝

記錄　陳體榮

開會如儀

一、報告事項:

茅總經理報告:

本公司成立迄今已兩閱月,以升受命以來,承董事長及各董事指導,勉竭綿薄,今將工作進展情形,概括報告如下:

本新興事業,必須考慮周詳,方足以示提倡之意。客貨纜車雖非巨大工程,而國內尚屬首創,故在設計方面,所有安全堅固等先決條件,均費研究。香港雖有纜車設備但上下全係山路,重慶則直達江邊,受江水漲落影響,技術上問題甚多。至煤礦錫礦,如周口店、個舊等處,亦有纜車,則僅為高線吊升,而非客車。在此第一次之嘗試工作,且物質環境如此困難,更不得不格外慎重以策萬全。

現在首先施工者為望龍門碼頭,即在原築碼頭石級上建築棧橋,橋上鋪軌,軌上行車,車用纜牽,纜由機挽,攪動則用電力,計內含土地、棧橋、軌道、車輛、纜索、絞車、馬達、電流等八項。現幸每項均已解決:（一）土地——承市政府各局協助,業已劃定。（二）棧橋——業與鴻基建築公司訂約以240餘萬元發包,所需水泥、鋼筋,由工礦調整處價讓。（三）鋼軌——所需35磅鋼軌及配件,已商承黔桂路局允予讓售。（四）車輛——已由工礦調整處代向中國製鋼公司承做,惟價款因設計變更,正在重行商議中,約計每輛需110餘萬元。（五）鋼纜——繫車用纜,由中國橋樑公司價讓,作為投資現存柳州,正在起運來渝中。（六）絞車——為牽挽鋼纜之動機,已由晉豐機器廠訂約承做,包括安裝,總價為240餘萬元。（七）馬達——係轉動絞車者,經覓得西門子60匹馬力全新馬達1具,送經中央大學工學院試驗合格,因外貨不易購到。且此機為低速度者,適合本公司之需要,每匹馬力28000元,價值較國貨稍昂。（八）電力——馬達需用之電力,經與電力公司商洽保留,並函經市工務局核准。其變壓器一項則已與中國建設公司訂約承造。此外為顧慮市內短時停電。本公司並擬自行發電,其發電機尚在覓購中。以上所述工程及器材,約在三四個月內可

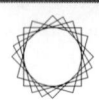

先後完工或交貨，倘運輸上無特殊窒礙，包工不致誤期，望龍門一處在本年年底應可通車。

嘉陵碼頭（即朝天門）貨運纜車工程較簡，現已積極進行，如無障礙，亦可與望龍門同時完成。惟臨江門一處，比較複雜，或稍需時日。

本公司工程適在市區轄境關係方面較多，如地田之應用、材料之堆積，即須經過多數主管機關之核准通知，如工務、地政、財政、社會及員警等局，公文往返費時不少。又如材料之搜購，動關統制，且運輸困難，不免影響工作進展之速度。但無論如何困難，決不浪費時間，亦不因時期促迫而躁進趕工，以礙及安全堅固之必要條件，是則敢為董事諸公告者。其餘諸端具詳書面報告中，敬希鑒察。

二、討論事項：

提案一、銀行承募股本墊款利息。

議決：（一）銀行墊款利息結至六月二十八日為止，以後墊款改作股本，照公司規定起付股息，由公司洽商各銀行照辦。

（二）本公司所收股款，由總經理酌存利息較優之銀行。

提案二、望龍門纜車工務材料。

議決：照案追認。

提案三、建築貨棧房屋。

議決：接洽其他方面投資辦理，由公司收取租金。

提案四、交通印刷公司招股。

議決：緩議。

三、臨時動議。

茅總經理提：本公司總稽核人選案。

議決：請錢常務董事永銘與奚玉書先生接洽。

四、散會。

主席 翁文灝

重慶纜車公司工作報告（節選）

總經理　茅以升

一、股本

查本公司股本總額為國幣4500萬元，計各銀行承募股額1400股，合國幣1400萬元，業承各銀行如數墊繳，其餘公股及非公股股款共計3100萬元，除已收現款國幣470萬元外，餘數分別存由各認股人作為本公司預付材料物資及地皮價款，按照議定所有材料物資地皮價值均以本年三月二十二日之價格計算，現正積極辦理此項轉帳手續。

二、工務

工務處置設計、工程、機電三課，分司土木及機電部分之設計及施工事宜。工作概況如下：

（一）望龍門碼頭客運登坡纜車。此處所需35磅鋼軌600公尺已承黔桂鐵路局以每噸國幣10萬元價讓，貨存都勻，現正設法啟運。

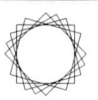

1. 土木部分：測量工作業已完成，所需地畝，經繪圖於本年五月五日函請市地政局徵用，嗣據市地政局勘測人員雲所需地畝內有市產應分別辦理，復經繪圖於五月二十六日函請財政局徵用，現正由各主管機關辦理中。鋼筋洋灰棧橋及岸下票房工程亦已設計完竣，發包方式，為登報招商先行登記，經審查資格合格後，再行通知投標，審查結果。計送定大中華工程公司、六合公司、鴻基建築公司、泰山實業公司、森茂建築公司、建業建築公司、陶馥記等7家為合格，另選合興成建築公司、威廉建築公司等2家為備取合格包商。此項棧橋及岸下票房工程，經分別通知各合格包商投標。已於本月八日在本公司當眾開標，並請董事會陳秘書監標開標結果，由鴻基建築公司以最低標價國幣2461840元得標。合同業已簽訂，預計四個月可以完工。此外，該地臨時材料庫，正在興建。至於岸上車站房屋工程草圖，已由基泰工程師繪製完竣，現正詳細研究設計。

2. 機電部分：此處所需60匹馬力電動機1只。購妥後已由中央大學工學院電機試驗室校驗，結果良好。又電動機速度控制器、變壓器、變壓器電板及電燈電板等件，業於五月二十五日與中國建設公司簽訂合同，由該公司以總價國幣1332950元承做，八月間可以交貨，電力方面，三處共約需200千瓦，已奉市工務局核准，現正與電力公司接洽接線事宜。車輛方面，在本公司籌備時期，本已由工礦調整處代向中國制鋼公司制3輛，每輛包價國幣65萬元。業已付全部包價60%，惟因設計變更，據中國制鋼公司估計，每輛包價須提高至130餘萬元，超出預算甚多，現正考慮重新招標。挽動機械設計草圖，已經制竣，並曾分向中國汽車製造公司等6家廠商詢價，除晉豐機器廠外，餘均不克承制，查晉豐報價計244萬餘元。尚屬公允，已決定由其承包。

（二）嘉陵碼頭貨運登坡纜車：此處所需躉船，經詢湖北省政府駐渝辦事處有鋼駁可以價讓，現正洽商價格，議如不成，當改制木船。

1. 土木部分：測量工作業已完竣，所需地畝，並已繪圖於本年五月三十一日函請市地政局徵用。鋼筋洋灰導架設計完成，一俟貨棧房屋計畫事，一併發包。

2. 機電部分：總圖業已繪出現正趕制詳圖，所需電動機正與綦江鐵路局洽購。變壓器已分向華業電器廠等3家詢價。一俟報齊加以比較後即可定制。

（三）臨江門碼頭貨運登坡纜車。

1. 土木部分：已測量完竣，所需地畝，已繪圖於本年六月十日函請市地政局徵用，計畫草圖，正在擬制。

2. 機電部分：正在設計。

以上三處所需鋼纜現存柳州，已派員啟運。又所需電動機，綦江鐵路局工程處可以價讓5只，現存江口，前經派員查看，尚屬合用，現正向交通部接洽價讓，又所需鋼筋四十噸，業由經濟部工礦調整處全部代訂。洋灰2000桶，已向工礦調整處訂購，分批價領。

三、業務：

本處置運輸倉儲統計三課，業務尚未開始，運輸課暫緩設置，目前所進行者，俱為準備工作，如有關業務章則之擬訂及各碼頭客貨運之調查等，皆為將來業務計畫之準繩，章則方面已擬訂者，計有倉庫管理規則、車站管理規定、乘車須知、款解繳辦法、纜車秩序維持辦法、貨運營業規則、行李托運規則、客運暫行辦法、倉庫營業規則等，俟再度研究後，當次第公佈。

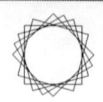

現據調查所得，市區與兩岸交通，沿江計有重要碼頭八道，即儲奇門、望龍門、朝天門、磨兒石、嘉陵門、千廝門、臨江門、牛角沱等是，總計每日往來旅客，除長航不計外，約達 9 萬人左右。就中以望龍門為最多，日約有 17000 人。次為儲奇門 14000 餘人，嘉陵碼頭 13000 人，朝天門 12000 人。又次為磨兒石 8000 餘人，牛角沱 5500 餘人，千廝門 3200 餘人。貨運一項，雖因富有流動性質，一時不易統計，然就此次派員在各碼頭實地調查所得，每日運輸數目約在 100 噸左右，所運貨物則因當地經濟情形而異，如儲奇門以藥材木材、汽油為主，朝天門以糖、米、柴炭為主，東水門以棉花、布匹、紙煙為主，嘉陵碼頭以米、鹽、銅、鐵為主，大溪溝以電力、航空公物為主，牛角沱、臨江門以磚瓦、石灰、煤炭為主，千廝門以米、紙、煤、雜貨為主，望龍門以行李、雜件為主，盱衡實際，異日工程完成，業務開始，苟能各適其宜，妥為計畫，前途當可樂觀。至調查所得詳情，已另編報告書。業務籌備事項，尚有訓練人員，如售票、查票、車站、倉庫等管理人員等項，亟應舉辦，以便開業時得以指揮自如。惟目前限於議定名額，未克實施，擬俟工程進度至相當時期，次第推行。

10. 重慶纜車公司董事會第三次會議記錄（1944 年 8 月 23 日）

時間　三十三年八月二十三日下午四時
地點　打銅街交通銀行二樓
出席　翁文灝　鐘鍔　楊綽庵　張茲（張訓堅代）
　　　錢永銘　茅以升　陳體榮　張訓堅
　　　莊叔豪（趙恩綸代）　徐廣遲（吳夢白代）
　　　徐國懋（章以吳代）　傅汝霖（茅以升代）
主席　翁文灝
記錄　陳體榮
行禮如儀
一、報告事項：
（一）茅總經理報告：

本公司工作可分技術與行政兩大部分，以升受命三月，對於工程進行，粗獲頭緒，嗣後工作多屬行政方面，尤以對外接洽，至感重要，且費時間。七月間，以升因事擬赴貴陽，經陳奉董事長准予給假，並派陳董事體榮負責兼代，現以假期屆滿，而中國橋樑公司工作繁劇，對於本公司總經理一職，委實無暇兼顧，且陳董事兼代期內，辦理甚著成效，擬請准予辭職，遺缺即由陳董事體榮替，以竟全功，以升當以董事之身，協助一切。現請陳代總經理報告公司進行狀況。

（二）陳董事兼代總經理報告：
（詳見報告書）
（三）楊董事□□□□□：

市政府所認股本 800 萬元，除已繳 50 萬元外，原擬以地價作抵，茲因公司所需基地，為數有限，而官地撥給公司轉行發售，又為土地法所不許，故前項股本，除以一部分地價抵繳外，其餘自當另行交納現金，現已呈報行政院請款，如公司需款殷切，在未奉到院令前，當可由市政府另行籌墊。

二、討論事項：
（一）董事長交議：關於茅總理所請辭職，應否照準請公決案。
議決：慰留，惟其職務仍由陳董事體榮兼代。
（二）陳代總經理提議：關於本公司所短工程各費，應如何籌措案。
議決：1. 各股東未繳股款，仍催即日交足。仍催即日交足。
2. 以剩餘材料向四聯總處商請押借760萬元。
（三）陳代總經理提議：關於臨江門碼頭纜車工程擬暫緩案。
議決：照案通過。
（四）陳代總經理編送本公司新預算請公決案。
議決：照案通過。
（五）陳代總經理提請指派總稽核，以利計政案。
議決：照上次董事會議決案。速以董事會名義，正式聘請奚玉書先生為本公司總稽核。
三、散會。
主席　翁文灝

重慶纜車公司工作報告（節選）

代理總經理　陳體榮

體榮奉派兼代公司總經理職務，計自七月八日視事迄今，為時已一月有半，茲謹將工作概況，列述於次。

一、組織及人事：〈略〉

二、工程進度：

（一）望龍門纜車工程設計情形：

1. 土木部分：所有棧橋工程設計圖案，已繪製齊全。房屋工程原計劃僅供旅客及車站管理之用，現又加添總公司辦公室等，故將原計劃擴充為二樓。上項設計工作。業已全部完成，併發交威聯建築公司承辦。

2. 機電部分：除經常採用市電外，另配附桐油發電機1座，所有機電部分設計製造工作，原由承造商一併辦理，後以各承造商人不願擔任此項工作，改由本公司繪製全部詳圖。分交各廠承造，計挽動機1副，配電設備1套，滑車備用發動機之活動牙輪等，均經繪製齊全。分交各廠承造，限期交貨。

（二）望龍門纜車工程進展情形：

1. 土木部分：棧橋岸下部分橋墩均已立起，岸下票房正在架設模架中，岸上棧橋底腳經全部挖成，惟以所遇地層異常鬆散，並有三四橋基適在大陰溝頂上因而工程比較艱難，岸上票房工程，已交由威聯公司承辦，於本月開始工作，預計三個月內完成。

2. 機電部分：挽動機工程係交由晉豐公司承做，現正在製造木模中。載客車廂，則由中國制鋼公司承辦，現正趕制木架車身，所有鐵件部分，正在備料開工中。滑車交由三北公司承做，變壓器交由中國建設工程公司承辦，不日即可完成，馬達已購妥，並經中大電機試驗所校驗無誤。

（三）嘉陵碼頭纜車工程設計情形：

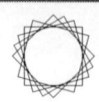

1. 土木部分：原計劃江中部分，置在船上工作，後以船身建築費過巨，並遇大水時運行困難，現決定變更計畫設立江邊鋼筋混凝土高塔一處。貨物由躉船直接吊上塔頂再經纜索運送上岸，岸上附設貨棧一所，以便客貨暫時堆積之用，上項設計圖案。均已繪就。

2. 機電部分：所有配電設計，已經完成，挽動機升降機、吊車、滑輪、張緊裝置等設計圖樣、亦統在趕制中，最重要部分之把握器，並已設計完竣。

（四）嘉陵碼頭纜車工程進展情形：

1. 土木部分：所有貨棧房屋及高塔工程，均已發包，由合興成公司承辦。房屋部分不日即可興工，江邊高塔一俟水退，即著手趕築。預定一百日完成。

2. 機電部分：配電部分已交由中國建設工程公司承辦。馬達已向工礦調整處價讓。其餘機電部分，正在分頭接洽承辦中。

以上二處工程，正在積極進行，期分別於本年十一月底及十二月半前全部完成。

三、材料運輸：

本公司所需工程器材，為量甚巨，且間多須向省外價讓，丁茲交通梗阻轉運需時，耗費尤鉅，現經多方設法，除經濟部工礦調整處所有撥售材料已隨時陸續領運交用外，其關於鋼軌等項，尚在運輸送中，至貴陽方面運務，原托交通部橋樑設計工程處工程師薛兆樞負責主持，茲以薛工程師奉調返渝，經就近派員代為兼辦，中國橋樑公司原派助手2人，亦由本公司繼續調用，並令積極搶運，以期迅赴事功。

11. 重慶纜車公司董事會第四次會議記錄（1944年12月6日）

時間　三十三年十二月十六日下午二時
地點　打銅街交通銀行六樓
出席　翁文灝　鐘鍔　楊綽庵　莊叔豪　陳體榮
　　　徐廣遲（吳夢白代）　徐國懋　茅以升　趙漢生
　　　沈賀清　錢永銘
主席　翁文灝
記錄　陳體榮
行禮如儀
一、報告事項：
（一）陳代總經理報告：（詳見工程報告書）
（二）奚總稽核報告：

本人於本年八月間，辱蒙董事會議決，委為本公司總稽核一職，茲就三個月經過報告於後：

公司財政狀況，第一次預算，係最經濟之估計，因施工以後，工程增加，乃於上次會議通過增加預算；但由雨天過多，材料增加及周轉資金缺乏，致工程之完成期限展長，材料所需價格增大，工價亦逐漸提高，使上次董事會核准之工程預算，又感不敷甚巨。根據陳代總經理之估計，最近預算應為8000萬元。如謀即速完成望龍門碼頭工程及嘉陵碼頭已發包工程，除用未收股本530萬元外，尚需款400萬元，始能克竟全功。現值淺水時期，嘉陵碼頭吊重塔工程，亟應開始，其他未完工程，亦應繼續按原定計劃加速進行，故至少需

款 2000 萬元。為免拖延時日，再有款項不敷情形，並為提前完成事業起見，應請董事會決定籌款方法；惟抵押借款方式，對公司負擔嫌重，似以依照比例加股方式出之，較為合理。

二、討論事項：

（一）董事長交議：關於陳代總經理編送本公司新預算請公決案。

議決：照案通過。

（二）董事長交議：關於本公司新預算所需款項應如何籌措請公決案：

議決：1. 公司股本總額改為 6000 萬元，計增加資本 1500 萬元，由各股東按原出資百分比例攤認之，未能擔認之股東，由其他股東擔認。

2. 另向中央信託局借款 500 萬元，以利工程進展。

（三）陳代總經理提議：關於望龍門車站使用兩湖同鄉會地皮，計 9 方丈，經與該會代表人孔庚先生接洽多次，據稱該段地皮係該同鄉會儲材農業專科學校校產，僅允立約租與本公司，計每方丈每月租金 3000 元，租期七年半，要求一次撥付，共需款 240 餘萬元，可否允予立約，請公決案。

議決：原則同意，但應減少租金授權陳代總經理洽辦報會。

（四）陳代總經理提議：關於市政府及輪渡公司未繳股款案。

議決：請沈董事質清，楊董事綽庵洽請速繳。

（五）陳代總經理提議：關於望龍門車站餘屋，因公司工款支出，以 400 萬元押租及 200 萬元年租之條款，租與和豐銀行。於本年十一月四日簽訂合約，由該行先付定金 350 萬元，交屋時，再付 250 萬元，計可收款 600 萬元，以補充工程費用，擬請准予備案，敬候公決案。

議決：准予備案。

重慶纜車公司工作報告（節選）

代理總經理　陳體榮

謹報告者自本年八月二十三日本公司召開第三次董事會後，在此三個月期間，公司進行重要事項，應行報告及請示者，茲擇要臚陳於後：

一、財務情形〈略〉

二、其他籌款方法

（一）望龍門車站餘屋出租　公司款項既見支絀，望龍門工程又不能不積極進展，乃決定將望龍門岸上車站房屋有空餘者，招人承租，最初接洽者，為中央信託局購料處，擬租條件為一次付押金 600 萬元，而無租金。上項押金，尚應由公司擔負周息 1 分 4 厘，接洽結果，未能成議；斯時公司需款亟殷，適有和豐銀行前來接洽，擬以 400 萬元押金，及 200 萬元年租之條款承租，乃於本年十一月四日，簽訂合約，由該行先付定金 350 萬元，於房屋建築完成遷入時，再付 250 萬元，計可收款 600 萬元，此應報請鑒核備案者。

（二）不敷之數擬籌辦法　尚有不敷之款 900 萬元，如未繳之股款 530 萬元可以收足，計尚短少 370 萬元，目前惟有分期向各方挪借，以竟全功。

三、鋼軌及鋼索搶運情形

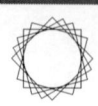

本年九月間湘桂戰事緊張，本公司所購鋼軌鋼索，均存金城江一帶，當時形勢嚴急，車輛缺乏，經派員前往分途搶運，幸於本年十一月初，全部先後到達重慶，均無損失，但全部運費等耗去 210 餘萬元。

四、租購地畝情形

本公司所用望龍門嘉陵碼頭等處地畝，自公司開辦以來，即函呈市政府請予徵購，最近始得市政府十二月五日來函，令飭工務地政兩局會辦，但因公司趕工興建，工程所用各項私人地畝，尚未由市政府辦妥合法手續，致有引起糾紛者，約可陳述如下：

（一）合眾公司地畝　該公司曾於九月間登報質詢本公司所用望龍門江邊灘地，後經多方商洽，所用地皮俟江水退落時，由雙方丈量，再行議價，現已由市府地政局召集雙方會商解決辦法。

（二）興國公司地畝　該公司白象街地畝，據稱有一部分為本公司岸上車站房屋所用，後經商洽，允由地政局召集三方會商辦理，但查該公司地畝登記手續，尚未辦妥。

（三）兩湖同鄉會地畝　該會白象街地畝，據稱有 9 方丈，為本公司岸上車站房屋所用，並由該會致函本公司，要求每方丈每月租金 8000 元，並一次預付五年租金，約合 430 餘萬元，經再三與該會代表孔庚先生商洽，孔先生僅允讓步至每方丈每月租金 3000 元，要求一次撥付七年半租金，共約 243 萬元，應否照租，擬請大會決定。

五、工程進展情形

（一）望龍門　該處工程現已完成 90%（倘不因本年雨季過多，早已按期於十一月完成），預計三十四年一月內，全部必可完成，開始通車。

（二）嘉陵碼頭　該處岸上房屋，業已完成 90%，江邊起重塔，亦已開始探測地基（本年十一月半以前，江水浩大，無從施工探測）。

六、一般社會輿情

纜車工程，為國內新興交通事業之一種，一般民眾尚多未能瞭解，同時在望龍門興建期間，工事材料不無有礙舊有之道路，現惟有趕工完成，早日得通車，以利交通。

綜上情形，在戰時建築此項工程，因物價變遷及其他不可預料之環境，自屬困難萬分。體榮奉命代理總經理職務，惟有努力以赴，甚願將望龍門工程先行迅速趕成通車，以副眾望。

12. 重慶纜車公司董事會第五次會議記錄（節選）（1945 年 4 月 18 日）

時間　三十四年四月十八日下午二時
地點　本公司會議廳
出席　翁文灝　沈覲清　徐國懋　楊綽庵　鐘鍔　歐陽侖（陳宗襄代）
　　　陳宗襄　馬克強　張澍霖　茅以升　傅汝霖　趙漢生
　　　徐廣遲（吳夢白代）　劉如松（吳紹麟代）　錢永銘
主席　翁文灝
記錄　陳體榮
行禮如儀
一、報告事項

（一）陳代總經理報告：（詳見議程內工作報告）
　二、討論事項
　　（一）關於望龍門通車日期請公決案議決：應參照茅董事所提意見盡速設法補充護輪護軌等設備，趕於五月十六日正式通車。
　　（二）關於上項董事會議決增股1500萬元尚短310萬元未收足應如何辦理請公決案。
　議決：請中央信託局及中國交通兩行各再增資55萬元除中國銀行已先交55萬元，其餘中央信託局及交通銀行應函請早日交付。
　　（三）關於和豐銀行增股400萬元請公決案議決：通過並函和豐銀行請即日交付股款。
　　（四）關於本公司增加資本案議決：股本總額改定為6000萬元，一次收足，除第四次董事會議決增加1500萬元已收1200萬元及和豐銀行加股400萬元外，不足之數授權總經理向外募集。
　〈略〉
　十一、董事長交議：關於茅總經理提請辭職請公決案。
　議決：勉予照準，所有總經理職務，由陳代總經理繼任。總工程師職務，由副總工程師梅暘升任。

第五次董事會報告事項〈節選〉

代理總經理　陳體榮報告

　　本公司自三十三年十二月二十六日召開第四次董事會後，迄今將及四個月，在此期間，各項工程雖日見進展，而費用亦愈見擴增，公司財力愈趨枯竭，支撐為難。今幸望龍門客運纜車已告完成，公司成立一載，至此可告一段落。茲將應行報告及請示各事項，擇要臚陳如後：
　一、工程進展情形
　　（一）望龍門工程原期本年一月內完成，惟因工程方面諸多改進，致稍延遲，現已全部完竣，並經試車，尚稱圓滿。辦理是項棧橋工程之第一工程隊，現已撤銷，以節開支。
　　（二）嘉陵碼頭工程為趕速進行，於本年二月間成立第二工程隊，吊塔基礎已建築完竣，惟上部工程因款項無著，無法繼續興工，而轉瞬洪水期至，已建之工程有被淹沒之虞。
　〈中略〉
　　體榮自代理總經理職務以來，迄已九個月，深感建設新事業之匪易，而環境應付，殊有非始料所及者。最近四個月來之辛苦支撐，心力交瘁，現幸望龍門工程已告完竣，不負董事會諸公之期望。惟此後有待開展之事項，尚有賴諸董事之時加指導，俾可克竟全功。
　　再望龍門工程完成通車後，公司經常開支當可維持，惟將來公司主要收入，有賴於嘉陵碼頭貨運纜車之完成，估計屆時每日如以半數計（200噸），每月收入可達1200萬元，除開支外，每月約可盈餘1000萬元，斯時公司基礎，當可漸臻穩固，合併附陳。

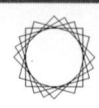

13. 重慶纜車公司第六次董事會工作報告[①]（1945年8月）

本公司自本年四月十八日召開第五次董事會後，迄今已三個月餘，在此期間，望龍門客運纜車通車後，業務開展，及嘉陵碼頭貨運吊塔工程進行等情，均應向會報告及請示者，茲謹臚陳於後：

一、工程

（一）望龍門工程

1. 添設護軌　望龍門軌道經上屆董事會決議，應加添護軌。遵於曲線部分，添設9.15公尺長之鋼軌4根，業經裝妥。

2. 添置刹車　為謀車輛更臻安全起見，除挽動機上已裝有刹車外，車輛上之自動刹車，亦經完成設計，交順昌機器廠承制，此項刹車不用人力，不用彈簧，係防萬一纜繩折斷時利用，其本身重力自動制止車輛之行進。

3. 修配機件　望龍門客運纜車各項機件，多屬國內廠家承制。自五月十六日通車以來，因材料不良，時有損壞，如小齒輪、挽動機上刹車、汽車引擎牙齒箱、控制器、變壓器等等，每逢馬達機件損壞時，則改用汽車引擎維持行車，惟停電時，又值汽車引擎之機件遭遇損壞，則非暫行停車不可。所幸各員工均能加倍努力，每遇機件損壞，即漏夜起修裝配，因在深夜工作，影響行車尚不甚大。綜計自五月十六日通車起，截至八月六日止，停車不過95小時耳（內中因大水停車24小時，大霧停車2小時）。

4. 徵購預備機　預備汽油機之設置，原為預防萬一停電時代替電動機之用。當初估計其使用時間不致過多，詎料通車以後，因停電時間太多，致原有道奇小汽車引擎，殊有難以勝任之勢。鑒於此種需要，自應加強預備機之力量，前擬添置柴油機1部，因需費過巨，一時不易辦到。茲仍擬添購大卡車引擎1部以作備用。（經分別向戰時生產局及戰時運輸局請求）

5. 準備添制車輛　望龍門客運纜車自通車後，安全方面尚無問題。惟車身木料部分，因製作稍遽，深恐日久鬆動，不能持久，現正計畫添制車輛，以備隨時替換。

（二）嘉陵碼頭工程

1. 吊塔　嘉陵碼頭吊塔，係鋼筋混凝土四層，（每層6公尺）及木料一層，現第四層混凝土，業經開始起建。

2. 機件　嘉陵碼頭機件，早已設計完竣，惟因望龍門通車後，發現機件方面，因材料欠佳。及工人技術不良等原因，其成品往往不能符合理想。故對於嘉陵碼頭各項機件，不得不遷就實際情形，而將來設計酌予修改。並擬利用英國纜車公司之設計，添購一部英國機件，藉期增進效力與穩妥。已與英方有初步接洽。俟有頭緒再行報請核定。

（三）向英國纜車公司洽訂機件

本年五月間准交通銀行設計處函送英國纜車公司出品樣本，並囑以如須訂購可交由該公司代辦等語。本公司當就嘉陵碼頭需用機件，逕函英國纜車公司洽詢價格，並請派專家來華協助，嗣該公司覆電要求旅費五千鎊，本公司以所需過巨，經電該公司酌減，並參照該公司樣本，將各項機件設計更改，將來如機件商妥，擬請向政府請求酌撥外匯，以便訂購。

[①] 報告人係該公司總經理陳體榮。

二、業務

本公司望龍門客運纜車於本年五月十六日開始試車，初僅每日行車 4 小時，逐漸增為 6 小時，9 小時以至 12 小時，兩月餘來，除因停電及機件故障不得已停車外，一般情況尚稱良好。截至八月五日止，綜計行車 27000 餘次，營業收入達 2400 餘萬元，乘客總數在 40 萬人以上。目前每日行車 12 小時，每月收入約在 1000 萬元以上，至站務方面，人事力從節減，服務務求周慎，以收事半功倍之效。客票採用圓形銅牌，委託中國旅行社代售。收票則由本公司自辦，以臻嚴密，俾無流幣。此項銅票乘客每喜預購備用，故售出而未回籠者達 22000 餘枚。藉可測知，社會人士對於纜車已有需要及信任。茲將自五月十六日至八月五日止，望龍門客運統計數字，及行車情形詳列附表[1]如後：

業務統計（三十四年五月十六日至八月五日止）

（一）營業
1. 營業收入　客票 24279.040 元補票 49800 元共計 24328840 元
2. 銅票收發　售出 497821 枚收回 475255 枚差額 22566 枚
3. 售出補票　上行 582 張 @60 計 34920 元
　　　　　　下行 496 張 @30 計 14880 元　共計 1078 張　49800 元
4. 乘客人數　上行 260447 人下行 145960 人共計 406407 人
5. 票價更改　五月十六日起上行 60 元，用銅票 2 枚；下行 30 元，用銅票 1 枚
　　　　　　六月十五日起上下行各 60 元，均用銅票 1 枚，八月一日起上下行各 100 元

（二）車務
1. 行車總時數　723 小時（平均每天行車 8.8 小時）
2. 行車總次數　27244 次（平均每次乘客 15 人）
3. 行車時間之更動：五月十六日起上午十至十二時，下午三至五時，計 4 小時
　　　　　　　　　五月廿一日起上午八至十一時，下午三至六時，計 6 小時
　　　　　　　　　六月一日起上午八至十二時，下午二至七時，計 9 小時
　　　　　　　　　六月廿三日起上午八時至下午八時，計 12 小時
　　　　　　　　　六月廿六日起上午七時半至下午七時半計 12 小時

三、人事

（一）本年七月十八日總工程師梅春辭兼業務處長職，經派總務處長陳庚孫兼任。

（二）本年八月七日總務處長陳庚孫辭職，經派陳處長專任業務處長，並派葉可仁代理總務處長，理合報請備案。

四、其他

（一）黃桷埡電纜車籌測經過

自望龍門纜車通車後，渝都各界人士鑒於纜車之便利，屢次函促本公司興建黃桷埡線。六月中旬，黃桷埡士紳劉雲翔等，聯名催請，並願集資交公司興建。當即派員作初步測勘，擬具計畫由龍門浩至黃桷埡，用電車及纜車銜接辦法，初步估計，需款約 15 萬萬元。當告

---

[1] 此處未以表式呈現。

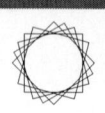

以公司無此財力未能興辦。該士紳等復多次來公司接洽，並互商集會討論，以為如能建議四聯總處，由有關行局投資，或借撥 1/3，則餘數不難由各方面集腋而成。當時不便過拂眾意，曾由公司向四聯總處建議。意者如獲四聯總處邀准，則引導社會遊資投於正當建設，為重慶市民謀便利，亦屬策之善者，中間對於此項計畫所需地畝，復派員切實勘測，俾有精密統計，以為實施之依據，惟無論如何籌款組織興建，以公司本身資本僅 60 萬元，實僅能擔任工程方面。此事因迄在接洽中，尚未有切實具體辦法，理合將前後經過，報請鑒核。

　　（二）重慶電車計畫　本年春間，重慶各界曾發動重慶電車計畫，曾委託公司工程人員作初步踏勘，擬具計畫。截至目前止各界已發動組織重慶電車公司籌備處，擬請公司參加並主持工程設計，將來正式具體開展，當再提出報告。

14. 重慶纜車特種股份有限公司概況[①]（1945 年）

　　一、沿革

　　重慶依山築城，地勢坎坷，行人及貨物上下極感不便。爰於三十二年二月由經濟部重慶市政府及中國橋樑公司會同發起，邀集銀行界及重慶輪渡公司等籌組纜車公司，擬建登坡纜車，以利行人，而便運輸。三月成立籌備委員會，五月公司正式成立，先就客運較繁之望龍門碼頭建築客運纜車，七月興工，同年十月復在朝天門嘉陵碼頭建築起重塔以供貨運。三十四年四月，望龍門纜車全部完成，經過數度試車及改善後，五月中旬正式開放，載運旅客。至嘉陵碼頭工程正在進行中。

　　二、組織及人事

　　本公司董事會設董事 11 人，互推常務董事 4 人，董事長 1 人。又設監察人 6 人，互推常駐監察人 1 人。

　　公司內部現設總經理總工程師總稽核各 1 人。總經理下分工務業務總務 3 處，工務處下分工程、設計、機電、材料等四課。業務處現僅設營業一課，總務處下分文書事務會計等三課。望龍門車站隸屬營業課，望龍門機器部門則直屬於工務處，全部職員現約有 40 人。

　　三、業務概況

　　（一）望龍門客運纜車

　　望龍門客運纜車於三十四年五月開始營業，現有客車 2 輛，同時上下每輛滿載時可容乘客 50 人。刻下每日規定開車 12 小時，約共開車 200 次至 250 次。每日乘客自 5000 餘人至 7000 人不等，每月收入約在 1500 萬元左右。

　　（二）嘉陵碼頭貨運纜車

　　嘉陵碼頭工程正在進行中，刻下土木方面車站房屋早已完成，吊貨塔五層已完成四層，第五層正在施工，半月後即可全部完工。機械方面挽動機及升降機已與新中工程公司簽訂合約，不日即可開始製造，轉盤及其他機件已設計藏事，正待覓商承製，倘經費有著，預計五個月後全部工程即可完竣，開始營業。

　　四、將來計畫

　　（一）黃桷埡電纜車

[①] 此件為該公司自撰稿。

南岸黃桷埡風景優美，昔為避暑勝地，近年因市區人口日增，遷居該地者益眾，逐漸間已成為渝市之住宅區矣。惟因地處山巔，上下不便，本公司前為擴展業務、便利交通計，三十四年六七月間即擬在該處建築纜車，經派員前往實地踏勘，擬具詳細計畫，擬自龍門浩之新碼頭經瓦廠灣敦厚路等處以達山巔，其間新碼頭至敦厚路下段長約 1.4 公里，地勢較平坦，採用電車，敦厚路中段以上長約 900 公尺，地勢較陡，則採用纜車，兩者直接銜接，無須換車。是項計畫擬就，當地士紳頗為贊同，並自願集資協助，期早觀成。正擬積極進行，適敵人投降，戰事結束，復員聲浪彌漫陪都，此項計畫亦因之停頓。然為便利交通起見，該處纜車仍有建築之必要，倘經費有著，本公司深願竭盡綿薄也。

（二）臨江門客貨運纜車

臨江門對岸為江北，每日來往行人亦極頻繁，本公司擬在該處籌建客貨兩用纜車。俟經過勘測後，當擬具詳細計畫。逐步進行。

五、附言——本公司之動力設備問題

本公司望龍門纜車動力，主要係由重慶電力公司供給，並另備小道奇汽車引擎 1 部，俾停電時，代替馬達之用。惟渝市電力既難經常供應，而本公司原有之汽車引擎亦因年代較久，時生故障，以致停車之事屢見不鮮，直接影響營業收入，間接影響交通。近數月來，為求根本之解決，擬自備 70 匹馬力之柴油引擎及 50kVA 之發電機自行發電。惟各處徵求，均未覓到，倘再難得現貨，擬委託渝市廠家製造，藉供應用。

四、馬車

1. 蔣介石關於加強重慶市內馬車清潔管理的手令（1942 年 1 月 23 日）

市內交通馬車，應特別注重清潔，市府對此必須專設負責人員，對於車與馬及車夫三者之汙潔、肥瘠，與馬匹之餵料，必須每日輪流檢查為要。

中正

一月二十三日

2. 委員長侍從室為蔣介石令整飭驛運馬車致重慶市政府公函（1942 年 12 月 7 日）

逕啟者：

頃奉委座諭：查本市驛運馬車急應予以整飭：一、馬車夫凡未成年者一律不准充任；二、馬匹務使飽食，病疲馬匹嚴禁使用；三、每輛馬車坐人連車夫在內不得超出 5 人；四、馬匹務求洗刷清潔，馬車夫須各訓練。等因。除函驛運管理處查照辦理外，特達查照為荷，此致重慶市政府

侍衛長　俞濟時

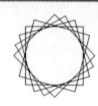

3. 加強管理交通馬車會議記錄（1943年1月28日）

時間：三十二年元月二十八日（星期四）午後二時

地點：本府會議室

出席：交通部驛運總管理處　　馬振剛　李天章
　　　市政府　　　　　　　　曹光潔　張天羽
　　　警察局　　　　　　　　梁爾恭
　　　工務局　　　　　　　　吳華甫
　　　衛生局　　　　　　　　王祖祥　楊寶麟

主席：王祖祥

記錄：張天羽

主席報告：〈從略〉

驛運總管理處代表報告：〈從略〉

決定事項：

一、關於車輛之管理及清潔

（一）車輛於每日出入車場前後，應各洗刷1次。每行車1次，亦應清掃1次，務使車輛隨時保持清潔。

（二）車輛在停駛時，須依行車方向，按次排列整齊。

（三）換馬時，馬鞍馬套，一律卸放在側車手上，務須整齊。

（四）車站車棚及其附近，務須隨時清掃，保持整潔。

（五）車輛於行駛中，禁止在馬路上餵料。馬之飲水，須用木桶盛裝，餘水並須傾入溝內，嚴禁隨地傾潑。

二、關於馬匹之清潔與整理

（一）馬路上之馬糞，應即時清掃，並由驛運服務所制就糞袋，於行駛中佩帶於馬股後，以免糞便隨地遺棄。

（二）馬在出入車場前後，全身泥汙務須洗刷淨盡。

（三）馬背如有潰爛，即須調養，並於每月中總檢查1次。凡瘦瘠之馬，一律不得服務。

（四）馬鬃、馬尾務須隨時一律剪齊。

（五）馬在棚內休息時，須排列整齊，並隨時注意保持清潔。

（六）馬之餵料應由驛運服務所規定標準分量，每次餵料時，並由驛運服務所派人監督之。

三、關於車夫之管理與整潔

（一）車夫每人應備制服2套、制帽1頂，在服務時，須一律著規定之制服制帽。每月一號及十五號，並須一律換著清潔制服。

（二）車夫於每月一號及十五號應剃頭理髮及剪指甲1次。

（三）車夫無論作息均應隨時保持整潔。

（四）由驛運服務所設立車夫訓練班，以訓練其儀容態度技術及清潔常識，除招訓新車夫外，並將原有車夫輪流調訓。

四、關於施行檢查辦法

（一）由驛運服務所於每站每棚指定專人負責指導，隨時檢查，並按期將檢查情形報告驛運服務所。

（二）工務、衛生兩局各派 1 人，協助服務所，專負檢查責任，並由驛運服務所發給檢查證，以便執行職務。該檢查人如發現有應行改正事件，除當面予以糾正外，並得函請驛運服務所轉飭糾正之。

（三）警察局飭屬經常協助辦理。

（四）每於月終，由有關各單位，會同施行總檢查 1 次。

（五）私人馬車及馬拖板車等，由有關機關通知車主，依照上定各項辦法辦理。

4. 交通部驛運管理處為遵令擬定整頓重慶馬車辦法致蔣介石呈文（1943年 6 月 26 日）

案奉鈞座六月二十三日侍秘字第（18114）號已梗代電奉悉，謹遵令擬定整頓本市馬車辦法呈覆如次：

一、治標辦法

（一）車輛　全市馬車現共有 96 輛，分批抽調油漆，限七月二十日前全部油漆完竣。每日出動車輛勤加洗刷，由驛運總管理處派員逐日檢查，認為清潔後始准載客。

（二）馬匹　現在本市挽車之馬，皆係川產，體軀不大（西口馬因氣候關係不易在渝飼養），其中又分商馬與驛運服務所自備之馬，馬商圖利，飼養不善，故馬匹瘦弱，且數達 160 餘匹，占挽馬 70%，短時不能全部停雇，現決先將其最瘦弱者剔除不用。

（三）禦夫　禦夫亦分商馬禦夫及驛運服務所自雇之禦夫，商馬禦夫習慣不良，且以收入微薄，無力自製制服，現決由驛運服務所代制，免費發給，自七月一日起，全部禦夫，皆可一律發齊穿著。

二、治本辦法

（一）增造馬車百輛　現有馬車 96 輛，因乘客擁護，日夜在途，無抽換油飾之暇，刻已開工增造百輛，七月份可先完成 30 輛，全部完成後，終年分班停息油飾，自可常保新整。

（二）增購挽馬 150 匹　商馬瘦弱，佃馬戶又無力更換壯健之新馬，刻決逐漸停用，令驛運服務所自行增購健壯挽馬 150 匹，由驛運總管理處經常派員監督飼養管理，以維馬匹健壯。現馬價每匹約萬元，須籌款 150 萬元，向川東及川黔邊境各縣分途選購，預計四個月始可陸續購齊運渝供用。

（三）禦夫全部改為自雇　商馬禦夫習慣不良，管理不便；決由驛運服務所於新馬購到後，添雇禦夫 150 名，加以訓練，再行分派禦車，以資整齊。

奉令前因，除分別督飭實行外，理合將治標治本整頓辦法兩項備文呈覆，恭請鑒核！謹呈委員長蔣

交通部驛運總管理處處長　譚炳訓　謹呈

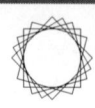

5. 重慶市政府為擬定整頓本市馬車辦法呈覆蔣介石文稿（1943 年 7 月 2 日）

案奉鈞座六月二十二日機秘（甲）七八一九號手諭敬悉。謹將遵令與驛運管理處商定整頓本市馬車辦法呈覆於次：

一、車廂之清潔

現已在各車站增派清潔夫，於每次車輛駛抵站時，即將車廂內外及車板洗刷 1 次，再行行駛。並於每日抽調車輛 3 部，送入車場修整，期能於每月中將各車輛輪流刷新 1 次，俾能經常保持整潔。

二、禦夫之整潔

現經規定，禦夫每月須剃頭剪指甲 3 次，每名於七月一日起發制服 2 套。並擬將原有商馬禦夫逐漸淘汰，另行招雇，予以訓練，再行分派服務，以資整齊。

三、馬匹之調整

現在本市拉車之馬，皆係川產，體軀甚小，又因大部分係招商承辦之商馬，原已不甚肥壯，且馬商圖利，飼料不足，遂致馬匹瘦弱，有礙觀瞻。但此項商馬計約 160 匹，如予悉數剔除一時尚不可能。現驛運管理處除先將過於羸弱之馬剔除 1 部外，並正籌備自購馬匹，以為代替之用。此外正趕建馬棚，以便集中餵養，免馬夫偷減飼料。

以上三項，業經驛運管理處飭屬。遵照實施。惟查本市交通馬中，係由驛運管理處主管，其業務應如何改進整飭，似應由其主管及直屬機關負其全責，本府係屬地方機關，維護交通秩序，處於協助地位，關於業務方面，未便多加干預。除隨時督屬協助各該驛運服務所增進整潔外，儘量協助，責無旁貸。奉諭前因，理應將遵辦情形具文呈請鈞座俯賜察核令遵。謹呈委員長蔣

重慶市市長　賀耀祖

6. 重慶驛運服務所概況[①]（1943 年）

一、創辦經過

驛運總管理處鑒於陪都機關林立，人煙稠密，市區和遷建區的交通工具，供不應求，為謀解決一般人士的困難起見，特將原有直屬重慶營業所，於三十一年四月一日改設為重慶驛運服務所，用獸力代替機械，創辦客貨運馬車，輔助市郊交通，服務社會，訂定服務要目如次：

（一）答覆各項驛運問訊
（二）承辦各線貨物運輸
（三）代理委託驛運事項
（四）接送市郊行李包裹
（五）辦理市郊客運馬車
（六）出租人獸力載貨板車
（七）發售驛運章則刊物

[①] 標題為原有，作者馬振剛，原載《交通建設》1943 年第 1 卷第 8 期。

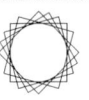

本所當成立之初，僅係試辦性質，對於營業前途，毫無把握，所有人事、工具、動力、經費及一切設備，都因陋就簡，而創辦時期，困難雖多，賴層峰督飭及全體同仁艱苦卓絕的精神，群策群力共赴事功，故一切業務上均已奠立初基。

二、開闢路線

當三十一年四月一日本所成立之際，除行李包裹貨物運輸以能通板車地區隨時隨處承運，初未限定線路外，客運路線以上清寺到化龍橋的郊區五公里，為試辦路線路，經過一個月的行駛，社會人士及輿論方面交相稱許，對於增闢路線的要求，日益迫切，故於六月一日由化龍橋展至小龍坎，復於七月二十四日展至新橋，八月一日展至山洞，十月十日展至歌樂山，全程計 28 公里，在上列各處都設有服務站，同時為調節獸力計，在上清寺設有中型車馬棚 1 處，新橋及山洞設有小型車馬棚各 1 處，化龍橋設有臨時馬棚 1 座，車棚 1 座，遷建區運輸線路，正按照原定計劃，開闢完成，同時經過月餘的整理，站、棚、夫、馬、工具等始漸有規模，而陪都各界人士復一再請求增闢其他路線，如菜過線——菜園壩至過街樓，海溫線——海棠溪到南溫泉，兩石線——兩路口至石橋鋪，兩九線——兩路口到九龍坡等，本所因城區交通工具不足，尤以南區路，林森路一帶，地區平坦，市塵繁盛，行旅眾多，且沒有公共汽車運行，故於本年三月二十五日，由上清寺展至兩路口，四月一日由兩路口展至南區路，再至儲奇門，以上各處亦分別設有服務站。為保養騾馬車輛起見，現在菜園壩和化龍橋兩處各設大型車馬棚 1 座，每棚擬容納騾馬百匹，客貨車百輛，業已鳩工興築中。本所因業務發達，原有車輛馬匹在以上線路運輸，頗感供不應求，如果將來動力、工具一旦大量補充，對於奇門，到商業場、過街樓、較場口、菜園壩等處，即可增設服務站，其他海溫、兩石、兩九、小磁（小龍坎至磁器口）等線，皆擬逐漸開闢，至於站、棚及一切設備，現正派員分別設計籌辦中。

海棠溪至儲奇門，為陪都西南交通咽喉，往來行旅，因一江之隔，交通甚感不便，本所奉令創辦接送過江行李包裹，服務群眾，現正著手增設站所，徵雇船隻，調配車馬，組織碼頭夫，從事等辦中，約月內即可開始服務。

三、增撥車輛

本所去年四月一日草創時期，僅有客運馬車 10 輛及向川黔驛運幹線撥借人力板車 6 輛，嗣因業務發達，運輸線路漸次開展，於去年六月十日撥到客車 29 輛，復於七月份撥到客車 40 輛，六、八月份撥到貨車 40 輛。十月份撥到客車 23 輛，現有客車 102 輛，貨運人力板車共 6 輛，獸力板車 40 輛，共計客貨運車輛 148 輛，並有大型獸力車 3 輛，計轎式 2 輛，篷式 1 輛，車輛自去年四月份起陸續增加，而運用方面，仍感不敷分配，現上清寺至化龍橋區間 30 輛，兩路口至化龍橋區間 25 輛，化龍橋至小龍坎區間 12 輛，小龍坎至新橋區間 8 輛，新橋至山洞區間 3 輛，山洞至歌樂山區間 4 輛，兩路口至南區路區間 3 輛，南區路至儲奇門區間 12 輛，以供應陪都往來眾多之旅客，調度稍不處活捷便，即感不敷周轉，本所本年度已經核准添制客運馬車 80 輛，貨運獸力板車 90 輛，現正著手趕制中，對於車輛設備，亦已分別改善，首批新車不久可出廠，參加服務。

四、發動獸力

獸力為本所辦理客貨運輸之主要動力，惟本所當開辦時期，僅有自備馬 2 匹，招雇商人騾馬 14 匹，後因車輛逐增，本所按照核定預算，添購騾馬 23 匹，在營業收入節餘項下，

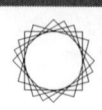

又呈准添購騾馬 11 匹，共計 36 匹。其次發動民間獸力，服務陪都市郊交通，曾招雇商馬 160 餘匹，至承運大批貨物，如平價購銷處煤炭，民食供應處食米之時，經多方招雇，臨時發動民間獸力約百餘匹。

重慶市郊的民間獸力，經本所的積極發動，差不多已經搜羅殆盡，但是這一批民間獸力，對於拖車素乏經驗，甚至日在山陬馱運的牲畜，沒有到過市區的要占 80%，一旦使之駕車，驟難馴制，所以本所在補充新車的時候，必需經過一招致商馬，和訓練馬匹的艱巨工作。

五、編訓馬夫

馬夫為本所辦理運輸的基本幹部，技術的優劣，態度的好壞，均足影響業務的發展和聲譽的良窳，故本所當創辦期間，曾擬招雇北方富有經驗車夫駕駛馬車，嗣因需要匆迫，時間既不許可，同時北方的平原不同於重慶地理環境，容易徒耗遠道雇聘工資和手續，而未能盡合於事實的要求，所以就地招雇一批青年，施以短時間的訓練，經過兩個多月的試用，經驗告訴我們欲求行車安全，非加強馬夫訓練不可。上年七月份在上清寺車馬棚，辦理馬夫訓練班，將原有馬夫分批予以訓練，聘有關人員兼充教官，實施訓練課目，計分（一）技術訓練（包括車輛駕駛，馬匹調教，車輛修理等）；（二）精神訓練（包括接待禮貌，整潔儀容等），訓練期間為一個月。

去年十月本所車輛增多，繼續開辦第二期馬夫訓練班，將所有馬夫仍分兩批輪流訓練，教育實施課目除參照第一期已定課目外，並予以適當之改訂，其原則為依據一般馬夫之教育程度，施以淺近之訓練，授以所需之智能，特改訂教育方針為（一）和善誘導，（二）通俗講話，（三）趣事比譬，訓練綱目為（一）精神講話，（二）軍事教育，（三）技術訓練，（四）交通常識，（五）普通識字，訓練期間為一個月，教官仍以有關業務之員司擔任，自第二期馬夫訓練期滿後，各車馬棚所有馬夫一律仿照軍隊方式管理，每馬夫 15 名，為 1 班，每班設班長 1 人，由馬夫中技術嫻熟，智識優良者升充，各班班長直屬於車馬棚管理員指揮，本所自創辦馬夫訓練班後，馬夫之駕車技能，交通常識，以及接待禮貌等均有長足進步，前項訓練仍擬繼續舉辦，如將來業務再事發展，事實必需時，擬籌設永久性之幹部訓練班一所，專事培養基層幹部。

六、營運概況

本所自奉令創辦陪都市郊客貨運以來，歲月不居，瞬息一年，幸賴全體員司夫役，上下一心，風雨同舟，勞瘁從公，故營運方面，逐月較有進步，特清單如後（各項數字均按實際營運數目造列）：

重慶驛運服務所一年業務概況

年	月	旅客人數	延人公里	貨運噸數	延噸公里	客運收入金額	貨運收入金額
三十一年	四	24000	119998	148.500	5944	60293.00	93037.20
	五	26138	130690	309.200	5672	92187.50	12910.20
	六	33942	175201	43.540	1361	122640.60	18267.00
	七	48114	255000	155.000	380	179089.40	14602.00
	八	60538	297689	39.500	1076	208616.80	29485.00
	九	81351	398786	41.500	601	310453.20	10139.00
	十	89531	489513	492.000	10431	416415.50	177282.00
	十一	76304	375202	29.500	350	355155.00	6135.00
	十二	74535	365448	105.696	24073	345164.50	43054.08
三十二年	一	77575	380506	21.398	513	359197.00	78725.80
	二	88403	438907	39.000	477	415253.50	6579.00
	三	101494	509849	36.500	609	491816.00	10364.30
	四	129889	629360	21.000	309	655560.50	6926.20
合計		911816	4516991	1204.054	28130	4011842.50	507505.17

七、擴充組織

本所於去年成立之際，人事方面係沿用重慶營業所的組織，計主任1個，副主任1人，事務員4人，辦事員6人，司事10人，雇員4人，服務站計站長1人，司事5人，車馬棚管理員1人，司事3人，以後因業務擴展，路線增闢，員司夫役依據業務需要實際情形，分別派充。各服務站因行車時間及職員過少關係，每日自上午六時起至下午十一時止，每人工作時間平均為16小時，車馬棚因督飭馬夫整刷車輛，飼養及調度馬匹，其工作時間尤長，本所職員以核算運費，核發力費，督道各站棚行車及調教馬匹，和設計一切表報，釐訂章則，籌辦各項設備，每人每日工作時間亦非十六小時以上不可，秉燭達旦，比比皆是。上峰以本所業務繁劇，原有人員實屬不敷應用，爰於本年一月份，令飭調整所有組織以資充實，分股辦公，各服務站按照實際需要情形，分別等級確定員額，車馬棚以駐有騾馬車輛多寡，業務繁簡，配置人事，茲將各單位編制列表如次：

重慶驛運服務所及直屬各單位編制表

單位	主任	副主任	稽查員	獸醫	股長	站長	事務員	股員
本所1	1	6~12	4~8	3		9		
甲等服務站						1		
乙等服務站						1		
丙等服務站						1		
車馬棚							1	

續表

單位	副站長	辦事員	會計助理員	司事	僱員（練習生）	合計	備考
本所		6			9	49	本所計分總務、營運、會計三股
甲等服務站	1		1	5~10		13	

乙等服務站		1	2~8	10	
丙等服務站		1	2~6	8	
車馬棚		1	2~5	7	

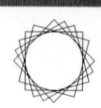

車輛運行日久，難免有所損壞，本所於開辦時期，設有木工1人，縫工1人，及其他雇用臨時修車工匠二三人，專事修理客貨運車輛，嗣因車輛增多，損壞數量亦隨之增加，特設置修理所1所，專事修理車輛，內設管理員1人，司事2人，木工1人，木工1人，縫工1人，漆工1人，對於車身顏色變褪，車篷損壞，車廂車椅破爛之修配等工作，日形繁忙，修理所之機構雖備具規模，但限於人事，經費仍不能配合需要，總管理處有鑒及此，特於本年五月份將重慶車船製造分廠歸併本所，改為修理廠，編制情形列表如後：

重慶驛運服務所修理廠編制表

職別	員額	備考
主任	1	幫工程師兼任
工務員	1	
事務員	2	
僱員或司事	2	
會計員	1	
助理會計員	1	
材料管理員	1	
監工員	1~2	
共計	11	

修理廠現已接收完竣，不久即可繼續開始工作，預定今後本所客貨運車輛之修理及保養，必較進步。

八、調整馬匹

本所去年自購騾馬為36匹，均係分別選購，毛色、年齡、體格、大部都適合需要，惟招雇商人騾馬160餘匹，其中優良者固多，而羸劣者亦復不少，本所為整飭馬匹，加強服務效能計，特於去年八月中旬，分別予以嚴格調整，其辦法厥有兩點：（一）瘦、弱、傷、病者限令休養醫治；（二）老、小、殘、劣者剔除另雇，經過這一次的調整，馬匹雖較前改觀，但以商人資本薄弱，恃此為活者過多，難免起用駕劣騾馬藉以維持，故本所於本年度復重行嚴厲調整商馬，並特訂嗣後招雇商馬標準，計騾馬口齒自4歲至8歲，體高為3市尺5寸以上，毛色限黑、白、青、駁、赤五色，業經雇用之商馬，瘦、弱、傷、病者，按力費增加10%馬乾補助費，限期飼養肥壯，老、小、殘、羸者發給換購騾馬貸金，限期變賣補充，現在前項調整工作，大部已經完成！本所為正本清源起見，曾奉令草擬肥馬計畫，呈請總處核飭施行中。

本所本年度核准自購騾馬70匹，現經購到27匹，其餘43匹，擬派員赴產馬地帶分別選購。至於擬招雇商馬200匹，決按發動民間獸力之原則及嚴格依照規定標準選雇，以資整頓，而利營運。

九、工作競賽

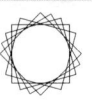

本所為提高員工工作興趣,增進服務效能起見,特於去年五月下旬參照全國驛運工作競賽辦法大綱,及各省驛運管理處及各驛運總段工作競爭辦法,和驛運工作競賽推進辦法,擬訂工作競賽單行辦法呈准通飭各單位分別實施。

去年六月中旬氣候炎熱,往來旅客眾多,本所車輛稀少,為增進服務效能,爭取時間起見,特舉行套車競賽,旋因馬夫技術諸欠嫻熟,故在馬夫訓練班未籌辦前,舉行行車安全競賽,用資補救,每次工作競賽期間為兩星期,尚著成績。

招雇商馬,經第一次別選調整後,本所為謀馬匹保養和健康計,特於去年十一月中旬舉辦團體及個別飼馬暨馬夫清潔競賽,以競賽所得的結果,作為今後飼馬和馬夫清潔的準繩,這次競賽的意義較別選馬匹的工作,還加倍有效,延至今日,本所各商人的騾馬飼料,還都依照競賽時期的數量飼養著,對於馬匹健康問題,大有裨益。

當去年年度快要終結的時候,本所和各單位因平日業務繁忙,難免對於結束年度工作,辦理迂緩,故在十二月上旬又舉行各單位工作競賽。競賽要目,包括總務、業務、會計三部門,競賽日期為一禮拜,在這短短的一禮拜中,所有各單位積壓和應辦的事情,大家都如期辦理清楚,而且相當有條理,有興趣,前項工作競賽原擬按月分別舉行,因已往所有競賽的各種辦法係試辦性質,不無多欠合事實需要與改進之處,現正奉令成立工作競賽推行委員會,著手草擬組織規程中,一俟組織就緒,即可統籌設計,負責推行。

十、結論

以上所述各點,係本所一年來之工作概況,僅述崖略,掛漏殊多,對於工具、動力之運用,業務之推進,頭緒萬端,諸待推進,今後深望層峰及交通先進隨時賜予匡導,自當竭誠接受,用策邁進。

7. 蔣介石為限期改進重慶市內馬車給曾養甫等的手令(1944年8月27日)

曾部長　譚處長

重慶市區內之馬車,多污穢不堪,馬匹羸弱,馬夫衣冠更欠整齊。嗣後車身應洗刷整潔,馬匹務須強壯,馬夫必須穿著制服。希派員嚴格稽查,限九月十五日起一律改進為要。

中正

三十二年八月二十七日

8. 重慶市政府公共汽車管理處驛運服務處業務概況(節選)(1945年)

交通部於民二十九年,鑒於抗戰期間之機動力交通工具日漸缺乏,爰於九月間設置驛運總管理處,以管理全國驛運事業,俾發揮力量,以輔助汽車之不足。嗣以關於各線驛運之問訊、托運等事項日見繁多,於三十年五月,在驛運總處之下,設置營業所,以便利社會。陪都為抗戰中心,人口稠密,交通工具,供不應求,乃於三十一年四月,進而舉辦市郊馬車客貨運輸,原營業所改稱為重慶驛運服務所,所有工具悉由瀘縣造車廠撥給,動力完全以騾馬駕駛。除自購馬匹外,復招致商馬參加營業,業務逐漸展開,營業路線亦伸長至歌樂山,並另闢菜園壩、較場口、兩路口等支線。三十三年五月,又將川陝驛運分處所轄青木關至木鎮,及青木關至北碚一段,劃歸本處,改稱為重慶驛運服務處。三十三年下半年因開支浩大,虧損甚巨,經先後將歌樂山、山洞及菜園壩等業務較清淡之站撤銷,以期收支平衡。上年二

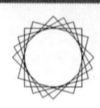

月，驛運總管理處撤銷，本處改隸公共汽車管理處。經竭力緊縮，節省開支，並一面謀業務之開展，三十四年間尚能達自給自足之原則。爰將本處業務概況略述如次：

一、組織

（一）內部設主任、副主任各一，總務、營運、會計三課及視察員三。

（二）外部市區設上清寺、化龍橋、小龍坎、新橋客運站四，重慶貨運站一，修理廠一。郊區設青段一，轄青木關、璧山、來鳳驛、永川客貨站四；修理所一；又郵亭鋪臨時站一。原有北碚站因業務清淡，於上年十一月十五日撤銷。

（三）全處共有員司 77 人，御手、技工、工役等 89 人。

二、工具動力

（一）現有客車 143 輛，其中完好者 120 輛，實際行駛者 96 輛。

（二）現有貨車 157 輛，其中完好者 60 輛，實際行駛者 35 輛。

（三）本處自有馬四匹，商馬 205 匹。

（四）以上完好而未行駛之客貨車輛，均係缺乏輪胎。

（五）所有車輛，均係交通部前驛運總管理處自瀘縣造車廠所撥。本處修理廠，因範圍較小，僅能負修理工作。

三、營業路線

（一）市區：上清寺—化龍橋—小龍坎—新橋全程 16 公里。

（二）郊區：青木關—璧山—來鳳驛—永川—郵亭鋪全程 82 公里；又璧山—西溫泉 20 公里。

（三）郊區貨運，可直達木鎮，及青木關至北碚，璧山至銅梁。市區貨運則以車輛可行駛地點，均可到達。

四、業務概況

（一）客運：

1. 票價——市區現行票價，係自上年十月八日起調整，郊區係自上年九月一日起調整。附各區間現行票價表一份。

2. 運量——市區四站，共行車 66 輛，每車載客 4 人，以兩馬輪流拖駛，每車每日約行駛 60 公里，總計全部車輛每月運量為 475200 延人公里。郊區共行車 30 輛，每車載客 5 人，1 馬拖駛，每車每日約行駛 25 公里，總計全部車輛每月運量為 112500 延人公里。再除停息、放空等損失外，市郊區共計每月運量約為 50 萬延人公里，但亦須視行駛車輛之增減為轉移。上年五、十、十二等月，各達 50 餘萬延人公里，而二、七兩月則各僅 30 餘萬延人公里，即基於此種原因也。

3. 力費——商馬、御手由馬戶自雇，按票款收入總額，發給 50% 力費。

（二）貨運：

1. 運價——現行運價係自上年九月一日起，調整為每噸公里三等品（280）元、二等品（322）元、頭等品（364）元。遇有回空時，統按三等品運價，加收 70% 空駛費，但有時亦須視貨運情形，而核減空駛費率。

2. 運量——市郊區共行駛載重 500 公斤之板車三五輛，每日平均行駛 30 公里，每月運量亦須視貨源之多寡而增減。上年一至十月期間，以三、四、五等月份最多，各達 3 萬餘

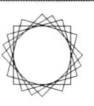

延噸公里。自七、八月份以後,逐月減少,迨至十月份,則僅有 6000 餘延噸公里。(詳見附表)

　　3. 力費——按運費收入以 70% 發給。

　　4. 貨源——市區多為短途運輸,經常有鹽、糧、布疋、紙張及行李等。長途運輸在七八月份以前,貨源至為豐富,如璧山糧食儲運處之米、花紗布管制局及第一織布廠之布、紗、由渝至木鎮之商貨亦甚多。勝利以後,貨源至為缺乏,十月份起,經與璧山糧食儲運處訂約承運由郵亭鋪至璧山之米,每月運量約 80 噸,已於上年十二月二十日全部運竣。於同日起,與該處訂約續運 100 噸。

　　(三)市區客車管理情形:客車行駛市區,關係市容,迭經整飭,御手服裝由處統籌免費製發,計每人夏冬兩季,各發制服 2 套、棉大衣 1 件,以資整齊。對於御手服務精神及駕車常識,經常派有專人負責訓練講話。至於車輛每行駛 1 次抵站時,即加以洗刷,以保持清潔,並派有技工駐站,隨時修理。其須大修者,則送廠修理。車篷亦定期制換,馬匹瘦弱者,予以剔除。駛至坡度較陡、路面狹或急灣處,規定御手須下車牽馬緩行,以策安全。以上各項,均經規定辦法通飭注意。

　　五、收支概況

　　三十三年度上半年以前,月有虧損。自十月份起,力加整頓,逐漸好轉。三十四年度自三月份至七月份期間,每月收入平均約 700 餘萬元、平均支出約 600 餘萬元,月可盈餘 100 萬元左右。計截至七月份,共盈 500 餘萬元,除歸還三十三年儲匯局借款及應付款等共 400 餘萬元外,尚盈餘 100 萬元之譜。迨至八九月間,因員工待遇照中央規定增加,而運價未能及時調整,車輛亦因之減少,致每月虧損 200 餘萬元。除以盈餘之 100 萬元抵補外,另由公共汽車管理處撥補 295 萬元。至十月份,奉令調整票價後,並設法增加行駛車輛,計收入 1100 餘萬元,支出 900 餘萬元,盈餘 100 餘萬元。十一月份整飭服裝車輛所需之款較巨,該月份虧損 120 萬餘元。十二月份因牛角沱一帶翻修路面,並修整車輛,行車較少,青段業務清淡,收入僅達 1040 萬餘元。經竭力撙節,尚盈餘肆 10 餘萬元。

五、板車

1. 周均成等為發起組織長途板車商業同業公會致重慶市社會局呈文(1940 年 4 月)

　　竊商等前以團結同業、加強組織、便利疏散起見,特發起組織「重慶市長途板車商業同業公會」呈奉中國國民黨中央直屬重慶市執行委員會,二十九年四月十六日社字第一九七二號指令開:呈悉,經派員視察,尚無不合,應准組織,茲隨令發給商字第一四二號許可證一份,仰即依照人民團體組織程式籌備為要,等因。附發許可證一份。奉此,理合將許可證一聯,具文呈請鈞局懇予俯賜鑒核備案,無任公感。謹呈

　　重慶市社會局

　　　　　　　　　　　　　　發起人　信誠板車行經理　周均成(住化龍橋 101 號)
　　　　　　　　　　　　　　　　　　和記板車行經理　羅燦輝(住中二路 211 號)

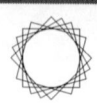

　　　　　　　　　　同德祥板車行經理　　范全盛（住中二路 225 號）
　　　　　　　　　　明盛祥板車行經理　　楊景明（住中二路 225 號）
　　　　　　　　　　慶余板車行經理　　　張祥輝（住中二路 225 號）
　　　　　　　　　　炳榮板車行經理　　　鐘炳三（住中三路 111 號）
　　　　　　　　　　遂通板車行經理　　　劉文斌（住化龍橋 163 號）
　　　　　　　　　　川西板車行經理　　　何紫瑢（住化龍橋 101 號）

2. 重慶市板車商業同業公會為報告該會成立經過致重慶市社會局呈文（1941 年 9 月 4 日）

　　查本會已於七月二十六日午後四時，假中一路一心飯店禮堂召開成立大會，到會員代表 21 人，市黨部湯指導員直夫、鈞局富指導員孝武及衛戍總部、市商會、市車務管理處等來賓，臨時推舉魏國恩為主席，開會，嗣即黨政機關指導員監選，依法選舉周德侯、魏國恩、唐玉文、李大道、餘澤民、周述珩、廖濟舟、張有才、範維中等 9 人為執行委員，譚幼谷、鐘季五、曾傳周等 3 人為候補執行委員，楊京明、梁少臣、劉文彬等 3 人為監察委員，鳳陽舟為候補監察委員，周德候、魏國恩、唐玉文等 3 人為常務委員，周德侯為主席，並宣誓就職。理合將成立經過情形，及繕具章程、備案事項表、會員名冊、職員履歷表各 2 份；八月至十二月份收支預算表；條戳印模各 1 份，呈乞鑒核備查，頒發正式圖記為禱。謹呈
　　重慶市社會局

　　　　　　　　　　　　　　　　　　　　　　　　重慶市板車商業同業公會主席　　周德侯

3. 重慶市板車商業同業公會改組籌備會為報告籌備改組事宜致重慶市社會局呈文（1943 年 1 月 25 日）

　　案於三十一年十一月十六日奉到鈞局社元組字第二一四四號訓令開：
　　查前奉社會部令，以該會與市長途板車公會業務相同，應即合併組織為市板車商業同業公會，飭轉飭遵照，等因。當經分飭遵辦在案，茲查合併組織辦法，經由本局於十月二十九日召集各有關代表暨該會等負責人來局，會商決定：一、兩會即遵令合併改組為市板車商業同業公會；二、長途板車會員以在本市市區設有營業處所者為限；三、合併後市內板車與長途板車行駛區域及營業範圍，暫仍舊規，並分別受各該目的事業主管官署之管理、監督，等項紀錄在卷。茲派本局科員林振漢為該會改組督導員。除分令外，合行令仰遵照，克速成立改組籌備會，著手籌備具報為要。此令。等因奉此，遵於三十一年十一月？日召集前市板車公會及前市長途板車公會理監事聯席會議，議決：遵令合併改組，兩會應於同年十二月內分別召開結束會員大會，推選改組籌備員，成立改組籌備會。前市板車業公會經於同年十二月十九日召開會員大會，推選周德侯、唐玉文、廖吉州、梁少成等為籌備員。前市長途板車業公會經於本年一月十六日召開會員大會，推選歐仲孚、羅燦輝、鐘品三等為籌備員。復於一月十八日開第一次改組籌備會議，公推德侯為籌備主任，辦理改組籌備事宜，前兩會應即結束。理合造具籌備員履歷表，備文呈乞鈞局鑒核備查，旨令祗遵！謹呈
　　重慶市社會局

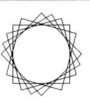

籌備主任　周德侯

4. 重慶市板車商業同業公會章程（1943 年 7 月 26 日）

第一章 總則

第一條　本章程依據商業同業公會法及商業同業公會法施行細則訂定之。
第二條　本會名為重慶市板車商業同業公會。
第三條　本會以維持增進同業之公共利益及矯正弊害為宗旨。
第四條　本會以重慶市行政區域為區域，事務所設於中二路 186 號。

第二章 任務

第五條　本會之任務如下：
一、關於主管官署及市商會委辦事項；
二、關於同業之調查研究事項；
三、關於興辦同業勞工教育及公益事項；
四、關於會員營業上弊害之矯正事項；
五、關於會員營業必要時之維持事項；
六、辦理合於第三條所揭宗旨之其他事項。

第三章 會員

第六條　凡在本市登記經營市區及長途板車商業之公司行號，均應為本會會員，但營業區域仍各以原有市區及長途區域為範圍，不得混亂。
前項會員推派代表出席本會，稱為會員代表。
第七條　本會每一會員推派代表一人，其擔負會費滿五單位者，得加派代表一人；以後每增十單位加派代表一人，但至多不得超過七人，以經理人主體人或店員為限。
第八條　本會會員代表以有中華民國國籍、年在二十歲以上者為限。
第九條　有下列各款情事之一者不得為本會會員代表：
一、背叛國民政府，經判決確定或在通緝中者；
二、曾服公務而有貪污行為，經判決確定或在通緝中者；
三、褫奪公權者；
四、受破產之宣告，尚未復權者；
五、無行為能力者；
六、吸食鴉片或其他代用品者。
第十條　會員舉派代表時應給以委託書，並通知本會。撤換時亦同。但已當選為本會職員者，非有依法應解任之事由，不得撤換。
第十一條　會員代表均有表決權選舉權被選舉權。會員代表因事不能出席會員大會時，得以書面委託他會員代表代理之。
第十二條　會員非遷移其他區域或廢業或受永久停業之處分者，不得退會。
第十三條　會員代表有不正當行為，致妨害本會名譽信用者，得以會員大會之議決，通知原推派之會員撤換。

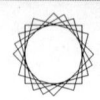

第十四條　公司行號不依法加入本會或不繳納會費或違反章程及決議者，得經執行委員會之決議，予以警告；警告無效時，得按其情節輕重依照商業同業公會法第二十六條規定之程式為下列之處分：

一、處以××元以下違約金。

二、有時間之停業。

三、永久停業。

前項第二款，第三款之處分，非經主管官署核准不得為之。

第四章 組織及職權

第十五條　本會設理事十一人，組織理事會。監事三人，組織監事會。均由會員大會就代表中用無記名選舉法選任之。

選舉前項理事、監事時，應另選候補理事三人、候補監事一人，遇有缺額依次遞補。以補足前任任期為限，未遞補前不得列席會議。

第十六條　當選理事、監事及候補理事、監事之名次，依得票多寡為序，票數相同時以抽籤定之。

第十七條　理事會設常務理事三人，由理事會就理事中用無記名選舉法互選之，以得票最多數者為當選常務理事。有缺額時，由理事會補選之，其任期以次補足前任任期為限。

第十八條　理事會就當選之常務理事中，用無記名單記法，選任理事長1人，以得票滿投票人之半數者為當選。若一次不能選出時，應就得票最多數之二人決選之。

第十九條　理事會之職權如下：

一、執行會員大會決議案；

二、召集會員大會；

三、執行法令及本章程所規定之任務。

第二十條　常務理事之職權如下：

一、執行理事會議決案；

二、處理日常事務。

第二十一條　監事會之職權如下：

一、監察理事會執行會員大會之決議；

二、審查理事會處理之會務；

三、稽核理事會之財政出入。

第二十二條　大會設書記一人，請社會局派充，襄助理事長處理一切會務。

第二十三條　理事會下設下列各股，由理事會推選理事擔任各股主任：

一、總務股：掌理文書、交際及下屬於其他各股事宜。

二、財務股：掌理經費之出納及會計報告事宜。

三、組訓股：掌理會員之登記及訓練事宜。

第二十四條　理事及監事之任期，均為四年，每二年改選半數，不得連任。前項第一次之改選，以抽籤定之。但人數為奇數時，留任者之人數得較改選者多一人。

第二十五條　理事、監事有下列情事之一者，應即解任：

一、會員代表資格喪失者；

二、因不得已事故，經會員大會議決，准其辭職者；

三、依商業同業公會法第四十三條解職者。

第二十六條　本會理事、監事均為名譽職。

第二十七條　本會事務所設辦事員一人至三人，得分股辦事，其辦事規則另定之。

第五章 會議

第二十八條　本會會員大會分定期會議及臨時會議兩種，均由理事會召集。定期會議每年一月二十日及七月二十日各開會一次；臨時會議於理事會認為必要時，或經會員代表1/10以上之請求，或監事會函請召集時，召集之。

第二十九條　召集會員大會應於十五日前通知之，但有商業同業公會法第二十五條第二十六條之情形，或因緊急事項召集臨時會議者，不在此限。

第三十條　本會會員大會開會時，由常務理事組織主席團，輪流主席。

第三十一條　本會會員大會之決議，以會員代表過半數之出席、出席代表過半數之同意行之。出席代表不滿過半數者，得行假決議，在三日內將其結果通告各代表，於一星期後二星期內，重行召集會員大會，以出席代表過半數之同意，對假決議行其決議。

第三十二條　下列各款事項之決議，以會員代表三分之二以上之出席、出席代表三分之二以上之同意行之。出席代表不滿三分之二者，得以三分之二以上之同意行假決議，在三日以內將其結果通告各代表，於一星期後二星期內，重行召集會員大會，以出席代表三分之二以上之同意，對假決議行其決議。

一、變更章程。

二、會員或會員代表之除名。

三、理監事之解職。

四、清算人之選任及關於清算事項之決議。

第三十三條　本會會員代表人數超過三百人以上時，會員大會得就地域之便利先期分開預備會，依各預備會會員代表人數比例，推選代表合開代表大會，行使會員大會之職權。

第三十四條　本會理事會每兩周開會一次，監事會每月開會一次。

第三十五條　理事會開會時，須有理事過半數之出席、出席理事過半數之同意，方能決議。可否同數取決於主席。

第三十六條　監事會開會時，須有監事過半數之出席，臨時互推一人為主席。以出席監事過半數之同意，決議一切事項。

第三十七條　理事、監事開會時，不得委託代表出席。

第三十八條　理監事及會員無故不出席會議，由監事會議決處分之。

第六章 經費及會計

第三十九條　本會經費分會費一種。

第四十條　會員會費比例於其資本額繳納之，每單位定為一萬元每月繳納會費二十元。

第四十一條　會員退會時會費概不退還。

第四十二條　本會會費之預算、決算每年年終了一個月以內編制報告書，提出會員大會通過，呈報主管官署並刊佈之。

第四十三條　會計年度以每年一月一日始至同年十二月三十一日止。

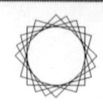

第七章 附則

第四十四條　本章程未規定事項，悉依商業同業公會法、商業同業公會法施行細則辦理之。

第四十五條　本章程如有未盡事宜，經會員大會決議，呈准重慶市社會局修改之，並逐級轉報社會部及經濟部備案。

第四十六條　本章程經會員大會決議，呈准重慶市社會局備案施行，並逐級轉報社會部及經濟部備案。

5. 重慶市板車管理規則（1943年8月4日）

第一章 總則

第一條　凡本市板車之登記檢驗、發給牌照及行車、取締等事宜，除法令另有規定外，悉按本規則管理之。

第二條　本規則所稱之板車，包括（一）營業板車；（二）自用板車。

第三條　凡板車領有行車執照懸掛號牌並繳納車捐者，方准行駛。

第二章 登記檢驗

第四條　凡營業或自用板車欲在本市區內通行者，均須呈請市政府批准後，方得向工務局車務管理處填具申請書，申請檢驗。

第五條　申請書事項規定如下：

一、車主姓名、職業、籍貫、住址，如係機關公司、商號，應記其名稱與地址。

二、板車類別。

三、製造廠名。

四、輛數。

五、車身顏色。

六、車輪質料。

七、資本總額。

八、鋪保。

第六條　板車檢驗依下列規定施行之：

一、與聲請書內所填各項有無不合。

二、車身木堅固否。

三、車身油漆清潔否。

四、車身長度。

五、車身寬度。

六、車把是否堅固。

七、車把長度大小。

八、車檻是否堅固。

九、車軸質料是否堅固。

十、車輪質料（車輪是否膠胎）。

十一、車輪之大小寬度是否適宜（能否損壞路面）。

十二、載重量。

十三、拉車繩之數目。

十四、拉車繩之質料及大小。

十五、拉車人數。

十六、新舊程度。

第七條　營業或自用板車經檢驗合格，方得繳費，請領號牌及行車執照並繳納車捐後，方准行駛。其不合格者，應令改造或修理後，重行報請檢驗。但檢驗二次後仍不合格者，即行取消登記資格。

第八條　凡領得牌照之自用板車，不准私自營業，如經查出或經告發調查確實者，即吊銷牌照禁止通行。

第九條　營業或自用板車除聲請過戶及換領牌照或補領牌照時，須經檢驗外，每年應由本處定例舉行總檢驗一次。但遇必要時，得隨時施行檢驗。

第十條　凡板車之任何部分遇有損壞或附件減失時，應照原樣修理或添補，不得擅行變更原有設備。

第十一條　凡板車損壞，依照第十條規定修理後，應即送來本處重行檢驗。惟須繳納手續費，計每輛國幣貳角。

第十二條　凡營業或自用板車如欲轉賣或讓送者，須呈請工務局車務管理處辦理過戶手續，不得擅自行事。

第十三條　凡辦理板車過戶手續，應填具過戶聲請書，由新舊車主及保證人簽名蓋章，連同舊執照送交車務管理處換領新行車執照。過戶聲請書式樣另定之。並繳納過戶手續費及新執照費，計每輛各國幣貳角。

第十四條　凡自用或營業板車領有號牌及行車執照後如有破壞或遺失者，應即填具聲請書，向本處請求補發。其應繳手續費，照第十三條之規定。補領號牌者，並應照納工料費。

第十五條　板車號牌及執照不得移用他車。

第十六條　行車執照復年定期換發一次，至換發期間，應呈繳舊執照並照章納費，向本處換領新執照。

第十七條　營業或自用板車如停止使用時，須將號牌及行車執照繳還原發機關。

第三章　行　車

第十八條　營業或自用板車通行馬路時，無論上行或下行，須靠左邊通行。如遇其他車輛或同類板車，除有特殊情形或前車行駛不良得互相招呼表示讓越外，概不得超越通行。

第十九條　板車行駛於下坡地段時，必須帶車慢行，不可快放，以防發生危險。

第二十條　營業或自用板車於夜間通行時，必須置備小燈。

第四章　載重限制

第二十一條　自用或營業板車載重不得超過三百五十公斤。

第五章　罰　則

第二十二條　凡在市區通行之營業或自用板車，違犯本規則各項之規定者，得按下列各條處理之。

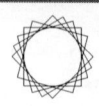

第二十三條　凡違犯下列各項之一者，處以伍元以下、壹角以上之罰鍰，並得視情節輕重，吊扣或吊銷牌照。
一、夜間通行未備燈火者；
二、號牌與執照不按本規則之規定懸示者；
三、行車執照或號牌遺失，匿不報請補發，擅自通行者；
四、板車停止駛用，未將原領牌照繳銷者；
五、在馬路口任意停留，阻礙交通者；
六、超越前車未依規定，或在超越前未曾警告前行車輛或人畜者；
七、對面遇有來車，超越過前行車輛者；
八、不靠馬路左側通行，致礙其他交通者；
九、凡板車載重逾限通行，損及道路橋樑或其他設備者，除照本規則之規定處分外，並須由該車主負責賠修。

第二十四條　凡板車有下列各情之一者，得將牌照吊扣或責令修理完竣後發還之：
一、車身破壞不堪者；
二、車輪歪斜搖動者；
三、車輪之質料或制法足以損壞路面者；
四、車輪膠皮殘缺或脫落未經修補者；
五、欋繩過舊者；
六、車檻動搖不堅固者；
七、車軸磨損過甚者。

第六章　附則

第二十五條　本規則自呈奉市政府核准之日施行。

六、人力車

1. 重慶市人力車商業同業公會為改組事項致重慶市社會局呈文（1939年12月26日）

查本會奉令依照商業同業公會法改組，業於十一月二十二日召集會員大會改組完竣，並通過章程，登記會員名冊，均經鈞局派員臨場指導，在案。茲特連同章程會員委員名冊及未加入同業名冊各繕三份備文呈乞鈞局鑒核存轉備查，實為公便！謹呈
重慶市社會局
　　計呈章程、會員委員名冊及未加入同業名冊各三份
　　　　　　　　　　　　　　　　　　　重慶市人力車商業同業公會主席　應子壽

重慶市人力車商業同業公會章程

第一章　總　則

第一條　本章程依據商業同業公會法及商業同業公會法施行細則訂定之。

第二條　本會定名為重慶市人力車商業同業公會。

第三條　本會以維持增進同業之公共利益及矯正弊害為宗旨。

第四條　本會以重慶市行政區域為區域，事務所設於冉家巷第十九號。

第二章 任務

第五條　本會之任務如下：

一、關於會員商品之共同購入保管運輸及其他必要之設施。

二、關於會員營業之統制。

三、關於會員營業之指導研究調查及統計。

四、辦理合於第三條所揭宗旨之其他事項。

興辦前項第一款事業時應擬定計劃書經會員全體 2/3 以上之同意呈請市社會局核准，其變更時亦同。第一項第二款之統制，須經全體會員 2/3 以上之同意，呈由主管官署核准後方得施行。

第三章 會員

第六條　凡在本區域經營人力車商業之公司行號不論公營民營除關係國防之公營事業或法令規定之國家專營事業外，均應為本會會員。

前項會員推派代表出席本會稱為會員代表。

第七條　本會每 1 會員推派代表 1 人，其擔負會費滿 5 單位者得加派代表 1 人，以後每增 10 單位加派 1 人，但至多不得超過 7 人，以經理人、主體人或店員為限。

第八條　本會會員代表以有中華民國國籍、年在 20 歲以上者為限。

第九條　有下列各款情事之一者不得為本會會員代表。

一、有叛國民政府經判決確定或在通緝中者。

二、曾服公務而有貪污行為經判決確定或在通緝中者。

三、奪公權者。

四、受破產之宣告尚未復權者。

五、無行為能力者。

六、吸食鴉片或其代用品者。

第十條　會員舉派代表時應給以委託書並通知本會，撤換時亦同。但已當選為本會職員者，非有依法應解任之事由不得撤換。

第十一條　會員代表均有表決權選舉權及被選舉權。會員代表因事不能出席會員大會時，得以書面委託他會員代表代理之。

第十二條　會員非遷移其他區域或廢業或受永久停業之處分者不得退會。

第十三條　會員代表有不當行為致妨害本會名譽信用者，得以會員大會之議決通知原推派之會員撤換。

第十四條　公司行號不依法加入本會或不繳納會費或違反章程及決議者，經執行委員會之議決予以警告，警告無效時，得按其情節輕重依照商業同業公會法第二十六條之規定之程式為下之處分。

一、百元以下之違約金並賠償車價及因受營業之損失。

二、有時間之停業。

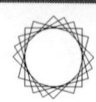

三、永久停業。

前項第二款第三款之處分，非經主管官署之核准，不得為之。

第四章 組織及職權

第十五條　本會設執行委員7人，組織執行委員會；監察委員3人，組織監察委員會。均由會員大會就代表中用無記名選舉法選任之。

選舉前項執行委員監察委員時，應另選候補執行委員2人，候補監察委員1人。遇有缺額依次遞補，以補足前任任期為限，未遞補前來處補前不得列席會議。

第十六條　當選委員及候補委員之名次依得票多寡為序票數相同時以抽籤定之。

第十七條　執行委員會設常務委員3人，由執行委員會就執行委員中用無記名選舉法互選之，以得票最多數者為當選；常務委員有缺額時，由執行委員會補選之，其任期以補足前任任期為限。

第十八條　執行委員會就當選常務委員中用無記名單記法選任主席1人，以得票滿投票人之半數者為當選。若一次不能選出者應就得票最多數之2人決選之。

第十九條　執行委員會之職權如下：

一、執行會員大會決議案；

二、召集會員大會；

三、執行法令及本章程規定之任務。

第二十條　常務委員之職權如下：

一、執行執行委員會議決案；

二、處理日常事務。

第二十一條　監察委員會之職權如下：

一、監察執行委員執行會員大會之議決；

二、審查執行委員會處理之會務；

三、稽核執行委員會之財政出入。

第二十二條　執行委員及監察委員之任期均為四年，每二年改選半數，不得連任。

前項第一節之改選以抽籤定之，但委員人數為奇數時，留任者之人數得較改選者多1人。

第二十三條　委員有下列情事之一者應即解任。

一、會員代表資格喪失者；

二、因不得已事故經會員大會議決准其辭職者；

三、依商業同業公會法第四十三條解職者。

第二十四條　本會委員均為名譽職。

第二十五條　本會事務所設辦事員3人，得分科辦事，其辦事細則另定之。

第五章 會議

第二十六條　本會會員大會定期會議及臨時會議兩種均由執行委員會召集之，定期會議每年開會2次，臨時會議於執行委員會認為必要或經會員代表1/10以上之請求或監察委員函請召集時召集之。

第二十七條　召集會員大會應於 15 日通知，但有商業同業公會第二十五條第二十六條之情形或因緊急事項召集臨時會議者不在此限。

第二十八條　本會會員大會開會時由常務委員組織主席團輪流主席。

第二十九條　本會會員大會之決議，以會員代表過半數之出席，出席代表過半數之同意行之。出席代表不滿過半數者得行假決議，在 3 日內將其結果通告各代表，於一星期後二星期內重行召集會員大會，以出席代表過半數之同意對假決議行其決議。

第三十條　下列各款事項之決議，以會員代表 2/3 以上之出席，出席代表 2/3 以上之同意行之。出席代表不滿 2/3 者得以出席代表 2/3 以上之同意行假決議，在 3 日內重行召集會員大會，以出席代表 2/3 以上之同意對假決議行其決議。

一、變更章程；

二、會員之處分；

三、委員之解職；

四、清算人之選任關於清算事項之決議。

第三十一條　本會會員代表人數超過 300 人以上時，會員大會得就地域之便利先期分開預備大會，依各預備會會員代表人數比例推選代表合開代表大會行使會員大會之職權。

第三十二條　本會執行委員會每月至少開會 1 次，監察委員會每兩月至少開會 1 次。

第三十三條　執行委員會開會時，須有過半數之出席，出席委員過半數之同意方能決議，可否同數取決於主席。

第三十四條　監察委員會開會時，須有監察委員過半數之出席臨時互推 1 人為主席，以出席委員過半數之同意決議一切事項。

第三十五條　執行委員、監察委員開會時不得委託代表出席。

第六章 經費及會計

第三十六條　本會經費分會費及事業費兩種。

第三十七條　會員會費按照車輛每部每月繳納 3 角。

第三十八條　會員退會時會費概不退還。

第三十九條　本會會費之預算決算於每年度終了一個月以內編制報告書提出會員大會通過，呈報官署並刊佈之。

第四十條　會計年度以每年一月一日始，同年十二月三十一日止。

第四十一條　事業費之分擔每 1 會員至少 1 股，至多不得超過 50 股。但因必要得經會員大會之決議，增加之事業費總額及每股數額應由會員大會決議呈經主管官署核轉。

第四十二條　前條之事業費會員非退會時不得請求退還，其請求並須於年度終了時為之。

前項請求退還之事業費其結算應以退股時本會事業費之財產狀況為准，請求退還之事業費不問原出資之種類，均可以金錢抵還，退還事業費時關於本會所興辦事業內之事務有未終了者，於了結後計算並分派其盈虧。

第四十三條　本會會員對於本會興辦事業之責任得依興辦之決議於擔任股額外另負定額之保證責任。

依前條退還事業費之會員對於前項之保證責任於退還事業費後經過一年始得解除。

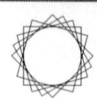

第四十四條　本會事業費之預算決算依本章程第三十九條之程式辦理。

第四十五條　本會事業費總額及每股之金額變更保證責任之規定，或本會事業費之停止，均應依法決議後呈報主管官署。

事業停止後所營事業之財產依法辦理清算。

第七章 附則

第四十六條　本章程未規定事項悉依商業同業公會法商業同業公會法施行細則辦理之。

第四十七條　本章程如有未盡事宜經會員大會決議呈准市黨部及市社會局修改之，並逐級轉報中央社會部及經濟部備案。

第四十八條　本章程經會員大會決議，呈准市黨部及市社會局備案施行，並逐級轉報中央社會部及經濟部備案。

2. 重慶市社會局就已停止行駛人力車輛恢復營業問題與市政府往來檔（1940年3—4月）

一、重慶市社會局呈文（3月26日）

案奉鈞府交下重慶市人力車商同業公會呈一件，為本市人口倍增，馬路完成甚多，人力車輛供不應求，請維持原案轉飭將停止各行行駛之車輛號牌發還，以利交通由。查二十五年前，重慶市車務管理所吊銷人力車牌照480只，勒令停駛各節，本局無卷可稽。經飭據車務管理處核議報稱：查本處舉辦人力車登記，計現在行駛營業之車輛，連同福利200輛，共為2272輛。以本市人口25萬之比例，似覺供不應求，應予增加。複查二十五年警察局禁止行駛之480輛人力車，撥厥原因，以當時馬路甚少，車輛過多，有礙交通。現在開闢太平巷，新建馬路甚多，交通不若過去擁擠，該項停駛之車輛，似可准予恢復營業。究應如何辦理之處，理合檢同現在行駛暨暫停行駛車輛登記清冊二份，呈請核示，等情。並附呈清冊各一份。據此，查該人力車業公會呈請恢復各情，核以本市太平巷完成後，馬路長度增加，並據車務管理處所稱，人力車輛與人口比較，供不應求，亦屬實情。現在人力車價飛漲，衡以供求關係，似可准予恢復，以利交通。惟茲事體大，本局不敢擅專，除指令車務管理處先行調查該項吊銷停駛車輛，現在究竟實有若干，車身情形如何，以憑核奪外，理合簽請鈞長鑒核施行。謹呈

市長吳

職　吳華甫謹簽

三月二十六日

二、重慶市政府指令（4月13日）

二十九年三月二十六日簽呈一件，為奉交下重慶市人力車商同業公會，呈請恢復停駛之車輛吊銷號牌發還一案，經飭據車務管理處呈覆，略以人口增加，新闢馬路又多，似可准予恢復，請核示由。簽呈悉。案經提交四月十日本府第四十四次市政會議決議：准予無限增加，但至適當時期可以停止。等語，記錄在卷。合行錄案令仰該局遵照辦理！此令。

3. 重慶市管理人力獸力車轎規則草案（1944 年 8 月 19 日）

第一章 總則

第一條　重慶市為管理通行市區之人力獸力車轎，特訂定本規則。

第二條　凡在本轄區行駛通行之人力獸力車轎，除法令別有規定外，悉依本規則之規定辦理之。

第三條　本市以工務、財政、社會、員警四局為管理機關，其職權規定如下：

一、車轎之登記檢驗、制發號牌及行駛執照，由工務局辦理。

二、車轎牌照捐稅之徵收，由財政局辦理。

三、車轎稽查取締之執行，由警察局辦理。

四、車轎租金及車夫力資之規定，由社會局辦理。

第四條　車轎之種類暫分下列數種：

一、自用人力車、營業人力車。

二、自用自行車、營業自行車。

三、自用板車、營業板車。

四、自用小轎、營業小轎。

五、獸力客車、獸力貨車（暫不分自用與營業）。

第五條　本市車轎數量，由工務局會同社會局斟酌供求情形及本市交通狀況，核定之。

第六條　車轎行主如在核定數額以外請求登記時，應呈由工務局轉請核定之。

第七條　車轎聲請登記檢驗等書表，由各管理機關制定之。

第二章 登記檢驗發牌發照

第八條　車轎行主凡在本市轄區內自用或營業車轎，應向工務局領取車轎聲請登記書，依式填就聲請工務局核定之。

第九條　工務局審查核准後，應即填發檢驗通知單，通知原申請人。

第十條　車轎行主接得檢驗通知單後，應遵期將車轎送至指定地點，聽候檢驗。

第十一條　車轎經檢驗合格後，由工務局填發繳費通知單，交由車轎行主轉赴財政局指定之稅捐稽徵所，繳納牌照工本費，及使用牌照稅。

第十二條　車轎行主完納稅捐即仍轉同原單至工務局，憑單核發號牌，一面執照 1 張。

第十三條　車轎稅捐其徵收金額及期別與徵收期限，照財政局使用牌照稅章程辦理之。

第十四條　車轎號牌及行駛執照使用期限，定為 1 年。其初領至換領期間未滿 1 年者，以 1 年計算。自每年一月一日起至同年十二月三十一日止屆期，由工務局舉行車轎總檢驗，換發新牌照。但人力車每年於總檢驗外，應舉行覆驗 1 次。

第十五條　車轎每年總檢驗時期，工務局酌量實際情形定之。

第十六條　未經工務局登記檢驗之車轎，不得請領牌照。

第十七條　未經工務局核發牌照之車轎，不得行駛。

第十八條　人力車號牌應釘於右擋泥板上，板車釘於右車杠上，自行車繫於前柱與橫樑交叉處，獸力客車釘於車箱後板，獸力貨車釘於車右側車杠上，肩輿則繫於前簽上，不得任意更替調換，以便稽查。

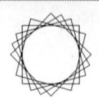

第十九條　車輛執照應隨車輛攜帶，如遇稽查時應立即呈驗。
第二十條　車輛每年總檢驗換領號牌執照時，其應繳牌照費及稅捐，與初領牌照時同。
第二十一條　車輛停止使用，應檢同原牌照，申請登記機關核銷。
第二十二條　偽造牌照者，除將車輛沒收外，並得送法院究辦。
第二十三條　車輛所有權移轉時，應先由新舊車轎行主填具過戶聲請書，連同舊執照，聲請工務局登記並換領執照。
第二十四條　聲請過戶之車輛經工務局審查核准後，即填發過戶通知單，交能新車轎行立，轉赴財政局繳納過戶費。
第二十五條　新車轎行主完納過戶費後，憑單至工務局換領新執照。
第二十六條　車輛牌照如有損壞時，應檢同原牌照向工務局申請補發，並照本規則第十一條之規定繳納牌照費。
第二十七條　車輛牌照遺失時，應由車轎行主登報聲明作廢，並檢同報紙向工務局申請補發，並照本規則第十一條之規定繳納牌照費。
第二十八條　自用車輛不得過戶或轉租他人。
第二十九條　人力車轎夫在行駛時，應身著號衣。
第三十條　人力獸力車之載重量規定如下：
一、人力車之載重量以 150 公斤為限。
二、獸力車之載重量以 1000 公斤為限。
三、板車之載重量以 350 公斤為限。其載運物品高不得超過 5 市尺、寬不得超過車底板兩旁 1 市尺 5 寸，長不得超過車底板前後 2 市尺，其超過規定者，應於每晚十二時及至次晨五時前裝運。

第三章 附則

第三十一條　違反本規則各項之規定者，得依違警罰法或行政執行法處罰。
第三十二條　本規則自呈奉核准公佈之日起施行。

七、轎業

1. 重慶市轎商業同業公會為報告該會成立情形致重慶市社會局呈文（1940年2月15日）

竊查屬會於本月十五日舉行成立大會，蒙鈞局派何指導員炎文賁臨出席，計共到 109 人，推陳士銘為臨時主席，依法當選主監及候補人員，符紹卿 18 人，即席舉行宣誓就職。理合繕就各員經歷表，隨文送請鈞局俯賜鑒核備查，指令祗遵。

謹呈
重慶市社會局

轎商業同業公會主席　符紹卿

四川省重慶市轎商業同業公會職員經歷表

(二十九年二月十五日—二十九年二月二一日)

職別	姓名	性別	年齡	籍貫	文化程度	經歷	住址
主席	符紹卿	男	61	潼南	私塾5年	經營轎商25年	商業場西三街14號
常務委員	羅炳森	男	74	巴縣	5年	30年	響水橋30號
	孟佔雲	男	48	巴縣	7年	12年	朝天門大碼頭30號
	李集雲	男	56	江北	識字	25年	千廂門大碼頭10號
	周洪盛	男	49	江北	私塾7年	7年	二府衙17號
執行委員	周陵清	男	54	合川	5年	12年	豆腐石10號
	吳鑫誠	男	44	巴縣	4年	14年	豆腐石50號
	陳興銘	男	29	江津	中學	3年	麥子市12號
	蕭榮山	男	52	巴縣	私塾6年	經營轎商20年	米花街66號
候補執委	張德成	男	48	巴縣	8年	9年	
	蔡潤清	男	53	巴縣	4年	8年	金紫門碼頭8號
	彭林	男	62	巴縣	7年	12年	江北下正街12號
監察委員	王太平	男	42	巴縣	不識字	15年	雙溪溝46號
	譚桔山	男	41	巴縣	不識字	10年	香水橋33號
	李漢臣	男	45	江北	初中	15年	四賢巷64號
	羅洪順	男	52	長壽	不識字	5年	朝陽街52號
	張岑山	男	48	潼南	私塾5年	15年	丁字口50號
候補監委	陳海淯	男	4	江北	2年	15年	雙溪溝13號

2. 符紹卿等為設立轎商業辦事處致重慶市社會局呈文（1940年12月26日）

查本會業務雖小，而轄區寬大，對於工作不易策動。茲為增進團結效率起見，於適當地區，實在有設立辦事處之必要。爰經開會議決暫設辦事處六所，計南岸區分為海棠溪龍門浩彈子石，城區分為新市區及滕輿、冠婚等6辦事處，以期就近能推動一切工作。以上所陳各緣由，是否有當，理合具文呈請鈞局准予存案備查，實為公便。並候示遵。謹呈

　　重慶市社會局

　　　　　　　　　　　　　　　　　　重慶市轎商業同業公會　主席　符紹卿
　　　　　　　　　　　　　　　　　　常務　羅炳森 孟占雲（假）李集雲 周洪盛

3. 重慶市社會局關於檢送轎夫名冊請鑒核致市政府呈文（1943年11月12日）

查本局核發營業轎夫工作證，前以適值農忙期間，更兼轎夫流動性甚大，曾以社元五字第零八九三號呈奉鈞府核准，展期至本年八月底，逾期決不再發。茲時間業已早過，並經遵照明令早已截止，自應整理造冊，以資結束。惟此次先後來局領取之轎夫合計實僅有3731名，與原核定4500名一額相較，自尚差數百名，此或因多已改業之故。而原編工作證號數中自第3227號至3450號，3471號至3600號，3186號至4100號及4400號至4500號，

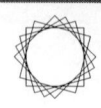

共計 7869 號，亦以上述原由，未能發出。除將已發工作證名冊一份函送警察局外，理合檢附領證轎夫名冊一份，齎呈鑒核備查。謹呈
　　市長賀

　　　　　　　　　　　　　　　　　　　　　　　　附呈領證轎夫名冊一份〈略〉
　　　　　　　　　　　　　　　　　　　　　　　　重慶市社會局局長　包華國

八、籌辦無軌電車和籌建兩江大橋

1. 重慶纜車公司為擬興建市區電車致交通部呈文（1945 年 7 月 27 日）

　　竊本公司創辦重慶纜車，增進市區交通，近望龍門客運纜車已於本年五月間建築完成，通車以來，行旅稱便。尚有嘉陵碼頭貨運纜車工程，亦在積極進展。最近陪都人士以重慶市區交通至感不便，紛向本公司建議興辦電車，經派員踏勘，擬具計畫，並由當地士紳會商，擬組織重慶電車公司，以便著手辦理。查電車係屬鈞部主管，所有擬建電車計畫，應先送請核定。理合檢呈草案一份，擬懇准予備案。至所擬計畫全部建設需款約合國幣 6 萬萬元又美金 30 萬元，擬分期籌建。所需款項，擬由當地士紳共同投資，不足之數擬請政府及四聯總處有關行局投資或撥借。竊思電車為市區交通最便利之工具，於缺乏以汽油為燃料之國家，為尤然。目前重慶市區交通困難，政府尚不惜每月補助二三萬萬元，以資維持，倘能以數月之補助，興辦一新交通事業為根本之解決，對於重慶市區交通，必大有所增進，用敢歷陳經過，懇請鈞部對於此項交通建設加以贊助，劃撥專款參加，提倡投資，俾市民聞風興起，早觀厥成。國人自辦電車，在國內尚屬鮮舉，倘蒙促進，誠足以創鈞部興導此項事業之紀元。謹呈請核示袛遵。謹呈
　　交通部部長俞附呈計畫草案一份
　　　　　　　　　　　　　　　　　　　　　　　　重慶纜車特種股份有限公司總經理　陳體榮

重慶電車計畫草案

　　重慶山城也，崗岩相接，以為道路，五步一坡，十步一埡，雖程途不遠而仰登俯降，倍形勞頓，甚或臨彎繞坎目接聲應而不可立達。重慶居民，對於行之費力耗時，蓋皆抱有同感也。故言建設首當以交通為要圖。目前行駛市區之新式市民交通工具厥惟公共汽車，而公共汽車之路線與數量，距離市民行之要求尚遠。況其油料之消耗實即國防工業之損失，當此國內產量有限，海外輸入不暢之際允宜力從節儲，另謀代起之計畫，則建築電車洵為適應環境最便利之交通工具矣。抑且後方工業，現正陷於疲滯狀態，吾人誠能把握時機，急起籌建，不特獲發展交通節儲油料之利，亦足為振興工業之一助乎。爰有建築電車之計畫。審度市區形勢，暫擬行駛路線有三，分舉如下。

　　一、自西四街至精神堡壘線（以下簡稱甲線），精神堡壘為市區商業中心。行人如鯽，車輛絡繹。西四街約居儲奇門及小什字道門口之中。儲奇門渡江為海棠溪，小什字道門口為銀行區。此線所經或屬交通要樞或為渝市精華所在。現西四街與精神堡壘間不特無交通設備，即人力車亦苦難間道而行。故此線之開辦，對行人必感莫大之便利也。

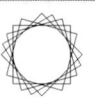

二、自望龍門至菜園壩線（以下簡稱乙線）此線略與現行公共汽車路線平行，瀕臨長江，為渝市之外圍線。路線平整工程簡易，且延展可接成渝鐵路，堪稱為渝市之一大動脈。

　　三、自望龍門經陝西街沿嘉陵江南岸至曾家岩線，此線即本市重要計畫路線中之北區乾路，惟距離較長開闢較難，擬俟路線打通後，再行籌建。茲先就甲乙兩線編列概算，表述於後。

　　（一）甲線地下電車工程　此線約長 700 公尺，所經鄒容路口高差在 30 公尺以上，擬採用地下電車，既可免建築地面路線迂回困難亦可減少與市街交通之干擾。

　　1. 車輛　車輛每列採用 6 噸電車 1 輛，4 噸拖車 1 輛。每列可乘坐客 40 人，立客 30 人。擬定平均車速每小時 10 英里，加速率每秒每小時 2 英里。估計上下車所需之時間每站為 2 分鐘，每列行駛時間之間隔為 5 分鐘。根據如此計算需備車輛 2 列，每車需備 35 匹馬力馬達 2 部。

　　2. 電路　發電廠與電車路線間，用饋電路線 1 組。電車路線依往返車道用輸入線路兩組並利用鐵軌為回歸路線。

　　3. 隧道　自西四街至鄒容路口現有隧道可以利用者約有 130 公尺。惟斷面僅約 7 平方公尺，須加擴大，最大坡度擬定 5%。接近□□堡壘一段，路線高度接近路面，擬在隧道內部，加建混凝土板及鋼架支撐，以策安全。電車軌道，採用 35 磅鋼軌，軌 8 公寸軌距。洞身儘量減小，以求節省石方。

　　（二）乙線無軌電車工程　此線約長 4 公里 800 公尺，地勢平坦，擬建無軌電車。

　　1. 車輛　無軌電車採用 10 噸車輛，可乘坐客 25 人，立客 20 人。計畫平均車速及加速率與中線地下電車相同，每車行駛時間之間隔為 10 分鐘，全線 3 英里，需車 5 輛，另加備用車 2 輛，共計 7 輛。每車裝 35 匹馬力馬達 2 部。

　　2. 電路　發電廠與電車路線間，用饋電線路 1 組。電車路線依往返車道，用輸入線路兩組。另設回歸線路銅線兩組。

　　3. 路面　此線原建有碎石路面。為求平整永久計，應以改築高級路面為宜。但建築費用較大，且關係本市一般交通，擬請由政府合資籌辦。茲先照 12 公尺 20 公分混凝土路面，編列概算以供參照。

　　（三）發電廠車場及站屋設備

　　1. 發電廠　照一般電車標車。採用 600V.D.C 電力，甲乙兩線之最高負荷為 400kW，擬在菜園壩設 1000kW 發電廠 1 所。購置 500kW 蒸汽機發電機 2 套，1 套經常運轉，1 套備用。直接產發 600V.D.C 電力。修車場及其他電力用電，亦悉以 600V.D.C 為准。至於電燈用電擬另購馬達發電機 1 套，供給低壓電流。

　　2. 車場及站屋設備　電車設備關係機電各種工程，擬自設車場修理工場維持養護。此外管理人員辦公房屋宿舍，另照需要擇地建築。

2. 重慶電車公司籌備處為申請備案與市政府往來檔（1945 年 8 月）

一、重慶電車公司籌備處呈文（8 月 16 日）

　　竊本處發起人等，因鑒重慶市面日趨繁榮，交通建設刻不容緩，爰聯合本市士紳，組織一電車公司，以溝通上下城暨郊區要道，便利市民往還。業已成立本處，進行籌備，所有進

行事宜，自當隨時呈報。理合齎呈發起人名單一件，隨文呈請鈞府鑒核，准予備案，實為公便。謹呈
　　重慶市政府

重慶電車公司籌備處呈

重慶電車公司發起人名單

何北衡	楊燦三	高允斌	趙觀白	劉航琛	寧子村	袁育梵	孫瑞麟	盧作孚
蔣相臣	梅　春	鄧華益	潘昌猷	康心如	廖馥亞	羅竟忠	何靜源	陳體榮
陳國儒	汪代璽	範崇實	張澍霖	楊芳齡	王拂禪	吳晉航	楊綽庵	盧星北
吳晉航	楊綽庵	盧星北	曹撐宇	李奎安	丁哲明	鄧華民	浦心雅	常存真

二、重慶市政府批文（8月25日）

　　具呈人　重慶電車公司籌備處
　　八月十六日呈一件，為組織重慶電車公司，齎呈發起人名單，請予備案由。呈及附件均悉。准予備查，仰即將公司組織章程及計畫等呈核。件存。
　　此批

市　　長　賀□□（請假）
秘書長　楊□□（代行）

3. 陪都建設計畫委員會為擬興建市區電車事宜給顧鶴臬函稿[①]（1946年9月5日）

　　逕啟者：前承談及有瑞士商擬襄助興建渝市電車，茲將渝市路線情形開具節略並附路線圖一份，希轉達，並請將前瑞士商之計畫書及估價單、設備裝置等惠賜參考為荷。此致
　　顧總經理鶴臬
　　附路線節略一紙圖一份〈略〉

（會戳）啟九·六

4. 重慶市工務局為籌辦無軌電車致市政府呈稿（1946年10月31日）

　　市長鈞鑒：敬秉者，職局明年度工作計畫新辦事業，擬有舉辦市內無軌電車一項，全部經費概算27億元，該項計畫市府以囿於財力，暫予緩列。伏念無軌電車係近代化交通工具，本市尚付缺如，茲為配合陪都十年建設計畫，似宜積極奧辦所需經費，擬由本府投資1/3計9億元，其餘18億元，則招商湊集。公用事業旨謀大眾福利，管理必期周密，若官股比例過少，或有不易控制之慮。謹祈鈞座准賜，補列原預算9億元，以利進行，伏候裁奪。專秉祗請鈞安。

職　吳□□謹呈
十月三十一日

[①] 顧鶴臬，集成公司總經理。

5. 陪都建設計畫委員會為擬議興辦無軌電車致鬍子昂等箋函稿（1946年11月11日）

查本市交通工具深感不敷應用，前經提議興建無軌電車未獲端倪，茲為加強交通效能起見，積極籌建此項電車，以解決本市交通困難，藉以配合人力車之取締，特擬具重慶市無軌電車擬議書，敬希臺端提供意見，俾得早日實施。相應函達，請煩查照並盼賜覆為荷。此致

胡議長子昂
王先生思東
鄧先生華民
汪先生如洋
附擬議書一件

（會戳）啟
十一月十一日

重慶無軌電車擬議書

理由：

一、使各項交通設施有合理之配合，以加強交通效能。
二、配合人力車之取締。
三、電車之行駛與管理均較方便而簡單，運輸效率亦高，經常維持管理費用亦省。
四、電能成本低廉，利用電力行車自較經濟。
五、本市為山城，路線修築困難，路幅亦不能過寬，為使車輛行駛不妨礙其他交通，擬採用無軌電車，因其行駛靈活，且行車路線日後視需要情形亦易於更改。
六、無軌電車較有軌電車之設置費用為省。

路線：

由北區乾路富成路口經國府路、上清寺、中山路、和平路、較場口、民族路、林森路至南區馬路，全部路線為S形，將來再加辟北區乾路東段及西區乾路兩段，即成為環城道路系統。

工程費預算與受益費

擬先設50座單車50輛，全部裝設費用約27億元，如修築完成，僅一年半至兩年之受益費即可全部償清。

修建辦法，由法商投資承辦。
經營辦法，由官商合辦。

6. 重慶市政府與市工務局關於無軌電車籌備處成立事項往來檔（1947年1—2月）

一、重慶市政府指令（1月9日）

令工務局：

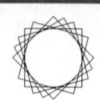

三十五年十二月二十七日簽呈一件，為擬設無軌電車籌備處，並請派周崇高為該處主任，所需經費在該項事業費項下開支，當否請核示由。簽呈悉。所擬於該局設立無軌電車籌備處，並請派周崇高為該處主任，其薪津在該事業費項下開支，均應予照準。隨發派令一件，仰即轉給承領。至該處所需助理人員，暫由該局職員內調用。並仰遵照。

此令。

附派令一件〈略〉

市長　張篤倫

二、重慶市工務局呈稿（2月21日）

查本市籌設無軌電車一案，前經呈奉鈞府本年元月九日市人字第82號指令，准予設立無軌電車籌備處，並派周崇高為該處主任，等因。遵於二月一日成立開始工作，茲按照實際需要，造具該處本年度經常費支付預算書，共計國幣1112100元正，擬請在該項事業費項下按月撥發，以應需要。謹檢呈預算書三份，請鑒核示遵。謹呈

市長張

附呈重慶市無軌電車籌備處三十六年度支付預算書二份〈略〉

（全銜）吳□□

7. 政府為撤銷無軌電車籌備處給工務局的訓令（1947年9月4日）

查本市前籌辦無軌電車，經令准該局成立籌備處辦理在案。茲查該項無軌電車現已決定緩辦，著自九月一日起，將該籌備處撤銷，原設主任一人亦即裁撤。仰即遵照辦理，具報為要！

此令。

後記

　　「中華民國戰時首都檔案文獻」為研究中國抗戰時期大後方歷史的大型檔案資料叢書，《中國戰時首都檔案文獻·戰時交通》作為叢書之一，對國民政府遷都重慶期間（1937年至1946年），在交通建設方面的主要方針、政策、法令法規，建設進展及成果的各類檔案文獻進行了輯錄與整理。書稿突出了存史的重要價值，力圖通過豐富翔實的原始史料，反映1937年至1946年我國在交通建設方面，尤其是抗戰時期交通建設的情況，再現了當時中國交通的基本面貌和艱難的發展歷程。

　　本卷資料的編輯，有賴於原「中國抗戰陪都史課題組」的組建和辛勤的工作。重慶師範大學和重慶市檔案館為課題的研究工作提供了必要的基礎；重慶市檔案館領導特許開放館藏核心部分檔案資料，最後在重慶師範大學形成了選編的初稿。

　　重慶師範大學常雲平、鄭洪泉和徐斌（重慶師範大學中國近現代史專業研究生）在初稿的基礎上，不僅對原書內容進行了全面整理、編纂和校訂，還擴充了大量史料。參加資料收集、整理和校訂工作的還有重慶師範大學中國近現代史專業研究生黃婉麗、王璐揚、曾真。重慶市檔案館的徐彥波同志，為本卷資料初稿的收集、整理和形成奉獻了大量的精力。但是本卷史料初稿形成時間在1996年，距今已20多年。重新參加編纂本卷史料的很多同志已經不熟悉本卷史料成書的歷史情況，故而本叢書在申報國家出版基金資助專案的報告時，由於工作上的疏漏，未將徐彥波同志名字列入本卷史料主編名單。根據原課題組負責人鄭洪泉的要求：他作為課題組負責人沒有必要列入本卷史料主編名單；而徐彥波同志作為本卷史料初稿編纂者，應是是本卷史料的主編之一，並享有本卷史料主編之一的相應權益。由於本卷史料付印在即，來不及向上級出版機構申報更改本卷史料主編名單，故而特在後記中作此項鄭重說明，並向徐彥波同志家屬表示歉意。徐彥波同志已無法見到本書的正式出版，我們在此謹向他表示由衷的感激和深深的懷念！

　　可以說，本卷資料的選編是各方努力的結果，是集體智慧的結晶！

　　本書得以正式出版，有賴於重慶師範大學周澤揚校長、楊新民副校長和原黨委鄧卓明書記、李禹階副校長提供的各種條件；同時也得到了學校科研處、歷史與社會學院和相關部門的的大力支持；重慶市檔案館、重慶圖書館和市內相關部門給予了鼎力的幫助，在此，我們表示由衷的感謝，並深深感謝長期以來對本課題組給予支持與幫助的所有同志。

編　者

國家圖書館出版品預行編目（CIP）資料

中國戰時首都檔案文獻.戰時交通 / 常雲平,鄭洪泉,徐斌 主編. -- 第一版.
-- 臺北市：崧博出版：崧燁文化發行, 2019.12
　　面；　公分
POD版

ISBN 978-957-735-716-8(平裝)

1.地方文獻 2.交通史 3.重慶市

672.79/201.7　　　　　　　　　　　　　　　108002793

書　　名：中國戰時首都檔案文獻・戰時交通
作　　者：常雲平、鄭洪泉、徐斌 主編
發 行 人：黃振庭
出 版 者：崧博出版事業有限公司
發 行 者：崧燁文化事業有限公司
E - m a i l：sonbookservice@gmail.com
粉絲頁：　　　　網　址：
地　　址：台北市中正區重慶南路一段六十一號八樓 815 室
8F.-815, No.61, Sec. 1, Chongqing S. Rd., Zhongzheng
Dist., Taipei City 100, Taiwan (R.O.C.)
電　　話：(02)2370-3310　傳　真：(02) 2388-1990
總 經 銷：紅螞蟻圖書有限公司
地　　址：台北市內湖區舊宗路二段 121 巷 19 號
電　　話:02-2795-3656　傳真:02-2795-4100　　網址：
印　　刷：京峯彩色印刷有限公司（京峰數位）

　本書版權為西南師範大學出版社所有授權崧博出版事業股份有限公司獨家發行
電子書及繁體書繁體字版。若有其他相關權利及授權需求請與本公司聯繫。

定　　價：800元
發行日期：2019 年 12 月第一版
◎ 本書以 POD 印製發行